AF154260

Hans Rudolf Vaget

Thomas Mann, der Amerikaner

Leben und Werk
im amerikanischen Exil
1938–1952

S. Fischer

Der Text der zweiten Auflage ist von einer Anzahl kleiner, in keinem Fall sinnentstellender Fehler gereinigt worden. Für Hinweise sowie die erfreuliche Wachsamkeit bei der Lektüre möchte ich Dieter Borchmeyer, Wolfgang Clemens, Jocelyne Kolb, Herbert Lehnert, Terence J. Reed und Ludolf Reetz meinen aufrichtigen Dank aussprechen.

Hans R. Vaget

2. Auflage August 2012
© 2011 S. Fischer Verlag GmbH, Frankfurt am Main
Satz: Dörlemann Satz, Lemförde
Druck und Bindung: CPI – Clausen & Bosse, Leck
Printed in Germany
ISBN 978-3-10-087004-9

»Ein guter Deutscher – man verzeihe mir's, wenn ich es zehnmal wiederhole – ist kein Deutscher mehr.«
(Nietzsche, Nachgelassene Fragmente, KSA 11, S. 261)

»Aber obgleich im Begriff, amerikanischer Bürger zu werden, und umgeben von englisch sprechenden Kindern und Enkeln, bin und bleibe ich ein Deutscher, welche problematische Ehre und welch sublimes Mißgeschick das nun immer bedeuten möge.«
(An Ernst Reuter, 29. 4. 1944)

»Hitler hatte den großen Vorzug, eine Vereinfachung der Gefühle zu bewirken, das keinen Augenblick zweifelnde Nein, den klaren und tödlichen Haß. Die Jahre des Kampfes gegen ihn waren moralisch gute Zeit.«
(*Die Entstehung des Doktor Faustus*; 19.1, 529)

»Jeder Weg zum rechten Zwecke
Ist auch recht in jeder Strecke.«
(Goethe: *Zahme Xenien*; zitiert in Br. II, 351)

»Geister wie er müssen in ihrem politischen Verhalten kompliziert und unzuverlässig erscheinen, denn die Widersprüche, zu denen die Tagesdebatte sie drängt, finden ihre Aussöhnung und Auflösung erst in der Zukunft.«
(*Der alte Fontane*, zweite Fassung 1919; 14.2, 385)

Inhalt

Inhalt

Die »heimatliche Ferne«

Zur Einführung:
Vierzehn Jahre Exil in den USA

Auf seiner vierten Amerikareise, im Frühjahr 1938, entschloss sich Thomas Mann, die amerikanische Staatsbürgerschaft zu beantragen. Sechs Jahre später, in Los Angeles, wurde der Emigrant aus Deutschland offiziell Bürger der Vereinigten Staaten. Er blieb es auch, als er 1952 aus seinem zweiten Exilland in sein erstes, die Schweiz, zurückkehrte. Der Dichter der *Buddenbrooks* und des *Doktor Faustus* starb als Amerikaner. Dies ist nur scheinbar und auf den ersten Blick eine *quantité négligeable*. In Wirklichkeit haben wir es mit einem für die Rezeption, das Werk und die Biographie gleichermaßen gewichtigen Faktum zu tun.

In der Diskussion der ersten Nachkriegsjahre um den berühmtesten und umstrittensten deutschen Emigranten erlangte der Umstand, dass der 1933 aus Deutschland Vertriebene und 1936 seiner deutschen Staatsangehörigkeit Beraubte eine fremde angenommen hatte, ein unverhältnismäßiges Gewicht. Als Thomas Mann seine deutsche Staatsbürgerschaft verlor, konnte er sich glücklich schätzen, die tschechoslowakische zu besitzen und damit einen Reisepass – ein Gut, von dessen Wert man sich in dem Post-Schengen-Europa kaum eine Vorstellung zu machen vermag. In den Augen der Deutschen jedoch war die Episode der tschechoslowakischen Staatsangehörigkeit belanglos angesichts des politisch weit brisanteren Umstands seiner amerikanischen Staatsangehörigkeit, auf die er selbst in seinen ersten Verlautbarungen nach dem Krieg gern und nicht ohne Stolz verwies. Sein neu erworbenes Amerikanertum musste jedoch vielen anstößig erscheinen, weil ihn dies in das Lager einer Siegermacht platzierte – einem Sieger, der es erklärtermaßen darauf abgesehen hatte, die Deutschen zu bestrafen und durch Umerziehung zu bessern.

Da mochte er noch so arglos sein amerikanisches Weltbürgertum hervorkehren und noch so treuherzig versichern, er habe in der Fremde nie aufgehört, sich als deutscher Schriftsteller zu empfinden: Die Überlebenden der Hitler-Diktatur und des Krieges hörten es nicht gern. Seine Hinweise auf seine amerikanische Staatsangehörigkeit belebten alte Ressentiments und nährten neue gegen einen, wie es scheinen musste, vom Glück Begünstigten, der irritierenderweise an Dinge rührte, die man sich zu vergessen und zu verdrängen befleißigte.

Für so manche seiner Kollegen, die im Land geblieben waren und sich zur Inneren Emigration zählten, bot die Thematisierung von Thomas Manns Amerikanertum einen willkommenen Vorwand, seine unwillkommenen Mahnungen an Schuld und Verantwortung beiseitezuschieben und seine Ansichten zu den Ursachen der deutschen Katastrophe zu ignorieren. Indem man ihn als Amerikaner wahrnahm, konnte man ihm jegliche Berechtigung, über Deutschland und die Deutschen zu urteilen, schlankweg absprechen. Noch 1949 fühlte sich eine westdeutsche Autorenvereinigung bemüßigt, gegen die Verleihung des Frankfurter Goethepreises an den »»amerikanischen Bürger«« Thomas Mann zu protestieren.[1] In solchen Abwehrmanövern manifestierten sich die nicht unbeträchtlichen und langlebigen Reste des Nazigeistes. Diesen hatte 1937 ein Heidelberger Pädagogikprofessor auf den Punkt gebracht, als er erklärte, das neue Deutschland könne froh sein, dass »Thomas Mann aus Deutschland entrümpelt« worden sei, »weil er nie ein Deutscher war«.[2]

Die Abwehr des politischen Thomas Mann war eine Konstante der Bonner Republik und reichte noch weit in die Berliner Republik hinein; die sehr selektive Thomas-Mann-Pflege in der DDR ist ein Kapitel für sich. Bezeichnenderweise markierte das Gedenkjahr 1975, mitten in einer Periode der ideologischen Linkslastigkeit von Universität und Feuilleton, den Tiefpunkt seiner Reputationskurve in Deutschland. Mit dem wachsenden Abstand von den Querelen der ersten Nachkriegsjahre, vor allem jedoch aufgrund der Informationsexplosion in Sachen Thomas Mann in den achtziger und neunziger Jahren – man denke an die Veröffentlichung der Tagebücher und anderer wichtiger Zeugnisse der Exiljahre –, wuchs auch die Akzeptanz Thomas Manns, des Amerikaners, so dass der fünfzigste Todestag 2005 eine weitere wichtige Zäsur in Deutschlands Verhältnis zu seinem bedeutendsten Schriftsteller markierte. Zum ersten Mal ließ ein deutsches Staatsoberhaupt es sich nicht nehmen, den *Faustus*-Autor zu ehren. Mehr noch, in einer bemerkenswerten Ansprache in der Marienkirche zu Lübeck bekundete Bundespräsident Horst Köhler seine Zustimmung zu einem der kontroversesten Kommentare des Amerikaners Thomas Mann, nämlich die Erklärung in einer der Radiosendungen *Deutsche Hörer*, dass der Luftkrieg, der deutsche Städte in Schutt und Asche legte, einschließlich seiner eigenen Vaterstadt Lübeck, selbstverschuldet sei, um sodann die moralische Berechtigung von Thomas Manns unbequemen, scheinbar mitleidlosen Sätzen anzuerkennen: »[...] Thomas Mann formuliert nichts weiter als die glasklare Erkenntnis, dass das Volk, von dem so großes Unrecht ausgegangen ist, nicht straflos davonkommt – wie unterschiedlich die Schuld eines jeden einzelnen auch ist.«[3] Konsequenterweise sprach Bundespräsident Köhler von der Bedeutung des Thomas Mann'schen Erbes, auch im politischen Sinn; von diesem hatte man in Deutschland lange Zeit nichts wissen wollen. Er beschloss seine Rede mit einer ebenso sympathischen wie angemessenen Geste: »Wir verneigen uns in Dankbarkeit.« Ein Markstein in der wechselvollen Beziehung Deutschlands zu Thomas Mann!

Der 1929 gekürte Nobelpreisträger war 1933 ein höchst unwilliger Emigrant, der sich in seinem Stolz und seiner Würde schwer getroffen fühlte. Er empfand seine »nationale Exkommunikation«, von der er in seiner Replik auf Hans Pfitzner (XIII, 91) und in dem *Briefwechsel mit Bonn* (XII, 789) sprach, als absurd und als eine empörende Ungerechtigkeit. Seine Exilantenexistenz war ihm eine »Schicksalsirrtümlichkeit« (XII, 787), ein vom Schicksal verhängter Stilfehler (Tb. 15. 3. 1933).

Gleichwohl, der Exkommunizierte verfolgte die Vorgänge im »erwachten« Deutschland sehr genau; er war entsetzt von der wachsenden Rechtlosigkeit und der Verfolgung von Sozialdemokraten, Kommunisten und Juden. Er versöhnte sich jedoch überraschend schnell mit seinem Schicksal. Er sah die »Notwendigkeit«, sein »Dasein auf eine neue Basis« zu stellen, ein und hieß sie innerlich gut (ebd.). Ahnte er, dass infolge seiner »Ausstoßung« (XIII, 97) in die Fremde seine Existenz eine Erhöhung erfahren und sein Weltruhm nicht nur nicht verblassen, sondern sogar noch wachsen würde? Die kaum verhüllte Ironie, mit der er im April 1934 in dem Brief an das Reichsministerium des Inneren – er bat um die Verlängerung seines deutschen Passes – sein »Außenbleiben« als »Beurlaubung [...] aus der Volksgemeinschaft für eine unbestimmte, aber gemessene Frist« (XIII, 105) charakterisierte, ist ein Zeugnis nicht der Verzweiflung, sondern des unbeirrbaren Selbstvertrauens. Mit der Übersiedlung in die Vereinigten Staaten im September 1938 und seiner Ernennung zum Lecturer in the Humanities an der Princeton University nahm die Erhöhung seiner Existenz erste, konkrete Formen an. Entscheidend war jedoch, dass mit dem Eintritt in den riesigen Echoraum der englischsprachigen Welt sein Ruhm als Schriftsteller eine neue Dimension gewann. Er galt nun weithin und praktisch bis zu seinem Tod als »greatest living man of letters« – ein Etikett, mit dem sowohl sein amerikanischer Verleger Alfred A. Knopf als auch sein literarischer Agent Harold H. Peat gern und erfolgreich Werbung machten. Nicht nur in diesem ökonomischen Sinn konnte er Ende 1945 nüchtern und zutreffend konstatieren: »Mir hat die Fremde wohlgetan.« (XIII, 747)

Thomas Manns Exil, das sich immerhin über zweiundzwanzig Jahre erstreckte – vierzehn davon in Amerika, die anderen in der Schweiz –, gereichte ihm in mehrfacher Hinsicht zum Vorteil. Die Übersiedlung in die USA erbrachte zunächst dank des einfallsreichen Mäzenatentums seiner Verehrerin Agnes Meyer, dank aber auch der Tüchtigkeit Alfred Knopfs, die materielle Sicherung seiner aufwändigen Existenz als Haupt einer sechsköpfigen Familie. Wichtiger war ihm, dass sein Weltruhm als Autor nicht etwa schon in der Verleihung des Nobelpreises 1929 kulminiert hatte, sondern im Exil noch wuchs. Ausschlaggebend dafür war ein politischer Gesichtspunkt: seine Hitler-Gegnerschaft. Passioniert und denkwürdig formuliert, wie sie war, verlieh sie seinem literarischen Ruhm eine alle Welt bewegende Aktualität und setzte der literarischen Auszeichnung von 1929 gleichsam eine politische Krone auf. Kein anderer Text hat in dieser Hinsicht nachhaltiger gewirkt als der *Briefwechsel mit Bonn*. Er gab nicht nur draußen in der Welt dem Bild des *Buddenbrooks*-Autors ein neues Gepräge, sondern auch in Deutschland selbst, wo, wie das Beispiel des jungen Marcel Reich-Ranicki zeigt, die von Hitler-Deutschland Entfremdeten und Bedrohten sich an diesem Text innerlich aufrichten konnten.[4]

Im Rückblick hat Thomas Mann die Jahre des Kampfes gegen Hitler-Deutschland eine »moralisch gute Zeit« genannt (19.1, 529). Es vereinfachten sich die Gefühle. An die Stelle eines geistigen Habitus des Sowohl-als-Auch trat ein solcher des kompromisslosen Entweder-Oder und machte aus dem Zauderer einen Kämpfer. In den Augen der Amerikaner war der Autor des *Magic Mountain*, als er 1938 und danach wiederholt das Land bereiste und als Wanderprediger eines militanten Humanismus auftrat, vornehmlich der Feind Hitlers und des Faschismus – der neben Albert Einstein und Arturo Toscanini berühmteste.

Mit einem keineswegs unberechtigten Stolz blickte Thomas Mann auf die moralische Leistung jener Jahre. Es gelang ihm, aus der ihm aufgezwungenen Rolle des Märtyrers etwas Neues, in der Geschichte der deutschen Literatur noch nie Dagewesenes zu machen, indem er die von ihm früh angestrebte Rolle des Repräsentanten der deutschen Kultur trotz seiner »nationalen Exkommunikation« nicht nur nicht behauptete, sondern neu definierte: der Exilant als der weltweit anerkannte Repräsentant eines anderen Deutschland. Der denkwürdige und vieldeutige Satz, den er bei seiner Ankunft in New York am 21. Februar 1938 in die Stenogrammblöcke der Reporter diktierte: »Where I am, there is Germany. I carry my German culture in me«, entsprang nicht zuletzt einer Bereitschaft, Hitler den Nimbus des wahren Repräsentanten der deutschen Kultur streitig zu machen.[5] Die Jahre des Leidens an Deutschland – dies der Titel einer Publikation mit Auszügen aus den Tagebüchern der ersten Exiljahre[6] – mündeten schließlich in einen persönlichen Triumph. Am Ende durfte er sich sehr wohl als Sieger fühlen. Zwar versagte er sich im Tagebuch nach der Kapitulation des Großdeutschen Reiches jeden Ausdruck des Triumphs – »Es ist nicht gerade Hochstimmung, was ich empfinde« (Tb. 7. 5. 1945) –, doch hatte er keinen Zweifel, wer hier obsiegt hatte: »Überleben hieß: siegen. Es ist ein Sieg« (ebd.).

Der bedeutendste Gewinn, den Thomas Mann aus seiner Exilsituation zog, war intellektuellen und moralischen Charakters. Zwar zögerte der 1933 aus seiner Bahn Geworfene drei Jahre lang, bevor er sich zum Kampf gegen Hitler-Deutschland entschloss. Aber als diese Entscheidung gefallen war und vollends nach der Übersiedlung in die USA, wo ihm größere publizistische und propagandistische Möglichkeiten offenstanden, intensivierte sich sein Nachdenken über Deutschland und besonders über die psychischen und mentalen Voraussetzungen der deutschen Katastrophe. Der *Faustus*-Autor fuhr gleichsam auf der Überholspur der Geschichte.

Dort gelangte er zu historischen und politischen Erkenntnissen, die die Daheimgebliebenen, wenn überhaupt, erst viel später und nur widerwillig akzeptierten, darunter die Einsicht, dass die deutsche Katastrophe, die für ihn nicht erst 1945 oder 1939 eintrat, sondern 1933, tiefe Wurzeln in der deutschen Kultur hatte und dass Deutschlands »Aussöhnung« mit der Welt nicht möglich ist ohne die »volle und rückhaltlose Kenntnisnahme entsetzlicher Verbrechen« (XI, 1106). Man wird also Thomas Manns Auseinandersetzung mit Deutschland nicht gerecht, wenn man es so hinstellt, als habe sein Poltern gegen Hitler im amerikanischen Exil nur das eine Ziel gehabt, nämlich »die Beseitigung des nationalsozialistischen Regimes«.[7] Seine historische Neugier, aber auch sein wacher Sinn für die »wechselseitige[ ] erzieherische[ ] Verbundenheit von Nation und Autor« (XII, 788) erstreckte sich durchaus auch auf die Antezedenzien der deutschen Katastrophe und auf ihre Folgen.

Nichts hat Thomas Manns politischen Lernprozess im amerikanischen Exil stärker gefördert als die schrittweise Aneignung einer außerdeutschen Perspektive auf Deutschland – die Perspektive der Opfer des deutschen Weltmachtstrebens. Diesem Blickwechsel war das Exil naturgemäß weit förderlicher als die Innere Emigration. Im Verfolg seiner Reflexionen auf Deutschland gelangte er schließlich zu einer höchst zukunftsträchtigen Einsicht: »Das Exil ist etwas ganz anderes geworden, als es in früheren Zeiten war. Es ist kein Wartezustand, den man auf Heimkehr abstellt, sondern spielt schon auf eine Auflösung der Nation an und auf die Vereinheitlichung der Welt. Alles Nationale ist längst Provinz geworden. […] Man gönne mir *mein Weltdeutschtum* […].« (XIII, 747)

Wie weit ging seine Akkulturation in seinem zweiten Exilland, dem ersten fremdsprachigen? Wie weit hat er sich auf Amerika eingelassen? Nicht sehr weit, ja eigentlich gar nicht, wenn man eine in Amerika beliebte Faustregel zum Maßstab nimmt: »Whoever wants to know the heart and mind of America had better learn baseball.«[8] Thomas Mann hatte nicht nur am amerikanischen Nationalsport kein Interesse, auch die gesellschaftliche und kulturelle Rolle des Sports in Amerika allgemein blieb ihm ein Buch mit sieben Siegeln. Als er sich einmal dazu überreden ließ, auf den Golfplatz mitzukommen und sich mit dem Golfschläger zu versuchen, wurde ihm schlagartig klar, dass das »unrichtig« war (Tb. 5. 7. 1935). Aber auch andere Gebiete der amerikanischen Kultur blieben weiße Flecken für ihn. So etwa ließen ihn, unerachtet seiner Musikbesessenheit, die spezifisch amerikanischen Formen der Musik kalt. Er besuchte, wie schon in Europa, Symphoniekonzerte, lauschte den samstäglichen Übertragungen aus der Metropolitan Opera oder veranstaltete zu seiner eigenen Unterhaltung Plattenkonzerte. Es war das ihm vertraute, kanonisierte Repertoire der klassischen Musik. Zum Jazz oder zu anderen Formen der amerikanischen Folk- und Popmusik hatte er keinen Zugang und suchte auch keinen.

In dieser Hinsicht verhielt sich Thomas Mann nicht anders als nahezu alle deutschen Emigranten, namentlich Theodor W. Adorno, sein musikalischer Berater bei der Arbeit am *Doktor Faustus*. Das Desinteresse an der amerikanischen Kultur, soweit sie keine deutschen Wurzeln hat – wie etwa jener Johann Conrad Beißel in Pennsylvania mit seinem kuriosen musikalischen Notationssystem, der immerhin Eingang fand in den großen Roman von der deutschen Musik (10.1, 98–103) –, ist ein Charakteristikum der deutschen Emigration insgesamt. Hermann Kesten, einem Mitemigranten der jüngeren Generation, gestand er 1951: »Ich habe mir zu wenig Mühe gegeben, in dieser culture Wurzel zu schlagen, bin zu sehr geblieben, der ich war […].«⁹ Hingeschrieben wurde dies in einer dunklen Stimmung, als die Maienblüte seiner Liebe zu Amerika längst verblichen war und die Entscheidung, dem Land den Rücken zu kehren, praktisch schon feststand.

Solche offensichtlichen Fehlanzeigen und Selbstzweifel auf dem heiklen Gebiet der Akkulturation dürfen jedoch nicht überbewertet werden bei einem Autor, der als Dreiundsechzigjähriger ins Land kam. Thomas Mann hat sich überraschend weitgehend auf Amerika eingelassen, jedenfalls in höherem Maße, als man ihm gemeinhin zubilligt. Er tat es weniger aus intellektueller Neugierde oder aus angeborener Zuneigung zu Land und Leuten. Er tat es aus der von der Geschichte verhängten Notwendigkeit, sich mit der Macht zu verbinden, die am ehesten in der Lage war, der Herrschaft Hitlers in Deutschland ein Ende zu bereiten.

Die vierzehn amerikanischen Jahre sind ohne Zweifel die dramatischste und strapaziöseste Etappe in Thomas Manns ebenso glanz- wie leidvoller Laufbahn als Schriftsteller. Der Krieg – früh vorausgesagt, zuletzt herbeigewünscht –, die Niederwerfung des Hitler-Reiches, die unerquickliche Auseinandersetzung mit der Inneren Emigration: Dies waren die Brennpunkte seines Nachdenkens über Deutschland in der Fremde, das, typisch für Exilanten generell, obsessiven Charakter hatte. Mochte der Blick auch auf Washington und die politischen Entscheidungsprozesse dort gerichtet sein, in Gedanken war er stets bei den leidigen deutschen Dingen, die sich durch die Brille des amerikanischen Thomas Mann langsam, doch unaufhaltsam in einem anderen, fahleren Licht darzustellen begannen, als sie sich ihm in dem Land seiner Herkunft und noch in der Schweiz zeigten.

Thomas Mann, der Amerikaner, wie er in den Köpfen der Inneren Emigration existierte und bei deutschen Literaturfreunden teilweise noch heute existiert, stellt sich bei genauerem Hinsehen als ein von Mutmaßungen, Klatsch und Ressentiments überwuchertes Phantom heraus. Verlässliche Fakten und richtige Einschätzungen der Selbstzeugnisse sind Mangelware. In den folgenden Kapiteln wird die Etappe der vierzehn amerikanischen Jahre aufs Neue und im Lichte unbekannter Zeugnisse betrachtet. Dem dabei entstehenden Porträt des späten Thomas Mann Farbe, Tiefenschärfe und Realismus zu verleihen, ist das hauptsächliche Anliegen des vorliegenden Buches. Dem dient als oberster methodischer Grundsatz, Thomas Mann in seinem amerikanischen Kontext zu zeigen, statt ihn lediglich aus seinen eigenen Zeugnissen – dem keineswegs immer verlässlichen Tagebuch oder den situationsbedingten Briefen – auf dem unsicheren Weg der Einfühlung zu rekonstruieren. Der jeweilige Kontext muss in der gebotenen Dichte skizziert und die Reaktion der Amerikaner auf den illustren Exilanten in ihrer Mitte herangezogen werden, wo immer eine solche greifbar ist.

Die ersten drei Kapitel beleuchten die Annäherung des *Zauberberg*-Autors an Amerika. Sein Weg nach Westen bis hin zum Hausbau am Pazifik und zur Vereidigung auf die amerikanische Verfassung war lang und steinig angesichts der in der deutschen Kultur tief verwurzelten Vorurteile gegen Amerika und seine Kultur. Wie es sich gehört für einen Schriftsteller, war die Literatur das bevorzugte Medium der Annähe-

rung an die angloamerikanische Kultur. Dabei spielten der amerikanische Lyriker Walt Whitman und der aus Polen gebürtige englische
Romancier Joseph Conrad eine herausragende Rolle.

Nichts hat den Immigranten aus Deutschland rascher und freu-
diger zum Amerikaner gemacht als seine Verehrung für Franklin Delano
Roosevelt, den 32. Präsidenten der Vereinigten Staaten. Er erlebte diese
Ausnahmeerscheinung unter den amerikanischen Präsidenten bei drei
Gelegenheiten aus nächster Nähe, zweimal bei Besuchen im Weißen
Haus, das andere Mal auf einem Pressebankett. In seiner Verehrung für
diesen Politiker paarten sich in einer bei ihm einzigartigen Weise Sympathie und Kalkül. Er betrachtete Franklin Roosevelt als den geborenen
Gegenspieler des deutschen Diktators und damit als den Garanten für
Hitlers Fall. Er war aber auch angetan und menschlich berührt von der
gewinnenden Persönlichkeit des schwer leidenden und doch mächtigsten Mannes der Welt. Fieberhaft verfolgte er die politischen Entscheidungsprozesse in Washington schon vor dem von ihm sehnlichst
erwarteten Kriegseintritt der Vereinigten Staaten und vollends während
des Krieges. Nur wenn es Roosevelt gelingen würde, das kriegsunwillige
Amerika von der Notwendigkeit des Kriegseintritts zu überzeugen,
durfte er hoffen, dass der militante Humanismus, wie er ihn zuerst auf
seiner großen Vortragstournee im Frühjahr 1938 vertrat, auch Erfolg
haben würde. In diesem gemeinsamen Bestreben gründete seine heimliche, imaginäre Waffenbrüderschaft mit dem amerikanischen Präsidenten. Die innere Gewissheit dieses Einvernehmens mit Franklin
Roosevelt, der in mehr als einem Sinn »sein« Präsident war, gab seinem
eigenen Beitrag zum »war effort« der Alliierten, den über vier Jahre sich
erstreckenden monatlichen Radiosendungen *Deutsche Hörer*, die nötige
Selbstsicherheit.

Waren für Thomas Mann die Literatur und die Politik die nächstge-
legenen Wege der Annäherung an Amerika, so kam mit der deutschstämmigen Agnes E. Meyer ein besonders wichtiger, persönlicher Faktor
hinzu. Die schwärmerische Freundschaft dieser Frau, ihre erstaunliche
Hilfswilligkeit, trugen mehr als irgendeine andere Begebenheit dazu bei,
dass Thomas Manns Exil in Amerika auf so vielfache Weise von der
Emigrantennorm abwich und sich zu einer an Joseph gemahnenden
»success story« gestaltete. Agnes Meyer fädelte 1938 die Ernennung

19

zum »Lecturer« an der Princeton University ein, und sie verschaffte ihm 1941 eine gut dotierte Ehrenstellung an der Library of Congess, der amerikanischen Nationalbibliothek. Agnes und Eugene Meyer, Eigentümer und Herausgeber der *Washington Post*, waren jedoch Republikaner, was dem großen Roosevelt-Verehrer einige Rücksicht auferlegte, wenn er mit seiner mächtigen Washingtoner Freundin politisierte.

Seit wir die Memoiren Katharine Grahams, einer Meyer-Tochter, kennen, wissen wir von dem durchaus leidenschaftlichen Charakter, den die Beziehung ihrer Mutter zu dem Verehrten besaß. Agnes Meyers Liebe blieb unerwidert, musste es bleiben, so dass die spannungsreiche Beziehung zu seiner »Diotime« streckenweise die Züge einer ernsten Komödie bekam.[10] Man täte dieser Beziehung jedoch unrecht, wenn man ihr auf Thomas Manns Seite nichts als utilitaristische Gesichtspunkte unterstellte. Für ihn war »die Meyer« – seine »Fürstin«, seine »Freundin« und sein »Schutzengel« – ein Kapitalereignis seiner Biographie, wie der große, rückblickende Brief vom Februar 1955 erkennen lässt. Sein Briefwechsel mit ihr, der an Mitteilsamkeit alle anderen übertrifft, ist die neben den Tagebüchern wichtigste Quelle unserer Kenntnis des amerikanischen Thomas Mann.

Um sich von der Vielschichtigkeit der amerikanischen Existenz Thomas Manns ein deutliches und klares Bild zu machen, ist es notwendig, von einer strikt chronologischen Darstellung abzusehen und stattdessen ein prismatisches Verfahren anzuwenden. Das heißt, dass die einzelnen Bereiche seiner Tätigkeit separat und in ihrem Zusammenhang betrachtet werden.

Den Anfang machen seine ungeheuer ausgedehnten Vortragstourneen durch den nordamerikanischen Kontinent, die alle ein politisches Programm hatten, nämlich den Amerikanern die Berechtigung und Notwendigkeit des Kampfes gegen Hitler-Deutschland darzulegen. Auf seinen fünf großen Tourneen von 1938 bis 1943 sah Thomas Mann mehr von Amerika und schüttelte mehr Amerikanern die Hand als jeder andere deutsche Emigrant. Diese Vortragstätigkeit wurde gut bezahlt; sie war aber wegen der enormen Entfernungen und trotz der komfortablen Züge auch sehr strapaziös; sobald die Umstände es erlaubten, schränkte er sie mehr und mehr ein, um sich dem literarischen Werk widmen zu können.

20

Ein eigenes Kapitel stellen sodann die vielfältigen Beziehungen zur akademischen Welt dar, konkret: zu den großen amerikanischen Universitäten. Thomas Mann hatte bereits in Deutschland Verbindungen zu Universitäten geknüpft, namentlich zu Bonn und München, doch diese Konnexionen erlangten in den Jahren des amerikanischen Exils eine neue Dimension. An erster Stelle ist Princeton zu nennen, eine kleine Universitätsstadt in New Jersey, wo die Manns knapp drei Jahre lebten. An dem Lehrbetrieb der Universität nahm er jedoch lediglich drei Semester lang teil, und das auch nur hospitierend. Er hatte die Belastung durch seine universitäre Vortragstätigkeit unterschätzt und war froh, ihrer bald wieder ledig zu sein. Der gesellschaftliche Höhepunkt der Princetoner Jahre war die Hochzeit Elisabeths mit dem bedeutenden italienischen Intellektuellen Giuseppe Antonio Borgese.

Thomas Manns Verhältnis zu den amerikanischen Germanisten war gespannt. Die meisten von ihnen waren Deutsch-Amerikaner; sie gingen zu dem illustren, doch ob seiner politischen Äußerungen anstößigen Exilanten auf Distanz und enthielten sich, behindert durch einen Loyalitätskonflikt, auch der Kritik am Dritten Reich. So fiel Thomas Mann zu, was rechtens die Aufgabe der Professoren gewesen wäre, nämlich Amerika zu erklären, was es mit dem nationalsozialistischen Deutschland auf sich hat. Die beiden auch für Thomas Mann wichtigsten Universitäten waren Harvard und Yale. Die Ehrenpromotion durch die Harvard University, die ihm das von der gleichgeschalteten Universität Bonn aberkannte Diplom mehr als ersetzte, hatte, was der Geehrte kaum ahnte, einen politischen Hintergrund, der hier zum ersten Mal ausgeleuchtet wird.

Die Beziehung zur Yale University hat eine emblematische Bedeutung für Thomas Manns Verhältnis zu Amerika insgesamt. Sie hätte die erfolgreichste sein können, endete jedoch, wie die Beziehung zur Library of Congress, mit einem Missklang. Denn der antikommunistische Furor der McCarthy-Jahre verhinderte den anvisierten Verkauf seines gesamten literarischen Nachlasses an die Yale University für die aus heutiger Sicht unfassbar bescheidene Summe von 30 000 Dollar – zum Glück für die Eidgenössische Technische Hochschule Zürich, der der Nachlass Thomas Manns schließlich per Schenkung zufiel.

Welche Figur machte der deutsche Immigrant im literarischen Leben

Amerikas? Welche Autoren kannte er? Und zu welchen hatte er persönlichen Kontakt? Ausgangspunkt für eine einschlägige Bestandsaufnahme ist der große, zweiteilige Artikel von Janet Flanner, Ende 1941 im *New Yorker* erschienen, mit dem anzüglichen Titel *Goethe in Hollywood*. Flanner zeichnet ein leicht spöttisches, doch eindringliches Porträt des deutschen Nobelpreisträgers, den sie als ein eigentlich rätselhaftes Phänomen darstellt – rätselhaft, weil es ihm unwahrscheinlicherweise auch in Amerika gelungen sei, seinen Status als eine Legende zu Lebzeiten zu behaupten und sogar auszubauen. Thomas Mann hatte ein gutes kollegiales Verhältnis zu Sinclair Lewis und Upton Sinclair. Einige Kollegen wie John Steinbeck und Tennessee Williams scheint er nur über die Verfilmung ihrer Bücher gekannt zu haben. Zu anderen, wie Willa Cather, hatte er ein Beinahe-Verhältnis. Über dem Verhältnis zu seinem wohl bedeutendsten amerikanischen Zeitgenossem, William Faulkner, waltete jedoch ein Unstern.

Wie er es von Deutschland her gewohnt war, konnte sich Thomas Mann des Zutrauens von jungen, angehenden Autoren und Verehrern erfreuen, die sich aus den unterschiedlichsten Gründen an ihn wandten. Die herausragendsten waren der Literaturkritiker und Poet Howard Nemerov, der Literaturkritiker und Mythenforscher Joseph Campbell, der Historiker und Poet Peter Viereck, der Dichter Frederick Morgan und, bereits im Backfischalter, der künftige Star auf der amerikanischen Literaturszene: Susan Sontag. Den zweifellos rührendsten Kontakt mit der jungen amerikanischen Literatur gab es mit einem Roman des jungen Gore Vidal. Dessen früher Roman *The City and the Pillar*, heute ein Klassiker der »gay literature«, zeitigte bei dem *Joseph*-Autor eine heimliche Ergriffenheit, die zu seinen stärksten Eindrücken von der zeitgenössischen amerikanischen Literatur zu rechnen ist.

Thomas Mann ging in Amerika häufig und regelmäßig ins Kino, zumal nach seiner Niederlassung in der Stadt der Engel, in der die Filmindustrie damals wie heute dem kulturellen und gesellschaftlichen Leben sein eigentümliches Gepräge gab und gibt. In den amerikanischen Jahren erweiterten sich seine Filmkenntnisse beträchtlich, ohne dass ihn dies zu einem veritablen Cineasten gemacht hätte. Auch sein Sehverhalten, das homoerotisch gesteuert war, verfeinerte sich durch die wachsende Vertrautheit mit einer Filmkunst, die nach der Einführung des Motion Picture Production Code von 1930, des sogenannten Hays Code, die Camouflage sexueller Interessen zum Prinzip erhob.

Bereits bei seinem ersten Aufenthalt in Los Angeles im Frühjahr 1938 wurde er von den Granden Hollywoods hofiert. Jack Warner, einer der mächtigen Studiobosse, gab ein Dinner für ihn, dessen Gästeliste das für die Filmindustrie bezeichnende Miteinander von Glamour und Geist eindrucksvoll illustrierte. Nicht nur deswegen, sondern auch aus Gründen der Weltanschauung war Thomas Manns Hollywood-Erlebnis ein anderes als das der meisten deutschen Emigranten, nicht zuletzt das Heinrich Manns, der als Schreiber im MGM-Studio ein Jahr nutzlos absaß und eine Art Überbrückungshilfe empfing, ohne dass es ihm gelang, Fuß zu fassen. Bei den zahlreichen gesellschaftlichen Anlässen sogleich 1938 und später immer wieder, bei den Besuchen der großen Filmstudios und den Begegnungen mit Stars, Regisseuren und Filmagenten, bewegte ihn in erster Linie die Hoffnung auf eine Verfilmung des *Joseph*. Diese Hoffnung zerschlug sich zu seinem großen Kummer. Gleichwohl zeigte er sich bei drei verschiedenen Anlässen bereit, an Filmprojekten mitzuwirken, die jedoch alle drei ebenfalls im Sande verliefen.

Die Zeitspanne des transatlantischen Exils weist ziemlich genau in ihrer Mitte eine markante Zäsur auf – man könnte es auch einen Wendepunkt nennen –, die die vierzehn amerikanischen Jahre in zwei gleich lange, doch stimmungsmäßig höchst unterschiedliche Hälften teilt. Diese Zäsur trat ein, als am 12. April 1945 Franklin Roosevelt starb. Waren die ersten sieben Jahre von der Sonne seiner Roosevelt-Verehrung erhellt, so verdunkelten sich die folgenden sieben Jahre unter dem wachsenden Einfluss der Roosevelt-Gegner. Thomas Mann ahnte überraschend klar, was nach dem Tod des Präsidenten kommen würde. In seiner Wahlkampfrede im Herbst 1944 warnte er, ohne Namen zu nennen, vor der großen Gefahr, »daß in diesem Lande die Kräfte der Reaktion, des Isolationismus, der rassischen Intoleranz, der verstockten und blinden Renitenz gegen die Notwendigkeit sozialer Veränderungen« (XI, 981) die Oberhand bekommen könnten. Sie bekamen die Oberhand.

Als nach den Kongresswahlen von 1946 im Repräsentantenhaus die Republikaner einen Zuwachs verzeichneten, ging der Vorsitz des Aus-

23

schusses zur Untersuchung unamerikanischer Umtriebe an einen republikanischen Scharfmacher. Mit den 1947 medienwirksam inszenierten Anhörungen vor dem gefürchteten HUAC, dem House Unamerican Activities Committee, setzte die erste Welle der Kommunistenverfolgung ein, für die sich später der Begriff des McCarthyism einbürgerte. Als Joseph McCarthy 1952 den Vorsitz des entsprechenden Senatsausschusses übernahm, war Thomas Mann aber wieder in die Schweiz zurückgekehrt. Was er erlebte, war die erste vom HUAC initiierte Welle der Repression. Sie richtete sich zunächst gegen eine Gruppe von Filmschaffenden, die meisten von ihnen linksgerichtete Drehbuchautoren, die als »Hollywood Ten« in die Geschichtsbücher eingingen. Thomas Mann schloss sich spontan dem Protest des liberalen Hollywood an und lieferte für die Radiosendung »Hollywood Fights Back« einen kurzen geharnischten Text. Als er wenig später selbst in die Schusslinie der Kommunistenjäger geriet und zusammen mit 49 anderen Persönlichkeiten als ein »communist dupe« denunziert wurde, musste er von seinen Freunden davon abgehalten werden, sich zur Wehr zu setzen.

Sowohl die Anhörungen vor dem HUAC als auch die steckbriefartige Verfolgung der fünfzig prominentesten angeblichen Mitläufer und nützlichen »Idioten« wären nicht möglich gewesen ohne die Amtshilfe des Federal Bureau of Investigation, das über eine umfangreiche Kartei verfügte und schon seit Jahren belastendes Material über alle verdächtigen Intellektuellen und Künstler sammelte. Thomas Manns Überwachung begann schon 1937 offenbar auf Grund seines aus amerikanischer Sicht vorzeitigen Antifaschismus. Das umfangreiche FBI-Dossier zu Thomas Mann ist bemerkenswert allein wegen seines schlichten »guilt-by-association«-Musters; es enthält keine substantiellen Belege für kommunistische Aktivitäten. Thomas Mann war letztlich nicht gefährdet; im Unterschied zu Bertolt Brecht musste er nicht vor dem HUAC erscheinen.

Gleichwohl war er von der Kommunistenjagd betroffen und angeschlagen. Die Library of Congress sagte seinen 1950 geplanten Vortrag auf Druck des FBI ab, wodurch seine ehrenvolle Verbindung zur amerikanischen Nationalbibliothek de facto beendet war. Darüber hinaus bedeutete das Verstummen in der öffentlichen Debatte eine empfindliche Einschränkung seines in der amerikanischen Verfassung verbrieften Rechts auf freie Meinungsäußerung. Diese Erfahrungen waren schließlich ausschlaggebend für seine Entscheidung, das Land wieder zu verlassen und in sein erstes Exilland zurückzukehren.

Der Vansittartismus – so benannt nach dem englischen Diplomaten und Deutschland-Kritiker Sir Robert Vansittart – ist ein heute obsoletes Schlagwort. In den vierziger Jahren jedoch war es in Emigrantenkreisen heiß umstritten, weil Vansittart die Schuld am Zweiten Weltkrieg nicht allein bei den Nationalsozialisten suchte, sondern auch bei den Deutschen vor Hitler. Der Vorwurf des Vansittartismus war rufschädigend und als solcher intendiert. Bertolt Brechts Attacken gegen Thomas Mann, zumal nach dem Scheitern des Deutschlandmanifests der kalifornischen Emigranten im August 1943, lief auf eben diesen Vorwurf hinaus. Außerdem war die Wahrnehmung Thomas Manns, des Amerikaners, in seinem Herkunftsland lange Zeit dadurch belastet, dass sein Deutschlandbild mit dem Selbstverständnis der Deutschen, der Daheimgebliebenen und größtenteils auch der Emigranten, nicht kompatibel war, weil es auch die Perspektive der Opfer der deutschen Aggression reflektierte. Diese Außenperspektive verdankte sich in hohem Maße der Auseinandersetzung mit *Black Record*, dem ersten der gegen Deutschland gerichteten Pamphlete des englischen Lords.

Die Klärung seines Deutschlandbildes war jedoch nicht nur im Hinblick auf die Deutschlanddebatten unter den Exilanten dringlich, sie war auch eine arbeitsökonomische Unumgänglichkeit. Ohne ein klares, kohärentes und kritisches Deutschlandbild hätte der *Faustus*-Roman nicht unternommen werden können. Wie es zu der schrittweisen Artikulation des dem Roman zugrundeliegenden Deutschlandbildes kam, ist an einer Reihe von Lektüre-Erlebnissen nachzuvollziehen. Dazu gehören zwei Titel Erich Kahlers (*Israel unter den Völkern, Der deutsche Charakter in der Geschichte Europas*), Robert Louis Stevensons klassische Schauergeschichte von Dr. Jekyll und Mr. Hyde sowie die Deutschlandanalyse des jungen, gerade aus Berlin geflohenen Sebastian Haffner in seinem Buch *Germany. Jekyll and Hyde*. Dieser Klärungsprozess lässt sich am besten als der Weg nach Kaisersaschern beschreiben, dem Emblem des Deutschtums im Roman. Somit zeigt sich, dass der Emigrant, während er sich äußerlich zum Amerikaner machte, innerlich unterwegs war zu seinen eigenen Wurzeln und zu einer Auseinandersetzung mit dem, was die Welt als »the German problem«

ansah. Sie zeitigte eine Romanstruktur, die den Ersten und Zweiten Weltkrieg als zwei Akte ein und desselben Dramas des deutschen Weltmachtstrebens erscheinen ließen, symbolisiert in dem Streben nach musikalischer Hegemonie. Diese Interpretation der deutschen Geschichte hat sich unter deutschen Historikern erst nach der Debatte um Fritz Fischers Buch über die deutschen Kriegsziele von 1914 durchsetzen können und selbst dann nur mühsam und gegen fest anerzogene und tiefsitzende Vorurteile.[11]

Auch ohne sich in Deutschland wieder niederzulassen, war Thomas Mann, der Amerikaner, noch lange nach 1945 eine irritierende Präsenz in den Köpfen vieler Deutscher. Die Kontroverse, die ausbrach, als er erklärte, warum er Walter von Molos Aufforderung, »als guter Arzt« zurückzukehren, nicht Folge leisten könne, stellt sich im Rückblick als die unerkannte Mutter aller späteren, oft von außen ausgelösten Deutschlanddebatten dar. Dieser Streit des Exilanten mit der Inneren Emigration ist als das Vorspiel zu der auf Beschweigen, Kompromiss und Exkulpation beruhenden Vergangenheitspolitik anzusehen, die ihrerseits das erste Kapitel in der langen sogenannten »zweiten Geschichte« des Nationalsozialismus darstellt – jener Geschichte, die mit der Deutung der deutschen Katastrophe befasst ist.[12]

Wenn aus der auf den folgenden Blättern entfalteten kritischen Betrachtung des amerikanischen Thomas Mann ein mentalitätsgeschichtlich relevantes Fazit zu ziehen ist, so ist es dies: Er ist den Weg der Selbsterkenntnis und Verantwortlichkeit früher und entschlossener gegangen als die große Mehrheit der Deutschen, auch als die große Mehrheit der deutschen Historiker. Daraus darf man folgern, dass der politisch-moralische Reifeprozess, den man der Bonner und der Berliner Republik heute gern und großzügig bescheinigt, vermutlich weniger stotternd und zögerlich vorangekommen wäre, wenn man Thomas Mann, den Amerikaner, das heißt seine im amerikanischen Exil gewonnenen Einsichten, von Anfang an in das Nachdenken über die deutsche Katastrophe einbezogen hätte.

Annäherungen an Amerika

Der lange Weg nach Westen

Vorteil T. S. Eliot

Der Nobelpreis für Literatur war 1948 Thomas Stearns Eliot verliehen worden, dem Dichter des *Waste Land*. In diesem Zusammenhang las Thomas Mann im *Aufbau* einen kurzen Artikel über den in England lebenden amerikanischen Lyriker, Dramatiker und Essayisten und notierte sich dazu im Tagebuch: »Neid auf den Vorteil in die englische Kultur u. Sprache hineingeboren zu sein.« (Tb. 16. 11. 1948) Der von Richard Dyck gezeichnete Artikel bietet einige dürre Angaben zu Leben und Werk T. S. Eliots, die Thomas Mann zu seiner eigenen Belehrung festhielt. Die Bemerkung, die ihm vermutlich am meisten zu denken gab, ist Dycks lapidare Feststellung: »Eliots Dichtungen und kritische Prosaabhandlungen haben ohne Zweifel die junge Literatur-Generation Englands und Amerikas und darüber hinaus auch die junge Generation des gesamten westeuropäischen Kulturkreises aufs stärkste beeinflusst.«[1]

Dies musste den Neid des *Faustus*-Autors erregen, denn kein Kritiker, Engländer oder Amerikaner, wäre damals auf den Gedanken gekommen, Thomas Mann eine dem Dichter des *Waste Land* vergleichbare, weltweite Wirkung zuzuerkennen. Zwar genoss er in Amerika eine sehr hohe Wertschätzung, aber seine herausragende Reputation als »the greatest living man of letters« galt keineswegs unangefochten. Sie wurde, wie nicht anders zu erwarten, bald aus literarischen, bald aus politischen Gründen angefochten. Was gar England betrifft, so war es sein »ständiger Kummer«, wie er Erich Heller bekannte, dass seine Bücher dort »kein Glück« hatten.[2]

Offenbar erklärte er sich den Vorteil, den Eliot ihm gegenüber hatte, allein aus der weiteren Verbreitung der englischen Sprache, was jedem

Englisch schreibenden gegenüber einem Deutsch schreibenden Autor automatisch einen ökonomischen Vorteil verschafft. Der Gesichtspunkt des Innovativen und der Modernität spielte dabei keine Rolle für ihn, denn er zählte Eliot zu den Autoren, die, wie er selbst, das Unerhörte aus dem Vertrauten entwickelten und die Provokation ins Schickliche kleideten. Dies zeigt eine Tagebuchstelle wenige Monate später. Nach der Lektüre einer Rezension von mehreren neuen Büchern über T. S. Eliot konstatiert er bei diesem eine Schreibmethode der Intertextualität *avant la lettre*, denn in den vielen »Studien und Büchern, die über Eliot geschrieben« worden seien, ginge es im Wesentlichen um das »Auffinden der weltliterarischen Citate, aus denen guten Teils seine Gedichte bestehen.«[3] Dem folgt im Tagebuch eine Beschreibung von Eliots literarischer Physiognomie, die auch auf seine eigene passen würde: »Erinnerungsvoller und immerfort aus der Kultur citierender Revolutionär von konservativ traditionalistischer Haltung. [...] Das Evokative statt des Creativen, oder doch dieses stark mit jenem vermischt. Das Resümierende [...]. Zeichen der Letztheit, des Endes, des Abschieds oder des Sich besinnens zum Leben?« (Tb. 14. 3. 1949)

Abgesehen von dieser Ähnlichkeit bildete sich Thomas Mann keine besonders günstige Meinung von seinem jüngsten Nobelpreiskollegen. Er las Eliots *Notes towards the Definition of Culture* und befand, dass ihn dieser neue Essay »nicht wie das Werk eines großen Geistes« anmutete (Tb. 1. 12. 1948). Er hatte erst kürzlich, während der Arbeit am *Doktor Faustus* in der Person Theodor Adornos einen Menschen von außerordentlichen intellektuellen Kapazitäten kennengelernt und war in dieser Hinsicht etwas verwöhnt. Als es vorübergehend den Anschein hatte, »daß aus dem Oxforder Ehrendoktor nichts wird«, vermutete er misstrauisch und abwegig einen »politischen Hintergrund, und daß man Katholik und Royalist sein muß wie Eliot«, um dieser Ehre teilhaftig zu werden (Tb. 3. 12. 1948). Die Ehrenpromotion in Oxford ging im darauffolgenden Mai über die Bühne. Zu einem Empfang des deutschen PEN-Clubs in London erschien auch Eliot, doch offenbar unterließ er es, Thomas Mann persönlich zu begrüßen, was ihm dieser im Tagebuch als Unhöflichkeit ankreidete (Tb. 19. 5. 1949).

Wenn Eliots Vorteil ihm gegenüber nicht aus einer größeren Avanciertheit des literarischen Handwerks und Verfahrens abzuleiten war, wenn seine Essays nicht gerade von einem großen Geist zeugten und wenn ihm seine politischen Affinitäten suspekt waren, so konnte nur die Sprache, die dem Dichter des *Waste Land* durch den Zufall der Geburt zur Verfügung stand, zur Erklärung jenes beneidenswerten Vorteils dienen. In der Tat, nach zehn Jahren im angloamerikanischen Sprachraum zeigt sich bei Thomas Mann ein geschärftes Bewusstsein von der Bedeutung der Sprache, deren sich ein Autor bedient, und von dem relativen Nachteil, den, global betrachtet, ein Deutsch schreibender Autor hat – zumal ein im Schatten der deutschen Katastrophe schreibender.

Symptomatisch dafür ist ein Brief an Agnes Meyer, geschrieben wenige Wochen nach der Reflexion im Tagebuch auf T. S. Eliot. Die ersten amerikanischen Rezensionen des *Doctor Faustus* waren gerade erschienen. Thomas Mann war enttäuscht, zumal nach den überaus ehrerbietigen Rezensionen seines Schmerzensromans, die ihm aus der Schweiz zugegangen waren. Was ihn vor allem bedrückte, war der Vorwurf, dass sein Stil »ponderous« sei – unelegant, schwerfällig.[4] Er behielt seine Niedergeschlagenheit jedoch für sich, denn seine amerikanische Freundin hörte es nicht gern, wenn er sich von Amerika enttäuscht zeigte. Also schrieb er ihr: »Mit der Aufnahme des ›Faustus‹ hier kann und muss ich wirklich noch sehr zufrieden sein. Wie soll denn ein übersetztes Buch, das aller Ueberredungsmittel entbehrt, die es im Original besitzt, seine natürliche und volle Wirkung tun! Es ist ein Wunder, dass es auch so noch einigen Eindruck macht.« (AM, 717) Auch so noch! Soll heißen: in englischer Übersetzung, noch dazu in der Übersetzung Helen Lowe-Porters, zu deren linguistischer Kompetenz er nie volles Vertrauen fasste, weshalb er alle seine Überredungskünste aufgeboten hatte, um Agnes Meyer für die englische Fassung des *Doktor Faustus* zu gewinnen.[5] Es folgt ein Stoßseufzer, der für das Selbstverständnis und die Befindlichkeit des amerikanischen Thomas Mann höchst aufschlussreich ist: »Wäre ich nur in die angelsächsische Kultur hineingeboren! Ich wollte euch ein Englisch schreiben! – Sans patrie, liebe Freundin; es ist im Grunde ein melancholisches Dasein.«

Im zehnten seiner amerikanischen Jahre manifestiert Thomas Mann somit eine feine Sensibilität für das Echo, das seine Bücher in der großen Englisch sprechenden Welt fanden. Offenbar ahnte er hier schon, dass der amerikanische und englische Literaturbetrieb den globalen Buchmarkt bald in noch größerem Maß dominieren würden, als es bereits 1948 der Fall war. Diese Entwicklung sollte sich in dem darauffolgenden Halbjahrhundert noch beschleunigen. George Steiner hat sich am Ende des vorigen Jahrhunderts einige melancholische Gedanken gemacht über die nachteiligen Auswirkungen des »globalen Erfolgs« des Englischen für alle anderen Literaturen, zumal die aus einem eng begrenzten Sprachraum stammenden. Steiner konstatiert nüchtern und weitgehend zutreffend, dass die englische Übersetzung eines literarischen Werkes heute »wichtiger« sei als das Original. Mehr denn je komme es darauf an, »in den weltweiten Club englischsprachiger Publikation und Rezeption aufgenommen« zu werden, denn nicht anders als für den Naturwissenschaftler, den Banker und den Diplomaten sei das Englische heute auch für den Schriftsteller »das unentbehrliche Fenster zur Welt«. »Unübersetzt zu bleiben« bedeute, »Gefahr zu laufen, der Vergessenheit anheimzufallen«.[6] Umso wichtiger war für Thomas Mann die Qualität der Übersetzungen, und die bereiteten ihm Sorgen. Daher seine frustrierte Wunschphantasie, wie T. S. Eliot in der englischsprachigen Welt wirken zu können. Er war überzeugt, dass niemand seinen Stil »ponderous« finden würde, wenn er imstande wäre, auf Englisch zu schreiben und seinen Stil in englischer Sprache selbst zu formen. Dann würden alle derartigen Beanstandungen verstummen.

Gewiss verdanken sich die Bemerkungen über T. S. Eliot im Tagebuch und der Stoßseufzer in dem Brief an Agnes Meyer zu einem beträchtlichen Teil einer momentanen Verstimmung wegen der enttäuschenden Aufnahme des *Doctor Faustus* in Amerika. Doch gehen Thomas Manns Äußerungen weit über das vertraute und verständliche Leiden der Autoren an ihren Übersetzern hinaus. Er wünscht sich ja nicht nur, als Englisch schreibender Autor auf die Welt gekommen zu sein. Er wünscht sich mehr, nämlich »in die angelsächsische Kultur hineingeboren« zu sein. Ein verblüffendes und verwirrendes Bekenntnis von einem Autor, der als Meister der deutschen Sprache und als öffentliche Figur eine T. S. Eliot zumindest vergleichbare Vorrangstellung einnahm! Es ist auch ein erklärungsbedürftiges Bekenntnis. Wie hat sich diese Wunschphantasie gerade bei diesem Schriftsteller bilden können? Was hat es zu bedeuten, dass er sich sehr wohl als Englisch schreibenden Autor vorstellen konnte, nicht aber als Französisch, Italienisch, Portugiesisch oder Russisch schreibenden? Und welches Licht wirft es auf sein Selbstverständnis als deutscher Schriftsteller, dass er sich sehr wohl eine Zugehörigkeit zur angelsächsischen Kultur vorstellen mochte?

Für letztere Wunschphantasie liefern die *Bekenntnisse des Hochstaplers Felix Krull* einen kleinen, aber aufschlussreichen Beleg. Für seine letzte Selbstprojektion wählte er die Maske eines schottischen Adeligen, Lord Kilmarnock. Was Thomas Manns Persönlichkeit nach seiner Selbsteinschätzung auszeichnete – die gepflegte äußere Erscheinung, vollendete Umgangsformen, Diskretion, Zartsinn und eine Vorliebe für junge Männer –, erfährt hier eine Veredelung durch die Transposition in eine kulturelle Sphäre, die er im Alter für die schätzenwerteste hielt – die angelsächsische.

»Do you speak English?«

Der Weg Thomas Manns zu einer Würdigung der angelsächsischen Kultur war lang und steil. Er holte damit in seinem eigenen Leben in komprimierter Form und beschleunigtem Tempo nach, was Heinrich August Winkler als Signum der deutschen Geschichte im 19. und 20. Jahrhundert herausgearbeitet hat: den langen, hindernisreichen und widerwillig zurückgelegten Weg vom Ende des Alten Reichs bis zur Wiedervereinigung und zur fraglosen Westintegration.[7] Für Thomas Mann war es ein langer Weg, weil die Ausgangsperspektive, weltanschaulich betrachtet, tief und weit gen Osten gerichtet war. Die Verehrung für die, wie es in der autobiographischen Künstlernovelle *Tonio Kröger* von 1903 heißt, »anbetungswürdige russische Litteratur, die so recht eigentlich die heilige Litteratur darstellt« (2.1, 275), war in den frühen Jahren ein Grundpfeiler seines Selbstverständnisses als Schriftsteller. Tonio Krögers Russophilie war auch die seines Schöpfers, der sie eigentlich nie ganz ablegte. Sie wurde erst langsam und gegen seine innere Anhänglichkeit an die spezifisch russische Menschlichkeit, wie er sie aus der Literatur kannte, aus ihrer dominanten Stellung verdrängt. Thomas Manns Weg nach Westen, im geographischen wie im über-

33

tragenen Sinn, gestaltete sich nicht zuletzt deswegen so mühsam, weil er ihn mit einem linguistischen Defizit beschreiten musste. Heinrich Manns Hinneigung zur französischen Kultur war beflügelt von seiner frühen Beherrschung der französischen Sprache. In dieser Hinsicht konnte und wollte Thomas Mann seinem bewunderten älteren Bruder nicht folgen. Offenbar verspürte er, wie das Frühwerk erkennen lässt, schon in jungen Jahren ein gewisses Interesse an England und an der englischen Kultur, doch vermochte er es nicht mit demselben Elan zu verfolgen, mit dem Heinrich seiner Frankophilie frönte, weil er in der Schule nur wenig Englisch gelernt hatte. Der Englischunterricht, den Hanno Buddenbrook erlebt, spiegelt vermutlich die Erfahrungen des *Buddenbrooks*-Autors. Dem Lehramtskandidaten Modersohn, der in Hannos Schule mit dem Englischunterricht betraut ist, fliegen Hahnenschreie und andere Tierstimmen entgegen; sie lassen alle pädagogischen Bemühungen des bedauernswerten Mannes zuschanden werden. Der Lehramtskandidat ist hoffnungslos überfordert; seine Schüler bringen sich selbst um die Vorteile, die das Erlernen einer Fremdsprache in jungen Jahren bietet.

Noch als Fünfzigjähriger, als Thomas Mann zum Thema Kosmopolitismus das Wort ergriff, musste er zugeben, dass seine Englischkenntnisse »schlechthin kümmerlich« seien. Er spreche Englisch wie ein Schuljunge und lese es »ohne Bequemlichkeit« (15.1, 1016). Wenn er höre, dass sein französischer Kollege André Gide Englisch gelernt habe, nur um Joseph Conrad im Original lesen zu können, kenne seine Bewunderung und Beschämung keine Grenzen. Seine »Trägheit in Hinsicht auf fremde Sprachen« sei jedoch »unüberwindlich«. Dies alles macht es zur Gewissheit, dass es sich bei dem fremdsprachlichen Feuerwerk, das Felix Krull bei seinem Vorstellungsgespräch im mondänen Hotel Saint James and Albany abbrennt, um eine Wunschphantasie seines Autors handelt. Felix vermag sich allein kraft seiner »natürlichen Anstelligkeit« in einen Franzosen, Italiener oder Engländer zu verwandeln. Von solcher Virtuosität konnte sein Schöpfer nur träumen. Dies tat er immer wieder, denn die Vorstellung, ein anderer zu sein und die ihm von Natur und Kultur gesetzten Grenzen zu überspringen, ist eine Konstante dieses Menschenbildners. Ihn selber hätte die Frage »Do you speak English?« sicher in Verlegenheit gebracht, doch aus seinem verschlagenen Helden lässt er es mit der größten Lebhaftigkeit hervorsprudeln – »säuselnd« und »dünkelhaft«, wie er meint, dass es sich gehört: »I certainly do, Sir. Of course, Sir, quite naturally I do. Why shouldn't I? I love to, Sir. It's a very nice and comfortable language [...].« (VII, 415) Offenbar war bereits diese Wunschphantasie von einer natürlichen, angeborenen Befähigung zum Englisch-Sprechen mitinspiriert von dem Gedanken, der ihm erst in Amerika zur Gewissheit wurde, dass nämlich einem Englisch schreibenden Autor mit dem Aufstieg des Englischen zur führenden Weltsprache enorm erweiterte Wirkungsmöglichkeiten offenstanden. Darauf verweist die Imponiergeste, mit der Krull sogleich davon plappert, dass in fünfzig Jahren überall auf der Erde Englisch die zweite Sprache jedes Menschen sein werde.

Thomas Mann, der dreiundsechzig Jahre zählte, als er sich in den Vereinigten Staaten niederließ, hat dieses anfängliche sprachliche Handicap auch während seines vierzehn Jahre währenden amerikanischen Exils nicht ganz ablegen können. »Englisch gestümpert« (Tb. 13. 3. 1938) – dies eine für die anfänglichen Sprachprobleme charakteristische Tagebucheintragung. Bei den in Amerika üblichen, ihm aber höchst lästigen Frage-und-Antwort-Spielchen nach Vorträgen und Lesungen, mussten ihm Katia und Erika assistieren. Und vor seinen großen Auftritten in der Library of Congress ließ er sich von Agnes Meyer die Stellen mit heikler Aussprache vorsagen, damit er sie einüben konnte. Er hatte als Redner und Vortragskünstler genug Erfahrung, um zu wissen, dass er seine englischen Texte einüben musste, um gegen die Tücken der korrekten Aussprache gefeit zu sein.

Thomas Mann sprach Amerikanisch mit einem unverkennbar deutschen Akzent, ohne dass die Verständlichkeit darunter litt. Im Unterschied zur Mehrzahl seiner deutschen Mitexilanten brachte er es zu einer passablen Beherrschung der englischen Sprache. Das belegen u. a. die Tonbänder seiner Vorträge in der Library of Congress; sie lassen erkennen, dass er auch auf Englisch effektvoll vortragen konnte. Im Übrigen fühlte er sich nach zehn Jahren seiner Sache sicher genug, um die mangelhafteren Englischkenntnisse und die ungenügende Aussprache an anderen Emigranten zu bemerken. So etwa monierte er im Tagebuch nach einem englischen Vortrag Ludwig Marcuses in Los Angeles die »[s]chlimme Berliner Aussprache, die aber mit völliger Duldsam-

keit hingenommen« worden sei (Tb. 25. 4. 1952). Seinem Freund Erich
Kahler hingegen, der Englisch nicht nur zu sprechen, sondern auch zu
schreiben lernte, machte er dafür ein großes Kompliment:»Sie haben
wirklich Ihren Mann gestanden in einer Weise, die sich höchst ehrenvoll von der vollkommenen Untüchtigkeit der meisten Emigranten
intellektuellen Typs angesichts der neuen Situation unterscheidet.«
(EK, 40) Thomas Mann selbst zählte sich wohl eher zu dem Gros der
Untüchtigen. Vielleicht scheute er sich auch vor den potentiell schäd-
lichen Konsequenzen der Zweisprachigkeit und verzichtete deswegen
darauf, eine aktive Beherrschung des Englischen auch nur anzustre-
ben.[8] Kahler übrigens zählte die »Vertreibung« aus dem deutschen
Sprachraum zu »den fürchterlichen Erfahrungen der Nazizeit [...]. Das
Exil hat mich aus meiner Muttersprache vertrieben, es hat mich gezwungen, in einer fremden Sprache mich niederzulassen, zu schreiben,
vorzutragen, zu unterrichten. Es war das ein schweres, umwälzendes
Erlebnis, das tief ins Leben eingreift.« (EK, 283)

Im Mann-Haushalt beherrschten Katia und Erika das Englische weit
besser als er. Telegramme und kurze Grußbotschaften ließ er sich von
Katia oder Erika korrigieren. Bei längeren Schriftsätzen wie einem Leserbrief oder kurzen Artikeln halfen die jeweils im Haus anwesenden
Schreibkräfte. Die Übersetzung von längeren Artikeln oder gar Vorträgen wurde von verschiedenen »native speakers« besorgt.

Alle Anzeichen sprechen dafür, dass er in seinen amerikanischen Jahren, im Gegensatz zu seiner oben zitierten Aussage von 1925, das Englische mit »Bequemlichkeit« las. Das bedeutet jedoch nicht, dass er nun
englische und amerikanische Autoren in der Originalsprache las. Im
Gegenteil, er zog es weiterhin vor, angelsächsische Literatur – Joseph
Conrad etwa – in deutschen Übersetzungen zu lesen, und gegenüber
Agnes Meyers gezielten Lektürevorschlägen – Nathaniel Hawthorne
zum Beispiel oder Henry James – zeigte er sich merkwürdig resistent.[9]

Thomas Mann pflegte schon in Deutschland die regelmäßige Lektüre von Zeitungen und Zeitschriften. Diese Gewohnheit setzte er in
Amerika fort, wo er, abgesehen von der *New York Times* und der *Los Angeles Times*, die wöchentlich erscheinende links-liberale *The Nation* sowie das ebenfalls wöchentlich erscheinende, anspruchsvolle Magazin
The New Yorker ziemlich regelmäßig las. Letzteres galt in punkto Stil

und korrektem Amerikanisch als normsetzend und gilt es auch heute noch. Das wohl verlässlichste Indiz seiner stark verbesserten Englisch-kenntnisse ist das Vergnügen, das er in den letzten Jahren seiner ame-rikanischen Zeit an der Jack Benny Show fand. Dieser Unterhaltungs-sendung des populären Vaudeville-Komikers Jack Benny, der in Ernst Lubitschs klassischer Antinazi-Komödie *To Be or Not to Be* seinen größ-ten Erfolg hatte, lauschte er, wie das Tagebuch zeigt, gerne sonntag-abends am Radio. Jack Bennys Witz und Humor lebten von den gegen-seitigen Sticheleien eines irischen und eines jüdischen Typs und beruh-ten zum großen Teil auf Wortspielen; dass ihn diese Sendungen amü-sierten, zeigt, dass er es zumindest zu einer passiven Beherrschung der amerikanischen Umgangssprache gebracht hatte.

Aber auch in der passiven Beherrschung des geschriebenen Englisch brachte Thomas Mann es relativ rasch auf ein respektables Niveau. Als er im Juni 1942 seine politischen Essays für den Sammelband *Order of the Day* zu redigieren hatte, schrieb er an Kahler: »Ach die Übersetzung, welche Qual! Ich kann jetzt leider gerade soviel Englisch, um mich ver-pflichtet zu fühlen, aufzupassen. Es war viel besser, als ich noch gar-nicht hinsah.« (EK, 51)

»Schönster Menschentyp« und »Kindervolk«

Eine noch fundamentalere Erschwernis auf Thomas Manns langem Weg nach Westen waren, jedenfalls anfänglich, die Vorurteile gegen England und Amerika und die Klischeevorstellungen von den Englän-dern und Amerikanern, die im Wilhelminischen Deutschland mit der neidvollen Bewunderung für das British Empire und mit der Sympathie für die aufstrebenden Vereinigten Staaten in einem nervösen Span-nungsverhältnis koexistierten.[10] In dieser Hinsicht war Thomas Mann ein Kind seiner Zeit; er teilte die in Deutschland verbreitete Zwiespäl-tigkeit gegenüber England, das angeblich primär am Handel interessiert sei. Wie Maximilian Harden, dessen *Zukunft* er ziemlich regelmäßig las, schätzte er die englische Kultur, misstraute aber der britischen Politik. Harden war, wie der Autor der *Betrachtungen eines Unpolitischen*, ein Verehrer Nietzsches. Dessen notorische Ausfälle gegen England und seinen angeblichen »Mangel an Musik«, der »auch noch am humansten Engländer« beleidige, haben bei dem jungen, von der Musik besessenen Autor deutliche Spuren hinterlassen.[11] Dies zeigen vor allem die *Betrachtungen*, in denen die herablassende Kritik an England und Amerika in dem größeren Zusammenhang der prinzipiellen Frontstellung gegen den Westen steht.

Die herablassende Einstellung gegenüber den kulturell zurückgebliebenen Amerikanern bestand auch nach seiner Öffnung zum Westen hin, die Anfang der zwanziger Jahre erfolgte, noch lange fort. Dies lässt sich an dem 1929 geschriebenen Vorwort zu Ludwig Lewisohns Roman *Der Fall Herbert Crump* ablesen. Lewisohn, Kritiker und Romancier, war einer der frühsten Herolde Thomas Manns in Amerika. Dieser bekundet in seinem Vorwort eine bemerkenswerte Aufmerksamkeit für die amerikanische Szene. Mit Blick auf den international aufsehenerregenden Justizskandal um die des Raubmords angeklagten Anarchisten Ferdinando Nicola Sacco und Bartolomeo Vanzetti, die beide 1927 verurteilt wurden, erteilt er der Redensart »Jeder kehre vor seiner eignen Tür« eine Absage und plädiert für »eine Art von Gesamthaftbarkeit« der Intellektuellen. Die Welt sei klein und intim geworden, und niemand könne den Gedanken der Gesamtverantwortung in den Wind schlagen, »ohne seine gehässige Rückständigkeit zu erweisen« (X, 703). Was die kulturelle Situation der Vereinigten Staaten anbelange, so gebe es aktuell einen begrüßenswerten Trend zur »Europäisierung Amerikas«, die er als das »Gegenstück zu unserer vielberufenen ›Amerikanisierung‹« betrachtete. An der Europäisierung Amerikas arbeiteten, wie Thomas Mann meinte, abgesehen von Ludwig Lewisohn, so bedeutende Köpfe wie der Kulturkritiker H. L. Mencken, die Schriftsteller Upton Sinclair und Sinclair Lewis und der »brave Richter Lindsey«, womit der Justizreformer Ben Lindsey gemeint ist. Des Weiteren nennt er drei Zeitschriften: den von H. L. Mencken herausgegebenen *American Mercury,* die Kulturzeitschrift *The Dial,* für die er von 1922 bis 1925 gehaltvolle Berichte aus Deutschland schrieb, sowie die politische Wochenzeitung *The Nation.* Ihnen allen sei, wie er meint, an der Europäisierung Amerikas gelegen. Ob und inwieweit diese Diagnose zutrifft, mag hier dahingestellt bleiben.

Dieses zweifellos gutgemeinte Plädoyer für eine amerikanisch-europäische Annäherung enthält jedoch ein empfindlich störendes Element, nämlich einen gönnerhaften und herablassenden Ton, der dem deutschen Bildungsbürgertum allgemein und Thomas Manns persönlicher Einstellung zu Amerika noch lange anhaften sollte. Das zeigt sich besonders deutlich, wenn er schreibt, die genannten Autoren und Zeitschriften hätten es sich zur Aufgabe gemacht, »aus dem schönen, energischen und zivilisierten Kindervolk der Amerikaner erwachsene und reife Menschen von Kultur zu machen« (X, 703). Diese und vergleichbare Äußerungen lassen nicht gerade auf ein brennendes Interesse an Amerika und seinem »Kindervolk« schließen.

Allerdings ist zu bemerken, dass er das »Kindervolk der Amerikaner« auch mit dem Prädikat »schön« versieht. Das ist keineswegs eine leere Floskel, denn es gibt verschiedene Anzeichen, dass sich Thomas Mann schon von früh an instinktiv zu dem angloamerikanischen Menschenschlag hingezogen fühlte – weit eher als zu dem mediterranen oder französischen. Auf dieser Ebene ist eine persönlich gefärbte und erotisch kodierte Sympathie festzustellen, die der kulturell und historisch bestimmten Abwehr und Herablassung entgegenläuft und diese weitgehend neutralisiert.

In den *Betrachtungen eines Unpolitischen* ist und bleibt »das große England« letztlich »eine außereuropäische und geradezu antieuropäische Macht« (13.1, 468). Das hält ihn jedoch nicht davon ab, von der Attraktivität junger Engländer und Engländerinnen zu schwärmen; sie sind für ihn »noch immer der schönste und stolzeste jugendliche Menschentyp aller Zonen«. Besonders angetan war er von »jene[m] dunkle[n], ästhetizistische[n] Jungfrauen-Schlag, den man von Botticelli sowohl wie von den Engelsbildern der britischen Präraffaeliten her kennt«. Thomas Mann hatte zu jener Zeit noch nichts von England gesehen; sein erster Besuch in London erfolgte 1924. Woher kannte er diesen attraktiven Menschentyp? Offenbar von Florenz her.

Im Frühjahr 1901 verbrachte der damals noch völlig unbekannte Autor mehrere Wochen dort, um sich mit der Stadt Savonarolas bekannt zu machen. Die Stadt am Arno war auch das Ziel vieler Engländer und Engländerinnen, die einen Hauptanteil hatten an dem um 1900 kräftig neubelebten Interesse an der Renaissance.[12] In Florenz nun machte Thomas Mann die Bekanntschaft zweier junger Engländerinnen, Edith und Mary Smith. Letztere, so berichtete er seinem intimen Freund Paul Ehrenberg, sah aus, »alsob sie von Botticelli wäre, nur viel lustiger«. Diese Geschichte mit der »kleinen Engländerin […] war anfangs ein sorgloser Flirt, nahm aber später einen ganz merkwürdig seriösen Charakter an – und zwar (o Staunen!) beiderseits« (21, 168). An anderer Stelle hören wir sogar, dass von einer »eheliche[n] Befestigung« ihres Verhältnisses die Rede war (XI, 117). Doch statt die attraktive, lebhafte und offenbar auch kluge Engländerin zu heiraten – er hatte Bedenken, »die die fremde Nationalität des Mädchens betrafen« (XI, 117) –, widmete er ihr die glänzende novellistische Studie *Gladius Dei*. Es handelt sich dabei um eine nach München versetzte Savonarola-Phantasie, eine Vorstudie zu seinem Renaissance-Drama *Fiorenza*. *Gladius Dei* war im Erstdruck Mary Smith gewidmet: »To M. S. in remembrance of our days in Florence.«

Die geheimnisvolle Mary-Smith-Episode mag als ein frühes Signal dafür angesehen werden, dass schon der junge Thomas Mann sich mit Entgrenzungsphantasien trug, die sich auf die angelsächsische Kultur richteten und erotisch motiviert waren. Einen weiteren Beleg dafür liefert die früheste englische Gestalt in seinem Werk. Es ist Johnny Bishop, die zentrale Figur jener zauberhaften Erinnerung an eine Travemünder Ferienwoche seiner Schulzeit, *Wie Jappe und Do Escobar sich prügelten*. Die Erzählung beschreibt – so der ironische Schlusssatz – »die ersten Eindrücke von der eigentümlichen Überlegenheit des englischen Nationalcharakters, den ich später so sehr bewundern lernte« (2.1, 500). Johnnys selbstsicheres Auftreten und elegante Kleidung ist jedoch nur die eine Seite; die andere ist der erotische Zauber, der von ihm ausgeht. Johnny mit seinem »lieblichen Lächeln« hat »etwas von einer Frau« und wird mit Amor verglichen. Johnny Bishop erweist sich somit als eine Präfiguration des vollkommen schönen polnischen Knaben Tadzio im *Tod in Venedig*.

Was jedoch das Verhältnis des jungen Thomas Mann zu Amerika betrifft, so ist zunächst an eine Besonderheit seiner literarischen Bildung zu erinnern. Wie er in der frühen autobiographischen Skizze *Kinderspiele* bekennt, hat er in seiner Jugend weder James Fenimore Cooper noch offenbar Karl May gelesen. Seine ersten Leseeindrücke gewann er aus Homer, Vergil und Friedrich Nösselts *Lehrbuch der griechischen und römischen Mythologie für höhere Töchter.* Das heißt, die epochen- und generationsspezifische erste Kontaktnahme mit Amerika durch das Medium von Indianergeschichten fand in diesem Fall nicht statt. Amerika war ihm nicht, wie seinen Altersgenossen, das »Land[ ] des Lederstrumpfs« (14.1, 81), nicht jener imaginäre Raum von Abenteuer und mannhafter Bewährung, sondern eine Leerstelle. Als es in *Königliche Hoheit* galt, diese Leerstelle zu füllen, musste er sich mühsam ein Bild der amerikanischen Lebensverhältnisse zusammenlesen und zusammenbasteln – mit zum Teil seltsamen Ergebnissen.[13]

Bruder Whitman

Thomas Manns Weg nach Westen führte in der Hauptsache, wie es einem Schriftsteller angemessen ist, über die Literatur. Von seiner frühen Novellistik bis zum *Doktor Faustus* ist eine wachsende Präsenz englischer und amerikanischer Elemente festzustellen. Welche Werke und Autoren kannte er? Und was zog ihn daran an?

Gefragt nach dem französischen Einfluss auf sein Werk, bestritt der *Buddenbrooks*-Autor einen solchen und bekannte in einem kleinen Aufsatz von 1904, dass »nichts in der Welt [...] so stimulierend« auf seinen »Kunsttrieb« gewirkt habe wie die Werke Richard Wagners (14.1, 73). Unterhalb dieses Höhenkamms räumt er eine Beeinflussung seiner Erzählweise in einzelnen technischen Details ein sowie einzelne Anregungen ohne eigentliche Beeinflussung. In diesen im Vergleich zu Wagner untergeordneten Kategorien nennt er als einzigen englischen Autor Charles Dickens. Vermutlich ist hier an den Kaufmannsroman *Dombey and Son* von 1848 zu denken. Die Vergötzung, die seine Buddenbrooks mit der »Firma« treiben, ist wahrscheinlich mit einem Seitenblick auf Dickens' Roman konzipiert worden. Auch einige prägnante Figuren in der zweiten Reihe wie Bendix Grünlich, Sigismund Gosch und der Bankier Kesselmeyer haben einen gewissen Dickens'schen Zuschnitt.

Deutlicher zu fassen ist die Verbeugung Thomas Manns vor dem amerikanischen Meister der »short fiction«, Edgar Allen Poe. Hanno Buddenbrooks Freund Kai, der Schriftsteller werden will, hat gerade *The Fall of the House of Usher* gelesen, den frühen Klassiker der Dekadenzliteratur, und bemerkt zu Hanno: »Dieser Roderich Usher ist die wundervollste Figur, die je erfunden worden ist! [...] Wenn ich jemals eine so gute Geschichte schreiben könnte!« (1.1, 794) Einer Anregung von Poe verdanken wir offenbar auch den wirkungsvollen Kunstgriff, den Tod Hannos durch eine ausschweifende Wagner-Phantasie am Klavier vorwegzunehmen, denn auch Roderick Ushers Tod kündigt sich in »wild phantasies« auf der Gitarre und in der »fervid felicity of his impromptus« an. Im Übrigen ist auch der unheimliche, stumme Auftritt der Pastorin Höhlenrauch in der Musikszene der *Tristan*-Erzählung dem stummen Auftritt der Lady Madeline, der rätselhaften Zwillingsschwester Roderick Ushers, nachgebildet. Die Poe-Entlehnungen bieten ein instruktives Beispiel für jene poetische Kultur, die sich der »Schulung des Blicks durch Bücher« verdankt.[14]

Es scheint, dass Thomas Mann die verpasste *Lederstrumpf*-Lektüre insgeheim doch als einen Mangel empfand, den er auf anderen Wegen zu kompensieren suchte. Als er sich zum ersten Mal offen Amerika und der amerikanischen Literatur zuwandte, rühmte und bewunderte er vor allem ihre Männlichkeit. Das geschah 1922 an unerwarteter Stelle in einer seiner gewichtigsten politischen Stellungnahmen, der Rede *Von deutscher Republik*. Diese Rede markiert den denkwürdigen Versuch, der deutschen Jugend die Demokratie und damit die ungeliebte Weimarer Republik schmackhaft zu machen. Die Demokratie – dies der Kern seiner Argumentation – biete sehr wohl die Voraussetzungen zum Gedeihen einer neuen, zeitgemäßen Humanität – Voraussetzungen, die zumindest »nicht schlechter« seien als unter der Monarchie.[15]

Es leuchtet unmittelbar ein, dass er auf die Vereinigten Staaten blickte, als es darum ging, sich mit der Demokratie anzufreunden. Man würde jedoch erwarten, dass er zu diesem Ende die amerikanische Verfassung bemühte oder die sogenannten »Founding Fathers« oder auch die bedeutenden frühen Präsidenten George Washington und Thomas Jefferson. Stattdessen beschwört und rühmt er in seiner Republik-Rede Walt Whitman, den homoerotischen Hymniker und Barden der amerikanischen Demokratie. Er hatte Whitman gerade in der Übersetzung von Hans Reisiger kennengelernt. Worum es Thomas Mann dabei vor allem ging, ist am bündigsten formuliert in seiner kurzen Besprechung von Reisigers zweibändigem Whitman-Werk. Es gelte heute, das »Gefühl der neuen Humanität« zu befestigen und zu konkretisieren, denn die Deutschen seien zwar ein altes, aber ein politisch unreifes Volk. Mit »Goethe allein« sei es heute nicht mehr getan, »ein Schuß Whitman« gehöre dazu, denn Whitmans Demokratie-Begriff sei im Grunde »nichts anderes [...], als was wir, altmodischer, ›Humanität‹ nennen«. Im Übrigen habe Whitman viel mit Goethe gemeinsam, »vor allem das Sinnliche« (15.1, 494).

So überraschend Thomas Manns Interesse an Walt Whitman auf den ersten Blick auch erscheinen mag, originell war es nicht. Whitman hatte in Deutschland schon seit je Bewunderer und Fürsprecher, zumal seit Ferdinand Freiligrath 1866 die provozierende Frage gestellt hatte, ob der amerikanische Dichter nicht ein größerer Künstler sei als Richard Wagner.[16] Ein Nachhall auf diese Frage begegnet uns in einem Brief Thomas Manns von 1909, wenn er die Vermutung äußert, dass Whitman auf »die jungen Leute« heute »mehr Einfluß« habe als Wagner (21, 428). Whitman erlangte in Deutschland bereits um 1900 den Status einer Kultfigur. Den Expressionisten galt der Verfasser der *Grashalme*, der im amerikanischen Bürgerkrieg Sanitätsdienste geleistet hatte, als der humanste Sänger des Krieges; sie feierten ihn als »Bruder Whitman«.[17] Thomas Mann ritt mit seinem Bekenntnis zu dem amerikanischen Lyriker, wie zu sehen, auf der Welle einer lebhaften deutschen Rezeption und durfte somit auf eine geneigte Aufnahme zählen, als er sich zur Rechtfertigung seiner republikanischen Wende auf Walt Whitman berief.

Hinzu kommt die für Thomas Mann wohl ausschlaggebende Komponente der deutschen Whitman-Rezeption: die Diskussion über die Bedeutung der Homosexualität des amerikanischen Dichters.[18] Hier spielte Hans Reisiger, der anglophile Freund des Hauses Mann, eine führende Rolle. Von besonderem Gewicht ist in diesem Zusammenhang das Kapitel *Krieg und Kameradschaft* in Reisigers Einführung zu seinen Whitman-Übersetzungen. Dort heißt es u.a.: »Tiefer noch als im Empfängnistaumel des Weibes lebt hier im mitliebenden Gefährten der wache Erostraum, das Verstehen der Geistigkeit, der süßen und wilden Einsamkeit der Seele in aller Gemeinschaft, der Blutsfülle des männlichen Gedankens, der ewig das Unendliche ruhelos-freudig und zärtlich umspielt.« Reisiger deutet die Homoerotik, »das elektrisch zwischen allen eine wahre Gemeinschaft bildenden Männern Spielende«, als den »Lebensnerv des ganzen Gemeinschaftslebens der Zukunft und aller Staaten und Städte«, als den »Herzschlag wahrer Demokratie«.[19] Hans Reisiger war der Erste, der Whitmans Homosexualität als eine Selbstverständlichkeit behandelte, die keiner Erklärung oder Entschuldigung bedurfte.

Thomas Mann argumentiert an dieser wegweisenden Stelle seiner Laufbahn als öffentliche Instanz in metapolitischem Sinn. Er unternimmt den einigermaßen atemberaubenden Versuch, eine geistig-seelische Genealogie der deutschen Republik zu konstruieren, diese von Goethe, Novalis und der deutschen Romantik herzuschreiben und durch den Sänger der amerikanischen Demokratie zu legitimieren. Es ist eine eigenwillige und problematische Konstruktion, die zum Geist der amerikanischen Demokratie in einem sehr prekären Verhältnis steht und eher dem Geist der Jugendbewegung und Hans Blüher verpflichtet ist, dem Autor des einflussreichen zweibändigen Buches von 1917/19 *Die Rolle der Erotik in der männlichen Gesellschaft*.[20] Seine Whitman-Begeisterung entzündete sich dementsprechend an dem heimlichen Nexus von Homosexualität und Demokratie, wie er von seinem Gewährsmann Reisiger herausgearbeitet worden war. Dieser Nexus ist jedoch weder im Wesen der Demokratie noch in dem der Homosexualität angelegt. Thomas Mann setzt hier kühn voraus, dass die Bedürfnisse seines eigenen psychischen Haushalts auch die der deutschen Jugend von 1922 seien, jedenfalls der männlichen. Die weibliche Jugend bleibt außer Betracht, unerachtet der Tatsache, dass die Weimarer Republik gerade das Frauenwahlrecht eingeführt hatte.

Thomas Mann preist die »in athletischer Rassenfrische prangende [Dichtung] des Walt Whitman« (15.1, 557) und bewundert den Entschluss des Dichters, »keine andern Lieder heute zu singen als die von männlicher Freundschaft, / Sie auszusenden in dieses leibhafte Leben, / Vorbild zu schaffen athletischer Liebe«« (15.1, 555). In diesem von Whitman und Reisiger geprägten Sinne begrüßt Thomas Mann die Demokratie in volkspädagogischer Absicht als eine Staatsidee, die »Eros als Staatsmann« verehrt und in der »das allgültig geglaubte Gesetz der Geschlechterpolarität sich als ausgeschaltet […] erweist, und in der wir Gleiches mit Gleichem, reifere Männlichkeit mit aufschauender Jugend [...] oder junge Männlichkeit mit ihrem Ebenbilde zu leidenschaftlicher Gemeinschaft verbunden sehen« (15.1, 553).

Kein Zweifel, die Whitman-Rezeption, ob man sie nun nachvollziehen mag oder nicht, konstituiert die für diesen Schriftsteller folgenreichste Öffnung zum Westen. Sie zeigte ihm den Weg von seinem slawophilen Pathos der Mitte zu einer Würdigung der, wie man heute sagen würde, westlichen Wertegemeinschaft. Auch in dieser Hinsicht war Thomas Mann kein Einzelgänger, sondern folgte einer größeren Tendenzwende, die der mit ihm befreundete Kritiker Julius Bab am bündigsten bezeichnete, als er bemerkte, nur Whitman könne dem Marsch Dostojewskis nach Westen Einhalt gebieten.[21] Die Sonderstellung von Thomas Manns Whitman-Rezeption beruht auf der emphatischen Akzentuierung der homoerotischen Dimension von Whitmans Werk, die es ihm offenbar seelisch leichter machte, sich mit der von Whitman besungenen Demokratie nicht nur abzufinden, sondern ihr auch etwas abzugewinnen. Mit Whitman beginnt im Übrigen die erotische Grundierung seiner bis zum Ende während Bewunderung für die englische und amerikanische Literatur.

Bedenkt man die Bedeutung, die Walt Whitman für Thomas Manns Neuorientierung von 1922 erlangte, so scheint es einigermaßen zwangsläufig, dass der amerikanische Dichter auch auf dem *Zauberberg* seine Visitenkarte hinterlassen hat. Hans Castorps Liebeserklärung in der *Walpurgisnacht* liefert den Beleg dafür. Auf dem Höhepunkt seines französischen Redeschwalls an die Adresse der verführerischen Russin bricht der junge Hamburger etwas gegen seine scheue und züchtige Natur in einen Hymnus auf den menschlichen Körper aus mit anatomischen Einzelheiten, die Whitmans berühmten Hymnus auf den »body electric« in *Leaves of Grass* nachgebildet sind – ein Gedicht, das Thomas Mann bereits in der Republik-Rede als »anatomisches Liebeslied« (15.1, 553) gefeiert hatte.[22] Wir haben es hier mit einer tief bezeichnenden Konstellation zu tun: eine in ihrer Gründlichkeit echt deutsche Liebeserklärung, dargeboten in französischer Sprache, doch im Kern von amerikanischem Geist. Ein schlagendes Beispiel für Thomas Manns Bestimmung des Deutschen, eine »Stätte« zu sein zum »Stelldichein der Völkerseelen« (X, 677).

Was in *Buddenbrooks* und in *Tristan* begann und sich im *Zauberberg* fortsetzte: Der Niederschlag der angloamerikanischen Literatur im Werk Thomas Manns fand im *Doktor Faustus* – unerwarteterweise angesichts der Deutschlandthematik dieses Romans – seinen Höhepunkt. Kein anderer Erzählteppich dieses Autors ist in so hohem Maße von englischer Literatur durchwirkt und weist eine so hohe Wertschätzung der amerikanischen Kultur auf wie dieser. Leverkühns Lehrer, Wendell Kretzschmar, der ihn in die »Reiche der Weltliteratur« (10.1, 108) einführt, allen voran Shakespeare, aber auch Blake, Keats und Shelley, ist Amerikaner. In Leverkühns Kompositionen hat diese Vertrautheit mit der angloamerikanischen Literatur und Kultur vielfache Spuren hinterlassen. Wir haben es in diesem Roman bei Leverkühn mit einem Fall demonstrativer, schon in seinen Lehrjahren geweckten Anglophilie zu tun und, auf Thomas Mann bezogen, mit einem Fall von Selbstkorrektur. Anders als bei Leverkühn war bei ihm die Öffnung zur angelsächsischen Welt eine relativ späte Erscheinung. Die Beweggründe für die Vordatierung der Öffnung zum Westen und der Läuterung des Nationalen zum Übernationalen sind weniger in der Epoche zu suchen, von der erzählt wird, als in der Entstehungszeit des Romans.

Weniger offensichtlich, doch eigentlich wichtiger wurde für den *Faustus*-Autor die Bekanntschaft mit dem Werk des großen schottischen Erzählers Robert Louis Stevenson. Ihm verdankt Thomas Mann zwei gewichtige Anregungen. *Strange Case of Dr. Jekyll and Mr. Hyde* (1886), Stevensons Schauerroman, ist im englischsprachigen Bereich als Parabel über die Doppelnatur des gleichzeitig guten und bösen Menschen sprichwörtlich bekannt. Thomas Mann las das Buch in der kritischen Phase, in der die Konzeption des *Doktor Faustus* Gestalt annahm, und lehnte seine Darstellung des zugleich guten und bösen Deutschland daran an.[23] Darüber hinaus griff er bei der Entscheidung, das Leben des dämonischen deutschen Tonsetzers von einem gänzlich undämonischen Freund erzählen zu lassen, gleichfalls auf Stevenson zurück, nämlich auf *The Master of Ballantrae* (1889). Als Thomas Mann den *Junker von Ballantrae* 1924 las, fand er ihn »schlechthin glänzend«. »Das Beste« daran sei sein »Indirektes«, nämlich der Kunstgriff, die Erzählung von der »kühne[n], verbrecherische[n] und hochinteressante[n] Figur des Helden« raffinierterweise einem braven Bibliothekar, »einem sanften Hasenfuß«, in den Mund zu legen. Dieser ziehe »beinahe mehr menschliche Teilnahme« auf sich als selbst der problematische Master of Ballantrae (15.1, 797). Ebenso ist auch *Doktor Faustus* angelegt: Der sanfte Hasenfuß Serenus Zeitblom, seines Zeichens Gymnasialprofessor zu Freising, erzählt uns das Leben eines kühnen, verbrecherischen und hochinteressanten Komponisten und zieht dadurch beinah mehr menschliche Teilnahme auf sich als der eigentliche Held der Erzählung.

Joseph Conrad und der »virile Humor«

Ein besonders instruktiver Beleg für die literarisch vermittelte Öffnung zur angelsächsischen Welt stellt die Bewunderung für das Werk Joseph Conrads dar. Man ist angesichts der sehr bewegten Biographie Thomas Manns versucht, die Öffnung zur angelsächsischen Welt auf die in Amerika verbrachten Jahre zurückzuführen, doch scheint es sich umgekehrt verhalten zu haben. Thomas Mann wurde Amerikaner, weil er sich zuvor schon hauptsächlich als Leser zur westlichen Welt geöffnet und sein Selbstverständnis mit dem Blick auf westliche Modelle differenziert und vertieft hatte. Kein Autor scheint dabei eine bedeutendere Orientierungsfunktion gehabt zu haben als der 1924 verstorbene Joseph Conrad, den er 1926 in deutscher Übersetzung zu lesen begann. Fortan gehörte Conrad zu den Autoren, die er immer wieder las. Der gebürtige Pole, der zwanzig Jahre lang auf Seglern die Weltmeere befahren hatte, lernte mit einundzwanzig Englisch und widmete sich als Vierzigjähriger dem Schreiben. Seine Romane und Erzählungen zeichnen sich durch ihren psychologischen Scharfblick aus, ihre stilistische Meisterschaft und ihre Welthaftigkeit in einem elementar geographischen Sinn und werden heute zu den vorzüglichsten der englischen Literatur gezählt.

Sehr zu Recht, wie Thomas Mann sogleich nach der Lektüre von *Der Geheimagent*, seinem ersten Conrad-Roman, voller Bewunderung feststellte. *The Secret Agent* stellt eine illusionslose, von einer grundsätzlichen Politikskepsis geprägte Studie der Anarchistenszene und Terroristenmentalität dar. In einem Vorwort zur deutschen Ausgabe im S. Fischer Verlag charakterisiert Thomas Mann ihn als eine politische Kriminalgeschichte und preist Conrads »erzählerische Verve, Kraft und

ernste Lustigkeit«, sein »männliches Talent« (X, 646). Inspiriert von
Conrads Anglophilie, nutzt Thomas Mann die Gelegenheit des Roman-
vorworts zu einem Plädoyer gegen den überall in Europa anschwellen-
den Nationalismus und gegen das Hegemoniestreben der Nationen.
Der Ost-West-Gegensatz, der den politischen Hintergrund des Romans
abgebe und der in Conrads antirussischem Affekt und in seiner Anglo-
manie manifest sei, müsse auf einer übernationalen Ebene entschärft
werden.

Was ihn jedoch an Conrad recht eigentlich faszinierte, war weniger
die handwerkliche Meisterschaft als das erstaunliche Phänomen des offenbar vollkommen geglückten Hinüberwechselns in eine andere Kultur. Dieses Phänomen hatte Thomas Mann bereits in einem Essay von
1911 in dem ähnlich gelagerten Fall Adelbert von Chamissos bewundert, der als Franzose deutscher Dichter geworden war und ein recht erfolgreicher dazu. Den Fall des zum Engländer gewordenen Polen diagnostiziert er nun als das »Vorkommnis individueller Verliebtheit in eine
andere nationale Lebensform«, die Conrad zu einer »radikalen Auswanderung« bewegt habe (X, 643 f.) – radikal, weil dieser mutige Schritt die
völlige Aneignung der Sprache und Kultur des Gastlandes beinhaltet.
Auch hier wird also die erotische Anziehungskraft der fremden Kultur
ins Spiel gebracht. Neu ist hingegen der Aspekt der Selbstkorrektur, so,
als handle es sich bei »Conrads Westanschluß« (X, 651) oder bei Chamissos deutschem Dichtertum »um die menschlich-intelligente Richtigstellung eines Irrtums der fehlbaren Natur« (X, 644). Galt dies auch
für Thomas Mann? Wurzelte sein 1948 geäußerter Wunsch, lieber in die
angelsächsische Kultur hineingeboren zu sein, anstatt einer heillos kom-
promittierten Kultur anzugehören, in dem Verdacht, dass die fehlbare
Natur in seinem Fall in der Tat einen Fehler begangen hatte, als sie ihn
als Deutschen auf die Welt kommen ließ? Dass er solchen Wunsch-
phantasien gelegentlich nachhing, belegen nicht nur seine Reaktion auf
T. S. Eliot, sondern auch Zeitbloms düstere Grübeleien über die Zukunft
Deutschlands nach der Katastrophe: »Wie wird es sein, einem Volke anzugehören, dessen Geschichte dies gräßliche Mißlingen in sich trug,
[…] das mit sich selbst eingeschlossen wird leben müssen, wie die Juden
des Ghetto, weil ein ringsum furchtbar aufgelaufener Haß ihm nicht erlauben wird, aus seinen Grenzen hervorzukommen […]?« (10.1, 697)

Was hatte Conrad in den Augen seines deutschen Bewunderers durch seinen Übertritt in die englische Kultur gewonnen? Was mochte sich Thomas Mann, wenn auch nur als Gedankenspiel, von einer solchen interkulturellen Beweglichkeit à la Chamisso und Conrad erhoffen? Und welches Licht werfen solche Gedankenspiele auf sein Selbstverständnis als deutscher Schriftsteller?

Am schwersten wog selbstverständlich der Gesichtspunkt der Sprache. Das Englische bot weit größere Wirkungsmöglichkeiten als die polnische oder deutsche Sprache. Thomas Mann sah darin aber auch eine die Völker vereinigende Kraft, wie er in einem seiner Kriegsessays schrieb. Das Englische sei eine bequeme und gewaltige Sprache, »mit deren vereinigender, bindender, kolonisierender Kraft keine andere [...] in Wettstreit treten kann« (XII, 886). Darüber hinaus war Thomas Mann davon überzeugt, dass der Anschluss an den Westen dem Autor des *Geheimagenten* einen beträchtlichen künstlerischen Gewinn einbrachte. Zwar habe der Pole etwas »in den Kauf« geben müssen, nämlich gewisse »Avantagen des Barbarismus«, doch habe er dafür Vorzüge gewonnen, die für einen Schriftsteller mehr zählten, wie »Maß, Vernunft, Skepsis, geistige[n] Freiheitssinn und ein[en] Humor, dessen ausgesprochen angelsächsische Männlichkeit ihn davor bewahrt, jemals ins Bürgerlich-Sentimentale umzuschlagen« (X, 650).

Ein bemerkenswertes geistiges Tauschgeschäft, über das wir Thomas Mann hier am Beispiel Joseph Conrads sinnieren sehen! Die englische Sprache und Literatur erscheinen hier als das beneidenswert andere: Maß und Vernunft, statt Irrationalismus und Exzess, wozu der deutsche Geist damals zu neigen schien. Und statt bürgerlicher Sentimentalität, die er in seinem Fall als Gefahr fürchtete, ein harter, männlicher Humor, der »gewissermaßen von der Vermutung« lebe, »dass diese unsere Welt letzten Endes keine allzu ernsthafte ist‹« (X, 650). So verband sich für Thomas Mann die Vorstellung einer nachbürgerlichen Moderne mit der von Conrad praktizierten interkulturellen Mobilität: »nachbürgerlich-modern« (X, 651) und Angelsachsentum verschmolz ihm zu einer attraktiven Sinneinheit.

Es fällt auf, dass Thomas Mann die Bedeutung des Humors herausstreicht, denn *Der Geheimagent* ist beileibe kein humoristischer Roman. Die Wendung »ernste Lustigkeit« (X, 646) trifft die Sache genauer. Und doch meint er, dass Conrad durch seinen Westanschluss Humor gewonnen habe, und zwar den harten, aufgeräumten Humor, der eine »ausgesprochen angelsächsische Männlichkeit« ausstrahle. Es ist nicht zu übersehen, dass Thomas Mann hier, wie so oft, eigene Anliegen und Bedürfnisse auf den Gegenstand seiner literarischen Analyse projiziert. Es war Thomas Mann, nicht Joseph Conrad, der die englische Literatur und Mentalität mit Humor assoziiert hat; Humor ist das dominante Leitmotiv in all seinen Anmerkungen zur angelsächsische Kultur.[24] Da ist immer wieder in zahlreichen Variationen von dem »virile[n] Humor der Angelsachsen« (X, 677) und von der »humorige[n] Männlichkeit der englischen Rasse« die Rede (X, 643). Humor ist das begehrenswerte andere an der angelsächsischen Kultur, die umso attraktiver erscheint, als ihr Humor als spezifisch männlich wahrgenommen wird.

Bewunderte Thomas Manns den virilen Humor der Angelsachsen deshalb, weil er spürte, dass sein eigenes Werk ihn nicht besaß? Viele Bewunderer Thomas Manns würden gegen diese Unterstellung protestieren. Sie können auf zahllose komische und heitere Stellen in seinen Erzählungen und Romanen verweisen; sie könnten *Joseph, der Ernährer* zitieren, wo Thomas Mann seinen Helden sagen lässt: »die Heiterkeit« und der »verschlagene Scherz« seien »das Beste, was Gott uns gab« (V, 1597). Und sie könnten einen späten Text von 1953 anführen, *Humor und Ironie*, in dem er um eine humoristische Auffassung seines Werkes geradezu wirbt. Es langweile ihn, wenn sein Werk so ganz und gar auf den Begriff der Ironie festgelegt werde, und er freue sich immer, »wenn man in mir weniger einen Ironiker als einen Humoristen sieht« (XI, 803). Wer so spricht, weiß im Grunde, dass jener Humor, der das »herzaufquellende Lachen zeitigt«, eigentlich nicht seine Sache ist. Das »intellektuelle Lächeln«, das »erasmische Lächeln« (XI, 802) genügten ihm nicht mehr. Es begann ihm nicht mehr zu genügen, als er sich Mitte der zwanziger Jahre der englischen und amerikanischen Literatur öffnete.

Thomas Mann Liebe zu der humoristischen Literatur der Angelsachsen ist weitgehend unerwidert geblieben. Wo immer sein Werk im englischsprachigen Bereich geschätzt und geliebt wird, gründet die Wertschätzung auf anderen Qualitäten, nicht aber auf seinem Humor. Hier ist auf den in England geborenen, amerikanischen Schriftsteller Paul West zu verweisen, einen Bewunderer Thomas Manns, der in einem kleinen Aufsatz den fundamentalen Unterschied zwischen dem typisch englischen Humor und Thomas Manns Vorstellung von Humor erhellt hat.[25] Bezeichnend ist zunächst, dass sich die Frage, ob Thomas Mann Humor habe, ob seine Erzählweise »funny« sei, für deutsche Leser nicht stellt, sehr wohl aber bei den englischsprachigen Lesern. West definiert den Humor im englischen Sinn als das spontane Vergnügen an Unordnung, Schmutz und Tumult, als den Triumph des Chaos über die Ordnung. Thomas Mann hingegen traue dem Chaos nicht zu, »to be outright funny«. Die komischen Details seien bei ihm Teil einer weit ausgreifenden epischen Strategie; sein Humor komme gleichsam architektonisch daher, statt impulsiv und spontan. Während im englischen Roman der Humor ein gesellschaftliches Phänomen sei, bürde Thomas Mann dem Roman eine Art von kosmischer Ironie auf. West gelangt zu dem einigermaßen ernüchternden Befund, dass Thomas Manns Bemühungen, durch Humor sein Werk gleichsam zu entdeutschen, in einem noch emphatischeren Sinne deutsch sei als das, was er abzustreifen versuche.

Wir können die Frage, ob Paul Wests witzige und scharfsinnige Beobachtungen zutreffend sind, auf sich beruhen lassen. Immerhin sei angemerkt, dass im *Joseph* der Heiterkeit und dem Scherz in der Tat eine kosmische Rolle zugewiesen wird, wenn wir lesen, dass damit dem Menschen die Mittel an die Hand gegeben seien, das »strenge Leben« und selbst Gott, den »gewaltig Antwortlosen« (V, 1597), zum Lächeln zu bringen. Bei den mit englischen Romanen aufgewachsenen Lesern produziert die höhere Heiterkeit im Sinne Thomas Manns gerade nicht jenes »herzaufquellende Lachen«, das er sich im Alter mehr und mehr wünschte und das er der Ironie vorzog. Derartige mentalitätsbedingte Differenzen sind letztlich unüberbrückbar. Sie bezeichnen noch vor allen Übersetzungsproblemen den tiefsten Grund für die Schwierigkeiten, denen das Werk Thomas Manns in der angelsächsischen Welt begegnet.

Um noch einmal auf die Einleitung zu Conrads *Geheimagenten* von 1926 zurückzukommen: Es handelt sich dabei letztlich um eine Reflexion auf seinen eigenen, seit 1922 sich abzeichnenden Westanschluss.

Was er im Spiegel Joseph Conrads erblickte, musste er angesichts der sich verfinsternden Situation in Deutschland als anziehend empfinden – als ein Antidot, unerachtet des von ihm sehr wohl bemerkten antirussischen, polnischen Affekts in Conrads Roman. Thomas Manns Reflexionen über die Avantagen des Westanschlusses, von dem Conrad-Text von 1926 bis hin zu dem Stoßseufzer von 1948: »Wäre ich nur in die angelsächsische Kultur hineingeboren«, liegt ein Begriff des Deutschtums zugrunde, wie er ihn bei Nietzsche vorgedacht und definiert fand. Wenn es das Wesen des wahren Deutschtums ausmacht, zum Übernationalen und Universellen zu tendieren, so bedeutet die »Verliebtheit« in eine andere Kultur wie im Falle Thomas Manns und der angelsächsischen Literatur nichts anderes als ein Zu-sich-selber-Kommen des wahren, höheren Deutschtums.[26]

Den bewegenden Schlusspunkt seiner Annäherung an die englische und amerikanische Literatur setzte Thomas Mann mit seinem Geleitwort zu den *Schönsten Erzählungen der Welt.* Es ist sein letzter Text, geschrieben im Sommer 1955 in Noordwijk an Zee, und hat in seinem emphatischen Bekenntnis zu dem epischen Geist als einer universalen, den Nationalismus transzendierenden Macht einen unverkennbar testamentarischen Charakter. Bezeichnenderweise ist es ein Beispiel aus der amerikanischen Literatur, nämlich *Billy Budd,* Herman Melvilles ergreifende Erzählung einer tragischen Episode aus der englischen Marinegeschichte, dem Thomas Mann die Palme reicht. Einmal mehr demonstriert er hier seine beispielhafte Bewunderung des Fremden und seine interkulturelle Wanderlust. Der Meister der mächtigsten Prosa-Epopöen der deutschen Literatur kleidet seine Bewunderung für Melvilles Meisterwerk in den schlichten Ausruf: »Oh, hätte ich das geschrieben […]!« (X, 834) Es kulminiert darin ein Doppeltes, nicht zu Trennendes: Thomas Manns wachsende Sympathie für die angelsächsische Kultur sowie seine Entgrenzungsphantasien, will sagen: sein Bestreben, den beschränkten und belasteten Begriff des Deutschtums zu läutern und seinem innersten Geist, dem Geist des Universalismus, zum Durchbruch zu verhelfen. Nur ein verbitterter und verstockter Nationalismus wird darin etwas Undeutsches erblicken wollen. Für den *Faustus*-Autor war es ein Weg, das problematische Verhältnis der Deutschen zur Welt in ein produktives zu überführen.

New York City

»Ich habe mich Amerika nicht in die Arme geworfen, sondern mich ihm schritt- und jahrweise genähert« (XIII, 728), bemerkte Thomas Mann in einem Gelegenheitsartikel zum *Lob Amerikas*, den er 1942, also noch in der Roosevelt-Ära, schrieb. Er bezog sich dabei auf die vier Amerika-Besuche von 1934, 1935, 1937 und 1938, bevor er sich im Spätsommer 1938 in Princeton niederließ. Er sprach von seiner physischen Annäherung an Amerika. Die mentale vollzog sich ebenfalls, wie wir gesehen haben, schrittweise und zögernd, doch begann sie schon ein Dutzend Jahre früher, wenn wir die in der Republik-Rede greifbare Whitman-Rezeption als den ersten Schritt in Richtung Amerika ansehen. Von einer Amerikareise ist zum ersten Mal Ende 1925 die Rede. In einem Brief an Ludwig Lewisohn stellt er ein Wiedersehen in Aussicht, »wenn mein Weg mich wirklich einmal über den Ozean führt, was ich zwar nicht recht glauben kann, was aber in der Tat doch wohl einige Wahrscheinlichkeit für sich hat« (23.1, 211). Eine konkrete Einladung erreichte ihn Anfang 1928, möglicherweise eingefädelt durch Klaus und Erika Mann, die auf ihrer Weltreise auch in New York Station gemacht hatten. Das Leigh-Emmerich-Lecture-Bureau bot ihm, wie er Erika mitteilte, eine Vortragsreise durch 25 Städte in drei Monaten an, und zwar zu so guten Bedingungen, »daß Mielein auch mitkommen könnte« (23.1, 338).

In dem Brief an Erika schrieb er: »Ist noch zu überlegen.« In seiner Erwiderung an die New Yorker Agentur zeigt er sich durchaus interessiert, stellt aber hohe und vage Forderungen. Er müsse besonders Gewicht legen auf »eine Reisevergütung mit den äußersten Comfort-Chikanen«.[27] Seine Englischkenntnisse würden keine Schwierigkeiten machen, versichert er, denn er könne ja den wiederholt zu haltenden Vortrag gründlich einstudieren. Bezüglich des Themas, über das er in Amerika reden sollte, erbittet er Vorschläge. Dies alles zeugt nicht gerade von einem großen Drang, die Vereinigten Staaten zu bereisen. In einem kurz zuvor geschriebenen Brief an Hugo von Hofmannsthal gestand er denn auch ganz offen: »Aber persönliches Verlangen nach Amerika habe ich nicht.« (23.1, 328)

Eine zweite Einladung nach Amerika erreichte ihn 1931. Er sollte aus Anlass des Goethe-Jubiläums im Herbst 1932 Vorträge über Goethe an der Columbia University in New York und anderen Universitäten halten. Offenbar sagte er zunächst zu, vorausgesetzt, er habe bis dahin den *Joseph* beendet, der zu dem Zeitpunkt noch als Trilogie konzipiert war (23.1, 536). Die Arbeit am *Joseph* war 1932 jedoch noch lange nicht beendet, und so fiel denn auch diese Reisemöglichkeit ins Wasser. Thomas Manns erste Amerikareise fand erst im Mai 1934 statt. Die Reise war Knopfs Idee, der große Dinge mit seinem angesehensten europäischen Autor vorhatte. Alfred Abraham Knopf hatte nach seinem Studium am Columbia College 1915 als Zweiundzwanzigjähriger seinen eigenen Verlag gegründet, in dem er sich vom Autorengespräch und Manuskriptlesen bis zur Wahl von Satztype und Papier um alle Aspekte des Verlagsgeschäfts persönlich kümmerte. Er verfolgte eine kosmopolitische Verlagspolitik und setzte vor allem auf europäische Autoren wie Knut Hamsun, André Gide, Somerset Maugham, T. S. Eliot. Sein Ehrgeiz war es, sein Haus zum intellektuell führenden Verlag Amerikas zu machen, was ihm in nur zwanzig Jahren auch gelang. Für Knopf waren die persönliche Anwesenheit des Nobelpreisträgers und ein Festbankett zu seinem 59. Geburtstag unabdingbar; sie sollten eine möglichst auffällige und verkaufsfördernde Begleitmusik zum Erscheinen des ersten *Joseph*-Bandes, *The Tales of Jacob*, produzieren. Die Verlagsanzeigen in der *New York Times* und anderswo lassen erkennen, worauf es ihm ankam: Auf ihnen waren alle bei Knopf erschienenen und erhältlichen Thomas-Mann-Titel aufgeführt und mit den passenden kritischen Jubelsprüchen angepriesen. *The Tales of Jacob* stand zuoberst auf einer stolzen, neun Titel umfassenden Liste. Kein Leser der Anzeige konnte übersehen, was damit signalisiert werden sollte: Knopf ist aktuell die Nummer eins auf dem Verlagsstandort New York.

Knopfs Einladung erreichte Thomas Mann relativ spät am 21. April 1934. Erst zu diesem Zeitpunkt stand fest, dass Helen Lowe-Porter mit der Übersetzung des Romans fertig war und das Buch rechtzeitig zu Thomas Manns Geburtstag am 6. Juni vorliegen würde. Knopf besorgte die Schiffsreservierungen und übernahm die Hälfte der Reisekosten für Katia. Man reiste auf einem kleinen, langsamen Holländer, der »Volendam«, von Boulogne-sur-Mer, und kehrte auf einem modernen Holländer, der »Rotterdam«, wieder zurück, diesmal über Rotterdam. Von den drei Wochen, die die Reise dauerte, waren ganze zehn Tage für New York vorgesehen; die übrigen Tage war man zu Schiff und mit der Bahn unterwegs.

Wie vor der Ära des Flugverkehrs jeder Amerikareisende, der zum ersten Mal die Metropole an der Mündung des Hudson erblickt, zeigte sich Thomas Mann von der Freiheitsstatue beeindruckt und von der Skyline von Manhattan, die am Morgen des 29. Mai in einen Morgennebel gehüllt war und die man von der gegenüberliegenden Seite sah, da man offenbar auf der in New Jersey gelegenen Seite des Hafens eingelaufen war. Knopf holte seine Gäste im Wagen ab und brachte sie in ihr Hotel, das elegante Savoy Plaza an der Fifth Avenue, das an der Stelle des heutigen General-Motors-Hochhauses stand. Von ihren Zimmern im vierundzwanzigsten Stock bot sich ein »[p]hantastischer Blick aus unseren Fenstern auf die cyklopischen Bauten in rot glühendem Nebel mit Licht-Reklamen« (Tb. 29. 5. 1934).

Abgesehen von einem Abstecher nach New Haven, Connecticut, wo Thomas Mann am 1. Juni an der Yale University einen Goethe-Vortrag hielt, verbrachte man die Tage in Manhattan. Sie waren ausgefüllt mit allerlei Auftritten bei »Club-Feiern«, Pressekonferenzen, Besichtigungen, Besuchen und ausgedehnten Gastereien in »eleganten Restaurants«, denn Knopf hielt etwas auf seinen Ruf als Gourmet. Die beiden Höhepunkte der New Yorker Tage waren die »Naval Parade« und das große Festbankett für 250 Personen, das Knopf seinem prominenten Autor zu Ehren in dem exklusiven Plaza Hotel gegenüber dem Savoy Plaza ausrichtete.

Die Naval Parade ist ein alljährliches Schaulaufen von allen Typen von Schiffen der Marine auf dem Hudson, das noch heute die ganze Stadt auf die Beine bringt. Der New Yorker Oberbürgermeister Fiorello LaGuardia, ein liberaler Demokrat, ließ es sich dabei nicht nehmen, den deutschen Gästen seine Aufmerksamkeit zuzuwenden. LaGuardia gab sich auch bei dem großen Festbankett die Ehre.[28] Ebenfalls anwesend bei dem Bankett im Plaza waren Wilbur Cross (der Gouverneur des Bundesstaates Connecticut), Nicholas Murray Butler (der Präsident der Columbia University), Thomas W. Lamont und Felix M. Warburg (zwei der einflussreichsten Banker New Yorks), Owen D. Young (Chef von General Electric und Hauptverantwortlicher für die Herabsetzung der deutschen Reparationsschulden 1929) und andere »movers and shakers«. Unter den zahlreichen Vertretern der schreibenden Zunft befanden sich Willa Cather, Dorothy Thompson, Sinclair Lewis, H. L. Mencken, Christopher Morley u. a. Den Zeremonienmeister des glänzend verlaufenen Abends machte Henry Seidel Canby, Chefredakteur der *Saturday Review of Literature*. Drei Stunden lang zollte eine lange Reihe von Rednern dem Ehrengast mit hochgemuten, respektvollen Würdigungen oder launigen Anekdoten Tribut. Wie schon bei anderen Anlässen in jenen Tagen musste der Gefeierte am Ende 59 Kerzen auf einer riesigen Torte ausblasen.

Thomas Mann war alles andere als ein »party animal«. Die pausenlosen Festlichkeiten bei diesem ersten Eintauchen in die prickelnde Atmosphäre New Yorks bedrückten ihn, weil sie ihn der Arbeit fernhielten. Im Tagebuch notierte er: »Ein bitterer oder übel-fader Geschmack nach Reue und Peinlichkeit bleibt wie von allem Leben davon zurück. Es ist geleistet worden. Ich habe, so gut es ging, [...] meinen Mann gestanden [...].« (Tb. 12. 6. 1934) Was ihn offenbar am meisten genierte und betrübte, war die Sprachbarriere, denn das Tagebuch vermerkt auch, dass er sich »oft demütigend behindert« fühlte »von der fremden Sprache«. Es muss somit dahingestellt bleiben, wie viel der Gefeierte von den Reden auf dem Festbankett mitbekommen hat. Es sollte noch Jahre dauern, bis das Sprachhandicap auf ein nicht mehr demütigendes Maß reduziert war.

Unterm Strich aber darf dieser erste Besuch in New York als ein glänzender Erfolg verbucht werden. Alfred Knopf, der die »splendide Ausgestaltung meines Aufenthaltes« selbst in die Hand genommen hatte, legte am Ende eine, wie Thomas Mann überzeugt war, »ungeheuchelte Zufriedenheit über den Verlauf des Besuches an den Tag« (Tb. 12. 6. 1934). Er hatte sich die Präsentation »seines« Autors etwas kosten lassen. Auf lange Sicht gesehen, war es eine lohnende Investition. Was Thomas Mann betrifft, so legte das Festbankett im Plaza die Grundlage zu einem entspannten, freundschaftlichen Verhältnis zu einem Mann, den er persönlich anziehend fand und von dem in Zukunft in einem nicht abzusehenden Maß die Sicherung seiner Existenz abhängen mochte.

Da Presse und Rundfunk über Thomas Manns ersten Besuch in

Amerika berichteten, nahmen auch die »men-in-the-street« Notiz von der Anwesenheit des Nobelpreisträgers in ihrer Stadt, wie der anonyme Rezensent der *Tales of Jacob* in dem *Time*-Nachrichtenmagazin bemerkt.[29] Er fügt erklärend hinzu: »Hitler's victims, if presentable, are popular in Manhattan« – eine Anspielung auf die starke deutsch-jüdische Präsenz nicht nur auf der literarischen Szene New Yorks, wozu auch Knopf zählte, sondern auch in der literarisch nicht interessierten Bevölkerung. Die Wahrnehmung des deutschen Autors als eines Hitler-Opfers blieb eine Konstante während der amerikanischen Jahre und rückte ihn in den Augen der Amerikaner an die Seite der beiden anderen prominenten Antifaschisten, die sich in ihrem Land niedergelassen hatten: Albert Einstein und Arturo Toscanini.

Niemand in den Vereinigten Staaten hat die Wahrnehmung Thomas Manns als eines Hitler-Opfers nachdrücklicher gefördert als die Starjournalistin Dorothy Thompson. Sie wurde 1924 als Korrespondentin mehrerer amerikanischer Zeitungen nach Berlin geschickt, von wo sie in der Hauptsache über die Hitler-Bewegung berichtete. Hitler gewährte ihr ein längeres Gespräch, das sie 1932 zu einem kleinen Buch erweiterte, in dem sie den Führer der Nationalsozialisten als die Apotheose des kleinen Mannes charakterisierte – sehr zum Missfallen ihres Gesprächspartners – und die Vermutung aussprach, die damals sehr viele teilten, nämlich dass dieser politische Gernegroß in Deutschland niemals an die Macht kommen werde.[30] Im August 1934 wurde sie wegen missfälliger Berichterstattung über das NS-Regime offiziell des Landes verwiesen, was ihrer Reputation zu Hause einen mächtigen Schub gab. Dorothy Thompson entfaltete danach eine breite und glänzende publizistische Tätigkeit, so dass die *Time* sie 1939 zu einer der beiden einflussreichsten Frauen Amerikas erklärte.[31] Die andere war Eleanor Roosevelt; im Gegensatz zu der »linken« First Lady war die Thompson eine Republikanerin. Noch zu ihren Lebzeiten wurde ihr in einem Hollywood-Film ein Monument gesetzt: *Woman of the Year* (1942) mit Katherine Hepburn in der Hauptrolle.

Dorothy Thompsons Rezension der *Tales of Jacob* ist der herausragende Text unter den amerikanischen Rezeptionszeugnissen von 1934.[32] Es handelt sich um eine weitsichtige und einlässliche Würdigung sowohl der literarischen als auch der politischen Bedeutung des

Joseph-Autors. Sie nennt den Roman »a great book« und darüber hinaus »a great gesture« und vergleicht ihn zu seinem Vorteil mit Lion Feuchtwangers gleichzeitig erschienenem Roman *The Oppermans*. Im Gegensatz zu Hitler, der einst, laut *Mein Kampf*, sich von den jüdischen Gestalten auf den Straßen Wiens angeekelt abwandte, habe Thomas Mann sich tief in die Seele des jüdischen Volkes versenkt und sei abgetaucht in seine großartige Geschichte, so tief er nur konnte. Der Vergleich mit den Riesengestalten dieser Geschichte lasse die Feinde der Juden als die Zwerge erscheinen, die sie seien: »The mere re-creation of these titanic figures serves to diminish the whole absurd and hysterical pogrom spirit, and to diminish to pygmy proportions its instigators.« Die wohlinformierte Rezensentin begrüßt es daher, dass dieser Roman noch in Deutschland erscheinen konnte, und rechtfertigt damit ausdrücklich, auch gegen eine diesbezügliche Kritik in Amerika, Thomas Manns umstrittene Entscheidung, nicht in Klaus Manns antifaschistischer Zeitschrift *Die Sammlung* zu publizieren.[33]

The Tales of Jacob, meint die Rezensentin, werde das amerikanische Lesepublikum wohl kaum im Sturm erobern, doch werde es diesem Werk wie dem *Magic Mountain* ergehen, der heute von viel mehr Menschen gelesen werde als zur Zeit seines Erscheinens. Das »Vorspiel« – »a philosophical adventure into the nature of the past« – stelle eine gewisse Hürde dar; es könne aber genauso gut zuletzt gelesen werden: »[...] the reader looking for adventure other than of an intellectual nature may pass over it, and begin with Chapter I, the story of Joseph. Sooner or later he will read it all.«

Thomas Mann las die Rezension Dorothy Thompsons auf der »Rotterdam«, die ihn nach Europa zurückbrachte, und notierte im Tagebuch, dass »Dor. Thomson [sic] sehr hübsch über die Jaakobsgeschichten u. über mich persönlich schrieb« (Tb. 12. 6. 1934). Wieder zu Hause in Küsnacht, stellte sich die Frage, ob er, um »meine Seele zu retten« (Tb. 31. 7. 1934), über Deutschland schreiben und offen gegen das nationalsozialistische Regime Stellung beziehen oder ob er zunächst lieber »Allotria« (Tb. 2. 9. 1934) treiben sollte, womit die Abfassung eines Reisefeuilletons gemeint war. Er entschied sich für Letzteres und schrieb *Meerfahrt mit Don Quijote*.

58

»So denn also amerikanische Bürger«

Thomas Manns langer Weg nach Westen fand in seiner Niederlassung in Los Angeles an der fernen Pazifikküste der Vereinigten Staaten im Jahre 1941 und im Erwerb der amerikanischen Staatsbürgerschaft 1944 seine markanten, sinnfälligen Zielpunkte. Die Wahrnehmung des *Faustus*-Autors in Deutschland als eines Amerikaners stützte sich auf diese beiden, nicht zu bestreitenden biographischen Fakten. Die Ansiedlung in einem südkalifornischen Villenvorort, Pacific Palisades, und sein Eid auf die amerikanische Verfassung erlangten in seinem Nachleben in Deutschland eine ungeahnt gravierende Bedeutung. Denn mochte Thomas Mann selbst von seinem deutsch-amerikanischen Weltbürgertum noch so durchdrungen sein, die Außenwahrnehmung war eine andere, überwiegend missgünstige. In der Diskussion über die Emigranten nach dem Ende des Krieges war die Vorstellung vom Exil als »Ort eines bequemen Zuschauerdaseins« und als einer unvergleichlich weniger leidvollen Zeit ein gängiger Topos.[34] Den Deutschen, die zeitweilig oder bis zum bitteren Ende an Hitler und das Dritte Reich geglaubt hatten, erschien dieser Emigrant, wenn nicht gerade als vollgültiger Amerikaner, so doch als schlechter Deutscher, der aus egoistischen, letztlich unehrenhaften Gründen sein Vaterland verraten hatte.

Thomas Mann setzte den Prozess seiner Amerikanisierung in einem engen juristischen Sinn bereits 1938 in Gang. Sein Entschluss dazu ist nur aus dem biographischen und zeitgeschichtlichen Kontext dieses schicksalhaften Jahres zu erklären. Letztlich gründet der Entschluss aber in dem seit seiner ersten Begegnung mit ihm wachsenden Vertrauen auf Präsident Roosevelt als dem potentiell stärksten und einzig Sieg verheißenden Feind Hitlers.

In Thomas Manns Laufbahn als Schriftsteller nimmt sich das Jahr 1938 nicht als ein besonders markantes Datum aus: Er stand in seinem dreiundsechzigsten Lebensjahr, kein größeres Werk wurde zu Ende geführt oder begonnen. Zu Anfang des Jahres schrieb er am sechsten Kapitel von *Lotte in Weimar*, dem August-Kapitel; Ende des Jahres hatte er gerade das siebte in Angriff genommen. Auch wenn man die publizistischen Aktivitäten dazunimmt – und die waren beträchtlich –, wird man das Jahr 1938 zu den auf den ersten Blick weniger produktiven zählen müssen.

Dieses unheilschwangere Jahr brachte jedoch die Übersiedlung in die Vereinigten Staaten mit sich und damit eine einschneidende Zäsur – Grund genug, die relative schöpferische Dürre verständlich erscheinen zu lassen. Gewöhnlich jedoch wird dieser Zäsur weniger Gewicht beigemessen als seinem »Außenbleiben« im Jahr 1933 (XII, 787). Mit der Auswanderung nach Amerika, so die *communis opinio*, wurde lediglich ein Standortwechsel vollzogen innerhalb der größeren Lebensetappe des Exils, das mit den Folgeerscheinungen des *Protests der Richard-Wagner-Stadt München* seinen Anfang genommen hatte. In Wirklichkeit muss der Übersiedlung in die USA jedoch eine weit höhere Bedeutung für den politischen Thomas Mann zuerkannt werden als gemeinhin angenommen wird. Die Tragweite der Entscheidung, seine Wirkungsbasis nach Amerika zu verlegen, war nicht sogleich erkennbar, auch für ihn selbst nicht; sie wurde in Deutschland erst nach dem Krieg in ihrem ganzen Ausmaß offenbar.

Vergegenwärtigen wir uns zunächst seine eigene Sicht der Dinge am Ende und zu Anfang des Jahres 1938. Der Silvesterabend 1938, der erste Jahreswechsel, den er in Princeton verbrachte, verlief ruhig in kleinstem Kreis mit Katia und Golo. Nach dem Essen hörte er »Sibelius-Platten« und einige Stücke aus der *Walküre*. Dann fährt das Tagebuch fort: »Schweizer Zeitungen gelesen. Die Zürcher Uhr schlägt Mitternacht. Das neue Jahr hat begonnen. Wer lebt, wird sehen. Ich spanne den neuen Kalender ein.« Im Vergleich zu dieser ruhigen Gefasstheit, mit der das unheilschwangere Jahr 1939 begrüßt wird, klingt die Vorschau am Silvesterabend 1937 – noch ist Küsnacht sein Domizil – weit erwartungsfroher.»Punsch und Pfannkuchen. Die Gäste gingen vor 12. Ich musizierte noch etwas allein [...] und spannte den neuen Kalender ein.« Dann der Blick nach vorn: »Das kommende Jahr fordert erhebliche Anstrengungen: Ich will in Arosa den Schopenhauer-Aufsatz schreiben. Dann kommt ein Vierteljahr weitläufigster Reise-Abenteuer. Mai oder Juni wird eine Reise nach Prag oder Wien folgen. Möge der Sommer, für den eine Badereise vorgesehen ist, oder der Herbst die Vollendung von ›Lotte in Weimar‹ bringen. Dies ›bringen‹ ist es eigentlich, woran ich glaube und worauf ich hoffe, nicht Energie und Aktivität. Die Zeit bringt alles. Möge mir Zeit gegönnt sein!« Er ist sich also bewusst, dass ihm das publizistische Engagement viel »Energie und Aktivität« abverlangen wird. Wie stets würde er es vorziehen, an seinem Erzählteppich weiterzuweben. Von den für 1938 ins Auge gefassten Vorhaben wurden nur die wenigsten verwirklicht. Der Abschluss des Schopenhauer-Essays gelang nicht schon während des Schneeurlaubs in Arosa, sondern erst im Mai in New York. Unter den Goethe-Roman konnte erst im Herbst des folgenden Jahres in Princeton der Schlusspunkt gesetzt werden. Die Reise nach Prag oder Wien fiel wegen der politischen Entwicklungen in Mitteleuropa aus, ebenso die erhoffte Badereise. Recht behielt er lediglich bezüglich der weitläufigen Reiseabenteuer, womit in erster Linie die ausgedehnte Amerikareise im Frühjahr 1938 gemeint ist.

Thomas und Katia Mann brachen am 15. Februar 1938 zu ihrer vierten Amerikareise auf, deren Hauptzweck eine große Vortragstournee war, die ihn zum ersten Mal über die Ostküste hinaus in das amerikanische *heartland* und an die Westküste führte. Sie kamen auf der »Queen Mary« am 21. Februar in New York an, ausgestattet mit einem tschechoslowakischen Reisepass und einem befristeten Besuchervisum.[35] Der Entschluss, einzuwandern und Amerikaner zu werden, reifte auf dieser Vortragsreise und wurde endgültig bestärkt durch den »Anschluss« Österreichs am 12. März, durch den auch die Sicherheit der neutralen Schweiz infrage gestellt wurde. Thomas Mann teilte diese Wendung der Dinge am 21. März seiner neuen Gönnerin Agnes Meyer mit. Gleichzeitig wurde die Absicht, den Wohnsitz nach Amerika zu verlegen, in einem Interview mit dem *Salt Lake Telegram* (21. 3. 1938) publik gemacht.[36] Und in einem weiteren Interview sechs Wochen später wird ausdrücklich hervorgehoben, dass er in den USA nicht bloß Zuflucht, sondern »*citizenship*« suche.[37]

Um formell einzuwandern, musste sich Thomas Mann den noch heute gültigen Bestimmungen entsprechend außerhalb des Landes begeben und auf einem amerikanischen Konsulat die Einwanderung beantragen. Dieser bürokratische Vorgang wurde bloße sechs Wochen, nachdem der Entschluss zur Einwanderung gefasst war, im zweiten Teil der Vortragsreise, die ihn ins kanadische Toronto führte, ins Werk gesetzt. Die Einwanderungsgesetze schreiben eine Wartefrist von fünf

Jahren nach Ausstellung der sogenannten *First Papers* vor, ehe die Vereidigung auf die amerikanische Verfassung stattfinden kann. In Thomas Manns Fall dauerte es ein Jahr länger, weil ihm die in Toronto beantragten *First Papers* erst acht Monate später, im Januar 1939, ausgestellt wurden. Er legte die obligate Staatsbürgerprüfung am 4. Januar 1944 in Los Angeles ab, wobei er, um seine Blößen in Staatsbürgerkunde zu kaschieren, zu einer an Felix Krull gemahnenden Flunkerei Zuflucht nehmen musste; Max und Maidon Horkheimer waren die Zeugen. Die Vereidigung fand am 23. Juni statt, wiederum im Federal Building in Los Angeles. Im Tagebuch wird dieser Vorgang mit den nicht gerade ergriffenen Worten quittiert:»So denn also amerikanische Bürger.« An Agnes Meyer schrieb er darüber:»Die Citizenship ist mir lieb und wert. Mein Deutschtum ist in dem kosmopolitischen Universum, das Amerika heisst, am richtigsten untergebracht.« (AM, 568) Seine amerikanische Schutzgöttin begrüßte das Ereignis in einem Leitartikel in der *Washington Post*:»With Dr. Mann, as with Albert Einstein, Arturo Toscanini and so many illustrious Europeans who made their homes here in the years when the black plague of Nazi-Fascist tyranny was sweeping over the Old World, identification with America is not the result of any external compulsions, but of inner desire. More than any other individual, Dr. Mann represents the finest contemporary flowering of what was best in German cultural life. His residence in America has not destroyed but quickened into new life Dr. Mann's creative urge.«[38] Die *Los Angeles Times* (23. 6. 1944) berichtete über Thomas Manns Einbürgerung sogar auf der Titelseite.[39]

Die Reibungslosigkeit, mit der Thomas Mann die in vielen Fällen schikanösen Formalitäten der Einwanderung hinter sich brachte, darf als ein besonders eklatantes Indiz für den Ausnahmecharakter seines Falles gelten. Für die allermeisten der rund 132 000 Deutschen, die zwischen 1933 und 1945 in den Vereinigten Staaten Aufnahme fanden, war die Einwanderungsprozedur ein Hürdenlauf, zumal für die 682 Angehörigen der schreibenden Zunft, die zudem wegen der Sprachbarriere ihren Beruf nicht wie gewohnt ausüben konnten.[40] »Für jeden Thomas Mann«, so der kanadische Historiker Michael Kater, »hat es viele Schriftsteller beiderlei Geschlechts gegeben, die nicht eine Spur« der legendären Glückhaftigkeit der amerikanischen Karriere des *Zauber-*

berg-Autors aufweisen. Im Gegenteil, »das Gros der Exilanten darbte [...], für viele endete das Exil in Depression und Alkoholismus, Krankheit und Tod.«[41] Die nach dem Krieg sich entfaltende, entschieden Emigranten-feindliche Tendenz, den relativen Erfolg eines Thomas Mann, eines Franz Werfel oder eines Bruno Walter als Norm zu betrachten für das Schicksal aller Exilanten, darf als ein verräterisches Indiz gewertet werden für die tief sitzende Animosität gegen die Exilanten, deren Vertreibung man einst einspruchslos hingenommen hatte. Jetzt auf einmal wollte man sich und andere glauben machen, dass die Exilanten es viel besser hatten als die, die Deutschland die Treue hielten.

Ein wesentlicher Faktor in dem glückhaften Verlauf von Thomas Manns Einwanderung waren die ausgezeichneten Konnexionen seiner neuen Gönnerin Agnes Meyer. Ihrem diskreten Drahtziehen hinter den Kulissen ist es zu verdanken, dass der Antrag auf Einbürgerung kurzfristig im Verlauf der großen Vortragsreise von 1938 in der amerikanischen Gesandtschaft in Toronto gestellt werden konnte.

Über den wohl entscheidenden politischen Grund für den Wunsch, die amerikanische Staatsbürgerschaft zu erwerben, gibt ein Brief an Agnes Meyer Auskunft. Sie gab immer wieder ihrer Sorge Ausdruck, dass er zu viel Zeit auf die Politik verwende, statt sich dem Dichten zu widmen. Nach einer neuerlichen Einmischung dieser Art erklärte er ihr mit kaum verhüllter Erbitterung: »*Je fais la guerre*«. Dies sei eine »Entscheidungsschlacht der Menschheit, und alles entscheidet sich darin, *auch* das Schicksal meines Lebenswerkes« (AM, 253). Diese Entschlossenheit, mit allen ihm zur Verfügung stehenden publizistischen Mitteln gegen Hitler-Deutschland Krieg zu führen, ist als das herausragende Moment der amerikanischen gegenüber den Schweizer Exiljahren anzusehen. Man mag diese Entschlossenheit bereits aus jenem berühmten Satz heraushören, den er am 21. Februar 1938 bei seiner Ankunft in New York den Journalisten in die Stenogrammblöcke diktierte: »Where I am, there is Germany.«[42] Die einzige Quelle für diesen Satz war lange Zeit Heinrich Mann, der ihn in *Ein Zeitalter wird besichtigt* mit einer kleinen Akzentverschiebung überliefert hat. Dort lautet der Satz: »Wo ich bin, ist die deutsche Kultur.«[43] In dieser Form war der Satz lange Zeit im Umlauf. Doch Thomas Mann bezog sich nicht auf die deutsche Kultur, sondern auf Deutschland, wenn auch mit dem bezeichnenden Zusatz:

»I carry my German culture with me.« In seinen kalifornischen Aufzeichnungen vom April 1938, die zum Einzugsgebiet von *Bruder Hitler*
gehören, heißt es jedoch auch ganz lapidar: »Wo ich bin, ist Deutschland.« (E IV, 440) Im Übrigen liegt derselbe Gedanke in *Lotte in Weimar*
auch Goethes Nachdenken über sein Verhältnis zu den Deutschen zugrunde – »Sie meinen, sie sind Deutschland, aber ich bins« (9.1, 327).
Darüber hinaus gehört dieser Gedanke zum Kernbereich des Deutsch-
land-Diskurses im *Doktor Faustus*. Leverkühns Musik ist durch und
durch, in seinen erzdeutschen wie in seinen transnationalen Ausprägun-
gen, Musik von Kaisersaschern, so dass auch von ihm der Satz gilt: »Wo
ich bin, da ist Kaisersaschern« (10.1, 330). Wir haben es hier mit einer
charakteristischen Denkfigur des Exilanten Thomas Mann zu tun. In
seiner New Yorker Fassung besagt der Satz demnach mehr, als dass er die
deutsche Kultur in sich trage und niemand sie ihm absprechen könne.
Er besagt auch: Ich bin und bleibe Deutscher, auch wenn mir die deutsche Staatsangehörigkeit genommen wurde; ich bin und bleibe Deutscher auch und gerade wenn ich gegen die derzeitige Erscheinungsform
Deutschlands zu Felde ziehe. Dass ihm ein solcher Feldzug als die alles
andere überragende, geschichtliche Aufgabe zugewachsen war, muss
ihm bei den Überlegungen, die zu dem Standortwechsel von der Schweiz
in die USA geführt haben, als unabweisliche Erkenntnis aufgegangen
sein. Dies lässt sich unter anderem aus dem gleichfalls 1938 verfassten
Artikel *Hitler – das Chaos* ersehen, in dem die Assoziation von Hitler –
Exil – Kampf am bündigsten zum Ausdruck kommt. Dort schreibt Thomas Mann über sich selbst: »Die Heimsuchung Deutschlands nun gar
durch den Hitlerismus hat diesen ursprünglich unpolitischen Schriftsteller zu einem aus tiefster Seele Protestierenden [...], hat ihn zum
Emigranten und zum politischen Kämpfer gemacht.« (E IV, 313)

Als ein erstes, vorläufiges Fazit lässt sich also feststellen: Thomas
Mann ging als politischer Kämpfer nach Amerika. Sein durchaus erklä-
rungsbedürftiger Entschluss, schon vor der eigentlichen Übersiedlung,
auf seiner Vortragsreise, den Erwerb der amerikanischen Staatsbürgerschaft in die Wege zu leiten, wird letztlich aus diesem Willen zum politischen Kampf herzuleiten sein.

Für die Übersiedlung in die USA lassen sich ohne weiteres mehrere
Faktoren namhaft machen: die sich rapide verschlechternde Lage in Eu-

ropa, die auch die Schweiz gefährdet erscheinen ließ; die Gewissheit, fürs Erste eine akademische Stellung in Princeton zu haben sowie die anscheinend unbegrenzte Hilfswilligkeit Agnes Meyers. Doch über die Gründe für die Entscheidung, sich sogleich um die amerikanische Staatsbürgerschaft zu bewerben, schweigen sich die Briefe und Tagebücher aus. Ausgestattet mit der berühmten *green card*, also als *permanent resident*, hätte er sich über seine leibliche und ökonomische Sicherheit keine Sorgen zu machen brauchen. Als *permanent resident* hätte er die Frage der Staatsangehörigkeit auf unbestimmte Zeit auf sich beruhen lassen können bis zu dem fernen Zeitpunkt, zu dem eine Rückkehr in ein vom Nationalsozialismus befreites Deutschland möglich gewesen wäre.

Die Entscheidung, Amerikaner zu werden, war wohlüberlegt, denn wir können sehen, dass er sich ein Gewissen machte aus dem möglicherweise befremdlichen Eindruck, den dieser Schritt auf seine tschechoslowakischen Bewunderer und Helfer machen würde. Mann schrieb in dieser Sache an den Präsidenten der ČSR, Edvard Beneš, und an den ČSR-Botschafter in der Schweiz, Jan Laška, um zu versichern, dass er sich ihrem Land dankbar verbunden fühle und er auf jeden Fall für die nächsten fünf Jahre Bürger der Tschechoslowakei bleiben werde.[44] Wie so oft übernahm Erika die Aufgabe der Schadensbegrenzung. Sie schrieb, nach Absprache mit dem Vater (Tb. 20. 5. 1938), einen längeren Brief an Leopold Schwarzschild, den Herausgeber des *Neuen Tage-Buchs*, mit der Bitte um Veröffentlichung. Die darin enthaltene Auskunft, ihr Vater habe die *First Papers* und damit »das Options-Recht auf die amerikanische Staatsbürgerschaft« nicht beantragt, ist allein schon deshalb unwahr, weil ohne die Beantragung der *First Papers*, die als erster Schritt zur Einbürgerung unerlässlich sind, sein Aufenthalt in den Staaten begrenzt gewesen wäre und er keine Arbeitserlaubnis besessen hätte.[45] Auch Manns eigene Auskunft in dem Brief an Laška, die Frage seiner amerikanischen Staatsbürgerschaft werde erst in fünf Jahren akut, ist insofern irreführend, als sie nicht erst beim Erwerb und der Vereidigung akut war, sondern schon bei ihrer Beantragung.

Die Entscheidung, Amerikaner zu werden, lässt sich am klarsten aus der Entwicklung von Thomas Manns politischem Denken nachvollziehen. Hier ist vor allem jener Text heranzuziehen, mit dem er im Frühjahr seine erste große Vortragstour durch die Vereinigten Staaten bestritt: *Vom zukünftigen Sieg der Demokratie.* Aus dem Tagebuch (27. 1. 1937) wissen wir, dass ihm die Arbeit daran kein »Vergnügen« bereitete und er sich selbst die zweifelnde Frage stellte: »Demokratischer Idealismus. Glaube ich daran? Denke ich mich nicht nur hinein wie in eine Rolle?« Die Zweifel sind verständlich: Fünfzehn Jahre nach seinem öffentlichen Bekenntnis zur Weimarer Republik war er immer noch kein lupenreiner, überzeugter Demokrat, mochte er sich doch keine Demokratie ohne den »notwendigen geistes-aristokratischen Einschlag[ ]« (XI, 925) vorstellen.

Und in der Tat, um der Rolle willen, die zu spielen er entschlossen war, musste er sich in den demokratischen Idealismus erst hineindenken. Es war die Rolle eines Mahners, der die kriegsunwilligen Amerikaner davon überzeugen wollte, dass der Krieg mit Hitler-Deutschland unvermeidlich sei. Gleichzeitig argumentierte er, dass den Demokratien, die wie die Vereinigten Staaten unter Roosevelt eine soziale Erneuerung ins Werk setzen und sich somit für die kommende Auseinandersetzung stärken, der »Endsieg der Demokratie über die sie heute bedrohenden Tendenzen und Mächte« (XI, 916) beschieden sein wird. Der eigentliche Sinn der Rede wäre demnach besser getroffen, wenn der Titel lautete: Vom zukünftigen Sieg der Demokratien, also des Westens, über das faschistische Deutschland und Italien. Seine Kriegserwartung geht schon aus dem signalhaften Bonner Brief von der Jahreswende 1936/37 hervor, in dem Thomas Mann sich überzeugt zeigt, dass der Nationalsozialismus nur den einen Sinn haben könne: Krieg zu führen, um den 1918 gescheiterten Versuch von 1914 zu wiederholen und das Urteil von Versailles zu korrigieren, nämlich die Erlangung der politischen Suprematie in Europa, den Griff nach der Weltmacht. Darf man den Bonner Brief als die Eröffnungsfanfare seines persönlichen Krieges gegen Hitler-Deutschland bezeichnen, so ist die Demokratie-Rede von 1938 als sein erster großer Feldzug anzusehen. Weitere solche persönlichen Feldzüge sollten bald folgen. Den ohne Zweifel gewichtigsten und bedeutendsten leistete er, als er sich in den Dienst der antifaschistischen Propaganda stellte und vom Oktober 1940 bis Mai 1945 über BBC insgesamt 55 achtminütige Radioansprachen an *Deutsche Hörer* nach Deutschland sandte.[46]

Thomas Mann, Präsident Roosevelt und die Politik der Vereinigten Staaten

Der Gesegnete

Dreimal hat er ihn aus nächster Nähe erlebt, den »mächtigste[n] Mann der Welt« (XI, 982), in dem er, zu seinem beglückten Erstaunen, auch einen der liebens- und bewunderungswürdigsten Menschen kennenlernte, denen er in seinem Leben begegnete. Der 32. Präsident der Vereinigten Staaten zählte für Thomas Mann zu jenen raren Glückskindern und Glücksbringern, deren Wirken, wie das Josephs in Ägypten, ihn auf vielfältige und eklatante Weise als einen Gesegneten ausweisen. Nach dem zweitägigen Aufenthalt im Weißen Haus im Januar 1941 schrieb Thomas Mann an seine Gönnerin und Freundin Agnes E. Meyer, von der er wusste, dass sie keine Parteigängerin des Präsidenten war: »[...] aber etwas wie Segen ist auf ihm, und ich bin ihm zugetan [...].« (AM, 254) Das ist bemerkenswert rücksichtsvoll ausgedrückt, denn sein Verhältnis zu diesem Präsidenten ist mit der Vokabel »zugetan« völlig unzureichend charakterisiert. Er liebte, ja idolisierte Franklin Roosevelt, ignorierte seine Mängel und Versäumnisse und konnte nicht umhin, sein Lob als eine Ausnahmeerscheinung unter den großen Politikern des 20. Jahrhunderts zu singen. Zwar stand Thomas Mann dem amerikanischen Präsidenten keineswegs unkritisch gegenüber, aber er vermied es, ihn offen zu kritisieren, um die Strahlkraft dieser Lichtgestalt nicht zu mindern.

Wer sich in der Thomas-Mann-Literatur umsieht, um Näheres über die Bedeutung der Beziehung zu dem amerikanischen Präsidenten zu erfahren, wird wenig wirklich Erhellendes finden. Es gibt Biographien und Gesamtwürdigungen, in denen der Name Roosevelt überhaupt nicht vorkommt.[1] Wenn von Thomas Manns Beziehung zu Franklin Roosevelt die Rede ist, so wird gewöhnlich auf den vierten, ganz in

Amerika entstandenen Teil des *Joseph* verwiesen. Die Wirtschafts- und Sozialpolitik des fiktiven Joseph in seiner Rolle als »Ernährer« Ägyptens erinnert in manchen Details an den sogenannten New Deal der Roosevelt-Regierung, worauf der Autor mit dem Blick auf künftige Interpreten seines Werks selbst mehrmals aufmerksam machte. Offenbar war ihm daran gelegen, dass man in seiner Darstellung Josephs, des Ernährers, auch eine Hommage an den Präsidenten der Vereinigten Staaten erblickte. Was es mit diesem in Thomas Manns Werk einzigartigen Korrespondenzverhältnis auf sich hat, wird am gegebenen Ort zu erörtern sein.

Demgegenüber soll hier gezeigt werden, dass der amerikanische Präsident für Thomas Mann zuerst und vor allem eine politische Größe war mit gewichtigen Auswirkungen auf seine Einstellung zu Deutschland. In seinem politischen Lernprozess, der sich in Amerika fortsetzte und durch die Berührung mit der politischen Kultur Amerikas und die dadurch präzisierte Außenperspektive auf Deutschland schärfere Konturen bekam, war Präsident Roosevelt der wohl gewichtigste Faktor. Zu fragen ist: Worin gründete die außerordentliche Verehrung für diesen amerikanischen Präsidenten? Was alles stand auf dem Spiel in diesem Verhältnis? Inwieweit haben die Gestalt Franklin Roosevelts und das bewegte, ja dramatische politische Leben der Vereinigten Staaten unter der außergewöhnlich langen Amtszeit dieses Präsidenten Thomas Manns Einstellung zu Deutschland und seine politischen Kommentare während seiner amerikanischen Jahre mitgeprägt? Inwiefern hat das Bekenntnis zu diesem Präsidenten, der in Deutschland seit der Naziherrschaft und noch lange danach im Geruch des Deutschenhasses stand, seine Wahrnehmung in Deutschland als »Amerikaner« gesteuert und sein Einwirken auf die politische Kultur Nachkriegsdeutschlands wenn nicht verhindert, so doch verzögert und verzerrt? Und wie überhaupt kam es zu dem persönlichen Kontakt mit dem mächtigsten Mann der Welt?

Franklin Delano Roosevelt war seit Bismarck die erste Gestalt von welthistorischer Bedeutung, die Thomas Mann bewunderte und verehrte. Anders als von Bismarck, dem »gewaltigen« Schmied der deutschen Einheit, den er nie zu Gesicht bekam, hatte er von dem amerikanischen Präsidenten eine sehr lebendige Anschauung. Er erlebte ihn bei drei verschiedenen Gelegenheiten aus nächster Nähe. Die erste Begegnung 1935 kam eher zufällig zustande; sie war weder von Roosevelts noch von Thomas Manns Seite geplant und wurde durch Hendrik Willem Van Loon vermittelt. Die zweite Begegnung auf einem Pressebankett 1939 verdankte er Agnes und Eugene Meyer, Besitzer der *Washington Post*. Knapp zwei Jahre später war er mit Katia und Erika zwei Tage zu Gast im Weißen Haus. Um diese dritte Begegnung hatte sich Thomas Mann selbst bemüht. Die Frage ist, was ihn dazu bewegte.

Thomas Mann verfolgte die politischen Entscheidungen des amerikanischen Präsidenten am Radio und in den Spalten der amerikanischen Tageszeitungen, gelegentlich fieberhaft und ungeduldig, überzeugt davon, wie er Agnes Meyer schrieb, dass es sich in dem Kampf gegen Hitler-Deutschland um eine »Entscheidungsschlacht der Menschheit« handelt; »alles entscheidet sich darin, *auch* das Schicksal meines Lebenswerkes [...].« (AM, 253) Dieses sehr ausgeprägte Bewusstsein des *tua res agitur* bezüglich der politischen Vorgänge in Washington prägte seine Einstellung zu »seinem« Präsidenten schon lange, bevor er 1944 Bürger der Vereinigten Staaten wurde. Thomas Manns ganzes Verhältnis zu Amerika, sein Denken und Trachten, hatte von Anfang an, seit er 1938 die »American citizenship« beantragte, in Präsident Roosevelt seinen Fluchtpunkt.[2]

In den Vereinigten Staaten ist heute selbst unter den literarisch Gebildeten, auch unter den »presidential historians«, kaum ein Bewusstsein vorhanden von der bedeutenden Beziehung des deutschen Autors zu dem amerikanischen Präsidenten. Unter den zahllosen Büchern über Franklin Roosevelt gibt es, so weit ich sehe, nur eines, die 2003 erschienene Biographie des Historikers Conrad Black, das diese Beziehung einer Erwähnung würdigt.[3] Erst die nach der Wahl Barack Obamas neu belebte Diskussion über Roosevelt und seine Reformpolitik zeitigte immerhin eine beachtenswerte Erinnerung an Thomas Manns Beziehung zu diesem Präsidenten. Bezeichnenderweise stammt sie nicht von einem Amerikaner, sondern von einem Holländer. Es handelt sich dabei um einen offenen Brief an den zu diesem Zeitpunkt »president elect« aus der Feder des in Amerika und Holland lehrenden Historikers Rob Riemen. Anknüpfend an Obamas vielfach bekundete Bewunderung für die Präsidentschaft Franklin Roosevelts erinnert Riemen an die Begegnung Roosevelts mit Thomas Mann im Januar 1941 und stellt eine Verbindung her zwischen jener Begegnung und bestimmten Punkten in Roosevelts dritter Inauguralrede am 20. Januar 1941. Barack Obama, so Rob Riemen, möge sich in seiner eigenen bevorstehenden Inauguralrede ein Vorbild nehmen an Roosevelts Rede zum Auftakt seiner dritten Amtsperiode. In jener Rede habe der Präsident die Amerikaner an die Notwendigkeit erinnert, die Grundwerte der Demokratie zu bewahren und ein vertieftes Verständnis dafür zu fördern, dass »life's ideals are measured in other than material things«. Es sei geboten, so Riemen, dass auch Obama der »culture of money«, die wie zu Beginn der ersten Amtszeit Roosevelts zu einer enormen Finanz- und Wirtschaftskrise geführt hatte, die höheren, auf lange Sicht wichtigeren Werte des geistigen Lebens entgegensetze.[4] Bemerkenswert immerhin, dass mit der Wahl Barack Obamas zum ersten Mal in der amerikanischen Öffentlichkeit, wenn auch nur spurenweise, an die Beziehung Präsident Roosevelts zu dem deutschen Schriftsteller erinnert wird.

Es war keineswegs nur das viel zitierte persönliche Charisma Franklin Roosevelts, das Thomas Mann für ihn einnahm, so nachhaltig gerade »die Berührung mit seiner Persönlichkeit« auf ihn wirkte. »Das war«, so erinnerte er sich in dem Nachruf auf Roosevelt, »für einen Besucher des Weißen Hauses [...] ein ungeheueres, ein unvergeßliches Erlebnis« (XI, 982). Andere Faktoren biographischer, historischer und politischer Natur mussten zusammentreffen, um eine höchst außergewöhnliche Konstellation herbeizuführen, nämlich dass ein Schriftsteller, der sich als Repräsentant Deutschlands verstand und in Amerika auch als solcher auftrat, in dem Präsidenten eines mit Deutschland Krieg führenden Landes den entscheidenden Garanten erkannte für die Rückkehr des »fehlgegangene[n]« (XI, 1146) Deutschland in den Kreis der gesitteten Nationen.

Bereits ihre Herkunft lässt eine gewisse Familienähnlichkeit erkennen.[5] Beide stammen aus privilegierten, patrizischen Familien. Während Thomas Mann aus dem hanseatischen Handelspatriziat hervorging, kam Roosevelt aus der begüterten Klasse der Landbesitzer, deren Vorfahren in New York City Reichtum erworben und sich am linken Ufer des Hudson, nördlich der Stadt, ihre bequemen Landhäuser und

Schlösser im englischen und deutschen Stil erbaut hatten. James Roosevelt, der Vater, hatte eine Tochter aus der blaublütigen Familie der Delanos geheiratet, Sarah Delano, und lebte auf dem Land in Hyde Park, einer kleinen Ortschaft in der reizvollen Dutchess County im Staat New York. Franklin Roosevelt selbst blieb bis zum Ende, auch auf der Höhe seiner Machtstellung, vom Typ und Habitus her ein Landedelmann nach englischem Vorbild – ein *country gentleman*. Selbst als er im Weißen Haus residierte, war er sich nicht zu gut dafür, die gut nachbarlichen Beziehungen in seiner heimatlichen Grafschaft zu pflegen. So oft er konnte, kehrte er auf seinen weitläufigen Landsitz in Hyde Park zurück, wo er Churchill, den Herzog von Windsor und viele andere zu Gast hatte.

Ausschlaggebend für die Karriere Roosevelts wie auch für Thomas Manns Bewunderung des Präsidenten war dessen politisches Renegatentum. Als Franklin Roosevelt nach einer kurzen, lustlos absolvierten Anwaltskarriere in New York sich 1910 entschloss, die politische Bühne zu betreten, schloss er sich nicht, wie die Interessen und die Tradition der »Hudson aristocracy« es geboten hätten, der Republikanischen, sondern der Demokratischen Partei an. Dies ist umso bemerkenswerter, als Teddy Roosevelt, ein entfernter Verwandter, der von 1901 bis 1909 im Weißen Haus regierte, Republikaner war. Der junge Franklin Roosevelt idolisierte »TR«, den er »cousin Teddy« nannte, und folgte in dessen Fußstapfen. Wie TR wurde FDR, wie auch er bald abgekürzt genannt wurde, zunächst Senator im Bundesstaat New York, dann Undersecretary of the Navy (Marine-Minister) in Washington, später Gouverneur von New York in Albany, von wo in beiden Fällen der Sprung ins Weiße Haus gelang. Teddy wurde mit 42 Jahren Präsident, Franklin mit fünfzig. Indem nun aber FDR in das Lager der Demokratischen Partei wechselte, wurde er zum Verräter an seiner Klasse – »a traitor to his class«, so der Titel eines bedeutenden Buches von H. W. Brands[6] – umso mehr, als er sich von Anfang an auf dem progressiven Flügel der Demokratischen Partei positionierte und sich zum Anwalt der Mittelklasse und der ländlichen Bevölkerung machte. Aus dieser Einstellung ging in der seit 1929 anhaltenden Weltwirtschaftskrise das Paket von Sozialreformen hervor, das unter dem Namen *New Deal* – in Anspielung auf Teddy Roosevelts Sozialpolitik, dem *Square Deal* –

Geschichte machte. Bezeichnenderweise stellte Thomas Mann in seinem Nachruf auf Roosevelt diesen Aspekt des seine eigene Klasse
transzendierenden sozialen Gewissens an die erste Stelle seiner Würdigung. Wie Cäsar sei Franklin Roosevelt »ein Aristokrat, ein Kind des
Reichtums und ein Freund des Volkes, der Hort des kleinen Mannes«
(XII, 941) gewesen. Möglicherweise dachte er dabei an den berühmten,
vielzitierten Satz, den Roosevelt 1936 in einer Wahlkampfrede im New
Yorker Madison Square Garden sprach und der ihm offenbar einen bedeutenden Zugewinn an Stimmen aus den seit der Weltwirtschaftskrise
verarmten und demoralisierten Mittelschichten einbrachte. Nie zuvor
in der Geschichte des Landes seien sich die Reichen so einig gewesen
in ihrem Hass auf einen politischen Gegner – ein Hass, den er bewusst
provozierte und den er ausdrücklich willkommen hieß: »they are unani-
mous in their hate for me and I welcome their hatred.«[7] Franklin Roosevelt war in gewissen Kreisen in der Tat so verhasst, dass man sich auf
Partys unter Gleichgesinnten weigerte, seinen Namen in den Mund zu
nehmen und lieber von »that man in Washington« oder »that man in the
White House« sprach.

Franklin D. Roosevelt verkörperte ein Demokratieverständnis, das
man als »Demokratie von oben« bezeichnen könnte. Eben diese – im
Lichte der amerikanischen Verfassung – nicht ganz lupenreine Vorstellung von Demokratie schwebte auch Thomas Mann als politisches Ideal
vor, seit er sich 1922 entschlossen hatte, die Weimarer Republik zu
unterstützen. Und da er 1930 und 1932 das deutsche Bürgertum beschworen hatte, die Sozialdemokratie zu wählen, in der Überzeugung,
diese sei am ehesten imstande, dem Verderben Deutschlands durch
den Nationalsozialismus zu wehren, befand er sich damals, ohne es
selbst schon zu wissen, sozialpolitisch betrachtet mit dem amerikanischen Präsidenten *grosso modo* auf derselben Wellenlänge. Die Parole,
in der er im Januar 1941 bei einer politischen Veranstaltung in New
York, dem »Federal Union Dinner«, seine Anmerkungen zur Wiederge-
burt und Erneuerung der Demokratie zusammenfasste: »Social Democracy is now the order of the day« (XIII, 695), lässt die Kongruenz seiner
eigenen politischen Überzeugungen mit denen Präsident Roosevelts in
aller Deutlichkeit erkennen.

Vor diesem Hintergrund lässt sich das eigentümliche Profil und die politische Aktualität der Rede, die Thomas Mann auf Anregung Agnes Meyers schrieb und mit der er im Frühjahr 1938 seine erste große Vortragstournee in Amerika bestritt, deutlicher erkennen und genauer würdigen.[8] Dieser Vortrag, *Vom kommenden Sieg der Demokratie*, erfreut sich unter den Experten keiner sehr hohen Wertschätzung. Man meint, aus dem Tagebuch entnehmen zu können, dass ihm die Abfassung dieser Rede lästig war, und folgert daraus, dass das Plädoyer für eine offensive, den Faschismus bekämpfende Demokratie nicht wirklich seinen innersten Vorlieben entsprach und als ein bloßes Rollenspiel zu werten sei.[9] Es geht hier jedoch mitnichten um Thomas Manns Demokratieverständnis, das gewiss beschränkt war, sondern um anderes und unter den gegebenen Umständen Dringlicheres, nämlich um die Abwehr und Verhinderung einer politischen und moralischen Katastrophe in dem kommenden Krieg gegen die Achsenmächte. Dieser Krieg, den Thomas Mann zu diesem Zeitpunkt für unvermeidlich hielt und den er herbeiwünschte, war nur dann zu gewinnen, wenn Amerika und sein Präsident zum Krieg entschlossen waren. Die Demokratie sei »gezwungen«, so Thomas Mann später, im März 1941, als es noch ungewiss war, ob die USA in den Krieg eingreifen würden, »*militant* zu sein, gezwungen aus dem einfachen Motiv der Selbsterhaltung. In der Welt, wie sie nach dem Siege Hitlers sein würde, in der Gestapo-Welt allgemeiner Versklavung«, gäbe es keine Demokratie. »Es gäbe auch keine Religion und keine Moral. Die Wenigsten machen sich, selbst heute noch, eine Vorstellung davon, welche moralische Katastrophe der Sieg jener Mächte, die man unter dem Namen des Nazismus und Faschismus zusammenfaßt, für die Menschheit bedeuten würde.« (XIII, 705)

In dem Demokratie-Vortrag von 1938 erinnert Thomas Mann das seit dem Ende des Ersten Weltkriegs überwiegend isolationistisch denkende Amerika daran, dass es zum »Kulturterritorium des Abendlandes« gehört und es sich nicht davon isolieren kann und darf (XI, 938). In Europa sei die Idee der Demokratie bedroht oder bereits korrumpiert; in Amerika hingegen sei die Demokratie dabei, sich zu erneuern und zu stärken. Diese Erneuerung werde in dem Amerika Roosevelts nicht wie in Nazideutschland mit dem faulen Zauber eines schwindelhaften »Neuigkeitsreiz[es]« oder mit dem »lügenhaften, aber werbekräftigen Jugendlichkeitsvorsprung« (XI, 938) betrieben oder im Geiste eines falschen Begriffs von Sozialismus, sondern im Namen der Idee der sozialen Gerechtigkeit und in dem klaren »Bewußtsein der Würde des Menschen« (XI, 917). Die »tiefe und kraftvolle Besinnung der Demokratie auf sich selbst« (XI, 933 f.), die in dem von Präsident Roosevelt geführten Amerika zu beobachten sei, gilt ihm schon hier als Garant für den »Endsieg der Demokratie über die sie heute bedrohenden Tendenzen und Mächte« (XI, 916). Mit diesem Gedanken griff Thomas Mann der historischen Entwicklung weit und kühn voraus. Der Satz drückt seine – wie sich bald herausstellen sollte – richtige Überzeugung aus, dass das nationalsozialistische Deutschland Krieg führen werde. Erstaunlicherweise impliziert er aber auch, dass Amerika seinen verständlichen Überdruss an den europäischen Händeln ablegen, in den Krieg eintreten und ihn für die Sache der Demokratie gewinnen würde. Woher nahm Thomas Mann seine Zuversicht und Siegesgewissheit, lange bevor der japanische Angriff auf Pearl Harbor allem amerikanischen Isolationismus ein für alle Mal ein Ende setzen sollte?

Ein wesentlicher Faktor in Thomas Manns Einschätzung der weltpolitischen Lage von 1937/1938 war der unverkennbar dirigistische und cäsaristische Charakter der Roosevelt-Administration von Anfang an. Bezeichnenderweise betont er in seiner Rede, dass Demokratie nicht unbedingt und »allzu wörtlich mit ›Volksherrschaft‹ zu übersetzen« sei (XI, 916 f.) und dass »[d]ie wirkliche Demokratie, wie wir sie verstehen, […] niemals eines aristokratischen Einschlags entbehren« kann (XI, 924). Das ist zweifellos im Hinblick auf Roosevelt, den Patriziersohn, gesagt und ebenso undemokratisch wie die tief pessimistische, aus seiner Schopenhauer- und Nietzsche-Lektüre gespeiste Bemerkung, dass angesichts der Schwäche und der leichten Verführbarkeit der Menschen »ein eiserner Druck disziplinären Zwanges […] nötig [sei], sie nur leidlich in Zucht und Ordnung zu halten« (XI, 917). Denn was die Zeit angesichts des Siegeszuges des Faschismus in Europa verlange, sei ein männlicher, ja militanter Begriff von Humanität, wenn die Demokratien obsiegen sollen: »Was not tut, ist eine Humanität des Willens und der kämpferischen Entschlossenheit zur Selbsterhaltung.« (XI, 938) Angesichts der Hitler-Herrschaft hatte er dem Pazifismus eine Absage erteilt. »Jedes pazifistische Wort«, notierte er im Tagebuch schon 1935, »ist unmöglich geworden« (Tb. 4. 4. 1935). Und an die Adresse

74

Amerikas gerichtet betont er in der Demokratie-Rede, dass ein »Pazifismus, der eingesteht, den Krieg *um keinen Preis* zu wollen, den Krieg herbeiführt statt ihn zu bannen« (XI, 939). Er war sogar bereit, eine »*aufgeklärte* Diktatur« zu unterstützen, denn – so schrieb er an René Schickele – was könne man gegen eine solche Regierungsform »heute noch viel einwenden« (Br. I, 397). Die Betonung liegt hier auf dem Wort »heute«, also angesichts der schlimmen Entwicklungen in Europa. Es wäre deshalb unrealistisch, Thomas Manns Vorstellung einer starken, zum Krieg bereiten Demokratie auf das Konto der vielberufenen Defizite seines Politikverständnisses zu verbuchen. Das Demokratieverständnis des aus der Schweiz in die Vereinigten Staaten umgesiedelten Exilanten war stark situationsbedingt. Es hatte in Präsident Roosevelt, der trotz aller cäsaristischen Züge ein verfassungstreuer Demokrat war und, von einigen wenigen Ausnahmen abgesehen, auch blieb, die entscheidende Orientierungsfigur.

So sehr jedoch Thomas Mann im Jahre 1938 den Krieg herbeiwünschte, alle Welt schien ihn verblendeterweise vermeiden zu wollen, allen voran England mit seiner offiziellen Politik des *appeasement* gegenüber Hitler. Wenn es vor Ausbruch des Krieges irgendwo schon Anzeichen jenes männlichen, ja militanten und zuversichtlich stimmenden Begriffs von Humanität zu erblicken gab, so weniger im amerikanischen Volk als zuoberst in der Persönlichkeit des amerikanischen Präsidenten. Inwieweit Thomas Mann Kenntnis hatte von den wiederholten Versuchen, sogleich nach seinem Amtsantritt im Jahre 1933 die »presidential powers« des neuen Präsidenten zu erweitern und der Exekutive diktatorische Machtbefugnisse zu übertragen, muss dahingestellt bleiben. Der Kongress signalisierte seine Bereitschaft, dem Präsidenten solche erweiterte Machtbefugnisse zuzugestehen, ja man versuchte, sie ihm aufzudrängen, damit seine Handlungsfreiheit gegenüber den Diktatoren in Europa zur Wahrung der amerikanischen Interessen, die nicht zuletzt globale Handelsinteressen waren, weniger beschränkt sei.

Bei den politischen Karikaturisten war dies ein beliebtes Thema. Eine solche Karikatur aus jenen Tagen zeigt Uncle Sam, wie er mit ernstem Gesichtsausdruck einem aufrecht stehenden und mit aufgekrempelten Hemdsärmeln zupackenden FDR ein großes Schwert überreicht, das die Aufschrift »Dictatorial Powers« zeigt; die Szene ist überschrieben: »In Safe Hands!«[10] In seiner eindringlichen Betrachtung der ersten hundert Tage der Präsidentschaft Roosevelts – sie trägt den bezeichnenden Titel *The Defining Moment* – hat Jonathan Alter gezeigt, wie groß die Versuchung in der Tat war, die von dem scheinbar zeitgemäßen Gedanken der diktatorischen Machtbefugnisse ausging, und wie FDR dieser Versuchung widerstand und damit seine herausragende Bedeutung in der Geschichte der amerikanischen Demokratie zum ersten Mal unter Beweis stellte. Thomas Mann konnte also mit seinem Ruf nach einer starken, kriegswilligen Demokratie zumindest bei dem mächtigsten Mann der Welt auf Zustimmung rechnen.

Hendrik Willem Van Loon

Als Thomas Mann seine Demokratie-Rede schrieb, im Sommer und Herbst 1937, hatte er den amerikanischen Präsidenten erst einmal erlebt, nämlich bei einem Dinner im kleinen Kreis am 29. Juni 1935 im Weißen Haus. Es war nach der Ehrenpromotion durch die Harvard University der zweite, gänzlich unvorhergesehene Höhepunkt seiner zweiten Amerikareise. Die Einladung nach Washington erreichte ihn erst am 25. Juni, beinahe in letzter Minute, in Riverside, Connecticut, einem reizenden Ort am Long Island Sound, wo Thomas und Katia Mann im Haus des holländisch-amerikanischen Schriftstellers Hendrik Willem Van Loon für mehrere Tage zu Gast waren. In Thomas Manns Tagebuch taucht die lebensgeschichtlich zweifellos gewichtige Nachricht etwas plötzlich auf, wie aus heiterem Himmel: »Prächtiger, klarer Tag. Einladung von Roosevelt ins Weiße Haus zum Dinner am Samstag, en famille, entschieden wichtig. Änderung der Pläne [...].«

Das Tagebuch verschweigt, wem diese ehrenvolle Einladung zu verdanken war, nämlich seinem Gastgeber, der offenbar spontan und aus Sympathie für die deutsche Literatur die Manns telegraphisch eingeladen hatte, nach den Festivitäten an der Harvard University in Cambridge, Massachusetts, einige Tage in seinem schönen Landhaus zu verbringen (Tb. 19. 6. 1935). Dieses Haus, »Nieuw Veere« genannt, war am Wasser gelegen, in einer Gegend der teuren Grundstücke und geräumigen Häuser; es bot seinen Gästen willkommenen Komfort. Thomas Mann erinnerte sich später gern an die »prächtige Gastfreundschaft von damals«.[11] Es war eine ungeahnt glückliche Fügung für Thomas Mann weit über den Besuch von 1935 hinaus, dass er die Gastfreundschaft der Van Loons genießen durfte, denn es stellte sich alsbald heraus, dass Helen und Willem Van Loon gute freundschaftliche Beziehungen zu Eleanor und Franklin Roosevelt unterhielten.

Hendrik Willem Van Loon (1882–1944), in Rotterdam geboren, doch seit seinem zwanzigsten Lebensjahr in Amerika lebend, gehört zu den meist übersehenen, doch für die amerikanischen Jahre Thomas Manns wichtigen Helfer- und Vermittlergestalten. Van Loon hatte sich mit populärwissenschaftlichen Büchern, die er selbst humoristisch illustrierte und unter denen viele Bestseller waren, einen angesehenen Namen gemacht.[12] Seine Bücher handeln von holländischer und amerikanischer Geschichte, von der Seefahrt und von bedeutenden Gestalten wie Erasmus von Rotterdam, Rembrandt, Johann Sebastian Bach und Beethoven. Sein *opus magnum* sind die 1942 erschienenen *Lives*, eine Serie von Gesprächen mit imaginierten Besuchern aller Zeiten im Haus der Van Loons.[13] Thomas Mann war entzückt von dem Buch und schrieb dem Autor eine vollmundige Würdigung. Er habe »prächtige, im vollsten Sinne des Wortes vergnügte Stunden damit verbracht, genussreiche, heiter-bewegte Stunden. [...] Auf so gewinnende, bequeme, lustig-menschenfreundliche Art ist wohl noch nie Geschichte gelehrt, mit so leichter Gebärde selten ein grosses Wissen ausgebreitet worden. [...] die Talent-Combination von geistig-sprachlicher und bildlicher Darstellung, die Ihnen gegeben ist, macht das Buch zu einem Unicum.« Thomas Mann hatte, schon bevor er Van Loons Bücher schätzen lernte, eine Sympathie für den urbanen Holländer gefasst, und so fährt der Brief fort: »*Sie selbst* sind ein Unicum, ein reich begabter, aufgeräumter, bald schreibend, bald zeichnend und malend sich herzlich mitteilender kluger und guter Kerl und Lebenskamerad wie Zeit und Zukunft ihn brauchen können.«[14]

Es war dem herzlichen Einvernehmen der beiden Autoren enorm förderlich, dass der gastfreundliche Holländer nicht nur erfolgreiche Bücher schrieb, sondern sich auch als überzeugter Antifaschist und Hitler-Gegner politisch engagierte und Amerika vor den Gefahren des

Isolationismus zu warnen versuchte. Wenig später, als Thomas Mann seinen Essay über »Bruder Hitler« schrieb, zu einem Zeitpunkt, als nur sehr wenige Amerikaner Hitlers *Mein Kampf* ernst nahmen, veröffentlichte Van Loon einen vernichtenden Kommentar zu Hitlers Buch: *Our Battle, being one man's answer to My Battle by Adolf Hitler* (1938). Mehr Erfolg hatte er 1940 mit *Invasion*, einem Roman, der die fiktive, aber nicht undenkbare Einnahme New Yorks durch deutsche Seestreitkräfte schildert.

Van Loon hatte zunächst als Korrespondent der Associated Press Nachrichten-Agentur gearbeitet; in dieser Eigenschaft fand er sich 1905 während der Revolution in St. Petersburg und Moskau und 1914 beim deutschen Einmarsch in Belgien. Von 1907 bis 1911 studierte er Geschichte in München und promovierte mit einem Thema aus der holländischen Geschichte; seine Dissertation erschien 1913 auf Englisch: *The Fall of the Dutch Republic*. Nach einer kurzen Karriere als akademischer Lehrer an der Cornell University wurde er freier Schriftsteller. Als Thomas Mann seine Bekanntschaft machte, arbeitete Van Loon als politischer Kommentator für verschiedene amerikanische Rundfunkanstalten, darunter NBC. Es ist als ein Zeichen ihrer weltanschaulichen Verbundenheit zu werten, dass Van Loon einige Jahre später an einem ambitionierten, doch wenig erfolgreichen Gemeinschaftswerk mitarbeitete, dem 1943 von Armin Robinson herausgegebenen Novellen-Zyklus *The Ten Commandments. Ten Short Novels of Hitler's War Against the Moral Code*. Thomas Manns Beitrag zu diesem Werk war die Moses-Novelle *Das Gesetz*; Van Loon steuerte eine Geschichte über das neunte Gebot bei: *Thou shalt not bear false witness against thy neighbor*.

Entscheidend für Van Loons Kontakt zu Franklin Roosevelt war ein kleiner Artikel über Roosevelts Privatbibliothek in »Springwood«, seinem Landhaus in Hyde Park, der 1932 unter dem Titel *What Governor Roosevelt Reads* in der weitverbreiteten *Saturday Review of Literature* erschien. Van Loon beschreibt FDR als einen gebildeten, Deutsch und Französisch sprechenden Mann von Welt und berichtet, dass seine Privatbibliothek keine Romane und Lyrik enthalte, dafür aber sehr viele Geschichtsbücher mit dem Schwergewicht auf »naval history«. Seine Bibliothek diene ihm als »arsenal from which to arm himself for the inevitable encounters of the future«.[15] Im Wahlkampf von 1932 war dieser Artikel, der das intellektuelle Profil FDRs in ein freundliches Licht hüllte, eine willkommene Schützenhilfe, und Roosevelt zeigte sich denn auch erkenntlich. Van Loon weilte mit seiner Familie mehrmals zu Gast im Weißen Haus, und 1936 betraute der Präsident ihn mit dem Auftrag, ein kleines Buch über das Programm der Demokraten zu schreiben, *The Democratic Book*. Was Van Loon über die politische Gesinnung hinaus mit Roosevelt verband, war das gemeinsame holländische Erbe sowie die beiderseitige Passion für den Segelsport und die Geschichte der Seefahrt. Van Loon besaß auch die Aufmerksamkeit, seinem quasi-Landsmann gelegentlich einen holländischen Käse zu schicken oder seltene Briefmarken, denn das Briefmarkensammeln war FDRs liebstes Hobby. Nach Ausbruch des Krieges in Europa versorgte Van Loon, wie seine unveröffentlichte Korrespondenz erkennen lässt, den Präsidenten mit vertraulichen Nachrichten, die ihm über persönliche Kontakte in den Niederlanden und Schweden zugingen. Wenn Thomas Mann wirklich die Absicht gehabt hätte, sich Zugang zum amerikanischen Präsidenten zu verschaffen, so hätte er keinen besseren Mittelsmann finden können als Hendrik Willem Van Loon. Offenbar hegte er vor der Begegnung mit seinem holländisch-amerikanischen Kollegen keine derartige Absicht. Die Tür zum Weißen Haus öffnete sich ihm eher zufällig. Doch dieser Zufall besitzt eine eigene, hintergründige Logik, wie sie in Thomas Manns vom Glück begünstigten, in den Spuren Goethes gehenden Lebenslauf des Öfteren zu beobachten ist.

Schon am Tag der Ankunft im Haus der Van Loons in Riverside muss das Gespräch auf den Präsidenten gekommen sein. Bereits am nächsten Morgen nämlich, dem 22. Juni, sandte Van Loon ein Telegramm an Eleanor Roosevelt ins nahe gelegene Hyde Park, um anzufragen, ob für Thomas und Katia Mann noch vor ihrer Rückreise am 5. Juli ein Besuch im Weißen Haus arrangiert werden könne.[16] Es handelt sich um ein längeres Telegramm, aus dem sich in etwa ersehen lässt, wie die ehrenvolle Einladung nach Washington zustande kam. Als Van Loon aus der Unterhaltung mit seinem Gast entnahm, dass dieser ein Bewunderer des Präsidenten war, fragte er ihn verwundert, warum er den Präsidenten der Harvard University, James B. Conant, nicht darum gebeten habe, bei Präsident Roosevelt, einem »Harvard man«, eingeführt zu werden. Thomas Mann habe erklärt, er habe befürchtet, dass ein solcher Schritt den amerikanischen Präsidenten politisch in Verlegenheit bringen könnte. Van Loon fügt in dem Telegramm an die First Lady erklärend hinzu, dass sein Gast wegen seiner Gegnerschaft zum Hitler-Regime ins Exil gehen musste und dass ihm seine deutsche Staatsbürgerschaft genommen wurde. Dies entsprach nicht ganz der Wahrheit, da Thomas und Katia Mann erst am 2. Dezember 1936 ihrer Staatsangehörigkeit für verlustig erklärt wurden; aber weil er seit 1933 mit seiner offiziellen Ausbürgerung rechnete, ist es denkbar, dass er seinem Gastgeber die Situation in diesem Sinne dargestellt hatte.[17] Thomas Mann – so Van Loon weiter in seinem Telegramm – fürchte, dass die »local Germans«, d. h. die offizielle diplomatische Vertretung des Deutschen Reichs in Washington, D.C., es falsch auslegen würden und es dem Präsidenten peinlich werden könnte, wenn er einen deutschen Exilanten offiziell im Weißen Haus empfange. Darauf habe Van Loon ihm sogleich versichert, dass der Präsident niemanden empfangen könnte, wenn er auf solche Befürchtungen Rücksicht nähme.

Die Erklärung Thomas Manns nimmt sich nicht zuletzt darum etwas merkwürdig aus, weil im Tagebuch vor dem Besuch bei den Van Loons in Riverside keine diesbezüglichen Überlegungen zu finden sind. Es hat den Anschein, dass er gegenüber seinem Gastgeber nicht durchaus mit offenen Karten spielte. Möglicherweise fürchtete er, dass die Publizität, die ein Empfang durch den amerikanischen Präsidenten unweigerlich mit sich brächte, die bis dahin nach außen gewahrte Zurückhaltung gegenüber Nazideutschland kompromittieren würde. Vielleicht aber gab er sich gegenüber Van Loon deswegen betont rücksichtsvoll, um ihn dadurch umso eleganter zu einer Initiative in Richtung Weißes Haus zu animieren.

Wie dem auch sei, die First Lady beantwortete das ausführliche Telegramm Van Loons noch am selben Tag. Ihr Brief vom 22. Juni traf am 25. Juni in Riverside ein und brachte die offizielle Einladung: »The President and I shall be delighted to have Mr. and Mrs. Mann dine with us informally in Washington, next Saturday night, the 29th, at seven forty five.«[18] Eleanor Roosevelt fügte hinzu – sie scheint damit Thomas Manns Bedenken als berechtigt zu bestätigen –, dass der Besuch ohne jegliche Publizität vonstatten gehen müsse. Es sei nämlich die Regel in Washington, dass alle ausländischen Besucher dem Weißen Haus durch die Botschaften ihres Landes präsentiert werden müssen. Mit der Absprache, die Sache »Thomas Mann« als Privatbesuch zu behandeln, d. h. ohne Mitteilung an die Presse und ohne Erinnerungsfotos, war dafür gesorgt, dass weder das Weiße Haus noch der prominente Besucher in die Verlegenheit kamen, eine Erklärung abgeben zu müssen. Auf Seiten Roosevelts war dabei offenbar kein politisches Kalkül irgendwelcher Art im Spiel. Man verließ sich in dieser Sache auf das gute Wort, das Van Loon für seinen Gast eingelegt hatte, denn an der Verlässlichkeit und Ergebenheit dieses Hausfreundes konnte kein Zweifel sein.

Dass andererseits bei Thomas Mann im Hinblick auf den amerikanischen Präsidenten politische Gesichtspunkte eine Rolle spielten, ist zu diesem Zeitpunkt ganz unwahrscheinlich. Die Einladung ins Weiße Haus war, wie das Tagebuch Thomas Manns und das Telegramm Van Loons erkennen lassen, eine unvorhergesehene, nicht geplante glückliche Fügung. Weder das Tagebuch noch die Briefe Thomas Manns in den Monaten vor der zweiten Amerikareise enthalten einen Hinweis, dass er sich um eine Audienz bei Präsident Roosevelt bemühte. Die Faszination durch Franklin Roosevelt stellte sich erst nach der Begegnung mit dem Präsidenten ein, nahm dann aber in der Folgezeit die Dimensionen einer in seinem Leben einzigartigen Heldenverehrung an.

Gleichwohl darf vermutet werden, dass der *Joseph*-Autor, der in seiner Jugend Napoleon und Bismarck verehrte und der noch im hohen Alter, als Protestant, vor Papst Pius XII. eine huldigende Kniebeuge vollführte, sich in seinem Verhältnis zu Roosevelt von einem tief sitzenden Schriftstellerinstinkt leiten ließ. Ein Menschengestalter hat ein natürliches Interesse an Menschen, die kraft ihrer Persönlichkeit oder kraft ihres Amtes außergewöhnliche Macht ausüben. Keine Frage, dass Thomas Mann, als sich die Gelegenheit dazu ergab, der Begegnung mit dem amerikanischen Präsidenten mit gespannter Neugier entgegensah, ohne jedoch schon zu ahnen, welche Rolle Roosevelt in seinem geistigen Haushalt noch spielen würde.

Die guten Dienste Willem Van Loons bei der Einfädelung von Thomas Manns erstem Besuch im Weißen Haus befestigten die freundschaftlichen Bande zu dem holländischen Kollegen über die persönlichen und politischen Sympathien hinaus. Damit war ein Kontakt geknüpft, dessen künftige Nützlichkeit hier noch nicht abzusehen war.

Washington, D.C.

Die nicht vorgesehene Reise nach Washington erzwang eine Änderung der bestehenden Pläne. Eine Ausfahrt mit der berühmten Journalistin Dorothy Thompson und ihrem Mann, dem Schriftsteller Sinclair Lewis, musste abgesagt werden. Offenbar war eine Autofahrt zu Dorothy Thompsons Sommerhaus in Vermont vorgesehen. Am 27. Juni, einem Donnerstag, hieß es Abschied nehmen von dem bequemen Haus am Long Island Sound. Für die kurze Strecke von Stamford, Connecticut, nach New York City nahm man den Zug. In der City stieg man auf Empfehlung Van Loons im »Algonquin« ab, einem günstig gelegenen Hotel auf der 44. Straße, in dem sich ein berühmter Literatenstammtisch traf. Das »Algonquin« hatte zudem den Vorzug, dass es einen Deutsch sprechenden Geschäftsführer hatte, Herrn Nagel, der die Manns, als es so weit war, zu dem Airport-Bus brachte. Den kurzen Flug nach Washington empfand der eingefleischte Eisenbahnfahrer als unruhig und abenteuerlich; es war sein erster Flug.

In Washington, D.C., wohnte man im Mayflower-Hotel, von wo es nur ein kurzer Fußweg zum Weißen Haus ist. Offenbar hatte die First Lady den Vorsitzenden der im Weißen Haus akkreditierten Pressefotografen, Anthony Muto, mit der Betreuung der Manns beauftragt. Muto machte mit ihnen noch am ersten Tag eine kleine Stadtrundfahrt, die schließlich zum Lincoln Memorial führte. Thomas Mann zeigte sich beeindruckt von der »außerordentlich schönen und repräsentativen Stadt, deren Perspektiven an Paris erinnern« (Tb. 28. 6. 1935). Er konnte damals nicht ahnen, dass er in späteren Jahren noch öfter in offizieller Funktion und zu privaten Zwecken in die Hauptstadt kommen würde. Muto, der auch als Lobbyist des Verbandes der Filmproduzenten und -verleiher tätig war, erledigte seine Aufgabe, den deutschen Gästen etwas von der amerikanischen Hauptstadt zu zeigen, sehr gewissenhaft. Am Samstag, dem Tag des Dinners im Weißen Haus, führte er sie ins

Capitol, wo sie eine Zeitlang einer Sitzung des *House of Representatives* zuschauten; am Nachmittag fuhr er sie hinaus nach Mount Vernon zu George Washingtons schönem Landhaus am Potomac. Der anhaltenden Hitze wegen hatte sich Thomas Mann gleich nach dem Frühstück einen weißen Leinenanzug besorgt, um für den großen Auftritt angemessen ausgestattet zu sein.

Zur angegebenen Stunde brachte Muto Thomas und Katia Mann ins nahe gelegene Weiße Haus. Die Einladung lautete zu einem »informal dinner«, also *en famille*. Dem Tagebuch Thomas Manns zufolge waren neben dem Präsidenten und der First Lady »nur ein paar Damen und ein Knabe im weißen Smoking« zugegen. Bei den Damen handelte es sich vermutlich um Missy LeHand, die persönliche Assistentin FDRs, sowie möglicherweise Anna, die Tochter der Roosevelts. Der Präsident erwartete die Gäste im Speisezimmer in seinem Rollstuhl, angetan in »hellen Hosen und Sammetsmoking«. Die »kluge Physiognomie« scheint ihn sofort für den Präsidenten eingenommen zu haben. Zu seiner gelinden Enttäuschung gab es ein nur »mäßiges Essen«; in einem Brief an René Schickele bezeichnet er es geradezu als »sehr schlecht« (Br. I, 396).

Nach dem Dinner begab man sich hinauf in die Privatgemächer im ersten Stock, wo man sich offenbar mehrere Filme anschaute, die Thomas Mann jedoch »zu lange« dauerten. Zum Abschluss besichtigte man das private, mit Marinebildern geschmückte Arbeitszimmer des Präsidenten mit dem Kamin, von wo er seine berühmten »fireside chats«, seine Kamingespräche, übers Radio an das amerikanische Volk sandte. Zur Verabschiedung sagte der Präsident »Auf Wiedersehen«. Es war eine freundliche Geste dem berühmten Autor gegenüber, die Thomas Mann offenbar als ehrlich gemeinten Wunsch nach einem Wiedersehen auffasste, sonst hätte er sich später wohl kaum so umstandslos getraut, sich um eine Wiedereinladung zu bemühen. Darauf geleitete die First Lady ihre Gäste durch die »Säle und Salons« im Erdgeschoss zum Ausgang, von wo man den Weg ins nahe Hotel Mayflower zu Fuß zurücklegte. Ausgelaugt von der in Washington herrschenden Hitze, genehmigte man sich vor dem Zubettgehen noch ein Bier.

Die Unterhaltung bei Tisch im Weißen Haus wird in der Hauptsache vom Präsidenten bestritten worden sein, denn er war ein pointensicherer und lachlustiger Raconteur, der seine Gäste gern mit unterhaltsamen Geschichten traktierte; Thomas Mann notierte sein »amerikanisches Lachen« (Tb. 29. 6. 1935). Bezeichnenderweise hält er, der offenbar auf eine ernsthafte Unterhaltung über gewichtige politische Themen eingestellt war, als einzige substantielle Aussage des Präsidenten dessen »Geringschätzung der degenerierenden Demokratie und der wilden Regierungsstürzerei« fest. Darauf war wohl Roosevelts gut gelaunte Bemerkung gemünzt: »they can't get me out«, da er Regierungschef und Staatsoberhaupt in Personalunion sei. Was Thomas Mann somit mitnahm von dieser ersten Begegnung mit dem amerikanischen Präsidenten, ist das Bild eines krisenfesten, in seiner Stellung unangreifbaren Führers seines Volkes, der ihm in erster Linie aufgrund seiner »Energie und Selbstherrlichkeit« imponierte. Dieser starke, positive Eindruck wird etwaige »Empfindungen der Beschämung« ausgeschaltet haben, die sich sonst gewöhnlich einstellten »angesichts der herrschenden völligen Unbekanntschaft mit meiner Existenz« (Tb. 28. 5. 1934). Denn dass der Präsident oder die First Lady einen Roman oder eine Erzählung Thomas Manns gelesen hätten, ist ganz und gar unwahrscheinlich. Auch nach dem zweiten Besuch im Weißen Haus musste sich »the greatest living man of letters« eingestehen, »daß der Präsident selbst sich für Literatur nicht im Geringsten interessiert«.[19] Dies konnte er bei aller Bewunderung nicht vergessen, denn als er 1949 in San Francisco die Bekanntschaft des indischen Prime Minister Pandit Nehru machte und dessen völlige Unkenntnis seiner Bücher bemerkte, fügte er im Tagebuch hinzu: »Das Verhältnis zu ihm erinnert an das zu Roosevelt, da auch Nehru eigentlich von mir keine Ahnung hat.« (Tb. 2. 11. 1949)

Das Diarium verzeichnet nichts von einem Gesprächsbeitrag des Tagebuchschreibers, was nicht weiter verwundern darf, denn seine damals noch kümmerlichen Englischkenntnisse verurteilten ihn praktisch zu der Rolle des Beobachters und Zuhörers. In dieser Rolle musste er sich zurückgesetzt fühlen. Der Hauptbeitrag von Seiten der Gäste wird von Katia bestritten worden sein, denn sie sprach fließend Englisch, was gelegentlich zu einer kleinen »Verstimmung [...] wegen ihres Egoismus in Dingen der englischen Unterhaltung« führte (Tb. 10. 7. 1935). Dass Thomas Mann mit dem sonst so redefreudigen Präsidenten allem

Anschein nach nicht ins Gespräch kam, ist bedauernswert, denn es hätte genug Gesprächsstoff gegeben und die Gelegenheit zu einem Meinungsaustausch bei so vielen gemeinsamen Interessen. Abgesehen von den naheliegenden politischen Themen – die Situation in Deutschland, die vom Nationalsozialismus ausgehende Gefahr, die zwiespältige Einstellung der amerikanischen Bevölkerung zum Dritten Reich – hätte man auch im persönlichen Bereich manche Berührungspunkte entdecken können. Der junge Franklin hatte als Teenager mehrere Sommer in Deutschland verbracht, wohin seine Eltern ihn zur Kur mitgenommen hatten. Er lernte sogar Deutsch und ging einen Sommer lang in Bad Nauheim zur Schule. Er bereiste den Schwarzwald und das Elsass und besuchte 1896 in Begleitung seiner Mutter die Bayreuther Festspiele, wo er, als Vierzehnjähriger, den ganzen *Ring des Nibelungen* über sich ergehen ließ. Wie Thomas Mann war auch Franklin Roosevelt ein mittelmäßiger, ja schlechter Schüler. Sowohl in dem Elite-Internat von Groton in Massachusetts als auch am Harvard College ging es dem jungen Franklin nicht um akademische Erfolge; er nahm unbekümmert und standesgemäß mit mittelmäßigen Noten vorlieb, dem sogenannten »gentleman's C«. Vorrang hatte die möglichst umfassende Ausbildung seiner Persönlichkeit und das, was man heute »people skills« nennt – die Grundlage seiner legendären, aufheiternden Liebenswürdigkeit im Umgang mit Menschen. Anders als Thomas Mann trieb der junge Roosevelt, dem Ethos von Groton entsprechend, viel Sport, doch richtig Spaß machten ihm nur Segeln und Golf.

Der junge Thomas Mann und der junge Roosevelt hatten sich von Anfang an hohe Ziele gesteckt. Sie waren sich darin ähnlich, dass beide auf ihre eigene Weise einen starken Ehrgeiz zur Größe entfalteten.[20] Thomas Mann zielte auf eine literarische und gesamtkulturelle Vorrangstellung, vergleichbar der Goethes und Wagners. Der junge Franklin fasste schon früh den Entschluss, es »cousin Ted« nachzutun und Präsident der Vereinigten Staaten zu werden. Schließlich hätten beide Männer auch darin vollständig miteinander sympathisieren können, dass sie einer großen Familie vorstanden – fünf Kinder auf FDRs Seite, sechs auf Seiten Thomas Manns – und dass sie beide eine Tochter hatten, die sie vergötterten. Anna Roosevelt war eine lebhafte, schöne Frau, deren anregende Gesellschaft der Vater nur ungern entbehrte, nicht anders als Thomas Mann, der Erika, sein »Wotanskind«, vor allen andern Kindern liebte und an seiner Seite zu halten trachtete. Am Tag nach dem White House Dinner stand ein weiterer Ausflug mit dem verlässlichen Anthony Muto auf dem Programm. Der großen Hitze wegen fuhr man diesmal in die Berge, vermutlich ins Shenandoah Valley. Noch vor der Ausfahrt gab Thomas Mann einem Reporter der *Washington Post*, Karl Schriftgiesser, in der Hotellobby ein Interview, in dem er mit keinem Wort den Präsidenten oder die Einladung ins Weiße Haus erwähnte.[21] Muto brachte sie auch am nächsten Tag zum Flugplatz für den Rückflug nach New York, wo man sich wieder im Algonquin einquartierte. Die verbleibenden vier Tage bis zur Abreise waren mit Besichtigungen, Lunches und Dinners ausgefüllt, dazu Interviews, Einkäufe, Bücher-Signieren und Besuche u. a. bei Alfred A. Knopf, seinem amerikanischen Verleger, in White Plains vor den Toren der Stadt. Am 4. Juli, dem Nationalfeiertag, ließ er sich sogar dazu überreden, auf den Golfplatz mitzugehen und sein Glück mit dem Golfschläger zu probieren. Er sah sogleich ein, dass dies ein Fehler war – »unrichtig«, heißt es im Tagebuch –, und dies nicht nur, weil er »im Bade-Anzug« zu spielen versuchte (Tb. 5. 7. 1935). Bezeichnenderweise hat sich Thomas Mann in späteren Jahren für keine der Sportarten, die im amerikanischen Leben eine so dominante Rolle spielen, auch nur im Entferntesten interessiert. Wieder in der Stadt, traf er Willem Van Loon, der sich von den Manns verabschieden wollte. Noch am Tag der Abreise entführte Van Loon ihn zu einem gemeinsamen Frühstück am Washington Square, wo sie sich zweifellos noch einmal über FDR austauschten.

Nach all dem hektischen Trubel in New York und Washington, nach den beschwerlichen Hitzetagen und dem tagelangen Erliegen der Arbeit am *Joseph*, an dem er zuletzt in Riverside ein wenig weitergestrickt hatte, konnte er es verständlicherweise nicht erwarten, wieder allein zu sein: »Die Sehnsucht nach Einsamkeit und Ruhe gleicht körperlichem Durst«, vertraute er dem Tagebuch an: »Was soll mir das alles. Meine Abneigung gegen das ›Leben‹ wurde ihrer selbst recht bewußt. Ihre Formel ist das Fontanesche ›Was soll der Unsinn‹.« (ebd.)

Thomas Mann war jedoch nicht so ermüdet und innerlich abwesend, dass er nicht mitbekommen hätte, was bei einer Gelegenheit ein nicht näher identifizierter »Konsul Schwarz« gesprächsweise äußerte. Er »berichtete von dem Anteil, den Roosevelt an meiner Promovierung genommen« (ebd.). Offenbar fasste Thomas Mann diese Bemerkung in dem Sinne auf, dass Roosevelt der Harvard University, seiner Alma Mater, einen Wink gegeben habe, was, wenn es stimmte, der ganzen Angelegenheit für ihn ein weiteres Glanzlicht aufgesteckt hätte. In einem Brief an Gottfried Bermann Fischer, geschrieben auf der »Berengaria«, die die Manns nach Cherbourg zurückbrachte, teilte er seinem Verleger mit: »Ich hörte, daß unsere Wahl, besonders auch meine, nicht ohne Anteilnahme des Präsidenten Roosevelt zustande gekommen ist.«[22] Diese Formulierung legt entschieden eine Intervention von Seiten Roosevelts nahe, in welcher Form auch immer. Es ist jedoch völlig unklar, wer jener Konsul Schwarz war und wie er zu seinem Wissen über den Entscheidungsprozess der Harvard University gekommen sein könnte. Das Vorschlagsrecht für eine Ehrenpromotion ist ein eifersüchtig gehütetes Privileg der dafür zuständigen akademischen Gremien, in letzter Instanz des Präsidenten der Universität, in diesem Fall also Präsident James B. Conants, eines Chemikers, der 1933 zum Präsidenten ernannt worden war. Es ist derselbe James B. Conant, der von 1953 bis 1957 zunächst Hochkommissar und dann amerikanischer Botschafter in der Bundesrepublik Deutschland war. In den diesbezüglichen Akten der Harvard University findet sich kein Hinweis darauf, dass die Wahl Thomas Manns anders zustande gekommen sein könnte als nach dem üblichen Procedere.[23] Möglicherweise hat Thomas Mann die Bemerkung des mysteriösen Herrn Schwarz ganz einfach missverstanden. Dass Franklin Roosevelt zu Thomas Manns Ehrung an seiner alten Universität eine Äußerung gemacht haben könnte, die man als »Anteil«-Nehmen auslegen mag, ist ohne weiteres verständlich und muss nicht heißen, dass er ihn vorgeschlagen oder empfohlen hat. Eben dies aber suggeriert der Brief an Bermann Fischer. Es hat jedoch sehr den Anschein, als habe Thomas Mann heimlich und unbewusst den Wunsch gehegt, dass es so gewesen sein möge – dass der Präsident die Hand im Spiel hatte und er die Ehrung ihm verdanke.

Sechzehn Monate nach dem Besuch im Weißen Haus sandten die Manns ein Glückwunschtelegramm, um Roosevelt zu seinem Wahltriumph über seinen Republikanischen Herausforderer, Alfred Landon, zu gratulieren (Tb. 4. 11. 1936). Auch sonst wurde die Erinnerung an

FDR wachgehalten – am einlässlichsten wohl während eines Besuchs in Moscia bei Emil Ludwig, der damals seine Roosevelt-Biographie schrieb. Das Tagebuch hält fest:»Erzählungen von Washington und Roosevelt.« (Tb. 19. 9. 1937) Ludwig gab seiner populären Biographie den Untertitel»Studie über Macht und Glück« – eine Formel, die in dem Titel»Macht und Güte«, den Thomas Manns Nachruf auf Roosevelt im Erstdruck trug, unverkennbar einen Nachhall fand.[24]

Zehn Jahre nach dem ersten Besuch im Weißen Haus, in seiner Tischrede bei der Geburtstagsfeier, die die vielgelesene Wochenzeitung *The Nation* in New York für ihn ausrichtete, kam Thomas Mann auch auf Roosevelt zu sprechen. Damals sei er in FDR einem Mann begegnet,»der alles wußte, alles verstand, der vollkommen mit uns empfand [...]. Der Gang der Dinge war damals nicht abzusehen, aber in dem Präsidenten der Vereinigten Staaten erkannte ich den geborenen Gegenspieler des europäischen Diktatoren-Typs [...]. Als ich, meine Damen und Herren, zum ersten Mal das Weiße Haus verließ, wußte ich, daß Hitler verloren sei.« (XIII, 771 f.) Hier sind offensichtlich Abstriche zu machen. Dass FDR»alles wußte, alles verstand«, klingt angesichts der Kargheit ihres Austauschs übertrieben. Thomas Mann stand zum Zeitpunkt dieser Tischrede sechs Wochen nach Beendigung des Kriegs in Europa noch unter dem Eindruck von Roosevelts Ableben so kurz vor dem Sieg der Alliierten über das Großdeutsche Reich – ein Sieg, der ohne die Entschlossenheit des amerikanischen Präsidenten nicht möglich gewesen wäre. Wir dürfen es Thomas Mann jedoch glauben, dass er in dem von der deutschen Propaganda als Kriegshetzer verteufelten Roosevelt schon damals den geborenen Gegenspieler Hitlers erblickte. Die Gewissheit, dass Hitler verloren sei, hatte er damals jedoch noch keineswegs; die gewann er erst später, namentlich nach der Entscheidung des amerikanischen Kongresses, das sogenannte Pacht- und Leihgesetz zur Unterstützung des aufs Äußerste bedrängten England zu verabschieden.

»Rollstuhl-Cäsar«

Einen noch nachhaltigeren Eindruck als bei der ersten Begegnung hinterließ der amerikanische Präsident bei seinem deutschen Verehrer, als dieser die Gelegenheit hatte, einem typisch amerikanischen Hauptstadtritual beizuwohnen, dem sogenannten »Gridiron Dinner«. Auf diesem Festbankett des »Gridiron Club«, das noch heute von dem im Weißen Haus akkreditierten Pressecorps veranstaltet wird, werden Politiker und Kollegen »gebraten«, wie ein Steak auf einem heißen Rost, eben einem »gridiron«. Witz und gute Laune regieren die Stunde; für die humoristisch verbratenen Politiker kommt es vor allem darauf an, sich uneitel zu geben, über sich selbst zu lachen und keine Empfindlichkeit zu zeigen gegenüber jeder Art von Spott und Satire.

Thomas und Katia Mann weilten im April 1939 zu ihrem dritten Besuch in Washington als Gäste von Agnes und Eugene Meyer, die die Manns in ihr Haus in der Hauptstadt eingeladen hatten zum Abschluss einer anstrengenden fünfwöchigen Vortragsreise. Die Meyers, denen die *Washington Post* gehörte, unterhielten Kontakte zu *le tout Washington*, wie sie gerade bei dieser Gelegenheit wieder unter Beweis stellten. Zu dem Dinner am 13. April im Haus der Meyers am Crescent Place hatte man Felix Frankfurter und William O. Douglas geladen, die beiden jüngst von Roosevelt ernannten Richter des Supreme Court.

Die Meyers waren Republikaner und lehnten den New Deal ab; auf dem Feld der Außenpolitik jedoch unterstützte man FDR aus traditioneller Loyalität, auf die ein amerikanischer Präsident damals auch beim politischen Gegner zählen durfte, zumal nach dem Kriegseintritt der Vereinigten Staaten. Im Gegensatz zu den Meyers war Thomas Mann der Überzeugung, dass erst eine durch den New Deal gestärkte amerikanische Gesellschaft die Energie und die Dynamik aufbringen würde, Hitler-Deutschland entgegenzutreten. Solche und andere Differenzen ließ man aus Höflichkeit und aus der Einsicht in die beiderseitigen Annehmlichkeiten ihrer freundschaftlichen Beziehung auf sich beruhen. Anfang Oktober 1937, zu Beginn ihrer Beziehung, hatte Agnes Meyer ihm den Text einer Rede gesandt, die Roosevelt am 5. Oktober in Chicago gehalten und den die *Washington Post* abgedruckt hatte, samt ihres Leitartikels zu diesem Thema. Es handelte sich dabei um die berühmte

»Quarantäne-Rede«, die insofern historisch bedeutsam war, als Roosevelt darin zum ersten Mal zu erkennen gab, dass die Vereinigten Staaten dem expansionistischen Treiben Italiens und Deutschlands in Europa und Japans in Asien nicht tatenlos zusehen und eine aktive Außenpolitik auch außerhalb der westlichen Hemisphäre betreiben würden.[25] FDR forderte in dieser Rede, die aggressiven Nationen zur Friedenssicherung unter Quarantäne zu stellen. In ihrem Begleitbrief bemerkte Agnes Meyer mit einem Anflug von Ironie, »that it will be most encouraging to you and Mrs. Mann«, diese Rede zu lesen (AM, 96). Erst fünf Wochen später, wieder in der Schweiz, dankte Thomas Mann für die Sendung, nicht persönlich, sondern er ließ Katia antworten, dass es »ausserordentlich wohltätig« war, FDRs Rede, »die natürlich auch in der hiesigen Presse ausführlich gebracht worden war, [...] vollständig und im Original zu lesen« (AM, 102). In den folgenden Jahren nahm Thomas Manns Korrespondenz mit der amerikanischen Journalistin einen immer größeren Umfang an, was auf beiden Seiten Rücksichtnahmen in der politischen Meinungsäußerung erforderte. Gerade im Hinblick auf die umstrittene Persönlichkeit des Präsidenten waren sie sich ihrer fundamentalen Differenzen stets bewusst. Thomas Mann erinnert daran in seinem Brief vom 15. Mai 1941 mit der Bemerkung: »Es ist ja mein Präsident und nicht Ihrer.« (AM, 274)

Die Meyers hatten für ihre Gäste eine Reihe von Ausflügen, Konzertbesuchen und glanzvollen Gesellschaften arrangiert. Am letzten Abend ihres Aufenthalts, am 15. April 1939, stand im Willard Hotel das »Gridiron Dinner« auf dem Programm, das in diesem Jahr durch die Anwesenheit des Präsidenten einen besonderen Glanz erhielt. Neben FDR waren anwesend, der *Washington Post* zufolge, »the Vice-President, members of the cabinet, Justices of the Supreme Court, representatives of the diplomatic corps, members of Congress, leaders of business and civic life, writers, and newspaper men« – an die 200 Gäste, die Crème de la Crème der amerikanischen Hauptstadt. Im Gegensatz zu ihrem Vater erkannte Erika, die erfahrene Kabarettistin, sogleich den außerordentlichen Unterhaltungswert der Veranstaltung, denn sie ließ Agnes Meyer mitteilen, sie »hätte brennend gern das Dinner am 15. mitgemacht, das sie für das interessanteste Ereignis weit und breit erklärt« (AM, 152). Erika hatte jedoch eine Vortragsverpflichtung und war verhindert. Sie hätte vermutlich mehr von den Wortspielen und Anspielungen auf aktuelle Ereignisse mitbekommen als der Vater. Für den lag der Reiz des Abends weniger in dem verbalen Feuerwerk der Redner als in dem erneuten Erlebnis mit dem Präsidenten, den er erst bei dieser Gelegenheit in seiner ganzen körperlichen Gebrechlichkeit kennenlernte.

Die Manns saßen mit Eugene Meyer und einem Senator am Ehrentisch, vermutlich Senator Robert Taft, einem Republikaner, mit dem die Meyers befreundet waren. Der Zeremonienmeister des Abends, Raymond Clapper, stellte zunächst die anwesenden Vertreter des diplomatischen Corps vor, wobei der Vertreter Finnlands den meisten Beifall bekam, weil gerade bekannt geworden war, dass Finnland seine amerikanischen Schulden abgezahlt hatte. Auch Thomas Mann wurde vorgestellt, was, wie das Tagebuch vermerkt, eine »[f]reundliche Kundgebung für mich« auslöste. Die Veranstaltung zog sich hin; Thomas Mann fühlte sich »[z]eitweise sehr erschöpft«, was ihn jedoch nicht hinderte, dem Wein und Champagner zuzusprechen und das Spektakel zu genießen.

Merkwürdigerweise erwähnt das Tagebuch nicht, was Thomas Mann während oder nach der Veranstaltung gegenüber einem Reporter der Washington Post äußerte. Die Zeitung berichtete in großer Aufmachung auf der ersten Seite über den glänzend gelungenen Abend. Die Anwesenheit des deutschen Exilanten, »the world's greatest living writer«, wird besonders herausgestrichen. Er habe »the roasting of high American officials« lächelnd und nachdenklich verfolgt. Er habe an Deutschland denken müssen. Vor einigen Jahren habe Goebbels die Presse wissen lassen, die deutschen Zeitungen seien langweilig; er habe sie angewiesen, ihre Spalten mit Witzen und komischen Geschichten aufzulockern. Als aber ein Journalist den Minister beim Wort genommen und einen zahmen, kleinen Witz über Goebbels veröffentlichte, habe dies das Ende des Journalisten bedeutet. Wenn deutsche Zeitungsleute auf den Gedanken kämen, so etwas wie ein »Gridiron Dinner« zu veranstalten, würden sie im Konzentrationslager enden.[26] Der Wahrheitsgehalt dieser und ähnlicher in Emigrantenkreisen kursierender Geschichten muss hier dahingestellt bleiben. Die Pointe der von der Washington Post berichteten Äußerung Thomas Manns ist jedoch leicht zu erkennen. In einer Diktatur riskiert man Kopf und Kragen, wenn man sich über Politiker lustig macht; in einer Demokratie ist die Verspottung der Politiker durch das Grundrecht auf freie Meinungsäußerung geschützt und bleibt ungeahndet. Der Ehrengast des Abends, der Präsident, brauchte nicht zu fürchten, dass die Journalisten ihm ans Leder wollten. Im Gegenteil, sie schätzten und verehrten FDR ob seiner Offenheit und Schlagfertigkeit und hielten sich an eine stillschweigende Übereinkunft, nichts über ihn zu berichten, was ihn persönlich kompromittieren könnte. Manche der anwesenden Presseleute mochten sich an das »Gridiron Dinner« von 1934 erinnern, als der gefürchtete, vom Freund zum Feind mutierte Kulturkritiker und Journalist H. L. Mencken in FDR seinen Meister fand.[27] Auf dem »Gridiron Dinner« von 1939, dem letzten vor Ausbruch des Krieges, erschien der Präsident mit den Insignien und Requisiten König Arthurs, der den Drachen »economy« zur Strecke gebracht und unschädlich gemacht hat. Die darin implizierte Stilisierung Washingtons als Camelot war ein beliebtes Mythologem des politischen Amerika, das John F. Kennedy, der 35. Präsident der Vereinigten Staaten, erfolgreich zu neuem, glamourösem Leben erwecken sollte.

Worüber das Washingtoner Pressecorps kaum je und dann nur andeutungsweise berichtete, war FDRs erbarmungswürdige physische Hinfälligkeit. Franklin Roosevelt wurde 1921 im Alter von 39 von Kinderlähmung befallen, einer damals unheilbaren Krankheit, die zunächst seine politische Karriere aus dem Gleis warf. Als er sich Jahre später entschloss, in die politische Arena zurückzukehren, tat er es, wie einer seiner neueren Biographen formuliert, als »a fuller man for what he had lost, a deeper soul for what he suffered«.[28] Da die Medien den Präsidenten mit großer Zurückhaltung und Schonung behandelten und er selbst kein Aufhebens davon machte, kannte die große Mehrzahl der Amerikaner ihn lediglich aus beschönigenden Pressefotos und Wochenschauen, wie er lächelnd in seinem Sessel sitzt oder im Fond eines offenen Wagens oder wie er im Kongress oder auf einem Parteikonvent scheinbar frei und ohne Stütze am Rednerpult steht. Nur die wenigsten kannten aus eigener Anschauung die schmerzlich-groteske Unverhältnismäßigkeit seines athletischen Oberkörpers und seiner leblosen, verkümmerten Beine. Die wenigsten wussten auch, welche Anstrengung es ihn kostete, sich ans Rednerpult zu begeben und, sich daran festhaltend, lächelnd eine Geist und Witz versprühende Ansprache zu halten, während er, gestützt durch eiserne Schienen, an denen seine Beine mit Lederriemen angeschnallt waren, je länger er stand, desto größere Schmerzen empfand.[29] Roosevelts Körper war, allen gute Laune signalisierenden Bildern zum Trotz, ein Wrack. Er musste aus dem Rollstuhl ins Auto gehoben werden, aus dem Bett in den Rollstuhl, und der Gang zum Rednerpult war nur mit Hilfe eines gut gebauten Leibwächters zu bewältigen. Doch ohne dass die Öffentlichkeit davon erfuhr, setzte er im Verborgenen, zu Hause in Hyde Park, auch während seiner langen Präsidentschaft seine bis an die Schmerzgrenze rührenden Gehübungen fort, entschlossen, den Kampf gegen seine Lähmung nicht aufzugeben.

Bei dem White House Dinner im Sommer 1935 hatte Thomas Mann einen FDR gesehen wie die meisten Amerikaner ihn kannten: einen sein Gebrechen souverän meisternden Menschen voller Energie, gesprächig und lächelnd, bar jeder Selbstbemitleidung. Umso erschütternder dann der Anblick des Verehrten in seiner ganzen Hilflosigkeit beim »Gridiron Dinner«. Thomas Mann saß am »Ehrentisch«, also nahe am Rednerpult, und konnte aus nächster Nähe mit ansehen, wie der Präsident aus seinem Rollstuhl gehoben werden musste und wie er, gestützt auf einen Sicherheitsbeamten, mühsam seinen Weg zum Rednerpult machte. Zum ersten Mal dürfte ihm klargeworden sein, welches Martyrium der mächtigste Mann der Welt Tag für Tag auf sich zu nehmen hatte. Das Tagebuch hält sich nicht lange bei diesem Thema auf, doch die knappen, sein Mitgefühl lediglich andeutenden Formulierungen lassen das Ausmaß der Erschütterung dennoch erkennen: »Tief bewegt vom Anblick des aufrichtig verehrten Präsidenten, der gegen Mitternacht sprach: anmutig und höchst sympathisch. Sein energischmühsames Aufstehen. Sein gestützter Abgang mit dem Chef des Sicherheitsdienstes, dicht an uns vorüber.« (Tb. 15. 4. 1939) Hier zuerst erhaschte Thomas Mann einen Blick des körperlich schwer leidenden Menschen Franklin Roosevelt hinter der Maske des stets Zuversicht und Optimismus ausstrahlenden FDR.

Thomas Mann versagt sich an dieser Stelle im Tagebuch eine längere Meditation über den verborgenen Zusammenhang zwischen FDRs unbeugsamem Siegeswillen im Physischen wie im Politischen. Eben die-

ser ungewöhnlichen Erscheinung Rechnung tragend, prägte er in einem
Brief an Bruno Frank die wohl entscheidende Formel seiner Roose-
velt-Verehrung:»Rollstuhl-Cäsar«.[30] Die Außerordentlichkeit Franklin Roosevelts stellte sich ihm aber
auch in den Kategorien seiner Künstlerpsychologie dar. Insofern Tho-
mas Mann Roosevelt als eine Künstlernatur begriff, als ein politisches
Genie, fügte sich dieses Bild weitgehend in eine Konzeption des Künst-
lers, die am eindringlichsten im *Tod in Venedig* entfaltet ist. Was dort
auf den Schriftsteller Gustav von Aschenbach gemünzt ist, gilt auch von
Franklin Delano Roosevelt, nämlich dass »beinahe alles Große, was dastehe, als ein Trotzdem dastehe, trotz Kummer und Qual«, trotz »Kör-
perschwäche« und »tausend Hemmnissen.« Das »schönste Sinnbild«
für diesen »Heldentyp« und »Leistungsethiker« sei die »Sebastian-Ge-
stalt« – das Bild einer »intellektuellen und jünglinghaften Männlichkeit
[...], die in stolzer Scham die Zähne aufeinanderbeißt und ruhig da-
steht, während ihr die Schwerter und Speere durch den Leib gehen«.
Selbstbeherrschung und »Anmut in der Qual« bedeuteten jedoch
»nicht nur ein Dulden; sie ist eine aktive Leistung, ein positiver Triumph« (2.1, 509–511).

Auch in den großen amerikanischen Biographien wird Roosevelt routinemäßig als politisches Genie beschrieben. Dabei werden vor allem
sein hervorragender Sinn für das richtige »timing« und seine verlässliche politische Intuition angeführt. Dem fügt Thomas Mann, indem er
Franklin Roosevelt als einen Leistungsethiker begreift und in ihm einen
»Heroismus der Schwäche« erkennt, eine eigene, bedeutende Nuance
hinzu. Abgesehen davon, dass diese Deutung des Präsidenten eine psychologische Vertiefung erkennen lässt, rückt sie ihn auch der eigenen
psychischen Verfasstheit näher und erleichtert so die Identifikation mit
ihm in dem einen Punkt, der in dieser Lebensetappe über allen anderen
stand.

Thomas Manns Nachruf auf »seinen« Präsidenten gipfelt bezeichnenderweise in einem Preislied auf einen Mann, der »ohne bewußte
Beziehung zu den schönen Künsten, Literatur, Musik, Malerei« zu sein
schien, dabei aber »selbst eine Erscheinung von vollkommen ästheti-
schem Zauber« war: »Ein Künstler und ein *Held.* Das Herz hätte ihm
mit weniger Ehrfurcht entgegengeschlagen, wenn nicht das Heroische,

das Trotzdem, die Überwindung der Schwäche, die wir Tapferkeit nennen, zu seinem Bilde gehört hätten. Die Krankheit, die ihn nicht hatte töten können, hatte ihn doch gelähmt. Die körperliche Hemmung brachte etwas Erschütterndes in den Glanz seines Lebens. Er konnte nicht gehen, und er ging; er konnte nicht stehen – und er stand – stand in vier Wahlfeldzügen – und warb mit der goldenen Stimme, mit der Natur ihn beschenkt, um das Recht, sein Werk beenden zu können.« (XII, 942 f.) Wenn Thomas Mann je enttäuscht gewesen sein sollte, dass der bewunderte Präsident keinerlei schöngeistige Interessen oder Allüren an den Tag legte und offensichtlich auch nichts von ihm gelesen hatte, so ließ er sich nichts davon anmerken – umso weniger, als Roosevelt in anderer Hinsicht seinem heldischen Künstlerbild auf so erschütternde Art und Weise entsprach.

Auftakt zum Untergang

Die siebenundzwanzig langen Monate vom Ausbruch des Krieges am 1. September 1939 bis zum Kriegseintritt der Vereinigten Staaten nach dem japanischen Überfall auf Pearl Harbor am 7. Dezember 1941 waren die intensivste und problematischste Periode in Thomas Manns Verhältnis zu »seinem« Präsidenten. Alles stand auf dem Spiel. Nach Thomas Manns Überzeugung hing alles davon ab, ob es dem Präsidenten gelingen würde, Amerika für die bevorstehende Entscheidungsschlacht zu motivieren und zu mobilisieren, um das Ende der Hitler-Herrschaft in Deutschland herbeizuführen. Nach dem Angriff auf Pearl Harbor erledigte sich das Motivationsproblem von selbst. Doch bis dahin stand die Frage von Amerikas Kriegseintritt auf des Messers Schneide. Thomas Mann verfolgte angespannt am Radio mitfiebernd, gelegentlich auch mit Unverständnis und Ungeduld, wie sein Held die Kriegsgegner im Kongress und in der Öffentlichkeit ausmanövrierte. Das wichtigste Ergebnis des Tauziehens in Washington war die Verabschiedung des Leih- und Pachtgesetzes durch den Kongress Anfang März 1941. Damit befand sich Amerika hinter der Fassade offizieller Neutralität nicht nur moralisch, sondern auch praktisch und de facto bereits im Krieg. Nicht erst Pearl Harbor, sondern bereits die Verabschiedung von »Lend-Lease« durch den amerikanischen Kongress markiert den eigentlichen »Auftakt zum Untergang« des Dritten Reiches.[31] Thomas Mann sah diesen Sachverhalt sehr klar und ließ sich durch die offiziellen, das kriegerische Engagement beschönigenden Erklärungen der Regierung, die zur Beschwichtigung der Isolationisten gedacht waren, nicht beirren.

Das Amerika der dreißiger Jahre, das sich trotz des New Deal nur langsam von der Weltwirtschaftskrise erholte, war überwiegend isolationistisch gestimmt. Das entsprach durchaus einem der Gründungsmythen der Vereinigten Staaten, deren erster Präsident in seiner Abschiedsrede seine Nachfolger gewarnt hatte, sich nicht in europäische Kriege hineinziehen zu lassen. George Washingtons Warnung gehörte lange Zeit zur mentalen Grundausstattung nahezu jedes amerikanischen Politikers. Dem standen lange Zeit relativ wenige Stimmen entgegen, die angesichts des Siegeszugs des Faschismus für eine amerikanische Einmischung in Europa plädierten. Zu diesen gehörte – zu Thomas Manns tiefer Genugtuung – Franklin Roosevelt, der in dieser Hinsicht der großen Mehrheit seiner Landsleute weit voraus war, denn während die Isolationisten in nationalen und hemisphärischen Kategorien verhaftet blieben, dachte FDR in globalen Dimensionen.

Der Graben zwischen den Isolationisten und Interventionisten ging quer durch die beiden Parteien. Die Unzufriedenheit mit der offensichtlich instabilen Neuordnung Europas nach dem großen Krieg von 1914–1918, in dem Amerika durch seinen Kriegseintritt 1917 England und Frankreich zum Sieg verholfen hatte, war weit verbreitet. Dementsprechend fest war man entschlossen, sich künftig aus allen europäischen Händeln herauszuhalten. Hinzu kam das schlechte Gewissen wegen des von den USA mitverantworteten Versailler Vertragswerks. Es manifestierte sich auf zwei gegensätzliche Weisen. Einerseits bestärkte es die Isolationisten in ihrer Entschlossenheit, nach dem Vorbild George Washingtons und im Geiste der Monroe-Doktrin die amerikanischen Machtansprüche auf die westliche Hemisphäre zu beschränken. Andererseits förderte es das Verständnis für das Begehren der Deutschen, sich von dem »Joch« von Versailles zu befreien, und vermehrte so die nicht unbeträchtliche Anzahl der amerikanischen Hitler-Sympathisanten.[32]

Als 1934/35 ein Untersuchungsausschuss des Senats unter dem Vorsitz von Gerald P. Nye zu dem Ergebnis kam, dass die Profitgier der Finanzwelt und der Waffenindustrie – die notorischen »merchants of death« – maßgeblich hinter dem Kriegseintritt von 1917 standen, und als sich angesichts von Hitlers vertragswidriger Besetzung des Rheinlandes und von Italiens Überfall auf Äthiopien neue unabsehbare Krisenherde und Konfliktsituationen abzeichneten, verabschiedete der Kongress im August 1935 zu Roosevelts Verdruss den »Neutrality Act«, mit dem sich die Vereinigten Staaten unter anderem zu einem Waffenembargo gegenüber allen kriegführenden Nationen verpflichteten.[33] Für den Präsidenten und die Interventionisten bedeutete dies eine empfindliche Beschränkung des außenpolitischen Spielraums. In den folgenden Jahren, im Lichte der sich rapide verändernden Weltlage, wurde dieses Neutralitätsgesetz mehrmals revidiert und abgeschwächt. Dies änderte jedoch vorderhand wenig daran, dass der Kongress und die Mehrheit der Bevölkerung isolationistisch eingestellt blieben.

Diese isolationistische Stimmung wurde von mehreren Seiten geschürt und am Leben erhalten: in der Hauptsache von dem im September 1940 ins Leben gerufenen »America First«-Komitee, das in dem dritten seines Vier-Punkte-Programms: »American democracy can be preserved only by keeping out of the European war«, den manifesten Absichten des Präsidenten opponierte.[34] Dem Komitee gehörten viele prominente Amerikaner der unterschiedlichsten politischen Schattierung an; es wurde unterstützt von einem Großteil der Presse, allen voran der *Chicago Tribune*, und von mehreren populistischen, mehr oder weniger offen mit Nazideutschland sympathisierenden Meinungsmachern wie dem angesehenen Historiker Charles A. Beard, dem viel gehörten »radio priest« Father Conghlin und nicht zuletzt dem populären Fliegerhelden Charles A. Lindbergh. Den republikanischen Fahnenträger des Isolationismus, Robert A. Taft, Senator aus Ohio und Präsidentschaftsanwärter, kannte Thomas Mann persönlich; er hatte ihn durch seine republikanischen Freunde, die Meyers, kennengelernt (AM, 1051). Die Opposition, der sich FDR vor Pearl Harbor auf außenpolitischem Gebiet gegenübersah, war weit verbreitet und im Grunde ebenso stark wie der Widerstand gegen die Sozialreformen des New Deal. Der Präsident musste dementsprechend vorsichtig agieren und Rücksicht nehmen auf den Kongress und die öffentliche Meinung.

Roosevelts außenpolitische Sehweise war tief geprägt durch die nach seiner Überzeugung unbefriedigende Neuordnung Europas nach dem Weltkrieg. Als Mitglied der von Präsident Wilson geführten Delegation auf den Friedenkonferenzen von Versailles und Saint-Germain gewann er eine intime Kenntnis der europäischen Verhältnisse. Seine unbeugsam feindliche Einstellung zu Hitler-Deutschland von Anfang an gründete zu einem wesentlichen Teil auf der Überzeugung, dass man es 1918/19 versäumt habe, Deutschland den ihm gebührenden Denkzettel zu verpassen. Roosevelt teilte die Meinung General Pershings, dass die Alliierten den Deutschen ihre militärische Niederlage nicht deutlich genug klargemacht hätten und dass diese Aufgabe irgendwann wieder auf sie zukommen werde:»It will have to be done all over again.«[35] Zunächst jedoch, nach den ersten Provokationen durch Hitler und Mussolini, musste der Präsident auf die isolationistische Stimmung im Lande und im Kongress Rücksicht nehmen und die Gelegenheit abwarten, um seine Landsleute von der Unhaltbarkeit der amerikanischen Neutralitätsposition zu überzeugen.

Nach Ausbruch der Feindseligkeiten in Europa, d. h. nach dem Überfall Deutschlands auf Polen, und vollends in der zweiten Jahreshälfte 1940 war nach Thomas Manns Auffassung die Zeit reif für den von ihm ersehnten Stimmungsumschwung. Dementsprechend ungeduldig und kopfschüttelnd waren seine Reaktionen auf den schwerfälligen und zögerlichen Entscheidungsprozess in Washington. Frankreich hatte kapituliert; England litt schwer unter der Bombardierung durch die Luftwaffe, und ein Ende der Expansionsgelüste Hitler-Deutschlands schien nicht in Sicht. Angesichts der desperaten Situation Englands und Kontinentaleuropas musste Roosevelt versuchen, durch legislative Manöver das Neutralitätsgesetz im Effekt außer Kraft zu setzen. Ein entscheidender Schritt dazu war die parlamentarische Billigung der »Cash and Carry«-Klausel, die der Präsident Ende September 1939 dem Kongress vorlegte. Sie ermöglichte ausländischen Mächten, amerikanische Güter, auch Kriegsgüter, zu beziehen, vorausgesetzt, diese wurden aus amerikanischen Häfen abgeholt und vorher bezahlt. Davon profitierte, wie beabsichtigt, in erster Linie England, da wegen der britischen Blockade im Atlantik die Achsenmächte keinen Zugang zu amerikanischen Häfen hatten. Diese Klausel war jedoch lediglich ein kleiner Schritt auf dem

Weg zu dem entscheidenden und berühmten Leih- und Pachtgesetz, dem »Lend-Lease Act«, das Roosevelt dem Kongress unterbreitete und das der Kongress Anfang März 1941 billigte. Dieses Gesetz erlaubte es den Vereinigten Staaten, unter scheinbarer Wahrung ihrer Neutralität, England gleichsam nachbarschaftliche Hilfe zu leisten. Damit konnten nun, ohne dass Washington weiterhin auf Zahlung bestand, Schlachtschiffe, Waffen und andere Kriegsgüter geliefert werden: in der Hauptsache an das schwer bedrängte England, später auch an die Sowjetunion. Die Vereinigten Staaten waren damit nicht nur das Arsenal der Demokratie geworden, sondern auch das aller Hitler-Gegner, einschließlich der offen undemokratischen Sowjetunion.

Den Ausschlag für den Erfolg FDRs im Kongress und in der Öffentlichkeit gaben offenbar zwei einprägsame rhetorische Meisterstreiche, die zu den Höhepunkten der an rhetorischen Glanzpunkten reichen Präsidentschaft Roosevelts zählen: eine Pressekonferenz am 17. Dezember 1940, auf der er das griffige Gleichnis vom Gartenschlauch in die Debatte einführte, sowie, zwei Wochen später am 29. Dezember zum Jahresschluss, eine Radioansprache an das amerikanische Volk, in der er die Rolle der USA als »the arsenal of democracy« ganz neu bestimmte.

Die berühmte Geschichte mit dem Gartenschlauch ist purer FDR: der volksnahe *country gentleman*, wie er leibt und lebt. Wenn das Haus meines Nachbarn Feuer fängt – so Roosevelt in der Rolle des guten Nachbarn –, und ich habe einen Gartenschlauch, so geb ich ihm den Schlauch, damit er ihn an seinen Hydranten anschließen kann. Da sag ich doch nicht, Nachbar, der Schlauch hat mich 15 Dollar gekostet. Ich will keine 15 Dollar; ich will, dass das Feuer gelöscht wird, und wenn es gelöscht ist, will ich meinen Schlauch wiederhaben. Damit war die Unhaltbarkeit des »Cash and Carry«-Prinzips unter den gegebenen, auch Amerika bedrohenden Umständen auf eine für alle einleuchtende Weise bezeichnet. Die Sache mit dem Gartenschlauch ist aber auch insofern purer FDR, als sie ein außenpolitisches Problem von globalen Konsequenzen als einen Fall aus dem amerikanischen Alltagsleben darstellt und dadurch die dahinterstehenden globalen Wirtschaftsinteressen der Vereinigten Staaten verschleiert. Allein schon der Gedanke an eine von den Achsenmächten kontrollierte Welt und damit eine Behinderung des freien Handelsverkehrs musste jeden amerikanischen Präsidenten, egal von welcher Partei, zu einem Interventionisten machen.[36] In der Ansprache zum Jahresende nahm Roosevelt das Gleichnis vom Gartenschlauch wieder auf und wandte es auf die aktuelle weltpolitische Situation an. Die gegenwärtige Weltlage erfordere etwas anderes als »business as usual«, nämlich das von ihm schon mehrmals in die Debatte geworfene Leih- und Pachtabkommen, mit dem Amerika seine neue, ihm zugewachsene Rolle als »the great arsenal of democracy« ausüben könne. Der Präsident beschwor seine Landsleute, den Plan zu unterstützen, und zwar mit derselben patriotischen Entschlossenheit, den sie an den Tag legen würden, wenn sie selbst im Krieg stünden. Die Überredung gelang, weil es FDR verstand, sein »Lend-Lease«-Paket als Ersatzleistung für die offene Kriegsteilnahme zu präsentieren und die Hilfeleistung für England »short of war« als einen Akt der Landesverteidigung und als Verteidigung der amerikanischen Souveränität in der westlichen Hemisphäre darzustellen. Er beschloss seine Rede mit den feierlichen, dem Ernst der Lage angemessenen Worten, die den Amerikanern das Gefühl vermitteln sollten, als seien sie bereits im Krieg: »I call for this national effort in the name of this nation which we love and honor and which we are privileged and proud to serve. I call upon our people with absolute confidence that our common cause will greatly succeed.«[37]

Thomas Mann lauschte der Rede des Präsidenten in seiner Suite im Windermere-Hotel in Chicago, wo er und Katia zum Besuch der jungen Familie Elisabeths weilten. Von der Rede FDRs sagt er im Tagebuch, dass sie ihn »tief bewegte und mit Hoffnung erfüllte« (Tb. 29.12.1940). Als zwei Tage später Erika anrief und sich von der Rede »hoch befriedigt« zeigte, stärkte dies seine Hoffnung, dass »der Kampf der angelsächsischen Welt gegen das Unerträgliche« auch im kommenden Jahr »weitergehen« würde (Tb. 31.12.1940).

Jedes Mal aber, wenn Thomas Mann in der Presse von Überlegungen im Kongress las, die hinter seinen eigenen Maximalerwartungen im Kampf gegen Hitler zurückblieben, oder wenn er Stimmen vernahm, die im Bolschewismus eine größere Bedrohung der westlichen Welt erblickten als im Faschismus und Nationalsozialismus, beschlichen ihn Zweifel an der Entschlossenheit Amerikas. Diese nie ganz zu unterdrückenden Verunsicherungen gründeten fast immer in einem mangelnden Verständnis des politischen Prozesses in Washington. Zwar wusste er, dass Roosevelt angesichts der Stimmung im Land seine Zumutungen an die amerikanische Öffentlichkeit genau dosieren und die Entwicklung der Dinge in Europa abwarten musste. Aber sobald der Präsident durch sein Zögern auch nur den Schein eines Zugeständnisses an die Isolationisten erweckte, wurde sein deutscher Bewunderer nervös. Dass im politischen System der USA die Exekutive immer aufs Neue einen Machtkampf mit der Legislative austragen und bestehen muss, behagte dem deutschen Vernunftrepublikaner wenig. Lieber hätte er es gesehen, wenn FDR öfter und resoluter in die Cäsaren-Rolle geschlüpft wäre, als er es ohnehin schon tat.

»Die Kriegserklärung! Sie ist das, was nottut!« So das Tagebuch, als »[d]ie deutsche Kriegsmaschine« kurz vor der Einnahme der französischen Hauptstadt stand (Tb. 13. 6. 1940). Als Washington selbst angesichts des sich abzeichnenden Zusammenbruchs Frankreichs keine Kriegsabsichten verlauten ließ, verzeichnet das Tagebuch den Tiefpunkt seiner Amerikagläubigkeit: »Ich glaube *nicht* an dieses Land, längst nicht mehr. Es ist unterminiert, gelähmt, fallreif [...].« (Tb. 16. 6. 1940) Dies nach einer unter Emigranten habituellen, politischen Gesprächsrunde mit Klaus und Erika Mann, Hermann Kesten und Martin Gumpert, die mit dem politischen Leben der Vereinigten Staaten ebenso wenig vertraut waren wie Thomas Mann. Doch auch nach der Wiederbegegnung mit dem Präsidenten im Januar 1941 zerbricht sich Thomas Mann den Kopf über »die unbegreifliche Zurückhaltung Roosevelts« in Sachen Kriegserklärung (Tb. 9. 5. 1941). Roosevelt und die »Lähmung des Landes« sind ihm immer wieder ein »Rätsel«. »Es ist wenig Hoffnung. Was bleibt, ist nur ein vages Vertrauen.« (Tb. 2. 6. 1941) Die Hoffnung, die er gleichwohl hegte, speiste sich primär und nahezu ausschließlich aus seinem Vertrauen in das Talent seines Wunsch-Cäsars, die Massen zu bewegen und das Land zu führen.

Nichts von solchen Zweifeln an dem umständlichen politischen Entscheidungsprozess der Vereinigten Staaten fand Eingang in seine monatlichen Radiosendungen über BBC an deutsche Hörer in der Heimat. Thomas Mann begann seine achtminütigen Ansprachen im Oktober 1940, als Hitler von Erfolg zu Erfolg eilte und die Stimmung im west-

101

lichen Lager sich dem Tiefpunkt näherte. Alles,»worauf man vorderhand hoffen kann«, schrieb er am 5. September an Erich Kahler, ist,»[d]aß der triumphale Vormarsch des Bösen zum Stehen kommt« (EK, 33). Seine monatlichen Ansprachen, *Deutsche Hörer*, stellen das massivste Zeugnis seines politischen Engagements im Kampf gegen Hitler-Deutschland dar. Am Ende waren es erstaunliche, wortgewaltige, gelegentlich ungezügelte 58 Sendungen. Es handelt sich dabei um Kommentare zu den laufenden Ereignissen des Krieges; sie waren als Korrektiv zu der Goebbels-Propaganda intendiert. Der Kommentator ergeht sich darüber hinaus immer wieder in selbstkritischen Reflexionen auf die deutsche Geschichte und die tieferen Gründe für das Aufkommen des Nationalsozialismus einschließlich der moralischen Implikationen des politischen Sündenfalls für die Deutschen nach der Niederwerfung Hitlers. Dabei gelangte Thomas Mann zu schonungslosen historischen Einsichten, die das ungetrübt patriotische Deutschlandverständnis der allermeisten seiner Mitemigranten hinter sich ließen, von den durch eine unerbittliche Propaganda irregeleiteten Landsleuten im Reich ganz zu schweigen.

Ein auffallender Zug von Thomas Manns Kommentaren ist sein offenbar sehr bewusst gewähltes, gleichsam metonymisches Verfahren, den Krieg weitgehend zu einem Duell zwischen Hitler und Roosevelt zu stilisieren, einem Kampf zwischen dem schlechthin Verwerflichen und dem unbedingt Guten. Inwieweit sich diese Vereinfachung dem erklärten Zweck der Gegenpropaganda verdankt oder Thomas Manns innerster Überzeugung, ist kaum zu entscheiden. Es hat seine eigene Bewandtnis damit, dass auch der deutsche Diktator dazu neigte, den sich anbahnenden Weltkrieg zu einem Duell zwischen ihm und Roosevelt zu stilisieren. Hitler betrachtete Präsident Roosevelt bereits 1938 als seinen »ärgsten Feind«.[38] In seiner Reichstagsrede vom 11. Dezember 1941, also nach der deutschen Kriegserklärung an die USA, kennzeichnete er Roosevelt, was Herkunft, Bildung, Kriegserfahrung und gesellschaftliche Stellung betreffe, als das genaue Gegenteil von sich selbst; Franklin Roosevelt war ihm der »›Repräsentant jener anderen Welt‹, die er vernichten wollte«.[39] Dies alles unterstreicht den weltanschaulichen Charakter der epochalen Auseinandersetzung. Es unterstreicht aber auch den nicht zu unterschätzenden psychologischen Aspekt von Thomas Manns kriegerischem Engagement. Offensichtlich war er bemüht, sich so zu positionieren, dass er sich in seinem Innersten an die Seite FDRs stellen, sich als dessen Waffenbruder im Kampf gegen Hitler empfinden und nach dem Sieg über Hitler-Deutschland allein auf Grund seines Überlebens als ein Befreier Deutschlands vom Nationalsozialismus betrachten durfte. Der Antrieb dazu war offenbar eher metapolitischer als politischer Natur im engeren Sinn: Es galt, die Verhunzung der deutschen Kultur durch Hitler und die Nazis, der er selbst alles verdankte und die er repräsentierte wie kein anderer, als eine solche zu erkennen und ihr Siechtum zu beenden.

Im Verlauf des Krieges erlangte der englische Premierminister Winston Churchill für Thomas Manns Einschätzung der Weltlage ein dem amerikanischen Präsidenten vergleichbares Gewicht. Doch Churchill musste in seinen Augen erst beweisen, dass er aus anderem Holz geschnitzt war als Neville Chamberlain, sein kompromisslerischer Vorgänger im Amt des Prime Minister, oder der einflussreiche, deutsch-freundliche »Cliveden Set« oder gar die Königsfamilie.[40] Die enge persönliche Freundschaft FDRs und Churchills, die ein beliebtes Thema der amerikanischen Medien war, tat ein Übriges, Thomas Manns Hochachtung für den englischen Premier zu stärken, zumal nach der Verkündung der Atlantikcharta auf ihrer ersten Quebec-Konferenz im August 1941. Im Vergleich zu den beiden Anführern der westlichen Allianz spielte Josef Stalin, der sowjetische Diktator, nicht zuletzt standortbestimmt, eine deutlich geringere Rolle in Thomas Manns Verständnis und Bewertung des Kriegsgeschehens.

Bereits die zweite BBC-Sendung im November 1940 hatte den amerikanischen Präsidenten zum Thema. Roosevelt war am 5. November für eine dritte Amtsperiode in seinem Amt bestätigt worden, allerdings mit einem im Vergleich zu 1936 deutlich geringeren Vorsprung (54,8 statt 60,8 %) vor seinem Herausforderer, Wendell Willkie, der dem progressiven Flügel der Republikanischen Partei angehörte. Thomas Mann verfolgte, wie alle Amerikaner, die Auszählung der Stimmen am Radio. Als er in Princeton zu Bett ging, lagen die Ergebnisse aus den Bundesstaaten an der Westküste noch nicht vor. Roosevelt behauptete zu dieser Stunde einen knappen Vorsprung; der Ausgang war noch ungewiss. Verzagt und erschöpft von den vielen Enttäuschungen dieses schlimmen

Jahres 1940 notierte ein recht kleingläubiger Thomas Mann im Tagebuch:»Doch bin ich auf die Niederlage gefaßt, weil ich mir wiederhole, daß die Genugtuung erstaunlich aus dem Rahmen der Epoche fallen würde.« Früh am nächsten Morgen verkündete Katia ihm die Wiederwahl Roosevelts. Beim Frühstück unterhielt er sich mit den Hausangestellten über den auch für sie erfreulichen Ausgang der Wahl:»Beim Kaffee Austausch von Genugtuung mit den Schwarzen.« (Tb. 6. 11. 1940) Danach sandte er ein Glückwunschtelegramm nach Hyde Park.

Die Radiosendung zur Wiederwahl FDRs beginnt mit einem effektvollen Absatz, der, wenn es ein Musikstück wäre, die Bezeichnung »Allegro majestoso« tragen würde. So zuversichtlich stimmte ihn nun die Wiederwahl Roosevelts, dass er am Ende des Absatzes sogar die nach seiner Auffassung kriegsentscheidende amerikanische Waffenhilfe für England antizipiert, noch bevor der Präsident sein »Lend-Lease«-Programm in die Debatte warf:

Die Wiederwahl Franklin D. Roosevelts zum Präsidenten der Staaten ist ein Ereignis ersten Ranges, vielleicht entscheidend für die Zukunft der Welt, und so ist sie zweifellos auch von denen in Europa empfunden worden, die sich so stellten, als betrachteten sie die Wahl und ihr Ergebnis als eine rein inner-amerikanische Angelegenheit. Mit Recht sehen die Zerstörer Europas und Schänder aller Volksrechte in Roosevelt ihren mächtigsten Gegenspieler. Er ist der Repräsentant der kämpfenden Demokratie, der wahre Träger einer neuen, sozial gebundenen Freiheitsidee und der Staatsmann, der zwischen Frieden und Appeasement wohl von jeher am klarsten unterschied. In unserem Zeitalter der Massen, dem als solchem der Führergedanke zugehört, war es Amerika vorbehalten, das glückliche Phänomen eines modernen Massenführers hervorzubringen, der das Gute und Geistige, das wirklich Zukünftige, Frieden und Freiheit will; und der heroische Widerstand Englands gegen die infamste Tyrannei, die je die Welt bedroht hat, dieser Widerstand, für den hier die Bewunderung täglich wächst, gibt ihm Zeit, die gewaltigen latenten Kräfte seines Landes für den Kampf um die Zukunft zu mobilisieren. (XI, 989)

Die nächste Sendung, in der von Roosevelt die Rede ist, wurde nach der Vortragsreise vom Januar 1941 geschrieben und nach dem zweiten Besuch im Weißen Haus, den er in diesem Zusammenhang jedoch unerwähnt lässt. Thomas Mann berichtet von Roosevelts »historische[r] Rede« (XI, 995) vom 6. Januar, in der er die »Lend-Lease«-Gesetzesvorlage begründete und die Verteidigung der vier Freiheiten – die Redefreiheit, die Religionsfreiheit, die Freiheit von Not und von Furcht – zum Kriegsziel erklärte. Daraus folge, dass es keinen Verhandlungsfrieden mit Hitler-Deutschland geben werde. Dies war die gefürchtetste aller Eventualitäten, weil dadurch der – in seinen Augen – Hauptsinn des Krieges verfehlt wäre, nämlich die operative Entfernung des Nationalsozialismus. In dieser Sendung schildert er Roosevelts Persönlichkeit und Redekunst als das lichte Kontrastbild zu Hitler – ein Argumentationsmuster, das einer großen Anzahl der Radioansprachen zugrunde liegt. Besagte FDR-Ansprache sei »die Rede eines Staatsmannes, des besten, klarsten und weisesten wahrscheinlich, den die Welt heute hat, nicht die eines von dumpfen und bösartigen Instinkten besessenen Fanatikers«. Zu diesem Zeitpunkt hegte Thomas Mann noch die Hoffnung auf eine Selbstbefreiung der Deutschen, überzeugt, dass es »für die Zukunft ein ungeheurer Unterschied sein [wird], ob ihr Deutsche selbst den Mann des Schreckens, diesen Hitler, beseitigt oder ob es von außen geschehen muß« (XI, 1010 f.). Dementsprechend versucht er in dem Radiokommentar vom März 1941 seinen deutschen Hörern eine Vorstellung von dem Ausmaß des Widerstands gegen Hitler draußen in der Welt zu geben. Der Widerstand werde nicht nur von England getragen, sondern – was deutsche Hörer wohl ahnen mochten, aber nicht sicher wussten – auch von Amerika mit seinen »gewaltige[n] Hilfsquellen«:

> Habt ihr erfahren, daß die sogenannte Lend-Lease Bill, das Ermächtigungsgesetz zur umfassendsten Hilfeleistung für England, nun auch vom Senat der Vereinigten Staaten mit großer Mehrheit gebilligt worden ist? Ihr seid im Kriege, nicht nur mit dem englischen Reich, ihr seid es in Tat und Wahrheit heute schon auch mit Amerika, und man braucht euch nicht zu sagen, ihr fühlt es selbst, daß eure Lage beängstigender und unmöglicher wird von Tag zu Tag. Was soll aus euch werden? (XI, 998)

In der Sendung vom Juni 1941 – sie wurde kurz nach Beginn des Russlandfeldzugs verfasst – erinnert Thomas Mann seine Hörer in Deutschland daran, dass nicht der »törichte Herr Lindbergh« die »wahre Stimme Amerikas« sei, sondern »die des Präsidenten Roosevelt, dessen Wiederwahl durch das amerikanische Volk zum Führer des Landes für die nächsten Jahre wahrscheinlich das entscheidende Ereignis dieses Krieges war«. Da man die jüngste Rede des Präsidenten wahrscheinlich »unterschlagen« habe, zitiert er die entscheidenden Passagen aus Roosevelts Rede vom 27. Mai 1941. Darin erklärte der Präsident: »Die vollkommene Mißachtung für die elementarsten Grundsätze des Völkerrechts und der Menschlichkeit brandmarkt die Versenkung der ›Robin Moor‹ als die Tat eines vogelfreien internationalen Verbrechers ...« Die »Robin Moor« war ein amerikanisches Frachtschiff, das, obgleich als solches deutlich gekennzeichnet, am 21. Mai im Südatlantik von einem deutschen Unterseeboot versenkt wurde, ohne dass die Deutschen den überlebenden amerikanischen Seeleuten Hilfe gewährten. Die Reichsregierung könne jedoch »versichert sein«, so Thomas Mann weiter, »daß die Vereinigten Staaten sich weder in Furcht jagen lassen noch je sich den Weltbeherrschungsplänen fügen werden, die die gegenwärtigen Führer Deutschlands hegen mögen« (XI, 1005–1007).

Thomas Mann lauschte dieser Rede in seinem living room in Kalifornien und notierte im Tagebuch: »Ein ernster, bewegender Vorgang. [...] eine staatsmännisch starke Äußerung, die Amerika auf den Entschluß festlegt, niemals die Hitler-Welt hinzunehmen und in die Verkündung des unlimited status of emergency mündete. Ein bedeutender Augenblick. Die Bewegung war R. anzumerken. [...] Der Emergency-Zustand die Probe darauf, ob das Land des Krieges fähig ist.« (Tb. 27. 5. 1941) Doch auch hier noch – selbst nach der neuerlichen, persönlichen Kontaktnahme mit FDR vor erst fünf Monaten und nach der einschneidenden, auf den Krieg einstimmenden Verkündung von Notstandsverordnungen konnte Thomas Mann nicht alle seine Zweifel und Befürchtungen beschwichtigen. Im Tagebuch heißt es weiter: »Ernst gestimmt und erschüttert. Es kann zu spät sein und R. als der Mann dastehen, der alles wußte u. wollte, aber das Land nicht mit sich zu reißen vermochte.«

Die Zweifel lebten neu auf, als ihm der befreundete Historiker Erich Kahler seine Reaktion auf die Rede Roosevelts mitteilte. Kahler hatte sie in Princeton in Gesellschaft von Golo Mann gehört; beide hatten merkwürdigerweise »keinen guten Eindruck« von der Ansprache. Kahler und Golo Mann wollten einen »Mangel an Spannkraft« bemerkt haben; der Präsident sei offenbar »ein bißchen erschöpft«, was angesichts der »konstitutionellen Beschränkungen«, die ihm auferlegt seien und an denen er sich reibe, verständlich sei. Da Roosevelt noch dazu ein »Mensch mit Gewissen« sei, habe er es viel schwerer als ein »manischer Verbrecher« wie Hitler, »der über Stock und Stein in gewissem Sinne, in mehr als einem Sinne ›nachtwandlerisch‹ handelt« (EK, 42 f.). Darauf antwortete Thomas Mann nicht ganz wahrheitsgemäß, wie das Tagebuch erkennen lässt: »Die FDR-Rede haben wir mit ähnlichen Empfindungen gehört und gelesen, wie Sie. Das Herumreiten auf der ›Hemisphere‹, statt von England und der englisch sprechenden Welt zu sprechen, war mir höchst ungemütlich.« (EK, 44). Offenbar entging es ihm einmal mehr, dass Roosevelts »Herumreiten auf der Hemisphäre« taktische Gründe hatte; dass das Pacht- und Leihgesetz und die Notstandsverordnungen nur dann auf Zustimmung im Kongress zählen konnten, wenn sie als Maßnahmen zur Verteidigung der westlichen Hemisphäre ausgegeben wurden – jener Hemisphäre also, die seit der Monroe-Doktrin von 1823 eine sakrosankte Größe der politischen Kultur der Vereinigten Staaten war.

In seinem Radiokommentar dazu lässt Thomas Mann überraschenderweise die beiden großen Seeschlachten unerwähnt, die in jenen Tagen die Welt in Atem hielten, obschon er im Tagebuch sehr wohl davon Notiz nahm: die Versenkung der »Hood« vor Grönland durch die »Bismarck« und die Versenkung der »Bismarck« in der Biskaya. Vermutlich lagen ihm dazu keine offiziellen Erklärungen vor. Wichtiger als die deutsch-britischen Seeschlachten war ihm die nach der Versenkung der »Robin Moor« neu bekräftigte Entschlossenheit Roosevelts, dem Treiben Hitlers ein Ende zu bereiten. Schließlich konstatiert er, was de jure noch gar nicht der Fall war, aber seinen eigenen heißen Wünschen entsprach, nämlich »daß die Vereinigten Staaten sich moralisch längst, nachgerade aber auch schon de facto im Kriege mit Deutschland befinden« (XI, 1005), da »Lend-Lease« den Kriegseintritt der USA bedeutete. Der propagandistisch beflügelte Radiokommentator übertönt also die Zweifel des Tagebuch- und Briefschreibers. Thomas Mann überzeugte sich davon, dass das Ziel praktisch erreicht sei, sechs Monate bevor es wirklich erreicht war: der Kriegseintritt der USA, der Auftakt zum Untergang. Da Hitler nun alle drei Großmächte gegen sich habe, sei sein Schicksal besiegelt, selbst wenn zunächst »eine neue Serie motorisierter Ruhmesgreuel« bevorstehe; diese aber könnten »die Herstellung einer menschlichen Ordnung auf Erden um viele Jahre verzögern« (XI, 1007), sie können sie aber nicht verhindern.

Der »schwindelnde Gipfel«

Nach der zweiten seiner Radioansprachen nach Deutschland, wenige Wochen nach FDRs Wiederwahl, bemühte sich Thomas Mann um eine neuerliche Einladung ins Weiße Haus. Zu diesem Zweck wandte er sich am 16. Dezember 1940 wiederum an Willem Van Loon, dessen gute Beziehungen zu den Roosevelts ihm bereits die erste Einladung 1935 ermöglicht hatten. Er bat den ihm sympathischen Holländer bei den Roosevelts zu sondieren, ob eine Begegnung mit dem Präsidenten um den 12. Januar herum genehm wäre. Seine Begründung: »gerade unter den gegenwärtigen Umständen wäre es mir eine Herzensangelegenheit, den verehrten Mann wiederzusehen, und so wäre ich Ihnen sehr dankbar, wenn Sie bei Mrs. Roosevelt oder ihrem Gatten anfragten, ob ein Besuch in den Tagen um den 12. Januar möglich wäre. Würden Sie mir den Gefallen tun?«[41] Am 12. Januar 1941 stand ein Vortrag in Washington auf dem Programm, der ersten Station einer kurzen Vortragsreise nach North Carolina und Georgia. Van Loon schrieb wiederum an die First Lady, und nachdem diese ihr Einverständnis signalisiert hatte, erging am 25. Dezember die persönliche Anfrage an Eleanor Roosevelt, ob ein Besuch zu dritt, mit Erika, willkommen sei. Abschließend versichert er der First Lady: »I have the deepest admiration of what Mr. Roosevelt has accomplished since he assumed his high office and have never forgotten the time spent in his and your company. It would give me great personal satisfaction and pleasure to be allowed to meet you again.«[42] Auch aus diesem Brief geht nicht klar hervor, was ihn dazu bewegte, den Präsidenten wiederzusehen, und inwiefern dies für ihn eine »Herzensangelegenheit« war. Nicht auszuschließen ist, dass Thomas Mann in diesem Punkt einem dringenden Wunsch seiner Tochter entsprach.

Der positive Bescheid der First Lady vom 3. Januar traf am 6. in Princeton ein. Sie werde das Wochenende vom 10. bis 12. Januar in Hyde Park verbringen, doch könnten »all of you« am 12. im Weißen Haus übernachten:»I am sure the White House staff will make you comfortable and I will be back here the morning of the 13th.« Sie fügte hinzu:»I think the President will be here that morning too. If not, he will be here the next morning and we both hope you can stay over.«[43] Das bedeutete also, dass den Manns das Weiße Haus zu zweimaliger Übernachtung zur Verfügung stand, um sicher zu gehen, dass sie den Präsidenten sehen können, falls dieser erst am Dienstagmorgen, dem 14., wieder in Washington eintreffen würde. Es scheint notwendig zu betonen, dass Thomas Mann und die Seinen in der Tat im Weißen Haus übernachteten und nicht, wie gelegentlich gemutmaßt wurde, im Blair House, dem offiziellen Gästehaus des Präsidenten.[44]

Thomas Mann hat keinen konkreten Grund angegeben, warum er sich um eine neuerliche Einladung ins Weiße Haus bemühte. Fest steht jedoch, dass die diplomatischen Komplikationen, auf die er 1935 meinte Rücksicht nehmen zu müssen, mit dem Ausbruch des Krieges gegenstandslos geworden waren. Wir sind an dieser bedeutenden Stelle seines Lebenslaufs auf Vermutungen angewiesen. Selbstverständlich war er sich bewusst, dass es für einen Exilanten eine hohe Auszeichnung bedeutete, vom Präsidenten empfangen zu werden, noch dazu auf eine so ostentative Art und Weise mit zweimaliger Übernachtung im Weißen Haus. Unstreitig bedeutete es eine enorme Stärkung seines Selbstvertrauens als des Repräsentanten der deutschen Exilanten und als des publizistisch effektivsten Hitler-Gegners, zumal in seiner neuen Rolle als Radiokommentator und Propagandist für die Sache der Alliierten.

Hinzu kommt jedoch ein eher mystischer, keineswegs untypischer Faktor. Der erneute persönliche Kontakt mit dem Verehrten bedeutete ihm, wie es scheint, eine Art von höherer Weihe. Von »Kontakt« spreche er »gern etwas mysteriöser Weise«, schrieb er Agnes Meyer in einem anderen Zusammenhang,»wenn ich eine Vertrautheit andeuten will, die nicht nur auf Studium beruht« (AM, 240). Er brauchte offenbar ein bestimmtes Maß von Vertrautheit mit dem mächtigsten Mann der Welt, wenn er in seinem Sinne wirken wollte, umso mehr als der *Joseph*-Autor mit Blick auf Goethe die »Kontaktnahme« zu einer Vorbedingung seines Schaffens und Wirkens erklärte. In seinem Washingtoner Vortrag über *Joseph und seine Brüder* bezeichnete er die Kontaktnahme »im dichterischen Sinn« als »etwas sehr Kompliziertes, Inniges, ein Eindringen bis zur Identifikation und zur Selbstverwechslung« (XI, 659). Das Muster dafür lieferte ihm Goethe, der zuerst in die Welt des reinen Ostens eindringen musste, um den *West-östlichen Divan* schreiben zu können, wie Thomas Mann seinen Goethe in *Lotte in Weimar* sinnieren lässt: »Kontaktnahme, tiefes Wort, viel aussagend über unsere Art und Weise, dies bohrende Sich vertiefen in Sphäre und Gegenstand, ohne das mans nicht leistete, dies Sich vergraben und Schürfen besessener Sympathie, die dich zum Eingeweihten macht [...].« (9.1, 332) Im Lichte dieser mystischen Seite seiner FDR-Verehrung darf die folgende Vermutung geäußert werden: Wenn für Thomas Mann, dem die Rolle des Exilanten, Hitler-Hassers und Deutschlandkritikers aufgezwungen war, Franklin Roosevelt der geborene Gegenspieler Hitlers war, dann durfte er sich in dem Gedanken gefallen, dass zwischen ihm und »seinem« Präsidenten eine Art von geistiger Waffenbrüderschaft waltete – eine Waffenbrüderschaft, die offenbar durch die erneute Kontaktnahme bekräftigt und abgesegnet werden sollte.

Das Weiße Haus glich in der Ära Roosevelt einem distinguierten, doch mitnichten exklusiven Hotel. FDR führte ein außerordentlich offenes Haus nach dem Grundsatz: Wenn ich schon daran gehindert bin, mich draußen in der Welt frei zu bewegen, so lasse ich die Welt zu mir kommen.[45] Das »FDR White House« beherbergte nicht nur die First Family, sondern auch die Sekretärinnen und einige enge Mitarbeiter des Präsidenten, dazu eine oder mehrere Freundinnen der First Lady. Auch die fünf Roosevelt-Kinder fanden Unterkunft, wenn sie in die Hauptstadt kamen. Das Haus hat auf drei Stockwerken insgesamt 132 Räume, darunter eine stattliche Anzahl von Gästezimmern und -suiten, die FDR gerne gefüllt sah.

Selbstredend erwarteten die drei deutschen Gäste nicht, dem Präsidenten der Vereinigten Staaten zwei Tage lang bei seiner verantwortungsvollen Arbeit zuschauen zu dürfen. Das war allein schon aus dem Grund untunlich, dass der Präsident das Wochenende in der Tat in Hyde Park verbrachte und erst am Montagabend, dem 13. Januar, mit dem »presidential train« nach Washington zurückkehrte. Die meiste Zeit ihres Aufenthalts im Weißen Haus waren die Manns also in Gesellschaft der Präsidentengattin, die ein eigenes, vielfältiges Arbeitsprogramm abwickelte. Gleichwohl hatte Thomas Mann den ersehnten Kontakt mit Franklin Roosevelt, und das gleich dreimal: beim Frühstück am Dienstagmorgen, beim Cocktail in den Privaträumen des Präsidenten im ersten Stock sowie beim abschließenden Dinner in einem der Repräsentationsräume im Erdgeschoss.

Am Sonntagabend, 12. Januar, fand im Shoreham Hotel vor gut eintausend Zuhörern eine »Town Hall Lecture« statt, bei welcher Gelegenheit Thomas Mann seinen Vortrag *War and Democracy* hielt – eine Rede, in der er den gegenwärtigen Krieg als einen Welt-Bürgerkrieg charakterisierte, dessen Ziel die Schaffung eines postnationalen europäischen Staatenbundes sein müsse.[46] Er fand, er war in guter Form, sprach »mit aller Lebhaftigkeit« und erntete anhaltenden Beifall (Tb. 13. 1. 1941). Anschließend stellte sich eine Podiumsrunde, der sich u. a. Erika Mann und Eugene Meyer anschlossen, den Fragen aus dem Publikum. Nach der Veranstaltung nahm man im Hause der Meyers am Crescent Place einen kleinen Imbiss zu sich. Von dort wurden die Manns in einer Limousine des Weißen Hauses abgeholt; der Butler führte sie in die ihnen angewiesenen Zimmer, die Thomas Mann »altmodisch[ ], aber bequem[ ]« fand.

Den Montag verbrachte man in Gesellschaft der First Lady: Frühstück mit ihr, auch »Lunch mit Mrs. Roosevelt in ihrem Kreise«, wobei man dem Vortrag eines »Theatermannes« zu lauschen hatte. Bei diesem Lunch waren, wie aus dem White House Protokoll hervorgeht, vierzehn Personen anwesend, darunter »Mr. and Mrs. Mann, Miss Mann«.[47] Ebenfalls eingeladen waren Nelson A. Rockefeller, damals Director of Inter-American Affairs, sowie Waldo G. Leland, der Präsident des American Council of Learned Societies. Beide ließen sich jedoch entschuldigen. Am Nachmittag wohnte man dem Konzert eines Pianisten »vor großem geladenen Publikum« in einem der Salons im Erdgeschoss bei. Der Name des »gute[n] Pianist[en]« und sein Programm lassen sich nicht mehr eruieren. Anschließend nahm man den Tee in den Privaträumen der First Lady, wobei ein weiterer Redner, der über Mexiko und das Flüchtlingsproblem sprach, zu Wort kam. Beim Dinner sodann saß

Thomas Mann an der Seite Eleanor Roosevelts. Offenbar waren auch einige Studenten geladen, denn anschließend gab es noch einen »Discussion-Abend« mit ihnen. Im Tagebuch beschreibt er Eleanor Roosevelt als eine »einfach-herzliche u. brave Frau«. Der Tagesablauf sei »[c]harakteristisch für die bemühte Aktivität der Frau«. Kein Zweifel, all dies langweilte ihn, zumal die englische Konversation seitens der deutschen Gäste wohl in der Hauptsache wiederum von Katia und Erika bestritten wurde. Im Übrigen hatte er mit einer Erkältung zu kämpfen. Am meisten aber bedrückte ihn, wie immer, wenn er über mehrere Tage hin das vorliegende »Kapitel« nicht fördern konnte, dass er die meiste Zeit »zur Untätigkeit verurteilt« war.

Ganz anders der zweite Tag. Er brachte den ersehnten »Kontakt« mit dem Präsidenten, der sich schon zum Frühstück sehen ließ. Thomas Mann fühlte sich sogleich »[e]rgriffen von seiner Gegenwart«. Der Präsident gab sich gutgelaunt. Er plauderte über die Rede, die er in den nächsten Tagen zur Inauguration seiner dritten Amtsperiode zu halten habe. Er wolle seine Landsleute davon überzeugen, dass der »politisch-moralische Gesichtspunkt« Vorrang habe »vor dem oekonomischen«. Außerdem steuerte er eine Anekdote über den neuen sowjetischen Botschafter Maxim Litwinow bei, eine Geschichte über »Litvinow und Gott«, die vermutlich deshalb amüsant war, weil Litwinow jüdischer Abstammung war. Im Tagebuch fasste Thomas Mann seine Eindrücke wie folgt zusammen: »Naivetät, Gläubigkeit, Schlauheit, Schauspielerei, Liebenswürdigkeit. Ermißt man die Macht u. Bedeutung, ist es sehr interessant an seiner Seite zu sitzen.« (Tb. 14. 1. 1941) Was ihn faszinierte, so scheint es, war das für eine funktionierende Demokratie charakteristische Nebeneinander in ein und derselben Person von unermesslicher Machtfülle und ganz gewöhnlichen und gewinnenden menschlichen Qualitäten.

Am Vormittag wohnte Thomas Mann einer »recht mäßigen« Sitzung des US Senats bei. Im Anschluss daran speiste er mit dem Senator Ralph Brewster, einem Republikaner aus Maine, der zu der Podiums-runde nach Thomas Manns Vortrag am Sonntag gehört hatte. Um 16 Uhr war man wieder im Weißen Haus, wo man einer Pressekonferenz des Präsidenten zuhörte. Das Tagebuch verzeichnet keine Einzelheiten über diesen zum Teil rituellen Schlagabtausch mit den Journalisten, bei dem sich FDR stets in seinem Element fühlte. Offensichtlich reichten auch bei dieser Gelegenheit Thomas Manns Sprachkenntnisse nicht aus, um dem oft verklausulierten Frage- und Antwortspiel in allen seinen Finessen folgen zu können.

Den Höhepunkt dieses zweiten Besuchs im Weißen Haus, den Moment des engsten Kontakts, brachte die »cocktail hour« vor dem Abendessen. Thomas Mann schwärmte in einem Brief an Agnes Meyer, dies sei der »schwindelnde[] Gipfel« seiner neuerlichen Begegnung mit FDR gewesen (AM, 254). Der Präsident hatte seine deutschen Gäste auf einen Cocktail in sein Arbeitszimmer im ersten Stock gebeten. Dies gab Thomas Mann die Gelegenheit, zwei signierte Bücher als Gastgeschenke zu überreichen. Für Franklin Roosevelt, mit der Widmung »To F.D.R., President of the U. S. and of a coming better world«, die Broschüre *War and Democracy*; für die First Lady *The Beloved Returns (Lotte in Weimar)*.

Thomas Mann meinte dem Tagebuch zufolge, der Cocktail sei »auf besondere Weisung des Präsidenten eingelegt« worden, und er hielt es für eine besondere Auszeichnung, dass Roosevelt ihm den Drink persönlich reichte. Hier liegt aber wohl eine kleine, für Thomas Manns Verehrungsbereitschaft jedoch sehr bezeichnende Verkennung der wahren Sachlage vor. In Amerika ist es Sitte, dass der Gastgeber den ersten Drink mixt und seinen Gästen reicht, was offenbar auch hier geschah – nichts weiter. Und die »besondere Weisung« wird wohl nichts anderes gewesen sein als die freundliche Aufforderung, ihm in sein Arbeitszimmer zu folgen, denn die »cocktail hour« war im Weißen Haus der Roosevelt-Ära eine stehende Einrichtung. Täglich, wenn er in Washington weilte, versammelte FDR vor dem Abendessen einige seiner Mitarbeiter, gelegentlich auch Gäste, zu einer entspannten Plauderstunde in seinem Arbeitszimmer. Gespräche über Politik und den Krieg waren dabei verpönt; man unterhielt sich über den Tagesablauf, tauschte die neuesten Klatschgeschichten aus und gab sich locker und heiter. Und man lachte über FDRs Lieblingsgeschichten, auch wenn man sie schon x-mal gehört hatte. In solcher intimen Runde ließ Roosevelt es sich nicht nehmen, die Cocktails selbst zuzubereiten, wobei er gern experimentierte und mit »strange concoctions« aufwartete »of gin and rum, vermouth and fruit juice«.[48]

Das abschließende Dinner in einem der Repräsentationsräume im Erdgeschoss war eine vergleichsweise steife und formelle Angelegenheit. Mindestens drei andere Herren waren anwesend und bemühten sich, die Aufmerksamkeit des Präsidenten auf ihre Anliegen zu lenken, nämlich »Wohnungsbeschaffungs-Dinge«. Gelangweilt riss Roosevelt munter plaudernd die Unterhaltung an sich und ließ sich beim eigenhändigen »Tranchieren des Bratens« so viel Zeit, dass, wie Thomas Mann im Tagebuch festhielt, »seiner Frau viel von ihrer Zeit für ein Konzert genommen wurde«. Nach dem Essen nahm der Präsident seine deutschen Gäste im Lift noch einmal mit hinauf, wo er sich vor seinen Privatgemächern »sehr herzlich« von ihnen verabschiedete. Noch am selben Abend verließen die Manns Washington, Thomas und Katia in Richtung Durham, North Carolina, wo ein Vortrag an der Duke University auf dem Programm stand; Erika in entgegengesetzter Richtung nach New York, von wo sie zu einem Vortrag in Buffalo eilte.

In dem bereits öfter zitierten Brief an Agnes Meyer, geschrieben aus einem Abstand von zehn Tagen, versucht Thomas Mann ihr zu erklären, was ihn an dem Präsidenten fasziniert:»›Er‹ hat mir wieder starken Eindruck gemacht oder doch, mein sympathisches Interesse neu erregt: Diese Mischung aus Schlauheit, Sonnigkeit, Verwöhntheit, Gefalllustigkeit und ehrlichem Glauben ist schwer zu charakterisieren, aber etwas wie Segen ist auf ihm, und ich bin ihm zugetan als dem, wie mir scheint, geborenen Gegenspieler gegen Das, was fallen muss. Hier ist einmal ein Massen-Dompteur modernen Stils, der das Gute oder doch das Bessere will und der es mit uns hält wie sonst kein Mensch in der Welt. Wie sollte ich es nicht mit ihm halten? Ich bin gestärkt von ihm gegangen.« (AM, 254f.) Thomas Mann streicht das unbestreitbar Gewinnende von Roosevelts Persönlichkeit kräftig hervor, um jedem Streit mit seiner republikanischen Gönnerin über FDRs Politik aus dem Weg zu gehen.

Noch aufschlussreicher ist, was er einige Tage davor Ernst Benedikt, dem Wiener Journalisten, der im schwedischen Exil lebte, über den Präsidenten schrieb. Roosevelt sei zwar »gehemmt von dem altmodisch schwerfälligen Apparat der amerikanischen Demokratie«, aber sein »Wille« sei »bestimmt von demselben Abscheu und derselben Liebe, die wir empfinden«. Mit »wir« meint er die Exilanten und Hitler-Gegner. Der amerikanische Präsident sei »nach seiner Gesinnung unser größter Verbündeter«, also eine Art von oberster Waffenbruder im Kampf gegen Hitler.[49] Thomas Mann mochte schon nach dem ersten Besuch im Weißen Haus eine vage Ahnung davon haben; zur Gewissheit wurde es ihm nach dem zweiten Besuch und nach Jahren der angespanntesten Aufmerksamkeit auf das Tun und Trachten »seines« Präsidenten. Offenbar brauchte er diese Gewissheit, um seine neue Rolle als Propagandist für die Sache der Alliierten mit dem gebotenen Selbstvertrauen ausüben zu können.

Auch der Gedanke an Goethe und dessen Begegnung mit Napoleon wird in sein Roosevelt-Erlebnis hineingespielt haben. Wenn der Siebzigjährige während eines Erholungsurlaubs am Lake Mohonk in den Catskills-Bergen im Bundesstaat New York nach der Begegnung mit der siebzehnjährigen Cynthia Sperry sich an Ulrike von Levetzow und an »Goethe in Marienbad« erinnert fühlt, so wird man vermuten dürfen, dass ihm die erstaunliche Auszeichnung durch Präsident Roosevelt der Auszeichnung Goethes durch den französischen Weltbeherrscher wenn nicht ebenbürtig, so doch vergleichbar dünkte.[50] Durchaus in diesem Sinne beschließt er vier Jahre später seinen Nachruf auf FDR mit dem feierlichen, an Goethe gemahnenden Satz: »Und wir können sterben in dem Bewußtsein, einen großen Mann gesehen zu haben.« (XII, 944)

Im Übrigen ist es bemerkenswert, dass ein so scharfer Beobachter wie Thomas Mann, nachdem er zwei Tage mit den Roosevelts unter einem Dach verbracht hatte, kein Wort verliert über deren durchaus ungewöhnliches persönliches Verhältnis zueinander. Dieses Verhältnis wurde in den Medien viel beredet, was ihm unmöglich entgangen sein konnte. Eleanor Roosevelt hatte ihre intimen ehelichen Beziehungen zu ihrem Mann 1918 beendet, als sie die Entdeckung machte, dass dieser eine leidenschaftliche Liebesbeziehung zu Lucy Mercer unterhielt, ihrer eigenen »social secretary«. Eleanor bot ihrem Mann die Scheidung an, die dieser jedoch aus Karrieregründen verweigerte. Fortan lebten die beiden vor den Augen der Welt in einem kameradschaftlichen, doch unverkennbar distanzierten Verhältnis zueinander. FDR baute seiner Frau auf seinem Anwesen in Hyde Park ein eigenes Haus; im Weißen Haus wohnte man in separaten Quartieren. Eleanor durfte ihre Freundinnen im Weißen Haus wohnen lassen; die hausfraulichen Pflichten wurden meist von Missy LeHand, einer von FDRs Sekretärinnen, wahrgenommen. Dieses Arrangement erlaubte Eleanor Roosevelt eine eigenständige Aktivität als politische Kommentatorin und soziale Aktivistin zu entfalten und so die Rolle der modernen First Lady gleichsam zu erfinden und zu definieren. Eben diese unerhört mutige und innovative Rolle als politische Aktivistin machte sie zu einer viel bewunderten, aber auch viel gescholtenen Frau. Eleanor Roosevelt schrieb bis kurz vor ihrem Tod 1962 wöchentlich eine politische Kolumne, die von zahlreichen Zeitungen des Landes übernommen wurde. Sie distanzierte sich von der Rassentrennung vieler amerikanischer Organisationen, zum Beispiel den einflussreichen »Daughters of the American Revolution«, und erwies sich in vielen sozialpolitischen Punkten fortschrittlicher und »linker« als ihr Gatte. Thomas Manns etwas gönnerhafte Notiz im Tagebuch über die »einfach-herzliche und brave Frau« wird Eleanor Roosevelts Format und ihrer Bedeutung bei weitem nicht gerecht.

Zwei Wochen nach dem Besuch im Weißen Haus übersandte Thomas Mann der First Lady ein Exemplar von *The City of Man. A Declaration on World Democracy*, eine politische Programmschrift des »Committee on Europe«, dessen Spiritus Rector Giuseppe A. Borgese war, Thomas Manns Schwiegersohn.[51] Er selbst gehörte dem Sponsorengremium dieses Unternehmens an und nahm an der Gründungsversammlung in Atlantic City, New Jersey, teil. In seinem Begleitbrief an die First Lady schrieb Thomas Mann: »If the book appeals to you and you think it would interest the President, perhaps you will show it to him.«[52] Ob der Präsident von *The City of Man* Notiz genommen hat, ist ungewiss und eher unwahrscheinlich.

Enemy aliens

Die letzte Etappe in Thomas Manns Beziehung zu Präsident Roosevelt erstreckt sich von Amerikas Kriegseintritt im Dezember 1941 bis zur Beendigung des Krieges in Europa am 8. Mai 1945. Mehr noch als in den Jahren davor steht diese Etappe im Zeichen der Verehrung und der Dankbarkeit gegenüber »seinem« Präsidenten. Freilich kam es auch während des Krieges zu Entscheidungen der Roosevelt-Regierung, mit

Enemy aliens

denen Thomas Mann, wie zu zeigen, nicht konform ging. Sie betrafen
die Behandlung der sogenannten »enemy aliens«, die Einstellung der
amerikanischen Regierung zu dem Massenmord an den Juden Europas
und den höchst kontroversen Morgenthau-Plan für Nachkriegsdeutschland. Doch solche Vorbehalte wie auch die gravierenden ideologischen
Differenzen zwischen den Anhängern und den Gegnern Roosevelts
traten nun ganz in den Hintergrund angesichts der enormen Heraus-
forderungen, die Amerikas Kriegseintritt mit sich brachte. Mit der Verabschiedung des »Lend-Lease«-Gesetzes und vollends mit dem Kriegseintritt der Vereinigten Staaten wurde das wirtschaftliche Potential des
Landes in einem bis dahin unvorstellbaren Ausmaß angekurbelt, so dass
auch der New Deal endlich auf eine für alle Amerikaner spürbare Weise
zu greifen begann. Der wirtschaftliche Wiederaufbau hatte durch die
unerwartete Rezession von 1937/38 einen Rückschlag erfahren; nun
aber startete die amerikanische Wirtschaft durch und erzielte ein gewisses Maß von sozialer Gerechtigkeit, um derentwillen Thomas Mann
Präsident Roosevelt von Anfang zu bewundern und zu unterstützen bereit war. Roosevelts Stellung war nach dem Kriegseintritt der Vereinigten Staaten stärker denn je: Er war die unangefochtene, die Nation zu-
sammenhaltende und inspirierende Führergestalt. Auch Thomas Mann
folgte ihm bereitwilligst. Von nun an brauchte er sich nicht mehr den
Kopf zu zerbrechen über FDRs Taktieren gegenüber dem Kongress und
die Ernsthaftigkeit seines Willens zum Krieg. Allerdings begann er sich
Sorgen zu machen – berechtigte Sorgen, wie sich erweisen sollte – über
die Entwicklungen in Amerika und der Welt, wenn »sein« Präsident
einmal nicht mehr im Weißen Haus residieren würde.

Der verheerende japanische Angriff auf Pearl Harbor am 7. Dezember 1941 erschütterte die ganze Nation wie nichts davor in ihrer Geschichte; die Formulierung, mit der Präsident Roosevelt jenes Datum
in seiner Erklärung vor dem Kongress am Tag darauf brandmarkte –
»a date which will live in infamy« –, ist sprichwörtlich geworden. In
Thomas Manns Tagebuch jedoch ist kaum etwas zu spüren von dem
Schock, von dem das ganze Land betroffen war. Vielmehr spricht aus
seinen Aufzeichnungen die Genugtuung, dass man nun endlich und
definitiv am Anfang vom Ende angelangt sei, selbst wenn es »noch zwei,
noch drei Jahre dauern würde« (Tb. 9. 12. 1941). Das Ende, in des-

117

sen Anfangsstadium man nun eingetreten sei, ist das heftig ersehnte Ende Nazideutschlands, denn mehr als sonst war im Krieg seine Perspektive auf die Welt, im Gegensatz zu der der meisten Amerikaner, eine eurozentrische mit kaum einem Nebengedanken an Amerikas Krieg im Pazifik.

Der erste, lapidare Eintrag im Tagebuch an jenem 7. Dezember lautet: »Im Kriege mit Japan.« Und weiter: »Erregte Radio-Berichte. […] Im Lande Zorn und Eintracht. Kundgebungen pazifistischer u. isolationistischer Senatoren für die Regierung und die Verteidigung.« Über die »Adresse des Präsidenten an den Congress« am nächsten Tag vermerkt er lediglich, dass er »stürmisch gefeiert« wurde. Auch am darauffolgenden Tag steht FDR im Brennpunkt seiner Aufmerksamkeit: »7 Uhr meisterhafte, höchst würdige, klare und wohltuende Radio-Ansprache Roosevelts […].« Als meisterhaft empfand er die Rede, weil Roosevelt »den japanischen Krieg in den allgemeinen Rahmen stellte« und weil diese Rede »auf Kriegserklärung auch an Deutschland u. Italien hinauslief« zwei Tage vor Hitlers Kriegserklärung an die Vereinigten Staaten. Thomas Mann führt diesen Gedanken näher aus in einer kurzen Erklärung zu Amerikas Kriegseintritt: »Sofort, und sogar noch vor Hitlers Kriegserklärung, stellte [Roosevelt] den Kampf mit Japan in seinen weltweiten Zusammenhang und ließ keinen Zweifel an der Tatsache, daß, wie durchtrieben und gefährlich die Japaner als Gegner auch sein mochten, Hitler, der besessene Abenteurer in Deutschland, der Hauptgegner und der Menschheit größter Feind war, der diese Heimsuchung über die Welt gebracht hat.« (XIII, 717)

Unverhohlene Genugtuung über die dramatischen Ereignisse spricht auch einige Tage später aus dem ersten Fazit im Tagebuch: »Die große Majorität der Menschheit aufseiten Amerikas u. Englands gegen die Axis-Mächte, die, da Italien nicht zählt, aus Deutschland u. Japan besteht. […] Die Welt ist nun beisammen im Kriege, wie es kommen mußte.« Und als am 11. Dezember die Kriegserklärung Deutschlands und Italiens erfolgt war, stellt er fest: »Roosevelts Spiel ist gewonnen. […] Gewiß ist er der große Gegenspieler [Hitlers]. Was er getan, mußte sein. Möge es gut werden.« (Tb. 11. 12. 1941) Der amerikanische Präsident, weniger das amerikanische Volk oder der Kongress, war ihm der Garant des Sieges über Hitler-Deutschland. Roosevelts klare Worte und entschlossene Haltung bestätigten ihm, wovon er längst überzeugt war: »Seine Überlegenheit über das kindische Durchschnitts-Amerika ist gewaltig.« (Tb. 9. 12. 1941) An dieser Stelle lässt sich erkennen, dass Thomas Manns FDR-Kult die heimliche Funktion hatte, seine angestammten antiamerikanischen Vorurteile wenn nicht zu kaschieren, so doch zu überhöhen.[53]

Thomas Manns Bewunderung und Loyalität gegenüber »seinem« Präsidenten fanden sich jedoch schon bald auf eine unerwartete Probe gestellt. In den Wochen nach Pearl Harbor breiteten sich im ganzen Land, geschürt von einem Großteil der Presse, eine tiefe Angst vor einer Unterwanderung durch eine Fünfte Kolonne der Achsenmächte und eine hysterische Fremdenfeindlichkeit aus. Sie nahmen ihren Ausgang von Kalifornien, wo man verdächtige Sabotageakte, ausgeführt von Amerikanern japanischer Herkunft, beobachtet haben wollte. Rassismus und, da viele »Japanese Americans« in der Landwirtschaft sehr erfolgreich waren, ökonomische Rivalität taten ein Übriges, den Fremdenhass anzuheizen. Die Hysterie ergriff in kürzester Zeit auch das offizielle Washington, wo sich nur ganz wenige Stimmen, angeführt von Eleanor Roosevelt, Robert H. Jackson, dem späteren Obersten Richter und Hauptankläger in den Nürnberger Prozessen, und dem Republikanischen Senator Robert A. Taft, gegen das Unrecht und den sich anbahnenden Wahnsinn erhoben. Der Präsident entschied, dass dem Gesichtspunkt der Sicherheit der Vorrang gebühre vor dem der Bürgerrechte und unterzeichnete am 19. Februar 1942 die notorische und umstrittene »Executive Order«, Nummer 9066, die wenig später von dem FDR-freundlichen Obersten Gerichtshof mehrheitlich abgesegnet wurde.[54] Der Erlass des Präsidenten hatte zur Folge, dass 110 000 »Japanese Americans« in den Staaten an der Westküste – also Kalifornien, Oregon und Washington – enteignet, evakuiert und in eigens dafür errichtete Barackenlager im Landesinnern umgesiedelt wurden. Die große Mehrheit von ihnen waren amerikanische Bürger und bereit, gegen die japanischen Aggressoren die Waffen zu ergreifen. Diese erste überstürzte Maßnahme der Regierung an der Heimatfront wird heute von fast allen Historikern als die hässlichste Befleckung von FDRs Reputation bewertet. Sicherlich wäre es unzutreffend, die amerikanischen Internierungslager, obgleich auch sie mit Stacheldrahtzäunen und mit

Wachtürmen versehen und militärisch kontrolliert waren, mit den deutschen Konzentrations- und Todeslagern auf eine Stufe zu stellen. Es bleibt doch unbestreitbar, dass man damit bis zu einem gewissen Grade die Methoden des Feindes übernommen hatte.

Ebenfalls betroffen von der Welle der Fremdenfeindlichkeit waren die Emigranten aus Deutschland und Italien, wenn auch in weniger schmerzhaftem Ausmaß als die »Japanese Americans«. Unter Berufung auf das »Alien Registration«-Gesetz vom Juni 1940 waren die deutschen Exilanten gezwungen, sich als »enemy aliens« registrieren zu lassen; ihre Bewegungsfreiheit wurde einschneidend beschränkt, ohne dass aber jemand interniert wurde. Von alledem waren die Manns aufgrund ihrer 1936 erworbenen tschechoslowakischen Staatsbürgerschaft nicht betroffen. Gleichwohl fühlte sich Thomas Mann solidarisch mit den anderen, nun als »enemy aliens« abgestempelten Emigranten. Als aber von Ralph Nürnberg, früher Sportreporter in Berlin, der Vorschlag gemacht wurde, die deutschen Emigranten sollten als Zeichen ihrer Loyalität gegenüber den Vereinigten Staaten den amerikanischen Streitkräften ein Bomberflugzeug stiften, lehnte er ab.[55] Hingegen erklärte er sich bereit, ein längeres Telegramm an Präsident Roosevelt zu schicken mit der eindringlichen Bitte, zwischen den potentiellen Feinden der amerikanischen Demokratie und den Opfern und geschworenen Feinden des totalitären Übels scharf zu unterscheiden. Das Telegramm wurde deutscherseits mit unterschrieben von Albert Einstein, Bruno Frank und Bruno Walter und italienischerseits von Arturo Toscanini, Graf Sforza und Giuseppe A. Borgese. Die Unterzeichner waren sich einig, dass es den Militärs überlassen werden müsse, mit den »enemy aliens« zu verfahren, wie sie es für richtig hielten, »daß aber die Bestimmung, *wer* ein enemy alien ist, den Civil-Behörden vorbehalten bleiben sollte«.[56]

Was Thomas Mann wirklich hielt von diesen wenig erbaulichen Vorgängen im Lande Roosevelts, ist aus einem gleichzeitigen Brief an Ludwig Marcuse zu ersehen. Die »deutschen und italienischen Emigranten, die vertriebenen Juden zumal, als feindliche Ausländer zu behandeln«, sei eine »sinnlose, von aller Logik verlassene Grausamkeit«. Neulich erst habe er vor dem Tolan-Committee öffentlich erklärt: »Eine Nation, die Gefallen findet an Siegen über die intimsten Feinde ihrer Feinde, scheint nicht in der besten psychologischen Verfassung, diese

Feinde zu schlagen!«[57] Er könne jedoch nicht sagen, ob er verstanden worden sei. An dieser Stelle des Briefs folgt eine sarkastische Bemerkung über das Schicksal der Amerikaner japanischer Herkunft: »Selbst den evakuierten Japanern sagt man: Seid ihr so loyal wie ihr zu sein behauptet, dann schreit und petitioniert nicht, sondern fügt euch freudig in die militärischen Notwendigkeiten und nehmt bereitwillig das Opfer auf euch, das dieses Land in höchster emergency von euch verlangen kann. This is war.«[58]

Es ist nun überaus bezeichnend, dass Thomas Mann nichts von alledem »seinem« Präsidenten persönlich anlastete, vielmehr machte er das politische System dafür verantwortlich: »Es ist das Demokratie, oder man nennt es doch so.« Und doch erblickt er nach wie vor gerade in der von FDR betriebenen »Verjüngung und Vervollständigung der Demokratie« den Garanten für den Sieg über die faschistischen Achsenmächte. So hatte er bereits in der Demokratie-Rede von 1938 argumentiert, so argumentierte er auch in seiner Radioansprache vom März 1942. Hier fügt er seinem bisher recht defizienten Verständnis der amerikanischen Demokratie, neben der von ihm begrüßten »tiefen Umwälzung [...] im sozialen Leben der angelsächsischen Reiche«, eine weitere elementare Stütze hinzu, nämlich die berühmten vier Freiheiten: »die Freiheit der Rede und des Glaubensbekenntnisses« sowie »die Freiheit von Not und von Furcht«. Diese »four essential human freedoms« waren von FDR in seiner bereits oben angeführten Rede vom 6. Januar 1941 als Grundwerte nicht nur der amerikanischen Demokratie, sondern auch einer künftigen Welt verkündet worden. Der populäre Illustrator Norman Rockwell hat diese vier Freiheiten in einem Bilderzyklus thematisiert, der dem kulturellen Gedächtnis der Amerikaner als eine der bekanntesten Ikonen der Roosevelt-Ära fest eingeschrieben ist.

Für die Tatsache, dass Thomas Mann seine monatlichen Radiosendungen in den Dienst der alliierten Propaganda stellte, liefert somit die Sendung vom März 1942 ein bezeichnendes Beispiel. Er unterdrückt seine brieflich bezeugte Missbilligung der umstrittenen »Executive Order 9066«, um stattdessen Roosevelt einmal mehr als den Erneuerer der Demokratie zu feiern. Der amerikanische Präsident, der im Verein mit »Rußland und dem Westen« gegen den »Feind der Menschheit« Krieg führe, werde »den Sieg davontragen« (XI, 1032f.). In gewisser Weise reflektiert Thomas Manns Verhalten die Politik des Präsidenten. So wie dieser die Verletzung der Bürgerrechte der Amerikaner japanischer Herkunft mit schlechtem Gewissen in Kauf nahm und dem strategischen Ziel der Niederwerfung der Achsenmächte unterordnete, so operierte auch sein deutscher Bewunderer mit einem retuschierten Bild des amerikanischen Präsidenten: Ihm durfte kein bürgerrechtlicher Makel anhaften, um seine Rolle als Hitlers mächtigster und vertrauenswürdigster Widersacher nicht zu beeinträchtigen.

Aus derselben Einstellung heraus hat Thomas Mann auch nie ein Wort über den anderen großen Fleck auf Roosevelts weißer Weste als Politiker verloren, nämlich dessen Versuch des »court packing«, das heißt den Versuch, den mehrheitlich konservativen Obersten Gerichtshof, der 1935 und 1936 zum Verdruss des Präsidenten einige Gesetze des New Deal für verfassungswidrig erklärt hatte, durch jüngere, liberale Richter aufzustocken. Dieser durchsichtige Versuch, die Gewaltenteilung zu unterlaufen, stieß auf Widerstand aus den eigenen Reihen und bereitete dem Präsidenten im Juli 1937, kurz nach seinem erdrutschmäßigen Wahlsieg vom 3. November 1936, die schmerzlichste Niederlage seiner Karriere. Thomas Mann versagt sich jeglichen Kommentar dazu, zum einen, weil dieses ganz Amerika in Atem haltende politische Drama vor seiner Übersiedlung in die Vereinigten Staaten über die Bühne ging, zum anderen, weil dies eine rein inneramerikanische Angelegenheit war und Roosevelt für ihn in erster Linie als Hitler-Gegner und künftiger Bezwinger des deutschen Diktators von Bedeutung war.

Die »Judengreuel«

Seit etwa Mitte 1942 drangen über verschiedene diplomatische Kanäle Gerüchte nach Washington über die Verfolgung und systematische Ermordung von Juden in den von der Wehrmacht besetzten Gebieten. Verschiedene Optionen, die der Regierung offenstanden, wurden erwogen, ohne dass eine gezielte Aktion wie etwa die Bombardierung der nach Auschwitz und zu den anderen Lagern führenden Bahnlinien beschlossen und ausgeführt wurde. Noch heute ist die Frage, was die amerikanische Regierung hätte tun können und sollen, Gegenstand kontroverser Debatten. Ebenso umstritten ist die Frage, inwiefern der Präsident persönlich zu tadeln ist für »the abandonment of the Jews«, wie der Titel eines Buches des Historikers David Wyman, das seinerzeit Aufsehen erregte und eine alte Debatte neu aufleben ließ, nachdrücklich suggeriert.[59] Während in der Bevölkerung, zumal in den Großstädten, die Diskriminierung und Verfolgung der Juden in Deutschland sogleich nach der Machtübernahme durch die Nationalsozialisten zahlreiche Protestversammlungen hervorriefen und zum Boykott deutscher Güter führten, übte sich die amerikanische Regierung in Zurückhaltung.[60] Dabei ist es strittig, wie viel von dieser Zurückhaltung sich diplomatischen Rücksichten und wie viel sich einem tiefsitzenden Antisemitismus schuldete.

Am tiefsten betroffen von den unglaublichen Nachrichten aus Europa zeigten sich Stephen S. Wise, Präsident des American Jewish Congress, und Henry Morgenthau, FDRs langjähriger Finanzminister. Wise, dem Roosevelt seit seiner Zeit als Gouverneur des Staates New York verbunden war, wurde mehrmals im Weißen Haus vorstellig, um den Präsidenten zum Handeln zu drängen. Dieser leistete wiederholt verbale Unterstützung, die Wise auf Pressekonferenzen und Kundgebungen zu zitieren autorisiert war. Allerdings zog es Roosevelt vor, von »all victims of Nazi crimes« zu sprechen, statt lediglich von den jüdischen Opfern.[61] Bei einem Termin im Weißen Haus am 8. Dezember 1942 legten Wise und seine Kollegen dem Präsidenten ein Memorandum vor, das die bisherigen Kenntnisse über die Vernichtungspolitik des Deutschen Reichs zusammenfasste; sie erklärten ihm, dass die Juden Europas verloren seien – »doomed« – und dass alles auf eine Massentötung der jüdischen Bevölkerung hinauslaufe, wenn nicht sofort gehandelt werde. FDR versicherte den Vertretern der jüdischen Gemeinden Amerikas, es werde alles getan, was in der Macht der Alliierten stehe. Nicht zufrieden mit diesen vagen Erklärungen, zitierte Wise auf der anschließenden Pressekonferenz den Präsidenten mit Worten, von denen er wünschte, dass Roosevelt sie gesprochen hätte, nämlich dass er tief erschüttert gewesen sei – »profoundly shocked to learn that two Million Jews had in one way or another perished as a result of Nazi rule and crimes«.[62]

Auf dieser Pressekonferenz wurde der amerikanischen Öffentlichkeit

zum ersten Mal eine Vorstellung vermittelt von der Enormität der Verbrechen, für die sich erst Jahre später der Begriff Holocaust einbür-
gern sollte. Roosevelt, der von Anfang an keinen Zweifel aufkommen
ließ, dass er die Rassenpolitik Nazideutschlands verurteilte und verab-
scheute, kam zu dem Schluss, dass nichts unternommen werden könne
und dass den Juden Europas am besten durch die möglichst rasche Beendigung der Naziherrschaft geholfen sei. Der Historiker Michael Beschloss führt Roosevelts Verhalten auf zwei Faktoren zurück: seine Un-
fähigkeit zu verstehen, dass es sich bei dem Massenmord an den Juden
um ein Verbrechen wie kein anderes handelte, und auf seine Unwilligkeit, sich mit den Antisemiten sowohl in seiner Administration, vor allem im Außenministerium, als auch im Kongress ernstlich anzulegen,
weil er auf deren Unterstützung bei anderen legislativen Vorhaben angewiesen war.[63]

Thomas Mann hat sich an keiner Stelle öffentlich über Roosevelts
umstrittenes Verhalten hinsichtlich des systematischen Massenmords
an den Juden geäußert. Aus seinen eigenen Erwähnungen und Stellungnahmen zu der Judenpolitik Deutschlands geht hervor, dass er auch
in diesem heiklen Punkt mit »seinem« Präsidenten keineswegs konform
ging. Jedoch unterschätzte auch er lange Zeit die Bedeutung des Antisemitismus und war nicht gewillt, sich an öffentlichen Protestaktionen
zu beteiligen. Als Arnold Schönberg, ein überzeugter Zionist, ihn im
Dezember 1938 bat, für ein von ihm entworfenes polemisches, 25-sei-
tiges »Four-Point Program for Jewry« ein Publikationsorgan zu finden
und, wenn möglich, das Programm gutzuheißen, lehnte er dies ab. Zur
Erklärung schrieb er dem Komponisten: »Mein inneres Verhalten dazu
wechselte zwischen der beifälligsten Zustimmung und einer gewissen
Bestürzung über eine oft etwas gewalttätige Allüre, und zwar sowohl im
einzelnen, polemischen Ausdruck wie auch in der geistigen Gesamthal-
tung, die ja ohne Zweifel ein wenig ins Fascistische fällt.« Aus Schönbergs Manifest spreche ein »gewisser Wille zum Terrorismus, der in
meinen Augen ein Kondeszendieren zur fascistischen Haltung bedeutet«. Im Übrigen halte er es für unrichtig, »die gesamte jüdische Führung mit diesem Radikalismus und diesem unbändigen Temperament
des Ausdrucks« zu attackieren.[64]

Thomas Mann berührt das Thema zum ersten Mal in seiner Radioansprache an *Deutsche Hörer* vom September 1941. Er spricht dort von den Verbrechen »gegen Polen und Juden« (XI, 1016), ohne in Details zu gehen, weil solche ihm offensichtlich nicht zur Verfügung standen. Seine Bemerkung bezieht sich auf die Verbrechen der Wehrmacht in den von den Deutschen besetzten Gebieten. Es ist ein Aspekt, der seit dem In-Gang-Kommen der Holocaust-Debatte in Deutschland Ende der siebziger Jahre etwas in den Hintergrund getreten und erst durch die Wehrmachtsausstellung von 1995–1999 ins Bewusstsein der deutschen Öffentlichkeit gerückt worden ist. Als Thomas Mann von den Verbrechen gegen Polen und Juden sprach, vier Monate vor der Wannseekonferenz, war die Existenz der Vernichtungslager im Osten noch unbekannt. Die darauf folgende Bemerkung ist charakteristisch für seine Beurteilung des Holocaust insgesamt, einschließlich der Konsequenzen für die Deutschen. Es werde »kein Vergnügen sein [...], nach diesem Kriege ein Deutscher zu sein«. Es ist ein Gesichtspunkt, der auch im *Doktor Faustus* Zeitbloms Meditation über Buchenwald ihre bedrückende Melancholie verleiht, wenn er bemerkt: »Wie wird es sein, einem Volke anzugehören, dessen Geschichte dies gräßliche Mißlingen in sich trug [...]; einem Volk, das mit sich selbst eingeschlossen wird leben müssen, wie die Juden des Ghetto, weil ein ringsum furchtbar aufgelaufener Haß ihm nicht erlauben wird, aus seinen Grenzen hervorzukommen, – ein Volk, das sich nicht sehen lassen kann?« (10.1, 697)

In seinem Radiokommentar vom November 1941 spricht er zum ersten Mal von den »Massen-Vergasungen« und rührt sodann an das verdrängte Mitwissen der Deutschen: »Das Unaussprechliche, das in Rußland, das mit den Polen und Juden geschehen ist und geschieht, wißt ihr, wollt es aber lieber nicht wissen aus berechtigtem Grauen vor dem ebenfalls unaussprechlichen, dem ins Riesenhafte heranwachsenden Haß, der eines Tages [...] über euren Köpfen zusammenschlagen muß.« (XI, 1021) Zwei Monate später teilt er seinen deutschen Hörern mit, dass »[v]ierhundert junge holländische Juden nach Deutschland gebracht« wurden, »um als Versuchsobjekte für Giftgas zu dienen«. Sie seien »eines schaurigen Todes gestorben« (XI, 1025). In der Sendung vom Juni 1942 musste er seine Angaben vom Januar nach oben korrigieren. Der holländischen Regierung zufolge seien es 800 Menschen gewesen, die »nach Mauthausen gebracht und dort vergast wurden«.

Anders als die irreführenden Euphemismen wie »Umsiedlung« und »Arbeitslager«, mit denen die deutschen Medien die Untaten in den Lagern verschleierten, nennt Thomas Mann die Vorgänge bei ihrem richtigen Namen, wenn er von dem »viehische[n] Massenmord von Mauthausen« spricht (XI, 1042).

Die »Judengreuel in Europa« sind auch das Thema der Sendung vom September 1942. Thomas Mann berichtet hier von dem Transport französischer Juden aus dem nichtbesetzten Frankreich in die inzwischen errichteten Todeslager im Osten. Dabei beruft er sich auf einen »authentische[n] Bericht [...] über die Tötung von nicht weniger als elftausend polnischen Juden mit Giftgas« (XI, 1053). Es ist also unbestreitbar zu sehen, dass Thomas Mann, zu einem Zeitpunkt, als die Nachrichten über das Schicksal der europäischen Juden nur sehr spärlich nach Amerika drangen und die US-Regierung unschlüssig war, wie sie reagieren sollte, in seinen Radioansprachen den Massenmord an den Juden thematisierte, sobald und soweit er Kenntnis davon erhielt. Er wusste nur zu gut, dass diese Vorgänge in Deutschland verschleiert wurden. Umso dringlicher schien ihm das Gebot, seine deutschen Hörer davon ins Bild zu setzen in der zu jener Zeit noch nicht ganz aufgegebenen Hoffnung, die Deutschen könnten dadurch motiviert werden, das Joch der Naziherrschaft selbst abzuschütteln.

Thomas Mann war somit durchaus darauf vorbereitet und eingestimmt auf das empörende Thema, als er die Einladung akzeptierte, am 17. Juni 1943 auf einer Protestkundgebung in San Francisco aufzutreten. Wie aus dem Tagebuch zu ersehen, war ihm nicht entgangen, wie sehr die amerikanische Öffentlichkeit der Aufrüttelung bedurfte: »Die Abschlachtung der Juden hat allgemeinen Beifall, stößt mindestens auf Gleichgültigkeit.« (Tb. 10. 4. 1943) Ausgerichtet wurde diese Protestveranstaltung von dem »United Jewish Committee of San Francisco« im Civic Auditorium der Stadt; sie richtete sich nicht allein gegen die Judenpolitik Deutschlands, sondern gegen die Untätigkeit der Regierung in Washington. Diese Rede, *The Fall of the European Jews*, ist nur in englischer Sprache überliefert und deshalb nicht so bekannt, wie sie es verdient (XIII, 494–498). Thomas Mann beginnt mit einer wichtigen Unterscheidung, die auf der Erkenntnis der Einzigartigkeit des Holocaust gründet: Während andere Völker Sklaverei und Dezimierung

(»reduction«) zu erleiden hätten, sei allein das jüdische Volk von der völligen Ausmerzung (»extermination«) bedroht. Damit sprach er aus, was »sein« Präsident dem amerikanischen Volk vorenthielt, sei es aus Unverständnis, sei es aus politischem Kalkül, nämlich dass der systematische Massenmord an den Juden ein Verbrechen sui generis sei.

Der *Faustus*-Autor erinnert seine Zuhörer sodann daran, dass das Verbrechen mit dem Ausschluss der Juden vom normalen Leben der Nation einen scheinbar harmlosen Anfang nahm und dass die sogenannten Ostjuden die bisher größte Anzahl von Opfern zu beklagen hätten. Die Nazipropaganda bezeichne sie als Ungeziefer (»vermin«), zu deren Ausrottung sich die Herrenrasse ermächtigt fühle, während in Wirklichkeit gerade das Ostjudentum der Nährboden gewesen sei für ein außerordentliches Maß an Talent und Genie vor allem auf dem Gebiet der Medizin und Musik. Die Liste der Beispiele reicht von Paul Ehrlich und Albert Einstein bis zu Gustav Mahler und Arnold Schönberg. Thomas Mann betont, dass es ein Irrtum wäre, der großen Mehrheit der Deutschen einen mörderischen Antisemitismus zuzuschreiben. Unter Berufung auf einen nicht näher identifizierten, kürzlich aus Deutschland entkommenen Professor erklärt er, dass achtzig Prozent der Deutschen die Gewalttaten an den Juden ablehnten. Er zweifle deshalb nicht, dass die Deutschen in ihrem abgeriegelten Land vor ihren Machthabern und vor sich selbst erschaudern würden, wenn sie von dem heroischen Kampf und Untergang der Juden des Warschauer Ghettos wüssten. Trotz allem sei er aber überzeugt, dass das Volk Israel auch diese Heimsuchung überleben werde. Wir Amerikaner hingegen, die wir uns rühmten, die Barbarei zu bekämpfen, müssten uns fragen, ob wir alles in unserer Macht Stehende täten, das Leiden zu lindern, wenn es schon nicht zu verhindern sei. An dieser Stelle nun weicht Thomas Mann entschieden von der öffentlich vertretenen Position des amerikanischen Präsidenten ab, wenn er erklärt, es sei zu billig (»cheap«), sich auf den Standpunkt zu stellen, man könne nicht mehr gegen die Nazis unternehmen, als gegen sie Krieg zu führen.

Auch in dieser Hinsicht sei schon vor dem Krieg viel versäumt worden, wie das Beispiel jenes »Gespensterschiffs« zeige, das 1939 mit jüdischen Flüchtlingen aus Deutschland an Bord auf den Meeren hin und her kreuzen musste, ohne einen Hafen zu finden, der die Flüchtlinge aufnehmen würde, bis schließlich zwei kleine Länder, Belgien und Holland, sie aufnahmen. Thomas Mann erinnert hier an die Irrfahrt des deutschen Passagierdampfers »St. Louis«, der am 13. Mai 1939 mit 938 meist deutsch-jüdischen Flüchtlingen an Bord von Hamburg nach Havanna auslief, wo man auf Transitvisa zur Einreise in die USA wartete. Sowohl die kubanische als auch die amerikanische Regierung weigerten sich, die Zufluchtsuchenden aufzunehmen. Kuba erlaubte schließlich 28 Passagieren mit gültigem US-Visum, in Havanna zu bleiben; alle anderen mussten am 6. Juni die Rückreise antreten. Durch Vermittlung jüdischer Hilfsorganisationen fanden 288 von ihnen in England Unterschlupf. Die Übrigen wurden von Frankreich, Belgien und Holland aufgenommen. Sie waren damit jedoch keineswegs in Sicherheit, denn nach der Besetzung dieser Länder durch die Deutschen wurden sie in deutsche Lager verschleppt. Von diesen überlebten 278 den Holocaust, 254 wurden ermordet.[65] Thomas Mann übergeht mit Schweigen, dass es die Regierung Roosevelt war, die den deutsch-jüdischen Flüchtlingen die Aufnahme verweigerte, doch er beschließt seine Ansprache mit dem Appell an die Regierung, die bestehenden Einwanderungsgesetze mit ihrem Quotensystem so rasch wie möglich zu ändern, um zu demonstrieren, dass dieser Krieg in der Tat im Namen der Menschlichkeit geführt werde: Mögen von dieser Kundgebung Wellen der Empörung und des Mitleids ausgehen und mögen alle, die davon berührt wurden und die Macht und Mittel haben, das Leiden unserer Zeit lindern.

Auf der Massenkundgebung in San Francisco wurde eine Vier-Punkte-Resolution verabschiedet. Sie war an Präsident Roosevelt adressiert und an das Außenministerium, das im Rufe stand, von Antisemiten durchsetzt zu sein; außerdem wurde sie allen Kongressabgeordneten des Staates Kalifornien übergeben. Darin werden die amerikanische und britische Regierung aufgefordert, sich bei neutralen Staaten für die Freilassung von Juden und anderen verfolgten Minderheiten zu verwenden; die neutralen und alliierten Länder werden gebeten, für die von den Nazis Verfolgten Asyle einzurichten; Palästina müsse erlaubt sein, ungehindert jüdische Einwanderer aufzunehmen; und schließlich wird die amerikanische Regierung ersucht, die Einwanderungsgesetze zu liberalisieren und dafür zu sorgen, dass die festgesetzten Quoten auch tatsächlich erfüllt werden (AM, 976 f.).

Thomas Manns Ansprache in San Francisco zeigt, dass er sich bei aller Verehrung für Franklin Roosevelt eine kritische Perspektive auf die amerikanische Regierung bewahrte, auch wenn er diese kaum je – eigentlich nur hier – öffentlich kritisierte. So beherzt er sich bei dieser Gelegenheit für Hilfsmaßnahmen zur Rettung der Juden aussprach, so ist doch nicht zu verkennen, dass seine Rede aus heutiger Sicht zwei problematische Aspekte aufweist: nämlich die für seinen bildungsbürgerlichen Habitus charakteristische Meinung, dass das Judentum in der Hauptsache wegen seines außerordentlichen Beitrags zur westlichen Kultur Schutz verdiene, sowie die einer Selbsttäuschung gleichkommenden, lediglich anekdotisch begründeten Auffassung, dass achtzig Prozent der deutschen Bevölkerung nichts mit dem Antisemitismus zu schaffen hätten.

Gleichwohl bezeichnet die Rede in San Francisco einen markanten Punkt in seinem politischen Lernprozess, der während der amerikanischen Jahre um zwei fundamentale Fragen kreiste: Was ist der Ort des Nationalsozialismus in der deutschen Geschichte? Und was sind die moralischen Implikationen des Massenmordes an den Juden für Nachkriegsdeutschland? Das Nachdenken über diese Fragenkomplexe führte ihn schon während des Krieges zu Erkenntnissen, denen sich die Deutschen erst viel später zu stellen bereit waren. Entscheidend dafür war die Exilsituation, in der Thomas Mann eben nicht, wie es oft von den deutschen Exilanten pauschal behauptet wird, mit seinen Gedanken allein in Deutschland und Europa weilte. Vielmehr öffnete ihm die Exilsituation die Augen für die politische und moralische Außenwahrnehmung der Deutschen. Ein schlagendes Beispiel dafür ist die Radioansprache vom 14. Januar 1945, geschrieben nach der Befreiung von Auschwitz durch die Rote Armee. Er nennt die Namen der Vernichtungslager von Majdanek und Auschwitz-Birkenau, und er beschreibt, was die Befreier vorfanden: »Menschenknochen, Kalkfässer, Chlorgasröhren und die Verbrennungsanlage, dazu die Haufen von Kleidern und Schuhen, die man den Opfern ausgezogen […].« Auch sagt er korrekt voraus, dass die Krematorien der Todeslager einmal als »*das* Denkmal des Dritten Reiches« in Erinnerung bleiben werden (XI, 1107). In schonungsloser Voraussicht dessen, was nach dem Krieg alle Deutschen belasten würde, bezeichnet er »die klare Einsicht in die Unsühnbarkeit dessen, was ein von schändlichen Lehrmeistern zur Bestialität geschultes Deutschland der Menschheit angetan hat« sowie die »volle und rückhaltlose Kenntnisnahme entsetzlicher Verbrechen« als die unabdingbaren Voraussetzungen für eine künftige »Aussöhnung mit der Welt« (XI, 1106). Diese Erkenntnis blieb in Nachkriegsdeutschland – in der BRD wie in der DDR – auf Jahrzehnte hinaus nicht konsensfähig. Es war eine Erkenntnis, die Thomas Mann weit früher als etwa die Vertreter der Inneren Emigration dafür sensibilisierte, dass zwischen dem im Namen Deutschlands ausgeführten Massenmord an den Juden und der moralischen Reputation Deutschlands als Kulturnation ein unlösliches Band besteht.

Henry Morgenthau und sein Deutschlandplan

Die Nachrichten über das Morden in den Lagern fand in der amerikanischen Presse nur ein sehr schwaches Echo. In der *New York Times*, dem führenden Blatt der Vereinigten Staaten, dominierten die militärischen Nachrichten über den Kriegsverlauf an den verschiedenen Kriegsschauplätzen; die Todeslager, deren Existenz erst nach ihrer Befreiung durch die Rote Armee bestätigt wurde, galten im publizistischen Sinne nicht als Kriegsschauplatz.[66]

Auch in der Roosevelt-Administration hielt sich die moralische Empörung über die Horrornachrichten in Grenzen. Die eine große Ausnahme war Henry Morgenthau, der Finanzminister Roosevelts. Seine Vorstellungen von dem, was mit Deutschland nach dem Krieg geschehen solle, avancierten in den letzten Monaten des Krieges in Washington zu einem heiß umstrittenen Thema, das von der Goebbels-Propaganda sogleich weidlich ausgeschlachtet wurde. Der Plan Morgenthaus spielte Goebbels zwei Trümpfe in die Hand. Die Rede, dass Deutschland nach dem Sieg der Alliierten in einen einzigen, großen »Kartoffelacker« verwandelt werden solle, wurde sogleich in einen massenwirksamen Motivierungsfaktor umfunktioniert, um die letzten Reserven an Widerstandskraft zu mobilisieren. Und indem man den Morgenthau-Plan auf den angeblich typisch jüdischen Rachegeist zurückführte, ließ sich die antijüdische Politik des Regimes im Nachhinein als gerechtfertigt hinstellen. Selbst nach dem Krieg spielte der Morgenthau-Plan in der deutschen Wahrnehmung der Amerikaner und Roosevelts, wie Bernd Greiner in einer brisanten Untersuchung deutscher Geschichtsbücher gezeigt hat, noch lange eine unselige Rolle.[67] Auch die Wahrnehmung Thomas Manns wurde angesichts seiner offenen Parteinahme für Roosevelt von Mitexilanten wie Bertolt Brecht und von Teilen der Inneren Emigration in die Nähe des Morgenthau-Plans gerückt.[68] Es ist jedoch erst einmal zu klären, ob und inwieweit dieser Plan sich mit Thomas Manns Vorstellungen für Nachkriegsdeutschland berührt.

Roosevelt und Morgenthau kannten sich seit 1913; sie waren praktisch Nachbarn in der Dutchess County, wo Morgenthau in Fishkill eine Farm besaß. Während Roosevelts Amtszeit als Gouverneur des Staates New York arbeitete Morgenthau zunächst als Agrarexperte für ihn. In Washington brachte er den New Deal mit seinen enormen Staatsausgaben verlässlich und skandalfrei auf den Weg und stieg so zum dienstältesten und damit einflussreichsten Mitglied des Kabinetts auf. Von ihrem Temperament her waren Roosevelt und Morgenthau eigentlich sehr unterschiedlich geartet. Niemand rühmte Morgenthau einen Sinn für Humor nach; auf jenem »Gridiron Dinner« 1939 wurde er als »Henry, the Morgue« verspottet. FDR hingegen war für seine Aufgeräumtheit und gute Laune berühmt. Gleichwohl war Roosevelt seinem Freund und Weggefährten in vieler Hinsicht zu Dank verpflichtet. Ihre Ansichten über die Deutschen und ihre Überlegungen, was nach dem Krieg mit ihnen zu geschehen habe, konvergierten weitgehend, waren aber nicht identisch, wie das politische Schicksal des Morgenthau-Plans erkennen lässt. Was für den Autor dieses Plans zu einer leidenschaftlichen, von moralischer Entrüstung getragener Herzensangelegenheit wurde, war für FDR letztlich ein politischer Spielball wie so manche andere Idee auch.

Wie viele amerikanische Juden legte Henry Morgenthau, dessen Großeltern aus Mannheim eingewandert waren und sich rasch assimilierten, großen Wert darauf, als guter Amerikaner wahrgenommen zu werden, als »100 % American«.[69] Als aber die ersten Nachrichten über den systematischen Mord an den Juden nach Washington drangen, besann er sich seines jüdischen Erbes und entschloss sich zu handeln. Am 16. Januar 1944 legte er dem Präsidenten einen Bericht vor, in dem er das Morden in den Vernichtungslagern als »one of the greatest crimes in history« darstellte. Roosevelt pflichtete seinem Freund bei. Er gab eine Erklärung ab, in der von »one of the blackest crimes in all history« die Rede ist. Er versprach, die USA würden alles in ihrer Macht Stehende tun, um den Bedrohten nach Maßgabe der militärischen Situation zu Hilfe zu kommen – »insofar as the necessity of military operations permit«.[70] Im Klartext bedeutete diese Klausel, dass Roosevelt bei seiner, auch von hohen Militärs geteilten Auffassung blieb, der zufolge den europäischen Juden am effektivsten durch die möglichst rasche Beendigung des Krieges in Europa geholfen werden könne. Die umstrittene und schwierige Frage, ob Auschwitz und die in die Lager führenden Bahnlinien bombardiert werden sollten, wurde vom Präsidenten abschlägig beschieden.[71]

Der mit dem Namen Morgenthau verbundene Plan zu einer Umgestaltung Deutschlands verdankt sein Zustandekommen Erkenntnissen, die Roosevelts Finanzminister im August 1944 auf einer Inspektionsreise nach London und in die jüngst von den Alliierten eroberten Gebiete in Frankreich gewann. Auf dem Flug nach England gab sein Berater Harry Dexter White ihm Einsicht in ein Memorandum des State Departments, das eine Erhaltung der deutschen Industrie vorsah, um die künftige Versorgung Europas sicherzustellen. In London traf sich Morgenthau mit dem britischen Außenminister Anthony Eden, der ein vitales Interesse daran hatte, Morgenthaus Unterstützung für die amerikanische Wirtschaftshilfe auch nach dem Krieg zu sichern. Eden weihte seinen Gast in die geheime, auf der Dreimächtekonferenz in Teheran im November 1943 von Stalin, Roosevelt und Churchill getroffene Vereinbarung ein, der zufolge Deutschland nach dem Krieg zerstückelt (»dismembered«) und so auf lange Zeit geschwächt werden sollte. Dies entsprach auch Morgenthaus Vorstellungen und Erwartungen.

Beunruhigt über die Diskrepanz zwischen den Deutschlandplänen des Außenministeriums und der von Roosevelt mitgetragenen Vereinbarung von Teheran, arbeitete Morgenthau nach seiner Rückkehr nach Washington einen Aktionsplan aus, der den vermeintlichen Intentionen des Präsidenten und seinen eigenen Erkenntnissen über das Destruktionspotential Deutschlands Rechnung trug. Dieses »Top Secret« Memorandum trägt den Titel »Program to Prevent Germany from Starting a

World War III« und sah in vierzehn Punkten einen Katalog von Maßnahmen zur dauernden Schwächung Deutschlands vor.[72] An erster
Stelle stand »the total destruction of the whole German armament industry, and the removal or destruction of other key industries which are
basic to military strenght«. Des Weiteren waren vorgesehen territoriale
Abtretungen, die Aufteilung des Landes in einen Nord- und einen Süd-
staat sowie die Strafverfolgung von Kriegsverbrechern. Wie sehr Morgenthaus Plan von Vansittartistischen Vorstellungen ausging[73] und den
Deutschen einen in ihrer Erbmasse verankerten militaristischen Charakter zuschrieb, geht besonders klar aus Punkt zwölf hervor. Darin
war vorgesehen, das Tragen von Uniformen kategorisch zu verbieten
und alle Militärmusikkapellen aufzulösen: »All military bands shall be
disbanded.«

Der Morgenthau-Plan war innerhalb der Roosevelt-Administration
höchst umstritten. Henry Stimson, der Kriegsminister und ein Republikaner, verwarf den Plan als »clumsy economics«, er gründe nicht in
politischen und militärischen Überlegungen, sondern in »semitic grie-
vances«.[74] Wie Churchill argumentierte Stimson für die Erhaltung der
deutschen Industrieanlagen nicht aus prodeutschen Sympathien, sondern aus politischem Kalkül. Man rechnete damit, dass Deutschland in
absehbarer Zeit als Pufferstaat gegenüber der Sowjetunion gebraucht
werde. Am Ende setzte sich die Erkenntnis des Armeechefs George C.
Marshall durch, der den Plan schlicht als »counterproductive« ablehnte.[75]

Roosevelt billigte den Deutschlandplan Morgenthaus zunächst durchaus. Für ihn war vermutlich der Gedanke ausschlaggebend, den der originale Titel des Plans prägnant benennt, nämlich die Verhinderung
eines dritten, von Deutschland ausgehenden Weltkriegs. Er hatte seit
dem Zweiergipfel in Casablanca im Januar 1943 gegenüber dem nicht
nach Marokko eingeladenen Stalin ein schlechtes Gewissen und war
darauf bedacht, jeden Anschein, dass es mit dem besiegten Deutschland einen »weichen« Friedensschluss geben könnte, zu vermeiden.
Wie sehr der Präsident den Plan seines Freundes stützte, geht u. a. daraus hervor, dass er Morgenthau, zum Verdruss der anderen Kabinetts-
kollegen, nach Quebec City mitnahm, wo er vom 13. bis 16. September
1944 mit den britischen Partnern über die gemeinsamen strategischen

Ziele in Europa und im Pazifik konferierte. Es ging jedoch nicht zuletzt auch darum, Churchill für den Deutschlandplan Morgenthaus zu gewinnen. Churchill seinerseits war nach Quebec City gekommen, um die Fortsetzung des »Lend-Lease«-Hilfsprogramms für Großbritannien auch nach Beendigung des Krieges in Europa sicherzustellen. Als man ihm am ersten Tag der Konferenz den Plan Morgenthaus vortrug, lehnte er ihn schroff als den britischen Interessen zuwiderlaufend ab. Am Tag darauf aber änderte er seine Position, offenbar um seine amerikanischen Partner nicht zu verärgern und ihre Wirtschaftshilfe aufs Spiel zu setzen. Churchill diktierte stante pede ein Papier, das in wenigen Worten doch ganz im Sinne des Morgenthau-Plans die Umwandlung Deutschlands »into a country primarily agricultural and pastoral in its character« vorsah.[76] Churchill und Roosevelt paraphierten das Papier; Morgenthau war darüber, wie er seinem Tagebuch anvertraute, »terrifically happy«.[77]

Morgenthau und Roosevelt standen gegenüber der leidigen »German question« auf dem gemeinsamen Boden des Vansittartismus, der den Deutschen einen aggressiven Nationalcharakter zuschrieb; dieser sei nur mit gewaltsamen Mitteln einzudämmen und auf lange Sicht nur mit einschneidenden Maßnahmen auszutreiben. Mochte Morgenthau sich beim Entwurf seines Planes von Solidaritätsgefühlen für die jüdischen Opfer der Deutschen motiviert fühlen, für Roosevelt war ein anderer Gesichtspunkt entscheidend: es galt, Lehren zu ziehen aus den Versäumnissen von 1914 und 1918/19. Dieser Gesichtspunkt war bereits auf der Konferenz in Casablanca ausschlaggebend, wo der amerikanische Präsident Winston Churchill auf das Kriegsziel der bedingungslosen Kapitulation (»unconditional surrender«) einschwor. Im Gegensatz zu Morgenthau jedoch war Franklin Roosevelt ein Vollblutpolitiker; er sah sich am liebsten als einen Jongleur (»juggler«), der imstande war, gleichzeitig mit mehreren Bällen zu spielen und Kunststücke zu vollführen. Seine Unterstützung für den Deutschlandplan seines Freundes war denn auch nur von kurzer Dauer.

Bereits eine Woche nach der zweiten Quebec-Konferenz vom September 1944 war der Morgenthau-Plan Gegenstand von Diskussionen und Spekulationen in der Presse. Historiker vermuten, dass die brisante »story« von Harry Dexter White, Morgenthaus Vertrautem und federführendem Mitautor des 14-Punkte-Programms für Deutschlands Umgestaltung, dem führenden Enthüllungsjournalisten Washingtons, Drew Pearson, zugespielt wurde, um den Gegnern des Plans, Kriegsminister Stimson und Außenminister Cordell Hull, den Wind aus den Segeln zu nehmen. Es wurde offen spekuliert, dass Churchills Zustimmung zu dem Plan in Quebec durch Bestechung, sprich: mit der Verlängerung des »Lend-Lease«-Programms, erkauft wurde. Ein neuer und brisanter, zunächst verborgener Aspekt des Morgenthau-Plans tat sich 1948 auf, als Henry Dexter White von dem Untersuchungsausschuss des Repräsentantenhauses für »Unamerican Activities« der Spionage für die Sowjetunion angeklagt wurde – ein Verdacht, der durch Erkenntnisse aus den jüngst geöffneten russischen Archiven bestätigt wurde.[78] Eine Beeinflussung der amerikanischen Pläne für Nachkriegsdeutschland im Sinne eines möglichst harten Friedens auch von Seiten der Westmächte lag durchaus im Interesse Stalins und der Sowjetunion.

Diese Hintergründe waren jedoch im Herbst 1944 kein Thema. Gleichwohl entfaltete der Morgenthau-Plan zu jenem Zeitpunkt ein Eigenleben mit unvorhergesehenen Konsequenzen in Deutschland und in Amerika selbst. In der amerikanischen Öffentlichkeit setzte sich sehr rasch die Einsicht in die strategische Kurzsichtigkeit und praktische Untunlichkeit des Plans durch. In Deutschland hingegen benutzte Goebbels die Meldungen über den »jüdischen Mordplan« Roosevelts und Churchills dazu, das deutsche Volk zum »totalen Krieg«, d.h. zu einem fanatischen Kampf ums Überleben, aufzupeitschen. Der deutsche Propagandaminister notierte kurz nach Bekanntwerden des Plans in seinem Tagebuch: »Wir teilen diesen Plan in aller Offenheit dem deutschen Volke mit, damit es weiß, was es zu erwarten hätte, wenn es in einer kritischen Situation die Nerven verlöre.«[79] Zu diesem Ende erwies sich das Stichwort »Morgenthau-Plan« als propagandistisch noch ergiebiger als die nach der Konferenz in Casablanca beschlossene Forderung nach der bedingungslosen Kapitulation des deutschen Reichs.

Dies nun wiederum lieferte den Gegnern Morgenthaus und Roosevelts in Amerika neue Argumente. Am entschiedensten profitierte von der Diskussion über den Morgenthau-Plan Thomas Dewey, der Gouverneur des Bundesstaats New York und Präsidentschaftskandidat der Republikanischen Partei. Dewey argumentierte, dass der Morgenthau-Plan für Hitler so viel wert sei wie zehn zusätzliche deutsche Divisionen, und gewann damit gegen den scheinbar unantastbaren Mann im Weißen Haus an Zustimmung in der Öffentlichkeit. Dazu Goebbels in seinem Tagebuch: »Dewey hält seine letzte Wahlrede gegen Roosevelt, in der er außerordentlich massiv gegen seine Kriegspolitik vorgeht. Er klagt ihn und Morgenthau an, den Krieg in die jetzige Sackgasse hineingeführt zu haben, und polemisiert besonders scharf gegen den Morgenthau-Plan, von dem er mit Recht erklärt, daß er den deutschen Widerstandsfanatismus bis zur Siedehitze angefacht habe. Die Rede Deweys könnte sehr gut ohne Kommentar in der deutschen Presse veröffentlicht werden, wenn man nicht befürchten müsste, daß man damit Dewey einen schlechten Dienst erweisen würde.«[80] Selbst nachdem bereits viele Anzeichen dafür sprachen, dass der Morgenthau-Plan vom Tisch war, redete Goebbels sich und dem deutschen Volk noch am 23. Januar 1945 ein: »Der Morgenthau-Plan ist durchaus nicht als erledigt anzusehen; im Gegenteil, die ganze amerikanische Kriegspolitik basiert darauf.«[81]

Angesichts der kontroversen Diskussion in der amerikanischen Öffentlichkeit musste der Präsident einsehen, dass es ein Fehler war, Morgenthau nach Quebec mitzunehmen.[82] Er ließ den Plan seines Freundes ohne jegliche Erklärung der Gründe stillschweigend fallen. Die amerikanische Deutschlandpolitik in den ersten Nachkriegsjahren orientierte sich an anderen Zielen als den von Morgenthau und White vorgesehenen. Es ist jedoch nicht zu verkennen, dass der Morgenthau-Plan ein Faktor war für die unerwartete und überraschende Intensivierung der Kampfhandlungen in den letzten Monaten des Krieges, zumal in der sogenannten Ardennen-Offensive im Winter 1944/45, die im kollektiven Gedächtnis Amerikas wegen der horrenden Opfer, die sie forderte, als die »Battle of the Bulge« sehr lebendig geblieben ist. Die drastischen Maßnahmen zur Umgestaltung Deutschlands, auch nach der Abkehr von Morgenthaus Plänen, warfen noch lange danach einen Schatten auf die Wahrnehmung des amerikanischen Präsidenten und seines deutschen Bewunderers und Lobredners.

Thomas Mann reagierte auf den Morgenthau-Plan auffallend zögerlich. Unmöglich konnte ihm die über Wochen hin ausgetragene Diskussion darüber in der amerikanischen Presse entgangen sein. Wir wissen aus seinem Tagebuch, dass er kurz nach Ausbruch der Debatte einen einschlägigen Artikel über die »Behandlung Deutschlands« in der *Nation* las, seinem Leibblatt, und ihn »gut« fand (Tb. 14. 10. 1944). Der anonyme Artikel nimmt gegen den Plan Morgenthaus Stellung und verwirft vor allem den Gedanken, die deutsche Industrie zu zerstören. Die deutsche Industrie sei das Herz der europäischen Wirtschaft und werde zum Wiederaufbau gebraucht: »Surely saner methods can be found to control the Reich's concentrated economic power than by partition [of Germany] and the actual demolition of its industrial plant.«[83] Der Autor des Artikels begrüßt die besonnene Erklärung General Eisenhowers, man werde das deutsche Volk nicht »oppress or terrorize«. Im Übrigen weist der Autor darauf hin, dass der Präsident von dem in Quebec mit Churchill vereinbarten Plan offensichtlich abgerückt sei, denn seine Direktive an den »Foreign Economic Administrator« laute dahingehend, dass seine Planungen »under the guidance of the Department of State« stünden, was einer Desavouierung des Morgenthau-Plans gleichkomme, denn das Außenministerium unter Cordell Hull lehne den Plan ab.

Im Tagebuch nahm Thomas Mann erst Anfang 1945 Stellung zum Morgenthau-Plan. Der Anlass waren Presseberichte über Bernard Bernstein, einen ehemaligen Mitarbeiter und Vertrauten Morgenthaus, der als Offizier der US Army mit der Aufgabe betraut war, die wirtschaftlichen Ressourcen Deutschlands festzustellen. Bernstein hatte in dem bereits eroberten Aachen erklärt, womit die Deutschen nach dem Ende des Hitler-Regimes zu rechnen hätten, nämlich mit der Entindustrialisierung Deutschlands im Sinne des Morgenthau-Plans. Dies erregte insofern Aufsehen, als dieser Plan weder vom Kongress noch vom Präsidenten abgesegnet war und die amerikanische Öffentlichkeit in der Frage, was mit Deutschland zu geschehen habe, gespalten und unschlüssig war. Dazu bemerkt nun Thomas Mann im Tagebuch: »Über die Vernünftigkeit des Morgentauplans, der arg mißrepräsentiert und im besetzten Gebiet durch einen gewissen Bernstein, den M. unkluger Weise betraut, mißrepräsentiert wird.« (Tb. 2. 1. 1945)

Wenn Thomas Mann von der Vernünftigkeit des Plans spricht, so meint er damit offenbar dessen Hauptziel: die Entwaffnung und Entmachtung Deutschlands, so dass es nie wieder einen Weltkrieg würde entfachen können. Dies entsprach sehr wohl seinen eigenen Vorstellungen, wie aus den diesbezüglichen Aussagen in den Kriegsschriften zu ersehen ist, und lag auf der Linie jenes Leitartikels in der *Nation*. Offenbar hielt er jedoch nichts von den extremen Positionen des Morgenthau-Plans, also der Rückverwandlung Deutschlands in einen Agrarstaat und den täppischen Vorstellungen von der Umerziehung der Deutschen.

Den besten Aufschluss über Thomas Manns Einstellung zum Morgenthau-Plan gibt seine Reaktion auf eine außenpolitische Rede, die FDR bei einem Dinner der einflussreichen »Foreign Policy Association« am 21. Oktober 1944 im Waldorf Astoria Hotel in New York hielt. Er muss den Präsidenten im Radio gehört haben, denn anderntags schreibt er an Agnes Meyer, dass ihm die Rede sehr zugesagt habe. Er hebt »die milden Worte von gestern« hervor, »die übrigens sowohl klug wie schön waren. Der geborene Politiker weiss das zu vereinigen« (AM, 595). In besagter Rede hatte Roosevelt erklärt, es werde keine Verhandlungen mit dem Naziregime geben. Das in Casablanca vereinbarte Kriegsziel der bedingungslosen Kapitulation blieb also bestehen – zweifellos zu Thomas Manns stiller Genugtuung. Gleichfalls auf Zustimmung traf wohl Roosevelts Zusicherung einer strengen Bestrafung »for all those who are directly responsible for this agony of mankind«.[84] Deutschlands Weg zurück »into the fellowship of peace-loving and law-abiding nations« werde lang und beschwerlich sein; die Deutschen müssten sich die Rückkehr in die Gemeinschaft der zivilisierten Staaten verdienen – »earn their way back«. Man werde jedoch dafür sorgen, dass sie dabei nicht durch das Tragen von Waffen behindert seien: »We hope they will be relieved of that burden forever.« In diesen gänzlich unstrittigen Punkten stimmte Roosevelt mit Morgenthau überein. Doch dann distanziert er sich von dem letztlich auf Bestrafung zielenden Geist des Morgenthau-Plans, wenn er erklärt: »The German people are not going to be enslaved« – nicht etwa aus strategischen Überlegungen im Hinblick auf einen künftigen Konflikt mit der Sowjetunion, sondern weil in den von ihm angestrebten, doch erst nach seinem Tod gegründeten Vereinten Nationen keine Versklavung geduldet werden könne. Der Passus der Rede, den Thomas Mann als klug und schön, also versöhnlich, empfand, erinnert an die gemeinsame Humanität aller Völker und an den bedeutenden Beitrag deutscher Einwanderer zur politischen Kultur der Vereinigten Staaten: »But I should be false to the very foundations of my religious and political convictions, if I should ever relinquish the hope – or even the faith – that in all peoples, without exception, there live some instinct for truth, some attraction toward justice, some passion for peace – buried as it may be in the German race, as such, for we cannot believe that God has eternally condemned any race or humanity. We know in our own land, in the United States of America, how many good men and women of German ancestry have proved loyal, freedom-loving, and peace-loving citizens.«

In entschiedenem Gegensatz zu dem Morgenthau-Plan bewahrte sich Thomas Mann – bei allem Hass auf Hitler und den Nationalsozialismus, bei aller Kritik an Deutschland – eine lichte Langzeitperspektive auf die Zukunft seines Heimatlands. »Die Hoffnung bleibt«, schrieb er in einem Artikel im Februar 1945, »daß [...] für das Deutschtum eine Staats- und Lebensform gefunden werden möge, die die Pflege seiner besten Kräfte begünstigt und es zum redlichen Mitarbeiter an einer helleren Menschenzukunft erzieht« (XII, 950). Selbst aus dem ersten Artikel, der von Thomas Mann nach der Kapitulation in Deutschland erschien und empörte Reaktionen auslöste, spricht der Geist der Milde und Hoffnung, in dem er sich mit Roosevelt einig wusste. Dieser Artikel ist *Die Lager* überschrieben, erschien aber in einigen Zeitungen unter dem nicht autorisierten Titel *Thomas Mann über die deutsche Schuld* und wurde prompt als Beleg für die sogenannte Kollektivschuldthese angeprangert.[85] Der Artikel über die Lager endet jedoch keineswegs mit der Anprangerung der deutschen Missetaten, sondern mit dem Satz: »Die Macht ist verspielt. Aber Macht ist nicht alles, sie ist nicht einmal die Hauptsache, und deutsche Größe war nie eine Sache der Macht.« (XII, 953)

Lange vor dem Morgenthau-Plan, auch schon vor Casablanca, war sich Thomas Mann bewusst, dass die Deutschen durch ein Schreckgespenst dazu gebracht wurden, die aggressive Politik der Hitler-Diktatur in blutige Realität zu verwandeln – das Schreckgespenst ihrer physischen Vernichtung, für den Fall, dass die Feinde Deutschlands siegten. Als erfahrener Psychologe wusste er auch, dass der angebliche Vernichtungswille der Alliierten die Projektion der eigenen Absichten im Hinblick auf die Slawen und Juden war. So rief er seinen Hörern im April 1941 zu:»Das deutsche Volk wird noch geraume Zeit stramm und treu marschieren – solange es nämlich glaubt, was man ihm sagt, daß es vernichtet werden soll, wenn es Hitlers Krieg nicht gewinnt.« Die Erkenntnis, dass dieses Schreckensszenario eine »grobe Lüge« (XI, 1002) sei, werde aber immer wieder verhindert. So werde die Bombardierung der deutschen Städte nicht als die Quittung für die eigenen Luftangriffe auf fremde Städte begriffen, sondern als Ausdruck eines einseitigen Vernichtungswillens. Nach dem Fall Aachens erinnert Thomas Mann die Deutschen daran, dass sie nun selbst sehen könnten, wie unwahr die »angsterpreßten Lügenreden von der Zerstörung Deutschlands, der Vernichtung des deutschen Volkes« waren (XI, 1112).

Die Anti-Morgenthau-Position avant la lettre wird zwei Jahre nach Ende des Krieges noch einmal bestätigt. In einem Schreiben an Frank Kingdon stellt er fest:»Ich glaube nicht an die Möglichkeit, ein entwikkeltes Industrievolk auf den Stand von Bauern und Hirten zurückzuschrauben.«(XIII, 787) Daraus ergibt sich für ihn die Sinnwidrigkeit der auf der Konferenz von Potsdam im August 1945 endgültig vereinbarten Abtretung der »östlichen Agrargebiete Deutschlands« und damit auch die Impraktikabilität aller Morgenthau'schen Umwandlungspläne. Als er dies schrieb, im Februar 1947, war Deutschland bereits zu einem Schlüsselfaktor im strategischen Denken des Kalten Krieges geworden.

Abschließend bleibt festzuhalten, dass Thomas Manns Urteil über die »Vernünftigkeit« des Morgenthau-Plans mitnichten als unbeschränkte Zustimmung missverstanden werden darf. Zustimmung fanden die Hauptziele der offiziellen amerikanischen Deutschlandpolitik: Deutschland sollte entmachtet, entmilitarisiert und gründlich entnazifiziert werden. Dies war unstrittig und bezeichnet den konsensfähigen Teil von Morgenthaus Plänen. Dessen Vorstellungen einer Re-Agrarisierung und Umerziehung schienen ihm jedoch abwegig. Deutschland brauche nicht entindustrialisiert zu werden, denn »[d]iese Industrie unter Kontrolle zu halten, die verhindert, daß sie zu einem Instrument militärischer Wiedererstarkung wird, ist durchaus möglich. Man braucht es nur zu wollen. Nach dem vorigen Krieg hat man es nicht gewollt.« (XIII, 787)

Was das Problem der Entnazifizierung betrifft, so lehnte er jede Pau-
schalverdammung aller Deutschen ab, um desto entschiedener auf
einer Bestrafung der Hauptschuldigen zu bestehen: »Denazifizierung
besteht nicht darin, daß ein Briefträger, der eines Tages der Partei bei-
trat, keine Briefe mehr austragen darf – und ähnlichem. Sie bestünde in
der Sozialisierung der Key Industries und in der rücksichtslosen Enteignung aller unter dem Regime reich gewordenen und noch heute reichen
Nazis; sie bestünde darin, diese wohlgenährten Parasiten ihres sozialen
und politischen Einflusses zu berauben, statt voller Klassensympathie
Champagner mit ihnen zu trinken.« (XIII, 788)

Wie schon bei der Frage der »enemy aliens« und der »Judengreuel«
in Europa nahm Thomas Mann »seinen« Präsidenten von allen Zweifeln, die er selbst hegte, aus. Es gibt von ihm kein öffentliches Wort der
Kritik an der Deutschlandpolitik Roosevelts. Dieser Präsident stand
für ihn über den Querelen der Tagespolitik in Washington. Als der entscheidende Gegenspieler Hitlers ragte Roosevelt in die Sphäre der
Welthistorie und besaß als solcher die uneingeschränkte Loyalität Thomas Manns.

Ein amerikanisches Heldenleben

Franklin Roosevelt starb unerwartet am 12. April 1945 in Warm
Springs, Georgia, einem von ihm gegründeten Heilbad für Polio-Er-
krankte. Bei ihm waren Lucy Mercer, seine ehemalige Geliebte, sowie
deren Freundin, die Malerin Elizabeth Shoumatoff, von der das letzte,
unvollendete Porträt FDRs stammt. Obwohl sein Gesundheitszustand
bereits auf der Drei-Mächte-Konferenz in Jalta im Februar Anlass zu
ernsten Sorgen gegeben hatte, löste der Tod des Präsidenten so kurz vor
dem militärischen Sieg über Hitler-Deutschland in der ganzen westlichen Welt Bestürzung aus. Die Nachricht von FDRs Tod, so einer
seiner jüngsten Biographen, erschütterte Amerika wie sonst nichts
seit Pearl Harbor.[86] Die Überführung in einem Sonderzug von Warm
Springs nach Washington, die Trauerfeier im Kapitol, die Aufbahrung
im Weißen Haus, der Weitertransport nach Hyde Park sowie die Beer-
digung in einem einfachen Grab auf seinem Landsitz fanden unter gro-

141

ßer Anteilnahme der Bevölkerung statt und waren tagelang das Hauptthema in den Medien.

Auch Thomas Manns Anteilnahme war ganz ungewöhnlich und löste – dies das verlässlichste Indiz seiner Erschütterung – eine »Arbeitsverwirrung« und Unterbrechung der Arbeit am *Doktor Faustus* aus, dessen 26. Kapitel er gerade in Angriff genommen hatte. Das Tagebuch hält fest: »Empfingen nachmittags mit tiefer Bewegung die Nachricht vom Tode Franklin Roosevelts. [...] Mit K. und der Kahn Redaktion eines längeren Telegramms an Mrs. Roosevelt. Hörten im Lauf des Abends viel dem Radio zu, ergriffen von Huldigungen und Trauerkundgebungen aus aller Welt. Die Erschütterung ist groß.« (Tb. 12. 4. 1945) Das Telegramm an die First Lady ist zurückhaltend und beobachtet die üblichen Formalitäten.[87] Der Eintrag am darauffolgenden Tag ist der kürzeste in seinen persönlichen Aufzeichnungen: »Viel über Roosevelt, den Betrauerten, gelesen. Große Arbeitsverwirrung, da nun über ihn zu schreiben. Leidend.« (Tb. 13. 4. 1945)

Am ausführlichsten berichtet Thomas Mann über seine Ergriffenheit drei Jahre später in seinem »Roman eines Romans« *Die Entstehung des Doktor Faustus*: »Ich hatte das XXVI. Kapitel und damit die Partie des Buches zu schreiben begonnen, die zu dem Ausbruch des Krieges von 1914 hinführt, als ich eines Nachmittags – es war der 12. April – in der Einfahrt zum Hause die Abendzeitung vom Boden aufnahm, die der Austräger dort niederzulegen pflegte. Ich warf einen Blick auf die balkendicke ›headline‹, zögerte und reichte dann das Blatt stumm meiner Frau. Roosevelt war tot. Wir standen verstört, in dem Gefühl, daß rings um uns her eine Welt den Atem anhielt. Das Telephon rief. Die improvisierte Radio-Äußerung, die man verlangte, lehnte ich ab. Wir redigierten ein Telegramm an die Witwe des Dahingegangenen und hörten den ganzen Abend dem Lautsprecher zu, ergriffen von den Huldigungen und Trauerkundgebungen aus aller Welt. Man mochte in den nächsten Tagen nichts anderes hören und lesen, als über ihn, die Einzelheiten seines Sterbens, die Bestattungsfeierlichkeiten in Hyde Park. Die Erschütterung, das Bewußtsein schicksalhaften Verlustes war erdumspannend.« (19.1, 491)

Am Tag von Roosevelts Bestattung, am 15. April, nahm Thomas Mann an einer Gedenkfeier im Municipal Auditorium von Santa Monica teil, bei der er seine Trauerrede auf FDR verlas. Der dreiseitige Text stellt die Summe seiner bisherigen Äußerungen über Roosevelt dar und stützt sich zum großen Teil auf die kurze Rede, die er am 29. Oktober 1944 auf einer Wahlveranstaltung, bei einem sogenannten »fundraiser«, gehalten hatte. Jene Veranstaltung fand im Garten eines Hauses in dem vornehmen Stadtteil Bel Air von Los Angeles statt und war ein großer Erfolg, auch für Thomas Mann selbst. Er hat diesen Nachmittag in Bel Air in der *Entstehung* in einer anschaulichen Vignette festgehalten (19.1, 480 f.).

Seine Rede auf dem »fund-raiser« war vermutlich die einzige, die in ernstem Ton gehalten war, wiewohl er sichtlich bemüht war, in den heiteren, entspannten Ton solcher Veranstaltungen einzustimmen. Zu einem eher unfreiwilligen Lacher geriet vermutlich die Bemerkung, der Präsident sei nicht nur »klug wie die Schlangen«, sondern auch »ohne Falsch wie die Tauben« (XI, 982). Denn dass FDR, wenn es ihm geboten schien, auch mit Falsch und Täuschung agieren konnte, hätten auch seine eifrigsten Parteigänger nicht bestritten, von seinen politischen Gegnern ganz zu schweigen. Man mag darin eines von vielen Indizien erblicken für seine durchgehende Neigung, den Präsidenten nicht durch amerikanische Augen zu betrachten, sondern als eine unantastbare Lichtgestalt im Kampf gegen den Faschismus. Vor allem aber liebte er es, den amerikanischen Präsidenten und seinen fiktiven Joseph ineinander zu spiegeln. So ist etwa die Rede von den klugen Schlangen und sanftmütigen Tauben ursprünglich auf Joseph gemünzt. Der ungeschlachte Ruben sinniert neiderfüllt über den Erfolg »der Gesegneten« bei den Menschen und kommt zu dem Schluss: »[…] er ist klug wie die Schlangen und sanftmütig wie die Tauben, so sollte man sein.« Ruben fügt aber auch hinzu: »Tückisch in Unschuld und unschuldig in der Tücke […].« (IV, 496) Bezeichnenderweise lässt Thomas Mann in seiner kleinen Ansprache auf dem »fund raiser« in Bel Air diesen kritischen Nachsatz weg; doch auch so ist nicht anzunehmen, dass seine Zuhörer ein Ohr hatten für das Joseph-Echo in seinem Enkomion auf Roosevelt.

Thomas Mann nennt drei Gründe für seine entschiedene Parteinahme. Erstens das »einfache[ ] Pflichtgefühl« als amerikanischer Neubürger, der er seit vier Monaten war, am politischen Leben des Landes teilzunehmen und sich nicht, wie deutsche Intellektuelle es früher meinten halten zu können, hochmütig von der Politik fernzuhalten. Als zweiten Grund nennt er die historische Bedeutung dieses Präsidenten. Roosevelt sei »in den Augen der ganzen Welt das Symbol für Freiheit, sozialen Fortschritt, Zusammenarbeit der Völker und eine ökonomisch vervollkommnete Demokratie«. Diesem Mann dürfe nicht verwehrt werden, seine »schwere Sendung« zu Ende zu führen, nämlich »Amerikas gewaltige Kräfte für den Kampf um die Ehre der Menschheit zu mobilisieren«. Und drittens nennt er seine Bewunderung für den Mann, dessen Ausstrahlung er persönlich erlebt habe und dessen »intuitivem Wissen um die Notwendigkeiten der Zeit [...] die Rettung des Menschen und seiner Freiheit« zu verdanken sei (XI, 979–983).

In dem in Santa Monica vorgetragenen Nachruf werden die Elemente des Enkomions im Wahlkampf leicht variiert und mit zwei starken Akzenten versehen, die die persönliche Größe und historische Bedeutung Franklin Roosevelts hervorheben. Roosevelt ist ihm ein großer Künstler unter den Politikern seiner Zeit und ein Held, dem selbst der Tod seine Ehre bezeigt habe und schonend begegnet sei: »[...] ein Freund unwillkürlich auch er.« Man erkennt den Meister der Sterbeszenen, wenn er das in der Presse umständlich geschilderte Ende seines Helden knapp und prägnant evoziert: »Ein plötzlicher Kopfschmerz, eine Bewegung der Hand nach dem Hinterhaupt – und schon Bewußtlosigkeit, das Ende aller Leiden. [...] Das Sonnige, Bevorzugte und das Melancholische verbinden sich, Liebe weckend, in diesem Tode, diesem Heldenleben.« (XII, 943) Ein Heldenleben in der Tat, denn er bezwang seine Lähmung: »er konnte nicht stehen – und er stand«, wie er bei dem Gridiron Dinner 1939 mit eigenen Augen gesehen hatte. Roosevelts historische Größe aber bestehe darin, dass er die ihm zugewachsene Rolle als des »geborenen und *bewußten* Gegenspieler[s]« des Feinds der Menschheit, Adolf Hitler, gegen alle Widerstände zu einem siegreichen Ende geführt habe. So beschließt der rückhaltloseste unter den nicht sehr zahlreichen deutschen Roosevelt-Bewunderern seinen Nachruf in einem hochgestimmten, ja feierlichen Ton: »Uns, die wir seine Zeitgenossen waren, hat das Glück zwiefach wohlgewollt. Wir können dahingehen mit der Erfahrung, daß zwar auf diesem Stern das Niederträchtige immer seinen Platz behaupten wird, daß aber das Niederträchtigste, Hitlers

Geist und Herrschaft, nicht darauf geduldet, sondern mit vereinten Kräften hinweggefegt wurde. Und wir können sterben in dem Bewußtsein, einen großen Mann gesehen zu haben.« (XII, 944)

Als schließlich das über zwölf Jahre hin ersehnte und im wörtlichen Sinn herbeigeredete und herbeigeschriebene Ende des Hitler-Reiches Tatsache wurde und die Kapitulation vollzogen war, konnte sich Thomas Mann im Tagebuch knapp fassen: »Klarheit darüber, wem der Sieg zu danken: Roosevelt.« (Tb. 7. 5. 1945) Natürlich war er sich zu diesem Zeitpunkt der bedeutenden Rolle Churchills und Stalins in der Niederwerfung Hitler-Deutschlands bewusst; er war jedoch überzeugt, dass Roosevelt sie alle überrage, da die beiden anderen Führer der Anti-Hitler-Allianz ohne die ökonomische und militärische Hilfe der Vereinigten Staaten auf verlorenem Posten gestanden wären. Nach der ersten Begegnung mit Roosevelt 1935 stand der Sieg über Hitler in weiter Ferne; es war nicht mehr als ein Hoffen, auch wenn seine FDR-Idolatrie es später so erscheinen lassen wollte, als sei er sich schon nach der ersten Begegnung mit dem Präsidenten des Sieges sicher gewesen. Auf dem Tiefpunkt seiner politischen Stimmung, nach dem Fall Frankreichs im Sommer 1940, war es in erster Linie die Wiederwahl FDRs im November, die nicht nur Thomas Mann, sondern allen Exilanten den Rücken stärkte und die Siegeszuversicht zurückgab. Bis zur Kapitulation des Deutschen Reiches war es noch ein langer, schwerer Weg. Auf diesem Weg fühlte sich Thomas Mann durch eine Art geistiger Waffenbrüderschaft mit »seinem« Präsidenten mystisch verbunden. Nichts hat ihn so vorbehaltlos zum Amerikaner gemacht wie dieses in seinem Leben Epoche machende Erlebnis seiner inneren Verbundenheit mit Franklin Roosevelt.

Freilich war das Hochgefühl der vorbehaltlosen Zustimmung zur Politik der Vereinigten Staaten von kurzer Dauer. Die Erkenntnis, dass mit dem Tod Roosevelts eine gutwillige, segensreiche Ära des amerikanischen Lebens zu Ende gehe, stellte sich blitzartig ein – nicht nur bei Thomas Mann. Erich Kahler schrieb ihm eine Woche nach dem Ableben des Präsidenten »über unsern lieben FDR, den ich beweint habe und vermisse wie einen wahren Landesvater, nein, wie ein Dach überm Kopf [...]« (EK, 78 f.). An seine republikanische Freundin Agnes Meyer schrieb Thomas Mann: »Wollen Sie mir erlauben, liebe Freundin, einen grossen Mann zu betrauern? Mir ist, als wäre es das Land nicht mehr, in das ich kam, seit er tot ist.« (AM, 625)

Die Erkenntnis, dass die Vereinigten Staaten nicht länger das Land FDRs seien, traf ihn jedoch nicht völlig unvorbereitet. Das jahrelange Achthaben auf das Streben und Tun »seines« Präsidenten, die erregte Anteilnahme an seinem Ringen mit dem Kongress, nicht zuletzt seine eigene, dank der Meyers, regelmäßige Kontaktnahme mit dem offiziellen und dem gesellschaftlichen Washington hatten ihm die Augen geöffnet für die Tiefe und Breite des Widerstands gegen die wirtschaftlichen und sozialpolitischen Neuerungen, die Roosevelt in seinen zwei ersten Amtsperioden eingeführt hatte. Eben diese Politik der demokratischen Erneuerung und des New Deal hatten ihn in dem Glauben bestärkt, dass eine derart verjüngte Demokratie den Willen und die Kraft aufbringen würde, die Herrschaft des Faschismus in Europa zu brechen. Nach dem Tod Roosevelts zweifelte er an der Entschlossenheit Amerikas, dem Faschismus in Europa konsequent ein Ende zu machen, weil er nur zu genau wusste, dass die Opposition gegen FDR in ihrem fanatischen Antikommunismus und in ihrer Nostalgie für das alte Amerika, in dem die Regierung sich möglichst wenig in den »pursuit of happiness« einmischt, selbst faschistische Züge trug.

Thomas Manns erste öffentliche Artikulation dieser Erkenntnis war in einem Beitrag erfolgt, der im Mai 1942 zum *Lob Amerikas* geschrieben wurde. Was er preist, ist das Amerika Roosevelts, »wo vielleicht das Gute nicht *ist*, aber wo es *gewollt* wird«. Er nennt Amerika ein »Land des guten Willens« und bezeichnet es als »ein großes Glück, unter einem Volk zu leben, das guten Willens ist« (XIII, 728–730). Seine Wahrnehmung Roosevelts als eines Politikers, »der das Gute will«, gründet also in der persönlichen Erfahrung Amerikas als eines Landes, in dem der Wille zum »Guten« der vorherrschende ist. Gleichwohl flicht er selbst in dem Artikel zum *Lob Amerikas* eine klarsichtige, kritische Bemerkung über das Land der Roosevelt-Gegner ein: »Ich lebe lang genug in Amerika, um der Schwächen, Gebrechen, Gefahren seiner Demokratie gewahr geworden zu sein. Ich weiß sogar, daß die Giftstoffe, die Europa zersetzten, auch in seinem Organismus ihr Wesen treiben und daß sie nicht ohne alle Aussicht auf Erfolg seinen Siegeswillen lahmzulegen suchen.« (XIII, 729)

Welche Giftstoffe Europa zersetzt hatten, kann nicht zweifelhaft sein – es sind die verschiedenen Elemente des Faschismus und seiner deutschen Variante des Nationalsozialismus. Dass solche Elemente auch im Amerika Franklin Roosevelts nach oben dringen und die Politik in eine andere Richtung drängen wollten, beobachtete Thomas Mann mit wachsender Besorgnis, der er in seiner Wahlkampfrede im Oktober 1944 unverblümten Ausdruck verlieh. Ohne den Namen von Roosevelts republikanischem Herausforderer zu nennen, zielte seine Kritik auf die hinter Thomas E. Dewey stehende Front konservativer Kräfte, die eine Rückkehr zu dem Amerika vor dem New Deal anstrebten. Es ist immerhin bemerkenswert, mit wie viel Mut hier der amerikanische Neubürger sich in den Wahlkampf einschaltete und mit wie viel Geschick er sich den Ton und die Argumentationsweise eines erfahrenen Wahlkämpfers aneignete: »Ich unterlasse es gänzlich, an der Person seines [FDRs] Gegners irgendwelche Kritik zu üben. Aber, meine Damen und Herren, wir müssen den Tatsachen in die Augen sehen und uns nicht darüber täuschen, daß in diesem Lande die Kräfte der Reaktion, des Isolationismus, der rassischen Intoleranz, der verstockten und blinden Renitenz gegen die Notwendigkeit sozialer Veränderungen und Anpassungen mit jedem Tage im Wachsen begriffen sind. Diese Kräfte aber, die British-Baiters, die Russian-Baiters, die Jew-Baiters, stehen hinter dem Mann, der den bewundernswerten Mut hat, Franklin Roosevelts Nachfolger sein zu wollen. Ich behaupte nicht, daß diese Gefolgschaft ihm Freude macht, aber ich bin überzeugt, daß sie es mehr oder weniger sein würde, die nach einem Siege die Politik dieses Landes und das Bild, das es der Welt bietet, bestimmen würde.« (XI, 981)

Aus einem Abstand von vier Jahren, in dem Bericht über die Entstehung des *Doktor Faustus*, malt er die Entwicklung nach Roosevelts Tod in besonders dunklen Farben: »Mächtige Interessen waren am Werk, das Werk Roosevelts gründlich zu demolieren, die Reue darüber, daß man mit Rußland Deutschland geschlagen und nicht lieber Rußland mit Deutschland, zur Wut anzufachen, die Regressionsbewegung weiterzutreiben – wie weit? Bis zum Faschismus? Bis zum Krieg?« (19.1, 567) Die Demolierung von FDRs Reformwerk erfolgte nicht sogleich, wie Thomas Mann befürchtete; sie wurde erst unter der Präsidentschaft Ronald Reagans gezielt in Angriff genommen und von George H. Bush sowie George W. Bush energisch vorangetrieben.

Thomas Manns kritische Einschätzung der politischen Befindlichkeit der Vereinigten Staaten im Jahre 1944 wurde durch die innenpolitischen und außenpolitischen Entwicklungen in der Post-FDR-Ära im großen Ganzen bestätigt. Der Kalte Krieg mit seinen weitreichenden Auswirkungen nicht zuletzt auch für Deutschland verstrickte die USA in einen Eindämmungs- und Konfrontationskurs mit der Sowjetunion, der auf der innenpolitischen Ebene die hysterische, das gesellschaftliche und politische Leben vergiftende Kommunistenjagd auf den Plan rief. Schon vier Jahre später, bei Gelegenheit einer Zeitungsumfrage, fiel sein Urteil über die politische Lage der Vereinigten Staaten viel zwiespältiger aus als zu Roosevelts Lebzeiten. Die *St. Louis Post Dispatch* befragte sechs prominente Neubürger, ob Amerika die Hoffnungen, die sie hegten, als sie ins Land kamen, erfüllt habe. Thomas Manns Antwort, die er seine Tochter Erika zu schreiben anwies, drückt zunächst Dankbarkeit aus für die Zuflucht, die das Land ihm geboten habe, um dann aber zwei gewichtige Einschränkungen zu machen. Die Vereinigten Staaten, wie auch die Sowjetunion, missverstünden und missbrauchten ihre Rolle als globale Führungsmacht, indem sie nach außen imperialistische Ziele verfolgten. Und im Inneren werde die Freiheit mit Mitteln verteidigt, die von denen eines Polizeistaates kaum noch zu unterscheiden seien (19.1, 397–399). Abschließend bekennt er sich zu dem Bonmot des englischen Diplomaten und Autors Harold Nicolson, der bemerkt habe, in Amerika müsse man zwischen dem politischen Wetter und Klima unterscheiden: Das gegenwärtige Wetter sei zwar schlecht, aber das Klima sei nach wie vor gut. Nicht nur verbesserte sich in den nächsten vier Jahren das Wetter nicht, auch das politische Klima wurde unerträglich, so dass er 1952 seine Wahlheimat wieder verließ.

Kennzeichnend für Thomas Manns politische Außenseiterposition in jenen Jahren vom Tod Roosevelts bis zur Rückkehr nach Europa ist sein Engagement bei der Präsidentschaftswahl im Jahre 1948 für den Kandidaten der dritten Partei, der »Progressive Party«, Henry Wallace (19.1, 384–386). Er kannte Wallace von der Ehrenpromotion in Harvard her, auf der auch der damalige Landwirtschaftsminister Roosevelts geehrt worden war. Wallace, nun in seiner Eigenschaft als Vizepräsident, steuerte auch eine Einführungsrede bei, als Thomas Mann im November 1942 den ersten seiner Vorträge in der amerikanischen Nationalbibliothek hielt (AM, 956 f.). Doch waren es keineswegs nur persönliche Loyalitäten, die ihn für Wallace stimmen ließen. Der ehemalige Vizepräsident Roosevelts schien ihm der einzige Politiker, der die Sozialpolitik FDRs fortzusetzen entschlossen war. Und was in den Nachkriegsjahren noch schwerer wog: Wallace schien am ehesten die Gewähr dafür zu bieten, dass der Kalte Krieg nicht eskalierte. Von einer ehrlichen Verständigung zwischen »dem heutigen Russland« und den Vereinigten Staaten, so Thomas Mann in einem Wahlaufruf an die Deutsch-Amerikaner, hänge »die Zukunft der ganzen Welt« ab, »und Wallace ist der richtige Mann, um diese Lösung zu ermöglichen« (AM, 1073). Die Wahl am 2. November 1948 gewann überraschend der amtierende Präsident Harry Truman gegen den Favoriten Thomas Dewey. Wallace erhielt nicht einmal 3 Prozent der Stimmen. Es ließ sich in den folgenden Jahren nicht länger leugnen, dass sich in den Vereinigten Staaten neben dem Wetter auch das politische Klima verschlechtert hatte. Mit der wachsenden Einsicht in diesen bedrückenden Stand der Dinge wuchs auch der Wunsch, allen Gefühlen der Dankbarkeit gegenüber dem Amerika Franklin Roosevelts zum Trotz, nach Europa zurückzukehren.[88]

Joseph, der Ernährer

Der vierte Teil der *Joseph*-Tetralogie ist eines der fünf Erzählwerke, dessen Entstehung vom Beginn bis zum Abschluss der Arbeit in die Jahre des amerikanischen Exils fällt. Neben *Joseph, der Ernährer* sind dies *Die vertauschten Köpfe*, *Das Gesetz*, *Doktor Faustus* und *Der Erwählte*. Der abschließende Teil des *Joseph*-Zyklus wurde im August 1940 begonnen und war am 4. Januar 1943 beendet – eine Zeitspanne also, in der Thomas Mann besonders intensiv die politischen Vorgänge in Washington verfolgte. Das erste Arbeitsstadium umfasst jene langen Monate, in denen Präsident Roosevelt, von Thomas Mann im Geiste fieberhaft dazu angespornt, die Vereinigten Staaten auf ihre Rolle im Krieg gegen Hitler-Deutschland vorbereitete. Als er zum zweiten Mal im Weißen Haus weilte, war das erste von sieben Hauptstücken abgeschlossen; Joseph stand kurz vor seiner zweiten, endgültigen Erhöhung zum de facto Herrn über Ägyptenland. Die neuerliche mystische Kontaktnahme mit »seinem« Präsidenten mochte in erster Linie der imaginären Waffenbrüderschaft im Kampf gegen Hitler dienen. Die umsichtig herbeigeführte Wiederbegegnung mit Roosevelt hatte aber vermutlich einen arbeitsökonomischen Nebensinn: Er wollte ihn, wie kurz auch immer, bei seiner Regierungsarbeit beobachten, um aus erster Hand Anschauung zu gewinnen für ein gewagtes Vorhaben, nämlich die glänzende Erfolgsgeschichte seines Joseph zu parallelisieren mit der außerordentlichen Erfolgsgeschichte »seines« Präsidenten zu dessen Verklärung im Medium großer menschheitsgeschichtlicher Epik.

Erstaunlicherweise zeichnet sich nichts von den Turbulenzen der Zeitgeschichte in dem breit und behaglich dahinströmenden Erzählfluss dieses Romans ab. Der Bezug zur eigenen Zeit ist hauptsächlich auf einer abstrakten Ebene auszumachen, in dem Antwortverhältnis, in dem das humanistische Programm des Romans zu den menschenverachtenden Ideologien des 20. Jahrhunderts steht. Vielleicht erklärt dies zum Teil die enttäuschende Rezeption, die der vierte Band des *Joseph* in Amerika hatte – enttäuschend auch deswegen, weil die vorangegangenen Bände eine sehr positive Aufnahme gefunden hatten, zumal *Joseph in Egypt*. Dabei kommt *Joseph the Provider* in vieler Hinsicht dem Geschmack des amerikanischen Lesepublikums entgegen. Das Sujet ist bekannt und vertraut, der Erzählton heiter und ironisch, und die Tetralogie bekommt hier ein ebenso versöhnliches wie erhebendes »happy end«. Hätten die ungnädigen Kritiker erkannt, dass das wirtschaftliche Sanierungsprogramm des »Herrn über Ägyptenland« Anleihen aus dem New Deal aufweist und dass dem Roman eine Hommage für Franklin Roosevelt eingraviert ist, so wäre das Buch vermutlich freundlicher aufgenommen worden. Allerdings ist festzuhalten, dass zumindest ein scharfsinniger Rezensent, Jacob Weinstein, in Joseph, dem Ernährer, sogleich einen »ancient new dealer« ausmachte.[89]

Drei Jahre nach Erscheinen des Romans erkundigte sich Henry Carlebach, ein junger Germanist in Detroit, nach den amerikanischen Bezügen in Thomas Manns Werk. Dieser erklärt ihm offen, dass »Joseph als Politiker [...] sehr von Roosevelt beeinflußt« sei.[90] Wenig später bedeutet er einem anderen Leser, dass das Buch sehr wohl »[e]ine gewisse Beziehung zu Amerika« habe, nämlich zu Roosevelt und dem New Deal.[91] Etwa zur gleichen Zeit, in der Einleitung zu der einbändigen Gesamtausgabe des *Joseph* in der Übersetzung von Helen Lowe-Porter wird Thomas Mann deutlicher und stößt seine Leser praktisch mit der Nase auf die amerikanischen Bezüge – sicher in der Absicht, das Interesse an dem Roman zu beleben: »›Joseph, der Ernährer‹ ist der Teil des Werkes, der vom ersten bis zum letzten Wort in Amerika geschrieben wurde, und es ist wohl kein Zweifel, daß er vom Geiste des Landes dies und das abbekommen hat.« (XI, 679) Die umgangssprachliche Wendung »dies und das abbekommen« suggeriert, dass die amerikanischen Elemente eine unausbleibliche Konsequenz der amerikanischen Lebensumstände des Autors seien. Er spricht von »angelsächsischen Abfärbungen auf seinen deutschen Vortrag«. In der Tat, die englischen Einsprengsel in der Sprache des Erzählers sind nicht zu übersehen, auch wenn sie hier noch nicht so häufig vorkommen wie im *Doktor Faustus* oder im *Erwählten*. Zwei Beispiele mögen genügen. Wenn die Königinmutter Teje sich von ihrem Sohn mit den Worten verabschiedet: »Ade, Schwanenhals [...] – so lange!« (V, 1461), so hat der Erzähler die englische Formel »so long« im Sinn. Und wenn es heißt, dass Joseph alle wichtigen Finanzaktionen kontrolliert, einschließlich »Darlehen und Gift« (V, 1584), so ist »Gift« hier im englischen Sinn von »Schenkung« gemeint.

Dass der Roman »dies und das« vom Geist Amerikas widerspiegelt, deutet zudem auf eine bewusste Auswahl, eine Entscheidung für den einen und gegen den anderen Aspekt jenes Geistes. Dies gilt in erster Linie für die »Maske«, die Joseph zuletzt trägt; sie mute »auffallend amerikanisch« an, schreibt Thomas Mann in der Einleitung von 1947: »Ist es die Maske doch eines amerikanischen Hermes und hochgewandten Boten der Klugheit, dessen New Deal sich in Josephs magischer Wirtschaftsadministration unverkennbar widerspiegelt.« (XI, 680) Die Anspielung auf Franklin Roosevelt ist deutlich genug; ebenso deutlich ist der Hinweis, dass die amerikanischen Züge der »Maske« Josephs lediglich den Bereich der Wirtschaft meinen.

Die präziseste Auskunft in dieser Sache erteilte Thomas Mann der in Berkeley lehrenden Komparatistin Marianne Bonwit. Er erinnere sich wohl, »daß ich bei gewissen Abschnitten des vierten Josephbandes, die sich mit wirtschaftlichen und sozialen Reformen beschäftigen, direkt und persönlich an Roosevelt gedacht habe«. Es handle sich dabei »um eine bewußte Anlehnung an die Wirklichkeit und eine scherzhafte Anspielung auf sie«.[92] Kein Porträt also, sondern eine Anlehnung und partielle Berührung mit dem Bewunderten – eine entfernte Ähnlichkeit. Was genau hat es auf sich damit?

Bereits der Antritt von Josephs Herrschaft und das Tempo seiner sozialpolitischen Maßnahmen weisen eine markante Ähnlichkeit mit den legendären »first hundred days« von FDRs erster Amtszeit auf. Damals wurde eine Reihe von Reformen und Arbeitsbeschaffungsprojekten auf den Weg gebracht, die den Millionen in ihrer Existenz bedrohten Amerikanern die Hoffnung und das Vertrauen auf die Zukunft zurückgaben. Ebenso ist der Amtsantritt Josephs mit der »Idee des Anbruchs neuer Zeit und des Besserwerdens aller Dinge« verknüpft (V, 1486). Zu den Projekten, die der Arbeitsbeschaffung und der Modernisierung des Landes dienen, gehörten verschiedene Dammbauten wie zum Beispiel das gigantische der TVA, der »Tennessee Valley Authority«. Ägypten ist in weit höherem Maße von der Nutzung des Nils abhängig, weshalb Thomas Mann seinen Joseph sogleich mehrere Projekte zur Verbesserung der »Bewässerungsverhältnisse« in Angriff nehmen lässt: er lässt Gräben und Kanäle ausheben, die Dämme befestigen, die Schleusen überholen und das ganze »Kanal- und Schöpfwesen« modernisieren (V, 1503 f.).

Wie FDR, in dem die Reichen nicht zu Unrecht ihren Feind erblickten, zielt auch Joseph letztlich auf eine Umverteilung des Reichtums, um den Graben zwischen Arm und Reich kleiner werden zu lassen. Er favorisiert grundsätzlich und, weil er sich ein Gewissen daraus macht, eine Steuer- und Wirtschaftspolitik, aus der der Wille spricht, »daß man den Reichtum beuge« (V, 1473), d. h. dass man die Besitzenden zwinge, auch die Nichtbesitzenden an dem Reichtum teilhaben zu lassen. Zu diesem Ende verfügt Joseph, dass die Ländereien der Gaufürsten besteuert werden, ja er geht sogar so weit, den Grundbesitz und den Viehbestand zu lombardieren, d. h. ihn nach und nach in ein Lehensverhältnis zu überführen und somit die Gaufürsten ihres Landbesitzes zu enteignen: »es war ihr Eigentum und war es auch wieder nicht mehr«. Josephs »Verfahren« zielte darauf ab, »den Eigentumsbegriff zu verzaubern und ihn in einen Schwebezustand von Besitz und Nichtbesitz [...] zu überführen« (V, 1762). Über den anachronistischen Begriff der Lombardierung macht sich der Erzähler selbst ein wenig lustig: »Wenn man nie von dem wirtschaftlichen Vorgang der ›Lombardierung‹ gehört hat, so kann man freilich einer Geschichte, wie dieser, nicht folgen.« (ebd.) In diesem Punkt geht Joseph mit seinem unverhohlen dirigistischen Sozialismus von oben viel weiter als sein amerikanisches Vorbild, denn eine Enteignung in irgendeiner Form wäre Präsident Roosevelt, dem Landedelmann und Grundbesitzer, nie in den Sinn gekommen.

Die markanteste und dauerhafteste Neuerung des New Deal war die Verabschiedung des »Social Security Act« im Jahre 1935, mit dem die Vereinigten Staaten, viel später als Deutschland oder andere europäische Staaten, eine allgemeine Altersversorgung einführten. Auch in diesem Punkt folgt Joseph, der Ernährer, seinem amerikanischen Vorbild. Joseph führt im Land des Pharao ein »Grundrentengesetz« (V, 1529) ein, das, wie im Amerika FDRs, durch eine Steuer finanziert wird, nämlich durch die »Abgabe des schönen Fünften«. Dem liegt hier wie dort der sozialpolitische Glaubenssatz zugrunde, dass die Sicherung des Existenzminimums im Alter nicht dem Einzelnen zu überlassen sei, sondern in die Verantwortung des Staates falle. Es ist ein Glaubenssatz, der in den Vereinigten Staaten noch heute die Demokraten von den Republikanern scheidet.

Kennzeichnend für Josephs Sozialpolitik ist somit ein »System« von »Staatswucher und fiskalischer Fürsorge« (V, 1582) – einer Erhöhung der Staatsausgaben bei gleichzeitiger Erhöhung der Getreidereserven, die dem allgemeinen Mangel während der mageren Jahre vorbeugen sollen und die Ägypten zur »Kornkammer der Welt« (V, 1583) machen. Eben dies: »Kornkammer der Welt«, werde »die Rolle Amerika's« sein, heißt es in einem gleichzeitigen Brief an Agnes Meyer (AM, 429). In diesem Fall soll das historische Amerika in den Spuren des fiktiven Ägypten gehen. Josephs Titel, »Ernährer«, geht damit auf das von Roosevelt geführte Amerika über, das, wie Serach dem greisen Jaakob vorsingt, der »Ernährer aller Völker« sein werde: »Alle Völker versieht er mit Brot, trägt die Welt durch die Hungersnot.« (V, 1713)

Die Bestimmung Amerikas zur »Kornkammer der Welt« ist offenbar der Roosevelt'schen Bestimmung der Vereinigten Staaten zum »Arsenal der Demokratie« nachgebildet. So wie Roosevelt die amerikanische Demokratie stabilisiert und gestärkt hat, damit sie sich jeder Bedrohung von außen erwehren könne, so trägt auch Joseph Sorge, das Land des Pharao stark zu machen, damit es dem Treiben der »Räuberkönige[ ], die brennen und brandschatzen« (V, 1453), Einhalt gebieten kann. So hatte es bereits sein Ahn Abraham gehalten, als er sich rüstete und mit seinen Mannen zu Felde zog, um seinen Bruder Lot aus der Hand eines solchen Räuberkönigs zu befreien. Nach diesem ehrwürdigen Vorbild will Joseph auch Ägypten stark und kampfbereit machen, denn, so räsoniert er: »Was willst du machen mit Räuberkönigen [...]? Den Frieden Gottes kannst du ihnen nicht beibringen, sie sind zu dumm und böse dazu. Du kannst ihnen nur beibringen, indem du sie schlägst, daß sie spüren: der Friede Gottes hat starke Hände. Bist du doch auch Gott Verantwortung schuldig dafür, daß es auf Erden halbwegs nach seinem Willen geht und nicht ganz und gar nach den Köpfen der Mordbrenner.« (ebd.)

Was sich in diesem Gespräch Josephs mit dem Pharao abzeichnet, ist Thomas Manns Wunschbild eines militanten Humanismus und einer starken, zum Krieg gegen die »Mordbrenner« bereiten Demokratie, wie er sie selbst in der Demokratie-Rede von 1938 beschworen und auf seiner Vortragsreise im ganzen Land propagiert hatte. In den Augen Thomas Manns schien diesem Wunschbild, jedenfalls zunächst, allein Präsident Roosevelt nahezukommen. Josephs unsentimentale, militante Rhetorik geht über die diesbezüglichen Äußerungen »seines« Präsidenten, der auf die konstitutionelle Beschränkung seiner Machtvollkommenheit und auf die öffentliche Meinung Rücksicht nehmen musste, beträchtlich hinaus. Diese Stilisierung ins Wunschbildhafte seiner eigenen politischen Vorstellungen kennzeichnet Joseph, den Ernährer, prinzipiell. Diese Vorstellungen gemahnen nicht nur an Franklin Roosevelt, sondern auch an Julius Cäsar, über den Thomas Mann nach seinem zweiten Besuch im Weißen Haus zu lesen begann.[93] Der »Herr über Ägyptenland« regiert in der Tat in einem höheren Maße im Stil und Geist eines Cäsar, d.h. weit dirigistischer, als es Präsident Roosevelt je möglich war.[94] Und selbstredend ist der Herr über Ägyptenland nicht als ein Demokrat intendiert, weder explizit, was einen Anachronismus konstituierte, noch implizit, was weder Thomas Manns Auffassung Präsident Roosevelts noch seiner politischen Philosophie entspräche. Deshalb stößt auch alle Kritik an dem undemokratischen Joseph wie auch der Nachweis, dass sich die politische Philosophie des *Joseph* in »nahezu nichts von den Vorstellungen« unterscheide, »die schon der Autor der *Betrachtungen* vertrat«, ins Leere.[95] Joseph ist aber in höherem Maße ein Sozialist als FDR. Seine Politik der Lombardisierung, die einer De-facto-Übertragung des Grundbesitzes von den Gaufürsten auf die Krone gleichkommt, geht weit über den Handlungsspielraum und auch die Absichten Franklin Roosevelts hinaus.

Somit darf das Regime Josephs, des Ernährers, in dem Sinne als eine spielerische Bezugnahme auf Roosevelt und den New Deal aufgefasst werden, als aus diesem fein gearbeiteten, eleganten Gewand der Hommage ein kleiner ausgestreckter Finger hervorragt. Der soll den auf diese Dinge aufmerksamen Lesern bedeuten, um wie viel mehr Roosevelt ein Cäsar und ein Sozialist sein könnte und sollte, wenn es nach den Wunschvorstellungen des *Joseph*-Autors ginge. In der politischen Imagination dieses Autors fließen die Demokratie und der Sozialismus von oben nach unten aus der Gutwilligkeit und dem sozialen Gewissen des Cäsars.

Ist damit der zeitgeschichtliche Gehalt dieses ganz in Amerika entstandenen *Joseph*-Romans ausgeschöpft? Keineswegs. *Joseph, der Ernährer* weist nicht nur idealisierte Züge der Sozial- und Wirtschaftspolitik Roosevelts auf, sondern auch idealisierte Züge des *Joseph*-Autors selbst. Thomas Mann hat den ägyptischen Joseph sehr betont als einen Exilanten gekennzeichnet. Josephs Exil, wie das seines Schöpfers, ist keineswegs ein typisches Exilantenschicksal. Er ist auch darin ein in einem säkularisierten Sinne Gesegneter, dass er sein bitteres Schicksal in eine Erfolgsgeschichte zu verwandeln vermag – eine grandiose amerikanische »success story«. Das erklärt die hohe Bedeutung, die Thomas Mann dem Problem der Assimilation und Akkulturation im Lebenslauf seines Helden beimisst; er zeichnet Josephs Assimilation an die ägyptische Kultur als eine seiner Glanzleistungen.[96] Joseph wird ein »eingefleischter Ägypter« (V, 1249) sogleich nach seiner Ankunft im Lande Pharaos: »Kurzum, Joseph wurde zusehends zum Ägypter nach Physiognomie und Gebärde, und das ging rasch, leicht und unmerklich bei ihm, denn er war weltkindlich-schmiegsam von Geist und Stoff, auch sehr jung noch und weich, als er ins Land kam, und desto williger und

bequemer vollzog sich die Einformung seiner Person in den Landesstil [...].« (V, 963)

Eine solche vollkommene Anverwandlung an den »Landesstil« musste
für Thomas Mann, der als Dreiundsechzigjähriger ins Land kam, ein
Wunschbild bleiben – ein gelegentlich schmerzliches. Doch zu den Kriterien einer erfolgreichen Assimilation zählten für ihn nicht nur die
äußerliche Anpassung an die Sitten und Gebräuche des Gastlandes.
Dazu gehörte als Minimalleistung die Dankbarkeit gegenüber dem
Gastland, das einen aufgenommen und genährt hat. Und wenn man ein
Schriftsteller ist, ein politisch wachsamer, so ließ sich diese Dankbarkeit nicht überzeugender ausdrücken als durch eine aktive innere
und äußere Teilnahme am politischen Leben. Kein anderer deutscher
Schriftsteller hat sich in dem Maße mit dem politischen Leben Amerikas befasst wie Thomas Mann. Die vierzehn Jahre, die er in den USA
lebte, zumal die sechs Jahre in der Regierungszeit Franklin Roosevelts,
bezeichnen eine Etappe der Beschleunigung in dem politischen Lernprozess Thomas Manns, der für ihn mit den Kriegsschriften von 1914
begann und ihn unwahrscheinlicherweise bis an die Seite des amerikanischen Präsidenten führte. Eingedenk dieser oft steinigen Wegstrecke
und der ihm eigenen fundamentalen Höflichkeit hätte Thomas Mann
seine Dankbarkeit gegenüber dem Gastland nicht eleganter und tiefsin-
niger zum Ausdruck bringen können als durch die Hommage an Franklin Roosevelt und an das Amerika FDRs, die er *Joseph, dem Ernährer*
einverleibt hat.

Die Meyer

Schwierige Annäherung

Wie die beiden vorausgegangenen Amerikareisen war auch Thomas Manns dritter Besuch in den Vereinigten Staaten von kurzer Dauer. Ganze zwölf Tage waren für New York vorgesehen, vom 12. bis 24. April 1937. Sie waren ausgefüllt mit öffentlichen Auftritten, mit Vorträgen sowie allerlei gesellschaftlichen Terminen und verliefen weniger aufregend als die vorangegangene Reise 1935, die in der Ehrenpromotion durch die Harvard University und in dem Besuch im Weißen Haus zwei glanzvolle Höhepunkte hatte. Das bei weitem folgenreichste Ereignis dieser Tage nahm er als solches zunächst gar nicht wahr. Es war die Bekanntschaft mit Agnes E. Meyer – der Person, die bald einen unübersehbaren Platz in seiner Biographie einnehmen sollte und ohne die sich sein Leben in Amerika mit Sicherheit weniger erfolgreich gestaltet hätte, d. h. weniger von der Emigrantennorm abweichend.

Am 22. April, zwei Tage vor der Rückreise, gab er mehrere Interviews, darunter eins mit einer eleganten, gut Deutsch sprechenden Dame, die für die *Washington Post* schrieb. Die Identität der in ihrer Erscheinung und ihrem Gebaren auffallenden Journalistin erregte bei ihm offenbar weder Neugier noch Interesse. Am Tag darauf, noch vor seiner Abreise, schickte sie ihm in sein New Yorker Hotel, das »Bedford«, einen auf Englisch verfassten Huldigungsbrief, worin sie sich die Freiheit nahm, den berühmten Exilanten aufzufordern, in dem Kampf gegen den Faschismus nicht mit dem Marxismus zu paktieren. Ihre Befürchtung, dass das geschehen könne, war nicht aus der Luft gegriffen. Sie musste beobachtet haben, dass Thomas Mann seine Optionen auch nach Links offenzuhalten gesonnen war. Etwa zur selben Zeit, als sie ihn interviewte, hatte beispielsweise auch Harry Slochower Zugang zu ihm. Slochower war ein Thomas-Mann-Verehrer – er hatte ihm 1929 seine Dissertation über Richard Dehmel geschickt – und ein Marxist.[1] Sein Artikel über das Interview mit Thomas Mann war gerade in *New Masses* erschienen, der prominenten marxistischen Wochenzeitung.[2] Die bemerkenswert energische Briefschreiberin beschwor ihn, sich auf die Seite der Demokratie zu stellen, denn diese habe seine geistige Führerschaft nötig. Angesichts solcher hochgesteckten Forderungen hätte der Adressat eigentlich aufmerken müssen, zumal sich die Dame als eine Kennerin seines Werkes auswies. Sie zitiert aus *Tonio Kröger* den Satz, »daß man gestorben sein muß, um ganz ein Schaffender zu sein« und würdigt das Opfer, das es ihn kosten müsse, wenn er sich aus der Stille des Schaffens auf den lärmenden Marktplatz begebe, um dort als »Versammlungsredner« (XIII, 641) aufzutreten. Eine bemerkenswert tiefblickende Diagnose der Unbekannten. Der Brief war unterzeichnet mit »Humbly and gratefully yours, Agnes E. Meyer« (AM, 75f).

Thomas Mann beantwortete das Schreiben dieser Verehrerin noch vom Schiff aus, der »Ile de France«, und beschied der »sehr verehrten Frau«: »Es besteht keine Gefahr, daß ich mich den marxistischen Doktrinen verschreibe.« Das musste der Adressatin gefallen, nicht jedoch die Fortsetzung: »Sozialist im freieren Sinn ist heute wohl jeder lebendige Geist, und diejenigen Laender scheinen mir fuehrend zu sein, an deren Spitze Maenner stehen, die von den sozialen Aufgaben der Zeit durchdrungen sind: ich meine damit Frankreich und die Vereinigten Staaten.« Das war unverkennbar eine Verneigung vor Präsident Roosevelt. Thomas Mann konnte zu diesem Zeitpunkt nicht wissen, dass die »sozialistische« Wirtschafts- und Sozialpolitik FDRs der Schreiberin ein Dorn im Auge war. Es konnte ihr auch nicht gefallen, dass Thomas Manns Brief recht floskelhaft endete, als ob er einen lästigen Fanbrief nur höflichkeitshalber beantworten und keinen weiteren Kontakt pflegen wollte: »Nehmen Sie vorlieb mit dieser knappen, aber herzlichen Zustimmung zu Ihren Worten; angehaeufte Korrespondenz erlaubt mir leider nicht, ausfuehrlicher zu sein. Mit den besten Wünschen und Grüssen Ihr ergebener Thomas Mann« (AM, 77).

Agnes Meyers Artikel über das Gespräch mit Thomas Mann erschien am 25. April, mit Bild, auf der ersten Seite der *Washington Post* und trägt die Überschrift: *National Socialism Can't Endure in Germany, De-*

clares Dr. Mann, Most Distinguished Exile. Die Fortsetzung des Artikels
auf S. 12 ist überschrieben: *Nazis' Regime Will Fail, Says Thomas Mann.*
Der Artikel ist als Exklusivbericht (»Special Dispatch to The Post«) gekennzeichnet. In dem Begleitschreiben, das die Washingtoner Journalistin mit dem Artikel nach Küsnacht sandte, erklärt sie, dass er als
»Kulturmensch« ein größeres Gewicht habe in den Auseinandersetzun-
gen der Zeit als ein gewöhnlicher Politiker. Im Übrigen ließ sie ihn wissen, dass sie noch viel mehr Fragen gehabt hätte bei Gelegenhet jener
ersten Begegnung, doch ein innerer Konflikt zwischen der intimen Vertrautheit mit seiner Welt und der großen Ehrfurcht vor ihm habe sie
daran gehindert, diese Fragen zu berühren.

Auch diesen Brief erwiderte er mit wohldosierter »Knappheit«, die er
mit dem Hinweis auf die Menge der liegen gebliebenen Arbeit zu entschuldigen bat. Er rang sich ein höfliches Kompliment ab, dessen Kli-
scheehaftigkeit der Adressatin unmöglich entgehen konnte: »Nehmen
Sie in aller Kürze herzlichen Dank für die Uebersendung Ihres reizvollen Interviews! Gewiss gehört es zu dem Besten, was an journalistischer
Begleitmusik zu meiner Reise laut wurde. Die Begegnung mit Ihnen
war mir ein Vergnügen, und wenn ich wieder einmal in den Staaten bin,
so hoffe ich, dass sie sich erneuern wird« (AM, 78). Nichts deutet
darauf hin, dass er den Artikel seiner neuen Verehrerin wirklich gelesen hatte. Es ist eher unwahrscheinlich, denn sonst wäre die Lektüre im
Tagebuch vermerkt. Dort taucht »die Meyer« erst Monate später, am
16. August, zum ersten Mal auf. Da hatte die resolute Deutsch-Ameri-
kanerin ihr Nahziel bereits erreicht, nämlich sich dem Verehrten dienst-
bar zu machen.[3]

Als Agnes Meyer sah, dass ihre Reize als Person und ihre Fähigkeiten
als Journalistin nicht ausreichten, um den Schutzwall aus höflicher Kor-
rektheit zu durchbrechen und in das Sanctissimum der Tonio-Kröger-
Sphäre vorzudringen, entschloss sie sich zu einer Art Erkennungsbrief,
um ihm klarzumachen, mit wem er es zu tun hatte. Sie redete ihn mit
»Dr. Mann« an und identifizierte sich als die Frau von Eugene Meyer,
dem Besitzer und Herausgeber der *Washington Post* und früheren Präsidenten der Bundesbank.[4] Gleichzeitig unterbreitete sie ihm zwei Vorschläge, die ihm eine Ahnung vermitteln sollten von den Konnexionen
sowie den publizistischen und gesellschaftlichen Möglichkeiten, die ihr

zu Gebote standen. Sie lud ihn ein, nach Washington zu kommen und dort innerhalb einer Veranstaltungsreihe zu dem im Zeitalter des Faschismus sehr aktuellen Thema »Can Democracy Survive?« einen Vortrag zu halten. Zu diesen Vorträgen kämen gewöhnlich zahlreiche wichtige Vertreter der politischen Klasse; alle wichtigen Zeitungen würden über diese Veranstaltungen berichten. Im Übrigen schlug sie ihm vor, die *Post* als sein Hausorgan zu betrachten; dort seien seine Artikel und Essays besser aufgehoben als in dem Wochenblatt *The Nation*, das ihr vermutlich zu links war. Die *Post* werde, angefangen beim Präsidenten, von dem ganzen politischen Washington gelesen. Zudem könnten seine Texte von anderen wichtigen Zeitungen des Landes nachgedruckt werden.

Der Brief schließt mit dem Hinweis, dass die Meyers nächstens auf drei Wochen nach Paris kämen und dort in dem Nobelhotel »Georges V« zu erreichen seien. Es folgt ein leicht neckisches Postskript. Agnes Meyer räumt ein, dass zwischen ihrem vorigen Brief, in dem sie ihn als »Kulturmensch« apostrophierte, und dem vorliegenden, in dem sie ihn in die politische Arena zu ziehen versucht, ein gewisser Widerspruch bestehe; sie hoffe aber, dass er aus der »Höhenluft of Küsnacht« herabsteigen und sich unter die der Erlösung bedürftigen Sünder begeben möge (AM, 78–80).

Dieser Brief nun tat seine Wirkung. Thomas Mann arbeitete im Spätherbst 1937 eine politische Rede aus, der er den Titel *Vom kommenden Sieg der Demokratie* gab. Mit dieser Rede bestritt er am 10. März 1938 in der Constitution Hall seinen ersten Auftritt in der amerikanischen Hauptstadt und darüber hinaus mit Hilfe eines propren Literaturagenten, Harold Peat, die erste seiner großen, sehr erfolgreichen Vortragsreisen durch die Vereinigten Staaten im Frühjahr 1938.[5] Bei dieser Gelegenheit waren Thomas und Katia Mann zum ersten Mal zu Gast in dem bequemen Stadthaus der Meyers am Crescent Place, das vierzig Zimmer hatte und mit französischen und chinesischen Gemälden und anderen Kunstwerken ausgestattet war. Die englische Übersetzung des Demokratie-Vortrags lieferte Agnes Meyer. Sie besorgte auch die Übersetzung des ersten Textes, den er der *Washington Post* zur Verfügung stellte: das Editorial zum ersten Jahrgang der Zeitschrift *Mass und Wert*. Es erschien unter der Überschrift »Thomas Mann Charts Course for

New German Magazine« am 15. 8. 1937 in der *Post* und außerdem in acht großen Tageszeitungen, darunter der *New York Times*.

Hier ist daran zu erinnern, dass die *Washington Post* in diesen Jahren sich in einer Phase des Aufbaus befand.[6] Eugene Meyer hatte die Zeitung 1933 für ein Taschengeld – 825 000 Dollar! – ersteigert, nachdem sie von ihrem früheren Besitzer beinahe in den Ruin gewirtschaftet worden war. Eugene Meyer wollte ein publizistisches Instrument in der Hand haben, mit dem er die von ihm beargwöhnte Finanzpolitik der Roosevelt-Regierung gleichsam zur fiskalischen Ordnung rufen konnte. Damals war die *Post* das Schlusslicht unter den fünf Tageszeitungen der Hauptstadt; das Blatt schrieb noch mehrere Jahre rote Zahlen.

Die *Washington Post* war offiziell unabhängig, doch konnte kein Leser im Zweifel sein, dass die Zeitung der Meyers Roosevelts New Deal zu verhindern suchte und in der Wirtschafts-, Sozial- und Innenpolitik im Sinne der Republikaner argumentierte. Eugene Meyer war offenbar eines der Modelle für den »newspaper publisher« Blaise Sanford in Gore Vidals Roman *Washington, D.C.* (1967), der die politischen Machenschaften hinter den Kulissen der amerikanischen Hauptstadt schildert, und zwar ziemlich genau während der vierzehn amerikanischen Jahre Thomas Manns, von Roosevelts zweiter Amtszeit bis zum Kalten Krieg.[7]

In den ersten Jahren nach Meyers Übernahme der *Post* waren seine Frau, die im Gegensatz zu ihm journalistische Erfahrung hatte und eine effektvolle Rednerin und Schreiberin war, und die Ressortchefs der Zeitung bemüht, das Niveau und Renommee des Blattes zu heben und möglichst die besten Reporter und Beiträger an die *Post* zu binden. Agnes Meyers Bemühungen um Thomas Mann sind auch in diesem Zusammenhang zu sehen, obgleich in ihrem ganz besonderen Fall auch andere, persönliche Gesichtspunkte zum Tragen kamen.

Den Durchbruch zu einer der beiden führenden Tageszeitungen Amerikas erzielte die *Post* erst in den sechziger und siebziger Jahren. Eugene Meyers Schwiegersohn und Nachfolger als Verleger, Philip Graham, brachte die *Post* auf einen Pro-Demokraten-Kurs. Graham unterhielt enge persönliche Beziehungen zu Präsident Kennedy, was das Ansehen und den Einfluss der Zeitung beträchtlich erhöhte, und er erwarb das Nachrichtenmagazin *Newsweek*. Nach dem Selbstmord Grahams 1963 lenkte seine Frau Katharine, die dritte Meyer-Tochter, die Geschicke der *Post*, die nun das Herzstück eines Medienimperiums wurde, der *Washington Post and Newsweek Corporation*, zu der auch die *International Herald Tribune* gehört. Es war Katharine Graham, geborene Meyer, die sich als ein ausschlaggebender Faktor erwies in der Aufdeckung des Watergate-Skandals durch zwei Reporter der *Post*, Bob Woodward und Carl Bernstein. Die Aufdeckung der Mitwisserschaft des Präsidenten an dem Einbruch in ein Büro der Demokratischen Partei im Watergate-Wohnblock führte schließlich 1974 zur Amtsniederlegung Richard Nixons, der ersten in der Geschichte der Vereinigten Staaten. Seither galt die *Washington Post* als »the paper that rules Washington«.

Mit dem Angebot, das Agnes Meyer ihm unterbreitete, verschaffte sie Thomas Mann einen publizistischen Zugang zur amerikanischen Hauptstadt und damit zur amerikanischen Öffentlichkeit. Es war eine für ihn außerordentlich günstige Entwicklung, von der andere Exilanten nur träumen konnten. Thomas Mann stand also mit einem Bein schon auf festem publizistischen Boden auf der anderen Seite des Atlantik, noch bevor er im Spätsommer 1938 sein Domizil von der Schweiz nach Amerika verlegte.

Bedenkt man, welche außerordentlichen Wirkungsmöglichkeiten sich für Thomas Mann dank Agnes Meyers erstaunlicher Dienstwilligkeit eröffneten, mag es überraschend erscheinen, dass er nicht mehr Gebrauch davon machte. In den vierzehn Jahren, in denen er in den Vereinigten Staaten lebte, erschienen in der *Washington Post* nicht mehr als drei Artikel von ihm: die beiden Einleitungen zu den zwei ersten Jahrgängen der Zeitschrift *Mass und Wert* und die Ansprache zur Eröffnung der Thomas-Mann-Sammlung an der Yale University sowie insgesamt vier Interviews, meist aus Anlass eines Besuchs in der Hauptstadt. In gewissem Sinn schuldete Thomas Mann der *Washington Post* die beiden Einleitungen zu *Mass und Wert*, da Agnes Meyer der Zeitschrift in einer kritischen Situation finanziell unter die Arme gegriffen hatte.[8] Sobald er jedoch in Amerika Fuß gefasst hatte, zog er es vor, sich anderer Publikationsmöglichkeiten zu bedienen. Die Gründe für seine Zurückhaltung gegenüber der Zeitung der Meyers sind einerseits in den persönlichen Spannungen zu der zwar generösen, aber, wie sich her-

ausstellen sollte, auch beschwerlichen Gönnerin zu suchen, andererseits in den unübersehbaren politischen Differenzen. Diese mussten
eigentlich schon bei Gelegenheit von Agnes Meyers Übersetzung der
Demokratie-Rede zutage getreten sein. Man war sich offenbar einig in
der Notwendigkeit, den Faschismus in Europa zu bekämpfen. Während
sich Thomas Mann jedoch zu dem Programm Präsident Roosevelts bekannte, nämlich die amerikanische Demokratie zunächst einmal durch
soziale Reformen zu stärken und gegen die faschistischen Tendenzen im
eigenen Lager zu festigen, bevor man den vielfachen, von Europa ausgehenden Bedrohungen entgegentreten konnte, lehnten Eugene und
Agnes Meyer das Reformprogramm Roosevelts ab. Katharine Graham,
die dritte Meyer-Tochter, schreibt in ihrer bedeutenden, 1997 veröffentlichten Autobiographie, die Atmosphäre in ihrem Elternhaus sei so
»anti-Roosevelt« gewesen, dass sie nie ein gutes Wort über den New
Deal zu hören bekam, was sie ihrerseits dazu reizte, gegen ihre Eltern zu
opponieren und für Roosevelt Partei zu ergreifen.[9]

Die *Washington Post* sprach sich in den Wahlkämpfen von 1936,
1940 und 1944 jeweils für den Kandidaten der Republikanischen Partei aus. Eugene und Agnes Meyer setzten mit trister Regelmäßigkeit
auf die Verlierer der drei Präsidentschaftswahlen: Alf Landon, Wendell
Willkie und Thomas Dewey. Im Lichte dieser grundsätzlichen politischen Differenzen ist es verständlich, dass Thomas Mann, nach der
stürmischen, vielversprechenden Anfangsphase der Freundschaft mit
Agnes Meyer, immer weniger Wert darauf legte, in einem Blatt zu publizieren, das seine Bewunderung und Verehrung für Franklin Roosevelt
auf so eklatante Weise nicht teilte.

Joseph in Wyoming

Was bewegte eine Frau wie Agnes Meyer dazu, auf so energische und
zielstrebige Art und Weise die Bekanntschaft Thomas Manns zu suchen
und, nachdem ihr dies gelungen, sich durch einen bedeutenden, bis zu
seinem Tod fortgesetzten Briefwechsel, der neben den Tagebüchern die
ergiebigste Quelle für seine amerikanischen Jahre darstellt, einen Platz
in seiner Biographie zu erobern – einen hervorragenden Platz? Und

wie verhielt sich der *Joseph*-Autor gegenüber einer Frau, die alles, was ihm bisher an weiblicher Devotion, aber auch an weiblichem Selbstbewusstsein zugestoßen war, in den Schatten stellte? Es ist eine erstaunliche, in seiner Biographie beispiellose und einigermaßen komplizierte Geschichte.

Es empfiehlt sich, mit der Schilderung zu beginnen, die Katharine Graham in ihrer bereits zitierten Autobiographie von der Passion ihrer Mutter für den berühmten deutschen Schriftsteller überliefert hat. In diesem heiklen Punkt sind die Erinnerungen der Tochter ergiebiger und verlässlicher als Agnes Meyers eigene Lebensbeschreibung *Out of These Roots*. Als sie diese Erinnerungen publik machte – 1953, also noch zu Lebzeiten Thomas Manns –, legte sie sich in der Darstellung ihrer Beziehung zu ihm große Zurückhaltung auf. Katharine Graham hingegen war an keine derartigen Rücksichten gebunden und konnte viel offener sein. Sie tat das umso schonungsloser, als sie eher ein »daddy's girl« und das Verhältnis zu ihrer Mutter meist gespannt war. Sie habe in ihrer Jugend im »shadow of my mother's enormous ego« gelebt und könne nicht mit Sicherheit sagen, dass Agnes Meyer ihre Kinder wirklich geliebt habe.[10] Katharine Meyer hatte als Studentin am Vassar College *Tonio Kröger* gelesen und betrachtete sich als eine große Thomas-Mann-Verehrerin – »a great devotee of Thomas Mann«.[11] Was sie vor allem berührte, war Tonios Konflikt angesichts der Gegensätzlichkeit seiner Eltern – eine Konstellation, die sie auch in ihrem persönlichen Fall als prägend empfand. Offenbar kam jedoch ihr Interesse an dem *Tonio-Kröger*-Autor zum Erliegen, als sie erleben musste, wie die Fixierung ihrer Mutter auf Thomas Mann geradezu manische Züge annahm. In einem Brief an ihre Tochter eröffnete Agnes Meyer ihr die verzehrende, unerwiderte Leidenschaft – »an absorbing, if unrequited passion« – für den berühmten deutschen Autor, den die Zeitläufte nach Amerika verschlagen hatten.[12]

Aus Katharine Grahams Erinnerungen können wir entnehmen, wie es zu der Annäherung an den berühmten Autor kam. Ihre Mutter, eine New Yorkerin, weilte oft zur Arbeit und zu Geschäften in New York und hatte für diese Zwecke im Plaza Hotel eine kleine Wohnung für sich gemietet. Bei einem ihrer Besuche in der Stadt habe sie die beiden Vorträge besucht, die Thomas Mann im April 1937 an der New School über Wagner und über Freud hielt. Sie sei so überwältigt gewesen von Thomas Manns Darbietungen – »completely bowled over«[13] –, dass sie sich ein Herz fasste und beschloss, ihn für die *Washington Post* zu interviewen.

Agnes Meyers eigener Bericht über die Umstände ihrer ersten Begegnung mit Thomas Mann in einem Brief an die Tochter, geschrieben unmittelbar danach, ist ebenso aufschlussreich wie amüsant.[14] Sie erschien zu dem telefonisch verabredeten Termin in Thomas Manns Hotel und war überrascht zu sehen, dass die Unterhaltung mit dem Autor in Gegenwart seiner Frau stattfinden werde – »a brilliant-eyed, charming, rather elderly woman«. Wenn Tochter Erika nicht zur Hand war, stand Katia, weil sie das Englische besser beherrschte als er, ihrem Mann bei Interviews zur Seite. Katia konnte nicht wissen, dass die Dame von der *Washington Post* fließend Deutsch sprach. Zuvor jedoch mussten zwei Herren, die vor ihr vorgelassen wurden, abgefertigt werden. Als die Reihe an ihr war, warteten schon wieder andere ungeduldig darauf, vorgelassen zu werden. Unter solch hektischen Umständen und gelähmt von einem aufwallenden Anfall von Heldenverehrung habe sie, als »the great man« erschienen, um sie zu begrüßen, beinahe ihre Sprache verloren. Nur unter Aufbietung all ihrer Selbstkontrolle sei es ihr gelungen, eine intelligente Frage zu stellen, die sie in der Art eines Schulmädchens vorgebracht habe. Thomas Mann sei jedoch von der Frage sichtlich beeindruckt gewesen. Wie aus ihrem Artikel in der *Post* zu entnehmen ist, fragte sie ihn, wie lange seiner Meinung nach das Naziregime in Deutschland an der Macht bleiben könne. Zur Beantwortung dieser Frage habe Thomas Mann gleichsam in die oberste Schublade seines Gehirns gegriffen, um dann fünfzehn Minuten lang wie ein Maschinengewehr in komplizierter Syntax druckreif auf sie einzureden und zu erklären, dass sich das Naziregime gewiss nicht lange werde halten können, weil es auf keinen positiven Begriff von Humanität gegründet sei. Weil sie wie wahnsinnig mitzuschreiben versuchte, habe sie während seiner Erläuterungen nicht einmal zu ihm aufzublicken gewagt. Schon nach fünfzehn Minuten aber habe Frau Thomas Mann das Zeichen zum Aufbruch gegeben. Bei dem abschließenden Smalltalk habe sie sich wie jemand mit einer unterdurchschnittlichen Intelligenz gefühlt. Nach einigen Höflichkeiten an die Adresse von Katia Mann stand sie wieder auf der Straße – gebrochenen Herzens und mit tief verletzter Eitelkeit.

Den Sommer verbrachten die Meyers in diesem Jahr auf ihrer »Red Rock«-Ranch in Kelly im Bundesstaat Wyoming am Fuße des grandiosen Grand-Teton-Gebirges. Für die einundzwanzigjährige Katharine, die inzwischen vom Vassar College an die University of Chicago gewechselt war, waren es traumatische Sommerferien. Sie musste mit ansehen, wie ihre Mutter eine tiefe psychische Krise durchmachte – »a king-sized change of life«. Der Auslöser sei die Begegnung mit dem *Tonio-Kröger*-Autor gewesen. Ihrer Tochter vertraute sie damals an: »He is the biggest thing I ever met bar nothing.«[15] Katharines lakonischer Kommentar zu der offenkundigen Vernarrtheit ihrer Mutter: »As her attachment to Mann grew, so did her emotional instability.«[16] Die Meyer-Tochter erinnert sich an Depressionen, Trunkenheit, Nervenzusammenbrüche und Tränen ihrer Mutter und an peinliche Szenen mit dem Vater.

Merkwürdigerweise lässt Katharine aber unerwähnt, dass ihre Mutter in jenem Sommer in Wyoming *Joseph in Ägypten* las. Sie las den Roman im deutschen Original, denn die englische Übersetzung durch Helen Lowe-Porter lag noch nicht vor. Dieses Glanzstück des *Joseph*-Zyklus, das erotisch wohl aufgeladenste Buch aus Thomas Manns Feder, trat zu einem für sie ungünstigen Zeitpunkt in ihr Leben, als sie labil und eines Halts bedürftig war. Es wurde eine aufregende, in ihrem Leben epochemachende Lektüre, die ihre Nervenkrise zunächst verschlimmerte. Die *Joseph*-Lektüre versetzte sie, wie sie ihm später gestand, in eine fieberhafte Ekstase: »Für mich war unsere Freundschaft eine Ekstase«, die sich im Laufe der Zeit »in etwas viel ruhigeres und erhabeneres verwandelt« habe (AM, 484). Ihre ekstatische Gemütsverfassung hatte fatalerweise zur Folge, dass ihre Beziehung zu dem Verehrten von Anfang an auf ein falsches Gleis geriet. Offensichtlich las Agnes Meyer den Roman als eine radikale erotische Autobiographie. Dabei entging ihr jedoch etwas Entscheidendes, nämlich dass Thomas Manns intimste Bekenntnisse nicht Joseph anvertraut sind, sondern Mut-em-enet, der von einer großen Passion heimgesuchten Frau des Potiphar. Dass hier, wie so oft im Werk Thomas Manns, seine wahren erotischen Präferenzen mit einer aufwändigen Strategie der Camouflage auf eine weibliche Figur transponiert sind, blieb seiner amerikanischen Verehrerin während der Dauer ihrer Beziehung verborgen. Daraus ergaben sich in persönlicher Hinsicht, wie noch zu zeigen, allerlei, gelegentlich ergötzliche Missverständnisse. Dies sollte jedoch nicht darüber hinwegtäuschen, dass für Thomas Mann, lebens- und werkgeschichtlich betrachtet, die Begegnung mit Agnes Meyer ein kapitales Ereignis war – das neben der Begegnung mit Präsident Roosevelt gewichtigste der amerikanischen Jahre.

Von ihrer sehr persönlichen Deutung der großen Liebesszene zwischen Joseph und Mut-em-enet rührt Agnes Meyers verblendeter, die ganze Beziehung belastender Entschluss, den *Joseph*-Autor, wie sie sich in einem Brief von 1939 ausdrückte, von »der Furcht vor der Frau als Verführerin« (AM, 156 f.) befreien und erlösen zu wollen. Wenn je eine Absicht verstimmte, so diese. Ihre charakteristische Offenheit ließ Thomas Mann seinerseits befürchten, dass er dazu ausersehen war, die Liste ihrer schwärmerischen Beziehungen zu bedeutenden Männern zu krönen und gleichsam die Nachfolge Paul Claudels anzutreten, der von 1926 bis 1933 französischer Botschafter in Washington war und ihr enger Vertrauter wurde. Der Autor des auch von Thomas Mann bewunderten religiösen Dramas *L'annonce faite à Marie* (1910) war ein häufiger Besucher im Haus der Meyers und pflegte sich mit der Dame des Hauses in seelsorgerischem Ton über Gott und die Liebe zu unterhalten. »Die Haare stehen mir zu Berge«, schrieb sie in ihr Notizbuch nach einer solchen Unterhaltung, »wenn er die Hingabe an Gott als einen vergeistigten Orgasmus beschreibt« (AM, 29). Schon damals war Agnes Meyer einer charakteristischen Selbsttäuschung erlegen. Sie erkannte, dass Claudel sie verführen wollte, aber es dauerte lange, bis sie begriff, dass er sie »lediglich« zum Katholizismus verführen wollte. Das aber war ein aussichtloses Unterfangen bei der Erzprotestantin, der Enkelin eines norddeutschen Gottesmanns, in deren Pantheon Goethe und Voltaire die höchsten Plätze besetzt hielten.

Viel später, im Dezember 1953 – Claudel weilte zur deutschen Erstaufführung seines biblischen Dramas *Tobias und Sara* in Zürich – begegneten sich die beiden greisen Dichter bei dem anschließenden Empfang im Schauspielhaus zum ersten Mal persönlich. Die Unterhaltung drehte sich um beider amerikanische Freundin und ihre vor kurzem erschienene Autobiographie *Out of These Roots*; man scherzte über das dort abgedruckte »Spottverschen« Claudels über Thomas Mann und über »le protestant maudit«, wie Claudel den geschätzten Kollegen zu bezeichnen beliebte.[17]

Was Thomas Mann gleichwohl dazu bewog, die Beziehung zu der außerordentlich energischen und hilfswilligen Frau zu pflegen, war ein Geflecht von Gründen, die, jeder für sich genommen, stark genug waren, alle persönlichen und politischen Verstimmungen hintanzustellen und seine amerikanische Verehrerin immer wieder bei Laune zu halten. Sie verfügte über die Mittel und die Konnexionen, ihm und seiner Familie bei der Existenzsicherung in Amerika Hilfe zu leisten. Sie erbot sich darüber hinaus, einem besseren Verständnis seiner Werke in Amerika vorzuarbeiten. Zu diesem Ende wollte sie ein Buch über Leben und Werk Thomas Manns schreiben – ein Projekt, das sie erst nach Kriegseintritt der Vereinigten Staaten aufgab, als sie sich anderweitigen journalistischen Aufgaben zu widmen hatte (AM, 420 f.).

Übrigens war Agnes Meyer keineswegs die einzige Frau, die über Thomas Mann schreiben wollte. Zwei weitere potentielle Autorinnen, die prominente Journalistin Dorothy Thompson sowie Caroline Newton, eine Psychoanalytikerin, trugen sich mit der gleichen Absicht. Offenbar traute er aber Agnes Meyer am ehesten zu, mit einem solchen Vorhaben zu Rande zu kommen, weshalb er sie geduldig mit Auskünften und gelegentlich mit Dokumenten versorgte. Dies erklärt den erstaunlichen Umfang und die exzeptionelle Mitteilsamkeit seiner Briefe an sie. Gewiss wurden diese zum großen Teil in der prophylaktischen Absicht geschrieben, Missverständnissen vorzubeugen und auch seine amerikanische Rezeption diskret selbst ein wenig zu steuern, wie er es seit den *Buddenbrooks* gewohnt war. Es war somit keine Übertreibung, als er ihr in einer der krisenhaften Phasen ihrer Freundschaft beteuerte, dass er »durch Jahre« hin der Korrespondenz mit ihr »mehr Gedanken, Nervenkraft, Arbeit am Schreibtisch« gewidmet habe »als sonst irgend einer Beziehung auf der Welt« (AM, 479).

Noch in Wyoming, nach jener aufwühlenden Leseerfahrung mit *Joseph in Ägypten*, befestigte sich ihr Entschluss, sich von nun an dem Dienst an dem Verehrten zu widmen. Katharine Graham berichtet, dass die Mutter ihr diesen Entschluss während einer die Nerven beruhigenden Bergwanderung erklärt habe. Sie sprach davon, wie wunderbar der

Autor des *Joseph* sei, wie viel er ihr bedeute, wie gut sie ihn verstehe und wie sie dem seiner Heimat Beraubten helfen könne.[18] Auch Agnes Meyer erinnerte sich in einem Brief an Thomas Mann jener Bergwanderung in den Grand Tetons und schildert ihm, unter welchen Umständen sie *Joseph in Ägypten* gelesen und sie sich entschlossen habe, ihm zu helfen. Sie berichtet von einer Woche »intensivsten Lesens [...]. Jeden Tag kletterte ich stundenlang (nackt bis zur Taille in dieser Ureinsamkeit) und sass auf manchem Gipfel in Gedanken versunken die so peinlich wie rettend waren. [...] Mit Dankbarkeit gingen meine Gedanken auch dem unbekannten Autor entgegen der jetzt in einem fremden Lande leben musste. Mit dem Fuss stiess ich im Gehen lose Steine ins Tal hinab und sagte mir ›Genau so kann ich ihm Steine aus dem Weg räumen.‹ Das war der Anfang, lieber Freund; das ist heute noch das Leitmotif, trotz aller momentane[n] Verwirrung und Selbstbeschäftigung.« (AM, 404 f.)

Der Entschluss, Thomas Mann zu helfen, bedeutete, ihn näher kennenlernen zu wollen – ein Unterfangen, über dessen Gewagtheit sie sich durchaus im Klaren war. »Ich denke zurück«, schreibt sie in demselben Brief, »und erinnere mich deutlich an meiner Absicht Ihre Bekanntschaft zu riskieren – denn es schien mir ein Risiko.« Agnes Meyer stellte ihre Risikobereitschaft sogleich unter Beweis, als sie sich bereit erklärte, eine Besprechung von *Joseph in Ägypten* zu schreiben, obgleich sie keinerlei Erfahrung im Rezensieren literarischer Werke hatte. In ihrer nicht beendeten und nicht veröffentlichten zweiten Autobiographie: *Life as Chance and Destiny*, erzählt sie, wie es zu diesem Rezensionsauftrag gekommen war. Bei einem Lunch mit Kollegen von der *New York Times* habe Donald Adams, der für die Literaturbeilage verantwortliche Redakteur, geklagt, er könne niemanden finden, der Thomas Manns gerade auf Englisch erschienenen Roman *Joseph in Egypt* zu rezensieren fähig und bereit sei. Zu ihrer eigenen Überraschung habe sie sich sagen hören – ihre Ausdrucksweise suggeriert, dass sie einem unbewussten, inneren Drang folgte –: »I can do that.« Skeptisch lächelnd habe Adams geantwortet: »All right, go ahead and try.«[19]

Agnes Meyers Besprechung von *Jospeph in Egypt* erschien am 27. Februar 1938 in großer Aufmachung mit einem Fotoporträt sowohl in der *New York Times* als auch in der *Washington Post*. Für eine Anfängerin ein beachtliches Debut! Agnes Meyer greift, wie sie es gewohnt war, sogleich sehr hoch und bezeichnet das Erscheinen dieses Romans als »a literary event of the first magnitude«. Nur den Größten wie Homer, Euripides, Racine und Shakespeare sei es gelungen, alte, mythische Fabeln zu neuem Leben zu erwecken. Zu diesen gehöre jetzt auch Thomas Mann, denn niemand vor ihm habe einem so weit zurückliegenden und doch so vertrauten Stoff eine derart universelle und aktuelle Bedeutung zu geben vermocht. Sie hebt die zugrundeliegende Gelehrsamkeit hervor, »which is majestic in scope«, und würdigt den symphonischen Charakter der Erzählung sowie die Ironie und den Humor des Erzählers – »the quiet laughter of the mind, as well as the hearty and infectious laughter of the cosmic spirit«. Der Roman erzähle seine Geschichte auf eine großartige Weise; er übertreffe an Drama und Farbenpracht alles, was Hollywood je produziert habe.

Im Mittelpunkt ihrer Betrachtung steht jedoch Josephs »famous tragic encounter with Potiphar's wife«. Es sei kein Zufall, dass Thomas Mann seine Vollendung als Künstler und Mensch gerade damit erzielt habe, dass er hier zum ersten Mal sein Talent auf die Darstellung einer überwältigenden sinnlichen Leidenschaft gewandt habe. Die allmähliche Kapitulation einer weiblichen Seele vor den unwiderstehlichen Forderungen des Fleisches sei in keinem modernen Werk der Literatur so genau und einfühlsam beschrieben wie hier. Keine Frau, und sei sie noch so erfahren und objektiv in ihrer Betrachtung von Literatur, könne diese erstaunliche Fallbeschreibung lesen, ohne sich mit der langen Agonie der ägyptischen Prinzessin, den vergeblichen Abwehrversuchen und der schließlich nicht zu verhindernden Kapitulation vor der Fleischeslust zu identifizieren. Die abschließende Szene zwischen »Eni« und Joseph sei schlechterdings unübertrefflich.

Abgesehen von der etwas unkontrollierten Vorliebe für den Superlativ stellt diese Besprechung ein bemerkenswertes Dokument der amerikanischen Thomas-Mann-Rezeption dar. Agnes Meyer ist die einzige Frau unter den Rezensenten des Romans; ja mehr noch, sie scheut sich nicht, einen persönlichen Ton anzuschlagen und dem Autor Meisterschaft in der Darstellung einer weiblichen Passion zu bescheinigen. Nicht von ungefähr erwähnt sie auch den Namen Hollywood, um die Sinnenpracht der Darstellung von Josephs ägyptischem Exil hervorzu-

kehren und vielleicht auch gewissen Leuten den Gedanken einer Verfilmung ins Ohr zu setzen. Im Übrigen enthält ihre Besprechung keinerlei abfällige Bemerkung über Thomas Manns angeblich intellektuell
überfrachtete Erzählweise, die in der englischen und später auch in der
amerikanischen Rezeption ein stereotypes Motiv ist.[20]

Das Echo der amerikanischen Kritik auf *Joseph in Egypt* war einhellig
positiv, ja enthusiastisch. Agnes Meyer meldete Thomas Mann: »Your
press, as press, could not be better«, um in dem für sie charakteristischen, adorierenden Tonfall hinzuzufügen: »none of us has so much as
begun to scale the heights in which you move and have your being«
(AM, 113). In dem einhelligen Lob der anderen, professionellen Kritiker durfte Agnes Meyer eine Bestätigung ihres eigenen Erfolgs erblicken. Ihr Debut als Literaturkritikerin war glänzend gelungen. In ihrem
Glücksgefühl darüber zitiert sie in einem Postskriptum zwei Verse aus
Fitzgeralds *Rubaiyat of Omar Khayyam*, nicht zuletzt wohl, weil dies ihr
den Vorwand lieferte, den *Joseph*-Autor durch die Blume des literarischen Zitats als Geliebten anzusprechen: »Ah! My beloved, fill the cup
that clears / Today of past regrets and future fears.«

Wir können nicht mit Bestimmtheit sagen, dass Thomas Mann den
Artikel seiner neuen Verehrerin gelesen hat. Im Tagebuch, das in jenen
Wochen der ersten großen Vortragsreise Lücken aufweist, findet sich
kein Hinweis darauf. Man hatte kurz nach Eintreffen der Manns in
New York am 21. Februar 1938 ein Treffen im Bedford Hotel vereinbart. Bei einer »Journalisten-Konferenz« fungierten »Mrs. Meyer
und Erika als Dolmetscherin«. Bei dem anschließenden »Thee mit
Mrs. Meyer« schenkte er ihr das Manuskript seiner Einleitung zu *Mass
und Wert*; als Gegengabe überreichte sie ihm das Typoskript ihrer Besprechung des *Joseph in Egypt* (Tb. 22. 2. 1938).

Vermutlich kam Thomas Mann vor lauter Zerstreuung und Ablenkung nicht dazu, die Besprechung zu lesen. Er hatte mehrere Vortrags-
termine in Connecticut, noch vor Beginn der eigentlichen Vortragsreise
quer durch das riesige Land, und war bei Hermann Weigand zu Gast,
dem berühmten Germanistikprofessor der Yale University. Im Übrigen
waren seine Gedanken oft bei den Ereignissen in Europa, die in der Annexion Österreichs und der Ausrufung des nunmehr Großdeutschen
Reiches einen ersten, ihn deprimierenden Gipfel markierten. Bezeich-

nenderweise überließ er es Katia, »Mrs. Meyer« seinen Dank für die *Jo-seph*-Rezension auszudrücken. In einem Brief aus New York, nachdem die erste Etappe der Vortragsreise überstanden war und kurz vor dem Besuch in Washington, erwähnt Katia den »Joseph-Artikel, den wir wiederholt mit der grössten Freude gelesen haben, und von allen Seiten haben wir gehört, dass dies das Schönste ist, was über den Joseph und das Gesamtwerk geschrieben worden ist« (AM, 114). Die höflich-schmeichelhafte Formulierung besagt nicht, dass Thomas Mann die Rezension selbst gelesen hat; vermutlich hat Katia ihm von ihrer Lektüre berichtet.

Hunger nach geistiger Nahrung

In *Out of These Roots*, Agnes Meyers stolzer Autobiographie von 1953, stellt die nunmehr Fünfundsechzigjährige sich selbst mit der ihr eigenen Offenheit die Diagnose einer extremen Vaterfixierung. Rückblickend auf ihre Kindheit und Jugend konstatiert sie einen »extraordinary Oedipus complex« und bezeichnet es als befreiend, im Alter von dem emotionalen Trauma offen reden zu können, das ihre »father-fixation« ausgelöst habe.[21]

Zweifellos stellt diese Auskunft einen Schlüssel dar für das Verständnis ihrer extravaganten Verehrung für den *Joseph*-Autor und der manischen Züge, die ihre Verehrung zeitweilig an den Tag legte. Thomas Mann trat erst spät in ihr Leben, als sie fünfzig war. Die Freundschaft mit dem zwölf Jahre Älteren, deren charakteristischer Ausdruck ein gewisser »Fanatismus der Hingabe« war (AM, 639), bedeutete für sie die Krönung eines Lebensentwurfs, dessen eigenartiges Profil sich erst im Lichte ihrer Herkunft und ihrer Ehe erkennen und würdigen lässt.

Agnes war das vierte Kind deutscher Einwanderer: Friedrich H. W. Ernst und Luise Schmidt, die sich in New York kennenlernten und 1878 dort heirateten. Frederick, wie er sich in Amerika nannte, stammte aus Großgoltern bei Barsinghausen; Lucy, wie sie in Amerika hieß, aus Lesum (Bremen). Als einziges Mädchen wurde Agnes der vielfach bevorzugte Liebling des Vaters, der als Rechtsanwalt seiner sechsköpfigen Familie ein bescheidenes, doch solides Auskommen zu sichern versuchte. Frederick Ernst ging jedoch keineswegs in seinem Beruf auf, denn er war ein Schöngeist und dilettierte als Stückeschreiber. Er nahm seine Tochter auf Spaziergänge mit, führte sie ins Theater und in die Oper und erweckte so ihren Sinn für das Schöne in Kunst und Natur. Durch ihn lernte sie den Zauber der romantischen Opern Wagners kennen, zuerst das Erlösungsdrama vom *Fliegenden Holländer*. Er nahm sie auch zu den politischen Versammlungen seiner Freunde mit, die alle Demokraten waren. Auf diesen Versammlungen machte Frederick Ernst als schlagfertiger und beliebter Redner eine gute Figur; Agnes erbte von ihm das Talent zum öffentlichen Reden, ging aber politisch durchaus ihren eigenen Weg.

Agnes' Liebe zu dem angebeteten Vater schlug in Hass um, als offenbar wurde, dass er ein Doppelleben führte. Er hatte Liebschaften, machte Schulden und war gezwungen, das Haus in dem ländlich-idyllischen Vorort Pelham Heights zu verkaufen und nach New York in die Stadt zu ziehen. Er brachte Schande über die Familie, was Agnes ihm nie verziehen hat. Das Stigma des Bankrotts wog in ihren Augen genauso schwer wie in der Welt der Toni Buddenbrook. Gegen den Willen des Vaters, der wollte, dass sie Sekretärin werde, besuchte sie das Barnard College, ein elitäres Frauen-College in New York, wo sie in den Genuss eines Stipendiums kam. In ihrem letzten Jahr am Barnard College war der Philosoph John Dewey einer ihrer Lehrer. Sie war beeindruckt und fühlte sich zeitlebens Deweys Pragmatismus, Liberalismus und seinem Eifer für Bildungsreformen verpflichtet. Ihrer Tochter Katharine zufolge war Dewey auch »the first of a series of intellectual, yet highly emotional, crushes on men of distinction – most of them in the arts or letters«.[22] Damit zeichnete sich ein Verhaltensmuster ab, das für sie lebensbestimmend wurde.

Gleichfalls gegen den Willen des Vaters schlug sie eine Laufbahn als Journalistin ein. Sie ging zur *New York Sun*, wo sie die einzige Frau unter lauter Männern war. Ihr Ressort war Lokales, ihr bevorzugtes Interesse die New Yorker Kunstszene. Über ein Interview lernte sie den Fotografen Edward Steichen kennen, der mit Alfred Stieglitz und anderen Sezessionisten die »Gallery 291« gegründet hatte, eine für die amerikanische Kunst bahnbrechende Gruppe. Steichen wurde ihr Mentor. Kunsthistorische Studien dominierten die nächsten zwei Jahrzehnte ihres Lebens und kulminierten 1923 in einer heute noch geachteten

Publikation: *Chinese Painting as Reflected in the Thought and Art of Li-Lung-mien.* Steichen überzeugte sie davon, dass sie nach Paris gehen müsse, um die moderne Kunst an Ort und Stelle mitzuerleben.

Das tat sie denn auch. Miss Ernst verbrachte 1908–1909 über ein Jahr in Paris, von wo sie Reisen in mehrere Länder unternahm, u. a. nach Deutschland, um ihre Verwandten mütterlicherseits kennenzulernen und um die Bayreuther Festspiele zu besuchen. Dort erlebte sie *Lohengrin* und *Parsifal.* Gut möglich, dass sie in derselben *Parsifal*-Aufführung saß, die auch Thomas Mann bei seinem einzigen Besuch der Festspiele hörte. In Paris schrieb sie weiterhin Artikel für die *Sun*, besuchte kunstgeschichtliche Vorlesungen an der Sorbonne und suchte die Bekanntschaft möglichst vieler bedeutender Persönlichkeiten: Auguste Rodin, Henri Matisse, Constantin Brancusi, Marie Curie, Gertrude und Leo Stein, Darius Milhaud, Gustav Mahler und – wie sie später Thomas Mann zu seiner Erheiterung erzählte (AM, 318f.) – Rainer Maria Rilke. Von diesen übte Rodin die nachhaltigste Wirkung aus. Der faunische Künstler wollte sie zu seinem Modell machen und bat sie, sich nackt auf ein Pferd zu setzen.[23] Obgleich oder gerade weil sie ihm widerstand, verblieb sie auf herzlichem Fuß mit Rodin und korrespondierte mit ihm bis zu seinem Tod 1917.

Die attraktive und für ihre Zeit ungewöhnlich selbständige Agnes Ernst fand überall Verehrer. In ihrer Autobiographie schreibt sie über diesen aufregenden Lebensabschnitt: »It is a heady business being an attractive young girl, and nobody was more thoroughly spoiled by male adoration than I. If somebody was not head over heels in love with me, I found life very dull. Yet nothing was further from my mind than marriage. I valued these passionate friendships as sheer poetry.«[24] Doch praktisch gesinnt, wie sie in vielen Dingen war, heiratete sie kurz nach ihrer Rückkehr aus Europa im Februar 1910 Eugene Meyer, der schon vor ihrer Abreise ein Auge auf sie geworfen hatte und der sie zweimal in Paris besuchte. Eugene Isaac Meyer – wie Thomas Mann 1875 geboren – war der Sohn eines Warenhausbesitzers in Los Angeles, der seinerseits aus dem Elsass stammte.

Agnes Ernst und Eugene Meyer, wiewohl nach Temperament und Interessen völlig verschieden, ergänzten sich in einer wichtigen Hinsicht. Beide waren mit einem gesellschaftlichen Manko behaftet: sie als ehrgeizige, aber mittellose Tochter eines Bankrotteurs, er als ehrgeiziger und überaus erfolgreicher Börsianer, dem jedoch als Juden nicht alle Türen offen standen. Sie erkannten, dass sie aufeinander angewiesen waren, wenn sie ihren heimlichen Ehrgeiz, eine bedeutende amerikanische Familie zu begründen, verwirklichen wollten. Eugene erwarb eine gebildete, attraktive und eminent gesellschaftsfähige Gattin, die ihm ein repräsentatives Haus zu machen verstand. Agnes, die mit achtbarer Aufrichtigkeit gestand, es wäre ihr unmöglich gewesen, einen nicht wohlhabenden Mann zu heiraten, war auf einmal reich und konnte auf großem Fuß leben. Damit war auch der Makel des Bankrotts gelöscht, denn Eugene tilgte die Schulden ihres Vaters. Sie meint es offenbar konkret materialistisch, wenn sie in ihrer Autobiographie bemerkt, die Heirat mit Eugene Meyer sei das größte Gut gewesen, das ihr je zugestoßen. Eugene seinerseits räumte ein, sie habe ihn zwar oft irritiert, aber nie gelangweilt.[25]

Kurz nach der Eheschließung ließ Eugene Meyer in Mount Kisco, eine Autostunde nördlich von New York, in der wohlhabenden Westchester County, auf einer Anhöhe über dem Byram Lake ein chateauartiges Landhaus erbauen.[26] Das weitläufige Gelände mit der dazu gehörigen, ertragreichen Farm hatte er bereits als Junggeselle erworben. Thomas Mann, der während der Zeit in Princeton fünfmal an Wochenenden dort zu Gast war, nannte das Haus »Schloss Sieben Quellen«. Zum Haus gehörten eine Orangerie, ein Tennisplatz, Hallenbad, Kegelbahn sowie acht Reitpferde und zehn bis zwölf Hausangestellte. Dank der musikalischen Interessen der Hausfrau hatte das Haus auch eine Orgel und mehrere Konzertflügel. Gelegentlich wurden Hauskonzerte veranstaltet, so z. B. auch bei einem Besuch der Manns im Juni 1940, als Rudolf Serkin und das Adolf-Busch-Quartett, die Thomas Mann in seinen ersten Schweizer Jahren kennengelernt hatte, dort konzertierten (Brahms, Beethoven, Schumann). Bei dieser Gelegenheit hörte er zum ersten Mal, wie er Erich Kahler schrieb, ein Standardwerk des Kammermusikrepertoires, das Klavierquintett in f-Moll von Brahms: »[...] ich machte die Bekanntschaft eines sehr großartigen, mehr symphonischen als kammermusikalischen Quintetts von Brahms – ein denkwürdiger Eindruck.« (EK, 27) Auch die Schlafzimmer auf »Schloss Sieben Quellen« waren luxuriös. Sie hatten Schlafbalkone, die mit Fliegennetzen verhängt waren. Thomas Mann genoss bei allen Besuchen den »vollkommenen Komfort des reichen Hauses« (Tb. 1. 10. 1939) und versicherte der Hausherrin, sie betreibe in Washington und Mount Kisco die besten Hotels diesseits und jenseits des Atlantik.[27]

Die Ehe der Meyers sah sich von Anfang an gewissen Spannungen ausgesetzt. Eugenes Irritationen entzündeten sich an ihrem bohemienhaften Lebensstil mit ihrem ausgeprägten Hang zum Schöngeistigen, der mit seiner nüchternen, zielgerichteten Art lebhaft kontrastierte. Ihr Lebenshunger und Unabhängigkeitssinnn gerieten sehr rasch in Konflikt mit der Rollenerwartung und dem soliden Lebensstil Eugenes. Impulsiv und konsequent, wie es ihre Art war, entschloss sie sich nach der Geburt ihres zweiten Kindes zu einem Urlaub von der Ehe. Im Frühjahr 1914 ließ sie alles liegen und stehen, schiffte sich nach Europa ein, um auf unbestimmte Zeit zu dem bohemienhaften Leben vor ihrer Verheiratung zurückzukehren. In Frankreich besuchte sie Edward Steichen, in Leipzig Alfred Walter Heymel, den sie in New York kennengelernt und Eugenes wegen ausgeschlagen hatte. Das Wiedersehen mit Heymel brachte die insgeheim erwünschte Ernüchterung, die sie reumütig zu Eugene zurückkehren ließ – angeblich auf dem letzten Schiff vor Ausbruch des Krieges. Fortan widmete sie sich den Kindern – sie gebar drei weitere – und ihren mit der Karriere Eugenes wachsenden gesellschaftlichen Pflichten.

Freilich war damit das Hauptproblem ihrer Ehe, das zu der Krise von 1914 geführt hatte, keineswegs aus der Welt geschafft. Es rührte von der Diskrepanz zwischen ihren Interessen und denen Eugenes her und zwischen ihrem zur Schwärmerei neigenden Temperament und dem nüchternen, allem Überschwang abholden Temperament Eugenes. Und da diese die gleichen blieben, waren weitere Ehekrisen vorprogrammiert. In einem Brief aus Deutschland versuchte sie Eugene zu erklären, warum sie ihn auf eine Zeitlang verlassen habe. Sie sei, nach vier Jahren Ehe, »terribly restless and dissatisfied«; es komme ihr vor, »as if the life within me were dying from lack of nourishment«.[28] Ehe und Mutterschaft füllten sie nicht aus und vermochten nicht ihren Hunger nach geistiger Nahrung zu stillen, deren sie bedurfte, um sich lebendig zu fühlen. Dieser Hunger und ihre innere Unruhe verschwanden aus ihrem Leben lange nicht.

Erst in ihrer Freundschaft mit Thomas Mann glaubte sie die geistige Nahrung, mit der sie zuerst von ihrem Vater versorgt worden war und nach der es sie zeitlebens verlangte, gefunden zu haben. Zweifellos war dabei die kulturelle Affinität der Welt, aus der sie väterlicherseits stammte, und der Welt, die Thomas Mann in *Buddenbrooks* verewigt hatte, ein wesentlicher Faktor. Zu Beginn ihrer Autobiographie beschreibt sie das liberale protestantische Milieu ihres deutschen Großvaters, des Pastors Karl Ernst aus Gifhorn, als »sober, ethical, restrained, hard-working, yet full of gaiety, music and romantic idealism«.[29] Zur Verdeutlichung und Illustration dieses Milieus verweist sie auf *Buddenbrooks*. An späterer Stelle ergänzt sie: »Much as I enjoy Mann's complexity, what holds me captive when I read his prose is a nostalgia for [...] a Germany which nourished my aesthetic senses throughout an intensely happy childhood.« Daher ihr fester Glaube an ihre einzigartige Eignung für ihre Rolle als Mittlerin zwischen dem *Buddenbrooks*-Autor und Amerika: »Few Americans can have my sense of identification with Mann [...].«[30] Thomas Mann war ihr somit, abgesehen von allem Ruhm und aller schriftstellerischen Meisterschaft, die Verkörperung einer Welt, aus der sie väterlicherseits ihr Herkommen herleitete, die sie mythisch überhöhte und zu der sie, gerade weil sie in ein ganz anders geartetes gesellschaftliches Milieu aufgestiegen war, sich bis zum Ende hingezogen fühlte.

Neben den schönen Künsten wählte sich Agnes Meyer die Politik zum Betätigungsfeld, aus dem sie geistige Nahrung und Befriedigung zu ziehen versuchte. Die entscheidende Figur, die ihre politischen Anschauungen prägte, war William L. Ward, einer jener legendären Partei-»Bosse«, die auf lokaler Ebene das politische Leben Amerikas organisieren und kontrollieren. Bill Ward, ein charismatischer Lokalpolitiker in der Westchester County, zu der auch Mount Kisco gehört, wurde ihr Mentor, als sie 1921, ein Jahr nachdem die Frauen Amerikas das Wahlrecht erlangten, sich politisch zu engagieren begann. Ihm verdanke sie, wie sie in ihren Lebenserinnerungen schreibt, ihre »political education«.[31] Die »Grand Old Party«, wie sich die Republikaner gerne nennen, war eine weitgehend liberale Partei und hatte damals noch nicht die reaktionären Ziele, die sie sich nach der langen Roosevelt-Ära setzte. Nach ihrer Tochter Überzeugung war Bill Ward auch der einzige Mann, mit dem ihre Mutter eine Affäre im landläufigen Sinn gehabt habe.[32] Ward machte aus ihr eine überzeugte Republikanerin und ernannte sie zur Vorsitzenden der »Recreation Commission der Westchester County« – ein Amt, das sie achtzehn Jahre lang innehatte. Die Möglichkeit einer politischen Karriere im Repräsentantenhaus stand ihr durchaus offen – Thomas Mann schmeichelte ihr gar, sie hätte das Zeug, die erste Präsidentin der Vereinigten Staaten zu werden[33] –, doch zog sie den indirekten Weg der politischen Einflussnahme als Journalistin und Aktivistin mit Sitz in einflussreichen Gremien vor. Ihre Mitgliedschaft in einem dieser Gremien, dem »Library of Congress Trust Fund Board«, das das Vermögen der amerikanischen Nationalbibliothek verwaltete, ermöglichte es ihr, Thomas Mann eine Sinekure an der Library einzurichten.

Als passionierte Republikanerin mit altliberaler Gesinnung gehörte Agnes Meyer bis zum Kriegseintritt der Vereinigten Staaten zu den entschiedenen, ja blinden Roosevelt-Gegnern. Ihre Tochter Katharine erinnert sich, dass sie ihr bei der Amtseinführung Roosevelts 1933 versicherte: »Warte nur, in vier Jahren sind wir wieder dran.« Katharine Graham attestiert ihr »remarkably little foresight« und fügt als Erklärung hinzu: »Mother was an especially emotional Roosevelt-hater.«[34] Während des Krieges und nach dem Tod Roosevelts kam es jedoch zu einer Annäherung an Thomas Manns politische Einstellung.[35] Wie dieser prangerte sie das »House Un-American Activities Committee« (HUAC) an, den Parlamentsausschuss zur Untersuchung unamerikanischer Umtriebe, und attackierte den berüchtigten Senator Joseph McCarthy als einen gefährlichen Demagogen und Psychopathen. Auf einem Gewerkschaftskongress in Miami 1960 machte sie ihren Austritt aus der Republikanischen Partei publik, nachdem sie schon 1956 den Präsidentschaftskandidaten der Demokraten, Adlai Stevenson, unterstützt hatte. Sie stand 1960 auf der Seite John F. Kennedys gegen Richard Nixon, an dessen unrühmliche Rolle auf dem HUAC sie immer wieder erinnerte. Wie Thomas Mann sprach sie sich gegen das Wettrüsten der Atommächte aus; sie forderte gar die Einberufung einer internationalen Frauen-Friedenskonferenz in Genf, um dem raubtierhaften Gebaren der »primitive and predatory males« Einhalt zu gebieten. Schon 1950 hatte sie die junge Bundesrepublik Deutschland bereist und in einer 13-teiligen Artikelserie *Hope Amid Chaos* darüber berichtet. Ihre Berichte trugen dazu bei, Thomas Manns Misstrauen gegen die Bonner Republik abzubauen. Nachdem sie 1942 Reportagen über die sozialen Auswirkungen des Krieges in Großbritannien, die sogenannte »Homefront«, und 1943 und 1944 zwei Artikelserien über die »Homefront« in den Vereinigten Staaten veröffentlicht hatte, wuchs die Bewunderung für das politische Engagement seiner Washingtoner Freundin.[36] In den letzten Jahren ihres Briefwechsels gibt es denn auch keine politischen Streitigkeiten zwischen ihnen, wie es in den Jahren bis zum Kriegseintritt der USA an der Tagesordnung war.

Eine »andere Form des Ehrgeizes«

Nach Agnes Meyers erfolgreichem Debut auf dem Feld der Literaturkritik war es keine Frage für sie, dass sie diese Tätigkeit fortsetzen würde, um auf der literarischen Szene in Amerika für den *Joseph*-Autor ein wenig den Herold zu machen. Nach *Joseph in Egypt* rezensierte sie auch die darauffolgenden in Amerika publizierten Bücher Thomas Manns: *Royal Highness* (1939), *The Beloved Returns* (1940), *The Transposed Heads* (1941), *Order of the Day* (1942) und *Joseph the Provider* (1944).[37]

Agnes Meyers Rezensionen waren Schreibübungen und Bausteine für das große Buch, das sie schreiben wollte, um damit ein besseres Verständnis von Thomas Manns Werk in Amerika zu fördern. Sie sind dementsprechend weit ausholend und biographisch orientiert. Als sie den Gedanken an die Ausführung dieses lang gehegten Projekts aufgab, hörte sie auch auf, Thomas Manns Bücher zu rezensieren. Aus diesem Grund besitzen wir aus ihrer Feder keine Besprechung des *Doktor Faustus*, wiewohl gerade sie zur Erhellung dieses schwierigen und auch in Amerika sehr zwiespältig aufgenommenen Romans so manches hätte beitragen können.

Ihre Mittler- und Heroldfunktion ging weit über das Rezensieren seiner Bücher hinaus. Wie schon erwähnt, übersetzte sie mehrere Reden und Texte Thomas Manns, wobei ihr ihre Erfahrung als Journalistin und als Rednerin zugutekamen. Im Vergleich zu den englischen Fassungen Helen Lowe-Porters, der offiziellen, d. h. von seinem amerikanischen Verleger Alfred Knopf bestellten Übersetzerin, klingen Agnes Meyers

Übersetzungen weniger hochgestochen und eingängiger. Wir können nur spekulieren, welche Gestalt ihre Übertragung des *Doktor Faustus* angenommen hätte, die Thomas Mann, wie wir sehen werden, sich von ihr wünschte. Doch an diese Aufgabe wagte sie sich nicht mehr heran. Offenbar war sie zu der Einsicht gelangt, dass sie sich damit übernommen hätte. Umso mehr als sie ihre Studie über Thomas Mann mit zwei anderen über Tolstoi und Dostojewski zu einem Triptychon zusammenspannen wollte. Bemerkenswerterweise sollte dieses Triptychon den Titel »The God-Seekers« tragen – ein Titel, den Thomas Mann mit Erstaunen zur Kenntnis nahm: »Auf meine Art suche auch ich wohl Gott oder das Gute und Rechte, oder was es nun sein mag, um was man sich's sauer werden lässt.« (AM, 217f., 315) Eine Reihe von einschlägigen Fragmenten unterschiedlicher Länge hat sich in Agnes Meyers Nachlass in der Library of Congress in Washington gefunden. Die für das Thomas-Mann-Buch gedachten Texte tragen Überschriften wie »Lübeck as a Way of Life«, »The Sea as Symbol«, »The Father and Burgher Ethics« und »Motherland and Music«.

Agnes Meyers kreative Fähigkeiten hatten lange brachgelegen; durch die Berührung mit Thomas Mann erfuhren sie eine starke Belebung. Abgesehen von ihren Schriften über Thomas Mann manifestierte sich diese Belebung und Verjüngung vor allem in ihrer ausgedehnten Korrespondenz mit dem Verehrten. Viele ihrer Briefe bedienen sich des Englischen aus dem einfachen Grund, dass sie diktiert wurden und ihr keine Deutsch schreibende Sekretärin zur Verfügung stand. Ihre sehr persönlichen Briefe, zumal in den ersten drei, vier Jahren ihrer Freundschaft, schrieb Agnes Meyer auf Deutsch, in der Sprache ihrer Eltern. Einige dieser Briefe sind auch sprachlich bemerkenswerte Dokumente, unerachtet der Tatsache, dass sie die deutsche Orthographie und Interpunktion mit einer gewissen Großzügigkeit handhabe. Sie selbst bemerkt dazu in ihrer zweiten, unvollendeten Autobiographie: »I was well aware that I had never written such letters before […]. They are the factual proof that I was inspired. To this very day, I can feel the ecstasy of this experience. How he found time to write [to] me, so often page after page, in his beautiful Latin calligraphy puzzles me still.« (AM, 806)

Zu keiner Zeit jedoch bildete sie sich ein, mit dem Verehrten literarisch konkurrieren zu können. Dies wäre ihr als ein »unerhörter Dünkel« vorgekommen, wie sie in einem ihrer großen Briefe, den sie ihm aus dem Blackstone Hotel in Chicago schrieb, erklärte (AM, 383 f.). »Rivalität in der Kunst« sei unmöglich. Dafür hege sie aber eine andere »Form des Ehrgeizes«; sie fühle sich »getrieben[,] menschlich, koste es was es will, nicht nachzustehen«. Sie weigere sich, »to be outdone in virtue«. Was sich hinter diesen etwas verklausulierten Formulierungen versteckt, ist ihre Entschlossenheit, als seine Gönnerin und Beschützerin einen in seiner Biographie herausragenden Platz einzunehmen. Niemand durfte sie in ihrer Hilfswilligkeit und in ihrem »Fanatismus der Hingabe« übertreffen, koste es, was es wolle. Sie unterzeichnete den Brief aus Chicago mit »Immer mehr die Ihre – Agnes«.

Als sie ihm dies schrieb, war ihm eine der beiden großen materiellen Wohltaten seines Lebens bereits zuteilgeworden: die Ernennung zum Lecturer in the Humanities an der Princeton University, die zu seiner Existenzsicherung während der ersten Jahre des Fußfassens in den Vereinigten Staaten diente. Die andere große Wohltat war gerade eingefädelt worden: seine ehrenvolle Ernennung zum Berater in deutscher Literatur an der riesigen Library of Congress. Beide Male war Agnes Meyer die treibende, ausschlaggebende Kraft, durch die diese Ernennungen überhaupt erst möglich wurden. Mit anderen Worten: Ihre durch Thomas Mann neu belebte Kreativität fand die ihr gemäße Ausdrucksform weniger auf intellektueller als auf praktischer Ebene, indem sie ihm auf sehr einfallsreiche und generöse Weise half, seine große Familie materiell abzusichern, solange der Absatz seiner Bücher in Amerika hinter seinen Erwartungen zurückblieb.

Die Hilfe, die sie Thomas Mann und seiner Familie gewährte, ist umfassend und trug in hohem Maße zum Gelingen seines Lebenswerks in Amerika bei. Ihre Stellung als Gönnerin ist ohne Vergleich in seinem Leben. Agnes Meyer räumte bei der Einwanderung 1938 diskret bürokratische Hindernisse aus dem Weg; sie ließ ihre Verbindungen spielen, um Golo sowie Heinrich und Nelly Mann die Ausreise aus dem unbesetzten Frankreich zu erleichtern; sie griff Thomas Manns Zeitschrift *Mass und Wert* und Klaus Manns Zeitschrift *Decision* finanziell unter die Arme; sie bemühte sich, für Golo, den ihr sympathischsten Mann-Spross, eine Anstellung zu finden, und sie übernahm die Bürgschaft für die Hypothek, als Thomas Mann in Pacific Palisades sich ein Haus bauen ließ. Ihre beiden Glanztaten jedoch waren die ehrenvollen Ernennungen in Princeton und in Washington, durch die sie sich auf dem prekären Feld des modernen Mäzenatentums als ein wahres Genie erwies.

Wir hören zum ersten Mal von Princeton im Tagebuch am 22. März 1938, als Thomas Mann sich auf seiner ersten Vortragstour durch die Vereinigten Staaten befand. In Salt Lake City erreichte ihn ein Telegramm: »Die Meyer über Princeton, günstig.« Dies lässt darauf schließen, dass die Sache Princeton während Thomas Manns Besuch in Washington am 10. und 11. März anlässlich seines Vortrags in der Constitution Hall zur Sprache gekommen war. Mit Princeton war zunächst nicht die Universität, sondern das Institute for Advanced Study gemeint; sein Leiter war der Bildungsreformer Abraham Flexner, sein prominentestes Mitglied Albert Einstein.

Agnes Meyer hatte genug Erfahrung im Umgang mit Macht und war gesellschaftlich bestens vernetzt, um genau zu wissen, wie man eine so heikle Geschichte wie diese einfädelt und erfolgreich zu Ende führt. Sie brachte den Ball ins Rollen, indem sie sich zunächst an einen befreundeten Arzt in New York wandte, Emanuel Libman, und diesen bat, mit dessen Freund Flexner darüber zu reden, ob für Thomas Mann »some kind of university affiliation« arrangiert werden könne: »I should be delighted if it could be arranged to have him join the Princeton Institute for two years. I am sure he would be willing to give some lectures of importance or have a seminar for the boys from time to time. Would you be willing to talk this matter over with Flexner?« (AM, 39). Das geschah denn auch, worauf sich Agnes Meyer nach Princeton begab, um die Sache selbst voranzutreiben. In den dort geführten Unterredungen muss man ihr klargemacht haben, dass Thomas Manns Anstellung an der Princeton University viel sinnvoller wäre als an dem Institute for Advanced Study, einer Art von Think Tank ohne Lehrveranstaltungen und ohne viel Kontakt mit der Universität. Der damalige Präsident der Princeton University, der Politologe Harold W. Dodds, zeigte sich sofort interessiert und entgegenkommend: Thomas Manns Anwesenheit in Princeton als »resident lecturer in literature« sei von großem Wert für die Studenten wie für die jüngeren Professoren. Allerdings könne diese neue Stelle nicht aus dem laufenden Budget finanziert werden. Auch hier wusste Agnes Meyer Rat. Sie kontaktierte »my friends« bei der Rockefeller Foundation, einer philanthropischen Stiftung, die es sich zur Aufgabe machte, »to promote the well-being of mankind throughout the world«. Die Rockefeller Stiftung erklärte sich bereit, die Hälfte von Thomas Manns Salär von 6000 Dollar zu bestreiten. Damit öffneten sich jedoch andere Hände, so dass die Differenz relativ leicht aus anderen, kleineren Töpfen aufgebracht werden konnte. Offenbar musste Agnes Meyer in diesem Fall nicht in ihre eigene Tasche greifen.

Nachdem man auch für die Unterbringung der Manns eine Lösung gefunden hatte – sie mieteten ein »nobles« möbliertes Haus in der Stockton Street mit zehn Schlaf- und fünf Badezimmern –, schrieb Thomas Mann am 28. Mai 1938 an Präsident Dodds, um seine Einwilligung zu signalisieren: »Ich heisse Ihre Vorschläge also gut und bin der Ihre.« (AM, 49) Damit war der Weg frei für Thomas Manns kurioses und kurzes Engagement als »Lecturer in the Humanities« – so sein offizieller Titel.[38] Der Brief schließt mit der Bitte, ihn wissen zu lassen, »zu welchem Zeitpunkt das Semester beginnt«, und der Versicherung: »Ich sehe dem Leben an Ihrer Universität und der Zusammenarbeit mit ihren hervorragenden Geistern mit Freude entgegen und begrüsse Sie, verehrter Herr Präsident [...].«

Als die akademische Anstellung Thomas Manns unter Dach und Fach war, eröffnete Agnes Meyer ihrem Schützling bei einem seiner Besuche in dem Meyer'schen Landhaus in Mount Kisco mit verständlichem Stolz, wie die Sache gelaufen ist. Sie hatte guten Grund, stolz zu sein. Innerhalb von zwei Monaten war es ihr gelungen, obwohl sie selbst keinerlei akademische Position bekleidete, an einer der Elitehochschulen des Landes am Ende des akademischen Jahres eine Gastprofessur zu erwirken, für die in dem schon verabschiedeten Haushalt keine Mittel vorgesehen waren. Selbst wenn man berücksichtigt, dass ihr Schützling ein weltberühmter Autor war, ist dies eine erstaunliche Leistung und vor allem eine eindrucksvolle Demonstration ihrer Fähigkeit, »to get things done«.

Noch eindrucksvoller sollte sich Agnes Meyers einfallsreiche Hilfswilligkeit bei ihrer nächsten mäzenatischen Glanztat für Thomas Mann erweisen, seiner Bestallung an der Library of Congress. Diese war auf Betreiben Thomas Jeffersons im Jahre 1800 gegründet worden und auf dem Capitolshügel neben dem Obersten Gerichtshof und gegenüber dem Capitol in monumentalem Stil errichtet worden. Ursprünglich als Präsenzbibliothek zum Gebrauch des Kongresses gedacht, entwickelte sie sich schon früh zur amerikanischen Nationalbibliothek. Die Library of Congress ist heute eine der größten Bibliotheken der Welt und nimmt im amerikanischen Kulturleben eine hervorragende Stellung ein.

Agnes Meyer hatte auf diesem Feld insofern leichteres Spiel, als sie seit 1929 Sitz und Stimme in dem »Library of Congress Trust Fund Board« und damit Einsicht in die Verwaltung und den Haushalt der Bibliothek hatte. Dieser wurde zwar vom Kongress bewilligt, speiste sich aber zu einem beträchtlichen Maß aus Stiftungen und Zuwendungen von privater Hand. Eine dieser privaten, meist anonymen Quellen der Library war die »Eugene and Agnes E. Meyer Foundation«, und über diese hatte sie die Möglichkeit, ihrem Schützling eine Art Sinekure einzurichten. Dazu bedurfte es jedoch der Einwilligung des Librarian of Congress – eine Position, die seit 1939 der Lyriker und Essayist Archibald MacLeish innehatte. Agnes Meyer war auch mit »Archie« gut befreundet.

Thomas Manns wirtschaftliche Situation war im Sommer und Herbst 1941 weniger gesichert, als er sich wünschte. Das akademische Zwischenspiel in Princeton war beendet; man war im März des Jahres nach Los Angeles umgezogen. Dort war im Juli mit dem Bau eines neuen Hauses begonnen worden, dessen Finanzierung jedoch noch ungesichert war. Im Übrigen war auch an die Versorgung von drei seiner Kinder zu denken, wobei vor allem die desperate Situation Klaus Manns und seiner Zeitschrift *Decision* Kummer machte. Als auch der Absatz von *Lotte in Weimar* und *Die vertauschten Köpfe* sich als enttäuschend erwies, sah sich Agnes Meyer veranlasst, ihn unverblümt zu fragen: »kann Ihre Freundin Ihnen irgendwie behilflich sein?« (AM, 319)

Thomas Mann deutete diesen Brief als »Zeugnis schlechten Gewissens« (Tb. 6. 10. 1941) – eine Sicht der Dinge, zu der ihn vermutlich Erika und Klaus bestimmten, denn diese waren prinzipiell der Meinung, die reiche Freundin des Vaters könne ruhig etwas großzügiger sein. Er schrieb ihr nun ein seine Existenz als Exilant bilanzierendes, sogenanntes »Staatsschreiben«, in dem er seine wirtschaftliche Situation darlegte und eine bestimmte Lösung suggerierte. Er verwies auf Hermann Hesse, dem »ein reicher Schweizer Mäzen […] in Montagnola im

Tessin ein schönes Haus gebaut« hatte, und fügte hinzu: »Warum ist in diesem Lande nie eine Stadt, eine Universität auf den Gedanken gekommen, mir etwas Aehnlichs anzutragen, sei es auch nur aus ›Ehrgeiz‹ und um sagen zu können: ›We have him, he is ours'?‹« Nicht ohne Selbstironie doch durchaus ernst gemeint fasst er zusammen: »Kurzum, ›ich‹ bin ein Unternehmen, das als finanzwürdig zu betrachten ist [...].« (AM, 325f.)

Agnes Meyer ignorierte diesen etwas realitätsfremden Wink mit dem Zaunpfahl und dachte sich eine andere, elegantere Lösung aus, die ihrem Talent als Mäzenatin das schönste Zeugnis ausstellte. »[E]infaches Geld« anzubieten, erklärte sie ihm später, »wäre mir nie gut genug gewesen für Sie« (AM, 484). Was ihr vorschwebte, war eine zeitgemäßere, typisch amerikanische Form von Mäzenatentum, von der nicht nur Empfänger und Geber etwas haben, sondern auch die Öffentlichkeit. Bei seinem nächsten Besuch in Washington fuhr sie mit ihm zu ihrem Landhaus über dem Potomac in Virginia und unterbreitete ihm einen sorgsam ausgedachten Plan. Im Tagebuch hielt er fest: »11 Uhr abgeholt von Mrs. Meyer. Mit ihr durch die feucht-bunte Landschaft nach dem Landhaus gefahren. Dort bei Kaminfeuer Gespräch wechselnd zwischen ihrer Arbeit u. dem ›Staatsschreiben‹. Gut erdachte Lösung: Library of Congress, Mc. Leish, Honorary Consultant, Jahresgehalt von 5000 Dollars. Befriedigung.« (Tb. 1. 11. 1941) Dies war in der Tat eine höchst befriedigende Wendung der Dinge, die ihm umso mehr Bewunderung abverlangte, als sie seine Vorstellungen weit übertraf und auch langfristig seine Existenz absichern würde.

Thomas Manns Dankschreiben aus Chicago fiel denn auch ungewöhnlich ergriffen aus. Er versicherte ihr, mit welcher Wärme er »an unser diesmaliges Zusammensein zurückdenke und auf eine wie glückliche Weise mich andauernd der Gedanke beschäftigt, den Sie mir eröffneten. Ihre *vornehme* Erfindungsgabe hat mir ehrliche Bewunderung eingeflösst. Keine schönere Lösung war denkbar, und ich bin Künstler genug, mich an der Form, die Sie ihr zu geben wussten, fast mehr zu freuen als an ihrem ›Gehalt‹.« Abschließend versichert er ihr: »Ich bin Ihnen dankbar und verehre Sie.« (AM, 329f.) Damit war ihm nun nicht nur materiell geholfen, das von seiner Freundin ausgedachte Arrangement stellte, wie er hinzufügte, eine »neue symbolische Verbindung mit

Amerika und mit Washington« her, und dies habe »etwas tief Befriedigendes« für ihn.

Die Vereinbarung mit dem Librarian of Congress sah vor, dass dieser sich jederzeit mit Fragen bezüglich der deutschen Literatur und Kultur an Thomas Mann wenden könne; dass er jedes Jahr, nach Möglichkeit, auf zwei Wochen in der Library anwesend sein und jedes Jahr einen Vortrag halten solle (AM, 58). Es unterstreicht den Charakter dieser Vereinbarung als einer Sinekure, dass keiner der drei Vertragspunkte voll und ganz erfüllt wurde, ohne dass dies je beanstandet worden wäre. Weder MacLeish noch sein Nachfolger haben Thomas Manns Rolle als Berater und Auskunftsperson je in Anspruch genommen. Der jährliche zweiwöchige Aufenthalt in Washington – offensichtlich einem persönlichen Wunsch der Stifterin entsprechend – erwies sich als impraktikabel. Selbst der jährliche Vortrag, das Kernstück der Vereinbarung, ließ sich nicht immer verwirklichen. Dreimal, 1944, 1946 und 1948, musste Thomas Mann krankheitshalber absagen. Der für 1950 vorgesehene Vortrag wurde unter politischem Druck fallengelassen.[39] Danach verzichtete er darauf, von seinem Privileg, an der amerikanischen Nationalbibliothek vortragen zu dürfen, je wieder Gebrauch zu machen.

Für den ersten der Vorträge, *The Theme of the Joseph Novels*, gehalten am 17. November 1942, hatte Agnes Meyer *le tout Washington* mobilisiert. Kein Geringerer als Vizepräsident Henry A. Wallace hielt die Einführungsansprache.[40] In den folgenden Jahren hielt Thomas Mann insgesamt vier weitere Vorträge an der Library of Congress: *The War and the Future* (13. 10. 1943), *Germany and the Germans* (29. 5. 1945), *Nietzsche's Philosophy in the Light of Contemporary Events* (29. 4. 1947) und *Goethe and Democracy* (2. 5. 1949). Die Vorträge wurden von der Library einzeln als Broschüre veröffentlicht und verschickt, später auch gesammelt in Buchform.[41] Sie bilden, trotz der Vielfalt der Themen, eine zusammenhängende Reihe von Texten, die die Zeitgeschichte weniger direkt reflektieren als die politischen Reden und Radioansprachen nach Deutschland; stattdessen versuchen sie, sich Rechenschaft zu geben von dem prekären Stand von Humanismus, Romantik, Demokratie, wobei spezifisch deutsche und persönliche sowie universelle Gesichtspunkte miteinander verwoben sind.

Das Arrangement mit der Library of Congress erfuhr 1944 eine Modifikation. Thomas Manns offizieller Titel war schon im zweiten Jahr von »Consultant« zu »Fellow« geändert worden, was jedoch für sein Gehalt keine Konsequenzen hatte. Im Frühjahr 1944 verbesserte sich seine wirtschaftliche Lage schlagartig, als *Joseph the Provider* vom »Book-of-the-Month-Club«, dem größten Buchklub des Landes, zu einem seiner Bücher des Monats erkoren wurde. Dies bedeutete eine kräftige Erhöhung seines Einkommens. Somit entfiel auch der dringendste Grund für die Einrichtung der Sinekure; er war nun auf das Gehalt der Library of Congress nicht länger angewiesen. Mit Agnes Meyers Einverständnis bezog er sein Gehalt bis zum Ende des Jahres; er verwandte es zur Unterstützung seines in Amerika glücklosen Bruders Heinrich. Seine Vorträge in der Library wurden weiterhin mit 1000 Dollar honoriert. Die von Agnes Meyer gestiftete Sinekure leistete somit voll und ganz, wozu sie erfunden worden war: Sie sicherte die Existenz und den aufwendigen Haushalt ihres Schützlings in der kritischen Phase zwischen dem akademischen Gastspiel in Princeton und dem rettenden Ufer des »Book-of-the-Month-Club«. Da auch *Doctor Faustus* (1948) und unerwarteterweise auch *The Holy Sinner* (1951) die Aufnahme in den Book-of-the-Month-Club schafften, war Thomas Mann von da an aller finanziellen Sorgen enthoben.

Thomas Mann war die Gewissenhaftigkeit in Person, wann immer er in die Lage kam, der erstaunlichen Gönnerin seinen Dank und seine Bewunderung auszusprechen. Es ist jedoch nicht zu überhören, dass sich in seinen Danksagungsarien hier und da angestrengte Töne vernehmen lassen, die wohl so zu deuten sind, dass er einen geheimen Widerwillen hegte, einer einzigen Person so viel Dank zu schulden. Und dies war hier auf eklatante Weise der Fall. Er war sich stets bewusst, dass seine Wohltäterin und Freundin bestimmte Gegenleistungen erwartete. Unerachtet ihrer neuartigen Form gleicht die Unterstützung ihres Schützlings darin dem Mäzenatentum alten, feudalen Stils, dass sie es als selbstverständlich erachtete, ein gewisses Anrecht zu haben auf den von ihr unterstützten Künstler. Was sie erwartete, war persönliche Auszeichnung durch Thomas Mann, d. h. eine diskrete Teilhabe an seinem Ruhm und eine gewisse Intimität mit dem Phänomen des Schöpferischen, dem sie eine quasi religiöse Verehrung entgegenbrachte. Letztlich, so scheint es, ging es dieser im Tiefsten religiös geprägten Frau um das Eingeweihtsein in die Geheimnisse der Kunst. Eingeweiht zu sein, empfand diese emphatisch schöngeistige, doch in ihren diesbezüglichen Ambitionen frustrierte Frau als eine »Gnade«; es gab ihr das »Gefühl der Auserwähltheit« und stimmte sie dankbar, dass »Sie mich wieder geistlich zu Sich erhoben haben« (AM, 305, 485). Hier stießen somit zwei unterschiedliche Vorstellungen vom Künstler aufeinander: eine vorbürgerliche und eine spätbürgerliche. Dieser Widerspruch mag die Irritationen erklären, durch die ihre Freundschaft immer wieder getrübt war und die ihn gelegentlich, in zornigen Eintragungen im Tagebuch, wider das »Frauenzimmer, das mich tyrannisiert«, löcken ließ (Tb. 21. 2. 1942).

Doch so oft er im Tagebuch in misogyner Ungehaltenheit über das »Frauenzimmer« lästerte, er blieb sich stets bewusst, dass er es mit einer intelligenten Person und einer Frau von Format zu tun hatte. In jenem bereits angeführten »Staatsschreiben« vom Oktober 1941, das zu dem Arrangement mit der Library of Congress führte, würdigt er ihre zu diesem Zeitpunkt bereits beträchtlichen Verdienste um ihn. Er erkennt an, dass es keine Kleinigkeit sei, in der Fremde »eine Freundin und Fürsprecherin gefunden« zu haben »wie Sie, die in meiner Arbeit das sieht, was Sie darin sehen«, um sodann wahrheitsgemäß hinzufügen: »Das gab es in Deutschland kaum.« (AM, 323) Über den intellektuellen Gehalt ihrer Briefe hatte er unterschiedliche Meinungen – nicht anders übrigens als über den der meisten seiner männlichen Briefpartner. Ihre Briefe waren jedoch immer wieder interessant und anregend genug, sonst hätte er ihren Austausch nicht so gewissenhaft fortgesetzt. Als er einmal einen ihrer Briefe Heinrich zeigte, »durfte« er »einigen Neid einkassieren auf den Besitz einer so gescheiten Freundin« (AM, 396 f.). Die wohl treffendste, weil die ganze Zwiespältigkeit seiner Einstellung zu dieser Frau enthüllende Reaktion findet sich, wie zu erwarten, im Tagebuch. Golo, der im Gegensatz zu Erika und Klaus ein gutes Verhältnis zu Agnes Meyer hatte, teilt ihm brieflich eine mündliche »Äußerung der Meyer« mit, »aus meinen Briefen gehe hervor, daß ich sie verabscheue«. Ohne dieses Urteil zu bestreiten oder zu differenzieren, konstatiert er, dass dies »eine sehr intelligente Beobachtung« sei, da seine Briefe »voll von Ergebenheit, Bewunderung, Dankbarkeit, Fürsorge, selbst Galanterie« seien (Tb. 14. 2. 1944). Spätestens seit dieser vertraulichen Mitteilung Golos musste er sich von seiner Freundin durchschaut fühlen und sich fragen, wie lange sie sich schon seiner Zwiespältigkeit bewusst war.

In jeder Beziehung von vergleichbarer Intensität und vergleichbarem Tiefgang gibt es Vorkommnisse, denen eine symbolische, das ganze Verhältnis erhellende Bedeutung eingeschrieben ist. Dies gilt zum Beispiel von der leicht grotesken Geschichte der Hausjacke, die sie ihm 1944 zu Weihnachten schenkte. Rechtzeitig vor dem Fest erhält er, wie in den Jahren davor, ein Paket von ihr. Es enthält diesmal eine prächtige Hausjacke aus Seide – ein buntes Kleid gewissermaßen. Thomas Mann ist entzückt, denn eine solche seidene Hausjacke, wie sie Wagner gerne trug, war schon lange sein Wunsch; er wollte sie wie dieser beim Arbeiten tragen. In seinem Dankesbrief versichert er ihr, sie habe es »im Prinzip *genau getroffen*«. Nur habe sich beim Anprobieren herausgestellt, dass das Prachtstück leider ein wenig zu kurz und zu eng ausgefallen sei. Mit ausgesuchten Ausdrücken des Bedauerns und der Entschuldigung bittet er, das Kleidungsstück umtauschen und an das New Yorker Ausstattungsgeschäft, dem es entstammte, retournieren zu dürfen. Ob sie dann nicht vielleicht eine andere Façon wählen könne, »more informal«, weniger tief ausgeschnitten und höher geschlossen? Er brauche ja kein Dinner Jacket, sondern eine »Arbeitsjacke«; er wolle die Seidenjacke beim Schreiben tragen (AM, 606 f.). Es stellt sich aber heraus, dass die Jacke nach ihren Spezifikationen eigens für ihn nach Maß zugeschnitten war. Nun kommt ihm die Rückgabe der Hausjacke »roh und undankbar« und »unzart« vor, als er erfährt, wie dieses Geschenk gedacht war. Er sollte dieselbe Jacke haben wie Arturo Toscanini, den er gelegentlich ein wenig beneidete wegen der Begünstigung durch Agnes Meyer. Jetzt, da er »die Entstehungsgeschichte der Jacke« kennt, ist ihm »ganz weh ums Herz«, wie er ihr versichert: »Sie hatten es so lieb und gut gemeint und wollten, daß ich es eben so fein hätte wie der Maestro!« (AM, 618) Doch alle Entschuldigungen und Tröstungen änderten nichts daran, dass ihm die »Prachtjacke« nicht passte. Agnes Meyer hatte es in der Tat gut gemeint mit ihrem bunten Kleid für den *Joseph*-Autor. Sie hatte es im Prinzip auch genau getroffen – in diesem Fall wie auch sonst. Es fehlten lediglich ein paar Zentimeter. Doch die zählten und verdarben ihm den Genuss der schönen Gabe.

Ring und Kette

In der bereits mehrmals herangezogenen zweiten Autobiographie, in dem Kapitel, das ihrer Beziehung zu Thomas Mann gewidmet ist, wendet sich Agnes Meyer abschließend mit einer rhetorischen Frage an ihren längst verewigten Freund: »Tommy, what was it all about, this supranatural encounter of ours?« (AM, 811) Thomas Mann hatte sich auf seine Art gleichfalls Gedanken gemacht über die Frage nach der Bedeutung ihrer Freundschaft. In einem späten, elfseitigen Brief an die »[l]iebe Fürstin und Freundin«, an dem er mehrere Tage im Februar 1955 schrieb und dem er einen unverkennbar testamentarischen Charakter gab, blickt er zurück auf ihre nun schon achtzehnjährige Beziehung und verdichtet diese im Symbol eines kostbaren Rings (AM, 793–798).

Er berichtet zunächst von dem Ferienaufenthalt in Arosa und seiner Erkrankung dort und gesteht, dass es ihm »ein Bedürfnis« sei, »Ihnen zu schreiben«, seit er erfuhr, dass sie anlässlich des Verkaufs jener »wundervollen« Cabin über dem Potomac sich mit ihren dort aufbewahrten alten Manuskripten für das »God-Seeker«-Projekt beschäftigte. Er sei »tief dankbar gerührt von Ihrer liebe- und mühevollen aktiven Versenkung in meine geistige Existenz, gerührt bis zur Beschämung [...].« Er habe ihre Arbeit an dem Buch stets mit einer gewissen »Bangigkeit« verfolgt, denn »[i]ch sah wohl, dass Sie zuviel wollten, zu tief loteten, den Rahmen zu weit spannten, zuviel in das Unternehmen einbezogen, als dass Sie bei der Vielfachheit Ihrer Anlagen, Berufungen, Verpflichtungen lange genug bei dieser verwickelten Aufgabe [...] würden ausharren können«. Er heißt es gut, dass ihr Nachlass von der Library of Congress in Obhut genommen werde. Dort könnte er später einmal »jungen Literaturbeflissenen«, die ja so manche Dissertation »über meine Schreiberei« verfassten, von Nutzen sein. Er gedenkt auch der »Briefe an mich«, die sie »in inspiriertem Deutsch entworfen und – leider – nicht abgesandt« habe. Auch die kämen den jungen Literaturbeflissenen später einmal zugute. Was aber seine eigenen Briefe an sie betreffe, so möge eine »beschränkte Anzahl davon, denen man eine gewisse Substanz zusprechen kann, [...] der Library vermacht werden«. Das »Gros« seiner Briefe habe »mit dem Augenblick von einst seinen

Zweck erfüllt und mag verschwinden«. So einschränkend diese Verfügung auf den ersten Blick erscheint, so unverkennbar ist doch auch sein Einverständnis mit der Erhaltung der Briefe. Agnes Meyer hat recht getan, sich nicht darauf einzulassen, eine Auswahl zu treffen unter den Briefen mit und ohne Substanz. Sie hat schließlich das Gros seiner Briefe der Thomas Mann Collection der Yale University überlassen. Im Gegensatz zu ihm, der so manchen Brief »der Meyer«, sei es aus Verärgerung über sie, sei es aus Nachlässigkeit, »verschwinden« ließ, hat sie keines der brieflichen Dokumente vernichtet und alles Dazugehörige ihrem Nachlass einverleibt. Der Briefwechsel Agnes Meyers mit Thomas Mann, soweit erhalten, liegt seit 1992 vollständig veröffentlicht vor.

Thomas Mann gedenkt sodann der fünfzigsten Wiederkehr seiner und Katias Hochzeit und der zweiundzwanzigsten Wiederkehr ihres Weggangs aus Deutschland. Die Erinnerung stimmt ihn melancholisch und lässt ihn an Andersens Märchen vom standhaften Zinnsoldaten denken, denn als solcher wolle er auch noch die auf ihn zukommenden Prüfungen bestehen: die Schiller-Feiern in Stuttgart und Weimar sowie die Feiern zu seinem Achtzigsten. Für diese Figur des standhaften Zinnsoldaten, dem das Leben auf üble Weise mitspielt, der aber trotz seines Handicaps der Einbeinigkeit standhaft bleibt und sich ein liebendes Herz bewahrt, habe er schon immer eine Vorliebe gehabt, denn sie sei »im Grunde das Symbol meines Lebens«. Der Brief fährt unvermittelt fort: »Und bei dem Wort ›Symbol‹ fällt mir ein kindischer Wunschtraum ein, der mir neulich mit großer Lebendigkeit träumte: dass Sie mir nämlich zum Geburtstag einen Ring schenkten mit einem schönen Edelstein, es war ein Smaragd, und der Ring sollte das Symbol sein einer Kette, die von hier und mir hinüberreichte über den Ozean zur Stadt Washington D. C. Mit erstaunlicher Deutlichkeit sah ich den Ring mit dem grünen Stein, dieses Kettenglied, vor mir und freute mich wie ein Kind darüber – wie das Kind, das ich bin, bis zu dem Grade, dass ich Ihnen den Wunschtraum auch noch beichte.« In ihrem Antwortbrief, in dem sie ihn mit »Liebster Tommie« anredet, lässt sie ihn wissen, dass sein Traum ihr »ganz unheimlich« vorkomme, als habe eine Gedankenübertragung stattgefunden: »Denn Sie träumten was für mich schmerzliche Entdeckung und Erfahrung war« (AM, 798). Der Ring, von dem er geträumt, figuriert hier somit als Symbol sei-

ner Verbundenheit mit Amerika und mit Agnes Meyer, die diese Verbundenheit durch das Geschenk des kostbaren Smaragdrings, des
sichtbaren Glieds einer unsichtbaren Kette, besiegelt haben soll. Doch
hat es mit diesem Ring eine weitere Besonderheit, die auf sein Werk
und somit auf das Sanctissimum seiner Existenz als Künstler verweist.
Es ist nämlich »derselbe« Ring, den Adrian Leverkühn, die ihm teuerste
Selbstprojektion, beim Komponieren trägt, als sei er ein Talisman, der
seiner Kreativität das Gelingen garantiert. Von der hier aufscheinenden
Konnexion des *Doktor Faustus* mit Agnes Meyer wird noch zu handeln
sein. Im Übrigen stellt der Ringtraum auch zu *Joseph in Ägypten* eine
Verbindung her und damit zu Agnes Meyers Erweckungserlebnis in
Wyoming, als sie diesen Roman las. Auch Mut-em-enet schenkt dem
geliebten und begehrten Jungmeier »einen höchst kostbaren Ring«,
über dessen Charakter als »Liebesgeschenk« der Erzähler keinen Zweifel lässt, denn »jeder Ring [ist] das sichtbare Glied einer unsichtbaren
Kette« (V, 1132).

Das eigentlich Bemerkenswerte und Überraschende an diesem
Traum ist zweifellos die Kette, die Thomas Mann nach achtzehn Jahren
einer sehr bewegten Freundschaft als Symbol ihrer unverbrüchlichen
Verbundenheit gilt. Denn wenn man bedenkt, wie oft ihm »die Meyer«
beschwerlich fiel und er versucht war, die Beziehung abzubrechen,
erwartet man zum guten Schluss alles andere als ein so bewegendes
Zeugnis seiner Anhänglichkeit und einen so verklärenden Rückblick auf
ihre Freundschaft. Wir wissen aus dem Tagebuch, wie sehr seine Washingtoner Freundin ihm gelegentlich auf die Nerven ging, und haben
eine solche Stelle bereits zitiert: »Mein Wunsch, dem Frauenzimmer,
das mich tyrannisiert, heimzuleuchten, ist fast unbeherrschbar.«[42] Wir
wissen nicht genau, was ihn in diesem Fall so erregte, weil er ihren angeblich »albernen Brief« offenbar im Zorn sogleich »beseitigte«. Wahrscheinlich hatte sie ihm widersprochen und ihm als amerikanische Pa-
triotin die Leviten gelesen, weil er wieder einmal Zweifel geäußert hatte
an dem unbedingten Siegeswillen der Alliierten.

Politische Differenzen waren nichts Neues in ihrem brieflichen und
persönlichen Verkehr. Sie ließ ihn bei passender Gelegenheit wissen,
dass sein Verständnis der amerikanischen Demokratie problematisch
sei und auf wackeligen Füßen stehe. Wenn die Rede auf Präsident

Roosevelt kam, pflegte er, wie wir sahen, vorsichtshalber und necki-
scherweise hinzuzufügen, dass FDR ja »sein« Präsident sei, nicht »der
Ihre«. Beide schonten sich in diesem heiklen Punkt. Doch auch im
Hinblick auf Deutschland geriet man gelegentlich aneinander. Als er ihr
im Herbst 1943 seinen zweiten Library-Vortrag schickte, *The War and
the Future*, stieß sie sich an seinen widersprüchlichen Äußerungen über
Deutschland. Einerseits anerkenne er den Heroismus des deutschen
Widerstands, andererseits nenne er, unter Berufung auf Goethe, die
Deutschen als Volk »miserabel«. Sie sei »confused« und wisse nicht,
was er in seinem Vortrag eigentlich sagen wolle. Auf den Punkt gebracht: »Do you still believe in Germany or do you not?« (AM, 513)

Solche Töne war Thomas Mann nicht gewohnt. Dass sie ihm Welt-
fremdheit in Fragen des praktischen Lebens vorwarf, wie: »About all
questions of life, dear friend, you are – forgive me – a child«, mochte
noch hingehen (AM, 268). Auch dass sie in der einen oder anderen
Sache eine abweichende oder gar konträre Meinung hatte, konnte er
akzeptieren. Woran er sich stieß, war augenscheinlich die unverblümte
Art, mit der sie – darin die sehr selbstbewusste Amerikanerin – ihm bei
aller Verehrung widersprach. Das legte er ihr als Tyrannei und pädagogischen Furor aus. Als er ihr in der Krise von 1943 einen »Scheidebrief«
(Tb. 25. 5. 1943) schrieb, hielt er ihr gerade dies vor: »Sie wollten mich
erziehen, beherrschen, verbessern, erlösen. Vergebens habe ich Sie in
aller Güte und Zartheit gewarnt, dass das ein Versuch am untauglichen
Objekt […] sei.« (AM, 479) Den Gipfel der Respektlosigkeit stellte ihre
Aufforderung dar, für den Vortrag in der Library im Oktober 1943 eine
neue, bessere Rede zu schreiben: »I who revere you at least as much as
anyone in the world beg of you to rewrite this essay and cast it in a mold
more worthy of your great powers and your unique world role and the
tragic historical period in which you speak.« (AM, 514) Sie nahm Anstoß an seinen Nachsichtigkeiten gegenüber dem Kommunismus und
an seiner widersprüchlichen Einstellung zu Deutschland. Die Reaktion
im Tagebuch (12. 9. 43): »[…] unverschämter und tief verstimmender
Brief von der Meyer über den Vortrag.«

Und doch bestand zu keiner Zeit eine akute Gefahr, dass Thomas
Mann die Beziehung zu seiner »Fürstin« abbrechen würde. Sehr bezeichnend, wie er nach dem Ausfall gegen das »Frauenzimmer, das

mich tyrannisiert«, neu ansetzt. Sein nächster Brief beginnt mit »Chère amie, Ihr Brief vom 18. war ja ein Elementar-Ereignis. Womit habe ich denn *das* verdient?« (AM, 373) Im Tagebuch vermerkt er, er habe »an die Meyer auf eine der ›Freundschaft‹ nicht gerade zuträgliche[n] Weise« geschrieben (Tb. 21.2.1942). Ihre Freundschaft soll offenbar durch die Anführungszeichen als annulliert gelten. Doch das ist lediglich als momentane Unmutsäußerung zu werten, nicht als sein Ernst. Der Brief legt noch einmal in ruhigem, verbindlichem Ton seine Bedenken hinsichtlich der Alliierten dar und versichert ihr, dass er sich auf die nächste Begegnung, in Los Angeles oder in San Francisco, freue. Und um seine Gutwilligkeit zu unterstreichen, weiht er sie abschließend in sein nächstes Projekt ein. Seine Gedanken gingen jetzt »manchmal über den nur noch aufzuarbeitenden Joseph hinaus zu einer Künstler-Novelle, die vielleicht mein gewagtestes und unheimlichstes Werk werden wird« (AM, 374). Damit macht er sie zur Ersten in seinem Bekanntenkreis, die von seinem Plan zum *Doktor Faustus* erfährt, über ein Jahr, bevor er den Roman in Angriff nahm. Diese rein geistige Form von Intimität war die von ihr begehrteste Form der Auszeichnung, um derentwillen sie ihm diente.

Trotz der relativ häufigen Irritationen, die von Agnes Meyer ausgingen, und unerachtet der verletzenden Formulierungen, die er in seine Briefe einzuflechten wusste, versuchten beide, letzlich mit Erfolg, auf freundschaftlichem Fuße zu verbleiben. Es gab gute, unabweisliche Gründe für Thomas Mann, dieser Beziehung weiterhin die sorgsamste Pflege angedeihen zu lassen. Abgesehen von den materiellen Vorteilen, die ihm diese Freundschaft bereits eingebracht hatte, war vor allem an seine Stellung als »Fellow« der amerikanischen Nationalbibliothek zu denken, die er ihr verdankte und deren Fortdauer ihm wünschenswert erscheinen musste. Auch der Komfort, den die Häuser der Meyers in Washington und Mount Kisco boten, war eine Annehmlichkeit, auf die man nicht leichtfertig verzichtet – von noch unerprobten Vergünstigungen in der Zukunft ganz abgesehen. Und doch griffe man zu kurz, wenn man in diesem Zusammenhang allein die materiellen Gesichtspunkte als ausschlaggebend für die Fortdauer der Freundschaft betrachtete.[43] Weder er noch sie hätten darin ihr Genügen gefunden.

Wie fest das geistige Band zwischen ihnen bereits war, lässt sich gerade an der schweren Krise ihrer Freundschaft vom Mai 1943 er-kennen, die zu jenem bereits erwähnten »Scheidebrief« führte. Diese Krise – Thomas Mann selbst nennt sie so (AM, 479) – war weitgehend aus Missverständnissen hervorgegangen und eskalierte sogleich, weil darin Irritationen, die schon länger im Verborgenen schwelten, an die Oberfläche drängten. Das Verhalten der beiden Streitenden während fünf langer Wochen, in denen beider Nerven aufs Äußerste strapaziert wurden, trägt alle Anzeichen einer extremen Reizbarkeit auf seiner wie auf ihrer Seite; es zeigt aber auch, dass beide sich ein Gespür bewahrten für das Unwürdige und Rufschädigende ihrer gegenseitigen Vorwürfe.[44]

Es begann mit einem Leserbrief aus blauem Himmel in der *New York Herald Tribune*, verfasst von einer obskuren Professorin am Smith College[45], die den Vorwurf erhob, Klaus Mann habe in seinem gerade erschienenen Buch über André Gide dessen Kollegen Paul Claudel Sympathien für den Faschismus (»pro-Fascist«) nachgesagt. Und da sie gerade dabei ist, greift die erzürnte Leserbriefschreiberin auch den Va-ter Klaus Manns an. Sie erinnert an dessen einst geäußerte Verachtung für die Demokratie und fügt in maliziöser Absicht hinzu, dass dieser Mann nun an der Library of Congress ein Jahresgehalt von 9000 Dollar beziehe – für Arbeit, die auch zu Hause in Kalifornien erledigt wer-den könne. Agnes Meyer schickte ihm den Zeitungsausschnitt mit dem ärgerlichen Leserbrief und verwahrte sich gegen die »unglaubliche These«, dass ihr alter Freund Paul Claudel ein Fascist sei (AM, 470).

Dies erzürnte den mit dem *Doktor Faustus* schwanger gehenden Freund, der es sich nun verbietet, mit Zeugnissen »einer so deprimie-renden Dummheit und Bosheit« wie jenem Leserbrief belästigt zu wer-den (AM, 471). Doch dann verteidigt er seinen Sohn, was wiederum eine Erwiderung ihrerseits nach sich zieht. Agnes Meyers Verärgerung über den Verehrten gipfelt in der bitteren, spitzen, auf Englisch formu-lierten Bemerkung, Irrtümer, die von einem warmen Mitgefühl beglei-tet seien, wie bei Claudel, seien ihr unendlich lieber als das untadeligste Gewissen einer kalten und grausamen Protestanten-Moral. Die letzten Worte des Briefes – »*a cold and cruel Protestant morality*« (AM, 476) – sind unterstrichen. Thomas Manns darauf folgender »Scheidebrief«, in dem er ihr vorhält: »Immer wollten Sie mich anders, als ich bin«, gip-felt in der weit überzogenen Behauptung, dass »[u]nser Arrangement

mit der Library of Congress [...] durch die Denunziation jener warm-
herzigen Claudel-Verehrerin [...] besudelt« sei und er deshalb beschlossen habe, MacLeish um die Auflösung der Verbindung zur Library zu bitten. Dieser aber hatte mit einer unaufgeregten Replik auf
jenen Leserbrief bereits für klare Verhältnisse gesorgt (AM, 970). Für
eine Lösung der Verbindung zur Library bestand somit nicht die ge-
ringste Veranlassung.

Der Ton seiner Briefe an die Freundin in Washington wird wieder
wärmer und offener, sobald sie zugibt, dass sie sich gegenseitig Wunden
geschlagen hätten und dass sie »furchtbar gelitten« habe und noch daran leide (AM, 480). Die Korrespondenz wird denn auch sogleich, ohne
eine verstimmende Unterbrechung, mit der von früher gewohnten Mitteilsamkeit weitergeführt. Ein Abbruch der Beziehung kam trotz des
scheinbar finalen »Lebewohl« in seinem vermeintlichen »Scheidebrief«
nicht ernsthaft in Frage, denn indem Thomas Mann die Gründe benennt, die den Abbruch der Beziehungen als zwingend erscheinen lassen sollen, blickt er auch zurück auf das Verbindende, im Grunde nicht
zu Lösende. Er stellt fest: »Was wir einander verdanken, können wir
schwerlich vergessen«, was wohl eigentlich heißen soll, dass wir dem,
was wir uns gegeben haben, nicht durch eine aus Missverständnissen
entstandene Krise ein unrühmliches Ende bereiten sollten. Er fährt
fort: »ich sage: einander; denn was ich an Güte, Beistand, Lebens-
erleichterung von Ihnen empfing, durfte ich ohne Würdeverlust hin-
nehmen, da Sie mich glauben liessen, dass es sich nicht um einseitige
Wohltaten handelte.« Er betont die Gegenseitigkeit der Wohltaten: »Ich
habe Sie, so gut ich es verstehe, an meinem inneren und äusseren Leben teilnehmen lassen, Ihnen, wenn Sie da waren, stundenlang neue
Arbeit vorgelesen, die noch niemand kannte, Ihrer patriotischen, sozialen Tätigkeit die aufrichtigste Bewunderung erwiesen.« Sichtbarstes
Zeichen der gegenseitigen Dankesschuld sind die Briefe, die sie sich geschrieben haben und die zu diesem Zeitpunkt bereits den Umfang und
das Gewicht eines epistolarischen Monuments angenommen hatten.
Ihr Briefwechsel sei nachgerade ein literarisches Dokument, dem er
»[m]ehr Gedanken, Nervenkraft, Arbeit am Schreibtisch« gewidmet
habe »als sonst irgend einer Beziehung auf der Welt« (AM, 479 f.). Wer
so von dem bereits zurückgelegten Weg spricht, kann nicht ernsthaft

wollen, dass er nicht fortgesetzt werde. Hier hatte sich eine in seiner Biographie einzigartige Geschichte entfaltet, die so viel Eigengewicht besaß und ihm als Immigranten so viel Erfolg und Glanz zuteil werden ließ, dass sie nicht durch einen peinlichen Abbruch rückwirkend in Frage gestellt werden durfte. Wie seinem Joseph in ähnlicher Bedrängnis, wird ihm klar geworden sein, dass »wir vielleicht, ja wahrscheinlich, in einer Geschichte sind« und er sich um dieser ihrer gemeinsamen Geschichte willen zusammennehmen sollte und musste (V, 1175). Nach einer Periode der Abkühlung schrieb er ihr: »Vergessen wir doch, liebe Freundin, ganz und gar, das Missgeschick der Zwistigkeiten, von dem wir heimgesucht wurden! Habe ich denn nicht allen Grund zu bewundernder Dankbarkeit für die selbstlose Hingabe an mein Werk und mein Leben, deren Sie fähig waren? Ich habe das nie vergessen, auch nicht als wir uns stritten.« (AM, 504 f.)

Thomas Manns Traum von dem kostbaren Ring, dessen wahre Bedeutung darin liegt, dass er das sichtbare Glied einer unsichtbaren Kette darstellt, bestätigt, was beiden in der Krise von 1943 aufgegangen war: Sie sind sich gegenseitig so viel schuldig geworden, dass das Band ihrer Freundschaft im Grunde bereits eine Kette war – unsichtbar, doch fest. Es wäre ein Missverständnis, den Traum als Bitte um das Geschenk eines edlen Smaragdrings zu deuten. Agnes Meyer hat ihn auch keineswegs so aufgefasst; auch sie verstand den Ringtraum als Symbol eines geistigen Bands. Sie bemühte sich auch nicht, den gewünschten Ring zu besorgen; vielmehr dankte sie ihm am Ende ihres letzten Briefs an ihn mit schlichten Worten dafür, »dass Sie mein Leben und Streben so erhöht und verschönert haben –« (AM, 799). Statt ihrer machte es sich die Familie, d. h. Katia und Erika, zur Aufgabe, Thomas Mann zum Achtzigsten einen Samaragdring zu schenken. Es wurde dann »nur« ein Turmalinring, denn »[e]rstklassige Smaragde erweisen sich als so schwer zu finden wie zu erschwingen«.[46]

Auch diese Episode bestätigt, dass für beide nicht die materielle, sondern die geistige Seite ihrer Freundschaft das Wesentliche war. Wenn Thomas Mann ihr den Wunschtraum von einem kostbaren Ring mitteilt, so konnte er darauf zählen, dass seine Freundin, deren »liebevolle […] Versenkung in meine geistige Existenz« er in demselben Brief ausdrücklich anerkannte, die literarische Anspielung verstehen würde. An-

gespielt wird auf Mut-em-enet und Frau von Tolna, die beide ihren Geliebten einen Ring schenken. Und dieser Ring wird ausdrücklich als
sichtbares Glied einer unsichtbaren Kette bezeichnet. Indem er ihr mit
denselben Worten seinen Traum mitteilt, signalisiert er etwas, was offen
auszusprechen er sich anscheinend bis zuletzt scheute: dass er ihre
Liebe akzeptierte, auch wenn er selbst diese Liebe nicht zu erwidern
vermochte, weder in den ersten Jahren ihrer Freundschaft noch im
Spätherbst ihrer Beziehung.

Die Unsichtbare: Frau von Tolna

Im Sommer 1939 unternahm Agnes Meyer eine Reise nach Deutschland in Vorbereitung auf ihr geplantes Buch über Thomas Mann. Um
Eindrücke zu sammeln und vielleicht die eine oder andere Lebensspur
im Werk zu entdecken, besuchte sie auch Lübeck und Travemünde.
Dort muss man ihr empfohlen haben, wenn sie in Berlin sei, einen dort
lebenden Lübecker aufzusuchen. Eine solche Begegnung fand in der Tat
statt, wie sie Thomas Mann auf der Rückreise, noch vom Schiff, berichtet. Sie habe »aus lauter Liebenswürdigkeit den Freund eines Freundes zum Thee eingeladen. Und siehe da, dieser Prachtmensch, namens
Leverkuehn, stammt aus Lübeck und interessiert sich für die Schriften
eines T. M.« (AM, 170). Der Name muss unangenehme Erinnerungen
geweckt haben, denn ein Leverkühn, der Amtsrichter Dr. August Leverkühn, war der Vorsitzende des Vormundschaftsgerichts und hatte die
amtliche Aufsicht über die von Senator Mann bestimmten Vormünder
der Mann-Kinder, Hermann Fehling und Krafft Tesdorpf.[47] In seinen
ersten Münchner Jahren fand Thomas Mann immer wieder Anlass,
über die bescheidene Summe des monatlichen Erbzinses zu klagen. Zudem musste Frau Julia Mann regelmäßig nach Lübeck Bericht erstatten
über die Führung ihrer Kinder in dem fernen München. »Die ganze Familie« konnte diesen »lästigen Mann nicht leiden«.[48] Das macht es verständlich, dass Thomas Mann den Namen des lästigen Amtsrichters
vergaß oder verdrängte; jedenfalls ist er in den Briefen und Tagebüchern
vor 1939 nicht belegt. Demnach ist anzunehmen, dass es Agnes Meyer
war, die den Namen Leverkühn in Thomas Manns Erinnerung wieder

wachgerufen und dadurch ein kleines, doch gewichtiges Steinchen zu dem großen Mosaik des *Doktor Faustus* beigesteuert hat. Der Leverkühn, mit dem sie sich in Berlin unterhalten hatte, hieß Paul und war der zweite Sohn des Amtsrichters.[49]

Thomas Mann war sehr angetan von Agnes Meyers Reisebericht aus dem ihm nicht zugänglichen Deutschland. Offenbar prägte sich ihm bei dieser Gelegenheit der Name Leverkühn endgültig ein, denn schon in den ersten Notizen zum Roman steht dieser Name für die Hauptfigur fest. Hier spielen Assoziationen mit einer biographischen Folie des modernen Doktor Faustus eine symbolische Rolle, nämlich mit Nietzsche, dem Verkünder eines kühnen Lebens. Doch ausschlaggebend waren offensichtlich die autobiographischen Assoziationen mit Lübeck. Für die altertümliche, fiktive Stadt Kaisersaschern stand in vielen Einzelheiten Thomas Manns Vaterstadt Modell. Der altdeutsch klingende Name Leverkühn passte gut dazu. Und da Adrian Leverkühn mit vielen Zügen seines Schöpfers ausgestattet ist, lag es nahe – ja es war auf eine hintergründige Weise sinnvoll –, diese weitgehend autobiographische Gestalt nach jenem Manne zu benennen, der auf Grund seiner vom Vater sanktionierten Vormundschaftsrolle eine juristisch definierte Stellvertreterfunktion für die eigene Existenz besaß.

Dass Agnes Meyer die Erste war, die er in den Plan zu seinem vielleicht gewagtesten und unheimlichsten Künstlerroman einweihte, haben wir bereits gesehen. Er ließ sie auch an seinen Überlegungen zu einem präzisen, aussagekräftigen Untertitel teilnehmen. Am 21. Juni 1943 teilt er ihr eine erste Fassung mit: »Doktor Faust. Das seltsame Leben Adrian Leverkühns erzählt von einem Freunde« (AM, 493). Erst fünfzehn Monate später steht der endgültige Untertitel fest, wie er ihr brieflich meldet (AM, 586). Auch sonst durfte Agnes Meyer die Entstehung des Romans mitverfolgen. Als Thomas Mann im Oktober 1943 zu seinem zweiten Vortrag in der Library of Congress in Washington weilte, las er ihr die »Anfangskapitel« des Romans vor; er vermerkt, dass sie sich »[s]chaurig ergriffen« zeigte (Tb. 14. 10. 1943). Außerdem gewährte er ihr vor der Abreise ein offenbar einlässliches Gespräch über den Roman, das sie sogleich aufzeichnete. Diese Notizen stellen in Ergänzung zu dem Bericht in der *Entstehung des Doktor Faustus* ein aufschlussreiches Zeugnis über die Frühphase der Romangenese dar, nicht zuletzt weil darin einige Aussagen des *Faustus*-Autors wörtlich auf Deutsch zitiert werden.[50] Die Phase der »Vorarbeit« sei »ein glueck-licher Zustand [...] wo die Mühe noch nicht angefangen hat«. »Nie« habe er »mit solchem Raptus geschrieben«. Gleichwohl sei er sich noch keineswegs über den ganzen Stoff (»material«) im Klaren; auch sei er nicht sicher, »dass ich nicht stecken bleibe«. Der Roman habe gewisse Affinitäten zum *Zauberberg* (die Idee der »Steigerung«) und zu *Felix Krull* (»das Melancholische des Formalen in grotesker Form«). Die Be-ziehung zum Faschismus werde durch die »Musik als Idee des Rau-sches« hergestellt.

In den folgenden zweieinhalb Jahren hält Thomas Mann seine Gön-nerin regelmäßig auf dem Laufenden über den Fortgang der Arbeit; er schickt ihr verschiedene Kapitel, die sie in ihrer spontanen Art kom-mentiert (AM, 584 f.). Gelegentlich flicht er in seine Mitteilungen Kommentare über das gerade Geschriebene ein; so etwa, wenn er die Schwierigkeit beschreibt, bei der Erklärung der Zwölftontechnik nicht ins »Abhandlungsmässige« zu verfallen. Auf die Bemerkung, dass »die Reihentechnik sich also als Teufelswerk herausstellt«, folgt der prophetische Zusatz: »Schönberg wird mir die Freundschaft kündigen.« (AM, 591) Im Frühjahr 1945 schickt er ihr die jüngst geschriebenen Kapitel, darunter das Teufelsgespräch, und bei seinem Besuch in Wa-shington im Mai 1945 – das Thema seines Library-Vortrags ist diesmal *Deutschland und die Deutschen* – gewährt er ihr ein zweistündiges Pri-vatissimum mit Lesung aus dem Roman und Unterhaltung darüber. Im Tagebuch ist dies alles selbstironisch als »Dienst bei der Hausfrau« ver-merkt (Tb. 1. 6. 1945). Es ist keine Übertreibung zu sagen, dass abgese-hen von der Familie und von Theodor Adorno, seinem unentbehrlichen musikalischen Berater, niemand sonst so sehr im Bilde war über die Thematik des *Doktor Faustus* und den Fortgang der Arbeit am Roman wie Agnes Meyer.

Thomas Manns sorgsame Einbeziehung seiner Bewunderin in die Entstehung des Romans hatte einen guten, praktischen Grund: Er wollte sie als Übersetzerin des *Faustus* gewinnen. Zweifel an der Kom-petenz seiner offiziellen Übersetzerin Helen Lowe-Porter hatte er schon seit langem; sie wurden genährt durch Hinweise aus dem Lesepubli-kum, gelegentlich auch in Leserbriefen, auf bestimmte Missverständnisse in den englischen Versionen seiner Werke. Thomas Mann jedoch war gezwungen, sich der verdienstvollen Dame gegenüber loyal zu verhalten, schon aus Rücksicht auf den amerikanischen Absatz und auf seinen Verleger, Alfred A. Knopf, der von der Qualität der Lowe-Porter'schen Übertragungen überzeugt war. Als man sich aber während der Übersetzung des vierten *Joseph*-Bandes Sorgen machen musste über die Belastbarkeit der »armen alten Lowe«, begannen Thomas Mann und Knopf sich Gedanken zu machen über eine akzeptable Alternative (AM, 495). Dafür kam nach Thomas Manns Überzeugung nur Agnes Meyer in Frage. Ihre Deutsch- und Deutschlandkenntnisse waren besser als die der offiziellen Übersetzerin, und im Übrigen hatte sie sich als Thomas-Mann-Übersetzerin bereits mehrfach bewährt.

Offenbar machte Knopf den ersten Vorstoß. Agnes Meyer bezieht sich darauf in einem verloren gegangenen Brief, auf den Thomas Mann am 6. Juli 1943 eingeht. Er versichert ihr, Knopf habe sich »spontan und ohne mein Wissen« an sie gewandt, gibt aber zu, dass dieser Gedanke ihm schon immer nahe gelegen sei. Nur aus Rücksicht auf ihre »vaterländischen, publizistischen Pflichten« habe er davon Abstand genommen. Dass dies nicht ganz ehrlich gemeint war, geht aus der Fortsetzung seines zarten Werbebriefes hervor: »Ich muss Ihnen wohl nicht sagen, dass es die *ideale Lösung* des Problems wäre [...], wenn Sie eines Tages die Uebersetzung des neuen Romans übernähmen. Dass you could do the job, ist mir garkeine Frage. Vergebens sehe ich mich nach einem Menschen um, dem ich die Aufgabe beruhigter anvertrauen würde. Stilistische Schwierigkeiten wird es geben, aber kaum unlösbare für jemanden, der englisch *und* deutsch kann, wie Sie.« (AM, 495 f.)

Solcher Überredungskunst war schwer zu widerstehen. Furchtlos, wie es ihre Art war, scheint sie ernsthaft versucht gewesen zu sein, die *Faustus*-Übersetzung zu übernehmen. Wie aus einem Brief an Golo Mann hervorgeht, hatte sie bei Thomas Manns letztem Besuch in Washington dem Werben des Verehrten nachgegeben: »We had some wonderful talks, and I have agreed to translate ›Dr. Faust‹, – that, I know, will make you laugh because we both know it will be his best book and probably cannot be translated [...].« Aus dem Brief an Golo geht auch hervor, was sie ihrerseits motivierte: »[...] I am sure that I shall

learn more about his relationship to his own work by doing this translation than in any other way and that it will be of the utmost importance
to my own book on your Father, even though it may postpone it for
another year.« (AM, 978) In einem wiederum nicht erhaltenen Brief
muss Agnes Meyer ihre offenbar mündlich gegebene vorbehaltliche Zustimmung wiederholt haben, ein halbes Versprechen, denn in seinem
Gegenbrief schreibt Thomas Mann: »Auch betrachte ich die Abma-
chung – sofern sie getroffen ist – vorläufig mehr als eine theoretische
Beruhigung für die Zukunft [...].« Er versichert ihr aber noch einmal,
»dass es keinen Menschen gibt, bei dem alle Vorbedingungen für die
Herstellung *der* englischen Uebersetzung meines nächsten Buches so
erfüllt wären wie bei Ihnen. Ich finde, das ist ein Faktum, dem man sich
unterwerfen darf, und dem nicht Rechnung zu tragen denn doch wohl
selbst heute ein Unrecht wäre.« (AM, 498)

Die so Umworbene zögerte nun aber wieder in Erinnerung an ihren
bitteren Streit vor erst zwei Monaten. Dies, schrieb sie ihm, lasse es
ihr zweifelhaft erscheinen, dass sie es ihm je recht machen könne. Ihre
Zweifel bekamen neue Nahrung nach der Lektüre des letzten *Joseph*-
Bandes, dessen »Musik mich wieder berauscht, entzückt, überwältigt hat. [...] Nie kann ich mich an Ihren Styl wagen.« Ihre Liebe zu
seiner Wortkunst sei so groß, dass sie sich nie mit einer Übersetzung zu-
friedengeben könne: »Nichts würde ich darin sehen als Misslingen, un-
schöne Genauigkeiten, höchstens schöne Ungenauigkeiten. Das kann
Mrs. Lowe vertragen und ertragen – nicht ich. Geben Sie mir mein Versprechen zurück. Es würde mich in Verzweiflung stürzen.« (AM, 535 f.)
Thomas Manns Antwort: »süsser kann man eine bittere Pille nicht ver-
zuckern, als Sie es tun mit dem Lob und Preis, worein Sie Ihre Erklärung kleiden, Sie könnten mich nicht übersetzen.« Doch dann bietet er
über vier Seiten hin noch einmal alle seine Überredungskunst auf, ihre
Absage als vorläufig hinzustellen und für die Zukunft alles offenzu-
lassen: »Die Frage, wer den ›Doktor Faustus‹ übersetzen soll, ist nicht
aktuell.« Unbeirrt wendet er ihr Argument von der Einzigartigkeit seines Stils gegen sie: »Ihre Abdikation, Ihr Gefühl von Inkompetenz können leicht das Erzeugnis Ihres gegenwärtigen Zustandes sein und brauchen für einen künftigen keine Bedeutung zu haben. Ausserdem mögen
sie das Zeugnis eines starken und lebendigen Sinnes für die Aufgabe

und damit gerade der Beweis für Ihre Berufung dazu sein. Ein nachdenkenswerter Gedanke.« (AM, 537)

Schließlich war es Helen Lowe-Porter, die die englische Übersetzung des *Doktor Faustus* besorgte.[51] Sie schaffte es in bemerkenswert kurzer Zeit, doch leider auch mit einigen sinnentstellenden Fehlern und in einem leicht prätentiösen Imponierstil.[52] Als Agnes Meyer eine Besprechung des Romans vorbereitete, wurde ihr vollends klar, welche Probleme der *Doktor Faustus* jedem Übersetzer aufgibt. Ohne falsche Bescheidenheit, wie es ihre Art war, schrieb sie dem Autor: »Nie war meine Uebersetzung eines Ihrer Bücher nöthiger.« (AM, 701) Bedauerlicherweise kam wegen ihrer journalistischen Aufgaben auch ihre Rezension des *Faustus* nicht zustande. Dies ist insofern zu bedauern, als ihre brieflichen Kommentare über den Roman von einem bemerkenswert intimen Verständnis zeugen. Ihre Rezension hätte vermutlich die sehr gemischte amerikanische Rezeption des Romans um eine ungewöhnlich Deutschland-freundliche Note bereichert.[53]

Die Hartnäckigkeit, mit der er um Agnes Meyers Übersetzerdienste warb, seine Unwilligkeit, den Gedanken an eine von seiner Freundin betreute Übersetzung seines Schmerzensbuches fallen zu lassen, legt die Vermutung nahe, dass sie mehr mit dem Roman zu tun hat, als auf den ersten Blick zu erkennen ist. Diese Vermutung wird zur Gewissheit, sobald wir die geheimnisvolle Figur der Frau von Tolna näher betrachten. In dem betreffenden Kapitel 36, das von Leverkühns verborgener Beziehung zu seiner unsichtbaren Wohltäterin handelt, liefert Thomas Mann eine kleine Apotheose des Mäzenatentums, als dessen höchste Tugend und größte Annehmlichkeit die Diskretion vorgestellt wird. Frau von Tolna hat jedoch sowohl eine exoterische als auch eine esoterische Bedeutung in diesem Werk. Auf der exoterischen Ebene diente Agnes Meyer dieser wohl geheimnisvollsten Gestalt des Romans zum Vorbild.

In seinem Bericht über die Entstehung des Romans verrät uns Thomas Mann, dass »Madame de Tolna« eine »Übernahme von Tschaikowskys unsichtbarer Freundin, Frau von Meck« sei (19.1, 432). Er präsentiert diese Auskunft, als sage er damit etwas Offensichtliches – »ich brauche es nicht zu sagen [...]« –, was jeder gebildete Leser sogleich sehen könne. Damit soll jeder weiteren Assoziation ein Riegel vorgeschoben werden. Zweifellos sind einige Züge der Nadeschda von Meck auf Frau von Tolna übertragen: Beide Wohltäterinnen bleiben einer stillen Übereinkunft gemäß unsichtbar. Wie jene reist auch diese an die Orte, wo die Werke ihrer Günstlinge aufgeführt werden, und wie Tschaikowsky nimmt auch Leverkühn die Gastfreundschaft seiner Wohltäterin während deren Abwesenheit auf ihren Gütern in Anspruch.

Einen neuen Gesichtspunkt brachte Peter de Mendelssohn ins Spiel, als er eine ungarische Adelige, die Thomas Mann 1935 kennengelernt hatte und deren Barockschloss er aus eigener Anschauung kannte, Irene von Hatvany, als »[d]as eigentliche und wahre Modell von Frau von Tolna« vorschlug.[54] Auch Frau von Hatvany lieferte einige Details zu einer bedeutenden Episode in Leverkühns Biographie: den ungarischen Schauplatz für Leverkühns und Rudi Schwerdtfegers fatalen Liebesurlaub in »einer Häuslichkeit von vornehmer Pracht, den dix-huitième-Sälen und -Gemächern von Schloß Tolna« (10.1, 574).

Dagegen ist jedoch geltend zu machen, dass die Rede von dem eigentlichen und wahren Modell die eigentümliche Schaffensweise dieses Autors verfehlt. Wie auch sonst im Roman stützt sich Thomas Mann hier auf eine synkretistische Montagetechnik, so dass im Fall der Frau von Tolna von einer quellenmäßigen Überdeterminiertheit auszugehen ist. Neben dem russischen und dem ungarischen ist hier zweifellos auch ein amerikanisches Modell verarbeitet worden. Dies scheint um so plausibler, als Leverkühns unsichtbare Wohltäterin für Thomas Mann das mäzenatische Ideal der absoluten Diskretion verkörpert, und jede Darstellung dieses Ideals unvollkommen wäre, wenn darin nicht auch seine Erfahrungen mit der großartigsten Form von Mäzenatentum, die er selbst erlebte, eingegangen wären.

Im Kern sind es drei Aspekte der Tolna-Figur, die sich von Agnes Meyer herleiten lassen. Auf keines der beiden anderen Vorbilder trifft zu, was uns der Erzähler über Leverkühns diskrete Verehrerin mitteilt, nämlich »[d]aß er seit Jahr und Tag in brieflichem Austausch mit ihr stand, einer Korrespondenz, in welcher sie sich als die klügste und genaueste Kennerin und Bekennerin seines Werkes, dazu als sorgende Freundin und Ratgeberin, als unbedingte Dienerin seiner Existenz erwies, und worin er für sein Teil an die Grenze der Mitteilsamkeit und

des Vertrauens ging, deren die Einsamkeit fähig ist [...].« (10.1, 567)
Alle genannten Attribute treffen auf Agnes Meyer zu und nur auf sie.
Die langjährige Korrespondenz belegt zudem ein Maß an geistiger Inti-
mität, das bei keinem der beiden anderen Vorbilder gegeben ist.

Die geheimnisvolle Ungarin ist »[e]nergisch, wenn auch auf Um-
wegen und durch Mittelspersonen, [...] in seinen Diensten tätig« (10.1,
571). So ließen sich auch Agnes Meyers vielfache und einfallsreiche
Hilfeleistungen beschreiben – allen voran die Ernennung zum Consul-
tant in Germanic Literature, die es ihm ermöglichte, an der amerikanischen Nationalbibliothek Vorträge zu halten. Die Einrichtung dieser
Sinekure hat die Wohltäterin in Washington überaus diskret mit eigenen
Mitteln finanziert. Auch Frau von Tolna sorgt dafür, dass Leverkühns
Werke zu Gehör gebracht werden, so etwa im Falle der Puppenoper
nach Erzählungen aus den *Gesta Romanorum*. Sie stellt »bedeutende
Mittel zur Verfügung«, und zwar »aus der Verborgenheit, ohne daß die
Quelle der Zuwendung klar wurde«, damit Leverkühns Puppenoper an
dem dafür geeigneten Ort, bei dem Musikfest zur Förderung zeitgenös-
sischer Musik in Donaueschingen, zur Aufführung kommt (10.1, 571).

Schließlich stimmen auch die Besitzverhältnisse Frau von Tolnas in
größerem Ausmaß mit denen Agnes Meyers überein als mit denen Frau
von Hatvanys. Leverkühns Wohltäterin besitzt »Stadthaus, Gutsschloß
und Sommervilla« (10.1, 568). Diese Triade entspricht recht genau
den Meyer'schen Verhältnissen. Die Meyers bewohnten in der amerikanischen Hauptstadt am Crescent Place ein geräumiges Stadtpalais.
Darüber hinaus gehörten ihnen in Mount Kisco, nördlich von New
York, auf dem weitläufigen Gelände ein chateauartiges Landhaus sowie
in der Nähe Washingtons, den Potomac überblickend, ein bequemes
Wochenendhaus, mit charakteristischer Untertreibung »Cabin« genannt.
Dem *Faustus*-Autor waren alle drei Häuser vertraut. Man darf davon
ausgehen, dass sie ihm bei der Niederschrift des Romans als Vorbilder
vorschwebten, allerdings auf europäischen Boden versetzt.

Dies sind die wichtigsten äußerlichen Ähnlichkeiten der Frau von
Tolna mit Agnes Meyer. Ob und inwieweit sie auch in die esoterische
Bedeutungsschicht dieser geheimnis- und rätselvollen Romanfigur
hineinspielt, muss Spekulation bleiben. Die verborgene, auch dem Erzähler verborgene Dimension von Leverkühns »Schutzgöttin« (10.1,

569) – Thomas Mann nennt seine Wohltäterin gleichfalls »mein guter Engel« und Schutzgöttin (AM, 143) – gehört zu dem unter der Erzähloberfläche entfalteten, den ganzen Roman mittragenden theologischen Diskurs über die Gnade und hat in der geheimen Identität Frau von Tolnas mit Esmeralda ihren Angelpunkt. Am Anfang des Romans werden wir mit der Wunderwelt der Schmetterlinge bekanntgemacht, darunter der Hetaera Esmeralda genannte Glasflügler; von einem anderen, verwandten Falter heißt es, dass er »sich unsichtbar machen« konnte (10.1, 28). Die Unsichtbarkeit Frau von Tolnas, der einstigen Bordellangestellten und Hetaera Esmeralda, ist als die subtilste und gewichtigste Entfaltung des Schmetterlingmotivs anzusehen.

Die Entschlossene: Thamar

Tagebuch, Pacific Palisades, Sonntag, den 29. März 1942: »Vormittags die deutsche Sendung lakonisch zu Ende geschrieben. Danach rasiert, um in Bereitschaft zu sein, da die Meyer angekommen war, und danach noch einige Zeilen am neuen Kapitel geschrieben. 12 Uhr mit K. zum Hotel Miramar, Bungalo, zum Besuch der Eingetroffenen.«

Agnes und Eugene Meyer waren auf eine Woche nach Los Angeles gekommen, um ihre Tochter Florence zu besuchen, eine Fotografin, die seit 1939 mit dem österreichichen Schauspieler Oskar Homolka verheiratet war, und um deren kleine Kinder, Vincent und Laurence, zu sehen. Selbstverständlich wollte man auch das neue Haus am San Remo Drive in Pacific Palisades, in das Thomas Mann vor acht Wochen eingezogen war, in Augenschein nehmen. Für Agnes Meyer jedoch lag der eigentliche Sinn der Reise darin, den *Joseph*-Autor möglichst oft unter vier Augen zu sprechen. Sie wollte möglichst viel, was man heute »quality time« nennt, mit ihm verbringen. Zu diesem Ende hatte sie einen Bungalow separat von dem noblen Miramar Hotel am Strand von Santa Monica gemietet. Hier konnte man sich ungestört zum Lunch treffen; hier konnte sie ihn ausfragen für das Buch über ihn, an dessen Realisierbarkeit sie zu diesem Zeitpunkt noch glaubte. Hier konnte sie es genießen, dass er ihr allein aus *Joseph, der Ernährer* vorlas. Und hier vor allem bot sich die Gelegenheit, »über ›uns‹« zu sprechen. Offenbar wollten gewisse Dinge ihre persönliche Beziehung betreffend, die zu heikel waren für die Korrespondenz, ausgesprochen sein.

In den sieben Tagen des Meyer'schen Besuchs in Los Angeles sah man sich täglich, zweimal in dem neuen Haus in Pacific Palisades, fünf-mal in dem Bungalow in Santa Monica. Am besten liefen die Vorlesun-gen. Agnes Meyer war eine gute Zuhörerin; dies war eine wesentliche Voraussetzung der bemerkenswert lange währenden Beziehung zu Tho-mas Mann. Dankbar vermerkt er im Tagebuch nach einer solchen Le-sung: »Sehr gelacht.« (Tb. 31. 3. 1942) Auch die Lunches im Bunga-low sagten ihm zu; er ließ es sich schmecken, was er vermutlich deshalb im Tagebuch ausdrücklich festhielt, weil das kulinarische Niveau im Hause Meyer in Washington gelegentlich zu wünschen übrig ließ. Kei-neswegs gut und klärend verliefen hingegen die intimen, persönlichen Gespräche »über ›uns‹«, von denen sie sich offenbar einiges verspro-chen hatte.

Diese Gespräche führten nicht weit, denn offenbar begegnete sie ihm an einer Stelle mit einer Zärtlichkeit, eine Geste, die er sogleich im Keim erstickte. Wie aus dem Tagebuch ersichtlich, lud sich die Atmo-sphäre in dem Bungalow von Mal zu Mal auf. Ihre Gespräche bezeich-net er zunächst als »matt«, dann als »pénible«. Bei der fünften Begeg-nung unter vier Augen muss sich »manches Entsetzliche, in Schranken zu haltende« ereignet haben. Die fortgesetzten »Verfänglichkeiten« am nächsten Tag pariert er mit aufgesetzter »Verständnislosigkeit«. Und die »Psychologismen«, die sie ihm versuchsweise vortrug – dass er kein Ver-hältnis zu den Menschen habe, dass seinem Werk seit dem *Tonio Kröger* die Wärme und Emotion fehle –, haben ihn vermutlich angeödet, denn es handelt sich dabei um die alten Vorhaltungen der deutschen Kritik, die seinem Werk Kälte und Lieblosigkeit attestierte. Diese Vorhaltun-gen hatte er seit dem *Tonio Kröger* immer wieder zu hören bekommen; er pflegte sie ad acta zu legen. In dem vorliegenden Fall jedoch vermu-tete er einen ganz besonderen Grund für den Verdacht der Gefühls- und Lieblosigkeit: »Alles dient der Erklärung, warum ich kein Verhältnis mit ihr anfange.« (Tb. 4. 4. 1942) Wie er schon im Vorfeld ihres Besuchs dunkel ahnte, würde er sich gegen ihr weiteres Eindringen in sein Le-ben zu wehren haben. Im Tagebuch notierte er ihre »[b]edrückende

Fixierung auf meine Person [...]. Schrecklich. Will da noch das Weib in mein Leben treten, allen Ernstes.« (Tb. 2. 3. 1942)

Einmal mehr musste Agnes Meyer (geborene Ernst!) erfahren, was sie schon lange ahnte und was sie ihn einmal kurz und bündig und nicht ohne Selbstironie hatte wissen lassen: »I send you much love and affection even though you have no use for those encumbrances. Sie zu lieben, mein Freund, ist eine hohe Kunst, die nicht jeder fertig bringt – ein komplizierter Solo-Tanz [...]« (AM, 264). Ihre Liebe ein Tanz ohne Partner, ihre Zärtlichkeiten nichts als Belästigungen: Das traf gewiss zu, wie er sich wohl selbst einzugestehen bereit war. Das Bild vom Tanz ohne Partner erinnert an einen früheren Brief, in dem sie ihm mittels eines Spinoza-Zitats – »Wer Gott liebt, der frägt nicht nach seiner Gegenliebe« – signalisierte, dass sie sich der Einseitigkeit ihrer Beziehung sehr wohl bewusst war (AM, 185). Bis zu dem großen Brief vom Februar 1955, in dem er ihre Liebe, ohne sie zu erwidern, dankbar anerkennen wird, war es noch ein weiter Weg.

Ein sehr ins Gewicht fallender Grund für die Peinlichkeiten im Bungalow war zweifellos das Sujet seiner Lesungen. Thomas Mann trug Agnes Meyer in drei Teilen das fünfte Hauptstück von *Joseph, der Ernährer* vor – die anzügliche, beziehungsreiche und von Geschlechtlichkeit gleichsam überquellende Geschichte der Thamar, die sich als Hure verkleidet, um ihren Schwiegervater zu verführen. Die aufmerksame Zuhörerin musste sich an ihre Lektüre des *Joseph in Ägypten* erinnert fühlen, das Initialerlebnis ihrer Liebe zu Thomas Mann. Einmal mehr sah sie sich in der Überzeugung bestätigt, dass für Thomas Mann – biblische Vorlage hin oder her – die Frau eine Bedrohung war, eine Verführerin. Und einmal mehr erkühnte sie sich, den Verehrten von seiner Misogynie, seiner »Furcht vor der Frau als Verführerin« (AM, 156 f.), zu befreien. Da sie die geschlechtlichen Präferenzen Thomas Manns nicht wahrnahm oder zwar ahnte, aber nicht wahrnehmen wollte, hatten alle ihre Vorstöße in dieser Richtung etwas distinkt Donquichotteskes an sich.

Joseph the Provider erschien in Amerika im Juli 1944 und hatte eine gemischte, doch überwiegend kritische Presse. Im Rückblick stellt sich die Rezeption dieses Romans als der Scheitelpunkt dar, an dem die Reputationskurve Thomas Manns in Amerika nach unten zu weisen begann. Daran vermochte auch die haarsträubende Erzählung von Thamar, die der Autor selbst für besonders gelungen hielt, nichts zu ändern. Heute ist dieser Roman in Amerika, unerachtet seiner verschiedenen amerikanischen Ingredienzen, auch bei den literarisch Gebildeten höchstens vom Hörensagen bekannt. Gleichwohl genießt *Joseph and His Brothers* bei den »happy few« einen gewissen esoterischen Ruhm. Zu diesen »happy few« gehörte der Mythosforscher Joseph Campbell (1904–1987), den Thomas Mann durch Agnes Meyer kennengelernt hatte.[55] Des Weiteren gehört dazu der Literaturhistoriker und -theoretiker Harold Bloom, der nicht müde wird, mit seiner Bewunderung für die ironische Erzählweise und für die Behandlung des Mythos für Thomas Manns biblischen Roman-Zyklus zu werben.[56] Merkwürdigerweise scheint *Joseph und seine Brüder* auf dem blühenden Feld der Bibelforschung kaum Beachtung zu finden.[57] Schließlich bleibt als besonders bedenkenswert zu verbuchen das Urteil der amerikanischen Germanistin Ruth Klüger, die zu den entschiedensten Kritikern von Thomas Manns tiefsitzendem Antisemitismus zählt, die jedoch *Joseph und seine Brüder* als das große Ausnahmewerk anerkennt: »die *Joseph*-Romane sind ein großartiger und begeisterter Tribut eines Nichtjuden an die jüdische Tradition, mit dem sich eigentlich nichts in der abendländischen Literatur vergleichen lässt.«[58]

Thamar stellt die Kommentatoren und Interpreten der biblischen Geschichten seit je vor eine Reihe von Problemen.[59] Der Erzähler der Genesis, der sogenannte Jahwist, der diese Geschichte vermutlich ca. 950 bis 900 v. Chr. aufgezeichnet hat, platzierte sie in das 38. Kapitel der groß angelegten Genealogie des Volkes Israel. Dort steht sie somit anders als bei Thomas Mann vor Josephs Ankunft in Ägypten und seiner Anstellung im Haus des Potiphar. Da nun aber die Thamar-Episode keine handlungsmäßige Anbindung an das vorangehende oder an das darauffolgende Kapitel aufweist und zudem die Zeitangabe im ersten Satz: »Zu jener Zeit« verschiedene Möglichkeiten offenlässt, durfte sich Thomas Mann ermächtigt fühlen, dieses Kapitel umzustellen und an einem anderen Ort ins Spiel zu bringen.

Bei der Umstellung der Thamar-Episode spielten wohl hauptsächlich erzählstrategische Gesichtspunkte eine Rolle. Wäre er nämlich der Vorgabe des Jahwisten gefolgt, so hätte der dritte Band des Zyklus mit Thamar und Mut-em-enet zwei überlebensgroße, die Aufmerksamkeit der Leser absorbierende Frauengestalten bekommen. Es empfahl sich also, die Geschichte der Thamar zur Verwendung im vierten Band aufzuheben. Dies empfahl sich auch deshalb, weil Asnath, die ägyptische Jungfrau, die der jungfräuliche Joseph sich zur Frau wählt, eine blasse Figur bleibt und es an Erzählanreiz bei weitem nicht aufnehmen kann mit der bizarren Lebenserfahrung und der formidablen Zielstrebigkeit der Thamar. Wenn überhaupt, so konnte nur diese Figur die dominante Frauengestalt abgeben, nach der der *Joseph*-Autor Ausschau hielt. Eine solche brauchte er, wenn auch der vierte Band, wie der zweite in Rahel und der dritte in Mut-em-enet, eine eindrucksvolle weibliche Figur gleichsam als Blickfang haben sollte.

In der knapp zweieinhalbjährigen Entstehungszeit des vierten *Joseph*-Romans begegnen gelegentlich Äußerungen der Unlust und des Überdrusses am Tragen der epischen Riesenlast. Bisweilen zeigte sich der *Joseph*-Autor auch ungeduldig, den »Riesen-Schmöker« (AM, 411) zu seinem vorgeschriebenen guten und glücklichen Ende zu bringen. Eine Ausnahme jedoch macht das fünfte Hauptstück, in dem die Thamar-Geschichte ausgebreitet wird. Diese Erzählstrecke ging ihm relativ rasch von der Hand, und als er damit fertig war, meldete er seiner Tochter Erika, die »Thamar-Novelle [...] ist vielleicht das Sonderbarste und Besterzählte, was ich gemacht habe«.[60] Nach Beendigung des Romans war er überzeugt, die Thamar-Episode sei das »Gelungenste« und »das Beste«, ja er befand sogar, diese »tolle Person« sei die »größte Frauenfigur meiner Josephgeschichten«.[61] Da die Thamar-Episode, wie in der biblischen Vorlage, eine in sich geschlossene Erzählung darstellt, trug er auch keine Bedenken, sie noch vor Abschluss des Romans separat als Novelle erscheinen zu lassen.[62]

Dass ihm diese Novelle so wohl gelang, verdankt sich in der Hauptsache der Entscheidung Thomas Manns, sich eine andere Unklarheit der biblischen Erzählung, neben der unbestimmten Zeitangabe, zunutze zu machen, nämlich die Frage der Motivation: Was bewegt, vielmehr treibt die stammesfremde Thamar dazu, den Samen des Stammes Juda zu begehren? Kapitel 38 der Genesis ist noch um einige Grade lakonischer und, wie es scheint, ironischer als die übrigen Erzählungen des Pentateuch, wobei die im vorliegenden Fall so dringende Frage nach der Motivation offenbleibt. Nachdem die beiden ersten Versuche Thamars, sich in die Geschichte des Stammes Juda kraft ihrer Weiblichkeit einzuschalten, gescheitert sind, weil die beiden ältesten Söhne Judas, Er und Onan, sie nicht schwängern konnten oder nicht schwängern wollten und dabei den Tod fanden, und als Juda sich weigerte, seinen dritten Sohn der tödlichen Liebe dieser auf das Gebot der sogenannten Schwagerehe pochenden Frau auszusetzen, legt diese eine bemerkenswerte Intelligenz und eine verblüffende, unbeirrbare Entschlossenheit an den Tag, ihren Ehrgeiz doch noch zu befriedigen, indem sie sich über das Tabu des Inzests hinwegsetzt und den Vater ihrer zwei toten Männer verführt, auf dass sie von ihm den begehrten Samen empfange. Um diese Leerstelle der biblischen Erzählung zu füllen und die Frage nach den Beweggründen dieser Frau zu beantworten, rückt Thomas Mann das Verhältnis Thamars zu Jaakob in den Blick, wodurch die Gewichtung der biblischen Erzählung von der Rechtsproblematik auf die geistliche Strebsamkeit der Frau verlagert wird. Diese erzählstrategisch entscheidende Maßnahme stand am Anfang und lieferte eine vollkommen plausible Erklärung für ihren bizarren Ehrgeiz, wie die erste, auf diese Episode bezügliche Notiz im Tagebuch erkennen lässt: »Thamar muß mit Jaakob verkehrt haben, seine Schülerin sein in der Tradition, ehrgeizig.« (Tb. 24. 10. 1941) Thamars Assoziation mit ihren zukünftigen Verwandten beginnt bei Thomas Mann also damit, dass sie Jaakobs Erzählungen von der Stammesgeschichte und der Gotteserfindung andächtig lauscht. Es sind Jaakobs geistig wie geistlich anspruchsvolle Erzählungen und seine unabsehbar weit blickenden Ahnungen von der Zukunft Israels, die in dem fremden Mädchen den Ehrgeiz einpflanzen, sich in die zu geistlichem Ruhm und weltlichem Erfolg bestimmte Geschlechterfolge des Stammes Juda einzuschalten, »koste es, was es wolle« (V, 1558). Der *Joseph*-Erzähler macht zudem ausdrücklich darauf aufmerksam, dass in seiner Version der Geschichte »das Verhältnis Thamars zu Jaakob« etwas Neues darstelle, »da die Chronik es übergeht«, und dass dieses Verhältnis als »die unentbehrliche Voraussetzung zu der Episode und merkwürdigen Randhandlung unserer Geschichte« zu begreifen sei (V, 1539). So sehr also Thamars Verhalten gegenüber Judas Söhnen und gegenüber Juda selbst von »familienrechtlichen« Traditionen bestimmt ist, so offenkundig speist sich der anfängliche Antrieb, sich in die Geschichte

Israels einzuschalten, aus den geistig und geistlich verführerischen und verführerisch erzählten Geschichten Jaakobs.[63] Über diese Umakzentuierung der biblischen Thamar-Episode urteilt einer ihrer ersten Interpreten: »Ein genialer Kunstgriff, Thomas Manns würdig, für den er keinerlei Vorlage im überlieferten Schrifttum hatte. Hier wird der Dichter ›Schrifterklärer‹ im besten Sinne des Wortes.«[64]

Als Thomas Mann begann, die Thamar-Episode neu zu gestalten und dieser aus dem Rahmen fallenden Frauengestalt Farbe, ein individuelles Profil und eine plausible Motivation zu geben, musste mit einer gewissen Zwangsläufigkeit die formidable Gestalt der Agnes Meyer ins Visier seines inneren Auges rücken. Zwar meinte Thomas Mann gelegentlich, der *Joseph* sei seine »erste Arbeit ohne menschliche ›Modelle‹, ihre Charaktere sind durchaus ›erfunden‹ [...]«, doch stammt diese Aussage aus einem Arbeitsstadium vor der Thamar-Episode.[65] In seiner eigenen Biographie gab es nur diese eine Frau, die sich mit einer der Thamar vergleichbaren Energie und mit vergleichbarem Einfallsreichtum einen Platz in seiner Lebensgeschichte erobert hatte. Dass ihm bei der Ausgestaltung dieser Episode in der Tat Agnes Meyer vorschwebte, geht allein schon aus der unscheinbaren Bemerkung hervor, mit der er Erich Kahler den Beginn der Arbeit an dem Thamar-Kapitel meldet. Diese Thamar sei ein »merkwürdiges Frauenzimmer, das keine Mittel scheut, sich in die Heilsgeschichte einzuschalten«.[66] Dies könnte auch von »der Meyer« gesagt sein, die im Tagebuch, wie wir gesehen haben, des öfteren als »Frauenzimmer« tituliert wird und die weiß Gott keine Mittel gescheut hat, sich in seine eigene Geschichte einzuschalten.

Ist man erst einmal auf die Meyer-Folie hinter der Gestalt der Thamar aufmerksam geworden, so bekommen fast alle Facetten des Thamar-Jaakob-Verhältnisses eine beziehungsreiche biographische Resonanz. Auf Thomas Manns Verhältnis zu Agnes Meyer trifft weitestgehend zu, was uns über Jaakob und Thamar mitgeteilt wird: dass sie seine »Verehrerin« und »Schülerin« geworden sei; dass sie »das Gesicht zu ihm erhoben [...] seinen Worten« zu lauschen pflegt; dass er »zum Lohn ihrer Bewunderung« sie zu sich zog; dass ihr »Wesen [...] auf eine sie selbst beschwerende Weise [...] aus Strenge und geistlicher Strebsamkeit« sowie »astartischer Anziehungskraft eigentümlich ge-

mischt« sei; dass sie ein »zugleich anstößiges und großartiges [...] Gebaren« an den Tag lege und dass sie zweifellos eine »Bereicherung
seines Lebens« bedeute. Alles Gewicht legt der Erzähler auf den in der
biblischen Vorlage angeblich außer Acht gelassenen Umstand, dass
Thamar »nicht erst durch Juda [...] und durch seine Söhne«, sondern
durch ihr Verhältnis zu Jaakob in dessen Stamm in Beziehung trat – dass
dabei also nicht ihr »astartisches« Wesen, sondern ihr intellektueller
und geistlicher Ehrgeiz den Ausschlag gegeben haben (V, 1537–1539,
1550). Zudem wird uns Thamar als eine »Sucherin« (V, 1551) vorgestellt, d.h. als eine Gottsucherin. Als eine heimliche Gottsucherin
musste Thomas Mann auch Agnes Meyer betrachten, da das Buch, das
sie über ihn zu schreiben beabsichtigte, Teil einer »The God-Seekers«
genannten Trilogie werden sollte. Thamar ist aber vor allem anderen die
»Entschlossene« – eine Bezeichnung, die als Überschrift über einem
Abschnitt des fünften Hauptstücks steht. Welche andere Bezeichnung
wäre treffender zur Charakterisierung von Agnes Meyers »Fanatismus
der Hingabe« (AM, 639)?

Thamars Entschlossenheit hat ein welt- und heilsgeschichtliches
Ziel: Sie will eine »Vor-Mutter Shilohs« (V, 1559) sein, jene »Verhei-
ßungsfigur« (V, 1536), von der Jaakob in ahnungsvollen Andeutungen
zu ihr sprach. Ihre Entschlossenheit ist von Erfolg gekrönt. Sie gebiert
Zwillingsknaben, von denen einer, Perez, der Vorfahre König Davids
wird. Und aus dem Hause David wird einst Shiloh, der Heilsbringer,
hervorgehen. Somit ist der übergreifende Sinn der Thamar-Episode mit
Käte Hamburger letzlich darin zu erblicken, dass sich an dieser Stelle
»Israels Geschichte und welthistorische Mission von seiner heidnischen Umwelt [trennt], die Geschichte Gottes von der Geschichte der
Götter«.[67]

Thomas Manns Erzählung von Thamar endet mit einer überaus ein-
prägsamen Vision; sie steht in sieghaft theatralischer Positur vor dem
blendenden Sonnenlicht am fernen Horizont – ein Emblem »verblüf-
fender Entschlossenheit«: »Da steht sie, hoch und fast finster, am Hang
ihres Heimathügels und blickt, eine Hand auf ihrem Leibe und mit der
anderen die Augen beschattend, ins urbare Land hinaus, über dessen
Fernen das Licht sich in türmenden Wolken zu breit hinflutender Strahlenglorie bricht.« (V, 1576)

Vor einer vergleichbaren Strahlenglorie dürfen wir uns auch die Silhouette Agnes Meyers vor Thomas Manns innerem Auge vorstellen. Ihr großartiger Entschluss nach der *Joseph*-Lektüre in Wyoming, Thomas Mann in Amerika zu helfen und sich so in die Biographie des Verehrten einzuschalten, war von Erfolg gekrönt. Damit eroberte sie sich in der Tat einen Platz in der Ruhmesgeschichte des Hauses Mann und schrieb sich in die Annalen der deutschen Literatur ein.

In ihrer Rezension von *Joseph the Provider*, die wiederum gleichzeitig in der *New York Times* und in der *Washington Post* erschien, hebt Agnes Meyer die Thamar-Novelle als die schönste der vielen Einlagen hervor, mit denen der moderne Autor die biblischen Geschichten ausgestattet habe. Thamar selbst sei »the outstanding female character in the book, a formidable woman who lets no obstacle defeat her spiritual ambition to enter the part of Promise and become an ancestor of the Messiah«.[68]

Agnes Meyer ahnte wohl, als sie dies schrieb, dass sie bei der Konzeption dieser formidablen Frauenfigur Pate gestanden hatte. War schon die gewiss sehr bewusste Wahl der Thamar-Episode für die intimen Lesungen im Bungalow des Miramar-Hotels ein deutlicher Wink, so wurde Thomas Mann in seiner Erwiderung auf ihren unmittelbar darauf geschriebenen Liebesbrief aus Chicago noch deutlicher. In diesem Brief an ihren »liebsten Freund« versichert sie ihm, dass sie »mit Seligkeit im Herzen« zu ihren beruflichen Aufgaben zurückkehre – selig »seit Sie mich wieder geistlich zu sich erhoben haben«, so wie Jaakob die gelehrige, durch »geistliche Strebsamkeit« ausgezeichnete Thamar zu sich erhebt (AM, 385).[69] Selig aber auch, weil ihr sicher nicht entgangen war, was Thomas Mann seinen Erzähler von Jaakob sagen lässt, nämlich dass er »etwas verliebt in sie« war (V, 1535). In seinem Antwortbrief unterdrückt er alle Irritationen, die er, wie wir sahen, dem Tagebuch anvertraute, und versichert der anstrengenden Freundin mit vollendeter Höflichkeit und Heuchelei, dies sei »der gelungenste aller Besuche von Ihnen bei mir oder von mir bei Ihnen« gewesen. Was jedoch jenes »geglückte[] Stück aus dem Joseph« betreffe, so sei dies »ein Stück, ›bei dem Sie nicht gestört haben‹« (AM, 386). Letztere Formulierung ist unverkennbar eine ironisch kodierte Botschaft, die das Gegenteil meint, von dem, was sie besagt. Nicht nur hat Agnes Meyer bei diesem »Stück« nicht gestört, sie hat ihn inspiriert und sie hat ihn die Gestalt der Thamar deutlicher zu sehen und zu verstehen gelehrt.[70]

In ihrer zweiten, im hohen Alter verfassten Autobiographie, am Ende des Kapitels über ihre Freundschaft mit Thomas Mann, kommt Agnes Meyer noch einmal auf Thamar zu sprechen. Als sie den Roman las – zu diesem Zeitpunkt habe sie mit ihm schon Gespräche über *Doktor Faustus* geführt – und zu dem fünften Hauptstück kam, habe sie unmerklich immer langsamer gelesen, bis es ihr den Atem verschlagen habe, so dass sie momentan nicht weiter zu lesen vermochte: »Slowly, surely, it was borne in upon me that I had served as a model for Tamar. Was I deluding myself? Tommy had not said a word about it. Just as Tamar insists on becoming a part of Jacob's great World tradition, so Thomas Mann had now made me a part of his – the German tradition.« (AM, 809) Beim nächsten Wiedersehen habe sie Thomas Mann bezüglich ihrer Vorbildrolle für Thamar zur Rede gestellt: »Is it true?« Seine Antwort: »Ja, eben« (AM, 810).

Thamar »ist« nicht Agnes Meyer im Sinne eines Schlüsselromans. Dafür ist diese imponierende biblische Gestalt zu eng in die genealogischen und heilsgeschichtlichen Zusammenhänge des Alten Testaments verflochten. Agnes Meyer lieferte jedoch die entscheidende Inspiration für die Erklärung von Thamars »geistlicher Strebsamkeit«, die Jaakobs Erzählungen in ihr zum Keimen bringen. Thomas Mann praktizierte im Grunde denselben Umgang mit dem überlieferten Text, den schon die frühesten Schrifterklärer der rabbinischen Tradition beobachtet hatten: Er verwob Elemente der eigenen Lebenswirklichkeit in die überlieferte Schrift, um ihre Aktualität aufzufrischen und zu erneuern.[71] Seine Lebenswirklichkeit während der Komposition von *Joseph, der Ernährer* war die seines amerikanischen Exils. Dass Agnes Meyer zu einer literarischen Gestaltung geradezu einlud, lag nicht zuletzt daran, dass sie Thomas Manns amerikanische Lebenswirklichkeit in höherem Maße prägte als irgendeine andere Person. Somit ist Agnes Meyer, die Entschlossene, neben Franklin Roosevelt, dem Gesegneten, als die zweite Gestalt anzusehen, die für die in seinem Œuvre einzigartige amerikanische Einfärbung des abschließenden Teils von *Joseph und seine Brüder* namhaft zu machen ist.

Amerika – »die große Verführung«

Unterwegs in Amerika:
From Sea to Shining Sea

Vom amerikanischen Vortragswesen

Thomas Manns Lebensverhältnisse in den Vereinigten Staaten wichen in vielerlei Hinsicht von der Emigrantennorm ab, nicht zuletzt darin, dass er mehr von dem riesigen Land zu sehen bekam und dass er – vom unscheinbaren College-Studenten bis zum Präsidenten – mehr Amerikanern die Hand schüttelte als jeder andere deutsche Emigrant. Er tauchte tief in das weite Land ein, nahm Kenntnis von der ethnischen Vielfalt seiner Bewohner und erwarb sich dabei eine lebendige Anschauung seiner politischen Kultur. Er tat dies jedoch nicht aus eigenem Antrieb, sei es aus Neugier oder schierer Reiselust, sondern weil die sehr besonderen Lebensumstände seiner amerikanischen Existenz es erforderten. So ist es verständlich, dass er über keine seiner großen Vortragstourneen einen Reisebericht verfasste, und nicht weiter verwunderlich, dass ihn, im Gegensatz zu den meisten deutschen Amerikareisenden, keine der atemberaubenden amerikanischen Landschaften zu einer Beschreibung verlockte.

Thomas Mann, Exilant und Neu-Amerikaner, reiste aus einem ausgeprägten Verantwortungs- und Pflichtgefühl heraus. Die USA waren ihm keineswegs nur eine Zuflucht, ein *safe haven*, in dem er den Krieg in ruhiger Abgeschiedenheit zu überstehen gedachte. Vielmehr kam er nach Amerika, entschlossen, seinen Namen in die Waagschale zu werfen und zur Mobilisierung des zwar gutwilligen, aber, wie er meinte, ahnungslosen Volkes für den Kampf gegen Hitler-Deutschland, so weit es in seinen Kräften stand, beizutragen.

Der probate Weg zu diesem Zweck waren Vortragsreisen. Sie waren schon im 19. Jahrhundert eine feste Einrichtung des amerikanischen kulturellen Lebens und erlebten in den dreißiger und vierziger Jahren des vorigen Jahrhunderts geradezu eine Blütezeit. Vortragsreisen verschafften Thomas Mann die Gelegenheit, zu einer großen Anzahl politisch und literarisch interessierter Amerikaner zu sprechen und durch seine Persönlichkeit auf sie zu wirken. Erika Mann, die ihre Eltern auf der ersten Vortragstournee im Frühjahr 1938 begleitete und die selbst eine gefragte Rednerin war, hat dem amerikanischen Vortragswesen einen eigenen Essay gewidmet: *Aus dem Leben einer Vortragsreisenden.* Vieles, was sie darin beschreibt, wenn auch keineswegs alles, gilt auch für die Vortragsreisen des Vaters, einschließlich der abschließenden Bemerkung: »Der Redner lernt auch seinerseits viel von seinem Publikum.«[1]

Über ihre eigene Erfahrung berichtet Erika sehr anschaulich: »Die Zuhörerzahl bewegt sich irgendwo zwischen einhundert und vierhundert. Alle sind gut trainierte Zuhörer, sehr leise und aufmerksam. Sie bevorzugen die menschliche Herangehensweise gegenüber der trockengelehrten Vortragsform. Sie wollen sich zurücklehnen und sich gleichermaßen unterhalten und informieren. Sie wollen einen auch mögen. Tatsächlich werden sie Sie mögen, wenn Sie sie Ihrerseits mögen, wenn Sie natürlich sind, sich wohl fühlen und wissen, wovon Sie reden. Wenn der Vortrag vorbei ist, werden häufig Fragen gestellt.«

Erika Manns Essay beginnt mit einem aus deutscher Sicht verständlichen Ausdruck der Verwunderung: »›Lecturing‹ ist eine rein amerikanische Beschäftigung. Nirgendwo sonst auf der Welt ist das ein anerkannter Beruf. Ich kenne kein anderes Land, in dem man sein Leben damit verbringen und seinen Unterhalt dadurch verdienen kann, daß man herumreist und Reden hält.« Es folgt eine präzise Beschreibung der organisatorischen und wirtschaftlichen Seiten des »lecturing business«. »Wer ein professioneller Vortragsreisender werden möchte, muß sich zuerst an einen Agenten ›verkaufen.‹« Dieser steckt »[ü]blicherweise [...] die Hälfte des Honorars für die von ihm geleisteten Dienste und die Reisekosten ein.« Das Honorar liegt »zwischen hundert und tausend Dollar [...], aber es gibt nur wenige Redner, die den letzteren Betrag einfordern können.« Alles andere: »Hotelzimmer, Mahlzeiten, Taxis, Gepäckträger und so weiter«, ist vom Redner selbst zu bestreiten. »Der Umfang und die Qualität Ihrer ersten Tournee hängt von der Zugkraft Ihres Namens, von der Aktualität Ihres Themas und vom Ruf und der

Tüchtigkeit Ihres Agenten ab. Ihre folgenden Tourneen hängen vom Erfolg der ersten ab.« Die gastgebenden Veranstalter – meist sogenannte Rathausforen (»Town Hall meetings«), aber auch Frauenvereine, Studentenklubs, kirchliche Organisationen und andere mehr – kommunizieren »auf geheimnisvolle Weise miteinander« und wissen meist genau, wer oder was bei ihrem Publikum ankommt. Ein »Fehlschlag in Los Angeles« spricht sich »schnell bis nach Birmingham herum. Und irgendwie erfahren die Leute in Iowa City vom Bombenerfolg in Spokane.«

Offenbar wurde in den zuständigen Kreisen Thomas Manns erste Tournee von 1938 als ein großer Erfolg gewertet, sonst wären ihr nicht vier weitere gefolgt und sonst hätte er nicht die Spitzenhonorare in dieser Branche bekommen. Für die fünfzehn Auftritte seiner ersten Vortragstournee erhielt er die stolze Summe von 15 000 Dollar, wovon der Agent 25 % kassierte. In der Vortragssaison 1937/38 waren landauf, landab, einem Artikel in der *Time* zufolge, ca. zweihundert Redner unterwegs. Sie hielten ca. eintausend Vorträge vor einem geschätzten Publikum von ca. zwei Millionen. In diesem Jahr seien zwei neue Trends zu beobachten: Es gebe weniger Vorträge über Psychologie und Sex und mehr über die politische Situation in den USA und der Welt; und es werden höhere Honorare gefordert und gezahlt – tausend Dollar pro Vortrag, wie zum Beispiel für Thomas Mann.[2] Wie wir sehen werden, hatte dieser auch einen größeren Zulauf als Erika, was nicht allein seinem Renommee als Schriftsteller zuzuschreiben ist, sondern auch der politischen Thematik seiner Vorträge. Thomas Mann hätte, wenn er gewollt hätte, jedes Jahr, um Geld zu verdienen, auf Tournee gehen können. Er wollte es nicht; später brauchte er es nicht. Was ihn davon abhielt, waren die Sorge um sein episches Hauptgeschäft, seine gesundheitliche Verfassung und nicht zuletzt die Strapazen des Reisens, die wegen der großen Entfernungen besonders ins Gewicht fielen.

»Die Entfernungen hierzulande sind beschwerlich.« (19.1, 143) Mit diesem Stoßseufzer in einem Text von 1946 benannte Thomas Mann beiläufig eine Grundtatsache der amerikanischen Lebensverhältnisse, die auch dem Alltag seiner Schriftstellerexistenz auf ungewohnt einschneidende Weise ihren Stempel aufdrückte. Der Anlass seines Stoßseufzers mutet uns heute eher läppisch an, bezieht er sich doch auf die große Anzahl von Verkehrsampeln auf der Fahrt von seinem kalifornischen Wohnort, Pacific Palisades, zu dem seines Bruders Heinrich, der damals in Beverly Hills lebte. Eine halbe Stunde brauchte man damals für diese Strecke; heute kann es je nach Verkehr leicht doppelt so lange dauern. Gleichwohl ist Thomas Manns Verzagtheit – wie die jedes Neuankömmlings aus Europa – ob der weiten Entfernungen in diesem Lande leicht nachzufühlen. Los Angeles, das er im Frühjahr 1938 zum ersten Mal sah und wo er sich 1941 niederließ, erlebte in den vierziger Jahren durch die in Südkalifornien auf Hochtouren arbeitende Kriegsindustrie eine enorme Expansion, die alle für München und Zürich geltenden Vorstellungen von Nachbarschaft und Distanz kleinstädtisch erscheinen ließ.

Der Stoßseufzer über die beschwerlichen Entfernungen meint jedoch nicht nur die Los Angeles County, also den Großraum der südkalifornischen Metropole, sondern das ganze Land der kontinentalen Vereinigten Staaten. Die Entfernungen waren für Thomas Mann in der Tat ungewohnt groß. Er reiste zwar auch schon sehr viel, als er noch in München lebte, aber die räumlichen und zeitlichen Verhältnisse blieben dort in einem zumutbaren Rahmen. Die für ihn in Betracht kommenden Zielorte seiner Reisen in Europa waren durch ein Zivilisationskontinuum miteinander verzahnt, das unerachtet der Sprachgrenzen Mittel- und Westeuropa überschaubar und irgendwie vertraut erscheinen ließ. Wenn er in Berlin oder Wien zu tun hatte, wenn er zu Lesungen nach Dresden oder Düsseldorf aufbrach oder wenn er in halb offizieller Funktion Paris oder Warschau besuchte, so fühlte er sich doch irgendwie zugehörig; jedenfalls blieb man in derselben Zeitzone.

Wenn Thomas Mann hingegen in Amerika reiste – und das tat er ausgiebiger als alle anderen Exilanten –, so nahmen seine Expeditionen in Begleitung von Frau Katia und manchmal auch von Erika wie von selbst einen abenteuerlichen Charakter an. Die Manns lebten in den ersten drei Jahren ihrer amerikanischen Zeit in Princeton im Bundesstaat New Jersey, also an der Ostküste, nahe den kulturell anziehenden Großstädten New York, Philadelphia und Washington. Während der verbleibenden elf Jahre war Los Angeles, d. h. der Villenvorort Pacific Palisades, sein geographischer Ankerplatz. Die Entfernung von der einen Küste zur anderen sind runde 5000 Kilometer; wenn es in Princeton 12 Uhr Mittag schlägt, zeigt die Uhr in Los Angeles erst 9 Uhr früh. Vortragsreisen, die von einer Küste zur anderen führten, verlangten deshalb akkurate Planung sowie umsichtige und penible Arrangements, damit es nicht zu solchen Beinahe-Pannen kommt wie am 26. März 1941, als er nach langer Bahnfahrt von Denver im Staat Colorado um 6 Uhr abends an der Union Station in downtown Los Angeles anlangte und in Eile zu seinem um 8 Uhr angesetzten Vortrag gebracht werden musste, der im Stadtteil Westwood stattfand. Und schon am nächsten Morgen stand ein Flug nach San Francisco auf dem Programm. Thomas Mann liebte es entschieden weniger hektisch.

Die Anzahl von Vorträgen, die Thomas Mann in Amerika hielt, setzt auch heute noch in Erstaunen, zumal wenn man sein Alter in Betracht zieht und vor allem die Beschwerlichkeit des Reisens ganz allgemein und die Umständlichkeit der Mann'schen Reisegewohnheiten im Besonderen, wovon später mehr. Abzüglich der akademischen Vorträge in Princeton, die ja nicht öffentlich waren, abzüglich der Lesungen aus eigenen Werken, die wegen der Sprachbarriere ganz selten zustande kamen, und abzüglich der kurzen Grußadressen bei Banketten und ähnlichen Veranstaltungen mit mehreren Rednern, kommt man auf die stolze Zahl von insgesamt 134 Redeterminen. Das schließt die drei ersten, kurzen Amerikareisen von 1934, 1935 und 1937 ein. Diese ersten Reisen waren jedoch von kurzer Dauer und waren auf New York und die Ostküste beschränkt. Die allermeisten Reden fallen in die ersten Jahre des amerikanischen Exils, also von 1938 bis 1941. In einigen Jahren enthielt Thomas Mann sich der Vortragstätigkeit überhaupt, so 1942, 1944, 1946, 1948 und 1951. Das Gros seiner öffentlichen Auftritte entfällt somit auf die fünf großen Vortragstourneen von 1938, 1939, 1940, 1941 und 1943, auf die an späterer Stelle einzugehen ist. Sie wurden von einer literarischen Agentur organisiert und fanden einen ungeheuren Zulauf, der auch ihn selbst überraschte. »Der stürmische Zudrang des Publikums«, schrieb er an Agnes Meyer, »die lautlose Aufmerksamkeit, die Dankbarkeit, das alles hat etwas Verwirrendes und Unbegreifliches. [...] Ich frage mich jedesmal: Was erwarten diese Menschen? Ich bin doch nicht Caruso!« (AM, 521)

Die fünf Vortragstourneen führten ihn quer durch den Kontinent; auf drei seiner Reisen kam er auch nach Kanada, wobei er Toronto, Ottawa und Montreal berührte. Mexikanischen Boden hat er nie betreten.

Hinzu kommen kleine Abstecher von Princeton zu Redeverpflichtungen in New York oder von Los Angeles nach San Francisco und Berkeley. Gelegentlich führte die Reise ihn auch in kleine Provinzstädte, so genannte *college towns*, die so abgelegen waren, dass er nach überstandenem Vortrag mit dem unvermeidlichen und anstrengenden Drum und Dran im Tagebuch nicht immer sicher angeben konnte, wo er sich gerade befand. Nach solchen Pflichtauftritten mit beschwerlicher An- und Abreise – unerachtet seines Erfolgs als Redner und ungeachtet auch der oft herzlichen Gastfreundschaft, die er genoss – steht dann gelegentlich im Tagebuch ein mürrisches »Weiter, weiter« oder »Weiter, von hinnen« (Tb. 9. 2. 1940; 28. 10. 1941). Hin und wieder treffen wir auf übertrieben pathetische Formulierungen, wenn er von den Beschwerlichkeiten des Reisens spricht. So etwa in einem Brief an Agnes Meyer, in dem er seine »Reiserei« als die »Stationen des Kalvarienberges« beschreibt (AM, 197).

Unerachtet der gelegentlichen Klagen war Thomas Mann in der Neuen wie schon in der Alten Welt ein viel und gern reisender Schriftsteller. Dies lässt sich u. a. an der locker aus dem Ärmel geschüttelten novellistischen Studie *Das Eisenbahnunglück* von 1908 ablesen. Wenn er unterwegs war, legte er eine apprehensive Aufmerksamkeit auf alles und alle an den Tag, denn was er sah und erlebte, konnte sich später einmal als literarisch verwertbar erweisen. So war es ihm ja mit dem Eisenbahnunglück ergangen, das er auf der Fahrt von München nach Dresden im Mai 1906 in der Oberpfalz miterlebte. Zwei Jahre später wurde daraus eine Erzählung. Doch eigentlich, im Grunde seines Herzens, begleitete ihn auf allen seinen Reisen der Kummer über die verlorene Zeit – verloren für die Arbeit am Hauptgeschäft. Dieser Kummer blieb eine Konstante seines Reiselebens, ja er vertiefte und verstärkte sich in Amerika beträchtlich. Mit großer Erleichterung wandte er sich wieder dem Schreiben zu, als man auf der ersten Vortragsreise im April 1938 endlich die Westküste erreicht hatte und damit eine fast vierwöchige Ruhepause in dem ihn mediterran anmutenden Los Angeles. Des »untätig[en], unförderlich[en]« Reiselebens überdrüssig, sehnte er sich immer wieder nach den Glücksmomenten »heitere[r] Erfindung« am Schreibtisch (Tb. 16. 11. 1941). Im Herbst 1943, nach Abschluss seiner fünften Tournee – der *Doktor Faustus* war gerade in Angriff genommen –, klagte er in einem Brief an Agnes Meyer: »Nichts getan an dem Roman in diesen ganzen 2 Monaten!« (AM, 525)

Die Klagen eines Leistungsethikers vom Schlage Thomas Manns dürfen jedoch nicht überbewertet und missverstanden werden. Seine vielen Reisen, so beschwerlich sie waren, wurden um eines unbedingt zu befürwortenden Zieles unternommen – man kann es auch eine politische Mission nennen –, nämlich in der Absicht, die amerikanische Öffentlichkeit von der Notwendigkeit eines Engagements gegen Hitler-Deutschland zu überzeugen und die Amerikaner über Deutschland und seine misslungene Geschichte aufzuklären. In diesem Sinne waren nahezu alle seine Reden und Ansprachen in Amerika »Agitationsreden«.[3] Auch wenn Thomas Mann verächtlich von seiner »Reiserei« sprach, sie stand während und auch nach dem Krieg durchaus im Zeichen seines leidenschaftlichen und kompromisslosen politischen Engagements.

Der Pullman als zweites Zuhause

Als Thomas Mann die Vereinigten Staaten bereiste, war die Eisenbahn das probate Verkehrsmittel – sehr im Gegensatz zu den heutigen Verkehrsverhältnissen. Die dreißiger und vierziger Jahre des vergangenen Jahrhunderts waren das goldene Zeitalter der großen Langstreckenzüge. Sie verkehrten von Los Angeles oder San Francisco nach Chicago, von wo die Metropolen der Ostküste in einer weiteren Tages- oder Nachtreise zu erreichen waren. Die allermeisten der vielen Reisen Thomas Manns in Amerika waren Bahnreisen. Das Flugzeug nahm er zum ersten Mal im Juni 1935 von New York nach Washington und dann im März 1941 für die kurze Strecke von Los Angeles nach San Francisco. Nach der ersten Atlantiküberquerung von New York nach London im Jahre 1949 stieg er jedoch öfter einmal auf einen Flieger um, in Europa wie in Amerika.

Thomas Mann zog es entschieden vor, mit der Bahn zu reisen – der Bequemlichkeit halber. Im Grunde blieb er dem Selbstporträt treu, das er in *Das Eisenbahnunglück* geliefert hatte. Dort hatte er ja freimütig bekannt: »Ich reise gern mit Komfort, besonders, wenn man es mir bezahlt.« (2.1, 470)

Selbstverständlich reisten die Manns erster Klasse, am liebsten mit den luxuriösen Fernzügen, die die Renommierstücke der amerikanischen Eisenbahngesellschaften darstellten. Sie verkehrten von der Westküste nach Chicago, wo die Manns gewöhnlich einen mehrtägigen Zwischenaufenthalt einlegten, weil dort damals die jüngste Tochter Elisabeth mit ihrem Ehemann Giuseppe Borgese wohnte. Diese Fernzüge führten ihre eigenen Namen; sie hießen *The Streamliner* oder *The Union Pacific Challenger, The Exposition Flyer, The City of Los Angeles, The Santa Fe Chief* und der *Super Chief*. Der *Super Chief* legte die Strecke von Los Angeles durch den weiten Westen und die mächtigen Rocky Mountains in der Rekordzeit von vierzig Stunden zurück. Vierzig Stunden: Das bedeutete zwei Übernachtungen, weshalb alle diese Züge sogenannte Pullmanwagen hatten. Sie boten den Reisenden in der ersten Klasse Privatabteile – sie hießen »roomettes« – mit ein oder zwei Schlafabteilen. Außerdem hatten diese Züge zwei Speisewagen, dazu Bars – sogenannte »cocktail lounges«, in denen auch ein Unterhaltungsprogramm geboten wurde – sowie Aussichtswagen, damit die Reisenden von der zum Teil spektakulären Landschaft, durch die man befördert wurde, auch etwas mitbekommen konnten. Selbstverständlich waren diese Züge klimatisiert, was in der langen, warmen Jahreszeit ein besonders hochgeschätzter Komfort war.

Die amerikanischen Superzüge der dreißiger und vierziger Jahre waren eigentlich Luxushotels auf Rädern.[4] Deshalb findet man aus dem Munde dieses komfortbedürftigen Reisenden auch selten Klagen über die Reisebedingungen in Amerika. Sein Lieblingszug war offenbar die *City of Los Angeles*, das Prunkstück unter den neuen, von Diesellokomotiven angetriebenen Fernzügen. Er war von diesen Luxushotels auf Rädern so verwöhnt, dass er, als er 1949 mit dem Zug in der Schweiz unterwegs war, leicht bedauernd die »Unbequemlichkeit der europäischen Züge« monierte (Tb. 9. 6. 1949). Doch waren beileibe nicht alle Züge so vorzügliche Verkehrsmittel wie die *City of Los Angeles*. Als er 1943 auf der Rückreise an die Westküste in Kansas City erfuhr, dass für die verbleibende Strecke der sogenannte *Pony Express* gebucht war, konnte man ihm die Enttäuschung nachfühlen; denn der *Pony Express* benötigte von Kansas City bis Los Angeles zwei ganze Tage und drei Nächte (Tb. 4. 12. 1943).

Wie sehr die Zugreisen und die Schlafwagen zur Existenz eines Vortragsreisenden gehörten, hat wiederum Erika Mann in einem kleinen Feuilleton beschrieben: »Wenn mich die Leute in New Paltz [New York], Omaha [Nebraska] oder in Seattle, Washington, fragen: ›Nun, Miss Mann, wo sind Sie denn zu Hause?‹, dann gebe ich immer zur Antwort: ›Mein Vaterland ist der Pullman-Wagen.‹ Die Antwort ruft normalerweise Heiterkeit hervor, denn alle glauben, ich mache einen Witz. Tatsächlich habe ich aber die reine Wahrheit gesagt. Ich bin wirklich in einem unteren Schlafwagenbett zu Hause und nirgendwo sonst.«[5]

In den amerikanischen Fernzügen rekrutierte sich das Zugpersonal fast ausschließlich aus Afroamerikanern. Das heißt, dass Thomas und Katia Mann mit dieser unterprivilegierten Schicht der amerikanischen Bevölkerung in der Hauptsache auf Reisen in Berührung kamen – in den Speisewagen, den Schlafwagen und bei der Gepäckabfertigung. Zwar waren die meisten Küchenhilfen und Hausangestellten im Hause Mann gleichfalls Afroamerikaner, doch muss der Umgang mit ihnen auf Reisen ungleich vielfältiger gewesen sein. Es ist dies ein Aspekt von Thomas Manns amerikanischen Reisen, der im Tagebuch und sonstigen Zeugnissen kaum zur Sprache kommt.

Bei allem Komfort gab es jedoch auch einige unerwartete Beschwerlichkeiten. Auf Zugreisen im Amerika der dreißiger und vierziger Jahre konnte man nicht immer darauf zählen, alkoholische Getränke serviert zu bekommen. Das landesweite Verbot der Produktion von Alkoholika sowie des Handels damit war zwar 1933 von Präsident Roosevelt aufgehoben worden, doch gab es noch lange danach zahlreiche sogenannte »dry counties« oder ganze »dry states«. Diese »trockenen« Gegenden hatten sich für die Beibehaltung des Alkoholverbots entschieden, was in weiten Teilen des Südens und Westens der Fall war. Wenn nun ein Fernzug durch eine Gegend fuhr, in der das Alkoholverbot noch in Kraft war, saßen die Reisenden in jenem spezifisch amerikanischen Wortsinn auf dem Trockenen. Auf der Vortragsreise von 1938 behalfen sich die Manns angesichts dieses unvorhergesehenen Notstands damit, dass man Erika an der Bahnhofsbar für die bevorstehende Strecke »Alkoholika« besorgen ließ – »vorsorglich gegen Prohibition«, wie es in Thomas Manns Tagebuch (20.3.1938) heißt. Auf der nächsten Reise war man schon gewitzter; Katia traf die nötigen Vorkehrungen. Wie wir aus einem Zeitungsinterview wissen, führte sie einen mit einem Vorhängeschloss ausgestatteten hölzernen Behälter mit sich, eine kleine Kiste für den Transport von Karteikarten, der ihr zweckentfremdet als Versteck für Alkoholika diente. Besagte kleine Kiste barg, wie sie dem Reporter verschmitzt erklärte, zwei kleine Flaschen Whisky sowie drei Gläser, damit »[w]hen we get to a dry state, [...] we can still have our fun«.[6] Dass die Manns in der Tat dem Whisky zusprachen, ist übrigens fotografisch dokumentiert. In der großen Fotoreportage über die Manns von Marquis Childs, die im April 1939 in der Illustrierten *Life* erschien, zeigt ein Bild, neben einigen Reiseutensilien, eine Flasche Whisky und eine Flasche Aprikosenlikör.[7] Auf spätere Reisen nahm man vorsorglich Wermuth und Portwein mit. Im Übrigen waren Alkoholika nicht die einzigen Genussmittel, deren Thomas Mann auf Reisen bedurfte. Gelegentlich griff er auch zu einem Aufputschmittel. Solche »Ermutigungs-Tabletten« – im Familienjargon »Heiterlein« genannt – führte er gleichfalls bei sich. An manchen Tagen war ein solches »Heiterlein«, wie er im Tagebuch vermerkt, »unbedingt notwendig, wenn der Abend bestanden werden sollte« (Tb. 22. 2. 1940).

Katias praktische Lösung des »Prohibition«-Problems bedeutete nun aber, dass die ohnehin schon enorme Menge von Gepäckstücken sich um ein weiteres erhöhte. Die Manns reisten gewohnheitsmäßig mit schwerem Gepäck, das heute niemandem mehr zuzumuten wäre. Es bestand aus Handgepäck, Reisekoffer und jenen altmodischen Schrankkoffern, in denen Abendkleider und Frackanzüge ungefaltet transportiert werden konnten. Auf der Vortragsreise von 1939 reiste man zu zweit und war sechs Wochen unterwegs; dabei mussten 14 Gepäckstücke mitbefördert werden. Wenn Erika mit von der Partie war, und besonders auf den Europareisen nach dem Krieg, waren es zwanzig und mehr teilweise unhandliche Gepäckstücke. Die Menge des Gepäcks, dem natürlich auch eine Schreibmaschine gehörte, machte es unerlässlich, dass auf Bahnhöfen und in Hotels jeweils genau abgezählt werden musste, damit nichts verlorenging. Jedem Taxifahrer und jedem Gepäckträger muss beim Anblick der Manns mit ihrem Berg von Gepäck das Herz höher geschlagen haben, denn mit der Anzahl der Gepäckstücke erhöhte sich auch die Entlohnung. Es waren stets zwei Taxis nötig, um vom Bahnhof ins Hotel zu gelangen, es sei denn, man wurde von den Gastgebern abgeholt und diese boten zwei Fahrzeuge auf.

Die bedrückende Menge des Gepäcks erklärt sich nicht nur aus den großen Entfernungen und der wochen-, ja monatelangen Dauer der Reisen, sondern nicht zuletzt auch aus den wechselnden klimatischen Bedingungen, denen man unterwegs begegnete. So etwa führte die im Januar 1939 begonnene Reise von Princeton zunächst nach Detroit und Chicago, wo um diese Jahreszeit warme Winterkleidung unbedingt geboten ist. Chicago heißt nicht umsonst »the windy city«. Kurze Zeit später war man jedoch in Texas an der Golfküste und sodann in Südkalifornien, wo es im Februar relativ warm ist und man sich leicht zu kleiden wünscht. Es kommt hinzu, dass jeweils auch formelle Abendtoilette auf die Reise mitgenommen werden musste, denn Thomas Mann trug bei seinen Vorträgen gewöhnlich Frack, Lackschuhe und Seidenstrümpfe. Und zu den üblichen und unvermeidlichen gesellschaftlichen Rahmenveranstaltungen gingen Thomas und Katia Mann stets in großer Toilette.

Tulsa (Oklahoma)

Begleiten wir nun die Manns zu drei sehr unterschiedlichen Vortragsterminen, um ein deutlicheres Bild von den Freuden und Leiden, den Beschwerlichkeiten und Annehmlichkeiten ihres Reisealltags und ihrer Kontakte mit Amerika und den Amerikanern zu bekommen. Wir begeben uns zunächst mit Thomas, Katia und Erika Mann nach Tulsa, Oklahoma, der siebten Station der Vortragstournee von 1938. Sodann folgen wir Thomas und Katia Mann in eine kleine Universitätsstadt in Neuengland, Amherst, Massachusetts. Und zuletzt fahren wir mit ihnen in die Bundeshauptstadt Washington, D.C., wo stets, dank der großartigen und effizienten Hilfswilligkeit Agnes Meyers, der rote Teppich für sie ausgefahren wurde.

Tulsa war damals eine mittelgroße Stadt im Bundesstaat Oklahoma, die, seit man dort um die Jahrhundertwende auf Erdöl gestoßen war, einen riesigen Boom erlebte. Man war mit dem Nachtzug aus Kansas City angereist und stieg im Mayo Hotel ab, wo man eine »recht bequeme Wohnung« im oberen Stockwerk mit »Aussicht ins offene Land« bewohnte.[8] Der Aufenthalt dort war auf drei Tage bemessen, von Mittwoch bis Samstagvormittag. Am ersten Tag ließ man die Gäste weitgehend allein. Thomas Mann stellte sich im Hotel den Fragen der Journalisten, die den prominenten Exilanten über die jüngsten Ereignisse in Europa befragten, also den sogenannten Anschluss Österreichs. Außerdem suchte ihn die »Vortrags-Managerin« auf, um sich mit ihm über den Verlauf der beiden nächsten Tage abzustimmen. Man speiste zu dritt am Mittag im Restaurant, am Abend in der Imbissstube des Hotels. Die einzige Arbeit, die er verrichten musste, bestand im Signieren von siebzig Exemplaren seiner Bücher, darunter der gerade erschienene *Joseph in Egypt*. Das geschah offenbar auf Bitten einer Buchhandlung, die vor und nach dem Vortrag Thomas Manns möglichst viele Bücher zu verkaufen hoffte. In der schon erwähnten Fotoreportage in *Life* sehen wir ihn denn auch beim gewissenhaften Büchersignieren. Offenbar war der ungenannte Fotograf von *Life* – im Tagebuch figuriert er als »Life-Boy« – nach Tulsa geschickt worden, denn mindestens fünf der Illustrationen stammen von dort. Den ersten Abend ließen die Manns im Salon ihrer Hotelsuite mit einer privaten Lesung Erikas aus *School for Barbarians* ausklingen, ihrem gerade auf Englisch erschienenen *Zehn Millionen Kinder. Die Erziehung der Jugend im Dritten Reich*.

Der nächste Tag diente der Kontaktnahme mit der Gastgeberin, einer Mrs. Forsyth, die mit einem Architekten verheiratet war, über die aber sonst nichts bekannt ist. Dies war offenbar die schon erwähnte »Vortrags-Managerin«, die auch die Einführung zu seinem Vortrag sprach und in deren Haus nach dem Vortrag eine »[g]roße Party« stattfand. Mr. und Mrs. Forsyth holten die Manns im Hotel ab. Man fuhr hinaus zu einem Country Club, wo man einen kleinen Spaziergang machte und auf der »sonnigen Terrasse«, inmitten der frühlingshaften Natur, den Sherry nahm. Anschließend hatten die Forsyths zu einem »Chicken Lunch« im kleinen Kreis bei sich zu Hause gebeten. Wieder zurück im Hotel, waren weitere Bücher zu signieren. Nach einem Imbiss im Hotel verbrachte man den Abend in einem Kino; das Tagebuch gibt jedoch keine Auskunft über den Film, den man sich anschaute.

Am nächsten Vormittag wiederholte sich die Fahrt zum Country Club, wo der *Life*-Fotograf weitere Aufnahmen machte und man auch den Lunch einnahm. Im Hotel war sodann einige Korrespondenz zu erledigen und Toilette zu machen für den Vortrag am Abend. Nach einer kleinen Stärkung bestehend aus »Rührei und Bier« wurden die Manns zum Akbar Theater gefahren. Der »Zudrang« zu dem 2000 Menschen fassenden Saal war groß; die Leute waren von nah und fern gekommen. Offenbar verzögerte sich der Beginn der Veranstaltung; ein Bild in *Life* zeigt die beiden Mann-Damen beim *small talk* mit zwei anderen Damen, während im Hintergrund der Star des Abends nervös auf und ab geht. Schließlich aber war es so weit. Die bemerkenswerte Mrs. Forsyth eröffnete den Abend mit einer, wie der Redner empfand, »rührenden Ansprache«. Danach las dieser, angetan in Smoking und schwarzer Fliege, seine schon mehrfach bewährte Rede *The Coming Victory of Democracy.*

Thomas Mann fand, er war in guter Form, denn er sprach »[l]ebhaft […] und ohne Fehler« – vermutlich unter Zuhilfenahme eines »Heiterleins«. Das Tagebuch vermeldet zufrieden: »Größte Aufmerksamkeit und großer Beifall.« Es folgt eine ominöse Vokabel: »Questions.« Dies war der Aspekt des amerikanischen Vortragswesens, den er am wenigsten mochte und den er als eine lästige und unziemliche »Auspressung« (Tb. 18. 3. 1940) empfand. Diese »questions« waren notgedrungen eine umständliche Prozedur, denn Erika hatte die Fragen aus dem Publikum zunächst ins Deutsche zu übersetzen und sodann Thomas Manns Antwort auf Englisch wiederzugeben. Es scheint im Übrigen bezeichnend für sein Desinteresse an der mitdenkenden Anteilnahme seiner Zuhörer, dass das Tagebuch nach der Unzahl von Vorträgen nie je eine intelligente und berechtigte oder eine erheiternde oder sonstwie bemerkenswerte Frage aus dem Publikum festhält. Verständlicherweise war ihm auch das nicht enden wollende Händeschütteln bei solchen Veranstaltungen eine lästige Pflichtübung. Immerhin bemerkte er an diesem Etappenort: »Shakehands mit Mütterchen, die viele Meilen weit aus dem Staate Oklahoma gekommen waren.« Über den großen Empfang bei den Forsyths erfahren wir nichts weiter – keine Namen, keine Geschichten, keine besonderen Vorkommnisse. Der Held des Abends fühlte sich »sehr müde«: Die belebende Wirkung des »Heiterleins« hatte sich offenbar erschöpft. Der Abend klang aus mit einem Glas Bier im Hotel in Gesellschaft von Frau und Tochter.

Der hier detailliert nachgezeichnete Verlauf einer einzigen Etappe auf Thomas Manns erster Vortragstournee lässt bestimmte Verhaltensweisen erkennen, die nicht nur für die anderen Stationen dieser Reise gelten, sondern grosso modo auch für die amerikanische Exilzeit insgesamt. Da ist zunächst die von keinem Zweifel und keiner Selbstironie angekränkelte Überzeugung von der Wichtigkeit der eigenen Person; ihre Kehrseite ist eine verminderte Aufnahmefähigkeit. Auf den über drei Seiten, die im Tagebuch Tulsa gewidmet sind, steht zum Beispiel nichts über die merkwürdige Geschichte dieser zu einem Zentrum der Erdölförderung mutierten alten *cowboy town.* Auch die Menschen, mit denen er es zu tun hatte, bleiben schemenhaft. Thomas Manns reduzierte Wahrnehmung erklärt sich jedoch nur zu einem sehr kleinen Teil aus seiner bekannten und nicht weiter bemerkenswerten Egozentrik oder aus seiner Reisemüdigkeit, sondern in erster Linie daraus, dass er mit seinen Gedanken ganz woanders weilte – in Wien, in Deutschland, in der »heimatlichen Ferne«, wie es bezeichnenderweise heißt.[9] Über die Hälfte der in Tulsa gemachten Notate handelt von dem triumphalen »Anschluss« Österreichs, der Hitlers Popularität ins Unermessliche trieb und den Thomas Mann richtig als Vorboten des kommenden Krieges interpretierte. Der folgende Tagebucheintrag fasst seine Gemütslage bündig zusammen: »Gequält nachmittags von Gram und Haß. Käme der Krieg! Écrasez l'infâme! Befreiung von diesem Alp des Ekels! Man erstickt.« Auch das Interview am Ankunftstag handelt von Hitlers »most horrible crime« gegen Österreich und von der Unausweichlichkeit des Krieges.[10] Thomas Mann täuschte sich jedoch, als er bemerkte, Österreich wolle den Nazismus nicht, da dieser nicht zu ihm passe. Doch sollte er recht behalten mit seinem Glauben, dass der deutsche Faschismus lediglich ein zwischenzeitliches Phänomen sei: »By its nature, fascism must be transitory. Nothing of permanence and value can be built on a foundation of fear, hatred, and violence.«[11]

Es ist somit überaus bezeichnend für Thomas Manns psychische und geistige Gesamtverfassung auf dieser ersten Vortragstournee, dass er von all den Menschen, denen er in Tulsa begegnete, lediglich eine sympathische, bebrillte Kellnerin im *coffee shop* des Hotels hervorhebt. Er fand sie »sympathisch«, nicht etwa weil sie besonders aufmerksam bediente oder anziehend aussah, sondern weil sie die Geschichte mit

Österreich eine Schande nannte – »a shame« – und weil sie im Gegensatz zu der in der amerikanischen Öffentlichkeit weit verbreiteten Kriegsunwilligkeit fest an einen Krieg glaubte. Thomas Mann wird es als ein Hoffnungszeichen aus der Sphäre des einfachen amerikanischen Volkes gedeutet haben.

Amherst (Massachusetts)

Wir machen nun einen großen Sprung, und zwar nicht nur einen geographischen von Oklahoma nach Massachusetts, sondern auch einen zeitlichen ins Jahr 1941. Die Reise nach Amherst, einem typisch neuenglischen Landstädtchen im westlichen Massachusetts, Sitz eines berühmten privaten Colleges für junge Männer, hatte einen ganz anderen Charakter als die nach Tulsa, einen eher privaten und ländlichen; man ließ sich denn auch im Auto durch die reizvolle Gegend nach Amherst bringen. Thomas und Katia Mann waren auf ihrer Herbsttournee, aus Bloomington im Bundesstaat Indiana kommend, in New York angelangt, wo man in dem vertrauten Bedford Hotel Quartier machte. Bevor es von dort weiter nach Philadelphia ging, schaltete man einen zweitägigen Abstecher nach Neuengland ein. Am Amherst College lehrte Karl Löwenstein politische Wissenschaften, und zweifellos war er es, der die Einladung eingefädelt hatte.[12] Löwenstein war ein alter Bekannter aus München, ein bedeutender Jurist und Politologe, der Deutschland sogleich 1933 verlassen hatte. Er war einer der wenigen deutschen Emigranten, die nicht in den Großräumen von New York, Los Angeles oder Chicago ansässig waren. Löwenstein fand zunächst an der Yale University ein Unterkommen und lehrte von 1936 bis zu seiner Emeritierung 1962 am Amherst College, wo seine Karriere als Wissenschaftler einen großen Aufschwung nahm. Löwenstein gehörte zu den Köpfen, die 1943 den Entwurf zu einer Menschenrechtserklärung ausarbeiteten; sie wurde von den zwei Jahre später ins Leben gerufenen United Nations verabschiedet. In Nachkriegsdeutschland diente er unter General Lucius D. Clay als Rechtsberater; später beriet er die japanische Regierung bei der Ausarbeitung einer demokratischen Verfassung.

Auf dem Weg nach Amherst machte man jedoch zunächst in einer

Kleinstadt nördlich von New York Station, Amenia, in der idyllischen Dutchess County im Bundesstaat New York an der Grenze zu Connecticut gelegen. Dort besaß Giuseppe Borgese, seit 1939 mit Elisabeth Mann verheiratet, ein kleines Sommerhaus, und dort lebte auch der visionäre Architekt und Schriftsteller Lewis Mumford, zweifellos einer der bemerkenswertesten und bedeutendsten Amerikaner, mit denen Thomas Mann in Berührung kam.

Es fügte sich, dass Borgeses 59. Geburtstag, der 12. November, mit Thomas Manns Redetermin in Amherst zusammenfiel. Man vereinbarte also ein Familientreffen in Amenia. Es ist nicht klar, wie die Manns von ihrem New Yorker Hotel aus dorthin gelangten; vermutlich hat Elisabeth sie im Wagen abgeholt. Man traf sich zunächst zum Lunch in Borgeses »bäuerliche[m] Sommerhaus« (Tb. 14.11.1941), was Thomas und Katia Mann die Gelegenheit gab, mit ihrem einjährigen Enkelkind Angelica zu spielen. Zu der eigentlichen Geburtstagsfeier hatte man Lewis Mumford und seine Frau Sophia eingeladen sowie William Allan Neilson, einen Anglisten und Shakespeare-Experten, mit seiner deutschen Frau Elisabeth, geborene Muser. Neilson gehörte dem von Präsident Roosevelt geschaffenen Emergency Rescue Committee an, das die Aufgabe hatte, den in Frankreich festsitzenden antifaschistischen Intellektuellen aus Italien und Deutschland zur Flucht und zur Einreise in die USA zu verhelfen und ihnen akademische Anstellungen zu verschaffen.[13] Er war also eine für Exilanten wichtige Kontaktperson. Im Übrigen war Neilson Präsident des Smith College gewesen, wo Borgese, damals der neben Toscanini prominenteste italienische Antifaschist, von 1932 bis 1936 gelehrt hatte, bevor er an die University of Chicago berufen wurde. Hier in Amenia traf Thomas Mann also auf einen kleinen Kreis bedeutender und gleichgesinnter Amerikaner, mit denen er einen zwanglosen, entspannten und unterhaltsamen Abend verbrachte. Thomas Manns Tagebuch, das bei weitem nicht so komplett und verlässlich ist, wie weithin angenommen, weiß merkwürdigerweise nichts Näheres darüber zu berichten; vermutlich kam er an diesem Abend nicht mehr dazu, Aufzeichnungen zu machen, weil es spät geworden war und er zu viele bunte Eindrücke erhalten hatte.

Was für einen Verlauf der Abend in Borgeses Sommerhaus nahm, lässt sich jedoch in etwa aus den Briefen und Erinnerungen Mumfords rekonstruieren. Mumford hatte Thomas Mann bereits 1932 kennengelernt, als er zu Studienzwecken Deutschland bereiste. Karl Vossler verschaffte ihm damals eine Einladung zu einem halbstündigen Besuch in dem Haus in der Poschingerstraße, als er hörte, dass sein amerikanischer Freund und Bewunderer den *Zauberberg* dreimal gelesen habe. Kein Autor, so Vossler, könne sich einem solchen Leser versagen. Der *Zauberberg*-Autor unterhielt sich mit Mumford angelegentlich über Hemingway und Kipling, so dass der Besuch in der Poschi sich weit über die zugemessene halbe Stunde erstreckte.[14]

Ein weiterer Kontakt mit Mumford hatte sich im Mai 1940 auf der denkwürdigen »City of Man Conference« in Atlantic City (New Jersey) ergeben; sie war von Giuseppe Borgese einberufen und organisiert worden, und an dem daraus hervorgegangenen City-of-Man-Projekt war Mumford maßgeblich beteiligt.[15] Deutscherseits nahmen neben Thomas Mann Erich Kahler sowie Hermann Broch daran teil; amerikanischerseits Alvin Johnson, Reinhold Niebuhr, William Allan Neilson und eben Mumford.[16] Lewis Mumford war nicht nur ein visionärer Städteplaner, als Mitherausgeber der Zeitschrift *The Dial* und als langjähriger Architekturkritiker des *New Yorker* führte er auch eine spitze Feder. Davon geben nicht zuletzt auch die Briefe Zeugnis, die Mumford unmittelbar nach der Geburtstagsfeier für Borgese schrieb.[17]

Der Abend begann demnach mit Cocktails, genauer gesagt »Martinis«, bestehend aus eisgekühltem Gin mit einem Tropfen Wermuth und einer Olive, serviert in einem eleganten Glaskelch. Mumford blieb von diesem Abend vor allem der Hausherr in lebendiger Erinnerung. Zwar besitze auch Neilsons deutsche Frau ein beträchtliches Ego, doch dies sei nichts im Vergleich mit dem Ego des Giuseppe Borgese. Es brauche nicht viel, um ihn in Fahrt zu bringen. Diesmal sei es eine halbwegs freundliche, für den Kirchenfeind Borgese jedoch nicht genügend abfällige Bemerkung Katias über eine Verlautbarung aus dem Vatikan gewesen. Sie löste vonseiten ihres Schwiegersohns einen lawinenartigen Wortschwall aus, der um das fein gewürzte Rinderfilet schäumte, sich auf die Artischocken ergoss, die Sauce béarnaise verdünnte und den Champagner verwässerte. Jetzt bedurfte es lediglich eines Reizworts, um den Wortstrom des Italieners in einen Geysir zu verwandeln. Dieser

Moment sei gekommen, als Thomas Mann taktloserweise in der Art einer seiner fiktiven Gestalten, die ein treffendes Wort einflechten wollen, die Bemerkung machte, dass doch in jedem Italiener etwas von einem Schauspieler stecke. Um sicher zu gehen, dass seine Kränkung auch als solche empfunden werde, habe er hinzugefügt: etwas von einem *buffone*.

Daraufhin sei Borgese an die Decke gegangen. Dante ein *buffone*?! Michelangelo ein Schmierenschauspieler?! Und Mazzini ein eitler Poseur?! Die Widerlegung war so schlagend, dass sie selbst einen größeren Schriftsteller als Thomas Mann und einen tapfereren Streiter als ihn zum Schweigen gebracht hätte. Leider habe es Borgese selbst nicht zum Schweigen gebracht. Den ganzen Abend habe er endlos monologisierend im Schweinwerferlicht stehen müssen, womit er Thomas Manns Wort vom *buffone* unfreiwillig bestätigt habe. Bei diesem quasi platonischen Symposion habe der Gastgeber mit dem Gastmahl auch gleich die Reden mitgeliefert. Ob betrunken oder einfach wütend oder auch verrückt: Borgeses Auftritt sei einfach großartig gewesen. Allerdings sei es die Art von Großartigkeit gewesen, welche den Betrachter verlegen mache und welche eigentlich den Protagonisten noch Wochen danach verlegen machen sollte.

Was nun Thomas Mann betreffe, so umgebe ihn das schwer zu definierende Fluidum eines selbstgefälligen, typisch deutschen Pedanten, was schon am Ton seiner umständlichen und salbungsvollen Redeweise zu erkennen sei. Mumford habe sich an einen Reisenden erinnert gefühlt, dem er einmal in einem Zug in Europa begegnet sei und der, kaum dass er das Abteil betreten, sich ein Paar seidene Handschuhe angezogen habe. Gern würde er mehr von der Begegnung der großen Geister in Amenia berichten und von den rhetorischen Perlen, die der Schöpfer des *Joseph* von sich gegeben, doch habe er mit ihm nur einen kurzen Austausch gehabt, und zwar über Shakespeare. Thomas Mann habe vor kurzem in New York die Generalprobe einer Neuinszenierung des *Macbeth* besucht; dabei sei er verblüfft gewesen von der Aktualität des Stücks. Allerdings bestehe zwischen den Schurken Shakespeares und denen von heute ein gravierender Unterschied: Shakespeares Schurken sind rasch zerknirscht und reflektieren sodann mit großem Feingefühl über ihre Schurkenhaftigkeit.

Am nächsten Morgen chauffierte Elisabeth ihre Eltern zu einem verabredeten Ort auf halbem Wege nach Amherst, vermutlich in den idyllischen Berkshires, wo Frau Piri Löwenstein sie übernahm und nach
Amherst fuhr. Dort aß man im Haus der Löwensteins zu Mittag und
bereitete sich im Hotel, dem Lord Jeffrey, auf den Abend vor. Der begann mit einem Essen im Haus des College-Präsidenten, Stanley King,
worauf man sich in die Johnson Chapel begab, wo Thomas Mann seinen Vortrag *The War and the Future* hielt. In seiner Einführung nannte
Löwenstein seinen Gast »the man whom Hitler hates the most, the
symbol of the eternal Germany that Hitler can't destroy«. Die Johnson
Chapel war, wie Thomas Mann notierte, ein »schöner und intimer
Raum«, und die Veranstaltung nahm einen ungetrübten »gute[n] Verlauf« (Tb. 14. 11. 1941). Kein Wort von einer anschließenden »Auspressung« durch Studenten oder Professoren. Dafür brachte der *Amherst
Student*, die Campuszeitung, mehrere Artikel über den prominenten
Besucher, die so gescheit und politisch einsichtig sind, dass man vermuten darf, Professor Löwenstein habe dabei den studentischen Zeitungs-
machern ein wenig die Feder geführt.[18] Am nächsten Morgen blieb lediglich Zeit für einen kurzen Besuch der Bibliothek des Colleges, der
jetzigen Robert Frost Library, bevor man die Gäste zum Zug nach Spring-
field brachte, von wo sie nach dreieinhalbstündiger Bahnfahrt New York
und ihr dortiges »home away from home«, das Bedford, erreichten. Ob
man den deutschen Nobelpreisträger darauf aufmerksam machte, dass
in Amherst, nicht weit von seinem Hotel, das Haus von Emily Dickin-
son stand, der größten amerikanischen Dichterin, ist nicht überliefert.

The Library of Congress

Sehr im Gegensatz zu der familiären und intimen Note seiner Reise
nach Amherst hatten Thomas Manns Auftritte in der Hauptstadt der
USA stets einen repräsentativen Charakter. Das war schon bei seinem
ersten Besuch 1935 so, als nach der Ehrenpromotion durch die Harvard
University Thomas und Katia Mann ins Weiße Haus eingeladen und
von Präsident und Mrs. Roosevelt empfangen wurden. Der Anlass war
diesmal ein besonders bedeutender und festlicher: Thomas Manns ers-

ter Vortrag am 17. November 1942 als Consultant in Germanic Literature, jene Sinekure, die Agnes Meyer für ihn eingerichtet hatte. Er
wählte *The Theme of the Joseph-Novels* zu seinem Gegenstand, was ihm
die willkommene Gelegenheit gab, für sein kurz vor dem Abschluss ste-
hendes opus magnum ein wenig Werbung zu treiben. Es versteht sich,
dass Agnes Meyer der Inauguralveranstaltung dieser Reihe einen glanzvollen Rahmen gab und dass dieser erste Auftritt in der imposanten
amerikanischen Nationalbibliothek für ihn selbst eine weitere »Erhöhung« (im Sinne seines Joseph) in seiner an »Erhöhungen« reichen
Laufbahn als Schriftsteller markierte.

Selbstredend war die Veranstaltung dank Agnes Meyers Tüchtigkeit
auch publizistisch bestens vorbereitet. In der Wochenendausgabe der
Washington Post, drei Tage vor Thomas Manns Auftritt in der Library of
Congress, erschien ihre ausführliche Besprechung von *Order of the Day*,
der ersten englischsprachigen Sammlung seiner politischen Essays und
Stellungnahmen. Die Besprechung erschien gleichzeitig in der *New
York Times*.[19] Agnes Meyer durfte also annehmen, dass die politischen
und literarischen Notablen, die sie zum Vortrag geladen hatte, ihre Besprechung gelesen hatten, worin sie ihren Helden als die Fusion aus
»romantic poet« und »vital citizen« definiert hatte. Den Abschluss bildete eine Verherrlichung des *Joseph*-Autors als eines vorbildlichen humanistischen Kämpfers für die gute Sache: »There emanates from these
pages a new-found conviction of duty to society, a contempt for personal
advantage or disadvantage, a devotion to the honor of mankind, that appeal not only to the mind of the reader but challenge his character and
solicit emulation. In an age of chaos, violence and disregard for human
virtues, we need the example and illustration of such persistent ethical
fortitude as much as we need our daily bread.« Dem Artikel in der *Post*
ist eine Tuschzeichnung von Thomas Manns Kopf beigegeben, die
den heroisierenden Ton von Agnes Meyers Besprechung visuell unterstreicht.

Für die lange Bahnreise von Los Angeles nach Washington, D.C.,
ließ man sich diesmal eine ganze Woche Zeit, denn man hatte einen
viertägigen Zwischenaufenthalt in Chicago eingeplant, um die Borgeses
und die kleine Angelica zu sehen. Der Aufenthalt im Meyer'schen Haus
in Washington erstreckte sich auf sechs Tage, die ausgefüllt waren mit

Empfängen, »lunches« und »dinners«, Museums- und Kinobesuchen, Ausfahrten und Spaziergängen sowie, speziell für die Dame des Hauses und nur für sie, Lesungen aus dem noch im Entstehen begriffenen vierten Teil des *Joseph*.

Am Tag des Vortrags ging Thomas Mann den von Konrad Kellen übersetzten Text seiner Rede mit Agnes Meyer noch einmal durch, um sich das eine oder andere erklären zu lassen. Der Vortrag selbst nahm einen, wie er fand, »[a]usgezeichnet befriedigende[n] Verlauf [...]. Gespannte Aufmerksamkeit, gelegentliche Erheiterung, großer Beifall und sichtliche Befriedigung der Offiziosen« (Tb. 18. 11. 1942). Er war zufrieden mit seinem Erfolg. Auf der »Fahrt nach Hause« war er »guter Dinge«. Das Elizabeth Sprague Coolidge Auditorium in dem prächtigen Thomas-Jefferson-Bau der Library, das gewöhnlich zu Kammerkonzerten genutzt wurde und das 600 Sitze hatte, war überfüllt, so dass die Rede in einen angrenzenden Raum übertragen werden musste.

Für die Einführung des illustren Consultant in Germanic Literature hatte Agnes Meyer keinen Geringeren als den amtierenden Vizepräsidenten, Henry Wallace, gewonnen, ein verlässliches Zeichen für den hohen gesellschaftlichen und politischen Wert, der dem Auftritt des prominenten deutschen Exilanten in der Nationalbibliothek zuerkannt wurde. Mehr noch als die warmen, doch etwas wolkigen Worte des Vizepräsidenten dürfte dem Redner die elegante, kleine Rede des Hausherrn gefallen haben. Archibald MacLeish, der »Librarian of Congress«, war ein mehrfach preisgekrönter Lyriker und Essayist. Er erklärte, dass die deutsche Literatur durch kein Böses, keinen Hass, keine Vernebelung je zerstört werden könne, weil sie in Gestalten wie Thomas Mann weiterlebe. Wie viele andere auch, könne er sich lebhaft erinnern, wann und wo er zuerst *Tonio Kröger* oder den *Zauberberg* oder *Unordnung und frühes Leid* gelesen habe. Und so begrüße er denn im Namen aller anwesenden Schriftsteller Thomas Mann als unser aller Meister – »he is to all of us our master«.[20] Höchstes Lob aus berufenem Munde!

Auf dem anschließenden Empfang im Haus der Meyers gab es »Rührei und Würstchen«, dazu Bier. Die Gästeliste war von der Hausherrin mit Sorgfalt und Umsicht zusammengestellt worden. Aus dem Regierungskabinett waren neben dem Vizepräsidenten der Justizminister Francis Biddle sowie Henry Morgenthau, der Finanzminister, der Einladung gefolgt. Desgleichen mehrere Richter des Obersten Gerichtshofs. Aus dem diplomatischen Corps waren verschiedene Vertreter anwesend, darunter Lord Halifax, der Botschafter Großbritanniens. Nicht zu vergessen einige wichtige Presseleute, wie zum Beispiel der damalige Star unter den politischen Kommentatoren, Walter Lippmann. Von den Gästen, mit denen Thomas Mann ins Gespräch kam, werden im Tagebuch namentlich Henry Wallace, Francis Biddle und seine Gattin sowie Walter Lippmann genannt.

Dieser große, ehrenvolle Empfang, auf dem Thomas Mann wie ein Potentat der deutschen Kultur agierte – durchaus im Sinne seines berühmten Diktums: »Wo ich bin, ist Deutschland« –, ging am zweiten Tag des Aufenthalts in Washington über die Bühne. Es waren aber noch vier weitere Tage eines anspruchsvollen Programms zu bestehen. Am Ende wurde es sogar für einen im Repräsentieren so erfahrenen Autor wie Thomas Mann fast zu viel. Insbesondere das Beisammensein mit der »Hausfrau« begann ihn, den gegenüber allen Gefühlsbekundungen Allergischen, ein wenig zu strapazieren. War es schon beim letzten Privatissimum, als er ihr aus dem *Joseph* die Becher- und Erkennungsszene vorlas, »reichlich beängstigend« zugegangen, so spricht das Notat über das letzte Zusammensein eine noch deutlichere Sprache: »Madame zum Abschied in mein Zimmer, schlimme Innigkeit. Fort, fort.« (Tb. 22. 11. 1942)

Das arg vermisste Gefühl des Alleinseins und der Geborgenheit stellte sich erst wieder ein, als man im Pullman der Hauptstadt entkommen war und im Speisewagen, bedient von einem französischen Kellner, sich endlich eines Dinners zu zweit erfreuen durfte. Eine letzte verkehrstechnische Komplikation: Diese Zugreise endete in Jersey City, gegenüber von Manhattan gelegen. Dort hatte man in einen Bus umzusteigen, der die Reisenden auf einer Fähre über den Hudson zur Grand Central Station in New York brachte. Von dort war es nur ein Katzensprung ins Bedford. Man musste jedoch ein Taxi nehmen – des Bergs von Gepäck wegen.

Die Vortragstournee 1938

Nachdem wir drei sehr verschiedene, doch insgesamt repräsentative Stationen aus Thomas Manns Leben als Vortragsreisender etwas genauer betrachtet haben, sollen zum Abschluss die großen Vortragstourneen, die ihn kreuz und quer durch das riesige Land führten, von Küste zu Küste, wenigstens überblicksartig vergegenwärtigt werden. Sie lassen das Ausmaß seiner Reisetätigkeit in den Vereinigten Staaten erkennen, das selbst im Zeitalter des Flugverkehrs in Erstaunen versetzt. Die auf den folgenden Seiten abgebildeten Karten, auf denen die Reiserouten eingezeichnet sind, vermitteln davon einen raschen, visuellen Eindruck. Einige Erläuterungen sollen das Bild vervollständigen.

Die erste große Vortragstournee unternahm Thomas Mann im Frühjahr 1938. Sie war der Hauptzweck der vierten und bei weitem längsten Amerikareise, zu der er mit Katia und Erika am 15. Februar von Zürich aufbrach. Man überquerte den Atlantik auf der Queen Mary von Cherbourg nach New York, wo Thomas Mann den wartenden Journalisten den berühmten und viel diskutierten Satz sagte: »Where I am, there is Germany.«[21]

Für das Abenteuer einer transkontinentalen Tournee versicherte sich Thomas Mann wohlweislich der Dienste einer literarischen Agentur in New York, die von Harold Peat und seinem Compagnon Saul Colin geleitet wurde. Peat oblag es, mit den Veranstaltern vor Ort abzuschließen, die Termine, Reiseverbindungen und Hotels festzulegen, für die Betreuung seines Schützlings an dem jeweiligen Ort des Vortrags zu sorgen und für seinen Starredner Werbung zu machen. In der Vortragssaison 1937/38 war Thomas Mann Peats größte Attraktion. Das dementsprechend fürstliche Honorar von 15 000 Dollar für fünfzehn Auftritte entsprach dem dreifachen Jahresgehalt eines amerikanischen Professors. Freilich war seine Vortragstätigkeit aufwändig, denn er reiste mit Frau und Tochter, die für die obligate Fragestunde nach jedem Vortrag unverzichtbar war.

Die Tournee von 1938 war reich an Höhepunkten und zeitigte einige lebensgeschichtlich bedeutsame Wendungen. Es war zunächst einmal seine erste Berührung mit dem wirklichen Amerika, dem »Amérique profonde«, einschließlich des Mittleren Westens und Kaliforniens, denn die drei vorangegangenen, sehr kurzen Amerikareisen waren auf New York, Boston und Washington beschränkt gewesen. Er besuchte zum ersten Mal Los Angeles, wo eine knapp vierwöchige Ruhepause eingeplant war. Katia und Thomas Mann waren von Südkalifornien, das sie an die französische Riviera erinnerte, so angetan, dass sie schon damals den Gedanken fassten, in nicht allzu ferner Zukunft sich hier niederzulassen.

Unterwegs nach Kalifornien reifte nämlich der Entschluss, seinen Wohnsitz von der Schweiz in die Vereinigten Staaten zu verlegen, zumal sich Aussichten auf eine akademische Anstellung an einer der renommierten Universitäten des Landes eröffneten.[22] So entschlossen waren Katia und Thomas Mann, dass sie bei nächster Gelegenheit den Antrag auf Einbürgerung stellten. Das musste den noch heute geltenden Bestimmungen entsprechend auf einem amerikanischen Konsulat außerhalb des Landes geschehen. In diesem Fall war es das amerikanische Konsulat im kanadischen Toronto, wohin ihre Reise sie vom 2. bis 4. Mai führte. Dank der Tatkraft Agnes Meyers gelang es noch vor der Rückreise am 29. Juni, die Ernennung zum Lecturer in the Humanities an der Princeton University zu erwirken und in Princeton ein geräumiges Haus zu mieten, das gegenüber seinem Domizil in Küsnacht »zweifellos eine Erhöhung des Lebensniveaus« darstellte (Tb. 27. 6. 1938).

Die erste Station der Tournee am 1. März war Chicago, genauer gesagt, die Northwestern University in Evanston, Illinois. Die 4500 Hörer, die zu seinem Vortrag über *The Coming Victory of Democracy* kamen, bedeuteten ein gutes Omen für den weiteren Verlauf der Reise. Auch in Ann Arbor, an der dortigen University of Michigan, kamen ca. 4000 Menschen, um den berühmten Autor zu hören. Nach fünf Tagen war man wieder in New York in dem vertrauten Bedford Hotel. Nicht weit davon, in der Town Hall, gab Thomas Mann am Vormittag des 10. März die Demokratie-Rede zum dritten Mal. Da dieser Saal nur 2000 Hörern Platz bot, hatte Peat einen zweiten Auftritt in New York zum Abschluss der Tournee eingeplant. Noch am selben Tag nahm man den Zug nach Washington, wo Thomas Mann am Abend seinen ersten großen Auftritt in der amerikanischen Hauptstadt hatte, und zwar in der ehrwürdigen Constitution Hall auf dem Capitolshügel. Untergebracht waren die Manns in dem eleganten Stadtpalais Eugene und

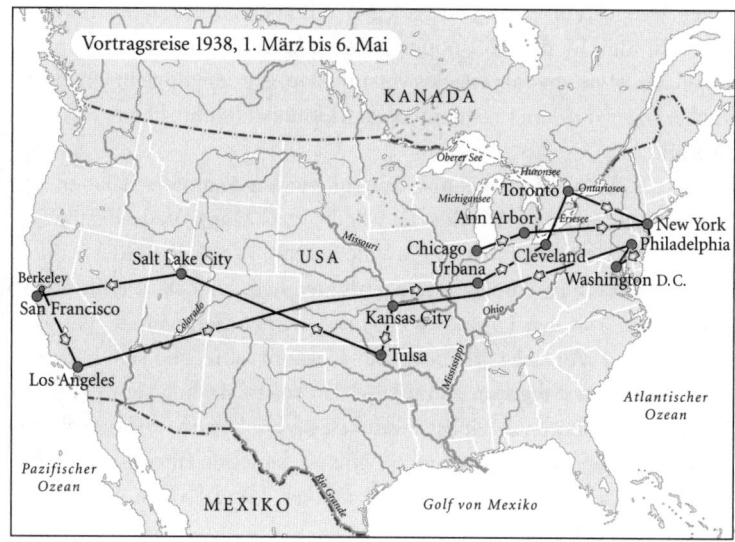

Vortragsreise 1938, 1. März bis 6. Mai

Agnes Meyers am Crescent Place, wo nach dem Vortrag ein großer Empfang gegeben wurde. Agnes Meyer sorgte auch für die angemessene publizistische Begleitmusik; ihren Bericht auf der Titelseite der *Washington Post* (11. 3. 1938) überschrieb sie mit *Thomas Mann Says Pacifism Towards Fascism Tempts War.*

Von der Hauptstadt fuhr man mit dem Zug ins nahe Philadelphia, die Stadt Benjamin Franklins, wo Thomas Mann den Demokratie-Vortrag in der Academy of Music wiederholte, dem Heim des berühmten Philadelphia Orchestras. In einleitenden Bemerkungen nahm er zu der »Gewalttat an Österreich« Stellung (Tb. 12. 3. 1938), dem sogenannten Anschluss. Solche Kommentare zu den aktuellen Ereignissen in Europa wurden fortan bei vielen Auftritten dem eigentlichen Vortrag vorangeschickt.

Von Philadelphia ging es über Chicago ins Landesinnere zu drei Rede-terminen in Kansas City (Missouri), Tulsa (Oklahoma) und Salt Lake City (Utah), wo er in der Kingston Hall der dortigen University of Utah sprach. Die Lokalzeitung, die *Desert News*, kündigte den Vortrag mit einem Bild Thomas Manns an, der als »Hitler's most intimate enemy« vorgestellt wurde.[23] In Salt Lake City nahm er sich auch die Zeit zu

243

einer Autoausfahrt in die nahe gelegenen Berge und zu einem Besuch in der Hauptkirche der Mormonen. Dort führte man ihm die berühmte Orgel des Mormon Tabernacles vor, und dort wurden die deutschen Besucher sogar von dem Präsidenten der Mormonenkirche, Heber J. Grant, begrüßt.

Am 23. März erreichte man mit einem sogenannten Raketenzug, dem *Streamliner*, Los Angeles. Es war Thomas Manns erste Berührung mit der Stadt, in deren neuestem Villenviertel, Pacific Palisades, er drei Jahre später ein geräumiges Haus errichten ließ. Hier auch erblickte er zum ersten Mal den Pazifik, so dass er, wenn er die populäre, patriotische Hymne »America, the beautiful« gekannt hätte, von sich hätte sagen können, er habe nun Amerika »from sea to shining sea« gesehen. Die Manns wohnten zunächst in dem eleganten Beverly Wilshire Hotel. Es gefiel ihnen so gut, dass man beschloss, die schon lange geplante Erholungspause hier zu verbringen, und einen Bungalow im Garten des Beverly Hills Hotels anmietete.

Zunächst jedoch waren zwei Redetermine in der Bay Area wahrzunehmen, am 29. März in dem damals noch neuen War Memorial Opera House in San Francisco, am Tag darauf im Wheeler Auditorium auf dem Campus der University of California in Berkeley. Der Bericht im *Daily Californian*, der Campus-Zeitung, enthält die unter allen Pressestimmen auf dieser Tournee wohl prägnanteste Formulierung des Hauptgedankens der Demokratie-Rede: »In tones of almost desperate sincerity, Thomas Mann, sworn enemy of dictators, last night called upon Democracy to institute broad social reforms upon itself and prepare to defend its ideals against the totalitarian states of the world.«[24]

Die 24-tägige Ruhepause verbrachte man nun im Bungalow des Beverly Hills Hotels und mietete, für Katia und Erika, ein Auto zu kleinen Ausfahrten und Besorgungen. Thomas Mann befand, dies sei ein »[a]llerliebster Aufenthalt« (Tb. 1. 4. 1938), nicht zuletzt wohl, weil er nun endlich wieder Zeit zur Arbeit fand. Der »Schluß von ›Lotte‹« beschäftigte ihn in jenen Tagen, vor allem jedoch die beunruhigenden Vorgänge in Europa. Damals begann er einen zunächst mit *Tagebuchblätter* überschriebenen Essay, der auf die jüngste Zeitgeschichte reflektiert. Die Aufzeichnungen beginnen wie folgt: »Es ist gut, wieder zu schreiben, die introvertierte Lebensform literarischer Sammlung wieder zu kosten nach tumultuösen, überfüllten Wochen einer ganz nach außen gerichteten Anspannung und Aktivität, [...] Wochen, die viel von der dankbaren Heiterkeit eines Erntefestes hätten haben können, wenn sie nicht von den grauenvollen Ereignissen der heimatlichen Ferne so tief beschattet gewesen wären.«[25]

Diese Aufzeichnungen, eine Selbstbesinnung und eine Reflexion auf sein Verhältnis zu Deutschland, der »heimatlichen Ferne«, münden in einen der bemerkenswertesten Texte Thomas Manns: ein psychographisches Portrait Adolf Hitlers, der damals im »Großdeutschen Reich« im Zenit seiner Popularität stand und der in Amerika wenige Monate später von dem Nachrichtenmagazin *Time*, zähneknirschend zwar, aber unverdrossen, zum »Man of the Year 1938« gekürt werden sollte.[26] Der Essay erhielt schließlich von Leopold Schwarzschild, in dessen Zeitschrift *Das Neue Tage-Buch* er zuerst erschien, den provokanten, Aufmerksamkeit erheischenden Titel *Bruder Hitler*. Mit dem verblüffenden Eingeständnis, in Hitler, wenn auch auf der Stufe der Verhunzung, Züge seiner eigenen geistigen Prägung wiederzuerkennen, war ein signifikanter Schritt hin zu einem Deutschlandbild getan, das die simplistischen Alternativen einer distanzierten Verurteilung oder einer identifikatorischen Apologie transzendierte.

Die Demokratie-Rede kam auch in Los Angeles zum Vortrag, nämlich im Shrine Auditorium, einem »kolossalen Amphitheater« (Tb. 1. 4. 1938), das über 6000 Menschen Platz bot. Zu dem ersten Auftritt Thomas Manns in Los Angeles bei einer Veranstaltung, die von der Hollywood Anti-Nazi League mitgetragen wurde, war viel Prominenz aus Hollywoods deutscher Kolonie erschienen, darunter William Dieterle, der erfolgreiche Filmregisseur, der ihn auch einführte. Die *Los Angeles Times* berichtete tags darauf über die Veranstaltung unter der Überschrift *Self-Exiled German Author Sounds Fascism Rebuke* und hob hervor, dass die Anprangerung der Judenverfolgung und der Konzentrationslager besonders starken Beifall erntete (AM, 838 f.). Von der Anti-Nazi League bekam er einen Scheck über 1500 Dollar zur Unterstützung antifaschistischer Künstler in der Tschechoslowakei; er ließ das Geld auf diplomatischem Weg über das amerikanische State Department weiterleiten. In einem Brief an ihre Mutter in Washington berichtete Elizabeth Meyer, Thomas Mann habe in Los Angeles den größten

Erfolg seiner bisherigen Tournee erlebt und sei bei der anschließenden Feier »incredibly happy [...] and even sprightly« gewesen (AM, 838). Am 25. April, nach einem einmonatigen Aufenthalt an der Westküste, wandten sich die Manns wieder ostwärts, um die verbleibenden vier Redeverpflichtungen zu absolvieren. In Urbana-Champain, Sitz der University of Illinois, kam jedoch nicht die Demokratie-Rede zum Vortrag, sondern eine knappe, von Elizabeth Meyer übersetzte Ansprache mit dem Titel *Democracy and Christianity*. Es handelte sich dabei um eine Kompilation von Abschnitten aus der Demokratie-Rede und einigen ad hoc geschriebenen Passagen über sein Verhältnis zum Christentum.[27] Diese Improvisation war notwendig geworden, weil er an der University of Illinois den Cardinal Newman Award für seine »distinguished contribution to literature and his courageous championship of human rights« in Empfang nehmen sollte.[28] Von dieser Ehrung war er erst kurz vorher in Los Angeles benachrichtigt worden.

Auf der nächsten Station in Cleveland, Ohio, stand, wie vorgesehen, wieder die Demokratie-Rede auf dem Programm. Der Vortrag fand in der Public Music Hall vor einem Publikum von 3500 Menschen statt. Als Nächstes überquerte man die Grenze nach Kanada, wo Katia und Thomas Mann, wie erwähnt, auf dem amerikanischen Konsulat in Toronto ihren Antrag auf Einbürgerung stellten. Thomas Manns Vortrag ging am 4. Mai in der Massey Hall der University of Toronto über die Bühne. Eingeführt wurde er von dem »jungen canadischen« Schriftsteller (Tb. 3. 5. 1938), dessen Namen er sich nicht merken konnte. Es war der später sehr erfolgreiche Erzähler Morley Callaghan (1903–1990). Noch am selben Abend fuhr Harold Peat seine beiden Schützlinge – Erika musste nach Cleveland einer eigenen Vortragsverpflichtung in Erie, Pennsylvania, nachkommen – über die Grenze ins nahe Buffalo, wo man den Nachtzug nach New York nahm. Dort fand am 6. Mai in der Carnegie Hall Thomas Manns erste Vortragstournee ihren glänzenden Abschluss. Das Publikum bereitete ihm den »[w]ärmste[n] Empfang« und verabschiedete ihn mit einer *standing ovation*. Der Abend fand nach »schöne[m] Verlauf« des Vortrags im Plaza Hotel in Gesellschaft von Blanche und Alfred Knopf, Martin Gumpert, Konrad Kellen und anderen einen entspannten Ausklang.

Sechs Wochen nach Abschluss der Tournee erschien bei Knopf die

Buchausgabe des Vortrags in der Übersetzung Agnes Meyers. Sie fand, wie die ganze Tournee, eine überaus freundliche Aufnahme. Die *New York Times* (2. 7. 1938) schrieb darüber in einer Besprechung am Vorabend des Nationalfeiertags am 4. Juli: »This is the weekend we celebrate America's independence. You will look far and not find a better tract for the times. For none of the speeches that will be delivered on Monday [4. Juli] will tell you more about democracy than this book by Thomas Mann.« Ähnlich zustimmend äußerte sich der englische Dichter W. H. Auden, eine der prominentesten Stimmen der linken Intelligenz Englands in einer kurzen Besprechung. Thomas Manns Vortrag sei »the best brief statement of what democracy means which I have read«.[29]

Man fragt sich, aus welchen Bevölkerungsschichten sich Thomas Manns Publikum zusammensetzte und welchen Erfolg er hatte. Hier sind wir auf Vermutungen angewiesen. Neben seinem Tagebuch und den Presseberichten in den Lokalzeitungen geben jedoch die ausrichtenden Organisationen einen gewissen Aufschluss. Es handelt sich dabei um eine bunte Reihe von Sponsoren und Veranstaltern. Abgesehen von den Universitäten in Evanston, Ann Arbor, Salt Lake City und Berkeley waren es in der Hauptsache sogenannte Rathausforen, wie zum Beispiel America's Town Hall Association mit ihren örtlichen Zweigstellen im ganzen Land, darunter auch das Washington Forum oder das Philadelphia Forum oder The League for Human Rights (Cleveland) und The Canadian League for Peace and Democracy. Neben den Studenten und Professoren an den verschiedenen Universitäten waren es also politisch interessierte Amerikaner aus allen Schichten, die auf der lokalen Ebene als Träger der politischen Kultur Amerikas anzusehen sind. Herausragend ist die hohe Zahl der Besucher, die zu den Vorträgen der ersten Tournee strömte und die auch bereit war, dafür Eintritt zu zahlen. Legt man die jeweiligen Presseberichte zugrunde, so beläuft sich die Gesamtzahl seines Publikums bei den insgesamt fünfzehn Veranstaltungen auf 43 000. Dies war als ein unbestreitbarer, großer Erfolg zu werten, was auch daraus hervorgeht, dass Harold Peat seinem Zugpferd schon in Los Angeles eine weitere Tournee für 1939 vorschlug (Tb. 1. 4. 1938).

Die Vortragsreisen 1939, 1940, 1941 und 1943

Thomas Mann bestritt seine zweite amerikanische Tournee mit *Das Problem der Freiheit* (XI, 952–972). Dieser »Reise-Vortrag« (Tb. 25. 12. 1938) entstand um die Jahreswende 1938/39; die Übersetzung lieferte Agnes Meyer. Es ist ein Gebrauchstext, der ohne große Umstände von Fall zu Fall aktualisiert, gekürzt oder ergänzt werden konnte. Im Kern handelt es sich um ein Plädoyer für die bewusst und vorsorglich ins Werk gesetzte »Selbst-Einschränkung« der Freiheit in Form einer »sozialen Selbstdisziplin« und »soziale[n] Regulierung[ ]« in etwa im Sinne der deutschen Sozialdemokratie, für die er in der Weimarer Republik eingetreten war. Er will den »Kultur-Menschen«, den amerikanischen wie schon den deutschen, die »Furcht« ausreden – die Furcht »vor dem Untergang der Freiheit und der individuellen Werte im Kollektiven und in sozialistischer Gleichheit [...].« In einem Brief an Ida Herz bezeichnet er diesen Hauptgedanken als den »in pädagogische Seide gewickelten sozialistischen Pferdefuß« seiner Rede.[30] Dieses Plädoyer ist gekoppelt mit einer Warnung vor den falschen Freunden der Freiheit, die »bewußt oder unbewußt die Liebe zur Freiheit« mit ihren eigenen Interessen »verwechseln und ausrufen, die Demokratie sei in Gefahr, sobald man der Freiheit rät, sich selbst in eine heilsame soziale Zucht zu nehmen« (XI, 969f).

Mit diesem Gedanken knüpft er an die Demokratie-Rede vom Vorjahr an. Wie dort stellt er sich damit auf die Seite Präsident Roosevelts und macht Front gegen die FDR-Gegner, die die soziale Erneuerung der amerikanischen Demokratie durch den New Deal unter Berufung auf das Ideal der uneingeschränkten Freiheit im Geschäftemachen bekämpften. Darüber hinaus ist die Rede als ein verdecktes Plädoyer für ein »Zusammenfinden von Demokratie u. Sozialismus« (Tb. 11. 5. 1939) zu verstehen, will sagen: für eine Allianz Englands und der Sowjetunion für den sich abzeichnenden Krieg der faschistischen Mächte gegen die Demokratien.

Die Premiere der »Freiheits-lecture« fand am 23. Januar in New York in der Chapel des Union Theological Seminary statt, wo Paul Tillich und Reinhold Niebuhr lehrten. Die beiden berühmten Theologen beteiligten sich an der Diskussion; leider ist aus Thomas Manns Tagebuch

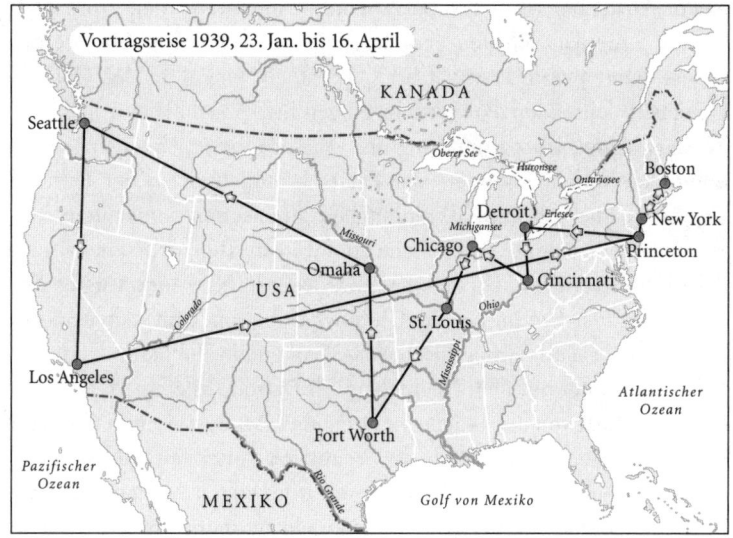

nicht zu ersehen, in welchem Sinne sie in ihren »Diskussionsreden« (Tb. 23. 1. 1939) Stellung bezogen. Tags darauf wiederholte er den Vortrag vor »ca 150 Herren« der Alumni Association der Princeton University in deren Klubräumen in New York. Dies also waren zwei Probeläufe vor dem Beginn der Tournee vier Wochen später.

Die Tournee von 1939 wurde in zwei Etappen abgewickelt. Die beiden ersten Stationen waren Brooklyn und Montclair (New Jersey). Der Vortrag in Brooklyn fand in dem sogenannten Opera House der Brooklyn Academy of Music statt, in der schon Anton Seidl, lange vor Ablauf der Schutzfrist, Konzerte mit Auszügen aus *Parsifal* veranstaltete und das heute noch zu Opernaufführungen benutzt wird. Nach dem Vortrag kam es zu einer Begegnung mit Stefan Zweig und Harry Slochower, einem bewährten Verehrer und Verbündeten, der am Brooklyn College deutsche Literatur, Komparatistik und Philosophie lehrte.[31] Der Vortrag in Montclair fand im dortigen College statt, der heutigen Montclair State University.

Nach dieser ersten Etappe und einem einwöchigen Aufenthalt zu Hause in Princeton begann der beschwerliche, sechswöchige Teil der Tournee, die ihn bis ins ferne Seattle führte. Zunächst ging es jedoch zu einem Abstecher nach Boston zu einem Auftritt vor dem Ford Hall Forum, Amerikas ältester, »continually operated free public lecture series«. Dort wurde er von Carl J. Friedrich, einem an der Harvard University lehrenden Politologen, eingeführt. Anschließend ließ sich Thomas Mann, trotz Ermüdung und starker innerer Abneigung, dazu überreden, einem Kommers der Deutsch-Studenten an der Harvard University, die ihn zum Ehrenmitglied zu machen wünschten, beizuwohnen. Er machte gute Miene zu »Mützen, Bier, deutsche[n] Lieder[n], Salamander« (Tb. 8. 3. 1939). Wieder in New York, trug er *The Problem of Freedom* im Faculty Club der Columbia University vor – in einem, wie er fand, sympathischen Saal vor gutem Publikum.

Es ging weiter mit dem Nachtzug nach Detroit (Michigan). Der Vortrag dort wurde von der League for Human Rights ausgerichtet und fand im Masonic Temple, der Halle der Freimaurer, vor einem Publikum von ca. 5000 Leuten statt. In Detroit wurde zum ersten Mal an dem Vortragstext gebastelt: Der erste Teil wurde gekürzt; dafür wurde eine neue Einleitung geschrieben. Wie bei den meisten Auftritten half Erika mit den leidigen »questions«.

Die nächsten Stationen waren Cincinnati (Ohio), Chicago (Illinois), St. Louis (Missouri), Fort Worth (Texas) und Omaha (Nebraska). Bemerkenswert ist, dass jüdische Organisationen nicht nur hier, sondern immer wieder als Veranstalter und Förderer von Thomas Mann auftreten: der Wise Temple in Cincinnati, der Shalom Temple in Chicago und die Young Men's and Young Women's Hebrew Association in St. Louis – jeweils vor 2000 bis 3000 Menschen. Der Vortrag in Fort Worth fand im River Crest Country Club statt, vor einem überwiegend weiblichen Publikum. Spätestens hier setzte der Überdruss ein. Dem »angenehme[n] Roosevelt-freundliche[n] Sohn« der Dame, die ihn eingeführt hatte, sagte er »im Abgehen: ›It was rather for you than for the others‹« (Tb. 22. 3. 1939). In Omaha sprach er in der Aula einer High School vor 1500 Menschen; Veranstalter war das Iowa and Nebraska Komitee der Friends of Democracy.

Um von Omaha nach Seattle (Washington) in der Nordwestecke der kontinentalen Vereinigten Staaten zu gelangen, musste man eine über zweitägige Bahnreise auf sich nehmen. In Seattle hielt Thomas Mann den Vortrag in der Meany Hall der University of Washington, die mit

3000 Hörern gefüllt war. Die Stadt am Puget Sound gefiel ihm, sie hatte jedoch einen Nachteil: »Seattle klimatisch, landschaftlich und als Stadt eine Entdeckung, der beste Eindruck der Reise, gut zu leben, wärs nicht so weit« (Tb. 30. 3. 1939). Will sagen: nicht so weit von der Ostküste und Europa. Obwohl ihm die Gegend gefiel, blieb dieser Besuch sein einziger in »the Great Northwest«.

Nach einer weiteren, zweitägigen Bahnfahrt erreichten die Manns Los Angeles, wo man sich, wie im Vorjahr, im Beverly Hills Hotel eine Ruhepause gönnte, diesmal allerdings auf eine Woche beschränkt. Thomas Mann empfand die »Freude des Wiedersehens mit dieser heiteren u. gepflegten Lichtwelt in Meeresluft« (Tb. 1. 4. 1939) sehr lebhaft und verbrachte die Tage in der Stadt der Engel mit Kinobesuchen und Besuchen in dem MGM- und in dem Warner-Brothers-Studio. Davon abgesehen hielt er auf einem »fund raiser« im Beverly Wilshire Hotel, wohin ihn kein Geringerer als Ernst Lubitsch persönlich chauffierte, eine Ansprache unter dem Titel *Have no fear!*. Der Abend, der dem American Committee for Christian German Refugees zugutekam, war ein »großer u. ungewöhnlicher« Erfolg, auch für ihn persönlich: »Stark gefeiert von der Auslese Hollywoods« (Tb. 5. 4. 1939).

Damit verblieb zur Komplettierung dieser Tournee lediglich ein Termin in Baltimore (Maryland). Thomas Mann fuhr am 25. April von Princeton nach Baltimore; er war am Sonntag, dem 16. April, über Chicago und Washington, mit Besuch bei den Meyers, heimgekehrt. Der Vortrag in Baltimore fand in »dem gewaltigen Saal« der Lyric Opera statt. Der »Sozialismus« in seiner Rede »wurde geschluckt«, obgleich die politische Stimmung seiner Gastgeber und, wie er meinte, der ganzen »Baltimorer Gesellschaft [...] [r]echt Reaktionär, pro Franko, anti-Roosevelt« war (Tb. 26. 4. 1939).

Der bewährte »sozialistische« Vortrag musste wenig später außerdem bei zwei Ehrenpromotionen seine Dienste tun: zunächst am 28. April an der Rutgers University in dem nahen New Brunswick (New Jersey), sodann am 29. Mai am Hobart College in Geneva (New York), das ihn mit einem Doctor of Letters beehrte. Ein weiteres Mal kam die »Freedom-Lecture«, auf eine halbe Stunde gekürzt, am 19. Mai bei einer Feier der Princetoner Theologischen Fakultät zum Vortrag.

Auch die dritte Vortragstournee Anfang 1940 wurde im Wesentlichen mit *The Problem of Freedom*« bestritten, d. h. einer neuerlich augmentierten Fassung, die dem Ausbruch des Kriegs am 1. September 1939 Rechnung trug. Thomas Mann beschränkte diese Tournee auf zehn Stationen, vermutlich wegen seiner Redeverpflichtungen in Princeton während des Frühjahrsemesters. Sie begann am 24. Januar mitten im kältesten Winter in Ottawa, der Hauptstadt Kanadas, wo Thomas Mann in dem nicht ganz gefüllten Globe Collegiate Theatre sprach. Über diese Veranstaltung scheint in der lokalen Presse kein Bericht erschienen zu sein. Am Tag darauf begaben sich Thomas und Katia Mann in die Residenz des britischen Generalgouverneurs, John Buchan Baron Tweedsmuir, dem Vertreter der englischen Krone in Kanada, um sich in das Besucherbuch einzutragen. Offenbar ist dies als eine Geste der Solidarität mit England zu werten, das nach dem deutschen Überfall auf Polen, zusammen mit Frankreich, Deutschland den Krieg erklärt hatte. Im Übrigen hatte er auch in seinen Vortrag eine »pro-britische Einlage« eingeflochten, die, wie er Agnes Meyer meldete, »sehr dankbar aufgenommen« wurde (AM, 197). Des Weiteren hatten die Manns eine Einladung zum Lunch in der amerikanischen Botschaft. Der neue Botschafter der Vereinigten Staaten, Norman Armour, hatte Thomas Manns Vortrag besucht; im Anschluss daran begrüßte der Botschafter den Redner und lud ihn zum Lunch in der Botschaft ein.

Die Fahrt mit dem Nachtzug über Toronto und Detroit zur nächsten Station in Toledo (Ohio) war wegen zweimaligen Umsteigens recht beschwerlich. Der Vortrag dort war eine in der Mehrzahl von Frauen besuchte Town-Hall-Veranstaltung; sie fand in demselben Commodore Perry Hotel statt, in dem auch die Manns untergebracht waren. Einem Bericht in der Lokalpresse zufolge sprach der deutsche Besucher ein »flawless English, each word polished and accurate«, mit einem nur leichten (slight) Akzent.[32] Nach fünf Tagen war man wieder in Princeton.

Die zweite, längere Etappe dieser Tournee führte Thomas Mann in den Mittleren Westen und nach Texas. Die erste Station war die Ohio Wesleyan University in Delaware (Ohio), unweit der Hauptstadt des Bundesstaats, Columbus. Von dort ging es weiter nach Dubuque am Mississippi (Iowa), wo man ihn zum Honorary Rector machte. Thomas

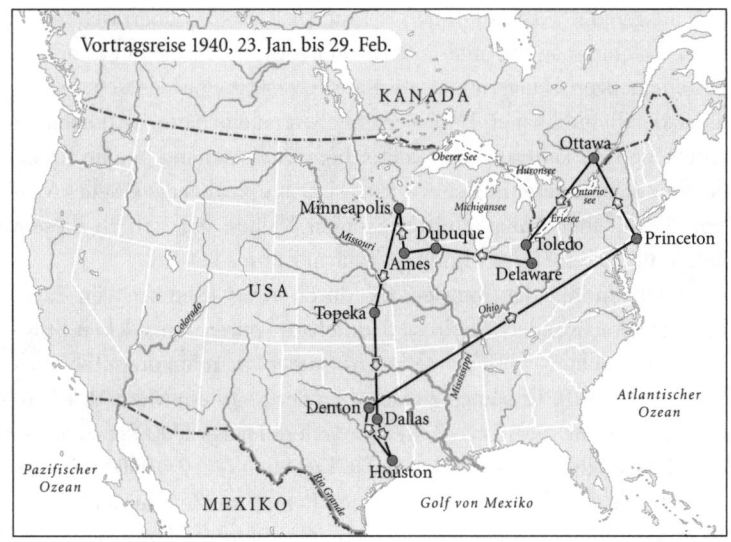

Mann ließ es geschehen und hielt seinen Vortrag im vollen Ornat in der St. Luke's Methodist Church. In einem Bericht über den Vortrag machte ein kluger Reporter die höchst bemerkenswerte Beobachtung, dass Thomas Manns Plädoyer für eine Versöhnung der fundamentalen Prinzipien der Freiheit und der Gleichheit sehr wohl den berühmten Debatten der amerikanischen »founding fathers« auf der American Constitutional Convention 1787 in Philadelphia entnommen sein könnten, so sehr sei er in den Geist der amerikanischen Demokratie eingedrungen.[33]

Die weiteren Stationen waren die Iowa State University in Ames, die University of Minnesota in Minneapolis sowie Topeka, die Hauptstadt des Bundesstaats Kansas. Die »Menge«, die in Topeka zum Vortrag erschien, war »nicht so zahlreich wie an früheren Abenden, was der Introducer in seiner Einleitung mit Strenge tadelte« (Tb. 17. 2. 1940). Thomas Mann musste das übliche, auf die Dauer enervierende Programm über sich ergehen lassen – Lunch mit den Honoratioren der Stadt, »[u]nendliche Vorstellungen«, Signierungen seiner Bücher, Ausfahrt zu den Sehenswürdigkeiten der Umgebung, Museumsbesuch und wieder »Lunch bei guten Leuten mit guten Leuten« –, so dass er sich »[g]ründ-

lich ausgenutzt« vorkam (Tb. 17. und 19. 2. 1940). Überraschenderweise brachte man ihn auch in das »opulente Landhaus« Alf Landons,
des ehemaligen Gouverneurs von Kansas, der als Präsidentschaftskandidat der Republikaner 1936 vergeblich versucht hatte, Roosevelt zu
entthronen. Es kam zu einem politischen »Gespräch mit ihm im Kreise
der Seinen u. unserer Begleiter«. Man sprach u. a. über die »Welles Mission«, d. h. über Außenminister Sumner Welles, der sich zu diesem
Zeitpunkt auf einer »fact finding«-Tour in Europa befand.

Im letzten Teil der Tournee, die durch Texas führte, ist im Tagebuch der wachsende Überdruss deutlich zu spüren. An solchen Stim-
mungstiefpunkten griff er gerne zu seiner »Ermutigungs-Tablette«
(Tb. 22. 2. 1940). Er sprach zunächst an der Southern Methodist University in Dallas, zwei Tage später vor vollem Haus (2000 Personen) in
der Music Hall in Houston. Dazu das Tagebuch (22. 2. 1940): »Sprach
gut u. hatte langen Beifall. Die Question Period, mit Zetteln, schlecht u.
recht bestanden. Gequält, aber einigermaßen beruhigt durch die Zufriedenheit der Unternehmerin.« Es folgte ein viertägiger Aufenthalt übers
Wochenende in San Antonio mit »Besichtigung einiger Altertümer«, darunter vermutlich das berühmte Alamo, die Wiege der »Texas liberty«.
Am 26. 2. traf man zum letzten Termin an der Texas Women's University
in Denton ein. Thomas Mann eröffnete dort mit seinem Vortrag, an-
stelle von William Rose Benét, der krankheitshalber verhindert war, einen regionalen Schriftstellerkongress. Dies hatte eine Vertreterin von
Harold Peat in Dallas mit ihm vereinbart. Nach einer weiteren, zweitägigen Bahnfahrt traf man am 29. Februar wieder in Princeton ein.

Auch auf seiner vierten Tournee reiste Thomas Mann mit einer abgeän-
derten, stark aktualisierten Fassung der »Freedom Lecture«. Sie bekam
einen neuen Titel *War and Democracy*, später, nach weiteren Änderun-
gen, *How to Win the Peace*.[34] *War and Democracy*, der für die Tournee
von 1941 geschriebene Vortrag, entstand im September 1940 in Los
Angeles, wo man den größten Teil des Sommers verbrachte. Es handelt
sich, grob gesprochen, um eine Kompilation aus *Das Problem der Freiheit*, *Dieser Krieg* und dem Vorwort zum 3. Jahrgang der Zeitschrift *Mass
und Wert*.

Seine Premiere hatte dieser Vortrag am 3. Oktober 1940 am Claremont College in der Nähe von Los Angeles. Zwei weitere Probeläufe folgten im November während eines zweiwöchigen Besuchs in Chicago, zunächst am 14. an der Northwestern University in Evanston und am 19. an der University of Chicago. Beide Male waren jüdische Organisationen die Sponsoren. An der Northwestern lehrte Fritz Kaufmann, der das Gespräch mit Thomas Mann suchte und später ein anspruchsvolles Buch über ihn schrieb.[35] An der University of Chicago wurde der Gast vom Präsidenten der Universität empfangen, Robert Hutchins, einem bedeutenden Rechtsphilosophen und Pädagogen. Darüber hinaus lernte er bei dieser Gelegenheit den amerikanischen Lyriker und Lincoln-Biographen Carl Sandburg kennen.

Auch die Tournee von 1941 wurde in mehrere Etappen aufgeteilt. Sie begann am 11. Januar mit einer südlichen Schleife und führte zunächst nach Washington und sodann nach North Carolina und Georgia. Der Vortrag in Washington war eine Town-Hall-Veranstaltung mit anschließender Podiumsdiskussion, an der unter Leitung von John W. Studebaker vom US Office of Education Eugene Meyer, Senator Ralph Brewster, Ernest S. Griffith von der Library of Congress und Erika Mann beteiligt waren. Dies war am Vorabend des zweitägigen Aufenthalts der Manns im Weißen Haus. In Durham (North Carolina), an der Duke University, kam offenbar auf Wunsch der Gastgeber die Einführung in der *Zauberberg* zum Vortrag: *The Making of the Magic Mountain*. In Durham lernte er Ernst Morwitz kennen, Mitglied des George-Kreises, der in Amerika ein akademisches Unterkommen suchte. Auf den beiden nächsten Stationen, an der Emory University in Atlanta und an der University of Georgia in Athens, trug Thomas Mann wieder *The War and Democracy* vor.

Von der Rückkehr am 19. Januar bis zur Auflösung des Haushalts in Princeton und Übersiedlung nach Los Angeles blieben Thomas Mann knapp zwei Monate, in denen er in der Hauptsache am *Joseph* weiterstrickte. Mit dem Auszug aus Princeton begann die zweite Etappe der Tournee. Sie führte ihn zunächst in eine Synagoge in Brooklyn, wo er seinen Vortrag, jüdischem Brauch gemäß, »im *Hut*« verlas (Tb. 18. 3. 1941). Nach einem Zwischenaufenthalt in Chicago erreichte man am 22. März Colorado Springs am Fuß der Rocky Mountains, wo man in dem luxuriösen Broadmoor Hotel untergebracht war. Am dortigen

Colorado College lehrte der Germanist Hans Rosenhaupt, den Thomas Mann von Deutschland her kannte.[36] Dort trug er wiederum *The Making of the Magic Mountain* vor. Auf der nächsten Station, in Denver, war es dann wieder *The War and Democracy*. Der Vortrag fand in einem »Riesensaal für 2500 Personen« statt, »in dem nur – oder immerhin – vielleicht 800 sich einfanden« (Tb. 25. 3. 1941). Nach der Ankunft in Los Angeles am 26. um 18 Uhr eilte er zum Wilshire Theater im Stadtteil Westwood, wo er vor vollem Haus *The War and Democracy* vortrug. Am Morgen danach musste er nach San Francisco fliegen, denn am Nachmittag stand eine weitere Ehrenpromotion auf dem Programm, diesmal an der University of California, Berkeley. Da er außerdem in den akademischen Orden Phi Beta Kappa aufgenommen wurde, blieb man noch einige Tage am Ort, Hotel Durant, denn dort gab es ein Wiedersehen mit Peter Pringsheim, der jetzt in Berkeley lehrte. Danach stand die Stanford University in Palo Alto auf dem Programm, wo Thomas Mann in einer Vollversammlung der Studenten und Professoren in der Memorial Hall *The War and Democracy* vortrug. Sein einleitender Scherz, dass Nietzsche, lebte er noch, in die USA ausgewandert und in den Phi-Beta-Kappa Orden aufgenommen worden wäre, löste »[g]roße Heiterkeit« aus (Tb. 3. 4. 1941). Damit war auch die zweite Etappe der diesjährigen Tournee zu Ende gebracht.

Die dritte Etappe wurde auf einer großen Herbstreise an die Ostküste mit Zwischenstationen im Süden und Mittleren Westen abgewickelt. Man hatte vorläufig, während das Haus am San Remo Drive gebaut wurde, ein Interimsdomizil am Amalfi Drive in Pacific Palisades bezogen. Über das bevorstehende Abenteuer notierte Thomas Mann im Tagebuch (15. 10. 1941): »Die Reise hat begonnen. Es wird Dezember werden, bis wir nach P.P. zurückkehren. Viele Stationen erwarten uns. Es heißt, die Dinge an sich herankommen lassen und zwischendurch den Joseph zu fördern suchen.« Der Reisevortrag für diese letzte Etappe: *How to Win the Peace*, entstand vom 10. bis 18. September.

Nach zweitägiger Bahnfahrt bis San Antonio (Texas) und der Weiterfahrt im Auto nach Austin, Hauptstadt von Texas und Sitz der großen University of Texas, trug er noch am Ankunftstag auf einer Town-Hall-Veranstaltung der Texas Federation of Women's Clubs *How to Win the Peace* vor. Im Anschluss daran war noch eine »Party bei Mr. und

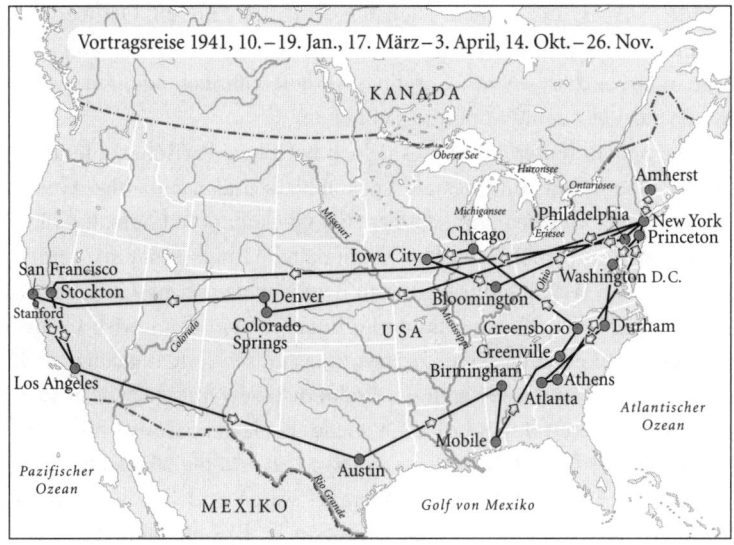

Vortragsreise 1941, 10.–19. Jan., 17. März–3. April, 14. Okt.–26. Nov.

Mrs. Brown« zu bestehen. Ihr Niederschlag im Diarium zeigt, mit wie wenig Lust er diesen Teil der Reise anging: »Getränk, Büffet, Gerede, Eis, Kaffee. Der französisch sprechende Romanist. Der betrunkene Direktor der dramat. Abteilung. Deutsch sprechende Professoren. Spät zu Bette.« (Tb. 16. 10. 1941) Betreut wurden die Manns in Austin von Hans M. Wolff, einem aus Berlin stammenden Germanisten, der später ein Buch über ihn veröffentlichen sollte.[37]

Nach einem zweitägigen Zwischenaufenthalt im Hotel Roosevelt in New Orleans wartete in Birmingham (Alabama) die nächste Redeverpflichtung auf ihn. Thomas Mann sprach in einem dicht gefüllten Saal am Southern College, litt dabei jedoch unter Zahnschmerzen, Müdigkeit und Hitze, so dass er mit seinem »Sprechen unzufrieden« war (Tb. 21. 10. 1941). Nach einer weiteren, überflüssigen Party, obendrein mit »[s]chäbige[r] Bewirtung«, notierte er: »Dickhäutige Ausnutzung mit Questions bis zum Letzten. Sollte es nicht dulden. Gequält und übermüdet um 1 Uhr zu Bett.« Es folgte eine dreitägige Erholungspause in Point Clear am Golf von Mexiko. Der nächste Vortrag ging in Mobile (Alabama) über die Bühne, im Ballsaal des Admiral Semmes Hotels, wo er von Dr. Sydney M. Berkowitz, einem Rabbiner, eingeführt wurde.[38] Auch die beiden nächsten Auftritte, am 28. Oktober am Women's College in Greenville (South Carolina) und am Women's College in Greensboro (North Carolina), verliefen ähnlich öde und trugen wenig dazu bei, seine Stimmung zu heben.

Zu einer Aufheiterung kam es jedoch bei einem Zwischenaufenthalt in der Hauptstadt, und das auf spektakuläre und nachhaltige Weise. Agnes Meyer eröffnete ihm, dass er zum Consultant in Germanic Literature an der amerikanischen Nationalbibliothek ernannt werden würde.[39] Von Washington ging es mit dem Nachtzug nach Chicago, wo er auf einer Forum Veranstaltung im Sinai Tempel des Jewish Center eine gekürzte Fassung seines Reisevortrags präsentierte – gekürzt, weil er das Podium mit zwei anderen Rednern teilen musste. Die beiden nächsten Redetermine führten ihn wieder in akademisches Milieu: zunächst an der University of Iowa in Iowa City, wo die Manns bei dem Germanisten Erich Funke untergebracht waren und von ihm betreut wurden; danach an der Indiana University in Bloomington (Indiana). Von Iowa City an trug der Vortrag den Titel *The War and the Future*. Als in Bloomington ein Reporter der Campuszeitung den berühmten Gast fragte, was er von dem neuen Auditorium, in dem er vorgetragen hatte, denn halte, sagte er: »What a pleasant surprise to find such a magnificent structure in which to speak. It is truly lovely. And the accoustics – Wagner would sound magnificent here.«[40] Im Tagebuch (7. 11. 1941) spricht er dagegen von »der gewaltigen u. unerlaubt luxuriösen Theaterhalle der Universität«.

Von Indiana ging es weiter nach New York, wo es zu einem Wiedersehen mit Erika, Klaus und Elisabeth kam, die ihre Eltern in der Grand Central Station begrüßten. Nach drei Ruhetagen im vertrauten Bedford Hotel folgte die bereits geschilderte Reise nach Amenia und Amherst, bevor er am 17. November vor dem Contemporary Club im Bellevue-Stratford Hotel in Philadelphia seinen Auftritt hatte. Nach einem Besuch in Princeton, wo er mit seiner Übersetzerin Helen Lowe-Porter konferierte und wo es zu einem »Wiedersehen mit Princetoner Gestalten« kam, darunter Erich Kahler, wandte man sich wieder gen Westen und erreichte nach drei Tagen San Francisco. Die lange Bahnfahrt war »bei vollstem Comfort, anstrengend durch Schnelligkeit und Höhenwechsel« (Tb. 22. 11. 1941). Von San Francisco fuhr man mit der Fähre über die Bucht nach Oakland und weiter nach Stockton, wo Thomas Mann am 24. November in einem überfüllten Saal am College of the Pacific den letzten Redetermin dieser Reise hinter sich brachte.[41] Von Stockton ging es in Begleitung des knapp anderthalbjährigen Enkelsohns Frido mit dem Nachtzug zurück nach Los Angeles, wo John, der Chauffeur der Manns, sie im Wagen abholte und in das neue, in der Zwischenzeit von Golo und Monika gehütete Haus am San Remo Drive brachte – früher als anfangs angenommen.

Nach überstandener Strapaze notierte Thomas Mann im Tagebuch (26. 11. 1941): »So ist diese verwickelte, stationenreiche, anspruchsvolle Reise abgelaufen und hinter mich gebracht. 6 Wochen, aber resultatlos war der produktionslose Zeitverbrauch nicht, namentlich durch das Washingtoner Abkommen […].« Die »Sorge um den Kontakt mit der Arbeit« an *Joseph, der Ernährer* war die ständige Reisebegleiterin (Tb. 20. 11. 1941). Sie galt vor allem dem fünften Hauptstück, das von Thamar handelt, und dessen Integration in die Erzählung von Joseph. Doch dafür fand er am Golf von Mexiko eine Lösung, die sich als die rettende Idee erwies: »Thamar muß mit Jaakob verkehrt haben, seine Schülerin sein in der Tradition, ehrgeizig. Wird Vorfahrin Shilo's« (Tb. 24. 10. 1941). Damit erwies sich die »produktionslose« Zeit auch in dieser Hinsicht als nicht völlig »resultatlos«.

Das Jahr 1942 war das erste seit der Übersiedlung in die USA, in dem Thomas Mann nicht auf Vortragstournee ging. Er brauchte es nicht mehr zu tun: zum einen weil sich dank der von den Meyers finanzierten Sinekure an der Library of Congress seine finanzielle Lage merklich verbessert hatte, und zum anderen weil der politische Antrieb zu seinen »Agitationsreden« in den Jahren davor, nämlich die Amerikaner von der Notwendigkeit des Krieges gegen die Achsenmächte zu überzeugen, mit dem Kriegseintritt der Vereinigten Staaten hinfällig geworden war. Gleichwohl kam auch 1942 eine Reise an die Ostküste zustande, weil er im November, wie oben beschrieben, den Inauguralvortrag an der Library zu halten hatte. Nach seinem Auftritt in der Hauptstadt hielt er sich jeweils einige Tage in Princeton, New York, Chicago und San Francisco auf.

Für den Herbst 1943 hatte Thomas Mann mit einem neuen Agenten,

Colston Leigh, über eine relativ kurze, gut dotierte Tournee abgeschlossen. Es wurde vereinbart, den nächsten Vortrag für die Nationalbibliothek auch als Reisevortrag zu verwenden, denn zur Ausarbeitung eines weiteren Vortrags, nun da der *Doktor Faustus* begonnen war, hatte er, wie er Agnes Meyer erklärte (AM, 494), weder die Zeit noch die Lust. Was Thomas Mann schließlich in der zweiten Augusthälfte zu Papier brachte, war, wie er selbst einräumen musste, ein »ziemliches Gestrüpp« von zum Teil austauschbaren Themen, die letztlich keine zwingende Argumentation ergaben. Thomas Mann bevorzugte zu diesem Zeitpunkt eine lockere Aneinanderreihung verschiedener Themen, »damit mehrere angekündigte Titel darauf passen«. Er fügte hinzu: »Ein Vortrag ist es kaum zu nennen, mehr eine höhere Plauderei stellt es vor, über Deutschland, Wagner, Europa, den kommenden Humanismus, über die Aehnlichkeit unseres Schreckens vor sozialen Veränderungen mit dem immer wiederkehrenden Sich sträuben des Ohres gegen den musikalischen Fortschritt – und anderes mehr« (AM, 509 f.).

Was er gegenüber seiner Freundin nicht erwähnt, ist seine mutige Kritik an dem blinden Antikommunismus, wie er in weiten Kreisen Amerikas herrschte. In dem Vortrag heißt es dazu: »[...] ich glaube, ich bin vor dem Verdacht geschützt, ein Vorkämpfer des Kommunismus zu sein. Trotzdem kann ich nicht umhin, in dem Schrecken der bürgerlichen Welt vor dem Wort Kommunismus, diesem Schrecken, von dem der Faschismus so lange gelebt hat, etwas Abergläubisches und Kindisches zu sehen, die Grundtorheit unserer Epoche« (XII, 934).

Agnes Meyer, die die Übersetzung übernommen hatte, war nicht glücklich über das von Thomas Mann Gelieferte. Ob wegen der Bemerkung über den Antikommunismus als die Grundtorheit der Epoche oder wegen der harschen Worte über Deutschland, ist nicht mehr festzustellen. Er fand, es sei ein »unverschämter und tief verstimmender Brief« (Tb. 12. 9. 1943), und vernichtete ihn. Aber offenbar trug er ihren Einwänden wenigstens teilweise Rechnung, denn er beschäftigte sich vor seinem Auftritt in der Library noch zweimal mit seinem Text.

Dieser zweite Vortrag für die Library trägt den Titel *The War and the Future*.[42] Die deutsche Fassung ist unter dem Titel *Schicksal und Aufgabe* bekannt (XII, 918–939). Beide Titel sind aufschlussreich, wenn man den zeitgeschichtlichen Kontext in Betracht zieht. Seit Anfang des

Jahres, nachdem die westlichen Alliierten in Casablanca sich auf die bedingungslose Kapitulation Deutschlands als Kriegsziel festgelegt hatten, und nach der militärischen Katastrophe bei Stalingrad begann man sich ernsthaft Gedanken zu machen über das nun immer näher rückende Ende Hitler-Deutschlands und die Zeit danach. In Emigrantenkreisen nicht anders als aufseiten der Alliierten intensivierten sich die Debatten darüber, was mit Deutschland nach seiner Kapitulation geschehen solle. Auch der *Faustus*-Autor beteiligte sich daran und bezog im Hinblick auf die Frage der Schuld und Verantwortung Deutschlands eine betont moralische Position. Am 1. August beteiligte er sich an dem Entwurf eines Deutschlandmanifests, das als Solidaritätserklärung mit dem Moskauer Nationalkomitee Freies Deutschland gedacht war. Am Tag darauf nahm er seine Unterschrift jedoch wieder zurück und brachte damit das Unternehmen zum Scheitern. Der kurz danach begonnene Vortrag ist nicht zuletzt auch als Distanzierung von der Position jenes gescheiterten Deutschlandmanifests zu verstehen. Es dünkte ihm zu patriotisch und nachsichtig gegenüber dem schuldig gewordenen Land. Der Begriff »Schicksal« im Titel ist jedoch nicht auf Deutschland und seine jüngste Geschichte zu beziehen, sondern auf die Exilanten. Ihr Schicksal sei tragisch, weil sich ihr Kampf gegen ihr eigenes Land richten müsse und gegen »eine Sache, von deren Verworfenheit wir durchdrungen sind« (XII, 921). Was die Zukunft betreffe, so sei sie »schwerlich ohne kommunistische Züge vorzustellen« (XII, 935). Dass dies nicht als Plädoyer für eine kommunistische Gesellschaftsordnung aufzufassen ist, geht aus dem Kontext und dem abschließenden Appell zur Verwirklichung eines »neue[n] Humanismus« hervor (XII, 938). In diesem Sinne schrieb er über den Vortrag an seinen zeitweiligen Sekretär Konrad Kellen: »Vielfach äußere ich erschreckend ›linkse‹ Dinge, hoffe es aber durch das Darüberstreuen von ziemlich viel konservativem und traditionalistischem Puderzucker vor skandalöser Wirkung zu schützen.«[43]

Schicksal und Aufgabe knüpft einerseits an die Demokratie-Rede von 1938 und an *Das Problem der Freiheit* von 1939 an und stellt andererseits eine Vorstufe zu dem großen Vortrag von 1945 *Deutschland und die Deutschen* dar. Wie dieser, darf der Vortrag von 1943 als ein essayistisches Seitenstück zum *Doktor Faustus* betrachtet werden.

Auch *The War and the Future* hatte am 13. September zunächst in Los Angeles einen Probelauf, und zwar vor dem jüdischen Frauenklub Hadassah. Eine stark gekürzte Fassung trug Thomas Mann wenig später, am 1. Oktober, auf einem Schriftstellerkongress an der University of California Los Angeles mit einem auf das Thema dieses Kongresses zugeschnittenen Titel vor: *The Exiled Writer's Relation to His Homeland.*[44] Die Beschäftigung mit dem »Gestrüpp« von einem Vortrag war damit jedoch noch nicht abgeschlossen. In Washington, als er mit Agnes Meyer noch einmal darüber konferierte, nahm er weitere Revisionen vor (Tb. 12. 10. 1943).

Thomas Manns zweiter Auftritt in der Library of Congress am 13. Oktober besaß begreiflicherweise nicht den Neuigkeitswert seines Auftritts im Vorjahr. Dementsprechend weniger aufwändig geriet auch das gesellschaftliche Rahmenprogramm. Eingeführt wurde er wiederum von Archibald MacLeish, dem Librarian of Congress, der im Anschluss an den Vortrag auch einen kleinen Empfang ausrichtete.[45]

Auf der nächsten Station, am Hunter College in New York, trug Thomas Mann, eingeführt von der dort lehrenden Germanistin Anna Jacobson, die »Joseph-lecture« vor (Tb. 17. 10. 1943). Von New York nahm man den Nachtzug nach Boston, wo er, wie schon 1939, vor dem Ford Hall Forum auftrat, einer Veranstaltungsreihe, die der Förderung der »free speech« und der Bildung einer »informed and engaged citizenry« gewidmet ist. Sein Vortrag war als *The New Humanism* angekündigt; im Archiv des Ford Hall Forums wird er jedoch als *The Order of the Day* angegeben.[46] Dem *Boston Globe* zufolge fanden »hundreds« von Interessenten keinen Einlass mehr in den überfüllten Saal.[47] Bei dieser Gelegenheit traf er auch mit Gaetano Salvemini zusammen, dem an der Harvard University lehrenden Historiker und prominenten italienischen Antifaschisten, der gleichfalls auf dieser Veranstaltung sprach. Der ganze Abend war »augenscheinlich ein großer Erfolg« (Tb. 18. 10. 1943).

Weit weniger zufriedenstellend ging es auf der nächsten Station zu, in Manchester (New Hampshire). Die lokalen Veranstalter hatten offenbar den Auftritt Thomas Manns kurzerhand zu einem »fund raiser« umfunktioniert. Dazu der übelgelaunte Eintrag im Tagebuch: »Abgeholt zur Veranstaltung, provinzielle Volksversammlung für Geldsammlung

zur Nothilfe in kriegsleidenden Ländern. Fehl am Ort, der auf ½ Stunde
gekürzte Vortrag unmöglich. Betretenheit der Veranstalterin, die nachher im Hotel Milch anbot.« (Tb. 19. 10. 1943)

Danach kehrten Katia und Thomas Mann zu einem dreitägigen Zwi-
schenaufenthalt nach New York zurück, bevor sie ein zweites Mal nach
Boston reisten, um in Haverhill (Massachusetts) am Bradford Junior
College for Women seinen Washingtoner Vortrag zu wiederholen. Nach
dem Vortrag stattete er einem der Wohnheime einen Besuch ab, »wo die
Mädchen rauchten und tanzten« (Tb. 22. 10. 1943). Von Boston ging es
mit dem Nachtzug zu einem dreitägigen Besuch nach Montreal, wo
Allen und Molly Shenstone, Freunde aus Princeton, sie erwarteten.
Thomas Mann hielt in der kanadischen Metropole drei Vorträge. Am
25. Oktober sprach er an der Montreal High School in einer Veranstaltung des People's Forum; der Votrag dort war als *The Order of the Day*
angekündigt. Am Tag darauf, um die Mittagszeit, präsentierte er in einer
der Universitäten der Stadt, wahrscheinlich der McGill University,
seine »Joseph-lecture«; am Nachmittag präsentierte er seinen Reisevortrag unter dem Titel *The New Humanism* vor dem Canadian Women's
Club im Ballsaal des Mount-Royal Hotels, wo die Manns untergebracht
waren.

Nach dem kanadischen Zwischenspiel diente in den folgenden Wochen das »Bedford« in New York als Standquartier, von wo mehrere
kurze Abstecher in verschiedene Richtungen unternommen wurden.
Das Wochenende vom 30./31. Oktober verbrachten Katia und Thomas
Mann in Riverside (Connecticut), wo sich inzwischen sein deutscher
Verleger Gottfried Bermann Fischer niedergelassen hatte und es zu
einem Wiedersehen mit Hendrik Willem Van Loon kam, dem Gast-
freund von 1935. Ein zweiter Abstecher führte ihn nach Chicago, wo er
auf einer Veranstaltung des National Council of Jewish Women im
Drake Hotel *The War and the Future* vortrug. Ein weiterer, beschwerlicher Abstecher hatte am 10. November das Bates College im fernen
Lewiston (Maine) zum Ziel. Dort las er den Washingtoner Vortrag
von der Kanzel der College-Kirche. Beschwerlich war diese Reise, weil
man damals mit dem Zug von New York nach Lewiston elf Stunden
brauchte. Mit der Unterkunft in einem »Provinzhotel« und einem früh-
zeitigen »Schneetreiben« (Tb. 10. 11. 1943) häuften sich die Beschwer-

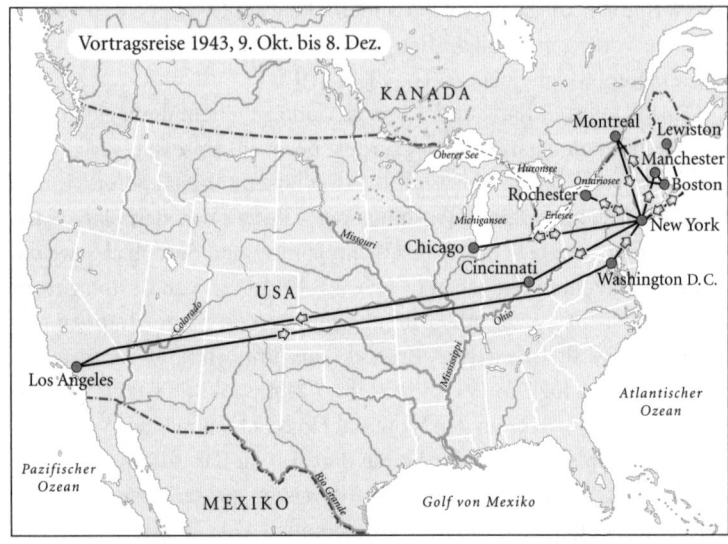

lichkeiten. Besonders erfolgreich verlief dann jedoch der nächste Vortrag am 16. November an der Columbia University in New York. Thomas Mann registrierte befriedigt einen »glänzende[n] Verlauf«. Erschienen waren u. a. der Geiger Adolf Busch sowie »Tutti« und Gottfried Bermann Fischer. Der Abend klang aus mit einem geselligen Beisammensein in der Wohnung des Musikschriftstellers George R. Marek, der die Übersetzung von Thomas Manns Novelle *Das Gesetz* übernommen hatte. Ein weiterer Abstecher führte ihn am 21. November nach Rochester (New York), wo er *The War and the Future* in einem Country Club zum Besten gab. Die Anreise erfolgte mit dem Nachtzug; ohne in Rochester zu übernachten, kehrte er sogleich nach dem Vortrag, wiederum mit einem Nachtzug, nach New York zurück.

Die kürzeste, doch in gewissem Sinn bedeutendste Reise des Jahres 1943 unternahm Thomas Mann am 24. November von Princeton nach Washington. Ausnahmsweise reiste er allein. Er übernachtete bei den Meyers und las der Hausherrin aus den ersten Kapiteln des *Doktor Faustus* vor. Am nächsten Tag war er im Army and Navy Club mit Adolphe A. Berle, der im Auswärtigen Amt für »Latin American Affairs« zuständig war, zum Lunch verabredet. Der Zweck dieser Aussprache war es zu erkunden, ob die amerikanische Regierung die Bildung eines Komitees »Freies Deutschland« billige, in welchem Fall er sich bereit erklären würde, sich für die Zusammenarbeit der verschiedenen Emigrantengruppen zur Verfügung zu stellen.[48] Das Gespräch mit Berle hatte einen »glücklich negative[n] Ausgang« (Tb. 25. 11. 1943). Am 29. November schließlich begann die lange Rückreise quer durch den Kontinent. Die Reise wurde zunächst in Cincinnati (Ohio) unterbrochen, wo Thomas Mann am 30. November im Wilson Auditorium der University of Cincinnati seinen letzten Redetermin hatte. Sein Vortrag war diesmal als *The Coming Spiritual Renaissance* angekündigt.[49] Im Tagebuch notierte er: »Halle für 1500 Personen vollständig ausverkauft, aber eigentümlich lahmes Publikum. Sprach lebhaft trotz großer Unlust. Plackerei mit Questions.« (Tb. 2. 12. 1943)

Die große Unlust erklärt sich nur zu einem kleinen Teil aus der Ermüdung von der langen Reise. Zum größeren Teil spricht daraus die Ungeduld, in seinem neuen, sehr angenehmen Heim endlich mit der Arbeit am *Doktor Faustus* fortfahren zu können, denn der Gedanke an den Roman war sein ständiger Begleiter auf dieser Reise. Kurz vor der Ankunft in Los Angeles, noch im Zug, notierte er: »Möge dann in diesem Winter der Roman sich klären und recht gestalten! Das Vortragskapitel [Kapitel VIII] ist gleich von Fehlern zu befreien. Ein schweres Kunstwerk bringt, wie etwa Schlacht, Seesturm, Gefahr, Gott am nächsten, indem es den frommen Aufblick nach Segen, Hilfe, Gnade, eine religiöse Seelenstimmung erzeugt.« (Tb. 6. 12. 1943)

Nach einem Zwischenaufenthalt in Kansas City (Missouri), wo im Haus von Clarence R. Decker, dem Präsidenten der noch jungen University of Kansas City, eine Familienzusammenkunft mit Erika und Klaus vereinbart war, langte man nach fast zweimonatiger »Reiserei« am 8. Dezember wieder in Los Angeles an. Thomas Mann notierte mit spürbarer Erleichterung und einem Anflug von Heimatgefühl: »Blau, Sonne, köstliches Licht, spezifischer Duft.« (Tb. 8. 12. 1943)

Versuchen wir ein Fazit zu ziehen. Jean-Michel Palmier, Autor einer monumentalen Darstellung des antifaschistischen Exils, macht auf den überraschend statischen Charakter des Lebens der Emigranten aufmerksam, das notgedrungen statisch blieb. Eigentlich sei es nur Tho-

mas Mann möglich gewesen, die amerikanische Provinz – das sogenannte »heartland« – kennenzulernen.[50] Unser Überblick über seine
»Reiserei« in Amerika bestätigt den Befund Palmiers ganz und gar. Thomas Mann hat mehr von Amerika gesehen und zu mehr Amerikanern
gesprochen als jeder andere deutsche Emigrant. Auch wenn seiner
Wahrnehmung deutliche Grenzen gesetzt waren, auch wenn er der
»Reiserei« gelegentlich überdrüssig war, so lässt sich nicht übersehen,
dass er Land und Leute besser kannte als beispielsweise Bertolt Brecht
oder Theodor W. Adorno, deren Urteile über das kapitalistische Amerika ihnen flotter aus der Feder flossen, gerade weil sie von keiner
nennenswerten persönlichen Erfahrung beschwert waren. Deshalb war
Thomas Mann mit Pauschalurteilen über Amerika und die Amerikaner
weniger rasch zur Hand als die meisten seiner Schicksalsgenossen. Wie
sie alle war er mit massiven Vorurteilen und Klischeevorstellungen gekommen. Je länger er im Land lebte, desto mehr Vorurteile warf er über
Bord. Er warf sie sozusagen aus dem fahrenden Zug.

Der Zauberer im Talar: Thomas Mann und die amerikanischen Universitäten

Princeton (New Jersey)

Es gibt Fotografien von Thomas Mann im Talar. Er macht keine besonders gute Figur darin, denn er zog es vor, sich unauffällig, bürgerlich korrekt zu kleiden. Wenn er bei den traditionellen Jahresabschlussfeiern an amerikanischen Universitäten, den »commencement exercises«, wie üblich, »cap and gown and hood« zu tragen hatte, so empfand er das bezeichnenderweise als »Kostümierung« (Tb. 23. 6. 1938), die er mit Krull'scher Verschmitztheit über sich ergehen ließ. Auch die aus deutscher Sicht seltsame und absurde Anhäufung von »honorary degrees« – acht waren es am Ende – musste ihm, der in Deutschland, als ein Mensch ohne Abitur und ohne Hochschulabschluss, als akademisch nicht satisfaktionsfähig galt, als recht belustigend vorkommen. Und dann gar das akademische Intermezzo in Princeton! In Thomas Manns Laufbahn als Schriftsteller stellt es eine singuläre Kuriosität dar.[1]

Heute ist es in Amerika, nicht anders als in Deutschland, Usus, Schriftsteller und Poeten auf Poetikdozenturen zu berufen oder als »writer in residence« einzustellen. Zu Thomas Manns Zeit war es durchaus ungewöhnlich, dass Schriftsteller an einer Universität lehrten. Man hat seine Schwierigkeit mit der Vorstellung, dass Hauptmann, Hofmannsthal, George oder gar Brecht sich für solche Späße hergegeben hätten. Thomas Mann hingegen, der poeta doctus par excellence unter seinen Zeitgenossen, war schon immer darauf bedacht, sich mit den Professoren gutzustellen und sie, wenn möglich, zum Nutzen seiner im Geiste der Genauigkeit und wissenschaftlichen Verifizierbarkeit geschriebenen Romane auszunehmen. Gleichwohl war ihm das akademische Kostüm nicht auf den Leib geschneidert. Und doch stand er wie Andersens standhafter Zinnsoldat seinen Mann, auch in diesem ihm nicht gemäßen Milieu. Was ihm dabei zugestoßen, wie es ihm ergangen und wie er sich aus der Affäre gezogen hat, in Princeton und anderswo, soll auf den folgenden Seiten rekonstruiert werden.

Er hatte sich nicht bemüht um eine Universitätsposition. Er wäre selbst auch nie auf den Gedanken gekommen, denn für eine Lehrtätigkeit im geläufigen Sinn hatte er weder Interesse noch Zeit, von seiner mangelnden akademischen Qualifikation ganz zu schweigen. Das Angebot kam zustande, wie bereits ausgeführt, dank der phänomenalen Hilfswilligkeit der einfallsreichen und erstaunlich gut vernetzten Agnes Meyer.[2] Als das Angebot vorlag, zögerte er nicht lange, denn die Bedingungen waren äußerst günstig. Seine Verpflichtung war zeitlich befristet und vom Umfang her begrenzt. Dadurch schien gewährleistet, dass weder seine dichterische noch seine publizistische Arbeit eine unzumutbare Beeinträchtigung erlitten.

Im Übrigen war die Ernennung zum »Lecturer in the Humanities«, so sein offizieller Titel, sehr gut dotiert. Die 6000 Dollar für das akademische Jahr (September bis Mai) entsprachen dem Gehalt eines überdurchschnittlich gut bezahlten Hochschullehrers. Damit war fürs Erste der gewohnte Lebensstandard für seine mehrköpfige Familie gesichert. In der kritischen Phase des Fußfassens in dem fremden Land bedeutete das Arrangement mit der Princeton University, auf das noch näher einzugehen ist, einen höchst willkommenen finanziellen Rückhalt. Damit konnte er es sich leisten, ein geräumiges und bequemes Haus zu mieten, das den Kindern Unterkunft bot, nicht zuletzt auch den vielen gelegentlichen Besuchern, darunter der seit 1935 aus Passgründen mit Erika verheiratete englische Dichter W[ystan] H[ugh] Auden, der herausragende englische Dichter seiner Generation. Es konnte folglich nicht ausbleiben, dass Thomas Manns neue Adresse, 65 Stockton Street, zum Anlaufpunkt wurde für zahlreiche in New York gelandete und Hilfe suchende Exilanten.

Thomas Manns neues Domizil, im Familienjargon »Stockhaldi« oder einfach »Stocki« genannt (in Anspielung auf die Schiedhaldenstraße, ihrer Adresse in Küsnacht), besaß zehn Schlaf- und fünf Badezimmer, dazu einen Salon, in dem u. a. Rudolf Serkin und Adolf Busch konzertierten. Bei der Ausstattung des ungewohnt großen Hauses sprang einmal mehr Agnes Meyer ein. Sie stellte zwölf Garnituren Bettwäsche als

Leihgabe zur Verfügung, dazu Handtücher, Badetücher, Tischdecken, zwei Dutzend Servietten und anderes mehr.[3] Am wichtigsten war dem *Joseph*-Autor aber, dass er sich auch hier an seinen vertrauten Münchner Schreibtisch setzen konnte, denn dieser war ihm gleichsam der solide Talisman seiner scheinbar durch nichts zu erschütternden Leistungsfähigkeit als Schriftsteller.

Der neue Standort hatte eine Reihe von höchst schätzenswerten Vorzügen. Dazu gehörte zuoberst das große Renommee der Universität, die 1746 von Presbyterianern als ein College zur Ausbildung von Geistlichen gegründet worden war. Als Thomas Mann nach Princeton kam, galt die Universität längst schon als eine der hervorragendsten Hochschulen des Landes. Princeton war damals eine »all male school«, nahm also nur junge Männer auf, die in der Regel achtzehn Jahre alt waren und das vorgeschriebene Vierjahresprogramm des »undergraduate«-Studiums absolvierten und mit dem Bachelor in den Arts oder den Sciences im Alter von 22 Jahren abschlossen. Das erklärt die Anrede »Gentlemen« in den Princetoner Vorträgen Thomas Manns; in den Briefen nannte er sie meist »die boys«. Die Graduate School, aufgeteilt in geisteswissenschaftliche und naturwissenschaftliche Fakultäten (Princeton hat keine juristische und medizinische Fakultät), bot ein weiterführendes Programm bis zum Master- oder Doctor-Grad. Princeton ist eine sogenannte Ivy League School, gehört also jenem lockeren Verbund von privat finanzierten, bestens ausgestatteten Elite-Universitäten an, die der Neid der Konkurrenz in aller Welt sind.

Das Städtchen selbst mit seinen damals knapp 10 000 Einwohnern bot, wie andere amerikanische Universitätsstädte auch, eine ungewöhnlich hohe Lebensqualität. Princeton besaß, abgesehen von der Universität, mehrere andere Bildungsstätten, darunter das Institute for Advanced Study, an dem seit 1933 Albert Einstein tätig war, das Princeton Theological Seminary, das Westminster Choir College (eine Musikhochschule) und andere mehr. Nicht zu vergessen das engagierte Kino der Stadt, das noch heute existierende Playhouse, das Katia und Thomas Mann gern frequentierten.

Verständlich also, dass Thomas Mann seinem noch in Zürich weilenden Freund Erich Kahler sein neues Zuhause in den verlockendsten Farben schilderte, um ihn zur Übersiedlung nach Princeton zu ermutigen. Die Gegend sei »parkartig, zum Spazieren wohl geeignet, mit erstaunlich schönen Bäumen, die jetzt, im Indian summer, in den prachtvollsten Farben glühen. [...] Der heitere Herbst soll sich oft bis gegen Weihnachten hinziehen [...].« Die Menschen, denen er hier begegnete, seien »wohlmeinend durch und durch, von unerschütterlicher Zutraulichkeit«. Kahler solle sich also beeilen, »herüber zu kommen. Thun Sie das! Was wollen Sie noch drüben? Und wie hübsch wäre es, hier in Nachbarschaft zu leben« (EK, 18 f.). Die Hoffnung, in Erich Kahler bald wieder einen Gesprächspartner und guten Nachbarn zu haben, erfüllte sich rasch. Kahler traf noch vor Jahresende mit seiner Frau Fine und seiner Mutter Antoinette in Princeton ein. Was den anfänglichen Eindruck von der fundamentalen Gutwilligkeit der Amerikaner betrifft, so blieb er im großen Ganzen bis zum Ende erhalten. 1943 pries er eigens in einem Artikel für eine Illustrierte die »kindness« als eine der herausragenden Tugenden der Amerikaner und des amerikanischen Lebens (XIII, 757–759).

Im Ganzen wird man sagen dürfen, dass Princeton eine glückliche Fügung mehr war in Thomas Manns Leben. Der Ort bot die denkbar günstigsten Voraussetzungen für seine Akkulturation, soweit in seinem Alter von Akkulturation die Rede sein konnte. Die Verbindung mit einer erstklassigen Universität und mehr noch die Niederlassung in einer Kleinstadt öffneten ihm einen ungleich bequemeren Zugang zum amerikanischen Leben, als wenn er in New York oder sogleich in Los Angeles gelandet wäre, den beiden Sammelbecken für die allermeisten Exilanten aus den deutschsprachigen Ländern.

Nach gut einem halben Jahr, bei der Gelegenheit seiner Ehrenpromotion durch die Princeton University, erklärte Thomas Mann: »Ja, der heimatlos Gewordene ist wieder zu Hause, in Princeton, in Amerika. Groß ist seine Dankbarkeit. Und da der Wunsch, zu geben, untrennbar ist von so reichlichem Nehmen, so bitte ich meinen guten Genius, daß meine Dankbarkeit sich fruchtbar erweisen möge.« (XIII, 127) Sie erwies sich durchaus als fruchtbar. Die zweieinhalb Jahre in der »Stockhaldi« waren eine bemerkenswert produktive Periode, allerdings profitierte in erster Linie sein publizistisches Werk davon. Einer der stärksten Eindrücke, den er einst von dem »herrlich gelegenen Wagner-Haus« in Tribschen am Vierwaldstädter See mitnahm, war die Tafel außen am Haus, auf der die Werke aufgezählt waren, die Wagner in den sechs hier verbrachten Jahren vollendete. Auf dem Rückweg fragte er sich, ob auch »am Hause Schiedhaldenstraße später eine Inschrift« die dort entstandenen Werke verzeichnen würde (Tb. 17.7.1936). Im Falle der »Stockhaldi« in Princeton müsste eine solche Tafel vermelden: »Hier vollendete Thomas Mann *Lotte in Weimar;* hier schrieb er den Großteil der *Vertauschten Köpfe,* und hier begann er *Joseph, der Ernährer.*« Dies ist eine respektable, doch aufgrund seiner akademischen Verpflichtungen vergleichsweise bescheidene Liste; sie hielte keinen Vergleich aus mit der Tafel, die an dem Haus in Pacific Palisades zu prangen hätte.

Schließlich ist Princeton auch in der Geschichte der Familie Mann ein ausgezeichneter Platz zuzuerkennen, denn hier heiratete Elisabeth am 23. November 1939 den italienischen Gelehrten und Intellektuellen Giuseppe Antonio Borgese. Damit bekam der Zauberer einen formidablen Schwiegersohn, der als Gesinnungsgenosse und Gesprächspartner ein äußerst belebendes Element in seine amerikanische Existenz brachte, nicht zuletzt auch deshalb, weil in rascher Folge zwei Enkeltöchter zur Welt kamen, Angelica und Dominica.

Thomas Manns Tagebuch ist nicht sehr mitteilsam über den großen Tag seiner Lieblingstochter. Seit mehreren Tagen bereits hatte er über Unwohlsein, Depression und einen Mangel an Arbeitslust zu klagen. Am Tag vor der Hochzeit weist das sonst regelmäßig und pünktlich geführte Diarium eine bedenkliche Lücke auf. Am Hochzeitstag selbst notierte er: »Tage von großer Bedrücktheit, Schwermut, Gemütsleiden. Widerstehen der Arbeit. Heute Medi's Hochzeit.« Während der Trauung in der prächtigen, neugotischen Princeton University Chapel »[w]einte« er gar »vor Nervenschwäche« (Tb. 23.11.1939). Machte der große Altersunterschied der Brautleute ihm Sorgen? Medi war 21, Borgese 57 und geschieden. Bemitleidete er seine Tochter, von der er wusste, dass sie ihr Herz eigentlich an einen anderen verloren hatte – an Fritz Landshoff? Fürchtete er, dass sein »Kindchen« von der starken Persönlichkeit des Sizilianers in seiner Entwicklung gehindert würde? (Mit welchem Feuerkopf sie es zu tun hatte, war an der oben zitierten Schilderung durch Lewis Mumford zu ersehen.[4]) Ahnte er, dass sich in Medis Wahl eines viel älteren, bedeutenden Mannes eine heimliche und problematische Vaterbindung verbarg?

Wenige Tage nach der Hochzeit schrieb Thomas Mann an Heinrich: »Medi hat ihren antifascistischen Professor geheiratet, der mit seinen 57 Jahren nicht mehr daran gedacht hätte, soviel Jugend zu gewinnen. Aber das Kind wollte es und hat es durchgesetzt. Er ist ein geistreicher, liebenswürdiger und sehr wohlerhaltener Mann, das ist zuzugeben [...]«[5] Erika und Klaus Mann schildern ihn so: »Borgese sieht jünger aus, als man annehmen sollte, wenn man seine literarischen und wissenschaftlichen Leistungen kennt. Er ist ein kräftiger, vollblütiger Mann, ungeheuer italienisch in seiner Art des Sprechens und als physiologischer Typus.«[6]

Im Übrigen scheint Borgeses unverhohlener Stolz auf seine Männlichkeit in der Familie mit gutwilligem Spott bedacht worden zu sein. Erika nannte ihn in einem Brief an den »Zauberer«, in Anspielung auf Goethes *Divan*-Gedicht »Phänomen«, einen »munteren Greis«, der sich ihr gegenüber anspielungsreich als »sommerliche Abendsonne« bezeichnet habe – »stark, schön und golden«. Dem fügt die Spötterin hinzu: »aber eben doch abendlich!« Solche Winke legen den Gedanken an den *Divan*-Dichter selbst nahe, dem, wohl gemerkt, »unter Schnee und Nebelschauer [...] ein Ätna« hervorrast.[7]

Mochten der kühle Hanseat und der leicht aufbrausende Sizilianer in ihrem Temperament noch so weit auseinanderklaffen, so durften sie sich über die gerade geknüpften Familienbande hinaus in einem ganz gewichtigen Punkt als Verbündete betrachten: Beide waren leidenschaftliche, kompromisslose Antifaschisten. Borgese sei, so in dem bereits zitierten Brief an Heinrich, »der erbittertste Hasser seines Duce, den er aus purem Nationalismus für den Allerschlimmsten hält«. Auch Erika und Klaus berichten von Borgeses »Ansicht, daß der Duce unvergleichlich schlimmer und gefährlicher sei als der Führer [...] Schlimmer als Mussolini *kann* überhaupt niemand sein.«[8] Pikanter- und amüsanterweise war aber Borgeses Schwiegervater der Meinung, dass Mussolini, obgleich er auch ihn nicht leiden könne, im Vergleich zu »Herrn Hitler [...] ein Halbgott« sei![9]

Im Gegensatz zu Thomas Mann beruhte Borgeses antifaschistisches Engagement auf politischer Erfahrung. Er hatte als Presse- und Propagandachef im Kabinett Orlando (1916–1918) eine wichtige Rolle in der italienischen Politik gespielt; nach dem Krieg trat er in seiner Eigenschaft als Leiter der Auslandsredaktion des *Corriere della Sera* für den Völkerbund ein. Unter Mussolini verweigerte Borgese den faschistischen Treueeid und wanderte 1931 in die Vereinigten Staaten aus, wo er zunächst in Berkeley, ab 1932 am Smith College und seit 1936 an der University of Chicago eine Anstellung fand. Seine große Abrechnung mit dem Faschismus erschien 1937 auf Englisch und im Jahr darauf, unter dem Titel *Goliath. Der Marsch des Faschismus,* auch auf Deutsch.[10] Das Buch ist William Allan Neilson gewidmet, dem Präsidenten des Smith College, an dem Borgese vier Jahre lang lehrte. Borgeses literarisches und publizistisches Werk ist sehr umfangreich und vielgestaltig. Er schrieb über italienische und deutsche Literatur, er übersetzte *Werther* und *Die Wahlverwandtschaften* und er edierte die Schriften Benedetto Croces. Kein Zweifel, Medi bescherte ihrem Vater eine bedeutende Persönlichkeit als Schwiegersohn.[11]

Thomas Manns Depression in jenen Novembertagen 1939 schlug sich auch auf den äußerst knappen Bericht im Tagebuch über den Verlauf des Hochzeitsfestes nieder: »Nachher Lunch bei Seshons in kleinem Kreis. Sehr leidend und abgeneigt.« Mit »Seshons« ist der bedeutende amerikanische Komponist Roger Sessions gemeint, den Borgese in seiner Zeit am Smith College kennengelernt hatte und dem er das Libretto zu der Oper *Montezuma* lieferte.[12] Roger Sessions lehrte zu der Zeit Musikwissenschaft an der Princeton University, später in Berkeley. Er war auch einer der Trauzeugen, wie aus der Heiratsannonce in dem Lokalblatt *Princeton Herald* hervorgeht.[13] Die beiden anderen Trauzeugen waren Klaus Mann und Hermann Broch.

Nach dem Lunch im kleinen Kreis, das die Sessions in ihrem Haus ausrichteten, folgte am Abend im Haus 65 Stockton Street ein propres »Hochzeits-Dinner«. Daran nahmen, neben den bereits Genannten, Allen und Molly Shenstone teil, die engsten Princetoner Freunde der Manns, Erich und Fine Kahler sowie Martin Gumpert. Offenbar richtete der Vater der Braut eine kleine Ansprache (»Worte an Borgese«) an seinen neuen Schwiegersohn, von der jedoch nichts überliefert ist. Roger Sessions steuerte am hauseigenen Flügel die musikalische Umrahmung bei. Den Höhepunkt des stilvollen Festes markierte aber wohl W. H. Auden, der Schwager der Braut. Er ließ es sich nicht nehmen, auf der Hochzeitsgesellschaft zu erscheinen, und er trat mit einer großarti-

gen Geste auf. Auden schrieb eigens zu diesem Anlass ein anspruchsvolles und anspielungsreiches Hochzeitsgedicht, acht Strophen und
128 Zeilen lang, ein Epithalamion.[14] Er ließ das Gedicht mit einer Widmung an die Brautleute drucken und trug es bei dem Hochzeitsdinner
selbst vor.[15]

Der seltsame Umstand, dass Thomas Mann diese literarische Denk-
würdigkeit im Tagebuch mit keinem Wort erwähnt, wird nicht allein auf
seine Unpässlichkeit zurückzuführen sein. Vermutlich hatte er bei Audens Vortrag nur wenig oder nichts verstanden; er machte sich auch danach nicht die Mühe, sich mit Audens Gedicht näher zu beschäftigen.
Mag Thomas Mann in einer seiner depressiven Phasen Audens Beitrag
zur Hochzeit seiner jüngsten Tochter auch ignoriert haben, in den Annalen der Familie Mann ist Elisabeths Hochzeit mit Borgese unbedingt
zu den Glanzpunkten der kurzen Princetoner Jahre zu zählen. Es muss
einer jener Abende gewesen sein, von denen Thomas Mann in einem
anderen Kontext schrieb: »Nicht Paris noch das München von 1900
hätte einen Abend von intimerer Kunststimmung, Verve und Heiterkeit
zu bieten gehabt.« (19.1, 477)

Beinahe Boston

So glücklich und geschickt eingefädelt sich das Kapitel Princeton im
Rückblick und aus der Entfernung auch ausnehmen mag, die Anfangsphase von Thomas Manns amerikanischen Jahren hätte sich leicht ganz
anders gestalten können und hätte sich um ein Haar auch anders gestaltet. Statt Princeton (New Jersey) stünde dann Boston (Massachusetts)
über dem betreffenden Kapitel.

Im Mai 1938 war sich Thomas Mann eine Zeitlang unschlüssig, wo
er in Amerika Fuß fassen sollte. Ein paar Tage lang sah es so aus, als
würde sich die Nadel seines Kompasses in Richtung Boston drehen.
Eigentlich kannte er die Metropole Neuenglands nur flüchtig von seiner Ehrenpromotion durch die Harvard University. Das lag nun schon
drei Jahre zurück. Damals hatte er es vorgezogen, anstatt sich in Boston
umzusehen, die Einladung Hendrik Willem Van Loons zu akzeptieren
und ein paar Tage in dessen bequemem Haus am Long Island Sound zu

verbringen – mit lebensgeschichtlich bedeutenden Folgen, wie wir sahen. Boston stand im Ruf, die europäischste der amerikanischen Großstädte zu sein. Die Stadt hatte damals schon zahlreiche Bildungseinrichtungen, ein reges kulturelles Leben und war die Heimstatt eines weltberühmten Orchesters. In dieser Hinsicht konnte das kleine Princeton nicht konkurrieren.

Zweifellos spielte bei Thomas Manns Spekulationen bezüglich Bostons der Gedanke mit, dass die Universität, die ihn 1935 ausgezeichnet hatte, möglicherweise ein Interesse daran haben könnte, den inzwischen zur Galionsfigur des »Anderen Deutschland« avancierten Autor des *Magic Mountain* an sich zu binden. Gewisse Indizien eines solchen Interesses lagen durchaus vor. Im Frühjahr 1936 erhielt Thomas Mann eine freundliche Einladung zur 300-Jahrfeier der Universität; er bedauerte, nicht annehmen zu können.[16] Präsident Conant bedauerte seinerseits ebenso höflich Thomas Manns Absage. Kürzlich erst, im Dezember 1937, hatte sich Harvard ein weiteres Mal bei ihm gemeldet und ihn zu einer kleinen Serie von drei Goethe-Vorträgen eingeladen (Tb. 11. 12. 1937). Auch dieses Angebot musste er ausschlagen. Gleichwohl durfte Thomas Mann sehr wohl annehmen, in Harvard weiterhin willkommen zu sein, wenn er seinerseits persönlich oder durch eine Mittelsperson ein Interesse signalisieren würde. Das geschah auch, doch erwies sich der Zeitpunkt dieses Vorstoßes als äußerst unglücklich.

Am 20. Mai 1938 – die Manns befanden sich in New York – schrieb Thomas Mann an Karl Löwenstein in Amherst, um sich mit ihm zu einem Treffen in Jamestown, Rhode Island, zu verabreden. In Jamestown auf der Insel Conanicut hatte Caroline Newton, die in der Nähe Philadelphias ansässige Psychoanalytikerin, den Manns für den Juni ihr Ferienhaus zur Verfügung gestellt. Wie um seine Freude über die künftige geographische Nähe zu den Löwensteins zu unterstreichen, bemerkt Thomas Mann abschließend: »Jedenfalls hoffen wir beide sehr auf die Wiederbegegnung. Man hat einander viel zu erzählen und auch von unserem künftigen Wohnsitz zu reden, der wohl nicht Princeton, sondern, wie es derzeit scheint, Boston sein wird.«[17] Die gleiche Auskunft gibt er dem Yale-Germanisten Hermann Weigand: »Unser dauernder Wohnsitz wird dann wohl Boston sein.«[18] Während in diesen beiden Briefen die Entscheidung für Boston so gut wie festzustehen scheint, hängt fünf Tage später die Frage des künftigen Wohnsitzes wieder in der Schwebe. Da schreibt er an Van Loon, er sei zwar von Kalifornien »entzückt« gewesen, sie würden sich aber gewiss an der Ostküste niederlassen – »entweder in Boston oder in Princeton«.[19]

Zu klären bleibt, warum Boston zu diesem Zeitpunkt überhaupt im Gespräch war und von Katia und Thomas Mann zunächst favorisiert wurde, nachdem Agnes Meyer bereits im März 1938 ihn in ihre Pläne bezüglich Princeton eingeweiht und sie ihm bestätigt hatte, dass die Aussichten »günstig« seien (Tb. 22. 3. 1938). Inzwischen hatte sie auch die ersten Schritte unternommen, um das Geld für Thomas Manns Gehalt, das im Universitätshaushalt nicht eingeplant war, kurzfristig bei einschlägigen Stiftungen lockerzumachen.[20] Im Übrigen war ihr Schützling bereits am 8. Mai zu einem Sondierungsgespräch bei Abraham Flexner gewesen, dem Direktor des Institute for Advanced Study, bei dem auch Harold W. Dodds, der Präsident der Universität, zugegen war. Das Gespräch verlief allem Anschein nach zufriedenstellend, das Tagebuch (9. 5. 1938) vermerkt »recht hoffnungsvolle Eindrücke«. Umso überraschender dann die Ankündigung in den Briefen an Löwenstein und Weigand, der künftige Wohnsitz sei wohl Boston.

Es war Alfred Knopf, der Thomas Mann empfahl, ja drängte, Boston als seinen künftigen Wohnsitz zu wählen. Knopf sah seinen Autor sowohl vor als auch nach dessen Sondierungsgespräch in Princeton. Am Tag vor der Reise nach Princeton speisten die Knopfs und die Manns im »Passy«, dem Nobelrestaurant auf der 63. Straße auf der Eastside von Manhattan. Anschließend blieb man in der Wohnung Knopfs noch ein wenig zusammen, spielte mit dessen kleinem Hund und lauschte neuen Schallplatten. Wenige Tage nach dem Gespräch in Princeton wiederholte Knopf die Einladung: »Leckeres Dinner mit Knopfs und Miss [Willa] Cather bei Passy« (Tb. 16. 5. 1938). Bei dem anschließenden Beisammensein in Knopfs Wohnung wurde die Frage »Princeton oder Boston« eingehend erörtert. Sogar eine Landkarte wurde herbeigezogen, um die geographischen Vorzüge Bostons zu erklären. Knopf riet von jeglicher Bindung an eine Universität ab. Als Verleger musste er so argumentieren, aber auch in Thomas Manns eigenem, besten Interesse, denn die Zeit, die sein Autor für seine akademischen Pflichten aufzuwenden hätte, würde der literarischen Produktion abgehen. Auf dem

»späten Heimwege« zu Fuß ins Bedford setzten Katia und Thomas Mann ihre Erörterung der anstehenden Frage fort. Ganz offenbar verfehlte Knopfs »Empfehlung Bostons« nicht ihre Wirkung, wie die vier Tage später geschriebenen Briefe an Löwenstein und Weigand zeigen. Thomas Mann musste eine vage Ahnung gehabt haben, dass er im Talar keine gute Figur abgeben würde und dass er als Professor eigentlich fehl am Platze war.

Nun musste auch Agnes Meyer in den Sinneswandel der Manns eingeweiht werden. Das geschah zwei Tage später bei einem Besuch auf »ihrem bewunderns- und neidenswerten Landsitz« in Mount Kisco, wohin die Tüchtige die Manns im Wagen abgeholt hatte. Es ist schwer vorstellbar, dass sie von seinem Sinneswandel entzückt war, nachdem die Verhandlungen mit Princeton ja schon recht weit gediehen waren. Doch muss sie im Prinzip mit Knopfs Argumentation einverstanden gewesen sein; auch sie wollte eigentlich, dass Thomas Manns literarische Produktion möglichst wenig beeinträchtigt werde. Und so kam sie ihm in diesem heiklen Punkt entgegen: »Mit der Meyer über Boston. Sie schreibt an den Präsidenten Conant.« (Tb. 18. 5. 1938)

Agnes Meyer war auch mit James B. Conant bekannt und schrieb sogleich am nächsten Tag an den Harvard-Präsidenten, wie sie es ihrem Schützling vermutlich versprochen hatte.[21] Sie stellte es so dar, als sei es ihre Idee gewesen, für Thomas Mann in Harvard zu sondieren: »it occurred to me that Harvard University might care to offer him an honorary professorship.« Sie fügte gleich hinzu, dass es kein Problem wäre, einschlägige Stiftungen für die Finanzierung zu gewinnen. Thomas Mann seinerseits könne eine oder zwei Vorträge halten und sich gelegentlich mit den höheren Semestern der Germanistikstudenten treffen. Mit dieser vertraulichen und seriösen Anfrage an höchster Stelle folgte Agnes Meyer Thomas Manns Wünschen (und indirekt Knopfs Empfehlungen); gleichzeitig traf sie aber auch Vorkehrungen, dass ihr Schützling einer möglichst geringen Belastung ausgesetzt sein würde, falls Harvard auf das Angebot einginge.

Zu diesem Zeitpunkt, als die Pläne für Thomas Manns Übersiedlung in die Vereinigten Staaten festere Formen annahmen und er selbst einigen Vertrauten Boston als seinen künftigen Wohnsitz nannte, spielte der Terminkalender von Präsident Conant eine ausschlaggebende Rolle und verursachte die »Drehung der Nadel« weg von Boston in Richtung Princeton (Tb. 24. 5. 1938). Agnes Meyers Brief traf am 20. Mai in Cambridge ein, einem Freitag. Conant war auf einige Tage verreist; er bekam ihren Brief erst Anfang Juni zu Gesicht. Da lag aber bereits ein Telegramm von ihr vor, in dem sie Conant wissen ließ, dass Thomas Mann »has decided to accept another offer«.[22] Das Angebot der Princeton University war am 24. Mai in Jamestown eingetroffen. Thomas Mann war geneigt zu akzeptieren, um die Frage seines künftigen Wohnsitzes zu klären. Er schrieb aber zunächst an Agnes Meyer, um ihren Rat einzuholen und sicherzugehen, dass von der Harvard University nicht ein ebenso attraktives Angebot zu erwarten sei. Das schien nicht der Fall zu sein, und so bekam Princeton den Zuschlag. Die praktisch gesonnene Gönnerin riet ihm nun, in seinem Schreiben an Präsident Dodds, die von diesem genannten Bedingungen und Vereinbarungen zu wiederholen und den Brief mit dem Angebot gut aufzuheben für den Fall, dass die Universität die Bedingungen modifizieren wollte. Sie machte sich Sorgen, dass man ihren Schützling über Gebühr in Anspruch nehmen werde. Thomas Mann tat wie ihm geraten und teilte Dodds seine Einwilligung mit.[23]

An Präsident Conant jedoch schrieb sie, sie hoffe, die Sache Thomas Mann »as to a future and more permanent solution« bei nächster Gelegenheit einmal mündlich mit ihm erörtern zu können.[24] Dieser Vorschlag wurde offenbar ignoriert. Die Einladung von 1937 wurde nicht erneuert. Thomas Mann erhielt auch keine Einladung zu einem Vortrag an der Harvard University. Als er 1943 in Boston *The War and the Future* vortrug, war nicht Harvard, sondern das Ford Hall Forum der Veranstalter.

Lecturer in the Humanities: 1938/39

Schon an den Präliminarien des Princetoner Zwischenspiels ist zu erkennen, dass Thomas Manns Tätigkeit nicht eigentlich als Gastprofessur im geläufigen Sinn bezeichnet werden kann, weil er ja nicht in verantwortlicher Position in den Lehrbetrieb eingeschaltet war, weder auf dem »undergraduate« noch auf dem »graduate level«. Er war ein

»Lecturer«, und zwar nicht in German Literature oder in Philosophy oder in irgendeiner anderen universitären Abteilung, sondern in den Humanities. Das heißt, er war ein nicht fest an eine Abteilung gebundener, außerplanmäßiger Dozent in den Geisteswissenschaften, der je nach Gelegenheit und Bedarf das Lehrangebot der Universität in Sonderveranstaltungen mit Vorträgen seiner Wahl bereichern sollte.

In diesem Sinn hatte Präsident Dodds am 28. April an Agnes Meyer geschrieben.[25] Die humanistischen Fächer hätten sich in Princeton seit jeher einer besonderen Pflege erfreut. Die Universität sei gerade dabei, einen neuen interdisziplinären Studiengang einzuführen, der es ermöglichen werde, »humanistic subjects« fächerübergreifend zu studieren. Unter diesen Vorzeichen werde die Präsenz Thomas Manns nicht nur für die Studenten, sondern auch für die jüngeren Professoren von größtem Wert sein. Übrigens hatte er einen illustren Vorgänger. Im Vorjahr war Archibald MacLeish, der spätere Librarian of Congress, in gleicher Funktion in Princeton, nämlich »to further Princeton's humanistic studies«.[26]

Ob und inwiefern Studenten und Professoren von Thomas Manns Präsenz auf dem Campus profitiert haben, ist schwer zu sagen. Von einer näheren Bekanntschaft mit einem jüngeren Fakultätsmitglied ist nichts bekannt. Was die Studenten, die zu seinen Veranstaltungen kamen, schwarz auf weiß nach Hause getragen haben, entzieht sich ebenfalls unserer Kenntnis. Immerhin liegt ein Fall von literarischem Kontakt mit einem Studenten vor, Frederick Morgan; darüber mehr an anderer Stelle.[27]

Thomas Mann übermittelte seine Zusage an Präsident Harold Dodds in einem deutsch geschriebenen Brief aus Jamestown vom 27. Mai. Den Kernpunkt der Vereinbarung wiederholte er, wie von Agnes Meyer empfohlen, mit seinen eigenen Worten: »Ich heisse Ihre Vorschläge also gut und bin der Ihre. Lassen Sie mich wiederholen, auf welche Voraussetzungen für das kommende Studienjahr unser Verhältnis gegründet sein wird. Ich werde mit den Meinen im Herbst meinen Wohnsitz in Princeton nehmen. In dem Rahmen der Vortrags-Serie über literarische Meisterwerke werde ich den Vortrag über Goethes Faust halten. Wenn ich ferner bei den Beratungen über diese Conferenzen mit meinem Rat dienlich sein kann, so soll mich das besonders freuen. Ich werde außerdem im Lauf des Studienjahres drei öffentliche Vorlesungen halten, über deren Gegenstände ich mir auch schon ziemlich im Klaren bin. Dies sind die bescheidenen Leistungen, die ich werde bieten können, bei deren Darbietung ich aber mein Bestes einzusetzen entschlossen bin.«[28]

Aus den drei Vorträgen wurden jedoch vier; insgesamt nahm Thomas Mann im ersten Jahr 1938/39 an sieben Veranstaltungen teil. Den Anfang machte am 28. November 1938 ein Vortrag über Goethes *Faust*, der wegen seiner Länge zweigeteilt werden musste. Der zweite Teil folgte am Tag danach. Diese beiden Vorträge fanden im Rahmen der sogenannten Vanuxem Lectures vor großem Publikum in der Alexander Hall statt. Bei diesen öffentlichen Vorträgen trug Thomas Mann Smoking. Die 1912 inaugurierte Vortragsserie war nach Louis Clark Vanuxem benannt, einem Princeton-Ehemaligen, der einen Batzen Geld für eine hochkarätige Vortragsreihe hinterlassen hatte.

Thomas Mann hat sich ganz offensichtlich Mühe gegeben mit diesem Vortrag (IX, 581–621), dessen englische Fassung von Helen Lowe-Porter besorgt wurde.[29] Die Vorarbeiten dazu begannen noch in der Schweiz, in Küsnacht und Sils Baselgia. Der *Lotte*-Autor richtet hier den Scheinwerfer auf den *Urfaust* und den Sturm-und-Drang-Goethe in dem offenbaren Bemühen, die Bewunderung der Princetoner Studenten für dieses Hauptwerk der deutschen Literatur zu wecken. Die vielen, trefflich gewählten Zitate wurden im Original und in Übersetzung dargeboten, und es ist schwer vorstellbar, dass sie ihre Wirkung verfehlt haben könnten.

Die »*Faust*-lecture«, drastisch gekürzt, kam in kleinerem Kreis noch zweimal zum Einsatz (26. April und 3. Mai 1939) in sogenannten »preceptorial conferences«, d. h. informellen Diskussionen im Seminarstil, den Begleitveranstaltungen zu einem Standardkurs (»Modern Languages 310«) vom Typ »Great Books«. Beim zweiten Mal passierte ein kleines Malheur, der Albtraum jedes Redners: ein »[v]ernachlässigtes Manuskript, fehlende Blätter«, so dass es zu einer »Unterbrechung« kam (Tb. 2. und 3. 5. 1939). Offenbar ließ sich Thomas Mann rasch in die Stockhaldi fahren, um einen Durchschlag seines Vortragmanuskripts zu holen und mit diesem dann seine Darbietung zu Ende zu bringen.

Der dritte, öffentliche Vortrag (17. Januar) hatte Wagners *Ring* zum

Thema. Es war die englische Fassung seines Zürcher Vortrags »Richard Wagner und der ›Ring des Nibelungen‹« (IX, 502–527).[30] Zu seiner eigenen Überraschung brauchte er anderthalb Stunden; gegen Ende hatte er mit »Ermüdung« zu kämpfen. Der »warme[ ] Beifall« der voll besetzten Alexander Hall beruhigte ihn jedoch. Zu Hause, in Gesellschaft Erich Kahlers, bei Tee und Bier, fühlte er sich bald wiederhergestellt. Der Eintrag im Tagebuch endet mit dem folgenden, schmeichelhaften Kommentar des Vierundsechzigjährigen über sich selbst: »Die sportliche Leistung im Grunde bemerkenswert in Anbetracht meiner sehr deutlichen nervösen Mitgenommenheit durch die weite Verpflanzung und die unbestimmbaren Zumutungen des Klimas.« (Tb. 17.1. 1939)

Bei seinem letzten großen Auftritt in der Alexander Hall präsentierte Thomas Mann die englische Version seines Vortrags zu Sigmund Freuds achtzigstem Geburtstag (IX, 478–501): *Freud and the Future*. Es wurde sein größter Erfolg in Princeton, was nicht zuletzt damit zusammenhängen mochte, dass Freud und die Psychoanalyse damals in Amerika, zumal an den Universitäten, sehr *en vogue* waren. Das Tagebuch vermerkt: »stärkster Besuch, guter Verlauf trotz einiger Nervosität, größte Aufmerksamkeit und starke Wirkung« (Tb. 13.2.1939). Mit besonderem Interesse registrierte er, dass Christian Gauss, amerikanischer Romanist und langjähriger Dekan der geisteswissenschaftlichen Fakultät, trotz einer anderen Verpflichtung zu seinem Vortrag erschienen war und ihn im Wartezimmer aufsuchte, um ihm zu sagen, dies sei der interessanteste Vortrag gewesen, den er je gehört habe. Dem so Geschmeichelten entging nicht, dass dies als gutes Omen für das kommende Jahr zu deuten war: »Wahrscheinlichkeit des Wieder-Engagements.« Sein Fazit: »Zufrieden u. entspannt, rebus bene gestis.«

Bevor das nächste Jahr geregelt werden konnte, war jedoch am 10. Mai eine weitere »preceptorial conference« zu bestehen, diesmal vor einer von Gauss betreuten Gruppe von höheren Semestern, denen er Auskunft über den *Zauberberg* zu geben hatte. Thomas Mann arbeitete aus diesem Anlass einen eigenen Vortrag über die Entstehung des Romans aus, der später unter dem Titel *The Making of the Magic Mountain* als Einleitung zu den englischsprachigen Ausgaben des Romans diente. Geschickterweise bezog er sich in diesem Beispiel von Sekundärliteratur der ersten Hand auf zwei amerikanische Interpreten des *Zauberberg*: Hermann Weigands bahnbrechende Monographie von 1933 sowie auf ein unveröffentlichtes Manuskript über *The Quester Hero. Myth as Universal Symbol in the Works of Thomas Mann*, das ihm aus Cambridge zugesandt worden war.[31] Es handelte sich um einen Essay des damals neunzehnjährigen Howard Nemerov, eines Studenten am Harvard College, der später ein distinguierter Poet und Literaturkritiker wurde. Nemerov deutete Hans Castorp, den Helden des Romans, als einen Gralssucher – ein Gedanke, dem der Autor freudig zustimmte. Der Vortrag kam offenbar gut an, denn es gab »Questions« sowohl unmittelbar nach dem Vortrag als auch bei dem informellen Zusammensein in Dean Gauss' Quartier. Dazu das Tagebuch: »Ziemlich erschöpft. Kuriose Burschen.« (Tb. 10. 5. 1939) Der Eindruck, dass Thomas Mann bereits am Ende seines ersten Jahres im Talar, in der ihm nicht gerade auf den Leib geschriebenen Rolle des Literaturprofessors keine große Lust am akademischen Leben empfand, ist mit Händen zu greifen. Im nächsten Jahr verschärfte sich das Dilemma.

Lecturer in the Humanities: 1939/1940

Als Ende Juni 1938, kurz vor Ende der vierten Amerikareise, das Arrangement mit der Princeton University für das akademische Jahr 1938/39 unter Dach und Fach und auch die Wohnungsfrage höchst zufriedenstellend gelöst war, verbrachten die Manns die letzten Tage vor der Einschiffung auf dem Meyer'schen Landsitz in Mount Kisco. Dort eröffnete Agnes Meyer ihrem Schützling, aus welchen Töpfen sein Gehalt von 6000 Dollar sich speiste. Es kam in der Hauptsache von der Rockefeller Foundation, deren Treuhänder sie alle zu ihren Freunden zählte. Thomas Mann nahm's mit Genugtuung zur Kenntnis und notierte – etwas voreilig, wie sich herausstellte: »Grund-Aspekt, daß es in Amerika Geldsorgen kaum für mich gibt« (Tb. 27. 6. 1938).

Er notierte auch: »Verlängerung steht gewiß in meinem Belieben.« Damit sollte er nur teilweise recht behalten. Als nämlich Präsident Dodds Thomas Mann eine Verlängerung vorschlug, konnte er ihm lediglich eine Anstellung für das zweite Semester anbieten, da die Finanzierung seines Jahresgehalts für das kommende Jahr nicht gesichert werden konnte. Thomas Mann vermutete, dass die Rockefeller Stiftung »in Schwierigkeiten« war (AM, 159). Er akzeptierte in knappen, etwas förmlichen Worten: »I am very happy to be able to accept your invitation to continue my connection with Princeton University and to act as Lecturer in the Humanities during the second term of the 1939–1940 academic year.«[32]

Das neue Arrangement hatte den Nachteil, dass im kommenden Jahr sein Gehalt halbiert sein würde. Der Vorteil aber war, dass er damit größere Freiräume hatte zur Fortsetzung seiner literarischen und publizistischen Arbeitsvorhaben, denn alle oder jedenfalls die meisten seiner Vorträge sollten im Frühjahrssemester über die Bühne gehen, noch dazu geballt in den letzten Wochen des Semesters. Daraus spricht die Sorge, dass seine Belastung durch die lectures, preceptorial and departmental conferences überhandnehmen könnte. Im Vorjahr, bei den Meyers in Mount Kisco, hatte er noch gemeint: »Verpflichtung gegen die Universität nicht sehr ernst« (Tb. 27. 6. 1938). So dachte er auch noch kurz vor Beginn des Herbstsemesters: »Mein ›Programm‹ für Princeton, – mein Gott, es ist nicht so ernst damit. Die Hauptsache ist, daß ich dort lebe und arbeite.«[33] Nach dem ersten Jahr musste er sich jedoch eingestehen, dass seine akademischen Verpflichtungen ihm mehr abverlangten, als er sich ausgerechnet hatte. Daher der Versuch, die Inanspruchnahme durch die Universität auf einen möglichst eng begrenzten Zeitraum zu beschränken und eine Art Kompaktsemester anzuvisieren.

Doch auch im zweiten Jahr kam es anders als gedacht. Thomas Mann begann seine an und für sich auf das zweite Semester begrenzte Lehrtätigkeit etwas außer der Reihe bereits im Herbstsemester, am 17. November 1939. Für ein Kolleg des Komparatisten Harvey W. Hewett-Thayer (*The Development of the European Novel*) war ein Vortrag über Goethes *Werther* auszuarbeiten. Er schrieb den Vortrag unmittelbar im Anschluss an die am 26. Oktober beendete *Lotte in Weimar* und brauchte nicht mehr als eine Woche dafür. Es ist ein Text (IX, 640–655), der in höherem Maße als der *Faust*-Vortrag vom Vorjahr auf die Bedürfnisse der Princetoner »undergraduates« zugeschnitten ist: »Ich spreche zu Leuten, die das außerordentliche Büchlein gelesen haben und die ich mit dem zuverlässigsten gelehrten Kommentar dazu versehen weiß.« (IX, 647 f.) Er wolle deshalb lediglich »auf ein paar Schönheiten und Feinheiten der Komposition« hinweisen, die er sich selbst beim Wiederlesen angemerkt habe. Den Abschluss des Vortrags markiert ein kleiner, koketter Scherz. Er erwähnt das späte Wiedersehen Goethes mit Charlotte Buff, dem Modell für Werthers Lotte, und sinniert, dass diese Anekdote den Anstoß geben könnte »zu einem eindringlichen Charakterbilde Goethe's, ja des Genies überhaupt. Vielleicht findet sich der Dichter, der es unternimmt.« (IX, 655) Ob Professor Hewett-Thayer seinen Studenten auf die Sprünge half und ihnen erklärte, dass jener Dichter niemand anders als Thomas Mann selbst sei, ist nicht überliefert.

Einen Teil seiner Auftritte konnte er mit Vorträgen bestreiten, die er bereits im Vorjahr ausgearbeitet hatte. Den *Faust*-Vortrag präsentierte er, stark gekürzt, noch einmal am 10. April 1940 in dem Kurs für Hewett-Thayer. Der *Zauberberg*-Vortrag wurde noch zweimal gegeben: am 18. März in einem Kurs des Anglisten und Dean of Faculty (einer Art von Oberdekan) Robert K. Root mit der üblichen, doch ungeliebten »nachfolgende[n] Auspressung« (Tb. 18. 3. 1940) sowie am 24. April in einem Kurs des Romanisten Christian Gauss. Auch zu einem deutschsprachigen Kurs des Germanisten Hans Jäger, der seine Studenten *Tonio Kröger* lesen ließ, wurde er gebeten. Am 11. und 18. April stand er den jungen Leuten Rede und Antwort. Keine der an ihn gestellten Fragen, ob klug oder komisch, hielt er für wert, im Tagebuch festgehalten zu werden. Dem wahren Pädagogen sind die Fragen seiner Studenten so begehrt und nötig wie das tägliche Brot; zu diesen gehörte dieser Lecturer in den Humanities also ganz offensichtlich nicht. Für den Rest seines akademischen Programms waren zwei neue Vorträge auszuarbeiten: *On Myself*, ein Vortrag über sich selbst und sein Werk, sowie *The Art of the Novel*.

On Myself ist als die umfangreichste und detaillierteste Selbstdarstellung Thomas Manns anzusehen. Der Text musste zweigeteilt werden und kam, wie übrigens auch *The Art of the Novel*, an zwei Tagen zum Vortrag. Der autobiographische Text, zunächst auf Deutsch, kam in Hans Jägers Kurs für fortgeschrittene Studenten der deutschen Literatur vor kleinem Publikum zum Vortrag und am 2. und 3. Mai auf Englisch vor weit mehr Zuhörern in Hewett-Thayers und Walter S. Hastings' Kolleg über »European Literatures and Cultures«. Am 9. und 10. Mai im selben Kurs stand *The Art of the Novel* auf dem Programm.

Nach dem Vortrag am 3. Mai, als er den 2. Teil der autobiographischen Schrift vortrug, notierte Thomas Mann: »Sprach eine Stunde lebhaft und [hatte] ungeheuer aufmerksame Zuhörer an den Jungen, die am Ende anhaltend applaudierten. Mrs. Shenstone behauptete, einige hätten rote Köpfe gehabt. Was für eine Freude ist es doch, es den Menschen recht gemacht zu haben!« Eine tröstliche Notiz; sie konnte jedoch kaum den Ärger und Überdruss völlig vergessen machen, den diese Arbeit und das leidige, nicht zu ignorierende Übersetzungsproblem ihm bereiteten. Thomas Mann war mit Lowe-Porters Übersetzung seiner Dankesrede bei der Verleihung des Princetoner Ehrendoktors am 18. Mai 1939 unzufrieden gewesen: »Not und Pein mit der erstaunlich schlechten Lowe'schen Übersetzung [...] Verbesserungen mit Hilfe von K[atia], Klaus und Annette [Kolb]« (Tb. 16. 5. 1939). Das konnte nicht gutgehen. Für den autobiographischen Vortrag beauftragte er nun seinen Sekretär Hans Meisel mit der heiklen Aufgabe, eine englische Version herzustellen. Meisel war ein schätzenswerter deutscher Autor, ein Berliner, doch kein native speaker.[34] James N. Bade, der sich mit diesem und anderen Princetoner Vorträgen eingehend beschäftigt hat, kommt zu dem Urteil, dass die englische Fassung des autobiographischen Vortrags schlicht »awkward« sei, das typische Produkt eines Übersetzers, für den Englisch eine Fremdsprache ist; an einigen Stellen sei der Text praktisch unverständlich.[35] Da halfen auch die Verbesserungsversuche Samuel B. Bossards nicht viel, eines Mitglieds des Departments of Modern Languages and Literatures, der mit Thomas Mann auch die Aussprache probte. Erst James Bade hat das problematische englische Vortragsmanuskript zusammen mit einer von ihm revidierten, d. h. reparierten Fassung veröffentlicht.[36]

Schon während der Mühen des Frühjahrssemesters 1940 verlor Thomas Mann die Lust auf eine Verlängerung seines akademischen Gastspiels. Zwar heißt es im *Doktor Faustus*, dass das akademische Leben »jung und kregel« (10.1, 448) erhalte, doch beruht diese Beobachtung keineswegs auf eigener Erfahrung. Im Gegenteil! Seinem Sohn Golo, der bei einigen seiner Auftritte anwesend war, nun aber wieder in Zürich weilte, schrieb er: »Ich habe jetzt sehr viel mit lectures und preceptorials zu tun und bin des Lehrerstandes recht müde.«[37] Und Agnes Meyer gegenüber erklärte er: »Ich musste eine zweistündige Lecture on myself abfassen für unser German Department. Auch eine ebensolche über The art of the novel steht mir noch bevor. Ich glaube nicht, dass ich mich, auch wenn wir hier bleiben sollten, für diese Spässe noch einmal werde gewinnen lassen. Für den IV. Joseph, der doch zu meinem 70. Geburtstag fertig sein soll, (womöglich ein paar Jahre früher) muss ich ganz frei sein.« (AM, 200) Was seinen letzten Vortrag betrifft, den über die *Kunst des Romans* (X, 348–362), so verlor er schon nach den ersten Seiten die Lust daran. Er beauftragte Meisel, nach seinen Anweisungen aus früheren essayistischen Schriften einen brauchbaren Text herzustellen.

Die Sorge, dass Princeton wegen einer nochmaligen Verlängerung an ihn herantreten würde, erwies sich als unberechtigt. Mit Schreiben vom 21. Mai teilte ihm Professor Robert Root (Dean of Faculty) lakonisch mit, dass die Zuwendung der »great Foundation« – gemeint ist die Rockefeller Foundation – mit dem zu Ende gehenden akademischen Jahr auslaufe und nicht erneuert werden könne. Da Princeton selbst keine Anstalten machte, Thomas Manns »Lectureship« aus eigener Tasche zu verlängern, war damit seine kurze, dreisemestrige »Karriere« an der Princeton University beendet. Um den Stich zu mildern, den diese Mitteilung dem Selbstwertgefühl seines illustren Kollegen versetzen musste, fügte Dekan Root hinzu, dass ihm auch künftighin die »university facilities« zur Verfügung stünden, also die Bibliothek, der Faculty Club und andere Einrichtungen. Im Übrigen möge er doch bitte nicht vergessen, dass mit der Verleihung des »Doctor of Laws, honoris causa, we adopted you for all time as a son of Princeton«.[38] Ein bitterer Nachgeschmack war unvermeidlich. Es passte zu der unpersönlichen Formalität des Vorgangs, dass Thomas Manns Princetoner Ehrendoktor kein »Doctor of Laws« war, wie Root unachtsamerweise geschrieben hatte, sondern ein »Doctor of Letters«. Natürlich wog die Schmeichelei mit dem »son of Princeton« bei weitem nicht so viel wie der gute Dekan meinte, wenn man sich auch als »Sohn« von Harvard, Yale und Columbia betrachten durfte.

Thomas Mann dankte dem Dekan für seinen freundlichen Brief in korrektem, doch unpersönlichem Ton und versicherte ihm, dass er

»happy« sei, einer so hervorragenden Institution wie der Princeton University sich nützlich erwiesen zu haben.[39] Es fällt auf, dass Thomas Mann nichts von alledem dem Tagebuch anvertraute. Es war in jenen späten Maitagen, als Hitlers siegreicher Westfeldzug sich entfaltete, ganz von dem »tiefe[n] Gram über die schauerliche Hoffnungslosigkeit der Kriegslage« (Tb. 25. 5. 1940) überschattet. Auch gegenüber Agnes Meyer erwähnte er die Terminierung seiner »lectureship« mit keinem Wort. Sein Brief vom 8. Juli – die Manns waren für den Sommer nach Los Angeles gezogen – ist ganz erfüllt von der Wiedersehensfreude mit Kalifornien: »Hier haben wir von einem erstaunlich schön gelegenen, geräumigen Haus mit Garten und swimming pool Besitz ergriffen. Die umgebende Landschaft ist wahrhaft toscanisch, die Hügel von Fiesole sind nicht schöner, und ich habe nun das, was ich mir so lange gewünscht habe, nämlich jeden Tag schönes Wetter. Mit den hier wohnhaften Freunden, Bruno Walters und Franks, waren wir schon mehrfach zusammen.« (AM, 211) Während dieses Sommeraufenthalts in dem vornehmen Stadtteil Brentwood reifte endgültig der Entschluss, nach Kalifornien umzusiedeln. Man erwarb in Pacific Palisades, in den Hügeln der Bucht von Santa Monica, ein Grundstück, das zu einer Zitronenplantage gehörte. Und man beauftragte den aus Berlin stammenden Architekten J. R. Davidson mit dem Bau eines geräumigen, modernen Hauses, das im Februar 1942 bezugsfertig war. Davidson erhielt den Zuschlag vor dem Stararchitekten Richard Neutra, den Thomas Mann kannte und dessen Modernismus die Manns zu weitgehend fanden.[40] Für den kommenden Herbst und Winter kehrte man zurück in die »Stockhaldi«. In den verbleibenden sechs Monaten nahm Thomas Mann an keiner weiteren Veranstaltung der Universität mehr teil.

Somit trat ein, was sich bereits nach der ersten Berührung mit der Landschaft und dem Klima Südkaliforniens abzeichnete. Nach den ersten zwei Wochen in Los Angeles im April 1938 teilte er seiner Washingtoner Gönnerin mit, »dass sich die Vorstellung, hier zu siedeln, in diesen Wochen ein wenig in unsere Gedanken eingeschlichen hat« und dass »die Verheissungen, die man uns vom Lande Californien gemacht hat, sich geradezu über Erwarten erfüllt haben« (AM, 118). Von den schon länger in Los Angeles Ansässigen riet vor allem Max Reinhardt zu einer Niederlassung im Umkreis der Traumfabrik (Tb. 10. 4. 1938).

Der Gedanke an Princeton weckte unter diesen Auspizien entschieden weniger frohgemute Erwartungen. Seinem Sohn Klaus gegenüber war er offen und gestand: »[...] ich fürchte mich etwas vor der Gelehrten-Atmosphäre, und das Movie-Gesindel ist mir im Grunde lieber.«[41] Princeton war also von Anfang an nicht mehr als eine Etappe auf dem Weg an die Westküste. Es war ein ökonomisch lohnendes Zwischenspiel; ob damit auch arbeitsökonomisch ein Vorteil verbunden war, ist eher zu bezweifeln.

Was ist nun als ein Positivum seines dreisemestrigen Gastspiels an der Princeton University zu verbuchen? Auf der Habenseite sind fünf neue Texte zu verzeichnen, die ihre Existenz seinem akademischen Vortragsbedarf verdanken. Es sind dies die Vorträge über *Faust*, *Werther*, *Der Zauberberg*, die Kunst des Romans und über sich selbst. Einen eher unwägbaren Gewinn zog er aus der Berührung mit dem Leben an einem distinguierten amerikanischen College, ein Biotop, das es in Deutschland nicht gegeben hat und nicht gibt, das jedoch für die Elite der amerikanischen Gesellschaft nach wie vor lebensprägende Bedeutung hat. Traut man dem Urteil seines Sohnes Golo, so lernte Thomas Mann in Princeton das freie, nicht vorformulierte Sprechen, wie es in amerikanischen Lehrveranstaltungen die Norm ist.[42] Allerdings ist diese Beobachtung vermutlich nicht auf seine englische, sondern lediglich auf seine deutsche Rede zu beziehen. Denn mit der freien englischen Rede haperte es in diesen ersten Jahren in Amerika noch sehr. Bernhard Ulmer, ein urteilsfähiger Augenzeuge, der von 1936 bis 1976 in Princetons German Department lehrte, hat zu Protokoll gegeben, dass Thomas Manns englische Rede sehr schwer zu verstehen gewesen sei und dass viele seiner Hörer ihn überhaupt nicht verstehen konnten. Seine deutsche Aussprache habe die Verständlichkeit seiner englischen Rede erheblich beeinträchtigt, so dass sie großenteils »incomprehensible« gewesen sei. Hätte er seine öffentlichen Vorträge auf Deutsch gehalten, so hätten ihn »at least a *few* of us« verstanden.[43] Ob alle Hörer Thomas Manns in Princeton es so empfunden haben wie Bernhard Ulmer, muss natürlich dahingestellt bleiben. Kein Zweifel kann jedoch sein, dass ihm das obligate Frage-und-Antwort-Spiel nach einem Vortrag, dieser erzdemokratische Usus, äußerst lästig, ja zuwider war.

Schwer wog in alledem das nicht zu bagatellisierende Problem der

1 Die zwölf Ehrendoktoren der Harvard University 1935.
Sitzend von rechts: Thomas Mann, der damalige Landwirtschaftsminister
und spätere Vizepräsident Henry A. Wallace, Harvard-Präsident James B.
Conant, Albert Einstein; stehend links außen William Allan Neilson,
Präsident des Smith College und später Mitglied des Emergency Rescue
Committee.

2 Willem Hendrik van Loon, holländisch-amerikanischer Schriftsteller und
Freund der Roosevelts, mit Lion Feuchtwanger und anderen Gästen.

3 Eleanor und Franklin D. Roosevelt auf ihrem Anwesen in Hyde Park in der Dutchess County, New York.

4 Eleanor Roosevelt, die umstrittene, weil politisch aktive First Lady.

5 FDR mit seinem Freund und langjährigen Finanzminister
Henry Morgenthau, Jr., während seines letzten Wahlkampfs 1944.

6 Henry A. Wallace,
Vizepräsident und
Präsidentschaftskandidat
1948.

7 Alfred A. Knopf,
Thomas Manns amerikanisch
Verleger.

8 Die Journalistin Dorothy Thompson.

9 Agnes E. Meyer, Thomas Manns wichtigste Bezugsperson in Amerika.

...anet Flanner, die Verfasserin
...Thomas-Mann-Porträts
...he in Hollywood
...ew Yorker.

The Bedford · 118 E. 40th St., New York

11 Das Hotel Bedford hatte einen Deutsch sprechenden Geschäftsführer (Nagel) und war nicht zuletzt deshalb die Anlaufstelle und Absteige zahlreicher Emigranten.

12 Katharine Graham, geb. Meyer, Herausgeberin der *Washington Post*, mit zwei ihrer Reporter, Carl Bernstein (links) und Bob Woodward, die in der Nixon-Ära den Watergate-Skandal aufdeckten.

13 Katia und Thomas Mann mit Joseph W. Angell (links) bei der Eröffnung der Thomas-Mann-Ausstellung in der Sterling Memorial Library der Yale University (25. 2. 1938).

14 Der Campus der Yale University
mit der Sterling Memorial Library.

15 Die Low Memorial Library
auf dem Campus der Columbia University,
New York.

16 Das Elizabeth Sprague Coolidge Auditorium an der Library of Congress in Washington, wo Thomas Mann regelmäßig seine Vorträge hielt.

17 Der Germanist Hermann Weigand war ein wichtiger Wegbereiter für Thomas Mann auf der literarischen Bühne Amerikas.

18 Fernzug der Santa Fe Eisenbahngesellschaft,
der zwischen der Westküste und Chicago verkehrte.

19 Speisewagen in einem der legendären Fernzüge, in denen die Manns reisten.

20 Beim Signieren von *Joseph in Egypt* in Tulsa, Oklahoma, März ▶

HAROLD R. PEAT *has the honor to present*

THOMAS MANN
"The Greatest Living Man of Letters"
NOBEL PRIZE WINNER
in his First American Lecture Tour
SPEAKING ON
"The Coming Victory of Democracy"

Only Public New York Appearance
CARNEGIE HALL
Friday Evening, May 6, 8:45 P. M.
Prices $1.10, $1.65, $2.20 (tax included)

Prospekt für Thomas
ns Auftritt in der
Yorker Carnegie

22 Mit Erika bei der stets
als lästig empfundenen
»Ausquetschung« nach
dem Vortrag in Tulsa,
Oklahoma.

23 Thomas Manns Haus in Princeton, 65 Stockton Street.

24 Erich Kahler
in Princeton.

25 Elisabeth und Giuseppe A. Borgese kurz nach ihrer Hochzeit.

er amerikanische Schriftsteller und
ekt Lewis Mumford.

27 Gore Vidal als junger Autor.

28 Jack Warner, der Boss der
Warner Brothers Filmstudios.

29 Robert Montgomery,
der »präsumptive Joseph«.

30 Thomas Mann mit drei Hollywood-Legenden: Carl Laemmle, Max Reinha[rdt]
Ernst Lubitsch, April 1938.

Marlene Dietrich und
Maria Remarque
er Premiere von
am Dieterles
oriendrama *Juarez*,
939.

r Robert Vansittart, die Broschüre *Black Record* vor sich,
ner Radiosendung 1941.

33 Thomas Mann im Talar: hier bei der Verleihung des Ehrendoktors durch die University of California, Berkeley, am 27.3.1941; rechts sein Schwager, der Physiker Peter Pringsheim.

34 Frido und Tonio Mann mit ihrem Großpapa, fotografiert von Florence Homolka, der ältesten Meyer-Tochter.

Übersetzung seiner Princetoner Vorträge. Das Gefühl, sich in einer fremden Sprache stets unter Wert präsentieren zu müssen, hat seiner Lust auf englische Vorträge verständlicherweise Zügel angelegt. Als er an seinem letzten Princetoner Vortrag arbeitete, schrieb er an Georg Martin Richter, seinen alten Freund aus Münchner Tagen: »Es ist jetzt hier gerade die Hoch-Zeit meiner ›akademischen‹ Thätigkeit, und ich muß lectures dichten für die boys oder eigentlich mehr für die Professors, denn jene verstehen es doch nicht und kaum diese.«[44] Bei gleicher Gelegenheit schrieb er seinem Bruder Heinrich, seine »Hauptbemühung« bestehe darin, »es nicht zu gut zu machen«.[45]

Wer so denkt und empfindet, dem muss die Terminierung seiner »›akademischen‹ Thätigkeit« eine große Erleichterung gewesen sein, ja die Befreiung von einem Joch. Es war die Rückkehr in die Freiheit des »heiteren Erfindens«. War das Princetoner Intermezzo also doch, wie Alfred Knopf befürchtet hatte, eine Zeitvergeudung? Nimmt man die sehr gemischten, letztlich frustrierenden Erfahrungen als akademischer Lehrer zum Maßstab, so mochte es sehr wohl so scheinen. Doch stellt sich diese Etappe wie die landesweite Vortragstätigkeit insgesamt unter einem höheren Gesichtspunkt, dessen sich Thomas Mann wohl kaum bewusst war, in einem anderen, erhellenden Licht dar, wenn wir sie in den Kontext der Geschichte der amerikanischen Germanistik rücken.

Die amerikanische Germanistik und Thomas Mann

Angesichts des ehrenvollen – des trotz allem ehrenvollen – Gastspiels in Princeton, angesichts der von der Yale University initiierten Dokumentensammlung als Grundstock eines künftigen Thomas-Mann-Archivs (davon später mehr), nicht zuletzt angesichts der vielen Doktorhüte, die ihm zuerkannt wurden, könnte man meinen, das Verhältnis der amerikanischen Germanisten zu dem unter ihnen weilenden Nobelpreisträger müsse ein besonders freundliches und entgegenkommendes gewesen sein. Dem war keineswegs so. Aus Gründen, die mit der Geschichte der Institution Germanistik zu tun haben und mit dem Loyalitätsdilemma der Deutsch-Amerikaner, waren die amerikanischen Germanisten sichtlich bemüht, zu einer kontroversen Persönlichkeit wie Thomas Mann auf Distanz zu gehen. Dadurch sah sich dieser nun in die Lage versetzt, gegenüber der amerikanischen Öffentlichkeit eine Rolle zu spielen, die eigentlich und rechtens von den bestallten Germanisten auszufüllen gewesen wäre.

Es gab Ausnahmen: allen voran Hermann Weigand, dessen 1933 erschienenes Buch über den *Zauberberg* maßgeblich dafür verantwortlich war, dass Thomas Mann in den einschlägigen Lehrveranstaltungen auf lange Zeit, neben Proust und Joyce, als einer der drei Hauptrepräsentanten des modernen Romans gehandelt wurde.[46] Mit Weigand, dem bedeutendsten amerikanischen Germanisten des 20. Jahrhunderts und Mentor einer stattlichen Reihe von Schülern, verband Thomas Mann über dreißig Jahre hin eine freundschaftliche, wiewohl respektvoll distanzierte, jedoch beiderseits fruchtbare Beziehung. Auch Victor Lange ist zu nennen, der 1942, als er noch an der Cornell University tätig war, vor seiner Berufung nach Princeton, den *Joseph*-Autor zu einer gut dotierten Serie von drei Vorträgen einlud. Thomas Mann sagte zu, doch das Gastspiel in Cornell zerschlug sich.[47]

Die Germanisten, die sich später in der Thomas-Mann-Forschung einen Namen gemacht haben – darunter Henry Hatfield, André von Gronicka, Oskar Seidlin, Erich Heller –, gehörten einer jüngeren Generation an. Unter den Professoren, die in den dreißiger und frühen vierziger Jahren an den Schalthebeln saßen und die Richtung vorgaben, hat sich, von Weigand abgesehen, keiner als Fürsprecher des prominenten Exilanten hervorgetan. Die große Mehrheit der amerikanischen Deutschlehrer war aus Gründen, die noch zu erörtern sind, auf Abstand bedacht und verhielt sich schweigend. Die Gaufürsten der amerikanischen Germanistik in Wisconsin, Illinois, Pennsylvania, Ohio und anderwo vermieden es tunlichst, als Förderer oder Verehrer Thomas Manns wahrgenommen zu werden.

Das Beispiel Princeton ist in diesem Zusammenhang instruktiv und repräsentativ. Thomas Mann war, wie schon betont, als Lecturer in the Humanities nach Princeton geholt worden; er war also offiziell nicht mit dem German Department assoziiert, das damals übrigens aus zwei »Full Professors«, zwei »Assistant Professors« und fünf »Instructors« bestand.[48] Dass er lediglich in einer germanistischen Lehrveranstaltung auftrat, in dem Kolleg von Hans Jäger, unterstreicht die Marginalität der

Germanisten innerhalb der Universität; sie orientierten sich eher an den Vorgaben aus Deutschland als an den Interessen der Nachbarabteilungen. Alle gewichtigen, unter einem institutionellen Gesichtspunkt »heißen« Themen – etwa »The Development of the European Novel«, »European Literatures and Cultures« – lagen in den Händen von Anglisten und Komparatisten. Ganz ähnlich verhielt es sich an den meisten amerikanischen Universitäten. Deshalb ging die Initiative zu einer Einladung Thomas Manns bezeichnenderweise gewöhnlich nicht von den deutschen Abteilungen aus, sondern von Anglisten, Komparatisten, Theologen und Politologen.

Unter den amerikanischen Deutschlehrern und Germanisten gab es eine Reihe von notorischen Apologeten des Nationalsozialismus und des neuen Deutschland.[49] Ihre Zahl war überschaubar, ebenso wie die der schon 1933 Alarm schlagenden jüdischen Kollegen, vor allem in New York. Die große Mehrheit, für die die Frage der angemessenen Reaktion auf Hitler und das Dritte Reich ideologisch und psychologisch gesprochen eine Zerreißprobe war, übte Zurückhaltung, jedenfalls bis 1939 oder gar bis zum Kriegseintritt der Vereinigten Staaten. Man zog sich auf die vermeintlich unanstößige Position des Verstehen- und Vermittelnwollens zurück und zählte dabei auf den ausgeprägten Sinn der meisten Amerikaner für Fairness. Die Zunft als Ganzes, die nicht frei war von antisemitischen Vorurteilen und Ressentiments, tat sich nicht mit Kritik und Verwerfung hervor. So versagte sie vor einer Aufgabe, die eigentlich ihre Domäne hätte sein sollen, nämlich zu erklären, was in Deutschland vorging und wie es zur Herrschaft des Nationalsozialismus hatte kommen können.

Der Umstand, dass viele amerikanische Germanisten Deutsch-Amerikaner waren und von Berufs wegen geteilte Loyalitäten empfanden, komplizierte ihr Problem bis 1941 ganz beträchtlich. Wie schon 1914 und vollends 1917 war man auch in den ersten Jahren des Dritten Reichs einem lähmenden Loyalitätsdruck ausgesetzt. Dies gehörte zu den Langzeitwirkungen der Urkatastrophe des 20. Jahrhunderts; ihr toxischer Niederschlag hatte eine verheerende Wirkung auf dem einst blühenden Feld des Deutschstudiums in Amerika. Während bis 1915 25 % der amerikanischen Highschool-Schüler Deutsch lernten, waren es 1922 weniger als 1 %.[50] Das ganze Feld erlitt einen Einbruch, von dem es sich bis heute nicht erholt hat, was zur Folge hatte, dass die bis zum Ersten Weltkrieg führende deutsche Komponente des kulturellen Lebens bis an den Rand der Bedeutungslosigkeit gedrängt wurde.[51] Es ist nicht unwichtig zu bemerken, dass die Wendung gegen Deutschland und die Deutschen nicht erst mit dem Kriegseintritt der Vereinigten Staaten am 6. April 1917 erfolgte, sondern bereits bei Ausbruch des Krieges und dann vollends nach der Versenkung am 7. Mai 1915 des Passagierdampfers *Lusitania* durch ein deutsches U-Boot. Unter den 1198 Opfern befanden sich 128 Amerikaner. In gewissem Sinn markiert dieser als schockierend empfundene Akt den Gau der amerikanisch-deutschen Beziehungen.

Einem besonders lähmenden Druck sahen sich die sogenannten Bindestrich-Amerikaner ausgesetzt (»hyphenated Americans«), womit vor allem die Deutsch-Amerikaner gemeint waren. Diese wurden von offiziellen Stellen und von Stimmen aus der amerikanischen Öffentlichkeit, z. B. dem Altpräsidenten Theodore Roosevelt, immer wieder aufgefordert, eindeutig ihre Loyalität gegenüber den Vereinigten Staaten zu erklären. Die *New York Times* brachte am 31. Januar 1915 einen Artikel, an dem das wachsende antideutsche Ressentiment vor allem gegen die Germanistikprofessoren sehr klar abzulesen ist. Der Autor, selbst ein Professor an der Columbia University, bemerkte, dass »the American public« es den importierten deutschen Professoren und den »hyphenated American citizens« sehr übelnähmen, dass sie die eindeutige Verurteilung des Deutschen Reiches durch das amerikanische Volk für die Untaten in Belgien und Frankeich ihrerseits infrage zu stellen versuchten.[52]

Bekannt und signifikant ist der Fall Kuno Franckes, der aus Kiel stammte und an der Harvard University den angesehensten germanistischen Lehrstuhl des Landes innehatte.[53] Er war 1884 in die Vereinigten Staaten gekommen und war seit 1891 amerikanischer Staatsbürger. Von Theodore Roosevelt, einem Harvard-Absolventen, aufgefordert, sich eindeutig für die Sache der Alliierten zu erklären und sich für den Dienst gegen das Deutsche Reich zur Verfügung zu stellen, lehnte er ab und gab schließlich seinen Lehrstuhl auf. Auch nach dem Krieg wurde er unter Druck gesetzt, seine Loyalität daduch zu demonstrieren, dass er die deutsche Kriegführung verurteilen und »the entire German people« verantwortlich erklären solle, weil die Deutschen den Ausbruch des Kriegs so begeistert begrüßt hatten.

Demselben Druck, der auf Francke ausgeübt wurde, waren viele Deutsch-Amerikaner ausgesetzt. Ungezählte Amerikaner mit deutschem Namen verloren ihre Arbeit. Ein prominentes Beispiel ist der junge Hermann Weigand, der 1918 seine Dozentur an seiner Alma Mater, der University of Michigan in Ann Arbor, verlor. Seine Versuche, sich als Feinmechaniker in New York durchzuschlagen, waren erfolglos, weil sein deutscher Name ihm alle Türen verschloss. Selbst seine glänzend erfolgreiche Karriere als Germanist an der University of Pennsylvania und an der Yale University konnte nicht vergessen machen, was er als junger Mann hatte erfahren müssen. In einer kurzen Selbstdarstellung von 1954 bemerkte er, dass die Narben von 1917/18 nie ganz verheilen würden: »It has been my experience that second generation Americans of German ancestry are on the whole classified as second class Americans.«[54]

Die Loyalitätsfrage haftete allen Deutschlehrern und Germanisten wie eine lästige Klette noch lange an. Sie wurde nach der Machtübernahme durch Hitler und vollends nach Beginn des Krieges 1939 rasch und nachhaltig neu belebt. Ebenso wurde die Frage nach der Verantwortung des deutschen Volkes für die im Krieg begangenen Verbrechen neu erhoben, diesmal weit vehementer als nach 1918. Der Vansittartismus, von dem an anderer Stelle zu handeln ist, und seine amerikanischen Anhänger in der Society for the Prevention of World War III konnten somit an eine mentalitätsgeschichtlich bedeutende Vorgeschichte anknüpfen.

Inwieweit Thomas Mann sich dieser Hypothek der amerikanischen Germanisten und im Prinzip aller Bindestrich-Amerikaner bewusst war, ist schwer zu sagen. Dass er nicht ganz ohne Fühlung für ihre heikle Lage war, zeigen die beiden Texte, die sich explizit an die Deutschlehrer und die Deutsch-Amerikaner richten. Er war von dem Verband der Deutschlehrer, der American Association of Teachers of German (AATG), in ihrem ständigen Kampf gegen die Schrumpfung ihres Fachs um Schützenhilfe gebeten worden. Er kannte ihre still verzweifelte Seelenlage gut genug, um ihnen in seinem Grußwort in zitierfähigen Formulierungen genau das zu sagen, was sie zu hören wünschten und was dann auch in ihrem Verbandsorgan, dem *German Quarterly*, veröffentlich wurde: »Ich bin in vollkommenem Einvernehmen mit den Bestrebungen der American Association of Teachers of German [...], der Einschränkung des Studiums fremder Sprachen überhaupt und insbesondere dem wachsenden Widerstande gegen die Beschäftigung mit deutscher Sprache und Literatur mahnend und werbend entgegenzutreten. Die deutsche Sprache ist die Trägerin und Vermittlerin großer und keiner Zukunft entbehrlicher Traditionswerte, ein herrliches Instrument, eine Orgel, auf der einige der reichsten Fugen und emportragendsten Melodien der Menschheit erklungen sind und auch in der Wirrnis dieser Zeit fortfahren zu erklingen. Was ändert Hitler daran?« (GW XIII, 701) Diese Zeilen wurden 1941 geschrieben, als das Ausmaß der deutschen Verbrechen höchstens geahnt werden konnte. Nach der Befreiung der Todeslager und dem Offenbarwerden des Geschehenen kam Thomas Mann durchaus zu der Überzeugung, dass Hitler am Ansehen des deutschen Geistes in der Welt auf lange Zeit sehr wohl etwas verändert habe – zum Schlechten verändert.

Bei diesem Zuspruch ließ Thomas Mann es jedoch nicht bewenden. Er wollte auch den Deutschland-kritischen Stimmen in der AATG den Rücken stärken, indem er es als eine »böse Torheit« brandmarkte, dass man den »schmerzlichen und empörten Widerspruch« gegen die politischen »Verirrungen« Deutschlands als »Deutschfeindlichkeit« auslegte. Darüber hinaus sprach er ein Dilemma an, in dem sich alle Germanisten befanden, die es berufsbedingt gewohnt waren, ihre Stichworte zu ihrer Darstellung Deutschlands aus Deutschland zu beziehen. Er widersprach der Doktrin vom nordisch-deutschen und »germanische[n] Weltgefühl«, das von der Nazigermanistik propagiert wurde und bei manchem amerikanischen Germanisten ein geneigtes Ohr fand, indem er »den Männern« von der AATG erklärte und sie daran erinnerte, dass es ein Deutschtum überhaupt erst gebe, seit das Christentum den »heidnischen Urstand« durchdrungen und an die christlich-abendländische Zivilisation anschlussfähig gemacht habe. Erst dadurch seien die charakteristischen Leistungen der Deutschen möglich geworden: »Das Werk Dürers und Bachs, die Freiheitsgedichte Eures Schiller, Goethe's ›Iphigenie‹, de[r] ›Fidelio‹, die Neunte Symphonie« (XIII, 700).

Anderthalb Jahre später – die Vereinigten Staaten und das Großdeutsche Reich befanden sich nun im Krieg – schrieb er eine *Ansprache an die Amerikaner deutscher Herkunft*, in der er noch entschiedener als in dem *Gruß* an die AATG zu dem Dilemma der Bindestrich-Amerikaner Stellung nahm. Dieser Text entstand als Beitrag zu der »German-American Loyalty Hour«, die das neu gegründete Office of War Information veranstaltete und über verschiedene amerikanische Radiosender verbreitete. Die *New York Times* (16. November 1942) druckte die wichtigsten Ausschnitte. Der *Aufbau*, die *Neue Volks-Zeitung* und andere Exilorgane brachten den deutschen Text. Thomas Mann verwandte ihn darüber hinaus als eine seiner monatlichen Radiosendungen an deutsche Hörer (XI, 1053–1056).

Hier spricht er als »Amerikaner deutscher Abstammung wie ihr« das Dilemma der Bindestrich-Amerikaner direkt an. Er beschwört sie, ihre Loyalität zu den Vereinigten Staaten nicht kraft ihrer Anhänglichkeit an die deutsche Kultur infrage zu stellen: »Nein, der Bindestrich zwischen ›deutsch‹ und ›amerikanisch‹ darf keinen seelischen Bruch, keinen Konflikt der Empfindungen, der Treue-Pflichten bedeuten.« Um diesen Konflikt als ein Scheindilemma darzustellen, argumentiert er, ein wenig gegen besseres Wissen, dass »dieses Nazi-Deutschland nichts zu tun hat mit dem Deutschland, das ihr meint und dem ihr Pietät bewahrt […].« Er stellt ihnen vor Augen, dass Hitler, wenn Nazideutschland nicht besiegt wird, »unfehlbar auch Amerika, direkt oder indirekt, um seine Freiheit bringen wird«. Sein eigenes Beispiel zeige, dass man »ganz und gar von europäischer, von deutscher Tradition« geprägt sein kann und doch von ganzem Herzen den Sieg der Alliierten wünscht. Der abschließende Aufruf, »all euer Wünschen und Wirken […] für den Sieg Amerikas und der United Nations« einzusetzen, endet mit einem etwas überraschenden Gedanken, der den Deutsch-Amerikanern inneren Halt geben sollte, so wie auch er sich innerlich daran aufrichtet. Es ist der Gedanke, dass der Sieg der Alliierten »auch für Deutschland« erfochten werde.

Wie schon in der Grußadresse an die Deutschlehrer liefert Thomas Mann den Bindestrich-Amerikanern ein Erklärungsmodell für das, was mit Deutschland geschehen sei – zu ihrer eigenen Orientierung und zur Erklärung für die anderen, nichtdeutschen Amerikaner. Das jetzige

Deutschland sei das »furchtbar verführte« und entstellte Deutschland, das seinem wahren Wesen entfremdet worden ist.

Damit schlüpfte er selbst in die Rolle, die eigentlich den Germanisten Amerikas zugekommen wäre, nämlich sich selbst und der amerikanischen Öffentlichkeit zu erklären, was mit Deutschland geschehen ist. Seinen großen Auftritt in dieser Rolle des Präzeptor hatte der *Faustus*-Autor drei Wochen nach der Niederwerfung Hitler-Deutschlands mit seiner Rede über *Deutschland und die Deutschen* in der amerikanischen Nationalbibliothek. Dort führte er den Kerngedanken seiner Deutschlandinterpretation, der in den beiden hier betrachteten Texten lediglich implizit mitschwingt, der aber schon an anderer Stelle (XIII, 358) probeweise formuliert wurde, mit der gebotenen Emphase aus – den Gedanken, dass es im Grunde nur ein Deutschland gebe und dass das gegenwärtige böse Deutschland lediglich das fehlgegangene gute Deutschland sei. Auf diesen zentralen Gedankenschritt werden wir später zurückkommen.[55] Damit führte Thomas Mann vor, wovor die zünftigen Germanisten sich scheuten, nämlich »the interpretation of the German mind to a puzzled nation«, wie Henry Hatfield und Joan Merrick 1948 das Versagen der amerikanischen Germanisten konstatierten.[56] So wurde Thomas Mann mit seiner beinahe flächendeckenden Vortragstätigkeit in der Tat, wie Frank Trommler festgestellt hat, »a national authority in interpreting the German mind for Americans«.[57]

»Honorary degrees«: Columbia

Bei seinen Auftritten als Redner hatte Thomas Mann stets die Wahl, entweder einen Anzug zu tragen oder den Smoking oder den Talar, das »academic gown«, das an amerikanischen Colleges und Universitäten zu seiner Zeit noch häufiger getragen wurde als heute. Vor den großen öffentlichen Vorträgen der organisierten Vortragsreisen, in der Library of Congress, auch vor den Vanuxem lectures in Princeton machte er gewöhnlich »Smoking Toilette«, wie er es von seinen Lesereisen in Deutschland gewohnt war. Bei der Verleihung eines Ehrendoktorats hatte er jedoch keine Wahl. Da ist es die Regel, »cap and gown« zu tragen und in der traditionellen, farbenprächtigen akademischen Prozession mitzugehen.

Thomas Mann heimste in Amerika insgesamt acht »honorary degrees« ein, Doktorhüte honoris causa, und zwar von folgenden Institutionen: Harvard (1935), Columbia (1938), Yale (1938), Princeton (1939), Rutgers (1939), Hobart College (1939), University of California, Berkeley und das Hebrew Union College (1945). In den meisten Fällen wurde er in Anerkennung seiner literarischen Verdienste zum »Doctor of Letters« gemacht. Das Hebrew Union College in Cincinnati (Ohio), das Flaggschiff des »Reform Judaism« in Amerika, ließ sich jedoch etwas Besonderes einfallen und verlieh dem *Joseph*-Autor einen »Doctor of Hebrew Letters«.[58] Es ist die wohl unwahrscheinlichste und buchenswerteste Auszeichnung, die Thomas Mann je erhalten hat, ein Indiz, wie er selbst sogleich erkannte, für die hochachtungsvolle Aufnahme des *Joseph* im amerikanischen Judentum.[59] In seinem Dankesbrief – die Verleihung erfolgte in absentia – an den Präsidenten Julian Morgenstern würdigt er vor allem die Tatsache, dass das bedeutendste hebräische Institut der Vereinigten Staaten einen Nichtjuden ausgezeichnet habe: »Die Auszeichnung, die Sie mir gewähren, gehört zu den merkwürdigsten und eindruckvollsten meines Lebens und wird mir immer teuer bleiben. Es ist das Sinnvolle und für diese Weltstunde Bedeutende daran, was mich rührt und beglückt. Ich gehe wohl nicht fehl in der Annahme, dass es meine biblische Dichtung, die Joseph-Saga, ist, der ich die Ehrung verdanke, einem Werk, dem ich mehr als ein Jahrzehnt meines Lebens gewidmet habe und dem von keiner Seite eine kompetentere und bestätigendere Anerkennung zuteil werden konnte als von der Ihren. In jenem Roman habe ich zwar die jüdischen Vätergeschichten in ein allgemein menschliches Licht gerückt, aber es waren eben doch diese frommen Geschichten, die den Grund und die Inspiration gaben für ein in dunkelster Stunde gesungenes Menschheitslied […].« Des Weiteren unterstreicht er den antifaschistischen Geist der Roman-Tetralogie und die Solidarität mit jüdischen Institutionen wie dem Hebrew Union College: »Diese Solidarität bringen Sie, das bedeutendste hebräische Institut Amerikas, zum Ausdruck, indem Sie einem Gentile ihre höchste akademische Auszeichnung verleihen.« (19.1, 119f.)

In Berkeley entschied man sich für einen »Doctor of Law«, spezifisch in Anerkennung seiner außerliterarischen Verdienste als Humanist und als Wortführer der Demokratie. Das Diplom statuiert anspielungsreich, Thomas Mann sei ein moderner Joseph, der wie von einem verzauberten Berg die Sünden seiner Brüder und die Vision einer besseren Welt enthülle. Die angestrengte Prosa ist typisch für solche Diplomtexte.

Wir beginnen den Bericht über diesen heiteren und festlichen Aspekt von Thomas Manns Zeit in Amerika etwas außer der Reihe mit der Columbia University in New York – außer der Reihe, weil er den ersten amerikanischen Doktorhut bekanntlich 1935 von Harvard empfing. Und doch ist hier für Columbia der rechte Ort, denn es war eigentlich diese große Ivy-League-Institution, die bereits vier Jahre vor Harvard dem deutschen Nobelpreisträger ein Ehrendoktorat zuerkannte. Dies geht aus dem Brief des langjährigen (1902–1945) Präsidenten Nicholas Murray Butler vom 10. Mai 1938 hervor. Darin erinnert der Präsident daran, dass Columbia ihm bereits 1931 einen »Doctor of Letters, *honoris causa*«, verliehen habe. Leider scheine es für ihn damals und seither nicht möglich gewesen zu sein, zum Zeitpunkt der jeweiligen Jahresschlussfeiern in New York zu sein.[60]

Wir wissen nicht, aus welchen Gründen er damals absagte oder ob er überhaupt absagte. Aus Thomas Manns Korrespondenz von 1931 geht lediglich hervor, dass er für 1932 zu Vorträgen über Goethe eingeladen wurde, nicht jedoch, dass man ihm ein Ehrendoktorat angeboten hatte.[61] Präsident Butlers diplomatische Formulierung lässt darauf schließen, dass Thomas Mann vermutlich keine überzeugenden Gründe angegeben hat. Vermutlich wusste er auch zu wenig über die Columbia University und konnte den Prestigewert der Auszeichnung durch diese berühmte Universität nicht richtig abschätzen. Noch seine erste, lustlose Reaktion auf die Benachrichtigung über die Ehrenpromotion durch Harvard zeigt, wie wir gleich sehen werden, dass er sich der Bedeutung der Auszeichnung eines Deutschen durch die angesehenste Universität Amerikas keineswegs bewusst war. Auch konnte er damals nicht ahnen, dass ein amerikanisches Ehrendoktorat ihm einmal sehr gelegen kommen könnte. Dieser Fall trat 1936 ein, als ihm sein deutscher, 1919 von der Universität Bonn verliehener Dr. phil. h. c. aberkannt wurde.[62]

Die Ehrenpromotion der Columbia University mit ihrem ganzen Drum und Dran lässt sich relativ leicht rekonstruieren und mag hier beispielhaft zur Illustration dienen; so wie hier, mit kleinen Variationen, wird es auch an den anderen Universitäten gelaufen sein. Im Gefolge von Präsident Butlers Brief suchte Professor Frederick Heuser, ein Hauptmann-Experte, Thomas Mann in seinem New Yorker Hotel auf, um Einzelheiten des Verlaufs zu erläutern. Heuser erklärte ihm auch, dass sein Kollege Robert Herndon Fife, ein Luther-Experte und Leiter des German Department, als sein »Herold«, d. h. offizieller Begleiter, bestellt sei. Es folgte eine eilige Korrespondenz mit dem zuständigen Mann der Universitätsverwaltung, Frank Fackenthal, der festzustellen hatte, wie groß Thomas Mann war, welchen Brustumfang und welche Hutgröße er habe. Zunächst gab dieser an: »1,75 meter« und »quite normal«, um in der nächsten Mitteilung korrigierend nachzuschicken: 5 Fuß und 9 inches, Hutgröße 6 ⅞. Auch die Anzahl der Freikarten für die akademische Feier am 1. Juni musste geklärt werden. Neben Katia brauchte er Karten für Martin Gumpert, Alfred und Blanche Knopf sowie Saul Colin, seinen literarischen Agenten.

Die Festivitäten begannen am Vorabend, und Thomas Mann begann sie mit einem Fauxpas. Offenbar hatte er übersehen, dass Butler in seiner Einladung zu dem Dinner im President's House geschrieben hatte »for men only«.[63] So erschien er zur angegebenen Zeit »irrtümlich in K.'s Begleitung« (Tb. 1. 6. 1938). Sie wurde höflich, aber entschieden abgewiesen und musste in das gegenüber gelegene King's Crown Hotel, das Gästehaus der Universität, zurückkehren. Katia war am Tag darauf zu einem von Mrs. Butler gegebenen »luncheon« für die Damen der Ehrengäste eingeladen. Begreiflicherweise war Thomas Mann verstimmt, den Abend ohne seine gewohnte Stütze und Dolmetscherin bestehen zu müssen. Er kannte keinen der übrigen Gäste. Wäre Dorothy Thompson, die in diesem Jahr ebenfalls einen honorary degree bekam, dabei gewesen, so hätte er sich gewiss ihrer Gegenwart erfreut und mit ihr auf Deutsch konversieren können. Doch ebenso wie Katia war die prominente Journalistin zu dem Damen-Lunch am nächsten Tag geladen worden. Thomas Mann konnte sie erst kurz vor Beginn der commencement exercises begrüßen. Unter den insgesamt vierzehn Ehrendoktoren waren zwei Universitätspräsidenten: Charles Seymour von Yale und Robert

Sproul von der University of California, mit denen er später zu tun haben würde. Aber das konnte er an jenem ärgerlichen Abend nicht wissen. Der betreffende Eintrag im Tagebuch über diesen Abend bedarf keiner weiteren Erläuterung: »Ca 25 Gentlemen, Scolars [...] Höchst überflüssig und langweilig. Ging um 10.«

Die akademische Feier am nächsten Tag, die sogenannten commencement exercises, war eine farbige und heiter gestimmte Veranstaltung, die nach fest eingefahrenen Regeln verlief.[64] Ort der Handlung war der zwischen dem Broadway und der Amsterdam Avenue, zwischen der 114. und 120. Straße gelegene Columbia-Campus. Die Tribüne war vor der Low Library zur Linken und Rechten der Columbia Statue aufgebaut; in dem Karree davor waren Stuhlreihen und Zuschauertribünen, die über 20 000 Menschen Platz boten, überwiegend Angehörige und Freunde der insgesamt 4826 Kandidaten, die an diesem »Commencement Day« ihre verschiedenen Diplome empfingen. Im Übrigen herrschte sonniges, wenn auch kühles Wetter; zum ersten Mal wurde das Ganze von Filmkameras auf Farbfilm festgehalten.

Den Beginn markiert zu den festlichen Klängen von Edward Elgars traditionellem *Pomp-and-Circumstance*-Marsch die »academic procession«, angeführt von einer Gruppe von Ehemaligen, gefolgt von Mitgliedern der Fakultät und der Verwaltung, Vertretern der Stadtverwaltung, Vertretern anderer Universitäten, Trustees der Columbia University und am Ende die »candidates for honorary degrees«, darunter Thomas Mann, ausgestattet mit einem passenden Talar und einem samtenen Barett. Ein Gebet des Universitätsgeistlichen eröffnet die Feier. Dem folgt die Ansprache des Präsidenten der Universität. Nach einem musikalischen Zwischenspiel (das Allegro aus Mendelssohns Orgelsonate, Nr. 2) werden die Tausende von »Bachelor degrees« (Bachelor of Arts oder Bachelor of Science) sowie die anderen höheren Grade »en masse« verliehen. Dabei empfangen die Männer ihren »degree« barhäuptig stehend; wieder sitzend bewegen sie die Quaste, die von ihrem »Mörtelbrett« (mortar board) baumelt, unter allgemeinem Jubel synchron von rechts nach links zur Besiegelung ihres Studienabschlusses und dem »commencement« des richtigen, ernsten Lebens. Die weiblichen »degree«-Empfänger – aus welchem Grund auch immer – haben dieselbe Zeremonie im Stehen zu vollziehen. Nach dieser Haupt- und Staatsaktion der »commencement exercises« wird die Alma-Mater-Hymne, *Stand Columbia*, gesungen; sie leitet zur Verleihung der Ehrendoktorate über. Die durchweg blumig formulierten »citations« auf dem Diplom werden in jedem Fall verlesen. Dann bekommt der Kandidat über Kopf und Talar die Kapuze (hood) in den Farben der passenden Fakultät übergestülpt und darf sich nun »Doctor honoris causa« nennen. Der deutsche Autor, der gerade seine erste, sehr erfolgreiche Vortragstournee hinter sich gebracht hat, wird mit »[g]roße[m] Applaus« begrüßt, der sich bei »Erwähnung meiner Einbürgerung« wiederholt (Tb. 31. 5. 1938).

Die Coda der etwa dreistündigen Feier bilden das gemeinsame Singen von *America, the beautiful*, eine Benediktion des Geistlichen und der Abmarsch der »academic procession«, der sich nun auch die Tausende von »degree«-Empfängern anschließen. Die jungen Leute eilen zu den Hunderten von Partys, die folgen. Die Manns und ihre Begleiter beschließen den Abend bei den Knopfs in der Madison Avenue mit »Bier und Plattenmusik«. Man lauscht einer neuen Einspielung von Sibelius' 2. Symphonie. Thomas Mann ist beeindruckt von dem »sehr enthusiastische[n] 4. Satz« des Sibelius-Werks. So findet das Kapitel »Columbia 1938« nach dem äußerst verstimmenden Auftakt am Vorabend einen heiteren, entspannten und befriedigenden Abschluss.

Harvard

Von der Ehrenpromotion durch die Harvard University war schon an früherer Stelle zu handeln. Es galt, seine schmeichelhafte Spekulation, Präsident Franklin Roosevelt, ein Harvard-Absolvent, könne bei seiner Wahl die Hand im Spiel gehabt haben, als abwegig zu erweisen.[65] Wer Thomas Mann für diese Auszeichnung vorgeschlagen hat und welche Überlegungen in dem dafür zuständigen Gremium, dem Advisory Committee on Honorary Degrees, ausschlaggebend waren, lässt sich wegen fehlender Akten heute nicht mehr feststellen. Es gibt jedoch ein ganzes Bündel von Indizien, die es, wie wir sehen werden, höchst wahrscheinlich machen, dass sich die Wahl des deutschen Exilanten ganz bestimmten lokalpolitischen Überlegungen verdankte. Diese Indizien legen es nahe, dass mit dieser Entscheidung nicht nur Harvard den deutschen Exilanten ehrte, sondern dass umgekehrt auch Thomas Mann durch sein Erscheinen in Cambridge unwissentlich Harvard einen Dienst erwies. Vorab ist jedoch festzuhalten, dass es für die Harvard University durchaus ungewöhnlich war, einen Schriftsteller mit einem Ehrendoktorat auszuzeichnen, noch dazu einen Deutschen. Der einzige Deutsche, dem nach 1917 ein »honorary degree« verliehen wurde, war 1927 der Hamburger Rechtsgelehrte Albrecht Mendelssohn Bartholdy.[66]

Als Thomas Mann die Benachrichtigung aus Cambridge erhielt, am 15. März 1935, erkannte er sogleich, dass diese Geste eine politische Bedeutung haben musste: »Mitteilung der Harvard Universität, Cambridge, daß sie mir anläßlich ihres Gründungstages am 20. Juni den Ehrendoktor of letters verleihen will, *wenn* ich meine persönliche Anwesenheit zusage. Die Sache wäre mir Deutschlands wegen wichtig« (Tb. 15. 3. 1935). »Deutschlands wegen« soll vermutlich heißen, dass die Auszeichnung, von der persönlichen Genugtuung abgesehen, den Machthabern in Deutschland ein rechtes Ärgernis sein würde.

Merkwürdigerweise sandte er zunächst eine hinhaltende (»dilatorische«) Antwort; offenbar war er, entgegen der offiziellen Mitteilung, der Meinung, die Verleihung könne notfalls in absentia erfolgen. Die Einladung aus Amerika kam ihm recht ungelegen, denn eine zweite Überquerung des Atlantiks kaum ein Jahr nach der ersten im Mai/Juni 1934 würde eine abermalige, längere Unterbrechung der Arbeit an *Joseph in Ägypten* bedeuten. Es bedurfte der energischen Intervention Fritz Strichs, um ihn zu einer definitiven Zusage umzustimmen. Strich, der von 1910 bis 1929 in München lehrte, genoss sein Vertrauen. Er hatte 1925 zu Thomas Manns Fünfzigstem eine denkwürdige Laudatio gehalten. Während des Schweizer Exils vermehrten sich die Kontake zu diesem Germanisten, der inzwischen in Bern gelandet war. Strich war im Frühjahr 1933 zu einem Gastsemester an der Columbia University in New York und somit in der Lage, den Manns klarzumachen, dass eine Ehrung durch Harvard etwas Besonderes sei und man so etwas nicht ausschlage: »Zum Mittagessen Fritz Strich, der vor Schrecken darüber erblaßte, daß ich auch nur zweifelte und zögerte, eine so hohe Ehrung wie die mir von der Harvard Universität zugedachte in Empfang zu nehmen. Er machte uns klar, daß es sich um die vornehmste Universität Amerikas und eine der ersten der Welt handelt [...]« (Tb. 16. 3. 1935). Noch am gleichen Tag telegraphierte Thomas Mann seine Zusage an Präsident Conant.

In der Unterhaltung mit Fritz Strich kam offenbar auch zur Sprache, dass Harvard »das Hanfstängl-Stipendium« abgelehnt hatte. Dies war eine Affäre, die in den Vereinigten Staaten beträchtliches Aufsehen erregt hatte und die dazu führte, dass Hitler-Deutschland seine Zusage, zu der 1936 anstehenden 300-Jahrfeier der Universität eine Vertretung zu schicken, zurückzog. Ernst (genannt Putzi) Hanfstaengl war ein Harvard-Absolvent, aber auch ein langjähriger Vertrauter Adolf Hitlers – und »Hitler's Piano Player«.[67] Der Reichskanzler ernannte ihn zu seinem Pressesprecher für das Ausland. Hanfstaengl hatte seiner Alma Mater zu offensichtlichen Propagandazwecken ein mit 1000 Dollar dotiertes Reisestipendium gestiftet, das einen Harvard-Studenten jeweils auf ein Jahr nach Deutschland bringen würde, um sich ein authentisches, sprich: möglichst günstiges Bild von dem neuen Deutschland zu machen. Thomas Mann lag also richtig, als er vermutete: »Die mir zugedachte Auszeichnung hat zweifellos auch politischen Sinn.« Dabei dachte er, wie es scheint, an einen weiteren Prestigeverlust, den die Hanfstaengl-Affäre für die auswärtige Kulturpolitik Deutschlands bedeutete. In Wirklichkeit jedoch lag der eigentliche, politische Sinn seines Ehrendoktorats darin, dass Harvard eine Gestalt wie Thomas Mann für die eigene Imagepflege brauchte. Aus demselben Grund wurde in diesem Jahr gleichzeitig mit Albert Einstein ein weiterer deutschstämmiger Gelehrter und Hitler-Gegner der ersten Stunde ausgezeichnet.

Um diese Zusammenhänge zu verstehen, müssen wir uns vergegenwärtigen, was im Vorjahr bei der Harvard-»commencement«-Feier passiert war, und gleichzeitig das praktisch vor der Tür stehende Jubiläum von 1936 im Auge behalten. Die institutsinternen Vorbereitungen für das Jubiläum hatten bereits 1930 begonnen. Für den seit 1933 amtierenden Präsidenten Conant, dessen Ehrgeiz es war, aus Harvard eine »meritocracy« zu machen, d. h. das Prinzip des Privilegs durch das Prinzip des Verdiensts zu ersetzen, war das Jubiläum die erste große Bewährungsprobe.[68] Die »commencement exercises« von 1934 hatten einen turbulenten Verlauf genommen. Es kam zu Protesten gegen das Verhalten der Universität angesichts der Vorgänge in Deutschland. Zum ersten Mal in der ehrwürdigen Geschichte der Institution wurde die traditionell heitere und unbeschwerte Stimmung bei einer Jahresabschlussfeier empfindlich gestört; Polizei musste aufgeboten werden, um den ordentlichen Fortgang der Feier sicherzustellen. Der peinliche Vorfall rückte Harvard in ein politisches Zwielicht und vergraulte die in ganz Amerika und darüber hinaus einflussreichen Harvard-Ehemaligen, die »alumni«. Der amerikanische Historiker Stephen H. Norwood, der die Einstellung der amerikanischen Universitäten zu dem nazistischen Deutschland während der ersten Jahre des Dritten Reichs untersucht hat, kommt zu dem Schluss, dass unter Conants Präsidentschaft, weil ihm vorrangig an der Erhaltung guter freundschaftlicher Beziehungen zu den gleichgeschalteten Universitäten in Deutschland gelegen war, die Harvard University einen beträchtlichen Teil dazu beigetragen hat, das Prestige des Hitler-Regimes zu stärken.[69]

Conant und Harvard waren beileibe keine Ausnahme. Nahezu alle Colleges und Universitäten nahmen gegenüber dem neuen Deutschland zunächst eine abwartende Haltung ein und distanzierten sich von den Protesten, zu denen schon in den ersten Monaten der Hitler-Herrschaft in New York und Boston jüdische Professoren (notorische »troublemakers«) und Organisationen sowie einige Gewerkschaften aufgerufen hatten. Dabei stand Harvard mehr als andere Elite-Universitäten in dem Ruf einer diskreten Judenfeindlichkeit. Wie anderswo auch, gab es in Harvard inoffiziell eine Judenquote, mit der man die offenbar unaufhaltsam wachsende Anzahl der jüdischen »undergraduates« und Professoren auf einen bestimmten Prozentsatz zurückfahren wollte. Präsident Abbott Lawrence Lowell, Conants Vorgänger im Amt, versuchte 1922 eine Quote einzuführen und den jüdischen Anteil, der in den zwanziger Jahren bei 20 bis 25 Prozent lag, auf 12 Prozent zu drücken. Die Fakultät lehnte mit großer Mehrheit ab; Conant war einer der wenigen Kollegen, die damals mit Ja gestimmt hatten.[70]

Es passte zu der antisemitischen und deutschfreundlichen Prädisposition, dass Harvard für die Offiziere und Kadetten des Kreuzers *Karlsruhe*, als er auf seiner »Goodwill«-Weltreise im Mai 1934 in Boston anlegte, trotz der Proteste jüdischer Gruppen, einen Empfang gab. Auch dem neuen deutschen Botschafter Hans Luther, einem ehemaligen

deutschen Reichskanzler, erwies man mehr als die gebotene Höflich-
keit, als er dem Dekan der Juristischen Fakultät, Roscoe Pound, einem
Nazisympathisanten, ein Ehrendoktorat aus Berlin überbrachte. Die
Kontroverse um Harvards Einstellung zu dem nationalsozialistischen
Deutschland erhitzte sich im Frühjahr 1934 und kam ausgerechnet bei
den geheiligten »commencement exercises« zum Überlaufen.

Ein gewichtiger Faktor bei diesen Vorgängen war Putzi Hanfstaengl,
ein Harvard-Absolvent des Jahrgangs 1909, der zum 25-jährigen Jubiläum an seine Alma Mater zurückgekehrt war. Hanfstaengl stammte
mütterlicherseits aus einer angesehenen Bostoner Familie, den Sedg-
wicks; sein Aufstieg zum Auslandssprecher der Hitler-Regierung wurde
in Harvard und Boston aufmerksam registriert. Die Presse berichtete
sogar über seine Ankunft per Schiff in New York. »Putzi« war allgemein
beliebt; er war, wo immer er auftrat, »the life and soul of the party«. Harvard wollte sich erkenntlich zeigen und ignorierte alle Proteste. Man
wollte Hanfstaengl zum »Marshall« bei der traditionellen Schlussfeier
machen, eine zeremonielle Rolle bei den »commencement exercises«,
unterließ es dann aber. Der *Harvard Crimson*, die »fashionably anti-
Semitic« Campuszeitung, forderte gar einen Ehrendoktor für Hanfstaengl – »an honor appropriate to his high position in the government
of a friendly country«.[71] Dafür war es in diesem Jahr zu spät. Die Möglichkeit, dass dies später nachgeholt werden könnte, bestand durchaus.
Dies mochte der Hintergedanke gewesen sein bei der Stiftung der deutschen Reisestipendien. Dass Harvard diese Stiftung zurückweisen
musste, war nach dem »commencement«-Eklat und den Kontroversen
um Hanfstaengl unumgänglich geworden, zumal die *New York Times*
ein bitterböses Nachwort zu den Vorgängen in Harvard brachte, das in
den Kommentar mündete: »Dr. Hanfstaengl may or may not be a very
charming person, but a university is no place for a man who devoted the
best part of his lifetime to destroy intellectual freedom, humiliate the finest minds and burn the books they produced.«[72]

In der Woche vor »commencement« kam es auf dem Campus von
Harvard und vor dem deutschen Konsulat in Boston täglich zu Protesten. Auf Spruchbändern war mit Bezug auf Hanfstaengl zu lesen:
»Doctor of Pogroms«, »Drive the Nazi Butcher Out«. Auf einer Pressekonferenz wurde der deutsche Pressesprecher von dem Rabbiner Jo-

seph Solomon Shubow »point-blank« gefragt, was Hanfstaengl gemeint habe, als er erklärte, dass für die Juden in Deutschland bald alles geregelt sein werde. Ob damit »extermination« gemeint sei? Hanfstaengl lehnte es ab, darauf zu antworten, und verließ die Konferenz unter Polizeischutz. Am Ende marschierte er lediglich in der traditionellen Alumni-Parade am Vortag mit; den »commencement exercises« selbst blieb er fern.

Am Tag darauf dann der in der Geschichte der Universität unerhörte Eklat. Präsident Conants Rede bei den »commencement exercises« wurde von »Down-with-Hitler«-Schreien unterbrochen. Sie kamen von zwei jungen Frauen, Kommunistinnen, wie sich herausstellte, die sich in der Nähe des Rednerpults postiert hatten. Ihre gewaltsame Entfernung durch die Polizei gelang nicht sogleich, weil sie sich an einem Geländer angekettet hatten. Die Unterbrechung der Feier dauerte eine Weile. Etwas äußerst Peinliches, in seinen Folgen und Implikationen Unabsehbares war geschehen.

Präsident Conant sorgte dafür, dass die beiden Frauen juristisch nicht belangt wurden. Er musste aber auch erkannt haben, dass Harvard mit seiner nazifreundlichen Haltung sich ein blaues Auge geholt hatte, das dem unantastbaren Ansehen der Universität schadete. Es galt nun, eine Scharte auszuwetzen. Mehr noch, die Wiedergutmachung musste rasch erfolgen, am besten bei der nächsten »commencement«-Feier 1935, damit bei dem großen Jubiläum im Jahr darauf die peinlichen Vorfälle von 1934 vergessen sein würden. Daraus ergab sich erstens die Notwendigkeit, das Hanfstaengl-Stipendium abzulehnen, und zweitens mit den »honorary degrees« für 1935 ein Zeichen zu setzen. Es mussten ein oder am besten zwei Kandidaten identifiziert werden, die keine Proteste auslösen, sondern auf einhellige Akklamation treffen würden.

Unter diesen Vorzeichen erwies sich die Wahl Albert Einsteins und Thomas Manns als ein Volltreffer. Beide waren aus Hitler-Deutschland geflohen; beide waren als Hitler-Gegner weithin bekannt, zu schweigen von ihrer Berühmtheit. Als ihnen der Ehrendoktor verliehen und die Harvard-Kapuze ihnen aufgelegt wurde, brachen die ca. 6000 Anwesenden in »gewaltige Akklamationen« aus, wie Thomas Mann befriedigt in seinem Tagebuch (21. 5. 1935) notierte, ohne allerdings den wahren

Grund der gewaltigen Sympathiekundgebung zu ahnen. Diese war nicht nur für die beiden Betroffenen schmeichelhaft, es muss auch den Harvard-Oberen Genugtuung verschafft haben. Ob Kalkül oder nicht, die Scharte von 1934 durfte nach der störungsfreien und umjubelten Jahresschlussfeier von 1935 als ausgewetzt gelten.

Diese erste amerikanische Ehrenpromotion hatte, wie wir sahen, unerwartete, glückhafte Folgen: die Einladung nach Riverside (Connecticut) zu Hendrik Willem Van Loon, der nach dem ersten Gedankenaustausch über Präsident Roosevelt die Einladung ins Weiße Haus vermittelte. Die reichsten politischen Früchte trug das Harvard-Diplom im Jahr darauf in dem Briefwechsel mit Bonn, der wohl effektvollsten Schrift des politischen Thomas Mann. Nicht nur konnte die im Dezember 1936 erfolgte Ausbürgerung ihm nichts anhaben, da er kurz davor die tschechoslowakische Staatsbürgerschaft erworben hatte.[73] Auch die Aberkennung des Bonner Ehrendoktorats im Gefolge der Ausbürgerung verpuffte ins Leere, weil er nun mit unverhohlenem Stolz auf einen höherwertigen Ersatz verweisen konnte.

Um die Absurdität der Bonner Entscheidung zu unterstreichen, reibt er dem Bonner Dekan, dem Germanisten Karl Justus Obenauer, der ihm die läppische Mitteilung der Aberkennung gemacht hatte, den Text der »citation« auf dem Harvard-Diplom unter die Nase: »Aus dem Lateinischen ins Deutsche übersetzt, lautet das Dokument: ›… haben wir Rektor und Senat unter dem Beifall der ehrenwerten Universitätsinspektoren in feierlicher Sitzung Thomas Mann, den weitberühmten Schriftsteller, welcher, indem er vielen unserer Mitbürger das Leben deutete, *zusammen mit ganz wenigen Zeitgenossen die hohe Würde der deutschen Kultur bewahrt*, zum Doktor der Philosophie ehrenhalber ernannt und ausgerufen und ihm alle Rechte und Ehren, welche mit diesem Grade verbunden sind, verliehen‹.« (XII, 786).

Und da er gerade bei dem Thema war, packte er in seinen Brief nach Bonn eine kleine Generalabrechnung mit der deutschen Universität, die das Versagen der deutschen Eliten angesichts der Hitler-Bewegung exemplarisch verkörperte: »Die schwere Mitschuld an allem gegenwärtigen Unglück, welche die deutschen Universitäten auf sich geladen haben, indem sie aus schrecklichem Mißverstehen der historischen Stunde sich zum Nährboden der verworfenen Mächte machten, die

Deutschland moralisch, kulturell und wirtschaftlich verwüsten, – diese Mitschuld hatte mir die Freude an der mir einst verliehenen akademischen Würde längst verleidet [...]« (XII, 785). Im Vergleich dazu boten ihm die amerikanischen Universitäten so etwas wie eine neue geistige Heimat. Eben dies brachte er aus Anlass seiner Princetoner Ehrenpromotion am 18. Mai 1939 aus doppelt dankbarem Herzen zum Ausdruck: »Ja, der heimatlos Gewordene ist wieder zu Hause, in Princeton, in Amerika.« (XIII, 127)

Yale

Die Yale University in New Haven (Connecticut), anderthalb Autostunden von New York entfernt, wird gewöhnlich und aus guten Gründen gleich hinter Harvard genannt, wenn von den Eliteuniversitäten in Amerika die Rede ist. Yale war die erste amerikanische Universität, an der Thomas Mann einen Vortrag hielt: am 1. Juni 1934 während seines ersten, kurzen Aufenthalts in New York. Sein Thema: *Goethe als Repräsentant des bürgerlichen Zeitalters.* An der Yale University lehrte der unvergleichliche Hermann Weigand, zu dem er nach dem ersten Kennenlernen 1926 sagte: »Sie sind kein Professor, sondern ein Schauspieler«, was entschieden als ein Kompliment gemeint war.[74] Weigand hat mit seinem Buch über den *Zauberberg*, lange bevor man in Deutschland ganze Bücher über einen Roman von Thomas Mann schrieb, aber auch mit seinen Aufsätzen und Rezensionen einen unbestreitbar großen Beitrag zur Akzeptanz des *Zauberberg*-Autors in Amerika geleistet. Yale verlieh ihm am 22. Juni 1938 einen Ehrendoktor, einen Doctor of Letters; es war sein dritter amerikanischer Doktorhut. Und schließlich eröffnete Yale schon 1938 eine Thomas-Mann-Sammlung, die den Grundstock zu einem Archiv bilden sollte. Heute beherbergt die fabelhafte Beinecke Rare Book and Manuscript Library auf dem Yale-Campus die nach dem Zürcher Thomas-Mann-Archiv bedeutendste Sammlung von Manuskripten und Materialien zu Thomas Manns Leben und Werk auf der Welt.

Mit Yale, so hat es den Anschein, hatte es Thomas Mann bestens getroffen – ein glückhaftes Moment mehr in seiner von glücklichen Fügungen außerordentlich begünstigten amerikanischen Existenz. Und doch zeigt sich bei näherem Hinsehen, dass nicht alles in seiner Beziehung zu dieser Universität zum Besten stand, so dass sie aufs Ganze gesehen als emblematisch für sein Verhältnis zu Amerika allgemein angesehen werden kann. Es war weitgehend geprägt von einer Mischung aus gutem Willen, Großzügigkeit und Entgegenkommen aufseiten der Universität, Dankbarkeit und Anhänglichkeit aufseiten Thomas Manns, aber dann doch auch von wechselseitigen Missverständnissen und politischen Differenzen, so dass das Verhältnis zu Yale wie das zu Amerika mit einem Missklang und einer anhaltenden Verstimmung endete.

Auffallenderweise blieb der Goethe-Vortrag von 1934 der einzige, zu dem der Nobelpreisträger eingeladen wurde. Es ist nicht klar, wie es zu dieser Einladung kam. Sie kann nicht von Weigand ausgegangen sein, sonst wäre er bei dem Vortrag anwesend gewesen. Er war es aber nicht, wie aus Thomas Manns Brief an ihn vom 7. Juli 1934 hervorgeht.[75] Weigand weilte zu der Zeit noch in Europa, wo er einen einjährigen Forschungsurlaub verbrachte. Vielmehr ist anzunehmen, dass die Einladung von Carl Frederick Schreiber ausgegangen war, dem langjährigen Leiter des German Department in seiner Eigenschaft als Kurator der großen Speck Collection of Goetheana. Vermutlich war die Einladung, wie die der Columbia University, schon lange vorher im Hinblick auf das Goethe-Jahr von 1932 ausgesprochen worden, und vermutlich konnte sie der *Joseph*-Autor erst mit zweijähriger Verspätung wahrnehmen. Schreiber war nun – wie Klaus Jonas, viele Jahre Bibliothekar an der Yale University Library, mit feiner Untertreibung zu berichten weiß –, jedenfalls nach dem Vortrag von 1934, einer jener amerikanischen Germanisten, die »im Gegensatz zu Hermann J. Weigand [...] weder Thomas Mann persönlich noch dessen Werk« schätzten.[76]

Der Anlass zu Thomas Manns zweitem Besuch in Yale war ein außerordentlicher: die Eröffnung der Thomas Mann Collection, die von Joseph W. Angell angeregt und in die Wege geleitet worden war. Angell entpuppte sich bald als die problematische Schlüsselfigur in Thomas Manns Verhältnis zu Yale und wird uns noch näher beschäftigen. Die Eröffnungsfeier fand am 25. Februar 1938 statt, wenige Tage vor Antritt der ersten großen Vortragstournee. Er hatte eine kurze, zwanzigminütige Ansprache verfasst (XI, 458–467), seine »Yale-Rede« (Tb. 12. 12. 1937), die er vor vollem Haus in Woolsey Hall, dem größten Auditorium auf dem Yale Campus, vortrug. Einem hartnäckigen Gerücht in Yale zufolge, widersetzte sich Schreiber der Eingliederung der neu angeschafften Thomas-Mann-Materialien in die »German Collection« der Sterling Library, weil sie dort neben den geheiligten Reliquien der Speck Collection of Goetheana zu liegen gekommen wären.

Vier Monate später war Thomas Mann wieder in Yale, diesmal zur Entgegennahme eines »honorary degree«. Seine Begeisterung darüber hielt sich in Grenzen: »Weiteres Degree. Große Hitze« (Tb. 23. 6. 1938). Er registrierte aber aufmerksam, dass er sich mit Walt Disney »den stärksten Beifall« teilte. Unter den elf Ehrendoktoren interessierte ihn am ehesten Serge Koussevitzky, der Chefdirigent des Boston Symphony Orchestra. Mit ihm »befreundete« er sich bei dem anschließenden Lunch. Der lateinische Text des Yale Diploms ist kurz[77], doch wurde jeder Kandidat bei der Überreichung mit einer kleinen Laudatio bedacht. Die für Thomas Mann, verlesen von William Lyon Phelps, gipfelte in dem Satz: »Today he is as much admired for the beauty of his character as for the beauty of his books.«

In den folgenden zwölf Jahren passierte er mit dem Zug New Haven mehrere Male, ohne jedoch einen Besuch in Yale einzuplanen. Sein vierter Besuch am 23. August 1950 war auch sein letzter. Katia und Thomas Mann, auf dem Weg von der Schweiz zurück nach Kalifornien, unterbrachen die Reise in New York, um in Yale die große Thomas-Mann-Ausstellung der Universitätsbibliothek, der Sterling Memorial Library (die Beinecke Library existierte damals noch nicht), persönlich in Augenschein zu nehmen. Dank Angells Eifer und des Autors Entgegenkommen hatte sie sich seit 1938 beträchtlich vergrößert, in der Hauptsache durch Schenkungen und Leihgaben von Helen Lowe-Porter, Caroline Newton und Ida Herz.[78] Der Geehrte war angetan von der »liebevoll organisierten Ausstellung, die allen verfügbaren Raum einnimmt« (Tb. 24. 8. 1950). Der amerikanische Dichter Thornton Wilder, der die Ausstellung gleichzeitig besuchte, habe bemerkt, »seines Wissens sei noch nie ein lebender Autor mit einer solchen Ausstellung geehrt worden«. Thomas Mann fügte hinzu: »Das ist es aber gerade, was bei manchen Leuten eine gewisse Gereiztheit erzeugt [...].«[79] Dieser letzte Besuch in Yale endete mit einem etwas ominösen Missklang. Wie bei den meisten öffentlichen Auftritten Thomas Manns folgte eine Pressekonferenz, die in diesem Fall »freundlich begann und dann zu meiner Qual politisch ausartete, ohne daß [ich] die Geistesgegenwart gehabt hätte, es zu verhindern. Schwere Verstimmung darüber« (Tb. 24. 8. 1950). Es war das Amerika Franklin Roosevelts schon lange nicht mehr: Thomas Mann war infolge seiner amerikakritischen Äußerungen und seines Weimar-Besuchs im Vorjahr zu einer umstrittenen Figur geworden. Der öffentlich geäußerte Verdacht, er sei ein nützlicher Idiot der kommunistischen Weltrevolution (»communist dupe«), warf seine Schatten auch auf die Beziehung zu Yale und beschleunigte ihr Ende.

Die wichtigste Figur in Thomas Manns Beziehung zu Yale war nicht, wie man vermuten könnte, Hermann Weigand, sondern Joseph Warner Angell. Weigand war eine jener raren Gestalten, die sich aus ihrer Unparteilichkeit als Literaturkritiker ein Gewissen machen; eben deshalb war er stets auf die sich geziemende Distanz zu dem Verehrten bedacht.[80] Das genaue Gegenteil war Joseph Angell: ein wichtigtuerischer, einfallsreicher Schmeichler, der die Nähe und Gunst Thomas Manns suchte und stets mit neuen Projekten aufwartete, denen er jedoch nicht gewachsen war. Dass Katia und Thomas Mann sich so lange von ihm einnehmen ließen, lag zum Teil wohl daran, dass ihre linguistische Kompetenz nicht ausreichte, um den aufgeblasenen, pseudowissenschaftlichen Ton von seinen auf Englisch geschriebenen Briefen zu bemerken.

Joseph Warner Angell, Jr., Jahrgang 1908, war weder Professor, wie die Manns zeitweilig annahmen, noch Germanist, wie er selber suggerierte. Er war »graduate student« in Anglistik, der 1934 an der University of Oregon mit einem Essay über Matthew Arnold seinen »Master of Arts« gemacht hatte, später seine Studien in Yale fortsetzte, ohne je die vorgeschriebenen »requirements« für das Doktorat, den PhD, zu erfüllen. Allem Anschein nach verstand er es aber, Vertrauen in seine Fähigkeiten und seine Konnexionen zu erwecken. Er gehörte offenbar zu jenen Typen, von denen es heißt: »he talks the talk«. Dabei schadete es nichts, dass ein Angell von 1921 bis 1937 Präsident von Yale war: James Rowland Angell. In einem Lebenslauf gibt Joseph Angell an, ein »Vetter zweiten Grades« dieses illustren Angell zu sein.[81] Zu seiner Ehre sei angemerkt, dass er in seinen Briefen an Thomas Mann dieses Verwandt-schaftsverhältnis nie ins Spiel bringt; er brauchte es nicht, denn er durfte annehmen, dass der Verehrte den Namen Angell kannte und sich seinen Teil dabei dachte.

Janet Flanner, die furcht- und respektlose Starjournalistin, ließ sich diese Pointe nicht entgehen und gab in ihrem fulminanten Artikel über Thomas Mann (darüber mehr im folgenden Kapitel) zu verstehen, dass dieser, als er der Yale Library Manuskripte für eine »Thomas Mann Collection« zur Verfügung stellte, ein Problem mit Homonymen hatte (»homonymous trouble«); er habe unter dem Eindruck gestanden, bei dem Angell, der ihn zu der Herausgabe der Manuskripte überredete, handele es sich um den Präsidenten von Yale. Als er bei der ersten Begegnung feststellte, dass es sich um einen unfertigen Jungakademiker handelte, habe er gute Miene zu dem fragwürdigen, doch potentiell lukrativen Spiel gemacht. Er habe sich zusammengenommen und im Vertrauen auf die Yale University und ihre beträchtlichen Ressourcen den Plan des jungen Angell gestützt. Der nun fühlte sich durch Janet Flanner in ein falsches Licht gestellt und verwahrte sich in einem Leserbrief an den *New Yorker* gegen die Unterstellung, er habe sich Thomas Mann gegen-über als jemand anderen ausgegeben.[82] Dies war die Wahrheit. Doch Janet Flanners journalistischer Instinkt hatte sie nicht ganz betrogen; möglicherweise hatte sie, die in dem Kreis um Klaus Mann verkehrte, Insiderinformationen. Dafür spricht ein Eintrag im Tagebuch des *Lotte*-Autors, nachdem ihm Angell seinen Plan zu einem Thomas-Mann-Archiv mitgeteilt hatte: »Briefe wie den seinen empfing Goethe – ich schiele.« (Tb. 4. 3. 1937) Seine Reaktion wäre kaum so hochgestimmt ausgefallen, wenn er in dem ihm unbekannten Briefschreiber nicht eine hochgestellte Persönlichkeit vermutet hätte.

Die haarsträubende Geschichte dieser Beziehung begann im Mai 1935 mit einem Huldigungsbrief aus Oregon, der den an derartige Zuschriften längst Gewöhnten vermutlich aufhorchen ließ. Im Ton eines gestandenen, von sich eingenommenen Experten teilte er dem verehr-ten Autor mit: »I owe a greater intellectual and spiritual debt to you […] than I do to any other writer in any period of time.«[83] Er besitze alle seine auf Englisch erschienenen Bücher. Nichts würde ihm mehr be-deuten als das Geschenk einer signierten Fotografie von ihm. Im Tagebuch ist der Eingang dieses Briefes nicht vermerkt. Thomas Mann schrieb dem Unbekannten, er sei »tief gerührt« von Angells Mitteilungen; er bedaure aber, im Moment nicht näher darauf eingehen zu können, und schickte ihm das gewünschte Bild.

Zwei Jahre später unterbreitete Angell, der inzwischen in Yale angelangt war, den Plan zu einer »creative scholar's library« – eine merkwürdige Bezeichnung von einem, der selbst sich nicht zu den creative scholars zählen durfte. Offenbar hatte er ein umfassendes Archiv im Sinn, denn es sollten darin nicht nur Manuskripte, Arbeitsnotizen, Ausgaben und Übersetzungen der Werke gesammelt werden, sondern auch Briefe, Pressezeugnisse, Fotografien. Dazu vollständig die Sekundärliteratur, die damals schon Anzeichen eines beängstigenden Wachstums zeigte. Es war dieser Plan, der Thomas Mann auf das Vorbild Goethe »schielen« ließ. Er antwortete ausführlich und erklärte sich bereit, »Ihnen nach meinen besten Kräften dabei zur Hand zu gehen«.[84] Allerdings werde es nicht ohne einen gewissen »Aufwand von Mitteln« gehen, zumal was die Handschriften betreffe, denn darüber könne er »als Haupt einer zahlreichen Familie nicht so ohne weiteres verfügen«.[85] In dieser ersten Akquisitionswelle, die in der Ausstellung von 1938 dokumentiert wurde, gelangten, neben einer beträchtlichen Sammlung von Materialien, insgesamt 38 Manuskripte nach Yale, darunter die Handschriften der beiden ersten *Joseph*-Bände, die ausgeschiedenen Blätter der *Zauberberg*-Handschrift (die in München verblieb und dort schließlich im Krieg verlorenging) sowie das Original des Briefs nach Bonn.[86]

Die erste persönliche Begegnung wurde für den 22. April 1937 vereinbart, also während des dritten Amerikabesuchs der Manns. Angell kam zu einem Vortrag Thomas Manns nach New York und durfte den Abend mit den Manns verbringen. Er musste einen guten, vielleicht zu guten Eindruck hinterlassen haben, denn im nächsten Brief redete er den jungen Akademiker mit »Herr Professor« an, möglicherweise weil dieser offenbar angeboten hatte, in Yale wegen eines Ehrendoktorats vorstellig zu werden. Ein halbes Jahr später erkundigte er sich nach dem Stand der Dinge, wobei er ihm versicherte, dass der Archivplan ihm wichtiger sei als ein Doktorhut: »Aber der ganze Plan der Library ist für mich so schön und ehrenvoll, dass es einer solchen Auszeichnung wirklich garnicht bedarf.«[87]

313

Der Plan zu einem Thomas-Mann-Archiv in Yale machte nun rasche Fortschritte. Angell gelang es, die berühmte Sterling Memorial Library für seinen Plan zu gewinnen. In einer außerordentlich entgegenkommenden Geste versprach sie sogar, einen eigenen Raum für die Thomas-Mann-Sammlung einzurichten. Mehr noch, sie erlaubte Angell, Kontakt aufzunehmen mit den Yale Library Associates, einer Gruppe potenter, gewöhnlich anonymer Mäzene, die der Library bei der Anschaffung bedeutender Bücher oder Manuskripte regelmäßig diskret unter die Arme griff. Das geschah auch hier. Der anonyme Spender, der den Erwerb – für 4000 Dollar (Tb. 6. 10. 1938) – der Handschriften der beiden ersten *Joseph*-Romane ermöglichte, war Wilmarth Sheldon Lewis, Anglist an der Yale University und selbst ein leidenschaftlicher Sammler, außerdem Herausgeber einer am Ende 48-bändigen Ausgabe der Briefe Horace Walpoles.[88]

Einfallsreich und geschäftig, wie sich Joseph Angell immer wieder erwies, muss er Thomas Mann auch etwas von einer Gastprofessur in Yale vorgegaukelt haben. Es ist äußerst unwahrscheinlich, dass er dazu autorisiert war. Thomas Mann muss das »Angebot« zunächst ernst genommen haben, denn am 18. November 1938 ließ er seinen Verehrer wissen, dass er sich zwar vor umstürzenden und kostspieligen Umzügen scheue, aber »das alles schließt selbstverständlich nicht aus, dass ich übers Jahr dennoch Lust habe, Princeton mit Yale zu vertauschen, und auf jeden Fall bin ich Ihnen und Mr. Lewis für Ihren freundlichen und ehrenvollen Vorschlag aufrichtig dankbar«.[89] Die Erwähnung des »Mr. Lewis« lässt darauf schließen, dass Angell den »anonymen« Mäzen, der hinter dem Ankauf der *Joseph*-Manuskripte stand, dazu überredet hatte, gegebenenfalls auch eine Gastprofessur Thomas Manns zu finanzieren. In einem Brief vom 5. März 1939 aus Princeton ging Thomas Mann noch einmal auf diese Sache ein. Er hatte gerade das erste Semester hinter sich gebracht, und es begann ihm offenbar zu dämmern, dass es »das Beste für meine Arbeitsruhe wäre [...], ohne jede akademische Verpflichtung friedlich hier zu bleiben«. Dann legte er für Yale wohl absichtlich die Latte so hoch, dass das Angell'sche Projekt zu einer Stillgeburt verurteilt war: »Nur wenn die Yale University auf mehrere Jahre (etwa drei) eine ähnliche Betätigung, wie ich sie hier ausgeübt habe, von mir wünscht, wäre die Frage einer Übersiedlung dorthin für mich aktuell [...].«[90] Zweifellos hätte er nach Abwicklung seiner akademischen Pflichten in Princeton im Frühjahr 1940 einen Dreijahresvertrag mit Yale als eine unzumutbare Ablenkung von seinem Hauptgeschäft betrachtet.

Im Übrigen wäre Angells Plan, Thomas Mann nach Yale zu bringen, auch daran gescheitert, dass die Universität den umtriebigen, aber leider unproduktiven Jungakademiker wieder ziehen ließ: Yale let him go, wie der zunftübliche Euphemismus für Rauswurf heißt. Ab dem Herbstsemester 1939 war Angell als Instructor am Pomona College in Claremont (California) tätig, wo er nach vier Jahren Militärdienst (1942–1946) mit zweimaliger Auszeichnung auch ohne PhD Karriere machte und wo Golo Mann zeitweilig sein Kollege war.

Nach seiner Rückkehr auf seinen Collegejob 1946 nahm Angell seine verschiedenen Thomas-Mann-Projekte wieder auf. Es wurde nun immer klarer, dass seine unnachgiebige Beschäftigung mit diesem Autor eine Kompensationsfunktion hatte. In dem Engagement für den deutschen Schriftsteller, seiner, wie er es sah, Pionierarbeit für die künftige Forschung und in seinen Bemühungen um ein vertieftes Verständnis »seines« Autors in Amerika, sah er die aussichtsreichste Chance, die akademische Anerkennung zu gewinnen, die ihm auf seinem eigenen Feld der Anglistik versagt blieb.

Sein bekanntestes Projekt in jenen ersten Nachkriegsjahren war die Kompilation einer gewichtigen Thomas-Mann-Anthologie nach dem beliebten Muster von *The Portable Nietzsche* oder *The Permanent Goethe*.[91] Aus verlagsrechtlichen Gründen nannte Angell sein Buch *The Thomas Mann Reader* mit dem ausdrücklichen Anspruch, die »quality and scope and character of Thomas Mann's art and thought« zu illustrieren.[92] Aufgenommen wurden in der Kategorie »Short Novels«: *Tonio Kröger* und *Death in Venice*, vier weitere frühe »short stories«, Auszüge aus den politischen Schriften (30 Seiten); Essayistisches zu Schiller, Wagner, Dostojewski, Freud und Goethe (80 Seiten) sowie Auszüge aus *Buddenbrooks* (90 Seiten), *The Magic Mountain* (150 Seiten), *Joseph* (130 Seiten) und *Doctor Faustus* (90 Seiten), mit jeweils knappen Einleitungen und Überleitungen. Von diesen kurzen Texten behauptet der Herausgeber, dass sie auf Erkenntnissen beruhten, die er aus dem Umgang mit Thomas Mann über »many years« hin gewonnen habe, was nicht anders denn als Aufschneiderei zu bezeichnen ist. In der zehnseitigen Einführung habe er sich nicht bemüht, etwas Neues über Thomas Mann zu sagen, weil er sich dies für spätere, umfangreichere Studien vorbehalten wolle. Aus diesen Projekten – darunter eine Biographie und »The Palisades Conversations«, d. h. Gespräche mit Thomas Mann à la Eckermann – ist nichts geworden.[93]

Wie er seinen Verleger in prophylaktischer Absicht wissen ließ, war Thomas Mann von Angells Idee, eine Biographie zu schreiben, »without knowing German«, wenig angetan.[94] Und was die kurze Einführung zu dem Thomas-Mann-Lesebuch betrifft, so war sie »so miserabel«, dass Golo Mann sie in eine halbwegs passable Form bringen musste.[95] Auch so wurde es kein Text, den man kennen müsste. Im Grunde jedoch ist der ganze *Thomas Mann Reader* das Werk eines Dilettanten; jede andere Bezeichnung wäre irreführend. Angell war während seiner späteren Zeit am Pomona College auch als Militärhistoriker tätig und hatte einen Lehrauftrag an der Air University der US Air Force in Alabama. Er starb 1989 in Colorado kurz nach seiner erneuten Wiederverheiratung mit Mary Jean Warner, von der er sich zuvor zweimal hatte scheiden lassen.

Angells bedeutendstes Projekt war und blieb, auch nach seinem Abgang von Yale, das Thomas-Mann-Archiv. Im Herbst 1950 war Thomas Mann im Vertrauen auf Angells Tüchtigkeit, für die ihm die große, gelungene Ausstellung in der Sterling Library als Beweis diente, im Grunde bereit, seinen gesamten Nachlass an die Yale University zu veräußern. Die finanziellen Vorstellungen Katia und Thomas Manns waren für heutige Verhältnisse bemerkenswert bescheiden: 30 000 Dollar.[96] Dass diese bedeutende Transaktion nicht zustande kam, war jedoch nicht Angells Schuld. Vielmehr griffen einmal mehr die Zeitläufte ein, was zur Folge hatte, dass über der Verbindung zur Yale University mit einem Mal der Vorhang niederging.

Die Kontroversen um Thomas Mann, die Denunziation als »communist dupe« in der amerikanischen Presse im April 1949 mit all der belastenden Publizität, waren auch von dem einflussreichsten Mitglied der Yale Library Associates aufmerksam registriert worden: Frank Altschul, einem erfolgreichen New Yorker Investmentbanker und Mäzen der Yale University. Thomas Mann und Altschul kannten sich persönlich; dieser hatte den deutschen Exilanten mit Joseph Angell und Dorothy Thompson am 24. Februar 1938 zum Abendessen in seiner Wohnung auf der vornehmen Park Avenue eingeladen. Es war am Vorabend der Eröffnung der ersten Thomas-Mann-Ausstellung in der Sterling Library – im Honigmond seiner Beziehung zu Yale. Damals muss ein sehr einvernehmliches Verhältnis zu Altschul bestanden haben, sonst hätte Thomas Mann, als er sich bemühte, dem Berliner Kritiker Julius Bab zu helfen, sich nicht vertrauensvoll an den Yale-Mäzen gewandt – allerdings ohne Erfolg.[97] Im Sommer 1941 hatte Altschul ihm eine kleine politische Schrift aus eigener Produktion geschickt, die Thomas Mann »sympathisch« fand (Tb. 15. 6. 1941).[98] Nach dem Eklat seines Besuchs in Weimar 1949 bei den Kommunisten und angesichts des im ganzen Land von dem FBI, dem House Committee on Unamerican Activities und ab 1950 von Senator Joseph McCarthy angeheizten antikommunistischen Fieber galt der deutsche Autor und Bindestrich-Amerikaner als politisch unzuverlässig und illoyal. Altschul, der Vorsitzende der Yale Library Associates, setzte durch, dass der Ankauf des Thomas-Mann-Nachlasses unterblieb. Er wollte sogar verfügen, dass die Yale Library künftighin überhaupt keine Bücher von und über Thomas Mann anschaffe. Doch mit dieser Forderung – einem krassen Aussetzer des verdienten Bibliophilen und Mäzens – setzte er sich selbstverständlich nicht durch.

Festzuhalten bleibt, dass damit Thomas Manns Beziehung zu einer der führenden Universitätsbibliotheken der Welt zur gleichen Zeit unter denselben politischen Vorzeichen das gleiche Ende fand wie seine Beziehung zur Nationalbibliothek in Washington.[99] In Washington musste nach einer Intervention des FBI der für April 1950 angesetzte Vortrag *Meine Zeit* abgesagt werden. Er hat daraufhin die Library of Congress nicht mehr betreten und auch von seinen Privilegien als Fellow keinen Gebrauch zu machen versucht. In Yale wurden alle Verhandlungen über den Ankauf des Thomas-Mann-Nachlasses abgebrochen – zum Glück für Zürich. Dies ebnete den Weg für den Transfer des Nachlasses ein Jahr nach Thomas Manns Tod an die Eidgenössische Technische Hochschule – als Schenkung![100] Damit trat die ETH die zunächst der Yale University zugedachte Rolle als Zentrum der Thomas-Mann-Forschung an – and the rest is history.

Die literarische Szene:
Goethe in Hollywood?

Anpassung und Nichtanpassung: Deutsche und Russen

Wir haben bereits an früherer Stelle davon Kenntnis genommen, dass Thomas Manns Annäherung an die angloamerikanische Kultur über die Literatur erfolgte. Die Literatur und das literarische Leben Amerikas waren naturgemäß ein zentraler, an sein Selbstverständnis rührender Erfahrungsbereich auch und gerade seiner amerikanischen Jahre. Auf den folgenden Seiten soll gezeigt werden, welche Figur er auf der literarischen Szene machte. Wie wurde er in New York und Los Angeles von Kollegen der schreibenden Zunft wahrgenommen? Welche Autoren hat er gekannt und gelesen? Und wovon fühlte er sich besonders angesprochen?

Bevor wir uns diesen Fragen zuwenden, ist zunächst das Problem der Akkulturation ins Auge zu fassen. Denn wie ein Exilant in seiner neuen Umgebung wahrgenommen wird, ist letztlich weniger eine Funktion seines Ruhmes oder seines Selbstwertgefühls als seiner Bereitschaft und Fähigkeit zur Anpassung an die Kultur des Gastlandes. In der Betrachtung und Bewertung der amerikanischen Jahre dominiert weithin die deutsche Kirchturmperspektive, die Thomas Manns Tun und Treiben allein aus seinen Briefen und Tagebüchern zu rekonstruieren versucht.[1] Es empfiehlt sich deshalb, den Blickwinkel zu öffnen, um an die Stelle des monumentalen, wenig nuancierten ein schärfer fokussiertes, auf realistische Proportionen reduziertes Bild des amerikanischen Thomas Mann treten zu lassen. Dazu ist es vor allem nötig, die Fenster zu öffnen und den frischen Wind einer außerdeutschen Betrachtungsweise hereinzulassen. Unser Bild des amerikanischen Thomas Mann wird erst dann seine volle Plastizität gewinnen, wenn nicht immer nur die Perspektive des Herkunftslands in Anschlag gebracht wird, sondern auch die des Gastlandes; wenn nicht immer nur die offensichtliche Bedeutung der deutschen Kultur für Thomas Mann und seine Rolle als ihr Repräsentant, sondern auch seine meist übersehene oder unterschätzte Interaktion mit der amerikanischen Kultur in Betracht gezogen wird.

Die Vereinigten Staaten, ein Einwanderungsland seit ihrer Gründung, boten in der ersten Hälfte des 20. Jahrhunderts Flüchtlingen aus den bolschewistischen und faschistischen Ländern eine neue Heimat, darunter einer großen Anzahl von Künstlern, Wissenschaftlern und Intellektuellen. Dieser präzedenzlose Kulturtransfer erfolgte keineswegs nur aus Deutschland und Österreich, sondern auch aus Russland und anderen osteuropäischen Ländern.[2] Aus amerikanischer Sicht liegt es somit nahe, zu vergleichen und die Frage zu stellen, inwieweit die aus Europa Geflohenen sich ihrem Gastland gegenüber aufgeschlossen gezeigt und inwieweit sie die amerikanische Kultur befruchtet und bereichert haben. Diese Frage hat der Musikkritiker und Kulturhistoriker Joseph Horowitz in seinem Buch *Artists in Exile* eingehend erörtert. Der Untertitel präzisiert diese Thematik auf die aus amerikanischer Sicht vordringliche Frage: *How Refugees from Twentieth-Century War and Revolution Transformed the American Performing Arts.*

Horowitz konzentriert sich auf die Musik, das Ballett, das Theater und den Film. Er untersucht eine Fülle von prominenten und weniger prominenten Fällen und kommt zu dem überraschenden Befund, dass sich zwei deutlich voneinander abweichende Verhaltensmuster unterscheiden lassen: ein grosso modo russisches und ein deutsches. Die aus Russland stammenden Künstler – die Paradebeispiele sind der Choreograph George Balanchine und der Theaterregisseur Rouben Mamoulian – legten eine vorbehaltlose Bereitschaft an den Tag, sich auf das Gastland einzustellen, Anregungen aus der amerikanischen Kultur aufzunehmen und in einem genuinen Akt von »cultural exchange« künstlerisches Neuland zu erschließen. Sie waren akkulturationsbegierig. Die aus Deutschland und Österreich stammenden Immigranten hingegen – die hervorstechenden Beispiele sind für Horowitz der Pianist und Musikpädagoge Rudolf Serkin und der Regisseur Max Reinhardt – betraten das Land mit dem unerschütterlichen Bewusstsein der kulturellen Überlegenheit Deutschlands, zeigten kaum ein Interesse an der amerikanischen Kultur und verstanden ihr Wirken in dem Gastland im

Grunde als eine Art von geistigem Kolonisationsprojekt. Sie waren ak-kulturationsfeindlich eingestellt. Die aus Russland Kommenden waren in den meisten Fällen polyglott und somit bereit und willens, sich ein-zufügen. Die aus dem deutschen Kulturbereich Kommenden taten sich oft schwer mit der englischen Sprache und waren allein schon deswe-gen der Kultur des Gastlandes gegenüber resistent. Das deutsche Ver-haltensmuster war somit der Idee des Kulturaustausches wenig förder-lich; das russische Verhaltensmuster war es in hohem Maße.

Gewappnet mit diesem Befund wirft Horowitz abschließend einen vergleichenden Blick auf zwei in Amerika gleich berühmte Schriftsteller europäischer Herkunft: Thomas Mann und Vladimir Nabokov.[3] Die Un-terschiede in ihrer Einstellung zu Amerika, aber auch ihrer Reputations-kurve könnten nicht größer gedacht werden. Thomas Mann, ungeachtet seines hohen Ansehens als Nobelpreisträger und Hitler-Gegner, sei den gebildeten Amerikanern, so Horowitz, eigentlich fremd geblieben. Seine Deutschheit habe sich in der Fremde verfestigt; als er von dem Land Ab-schied nahm, sei er überzeugt gewesen, in Amerika weder verstanden noch geschätzt zu werden. Ganz anders Nabokov, der sich leichtfüßig und virtuos auf die literarische und akademische Szene Amerikas ein-zustellen verstand, ein meisterhaftes Englisch schrieb und ein Œuvre schuf, das heute zu den Gipfelwerken der amerikanischen Literatur des 20. Jahrhunderts zählt. Nabokov und Thomas Mann stehen für Horo-witz somit für zwei herausragende Beispiele von gelungenem und ver-fehltem Kulturaustausch auf dem Feld der Literatur.

Die Brauchbarkeit, d. h. der Erkenntniswert der Horowitz'schen Typologie liegt zum einen darin, die legitime Erwartungshaltung des Gastlandes gegenüber den Exilanten, denen es Zuflucht bietet, deutlich benannt zu haben, nämlich die Erwartung einer gewissen Wechsel-seitigkeit des Gebens und Nehmens beim Aufeinandertreffen unter-schiedlicher Kulturen. Zum anderen liegt ihr Nutzen in dem Versuch, den Modus und das Ausmaß der Anpassung beziehungsweise Nicht-anpassung aus dem Grad der Prägung durch die Kultur des Herkunfts-landes zu erklären. Diese Außenperspektive auf die Exilanten ist auch dort noch erkenntnisfördernd, wo der Vergleich auf so eklatante und der Korrektur bedürftige Weise hinkt, wie in Horowitz' Gegenüberstellung von Nabokov und Thomas Mann.

Der Autor der *Lolita* war auch darin eine Ausnahmeerscheinung, dass er, privat erzogen, bereits als Kind in St. Petersburg die englische Sprache lernte und diese nach seinem Studium an der Cambridge University vollkommen beherrschte. Er war somit nicht darauf angewiesen, seine Muttersprache als Refugium vor den Verlockungen und Bedrohungen der Akkulturation zu betrachten und sich gegenüber der englischen Sprache defensiv zu verhalten, wie es für die deutschen Autoren fast durchweg der Fall war. Nabokov konnte seine Hauptwerke selbst auf Englisch schreiben und war von keinem Übersetzer abhängig. Im Gegensatz zu seinem deutschen Kollegen hatte er nie das Gefühl, sich als Schriftsteller unter Wert präsentieren zu müssen. Dies kommt hinzu: Der russische Emigrant landete im Alter von 41 Jahren in Amerika – einem Alter, in dem die Akkulturationsbereitschaft noch tiefer reicht als im Alter von 63 Jahren wie im Falle Thomas Manns, der zudem auch nicht auf einen vierjährigen Englandaufenthalt zurückblicken konnte. Im Übrigen hatte der russische Autor lediglich die ersten zwanzig Jahre in seinem Herkunftsland verbracht, besaß also nicht entfernt die rückwärtigen Bindungen, die der deutsche Exilant mit sich schleppte, da dieser bis zu seinem 58. Lebensjahr gründlich und auf die vielfältigste Weise durch die deutsche Literatur und Geschichte geprägt worden war. Die Bindungen an Deutschland mussten somit Thomas Mann in weit stärkerem Maß beschäftigen und fesseln als Nabokov seine russischen Bindungen. Zudem war für den *Lolita*-Autor das Ende der Sowjetunion noch nicht abzusehen; der Gedanke an eine Wiederanknüpfung an seine Zeit in Russland lag nicht im Bereich der Möglichkeiten. Für den *Faustus*-Autor war mit dem Beginn des Krieges 1939 das Ende der Hitler-Herrschaft, früher oder später, eine beschlossene Sache und eine Rückkehr in seinen europäischen Wirkungskreis eine durchaus realistische Hoffnung.

Gleichwohl, die amerikanische Perspektive, die Horowitz mit großer Konsequenz in Anschlag bringt, eignet sich als ein notwendiges Korrektiv der germanozentrischen Fragestellungen, die in der Betrachtung von Thomas Manns amerikanischem Exil deutscherseits seit 1945 vorherrschen. Sobald man ihn aus amerikanischer Perspektive zu sehen versucht, sticht einem auf den ersten Blick ins Auge, dass seiner Assimilationsfähigkeit durch sein Alter, vor allem aber durch die hochgradige und nachhaltige Prägung durch die deutsche Kultur deutliche Grenzen gesetzt waren. Da nun aber die deutsche Kultur seit dem 19. Jahrhundert einen ausgeprägten Antiamerikanismus an den Tag legte, ist auch bei Thomas Mann in der Tat eine herablassend missionarische Einstellung zu konstatieren, wie sie Horowitz als Verhaltensmuster deutscher Immigranten herausgearbeitet hat.

Ein schlagendes Beispiel dafür liefert jener kurze Text von 1929, den wir bereits in einem anderen Zusammenhang herangezogen haben.[4] In seinem Vorwort zu Ludwig Lewisohns Roman *Der Fall Herbert Crump* lässt Thomas Mann durchblicken, worum es seiner Auffassung nach in dem großen, fernen Land geht, nämlich »aus dem schönen, energischen und zivilisierten Kindervolk der Amerikaner erwachsene und reife Menschen von Kultur zu machen« (X, 703). Man muss realistischerweise davon ausgehen, dass diese abwertende Einstellung zu dem »Kindervolk« von Amerikanern noch lange nach 1929 vorgehalten und seine Begegnung mit Amerika jedenfalls anfänglich unbewusst gesteuert hat. Damit stellt sich nun die Frage, ob und inwieweit Thomas Mann in den vierzehn amerikanischen Jahren über den Schatten seiner Vorurteile zu springen vermochte. Lässt sich bei ihm so etwas wie Kulturaustausch feststellen oder zumindest ein Eingehen auf die Kultur des Gastlandes?

Wir haben bereits gesehen, in welch exzeptionellem Maß dieser Einwanderer das Land bereiste. Durch seine Vortragstätigkeit sowie seine vielfältigen Kontakte mit Universitäten lernte er das bunte Gewebe des sozialen Lebens in Amerika kennen. Es gilt nun, die Interaktion mit dem literarischen Leben zu rekonstruieren und das Bild, das Horowitz von dem deutschen Einwanderer zeichnet, zu ergänzen und zu korrigieren.[5]

Durch die Brille des *New Yorker*

Am 24. Juni 1940 – der Himmel über Princeton war mit dunklen Regenwolken verhangen – weilte eine Thomas Mann unbekannte, ihm offenbar auch nicht besonders sympathische Dame zu Besuch in der »Stockhaldi«. Der knappe Vermerk im Tagebuch lässt kaum ahnen, worum was es dabei ging und was dieser Besuch nach sich ziehen würde: »Zum Lunch Lady vom ›New Yorker‹. Interview.« Eigentlich hätte er in höchstem Maße bei der Sache sein müssen, denn der *New Yorker* gehörte in Amerika zu seinen Lieblingslektüren. Als ehemaliger Mitarbeiter am *Simplicissimus* schätzte er den leicht spöttischen Ton des eleganten und literarisch anspruchsvollen Wochenmagazins; die berühmten Karikaturen des *New Yorker* »erheiterten« ihn gewöhnlich (Tb. 30. 4. 1941).

Die unbekannte Besucherin war Janet Flanner, eine damals 48-jährige Journalistin, die für den *New Yorker* über viele Jahre hin unterhaltsame und klatschgefüllte Kulturbriefe aus Paris schrieb. Zu ihrem New Yorker Bekanntenkreis zählte auch Klaus Mann, für dessen Zeitschrift *Decision* sie einen Beitrag lieferte. Bei dem Lunch in Princeton war Klaus zugegen, ebenso Erika. Das daran anschließende Interview bildete die Grundlage für einen großen biographischen Essay, der anderthalb Jahre später in zwei Teilen, am 13. und 20. Dezember 1941, in der Rubrik *Profiles* erschien, einer lockeren Folge von eindringlichen biographischen Porträts, für die der *New Yorker* berühmt war. Dieses seit 1925 existierende Wochenmagazin hatte sich unter der Führung von Harold Ross, seinem Gründer, in den dreißiger Jahren eine Vorrangstellung erobert, die es auf Jahrzehnte hin als die erste Adresse im literarischen Leben Amerikas auswies. Der *New Yorker* war jedoch weit mehr als eine Zeitschrift, er repräsentierte mit seiner eleganten Aufmachung und den scharfsinnigen Karikaturen, nicht zuletzt aber aufgrund der literarischen Qualität seiner Beiträge, eine Institution des amerikanischen Lebens und verkörperte so etwas wie den Inbegriff von »Manhattan sophistication«.[6] Praktisch alle amerikanischen Autoren und Autorinnen von Rang haben darin publiziert. Nabokov war einer der illustresten *New-Yorker*-Autoren; Thomas Mann kam, außer durch einen Leserbrief, nie zu *New Yorker* Ehren.[7] Er genoss jedoch beginnend mit *Mario and the Magician* bis einschließlich *Joseph in Egypt* ein sehr geneigtes kritisches Echo.

Janet Flanners Essay trägt den Titel *Goethe in Hollywood* – ein dubioses Kompliment. Auch nach der Lektüre bleibt ein äußerst zwiespältiger Eindruck; es wird suggeriert, dass die stereotype Etikettierung Thomas Manns als »the greatest living man of letters« kaum nachvollziehbar und nichts als ein »selling slogan« des Hauses Knopf sei. Unverkennbar war die Infragestellung eines literarischen Monuments der eigentliche Antrieb der Autorin.

Wir haben es mit einem sehr geschwätzigen (»chatty«), fein spöttischen Porträt zu tun, das zu weiten Teilen aus Klatsch besteht. Sehr wahrscheinlich hätte Thomas Mann, selbst ein Meister des satirischen Porträts, Flanners Spitzen und funkelnde Formulierungen goutiert, wenn sie einem anderen gegolten hätten. Als er von dem ersten Teil des Artikels Notiz nahm, hatte er gute Gründe, verärgert zu sein. Im Tagebuch lesen wir: »Im ›New Yorker‹ langer und z. T. sehr peinlicher Profile-Artikel von Janet Flanner.« (Tb. 15. 12. 1941) Auch Agnes Meyer erscheint darin in keinem besonders schmeichelhaften Licht. Sie gehöre, so Flanner, zusammen mit Helen Lowe-Porter und Caroline Newton zu einem »trio« von devoten und nützlichen Damen, die in ihrem Verehrungskult einander zu überbieten suchten und doch auch eifersüchtig aufeinander seien. So etwa greife Agnes Meyer in ihren Rezensionen von Thomas Manns Büchern stets zu ihren eigenen Übersetzungen statt sich der Lowe-Porter'schen zu bedienen. Am schlechtesten kommt jedoch die Psychoanalytikerin Caroline Newton weg. Von ihr weiß Flanner zu berichten, dass sie zurzeit an einer psychoanalytischen Studie arbeite, die sie aber lächerlicherweise unter Thomas Manns eigener Anleitung schreibe (»under Mann's own aegis«). Ihm war klar, dass diese Geschichte ihn zumindest einen »beredten Brief« an die Freundin in Washington kosten würde.

In seinem Beschwichtigungsbrief an Agnes Meyer schlägt Thomas Mann starke Töne der Entrüstung an: »Was für ein nichtsnutziges Machwerk! Es ist wirklich ein Kunststück, so frech und zugleich so langweilig zu sein.« (AM, 341) Frech ist der Artikel der Flanner ganz gewiss, doch langweilig keineswegs. Auch sein Argument, dass Karikatur an und für sich »ein gutes Ding« sei und dass sie zwar »eine komische Verzerrung der Wirklichkeit« sein dürfe, nicht aber »heller Unsinn«, trifft die Sache nicht richtig. Heller Unsinn sind einige faktische Irrtümer und einige Enten, doch die zählen unterm Strich wenig. Denn bei aller karikaturistischen Übertreibung in Flanners Porträt bleibt der wirkliche Thomas Mann unschwer zu erkennen. Agnes Meyer, die mit den Gepflogenheiten der literarischen Szene besser vertraut war als der Betroffene, gab sich gelassen. Ihre »raisonable Haltung« und Versicherung, dass die drei »Leidensgefährtinnen« in diesem schwierigen Moment zusammenhielten, habe ihn »geradezu erheitert« (AM, 345).

Mehr als die Geschichte mit dem »Kleeblatt von Blaustrümpfen« (AM, 342) musste ihn etwas anderes ärgern, nämlich die von Flanner keineswegs verheimlichte Tatsache, dass ein Gutteil der vertraulichen Auskünfte von seinen eigenen Kindern stammte. Von diesen sagt sie mit charakteristischem understatement: »Thomas Mann is a problem to his children.« Flanner streicht heraus, worüber Klaus nicht müde wurde, Klage zu führen, nämlich dass sein Vater sich herzlich wenig für Menschen aus Fleisch und Blut interessiere; dass er, wenn er bei einem Dinner neben einer ihm bekannten Dame platziert sei, zwar ihren Namen vergessen habe, nicht aber den Ring, den sie vor einem Jahr bei anderer Gelegenheit getragen. Flanner zeichnet Thomas Mann als einen monströsen Narziss, von dem sie in Abwandlung des bekannten Diktums von Alexander Pope (»The proper study of mankind is man«) witzigerweise bemerkt: »It is no joke to say that the proper study of Mann is Mann.«

Eines seiner Kinder – zweifellos ist wiederum Klaus gemeint – habe ihr erklärt, Thomas Manns Werk sei ein »complex of family allusions«. Flanner führt diesen Gedanken nicht näher aus, tischt aber zahlreiche weniger bekannte Episoden aus dem Leben der Familie auf, auch der Pringsheims (»both rich and brainy«). Dabei gelingen ihr zwei Bonmots über Golo und Katia. Von Golo heißt es, er habe sich früh für den Beruf des Historikers entschieden, weil dies eine der wenigen Rollen war, die der Vater nicht ausfüllte. Über Katia schreibt Flanner, dass sie der Finanzminister der Familie sei und dass jeder Verleger, der es mit ihr zu tun bekomme, es früher oder später bedaure, dass Thomas Mann nicht Junggeselle geblieben sei.

Am meisten verstimmt hat ihn jedoch vermutlich, dass Janet Flanner im zweiten Teil ihres Essays auch an dem Lack seiner Reputation als tadelloser Demokrat und Hitler-Gegner kratzte. Dies geschah hier weder zum ersten noch zum letzten Mal. Den ersten öffentlichen Einwand gegen Thomas Manns Rolle als »champion of democracy« hatte der Schriftsteller James T. Farrell, ein bekennender Trotzkist, unter Hinweis auf seine vorrepublikanischen Schriften bereits 1938 erhoben.[8] Flanner ging jedoch weiter und präsentierte längere Zitate aus *Gedanken im Kriege*, seiner ersten politischen, im patriotischen Rausch verfassten Schrift von 1914, die bis heute noch nicht ins Englische übersetzt ist. Kein Zweifel, dies kam ihm, da er mit seinen monatlichen Radiosendungen *Deutsche Hörer* gerade eine herausragende Rolle für die Propaganda der Alliierten übernommen hatte und er sich anschickte, an der amerikanischen Nationalbibliothek eine Ehrenstellung anzutreten, im höchsten Maße ungelegen. Trotz dieser Ärgerlichkeiten besaß Thomas Mann genug Augenmaß und verstand genug von dem Handwerk des literarischen Porträts, um nicht zu bemerken, dass Janet Flanners Essay bei aller Karikatur letztlich von Respekt getragen war. Sein letztes Wort dazu im Tagebuch (24. 12. 1941): »[...] und doch bleibt mir Würde.«

Als Aufhänger benutzt Flanner das Bonmot, dass über Thomas Mann seit vierzig Jahren wie über einen großen Toten geschrieben werde, obgleich er doch noch recht lebendig unter uns weile. Dieses Paradox gibt sie vor, klären und auflösen zu wollen, um es am Ende kopfschüttelnd aufzugeben. Sie stellt respektvoll fest, dass es Thomas Mann nach kaum drei Jahren auch in Amerika gelungen sei, als eine Legende zu Lebzeiten angesehen zu werden. Die Gründe dafür seien jedoch nicht allein literarischer Art. Gleichwohl stelle sein Erfolg auf dem Buchmarkt die solide Grundlage seiner einzigartigen Stellung dar.

Janet Flanner wartet mit einigen harten Verkaufszahlen auf, die sie sich im Hause Knopf besorgt hatte. Bis Mitte 1941 waren von *Buddenbrooks* (1924) 48 000 Exemplare verkauft, von *The Magic Mountain* (1927) 125 000 und von *Joseph in Egypt* (1938) 47 000. Hinzu kommen 20 000 Exemplare der Einzelausgabe von *Death in Venice* (1930), der als Hauptstück in *Stories of Three Decades* (1936) weitere 92 000-mal verkauft wurde. Der weit größere Erfolg der Novellenanthologie rührt daher, dass sie von der führenden Buchgemeinschaft des Landes, dem Book of the Month Club, in ihr Programm aufgenommen wurde. Dasselbe Glück widerfuhr *Joseph in Egypt*, der auf diesem Wege in weiteren 210 00 Exemplaren unters Volk kam. (In späteren Jahren brachten es auch *Doctor Faustus* und *The Holy Sinner* zu Book-of-the-Month-Club-Ehren.)

Mit diesen Zahlen untermauert Janet Flanner eine ihrer Hauptthesen, dass Thomas Mann in Amerika, »among European writers of intellectual stature«, mit der Gesamtzahl der verkauften Bücher das ganze Feld hinter sich gelassen habe. Für die *New Yorker*-Autorin ist dieser

Erfolg eigentlich ein Rätsel, denn, wie sie mehrmals einstreut, stehe der *Zauberberg*-Autor unter Literaten in London in keinem sehr hohen Ansehen und auch in Paris genieße er keine exzeptionelle Geltung.

Flanners Misstrauen bezüglich Thomas Manns amerikanischer Reputation ist nicht untypisch für Literaturfreunde, die ganz in der angloamerikanischen Tradition wurzeln. Seine Romane standen im Ruf, philosophisch überfrachtet und deshalb anstrengend zu sein. Seit dem *Magic Mountain* wurde er stereotyp als ein Autor etikettiert, dessen Domäne der intellektuelle Roman (»novel of ideas«) sei. Damit ist ein Typ von Roman gemeint, der in der angloamerikanischen Welt damals kaum gepflegt wurde und mit dem viele Literaturfreunde statt Lesevergnügen Anstrengung und Arbeit assoziieren. Auch Kritiker und Kollegen – allen voran Nabokov, er am kategorischsten[9] – sprachen Thomas Mann den höchsten Rang ab, gerade weil er »novels of ideas« schreibe und seine Romane eigentlich ein Zwitterwesen, ein literarisches Unding seien. Der Typ von Überschriftsteller, den Thomas Mann mit einschüchternder und für Janet Flanner unbegreiflicher Souveränität verkörperte, war den allermeisten Amerikanern fremd, weshalb die rituellen Respektsbezeugungen gegenüber dem *Joseph*-Autor oft den heimlichen Anreiz zur Verspottung mit sich führten. Die auf einschlägigen Partys beliebte Frage: »Wen halten Sie für den größten lebenden Schriftsteller«, wurde meist mit »Thomas Mann« beantwortet, allerdings oft mit dem Zusatz: leider (»alas«).

Wenn Janet Flanner sich darüber lustig macht, dass Agnes Meyer die Übersetzungen Lowe-Porters verschmäht und lieber ihre eigenen herstellt, so streift sie damit ein Problem, von dessen Gewicht sich ihre Leser kaum eine Vorstellung machen konnten, das aber für Thomas Mann geradezu eine existenzielle Bedeutung hatte. Als er 1945 in dem berühmten offenen Brief an Walter von Molo von dem »Herzasthma des Exils« (19.1, 73) sprach, meinte er, neben anderem, nicht nur den Verlust des deutschen, sondern auch das Ausgeliefertsein an den amerikanischen Buchmarkt, mit dessen Konventionen er wenig vertraut war, noch dazu in einer Gestalt, über die er kaum Kontrolle hatte. Damals fristeten »meine Bücher nur auf englisch ihr Leben« (19.1, 79): Die Formulierung sagt eigentlich alles über die literarische Seite seines Herzasthmas als Exilant.

Wie der Titel ihres Essays zu verstehen sei – *Goethe in Hollywood* –, bleibt bis zum Ende unklar. Sie erwähnt *Lotte in Weimar*, ohne aber auf die Bedeutung Goethes für Thomas Mann einzugehen. Allerdings kolportiert sie eine Klatschgeschichte, die ein etwas ominöses Licht auf den Titel wirft: Thomas Mann, der inzwischen nach Kalifornien gezogen sei, trage sich mit dem Gedanken, eine »Hollywood novel« zu schreiben. Es war eine Ente.

Zeitgenössische amerikanische Autoren

Über Thomas Manns Verhältnis zur amerikanischen Literatur und zu amerikanischen Schriftstellern herrschen weithin unklare Vorstellungen. Die geläufige Meinung scheint zu sein, dass er »nicht zu viele Freunde« unter seinen amerikanischen Kollegen hatte. So formulierte es Klaus Pringsheim, Thomas Manns Schwager.[10] Des Weiteren wird gewöhnlich angenommen, dass sein Interesse an der zeitgenössischen amerikanischen Literatur sehr gering war. Dies mag erklären, warum das bewährte *Thomas-Mann-Handbuch* (3. Auflage 2001) zwar einen Beitrag über das Verhältnis zur englischen Literatur aufweist, aber keinen über das eigentlich viel interessantere und spannendere zur amerikanischen Literatur. Auf diesem Feld ist noch manches zu differenzieren und noch manche Wissenslücke zu schließen.

Es empfiehlt sich, mit der Ansprache zu beginnen, die Thomas Mann am 2. Juni 1939 in der Carnegie Hall in New York auf dem dritten Kongress der American Writers League gehalten hat – eine Vereinigung, die ihn auf diesem Kongress zu ihrem Ehrenmitglied wählte. Thomas Mann schildert den amerikanischen Kollegen die tragische Lage der exilierten Schriftsteller, darunter Ernst Toller, der einige Tage davor Selbstmord begangen hatte. Zunächst jedoch – zweifellos als Captatio benevolentiae gedacht – legt er ein vollmundiges Bekenntnis seiner Bewunderung für die amerikanische Literatur ab. Es lag ihm also daran, vor diesem Publikum als ein Bewunderer wahrgenommen zu werden, nicht zuletzt weil er in seiner Eigenschaft als Ehrenpräsident der German-American Writers Association zu ihnen sprach.

Er habe schon lange den Wunsch gehabt, ein Wort an seine Kollegen zu richten, um sie seiner Hochschätzung der amerikanischen Literatur zu versichern. Es folgt ein knapper Katalog der Autoren, die er kannte und schätzte, darunter die Klassiker Edgar Allen Poe, Walt Whitman und Ralph Waldo Emerson. Diesen Autoren verdanke er Eindrücke »of the deepest and most inspiring kind«.[11] Es folgt eine Verneigung vor den Leistungen auf dem Feld des Gesellschaftsromans (»social novel«), namentlich von Theodore Dreiser, Sinclair Lewis, Upton Sinclair, Ernest Hemingway und John Dos Passos. Es bleibt an dieser Stelle jedoch unklar, was er von diesen Autoren kannte.

Selbstredend ließ sich Janet Flanner die Gelegenheit nicht entgehen, Thomas Mann über seine Kenntnisse der zeitgenössischen amerikanischen Literatur auszufragen. Er kenne einige (»some«) amerikanische Schriftsteller und sei besonders beeindruckt von John Dos Passos und dem frühen Ernest Hemingway. Kürzlich, also vor Mitte 1940, habe er Frederic Prokosch, James M. Cain und John Steinbeck gelesen. Zuletzt erwähnt er Sinclair Lewis, den Nobelpreisträger von 1930, der mit der Deutschlandexpertin Dorothy Thompson verheiratet war und den er 1934 persönlich kennengelernt hatte. Von dessen *It Can't Happen Here* (1935) sei er einst sehr beeindruckt gewesen; er finde jetzt aber, dass dieser Roman, der die mitnichten unrealistische Möglichkeit einer faschistischen Herrschaft in den Vereinigten Staaten ausmalt, eher ein Zeitdokument als ein großes Kunstwerk sei. Vermutlich ist diese Einschränkung damit zu erklären, dass 1935, nach der Ermordung des Rechtspopulisten Huey Long, der Lewis' Roman in der Hauptsache inspiriert hatte, und nach der triumphalen Wiederwahl Franklin Roosevelts 1936 die unmittelbare Gefahr des Faschismus für die USA gebannt schien. Dass er von dem Roman beeindruckt war, belegt das Lektüreprotokoll im Tagebuch. Thomas Mann las das Buch im Sommer 1936 in der Übersetzung von Hans Meisel, seinem späteren Sekretär in Princeton: »Beendete S. Lewis' Roman, der mich durch seine Kenntnis des Hitlerismus erstaunte, und der in der Welt gute, aufklärende Wirkung tun kann.« (Tb. 25. 8. 1936)

Wie in diesem Fall las Thomas Mann die Bücher seiner amerikanischen Kollegen in der Regel in Übersetzung. Das blieb so auch während der amerikanischen Jahre. In den Princetoner Jahren traute er sich noch nicht zu, anspruchsvolle Bücher mit Vergnügen im Original zu lesen. So las er Frederic Prokoschs viel beachtetes Reisebuch *The Asiatics* in Übersetzung.[12] Er fand den Autor »begabt« (Tb. 5. 11. 1938).

Mit dem frühen Hemingway sind die beiden Romane *The Sun Also Rises* (*Fiesta*, 1929) und *A Farewell to Arms* (*In einem andern Land*, 1930) gemeint. Am meisten angetan war er von Hemingways Kriegsbuch, das die Desertion eines freiwilligen Sanitätsoffiziers an der italienischen Front am Isonzo schildert. Thomas Mann schrieb darüber an Hemingways deutschen Verleger Rowohlt und empfahl den Roman in einer Umfrage der Zeitschrift *Das Tagebuch* als eines der besten Bücher des Jahres 1930: »Faszinierend von Anfang an durch seine direkte Kühnheit und gegen das Ende hin immer erschütternder, ein Buch der großen Schlichtheit und Aufrichtigkeit, ein wahrhaft männliches Buch, ein Meisterwerk neuen Typs.«[13] Offenbar hat Thomas Mann kein weiteres Buch des Nobelpreisträgers von 1954 gelesen und ist ihm in Amerika auch nicht persönlich begegnet.

Ein gutes kollegiales Verhältnis unterhielt Thomas Mann zu Upton Sinclair, dem sozialkritischen Autor von *The Jungle*, das die Schlachthöfe von Chicago zum Schauplatz hat, von *King Coal*, das das Treiben der Kohlebarone, und von *Oil!*, das das Treiben der Erdölspekulanten anprangert. Sinclair lebte in Pasadena im Norden von Los Angeles und lud die Manns während ihres ersten Aufenthalts an der Westküste im Frühjahr 1938 zu sich ein (Tb. 18. 4. 1938). In der Folgezeit begegnete man sich gelegentlich auf Schriftstellertreffen und politischen Veranstaltungen in Kalifornien. Vermutlich kannte Thomas Mann Sinclairs Roman *Boston*, der den Prozess gegen die »Anarchisten« Sacco und Vanzetti als Justizmord entlarvt. Das Buch erschien 1928 auf Deutsch; in einem Text aus demselben Jahr (X, 703) bezieht sich Thomas Mann auf diesen berüchtigten Justizskandal.[14]

Anfang 1942 las Thomas Mann *Dragon's Teeth*. Es handelt sich um Sinclairs Darstellung der Machtübernahme durch Hitler und den Nationalsozialismus aus der Perspektive eines amerikanischen Sozialisten, Lanny Budd; es ist der dritte Band in einer Serie von elf Lanny-Budd-Romanen, mit denen der Autor die auf eine Katastrophe zusteuernde Zeitgeschichte einzufangen suchte. Wie schon bei Sinclair Lewis' Roman *It Can't Happen Here* faszinierte ihn die amerikanische Perspektive auf Hitler-Deutschland: »Abends gelesen in Upt. Sinclairs ›Dragon teeth‹. Portrait des National-Sozialismus, grausig u. von erstaunlicher Echtheit. Wie gut, daß doch alles niedergelegt ist. Aber werden Spätere es glauben, wenn schon die Heutigen es nicht tun. Vielleicht doch, da sie weniger Interesse daran haben werden, es nicht zu glauben.« (Tb. 4. 1. 1942)

Thomas Mann sah in Theodore Dreiser, Upton Sinclair und Sinclair Lewis die drei größten Vertreter des sozialkritischen amerikanischen Romans; eben diesem Trio von Autoren zollt er in einem Interview von 1938 Tribut.[15] Was Sinclair anbelangt, so schrieb er ihm nach jedem Buchgeschenk ein dankbares, anerkennendes Wort. Nach der Lektüre von *Dragon's Teeth* teilte er ihm die im Tagebuch festgehaltenen und oben zitierten Eindrücke mit; nach dem nächsten Band, *Wide is the Gate*, schrieb er, dass Upton Sinclairs Lanny-Budd-Serie eines Tages als die best fundierte und informierende Beschreibung des politischen Lebens unserer Epoche angesehen werden wird.[16] Sinclair beteiligte sich auch an dem Sonderheft der *Neuen Rundschau* zu Thomas Manns 70. Geburtstag mit einem Grußwort, das er bei einer Massenveranstaltung in Los Angeles gesprochen hatte. Dort heißt es: »Für alle Zeit wird Deutschlands intellektuelles und geistiges Leben ärmer, das unsere reicher sein [...] künftige Generationen von Amerikanern werden mehr Verständnis für das Leben haben und mehr Freude im Gebrauch ihrer Phantasie, weil Thomas Mann unter uns lebt.«[17]

Den alten Theodore Dreiser lernte er auf einer Gedenkfeier für den verstorbenen Präsidenten Roosevelt kennen (Tb. 22. 4. 1945). Wenig später starb Dreiser selbst; Thomas Mann widmete ihm einen kurzen Nachruf (19.1, 131).

Eine Reihe von amerikanischen Autoren scheint Thomas Mann lediglich über die Verfilmung ihrer Bücher gekannt zu haben. Dies betrifft vor allem John Steinbeck, den Nobelpreisträger von 1962. In dem von den Manns frequentierten Princetoner Play House sahen sie kurz hintereinander am 5. Februar 1940 *Of Mice and Men* (Regie: Lewis Milestone) und am 8. März *The Grapes of Wrath* (Regie: John Ford). In Hollywood sahen sie auf Einladung von Eddy Knopf, dem Bruder des Verlegers, in einer Privataufführung auf dem Gelände des MGM-Studios *Tortilla Flats* (Regie: Victor Fleming). Es war ein ungetrübtes Kinovergnügen, das Thomas Mann zum Teil wenigstens auf die Qualität der zugrundeliegenden Erzählungen Steinbecks zurückführte: »Gestern waren wir bei Eddy Knopf zum Dinner und fuhren nachher mit ihm in sein Studio, um einen neuen, sehr anziehenden und vorzüglich gespielten Film zu sehen: Californisches Milieu, bäuerlich; das Buch ist nach einer älteren Arbeit von Steinbeck hergestellt. Ein franciskanisch angehauchter Bettler mit einer Schar von Hunden spielt eine Rolle – ich habe nie so rührend dressierte Tiere gesehen. Eine Szene im Wald, Tierpredigt, bei der die Hunde visionär werden und den Heiligen verehren, ist einfach überwältigend. Ich habe Tränen gelacht. Ja, bei den heutigen Mitteln braucht wirklich ein Film nur ein bischen gut, nur etwas geistig beeinflusst zu sein, und es ist ein grosser Genuss.« (AM, 389) Zwei Jahre später sahen sie das auf einer Steinbeck-Novelle basierende Seedrama *Lifeboat* (Regie: Alfred Hitchcock), mit Walter Slezak in der Hauptrolle des Nazi-U-Boot-Kapitäns, der sich mit einigen Überlebenden des von ihm versenkten Passagierdampfers im selben Lebensrettungsboot findet. Auch von dieser Steinbeck-Verfilmung war Thomas Mann beeindruckt: »Vortrefflich gemacht und keineswegs den Vorwurf rechtfertigend, das Nazitum werde verherrlicht.« (Tb. 2. 3. 1944) Thomas Mann gewann also über die Jahre eine ungefähre Vorstellung von John Steinbecks Werk und Bedeutung über das Medium Film; einen Beleg für die Lektüre eines Steinbeck-Buches gibt es jedoch nicht.

Ebenfalls nur indirekt über die Verfilmung kannte er James M. Cain und Stephen Vincent Benét. Von Cain sahen die Manns in Detroit die »Sänger-Ehe-Geschichte« *Wife, Husband and Friend* (Regie: Gregory Ratoff), die auf Cains Novelle *Career in C-Major* basiert (Tb. 12. 3. 1939). Von Benét kannte Thomas Mann *Daniel Webster and the Devil*, eine amerikanische Version des Faust-Mythos, in der Filmfassung von 1941: »Gestern Abend hatten wir eine Privat-Aufführung des neuen Dieterle-Films ›Daniel Webster and the Devil‹ – nach einer Novelle desselben vortrefflichen Mannes, der in der Tribune den hübschen biographischen Aufsatz über mich hatte. Ein ausgezeichnetes picture, – amerikanisiertes Märchen, patriotisch-phantastisch und glänzend gespielt. Von Max Reinhardt bis zu [Jiddu] Krishnamurti war alles dabei.« (AM, 304)[18]

Mit dem Werk des seiner Zeit sehr erfolgreichen Dramatikers und Erzählers Thornton Wilder – Thomas Mann hatte ihn 1940 in New Haven persönlich kennengelernt (Tb. 11. 12. 1940) – war er ebenfalls nur indirekt vertraut. Er sah in San Francisco die Verfilmung von *Our Town* (Regie: Sam Wood) und besuchte wenig später in New York eine Aufführung von Wilders Allegorie auf die Weltgeschichte, *The Skin of Our Teeth*. Er fand weder an dem einen noch an dem anderen Stück viel Gefallen.

Einen Sonderfall stellt der englische Essayist und Erzähler Aldous Huxley dar, Autor der pessimistischen Utopie *Brave New World* (1932). Huxley gehört nur insofern hierher, als er in Pacific Palisades in unmittelbarer Nähe Thomas Manns lebte. Nach anfänglicher Hochschätzung fand er Huxleys Essay *The Doors of Perception* und seinen »escapism« in die Welt der Drogen »eher skandalös«.[19] Doch ist Huxley nicht eigentlich zur amerikanischen Literatur zu zählen.

Willa Cather hingegen und William Faulkner sind entschieden als Repräsentanten der modernen amerikanischen Literatur anzusehen. Thomas Manns Beinaheverhältnis zu diesen beiden Autoren wirft ein besonders charakteristisches Licht auf seine letztlich doch marginale Position im literarischen Leben seines Gastlandes. Willa Cather war eine erfolgreiche und hochangesehene Knopf-Autorin, die mit ihren Romanen einem wesentlichen Aspekt der amerikanischen Geschichte, der Pionierarbeit der Siedler auf den Prärien des Mittleren Westens, ein literarisches Denkmal setzte. Knopf bemühte sich offenbar, zwischen seinen Autoren freundschaftliche Beziehungen anzubahnen; er lud sie, wie wir sahen, zu gemeinsamen Gastereien ein, doch ohne Erfolg.[20] Eine Cather-Lektüre Thomas Manns ist nicht zu belegen. Hätte er gewusst, dass Willa Cather einen bedeutenden Künstler- und Musikroman geschrieben hatte, *The Song of the Lark* (1915), der die Karriere der großen Wagner-Sängerin Olive Fremstad zum Vorbild hat, so hätte er ihr vermutlich mehr Aufmerksamkeit geschenkt. Immerhin kam es zu einem Gespräch unter vier Augen (Tb. 8. 3. 1938), das offenbar die beiden ersten *Joseph*-Romane zum Gegenstand hatte und eine sehr bemerkenswerte Besprechung zeitigte.[21] Cather, die dem *Magic Mountain* nicht viel hatte abgewinnen können, war völlig hingerissen von Manns Modernisierung der biblischen Geschichten. Sie unterscheidet scharfsinnig die Methode des *Joseph*-Autors von der Flauberts in *Salambô*; sie bewundert das sonst von den Rezensenten bekrittelte »Vorspiel« (es sei

»tremendous« und ein »marvel of imaginative power«), und sie preist die Gestalt des Jaakob als die höchste erzählerische Leistung Thomas Manns: »The creation of Jacob, in the flesh and in the spirit, is the great achievement of his work.«[22] Genügend gemeinsame Interessen für einen wechselseitig belebenden Austausch mit dieser bedeutenden Schriftstellerin wären also durchaus vorhanden gewesen.

Auch über dem Verhältnis Thomas Manns zu William Faulkner, dem Nobelpreisträger von 1949, stand ein Unstern. Die launische Göttin Gelegenheit war bedauerlicherweise geistesabwesend, sonst hätte sie es vierzehn Jahre lang nicht versäumt, zwei große Epiker zusammenzuführen, die sich, genau betrachtet, näherstanden, als Thomas Mann es ahnen konnte. Auch geographisch waren sie sich zeitweilig nahe: Faulkner war zwischen 1932 und 1951 mehrere Male »contract writer« für verschiedene Hollywood-Studios und weilte zu mehreren längeren Aufenthalten in Los Angeles. Der *Joseph*-Autor las Faulkner sehr spät in seinem Leben; er las zudem ein spätes Werk des Amerikaners, *A Fable* (1954), eine durchsichtige Neugestaltung der Leidensgeschichte Jesu, die dem Nobelpreisträger in Amerika späte Ehren zuhauf einbrachte. Agnes Meyer hatte ihm das Exemplar geschickt mit der Bitte um sein Urteil über ein Buch, von dem sie meinte, es sei »inferior to Faulkner's earlier work« (AM, 787). Ob dies zutraf, konnte er nicht beurteilen, da er Faulkners andere Romane nicht kannte. *A Fable* gibt in der Tat kaum eine Vorstellung von der konsequenten Modernität der Faulkner'schen Hauptwerke *The Sound and the Fury* (1929), *As I Lay Dying* (1930), *Light in August* (1932) und *Absalom, Absalom!* (1936).

Thomas Mann nahm die Faulkner-Lektüre zum Anlass, seinen lang aufgestauten Ärger über die amerikanische Kritik an seinem angeblich schwerfälligen Stil von der Seele zu schreiben: Im Vergleich zu Faulkners »schwer atmende[r] Schreibart« in diesem Buch seien seine eigenen Sätze »ein graziöser Spitzentanz« (AM, 789).

William Faulkner, der ursprünglich Falkner hieß und deutsche Vorfahren hatte, war ironischerweise ein großer Bewunderer Thomas Manns, seit er als junger Mann *Tonio Kröger* und *Death in Venice* gelesen hatte. Die beiden alles überstrahlenden Fixsterne an Faulkners literarischem Himmel waren James Joyce und Thomas Mann. Dass der amerikanische Erzähler sich an *Ulysses* orientierte und das Spiel mit den wechselnden Perspektiven und die Technik des Bewusstseinsstroms dort lernte, ist bekannt und unmittelbar einsichtig. Faulkners Verehrung für Thomas Mann ist hingegen kaum bekannt. Er hielt den *Joseph*-Autor für »the foremost literary artist of his time«.[23] Da ist zunächst die Affinität einiger wesentlichen Züge der Faulkner'schen Romane zum Werk Thomas Manns: die Thematik des Außenseiters, vor allem des rassisch stigmatisierten; die Faszination durch den Verfallsprozess von Familien; die Beschränkung auf die Welt einer geographisch und seelisch genau vermessenen Gegend – Lübeck/Kaisersaschern hier, Yoknapatawpha County in Mississippi dort. Yoknapatawpha ist das Kaisersaschern des amerikanischen Südens. Die Nähe zu dem *Joseph*- und *Lotte*-Autor auch in erzähltechnischer Hinsicht lässt es verständlich erscheinen, dass William Faulkner bis zum Ende in seinen Vorträgen als Writer in Residence an der University of Virginia von Thomas Mann nicht anders als in Tönen der Bewunderung sprach: »He [Joyce], Thomas Mann were the great writers of my time.«[24]

Die an diesem Punkt zu ziehende Zwischenbilanz, was Thomas Manns Verhältnis zu seinen amerikanischen Schriftstellerkollegen betrifft, fällt sehr gemischt aus. Die Autoren, die er kannte und zu denen sich ein gutes kollegiales Verhältnis herstellte, etwa Sinclair Lewis und Upton Sinclair, gehörten nicht mehr zur ersten Garde der amerikanischen Literatur des 20. Jahrhunderts. Sie können nicht vergessen machen, dass die nicht zustandegekommenen Beinahebegegnungen etwa mit Willa Cather und William Faulkner eigentlich schwerer wiegen. Hier ließe sich durchaus ein verweigerter beziehungsweise verpasster Kulturaustausch im Sinne Joseph Horowitz' konstatieren.

Junge Gelehrte und Bewunderinnen

Das Gesamtbild von Thomas Manns Interaktion mit der literarischen Kultur Amerikas heitert sich jedoch merklich auf, wenn wir den Blick über die etablierten zeitgenössischen Autoren hinaus auf die ganz jungen, angehenden Autoren richten, die sich an ihn wandten in der Hoffnung auf ein Wort der Anerkennung und Ermunterung. Diese Rolle einer literarischen Autorität war ihm schon sehr früh zugewachsen; es begann eigentlich schon mit seinem literarisch ambitionierten Schulfreund Otto Grautoff. Nach dem Ersten Weltkrieg nahm die Beantwortung von Zuschriften literarischer Anfänger dramatisch zu. Seine Aufgeschlossenheit gegenüber jungen und ganz jungen auf die Schriftstellerei setzenden Menschen und seine Geduld mit ihren Zumutungen setzte sich in Amerika fort, wie an fünf sehr unterschiedlichen Beispielen – Howard Nemerov, Joseph Campbell, Peter Viereck, Frederick Morgan und Susan Sontag – zu zeigen ist.

Einen besonders erstaunlichen Fall, Howard Nemerov, haben wir bereits kennengelernt.[25] Wenn Thomas Mann in seiner Princetoner Einleitung in den *Zauberberg* einen »jungen Gelehrten der Harvard University« (XI, 615) zitiert, der ihm eine Studie über seinen Roman zugeschickt habe, so denkt man zunächst an einen jungen Professor am Anfang seiner Karriere, denn er preist dessen interpretatorischen Spürsinn und den weiten literarischen Horizont. Besagte Studie heißt: *The Quester Hero. Myth as Universal Symbol in the Works of Thomas Mann.* Ihr Autor, Howard Nemerov (1920–1991), war ein neunzehnjähriger »undergraduate« am Harvard College, wie Thomas Mann bei einem Besuch des »junge[n] Verfasser[s]« zu seinem eigenen Erstaunen feststellte (Tb. 22. 10. 1939).

Der *Zauberberg*-Autor war entzückt, Hans Castorp als eine Sucherfigur, als »quester hero«, interpretiert und seinen Roman in einen großen weltliterarischen Kontext gerückt zu sehen. Für den jungen Nemerov bedeutete das Placet des verehrten Autors und die damit verbundene Publizität für seine »Honors Thesis«, von aller persönlichen Genugtuung abgesehen, zweifellos auch einen Karriereschub. Howard Nemerov wurde ein hochgeachteter Dichter und Kritiker, der seiner Liebe zu Thomas Manns Werk mit zwei heute noch lesenswerten Studien über die frühen Erzählungen und über *Doctor Faustus* ein weiteres kleines Denkmal setzte.[26] In gewissem Sinn wurde er sogar Thomas Manns Nachfolger, denn Nemerov wurde 1964 der Poetry Consultant an der Library of Congress und 1988 der amerikanische »poet laureate«.

Anfang Dezember 1939 wandte sich Agnes Meyer an Katia Mann mit einem besonderen Anliegen. Sie habe vier Karten für eine Aufführung von *Tristan und Isolde* an der Metropolitan Opera besorgt und wolle Thomas Mann bei dieser Gelegenheit mit »young Joseph Campbell«

bekanntmachen: »That is the name of the young professor who worships Dr. Mann.« (AM, 182) Dieser werde an dem brillanten jungen Philosophen seine Freude haben. Der junge Professor war nicht mehr gar so jung, Mitte dreißig, und lehrte Literatur am Sarah Lawrence College vor den Toren New Yorks.

Die Bekanntschaft mit Joseph Campbell (1904–1987) stand zunächst unter keinem guten Stern. Vermutlich begann es schon mit der *Tristan*-Aufführung am 21. Dezember, von der Thomas Mann enttäuscht war. Lauritz Melchior, der größte Wagner-Heldentenor des 20. Jahrhunderts, war an jenem Abend »stimmlos« (Tb. 21. 12.1939). Ein Jahr später sandte Campbell ihm das Manuskript eines Vortrags über *Permanent Human Values*, mit dem er sich jedoch eine geharnischte Standpauke einhandelte. Thomas Mann witterte in dem Vortrag ein gefährliches und potentiell sträfliches Plädoyer für einen unpolitischen Humanismus, was er angesichts der von Hitler ausgehenden Gefahr als unverantwortlich brandmarkte.[27]

In der Folgezeit entspann sich ein sporadischer Briefwechsel. Campbell gewann Thomas Manns Achtung und Vertrauen wieder, als er ein Buch über *Finnegan's Wake* veröffentlichte, James Joyces notorisch schwierigen letzten Roman.[28] Thomas Mann las das Buch, während er am *Doktor Faustus* schrieb. Offenbar half es ihm, seine eigene Version von literarischer Modernität von der des irischen Erzählers abzugrenzen. An Agnes Meyer schrieb er über ihren Protegé: »[…] Campbells Buch hat mich noch mehr beschäftigt und mir wieder einmal die Vermutung eingegeben, dass dieser Joyce wohl das grösste literarische Genie unserer Epoche sein könnte. Jedenfalls ist Mr. Campbells Studie als analytische und exegetische Leistung einfach bewundernswert, und es wird Amerika zur Ehre gereichen, dass dies hier für das Werk des Iren getan worden ist. Ich persönlich muss dem Verfasser umso dankbarer sein, als wissende und weisende Bücher *über* Joyce der einzige Weg zu ihm ist, der mir offen steht; denn ihn selbst zu studieren, dazu fehlt es mir an der nötigen rezeptiven Freiheit und Gutwilligkeit. Ich ahne eine Verwandtschaft, möchte sie aber lieber nicht wahrhaben, weil, wenn sie vorhanden wäre, Joyce alles viel besser, kühner, grossartiger gemacht hätte. Was ich rezeptive Freiheit nenne, muss Mr. Campbell im höchsten Grade besitzen, sonst müsste ihm meine eigene

Schreiberei als der flaueste Traditionalismus neben Joyce erscheinen.«
(AM, 577)[29]

Campbell wandte sich später der Mythenforschung und der Jung'-
schen Psychoanalyse zu und entfaltete eine weitgespannte publizistische Tätigkeit.[30] In den 1980er Jahren produzierte er mit Bill Moyers
eine vielbeachtete Fernsehserie: *The Power of Myth*, die posthum 1988
ausgestrahlt wurde. Sowohl in seinen Büchern und Vorträgen wie auch
in der erwähnten Fernsehproduktion diente ihm *Joseph and His Brothers*
als Modell und Demonstrationsobjekt. Auf diese Weise trug Joseph
Campbell nicht wenig dazu bei, die Erinnerung an Thomas Manns biblische Romantetralogie neu zu beleben und zu erhalten.

Gegen Ende 1939 hatte Thomas Mann Gelegenheit, sich mit einem
weiteren jungen Gelehrten der Harvard University zu befassen, Peter
Viereck (1916–2006). Der damals 23-jährige Historiker hatte eine Magisterarbeit über Hitler und Wagner geschrieben und ein Kondensat davon in der Zeitschrift *Common Sense* veröffentlicht.[31] In diesem Artikel
breitet Viereck zwei damals aufsehenerregende Thesen aus, nämlich
dass Richard Wagner nicht nur in ästhetischer, sondern auch in ideolo-
gisch-politischer Hinsicht der einflussreichste Künstler der Moderne
war und dass Wagner als der Urquell (»fountainhead«) der Ideologie des
Nationalsozialismus anzusehen sei. En passant macht Viereck eine respektvoll kritische Anmerkung zu Thomas Mann: Es sei eigentlich in-
konsequent, wenn »the noblest and greatest of anti-Hitler Germans«
nicht nur den Komponisten, sondern auch den Denker Wagner bewunderte. Offenbar war es diese Bemerkung, die den Herausgeber der Zeitschrift, Alfred M. Bingham, auf den Gedanken brachte, Thomas Mann
um eine Stellungnahme zu bitten in der Annahme, dass dieser Wagner
gegen die Pauschalanschuldigung des Jungakademikers verteidigen
werde. Bingham hatte schon früher Kontakt mit Thomas Mann: *Mass
und Wert* brachte einen Essay von ihm über den New Deal.[32]

Thomas Mann begrüßte die Gelegenheit, zwei Monate nach Kriegs-
beginn zu Wagner im Lichte der jüngsten Erfahrung Stellung zu
nehmen und sich über »Wagner u. das Deutschtum« (Tb. 5. 11. 1939)
Gedanken zu machen. Er schrieb einen unbetitelten Briefessay, den
Bingham unter dem Titel *In Defense of Wagner. A Letter on the German
Culture that Produced Both Wagner and Hitler* veröffentlichte. Es ist ein

nicht autorisierter und, recht besehen, irreführender Titel, denn Thomas Mann erklärt unmissverständlich: »Ich habe Herrn Auerecks Arbeit mit fast unausgesetzter Zustimmung gelesen«, und er bestätigt Auerecks Hauptthese, dass »zwischen der Wagner'schen Sphäre und dem nationalsozialistischen Unheil« unbestreitbar »Beziehungen« bestehen (XIII, 351). Er geht sogar einen Schritt weiter als der junge Historiker: Nicht nur seine Schriften, sondern Wagners Werk im Ganzen hätten dem Nationalsozialismus vorgearbeitet. Wagners Werk sei in der Tat »die genaue geistige Vorform der ›metapolitischen‹ Bewegung [...], die heute den Schrecken der Welt bildet« (XIII, 358). Dies ist unmöglich als eine Verteidigung Wagners zu konstruieren; im Gegenteil, hier ist eine Radikalisierung der Thomas Mann'schen Wagner-Auffassung zu konstatieren. Der einzige Einwand, den er gegen Viereck vorbringt, hat wenig Gewicht, nämlich dass er in seinem Essay die Nuance der Liebe und des Betroffenseins ein wenig vermisse – ein Manko, aus dem man einem jungen Amerikaner keinen großen Vorwurf machen kann.

Thomas Mann geht es hier nicht in erster Linie um eine Kritik an Viereck, sondern um die Bezeichnung einer vertrackten Ambiguität, des zugleich Liebenswerten und Verwerflichen, die Wagner aufs schlagendste exemplifiziere. Diese Erkenntnis dient ihm zum Angelpunkt seiner Deutschlandinterpretation, die auf die Washingtoner Rede *Deutschland und die Deutschen* und auf *Doktor Faustus* vorausweist.

Die Thesen des jungen Peter Viereck zu Hitler und Wagner sind ohne Kenntnis des historischen Gepäcks seiner Familiengeschichte nicht angemessen zu verstehen. Es scheint, Thomas Mann war sich nicht recht bewusst, dass er es mit dem Sohn George Sylvester Auerecks (1884–1962) zu tun hatte, mit dem er von 1919 bis 1932 in einem sporadischen, spärlichen Briefwechsel gestanden hatte. Der ältere Viereck, ein umtriebiger Literat, hatte Kontakt zu dem Verfasser der *Betrachtungen eines Unpolitischen* gesucht und sandte ihm fortan seine Bücher. George Sylvester war eine in Amerika höchst umstrittene Figur. Er betrachtete sich als von Kaiser Wilhelm I. abstammend: Sein Vater, Louis Viereck, der nach Amerika auswanderte, war der Spross einer Liaison Wilhelm I. mit der Schauspielerin Edwina Viereck.[33] In Amerika zog George Sylvester Viereck schon im Ersten Weltkrieg als fanatischer Germanophile die Aufmerksamkeit auf sich. In den folgenden Jahren entpuppte er sich als Nazisympathisant und Bewunderer Hitlers, den er bereits 1923 interviewte. 1941 wurde er vollends zur Unperson, als er wegen Geldwäsche im Auftrag der deutschen Botschaft zu Gunsten nazifreundlicher Organisationen zu vier Jahren Gefängnis verurteilt wurde. Man geht wohl nicht fehl in der Annahme, dass Peter Vierecks Studium der deutschen Geschichte ein Versuch war, sich von seinem Vater, dessen berüchtigte prodeutsche Propaganda als ein schmerzliches Stigma auf ihm lastete, zu emanzipieren und intellektuell zu befreien. Indem der junge Viereck die Romantik und Wagner zu Vorläufern Hitlers erklärte, unterzog er, im Lichte der jüngsten historischen Erfahrung, alles, wofür sein Vater mit unkritischem Eifer eingetreten war, einer radikalen Kritik.

Zwei Jahre nach dem Austausch mit Thomas Mann machte Viereck aus seiner Magisterarbeit ein Buch: *Metapolitics*, ein Begriff, den er von Constantin Frantz, einem von Wagner bewunderten Publizisten, übernahm. Das Buch erschien bei Knopf; Thomas Mann lieferte einen Waschzettel. Darin erklärte er, *Metapolitics* sei eines der besten politischen Bücher der letzten Jahre, das weit über Hermann Rauschnings *Die Revolution des Nihilismus* zu stellen sei. Das Buch wurde ein Bestseller und diente Generationen von amerikanischen College-Studenten als Lehrbuch über die kulturellen Wurzeln des Nationalsozialismus.

Metapolitics – die jüngste Auflage von 2004 trägt den Untertitel *From Wagner and the German Romantics to Hitler* – legte den Grundstein zu Peter Vierecks großer esoterischer Reputation als Poet und politischer Querdenker. Mit dem Gedichtband *Terror and Decorum* gewann er 1949 den angesehenen Pulitzer-Preis; auch als Übersetzer, unter anderen von Georg Heym und Stefan George, genoss er ein hohes Ansehen. Am einflussreichsten war jedoch sein Buch *Conservatism Revisited*, eine Neubewertung der politischen Philosophie Edmund Burkes und Fürst Metternichs; damit hauchte er dem in der Ära Roosevelt stark in Verruf geratenen Konservatismus neues Leben ein. Ihm wird das Verdienst zuerkannt, den Konservatismus intellektuell wieder salonfähig gemacht zu haben; er gilt als der erste »Neo-Conservative«, ein halbes Jahrhundert bevor es den jetzigen »Neo-Conservatives« gelang, diese politische Philosophie wieder in Verruf zu bringen.[34] Gewiss hätte Peter Viereck auch ohne Thomas Manns Intervention seinen Weg gemacht. Dennoch verdankte er, wie Howard Nemerov, der Bereitschaft Thomas Manns, sich auf einen jungen Gelehrten einzulassen, einen nachhaltigen Karriereschub. Und umgekehrt verdankt Thomas Mann der Auseinandersetzung mit der Wagner- und Hitler-Deutung eines jungen Amerikaners eine Präzisierung seines eigenen Verständnisses von »Wagner und [dem] Deutschtum«.

Frederick Morgan (1922–2004) war von 1939 bis 1943 Student in Princeton und machte dort die Bekanntschaft Thomas Manns. Der junge Fred Morgan schrieb Gedichte und war Mitherausgeber des ehrwürdigen Princetoner Literaturmagazins *The Nassau Lit*. Offenbar war er es, der die Idee hatte, die Anwesenheit des berühmten Gastes an der Princeton University mit einem Sonderheft der 1842 gegründeten Literaturzeitschrift zu markieren. Die Initiative des jungen Morgan wurde belohnt. Thomas Mann überließ ihm zur Erstveröffentlichung die englische Fassung von *Little Grandma*, seinem Porträt der Frauenrechtlerin Hedwig Dohm, der Großmutter Katia Pringsheims. Der Text – ursprünglich für den *Readers Digest* geschrieben, der hohe Honorare zahlte, ihn aber ablehnte – findet sich in Heft 1 des *Nassau Lit* von 1942.[35]

Diese entgegenkommende Geste dem literarisch umtriebigen Studenten gegenüber sollte wenige Jahre später überraschende Früchte tragen, als Frederick Morgan 1948 in New York, zusammen mit zwei Freunden, seine eigene literarische Zeitschrift startete, die heute in hohem Ansehen stehende *Hudson Review*. Morgan, der die Zeitschrift bis zu seinem Tod betreute, veröffentlichte mehrere Bände Gedichte und betätigte sich als Kritiker; er war eine feste Größe auf der literarischen Szene New Yorks und gehörte zu New York wie der Strom, nach dem er seine Zeitschrift benannte. Die *Hudson Review* brachte in den beiden ersten Jahrgängen mehrere Beiträge von und über Thomas Mann, darunter die Musikvorträge Wendell Kretzschmars aus dem *Doktor Faustus* sowie einen Essay von Morgan selbst über die *Joseph*-Romane.[36] Der so Geehrte, der in den 40er Jahren den Eindruck gewonnen hatte, dass die amerikanische Kritik seiner überdrüssig sei, wertete das Erscheinen der *Hudson Review,* wie er im Tagebuch festhielt, als ein »[e]rmutigendes Symptom« (Tb. 5. 6. 1948). Auch in diesem Fall lässt sich von einer beiderseits förderlichen literarischen Interaktion sprechen.

Dass Susan Sontag (1933–2004), die berühmteste und glamouröseste Gestalt auf der literarischen Szene New Yorks in der zweiten Hälfte des 20. Jahrhunderts, ein sehr persönliches Verhältnis zu dem *Zauberberg*-Autor hatte, ist gewiss eine der überraschendsten und reizendsten Episoden in dem großen Kapitel Thomas Mann und Amerika. Susan Sontag wuchs in Los Angeles auf, wo sie sich schon an der North Hollywood High School hervortat und glänzte. Sie war eine frühreife Leseratte und eine Art Wunderkind, was allein schon daraus zu ersehen ist, dass sie im Alter von fünfzehn Jahren den *Zauberberg* verschlang. Weil sie sich von den Romanfiguren nicht trennen konnte, las sie das Buch sogleich ein zweites Mal. Sie verhielt sich damit genau so, wie der Autor es sich idealerweise gewünscht hatte. Vor Princetoner Studenten hatte Thomas Mann den »sehr arrogante[n]« Wunsch geäußert, »daß man [das Buch] zweimal lesen soll«, vorausgesetzt, »daß man sich das erste Mal [nicht] dabei gelangweilt hat« (XI, 610). Die Fünfzehnjährige hatte sich offenbar überhaupt nicht gelangweilt. Sie las den Roman ein zweites Mal und notierte dazu in ihrem Tagebuch: »*The Magic Mountain* is the finest novel I've ever read. The sweetness of renewed and undiminishing acquaintance with this work, the graceful and meditative pleasure I feel are unparalleled.«[37]

Ein gutes Jahr später – Susan war nach einem Semester in Berkeley an die University of Chicago gewechselt – stellte eine Freundin anhand des Telefonbuchs für Los Angeles fest, dass der verehrte Autor ganz in der Nähe wohne. Sie riefen an und wurden zu ihrer Überraschung von Katia zum Tee eingeladen. Susan und zwei befreundete Studenten pilgerten aufgeregt nach Pacific Palisades, um Thomas Mann zu besuchen und ihn über den *Zauberberg* auszufragen. In seinem Tagebuch hat der Besuch der drei jungen Leute keine sehr deutliche Spur hinterlassen. Er notierte: »Nachmittags Interview mit 3 Chicagoer Studenten über den ›Magic Mountain‹.« (Tb. 29. 12. 1949) Offenbar hatte er nicht mitbekommen, dass die drei jungen Besucher zwar in Chicago aufs College gingen, aber eigentlich aus Los Angeles stammten und über die Weihnachtsferien zu Hause weilten.

Mehr ist über dieses von Thomas Mann gewährte Privatissimum aus den Aufzeichnungen Susan Sontags zu erfahren. Ihr Bericht beginnt mit dem ironischen Satz: »E [?], F [?], and I interrogated God this

342

evening at six.« Sie schildert dann, wie sie zu dritt (die Identität ihrer zwei Begleiter ist nicht geklärt) eine halbe Stunde vor dem ausgemachten Termin am Haus 1550 San Remo Drive anlangten und während der Wartezeit untereinander die Fragen probten, die sie zu stellen gedachten. Katia führte sie in das große Wohnzimmer, wo Thomas Mann auf dem Sofa sitzend in weißen Schuhen und brauner Krawatte, einen schwarzen Hund zwischen den Knien am Halsband haltend, sie freundlich begrüßte und in sein Arbeitszimmer führte. Susan Sontag fand seine Redeweise präzise und bedacht; sein deutscher Akzent sei weniger störend gewesen, als sie erwartet hatte.

Es folgen über vier Seiten unzusammenhängende Gesprächsnotizen. Die bemerkenswertesten: Im *Zauberberg* habe er versucht, eine Summe der Probleme zu geben, vor denen Europa vor dem Ersten Weltkrieg gestanden hatte; alle seine Romane bildeten eine Einheit und sollten als solche analysiert und bewertet werden; die beste englische Übersetzung eines Buches von ihm sei die Übersetzung des *Tod in Venedig* von Kenneth Burke; es sei schwierig für jemand, der nicht in der englischsprechenden Welt aufgewachsen sei, die Schönheit von James Joyces Werk zu würdigen; er habe lediglich Bücher über Joyce gelesen und glaube, dass sie sich, was die Bedeutung und Verwendung des Mythos betreffe, durchaus ähnlich seien; der *Doctor Faustus* sei ein Nietzsche-Buch; bei diesem Roman habe er mit einem Schüler Alban Bergs namens »Darnoldi« [Adorno!] zusammengearbeitet, sich aber auch mit Arnold Schönberg beraten. Zum Abschluss erzählte Thomas Mann seinen jungen Besuchern von seinem gegenwärtigen Schreibprojekt: eine tragikomische Geschichte von einem großen Sünder, der seine Mutter heiratet und Papst wird; dieses Buch werde wegen seiner Sprachexperimente noch schwerer zu übersetzen sein als *Doktor Faustus*.[38]

Wie nicht anders zu erwarten, war die Diskrepanz zwischen dem imaginierten und dem realen Autor beträchtlich. Die altkluge Besucherin notierte am Rande ihrer Aufzeichnungen, dass Thomas Manns Aussagen über sein Werk eigentlich banal seien und diesem nicht gerecht würden. Gleichwohl war sie von dem Gespräch mit Thomas Mann so beeindruckt, dass sie auch den *Doctor Faustus* ein zweites Mal las. Schon nach der ersten Lektüre im Frühjahr 1949 hatte sie sich notiert, dass es ein großes Werk sei, das sie mehrmals werde lesen müssen, um es sich ganz anzueignen.[39]

In einem autobiographischen Essay im *New Yorker* erinnert sich Susan Sontag an ihr jugendliches Thomas-Mann-Abenteuer. In diesem Artikel, dem sie den ironischen Titel *Pilgrimage* gab, berichtet sie nach fast vierzig Jahren von ihrem Besuch bei Thomas Mann und gedenkt dankbar ihres jugendlichen Leseerlebnisses mit dem *Magic Mountain*. Sie nennt den Roman ein »transforming book« – ein Buch von lebensverändernder Zauberkraft.[40] So blieb denn in Sontags enorm einflussreichem, kritischem Werk der *Zauberberg*-Autor ein stets präsenter Bezugspunkt aus der klassischen Moderne. In einer Epoche, in der sich Thomas Manns Reputationskurve in Amerika nach unten senkte, signalisierte Susan Sontag mit ihrer außerordentlichen Ausstrahlung, dass eine Vertrautheit mit dem Werk Thomas Manns zum selbstverständlichen geistigen Rüstzeug einer Intellektuellen gehöre. Keine andere Stimme auf der literarischen Szene Amerikas hätte diese Position mit größerer Überzeugungskraft vertreten können als sie.

Heimliche Ergriffenheit: Gore Vidal

Wie Susan Sontag war auch Gore Vidal, Jahrgang 1925, ein literarisches Wunderkind, und auch er verdankt der Thomas-Mann-Lektüre ein literarisches Erweckungserlebnis. Er las mit vierzehn die bis dahin erschienenen Bände von *Joseph and His Brothers* und danach alles von Thomas Mann. Schon als Teenager begann er zu schreiben. Heute gilt Gore Vidal als ein glänzender Essayist und als Meister des historischen und politischen Romans; er selbst versteht sich – und darin zeichnet sich eine gewisse Affinität zu Thomas Manns Selbstverständnis als Schriftsteller ab – als der Chronist von Amerikas politischem und moralischem Niedergang. Der literarische Durchbruch gelang dem jungen Gore Vidal mit seinem dritten Roman, *The City and the Pillar*, den er als Zwanzigjähriger schrieb. Dieses Buch trug ihm aber auch den Ruf eines Skandalautors ein, denn es handelt sich um eine éducation érotique, einen pikaresken Bildungsroman, der heute als unumstrittener Klassiker der »gay literature« hohes Ansehen genießt. Was diesen Roman den

Sittenwächtern des literarischen Betriebs so anstößig erscheinen ließ, war die im wörtlichen Sinn schamlose Selbstverständlichkeit, mit der hier das gleichgeschlechtliche Begehren gestaltet und die Schwulenszene von New York, Hollywood, New Orleans und in der amerikanischen Armee geschildert wird.

Das Buch fand zwei Jahre lang keinen Verleger. Als es 1948 erscheinen konnte, weigerten sich die *New York Times* und andere Blätter, Anzeigen des Buches zu drucken. Auch die Rezensenten ließen die Finger von dem Buch. Der ehrgeizige Autor seinerseits verschickte zwei Exemplare an die beiden Autoren, die ihm am meisten bedeuteten, in der verständlichen Hoffnung, von ihnen ein, zwei lobende Sätze zu bekommen, die sich für die Werbung eignen würden. Eins der Exemplare ging an Christopher Isherwood, den Verfasser von *Goodbye to Berlin*, das andere an Thomas Mann. Isherwood äußerte sich, wie zu erwarten war, enthusiastisch über das Buch. Von Thomas Mann kamen ein paar dürre Zeilen, in denen er sich für die Zusendung des »neuen und interessanten Buches« von Gore Vidal bedankte, dessen Name zu allem Unglück auch noch falsch geschrieben war. Man kann sich die Enttäuschung des jungen Autors leicht ausmalen.

Wenn es damit sein Bewenden gehabt hätte, so taugte diese Geschichte vorzüglich, die These des Buches von Joseph Horowitz zu belegen, dass Thomas Mann zu jenen typisch deutschen Immigranten zu zählen sei, die zum »cultural exchange«, dem Geben und Nehmen geistiger und kultureller Werte, konstitutionell nicht fähig waren. Doch die Geschichte des jungen amerikanischen Romanschreibers und seiner Verehrung für den Schöpfer des *Joseph* nahm wenig später eine wunderbare, ja rührende Wendung. Sie zeigt, dass der alte Thomas Mann sehr wohl aus dem von Horowitz beschriebenen deutschen Verhaltensmuster auszuscheren vermochte.

Thomas Mann hatte das Buch im Januar 1948, als er mit dem *Doktor Faustus* im Endkampf lag, ungelesen beiseitegelegt; aber er hatte es für später aufbewahrt. Als er es nach gut zwei Jahren wieder hervorholte, war er ein anderer. Der *Doktor Faustus* lag hinter ihm, und kürzlich erst, auf seiner zweiten Europareise seit Kriegsende, durfte er in der Begegnung mit Franz Westermeier, einem Kellner im Zürcher Grand Hotel Dolder, ein erneutes erotisches Erwachen erleben, das ihn zu einem auch autobiographisch bedeutenden Essay über *Die Erotik Michelangelos* inspirierte. Als er sich an die Lektüre von *The City and the Pillar* machte, tat er es also in erotisch erfrischtem Geist. Der Titel des Romans – wörtlich: Die Stadt und die Säule – ist eine biblische Anspielung auf die sündhafte Stadt Sodom; und die hier gemeinte Säule ist die Salzsäule, in die Lots Frau zu ihrer Strafe verwandelt wird, weil sie gegen das Gebot der beiden Engel bei dem Auszug aus Sodom aus unbezwingbarer Neugierde sich umwandte, um zu sehen, welche Strafe Gott der sündhaften Stadt angedeihen ließ.[41]

Thomas Manns Tagebuch vom 22. bis 29. November 1950 bietet ein kleines, doch sehr aufschlussreiches Lektüreprotokoll. Schon das zweite Kapitel des Vidal'schen Romans fand er »ganz ausgezeichnet«. Es schildert eine »Liebesspielszene« zweier Achtzehnjähriger und beschreibt das Erwachen des gleichgeschlechtlichen Begehrens des einen der beiden Jungen, Jim Willards. Die Szene spielt in einer »cabin«, einer verlassenen Hütte am Potomac, nahe bei Washington. Es ist eine Szenerie, die Thomas Mann von seinen Besuchen in Washington her kannte, denn Agnes Meyer fuhr ihn gelegentlich hinaus in die Meyer'sche »cabin« am Potomac. Doch weit Wichtigeres musste ihm an diesem Buch vertraut vorkommen. Dieser Jim Willard ist ein gut gebauter Athlet, der sich später als Tennislehrer durchschlägt, besitzt aber eine feminine Sensibilität, die ihn im Kreise seiner Altergenossen marginalisiert. Bei Lichte besehen war das doch Tonio Kröger im Körper des Hans Hansen – gleichsam ein Hans Hansen mit vertauschtem Kopf! In seiner unprätentiösen intellektuellen Einfachheit erinnert Jim Willard aber auch an Hans Castorp, denn Vidal hat ihm eine heimliche Passion für seinen Schulfreund Bob Ford mitgegeben, jenem Gespielen in der Hütte am Potomac. In dem pikaresken Reigen von Jims sexuellen Abenteuern quer durch Amerika und auch in seinen Träumen steht ihm stets jener Bob vor seinem geistigen Auge. Die Erinnerung an Bob steuert sein Begehren deutlicher noch, als es die Erinnerung an Pribislav Hippe in Hans Castorps Fall tut.

In seinem Lektüreprotokoll vermerkt Thomas Mann auch Vorbehalte. »Das Sexuelle, die Affairen mit den diversen Herren mir eben doch unbegreiflich. Wie kann man mit Herren schlafen.« Er findet »manches fehlerhaft« und »unsympathisch«. Dass Jim, als er Bob in New York wiedertrifft, diesen sogleich in eine sogenannte »Fairy Bar« führt, findet er »häßlich«. Und doch heißt es abschließend, dass er von dem Roman »ergriffen« war; er bezeichnet es als ein »[i]nteressantes, ja wichtiges menschliches Dokument von ausgezeichneter und belehrender Wahrhaftigkeit« (Tb. 22.–29. 11. 1950). Was hätte der junge Autor dafür gegeben, von der heimlichen Ergriffenheit des verehrten Thomas Mann Kenntnis zu haben und dessen Urteil schwarz auf weiß in der Hand zu halten!

Festzuhalten bleibt abschließend, dass die Vidal-Lektüre in die Entscheidung, das *Felix-Krull*-Projekt wiederaufzunehmen, beziehungsreich hineinspielte. *Der Erwählte* war beendet; wiederum waren verschiedene Möglichkeiten zu erwägen. Vieles sprach für den *Krull*, wie er sich im Tagebuch (25. 11. 1950) klarmachte. Nicht zuletzt dies: »Der homosexuelle Roman interessiert mich nicht zuletzt wegen der Welt- und Reise-Erfahrungen, die er bietet. Hat meine Isoliertheit genug Menschen-Erlebnis aufgefangen, daß es zu einem gesellschaftssatirischen Schelmenroman reicht?« Und dann die unverkennbar von Vidals Roman angeregte Frage: »Erweiterung des Schauplatzes nach Amerika?« Dazu ist es dann doch nicht gekommen. Man darf aber folgern, dass sich Thomas Mann in der stärkeren Hervorkehrung der Homosexualität in dem noch zu schreibenden Teil der Bekenntnisse Felix Krulls durch die Lektüre von *The City and the Pillar* ermutigt und gestärkt fühlen durfte.

Der Autor wusste die längste Zeit nichts von Thomas Manns Ergriffensein durch seinen frühen Roman. Er erfuhr davon erst nach der 1991 erfolgten Veröffentlichung der Thomas Mann'schen Tagebücher von 1949/50. Ein ungenannter »biographer of Thomas Mann« habe ihn angerufen und darauf aufmerksam gemacht. Dies veranlasste nun Gore Vidal, in der Einleitung zu einer Neuauflage des Romans im Jahre 1995 eine kleine Hommage an den großen Thomas Mann einzurücken. Bemerkenswert daran ist vor allem die Auskunft, dass ihn das Beispiel der *Joseph*-Romane gelehrt habe, wie das in Amerika umstrittene Genre des »novel of ideas« auch heute noch funktionieren könne, nämlich dann, wenn die Erzählung fest in der Geschichte verortet ist. Eben dies – »the novel of ideas set […] within history« – ist das zugrundeliegende literarische Rezept von Vidals eigenem, eindrucksvollem Œuvre geworden.

Da überrascht es dann auch nicht mehr, wenn er bekennt, dass er sich Thomas Mann in der Tat »in a certain sense« zum Modell gewählt habe. Die Hommage von 1995 schließt mit dem Ausdruck der erstaunten Freude darüber, dass sein in jungen Jahren geschriebenes Buch Thomas Mann dazu bewegt hat, die *Krull*-Memoiren wieder aufzunehmen: »I am duly astonished and pleased that, as he read me, he was inspired – motivated – whatever verb – to return to his most youthful and enchanting work, *Felix Krull*, which features something of a lighter, more allegro version of my own Jim Willard in the guise of a character whom he appropriately called Felix – the Latin for ›happy‹.«[42]

Was lässt sich abschließend aus unserer Betrachtung Thomas Manns auf der literarischen Szene Amerikas schließen? Das Herzasthma, das Thomas Mann als Schriftsteller in Amerika zu erleiden hatte, rührte im Wesentlichen von dem leidigen Problem der Übersetzung und den altersbedingten Hindernissen der Akkulturation. Es war ein chronisches Leiden, aber keins, das ihn gehindert hätte, mit Büchern und Vorträgen seine Existenz zu sichern und darüber hinaus jungen amerikanischen Autoren Inspiration und Vorbild zu sein. Thomas Manns »cultural exchange« mag nicht die Intensität und das Ausmaß der von Joseph Horowitz bevorzugten russischen Beispiele erreicht haben. Doch jede besonnene Betrachtung seiner vielfältigen und anhaltenden Interaktion mit der Literatur und den Literaten seines Gastlandes wird zu dem Schluss kommen, dass er sich in höherem Maße auf das literarische Leben Amerikas eingelassen hat als seine exilierten Kollegen aus Deutschland, seien es Brecht, Döblin, Werfel oder Graf.

Selbst in der Reduktion auf das Schema der »novel of ideas« vermochte Thomas Mann, wie das Beispiel Gore Vidal zeigt, eine bisher wenig gewürdigte Wirkung zu entfalten. Der Fall Gore Vidal scheint darüber hinaus zu signalisieren, dass in einer Zeit, in der angesichts von Aids das gleichgeschlechtliche Begehren weitgehend wieder, wie schon in Thomas Manns formativen Jahren, eine solitäre und imaginäre Angelegenheit geworden ist, in der homoerotischen Dimension seiner Fiktionen ein reiches Potential für seine Langzeitwirkung beschlossen liegt, jedenfalls in Amerika.[43]

Hollywood und das »Movie-Gesindel«

In der Stadt der Engel: Abgeholt von Lubitsch

Am 5. April 1939 – die Manns weilten zum zweiten Mal in der »City of the Angels« – fand im Wilshire Hotel ein Bankett statt, auf dem Thomas Mann der Hauptredner war. Es handelte sich um einen sogenannten Fundraiser des American Committee for Christian German Refugees, dessen Ertrag nichtjüdischen Flüchtlingen aus Deutschland und dem Thomas-Mann-Fonds, einem Hilfsfonds für bedürftige Exilanten, zugutekam. Die Veranstaltung war ein Erfolg. Die ca. dreihundert Besucher spendeten über 3000 Dollar, wovon 1000 für den Hilfsfonds des Hauptredners abgezweigt wurden. Solche Fundraiser zu humanitären und politischen Zwecken waren und sind in Amerika, zumal in Los Angeles, nichts Außergewöhnliches; sie sind eine feste Einrichtung des amerikanischen Lebens.

Ungewöhnlich und bemerkenswert war etwas anderes, das im Tagebuch nur beiläufig erwähnt wird – der Umstand, dass Thomas Mann von Ernst Lubitsch abgeholt und zum Bankett gefahren wurde. Lubitsch, der seit 1923 in Hollywood arbeitete und einer der erfolgreichsten Filmschaffenden in der damals großen deutschen Kolonie der Traumfabrik war, ließ es sich nicht nehmen, dem *Buddenbrooks*-Autor die Ehre zu erweisen. Es war eigentlich nichts als eine kleine, freundliche Geste des berühmten Regisseurs; sie ist jedoch als symptomatisch anzusehen für die Hochachtung, die Hollywood dem deutschen Nobelpreisträger entgegenbrachte. Mit und durch Lubitsch gab sich eigentlich Hollywood die Ehre.

Thomas Mann verstand dies sehr wohl. Sein Vortrag – die englische Fassung von *Der Feind der Menschheit* (XIII, 645–655) – war »mangelhaft«, wie er selbst einräumte. Doch das zählte nicht angesichts der allgemeinen Akklamation für seinen Auftritt. Als das eigentliche Fazit des Abends hielt er fest: »Stark gefeiert von der Auslese Hollywoods.« Der Abend klang aus in einem dem Hotel gegenüberliegenden Lokal in Gesellschaft von »Dieterles, Lubitsch u. v. a.« bei Pancakes mit Butter und Sirup zur »[a]llseitige[n] Zufriedenheit« (Tb. 5. 4. 1939).

Auch in dem Verhältnis zu Hollywood zeigt sich also mit großer Deutlichkeit der durchaus exzeptionelle Charakter von Thomas Manns Exilerfahrung. Unter den für ihn äußerst günstigen Vorzeichen seiner Aufnahme schon im Vorjahr, bei seinem ersten Besuch, durch die Granden von »tinsel town« konnte kaum ein Gedanke aufkommen an eine Kapitalismuskritik à la Bertolt Brecht oder Max Horkheimer/Theodor W. Adorno. Anders als Brecht in seinen *Hollywood-Elegien* war ihm die Welthauptstadt der Film- und Unterhaltungsindustrie eher das Paradies als die Hölle. Er brauchte nicht zu fürchten, dass jemand ihn auffordern werde: »Spell your name«. Und er brauchte nicht jeden Morgen, um sein Brot zu verdienen, hoffnungsvoll auf den Markt zu gehen, wo Lügen gekauft werden. Im Gegenteil, man kam zu ihm und zeigte lebhaftes Interesse an seinen »Lügen«.

Los Angeles und Hollywood, das seit 1903 eingemeindet war, mussten Thomas Mann, schon bevor er zum ersten Mal seinen Fuß auf kalifornischen Boden setzte, als eine besonders verlockende Zuflucht erscheinen. Gute Freunde aus Münchner Tagen, wie Bruno und Liesl Frank sowie Bruno Walter, hatten vor ihm dort Fuß gefasst. Einflussreiche Männer, die er aus Europa kannte, wie Max Reinhardt, der einstige Herrscher über das deutschsprachige Theater und Mitbegründer der Salzburger Festspiele, oder Carl Laemmle, der Begründer und Boss des Universal Studios, waren ihm wohlgesonnen. Auch auf amerikanische Konnexionen durfte er zählen. Eddie Knopf, der Bruder des Verlegers und ein gelernter Schauspieler, war ein Produzent bei Metro-Goldwyn-Mayer und eifrig bemüht, möglicherweise nach Weisung aus New York, dem deutschen Autor Kontakte zu verschaffen und Blicke hinter die Kulissen der Filmarbeit zu ermöglichen. Im Übrigen lebte auch die älteste Tochter seiner Washingtoner Gönnerin in dem vornehmen Bel-Air-Stadtteil von Los Angeles: die Tänzerin und Fotografin Florence, die mit dem österreichischen Schauspieler Oskar Homolka verheiratet war. Sie alle waren daran interessiert, als Förderer und »friend« des großen

Schriftstellers und der Galionsfigur des »anderen Deutschland« wahrgenommen zu werden.

Wie entgegenkommend der *Joseph*-Autor in Hollywood aufgenommen wurde, zeigte sich schon bei seinem ersten Aufenthalt in Los Angeles im Frühjahr 1938, wobei zu erinnern ist, dass bereits in den frühen dreißiger Jahren einige der großen Studios aus Hollywood in andere Stadtteile zu ziehen begannen. Der Name Hollywood, der urspünglich den Standort bezeichnete, blieb jedoch der Name für die Filmindustrie insgesamt. Thomas, Katia und Erika Mann waren auf dieser ersten Vortragstournee am 23. März in Los Angeles angelangt, wo eine längere Erholungspause bis zum 26. April eingeplant war. Nach einigen Tagen zog man in einen Bungalow des eleganten Beverly Hills Hotels, wo Thomas Mann endlich wieder ungestört arbeiten konnte, soweit es die vielen gesellschaftlichen Verpflichtungen zuließen. In diesen gut vier Wochen lernte Thomas Mann zahlreiche Vertreter der Filmindustrie kennen, sei es bei einem gesellschaftlichen Anlass, sei es bei einem seiner Besuche in den großen Filmstudios.

Schon am ersten Tag nach der Ankunft führten Bruno und Liesl Frank ihre Münchner Freunde ins Paramount Studio, wo sie Adolph Zukor, dem Präsidenten von Paramount, vorgestellt wurden und wo sie bei Filmaufnahmen zuschauen durften. Auch Fritz Lang, der damals an *You and Me* arbeitete, wurde begrüßt. Darüber hinaus wurden ihnen Kostproben aus Lubitsch-Filmen vorgeführt, von denen Thomas Mann jedoch nicht besonders angetan war.

Wenig später, am 31. März, unmittelbar nach der Rückkehr von einem Abstecher nach San Francisco, war Smokingtoilette angesagt. Jack Warner, der spiritus rector des Warner-Brothers-Studios, hatte zu einem »fundraising dinner« in seinem, wie Thomas Mann fand, »[p]ompöse[n] Haus und Park« eingeladen (Tb. 1. 4. 1938). Die Gäste spendeten hundert Dollar pro Gedeck für Flüchtlinge aus Deutschland. Nach dem Essen hielten Bruno Frank und Thomas Mann in dem »[s]chöne[n] Bibliothek-Raum« kurze Ansprachen. Dies war die erste Berührung mit dem Hollywood-Glamour. Dem Tagebuch zufolge hatte er nicht viel mitbekommen, weder von der Bedeutung Jack Warners noch von der sehr aufmerksam zusammengestellten Gästeliste. Thomas Mann notierte lediglich die Anwesenheit von »Stars«, die er aber nicht kannte, sowie die »[k]olossale[n] Einkommen-Summen«, über die ihn vermutlich Bruno Frank ins Bild gesetzt hatte.

Näheres über diesen denkwürdigen Abend ist aus dem ausführlichen Bericht in einem Hollywood Klatschblatt zu entnehmen.[1] Der bedeutendste Filmstar unter den Gästen war James Cagney (mit Frau), damals das größte Zugpferd der Warner Brothers. Sodann die glamouröse Miriam Hopkins mit ihrem Mann, dem Regisseur Anatole Litvak; William Dieterle, der seit 1930 in Hollywood arbeitete, mit seiner Frau Charlotte; der Komponist Oscar Hammerstein mit Frau sowie zwei neue Sterne am literarischen Himmel: Dorothy Parker, die berühmte New Yorker Satirikerin, und Lillian Hellman, die erfolgreiche Theaterautorin – insgesamt eine Gesellschaft von »not more than thirty people«, in der Geist und Glamour gleichermaßen vertreten waren. Bei den abschließenden Ansprachen in der Bibliothek des Hauses war es Bruno Frank, »who introduced Dr. Mann in a very touching and stirring speech of reminiscence [...].« Der Ehrengast selbst habe teils Englisch, teils Deutsch gesprochen, »enunciating with great clarity«. Thomas Mann schlug die aus den Vorträgen jener Jahre vertrauten Themen an: Er betrachte Amerika als die letzte Bastion zur Bewahrung der Kultur; die Demokratie und die Freiheit müssten sich rüsten, um sich gegen ihren Todfeind, den Faschismus, verteidigen zu können.

Thomas Mann stellt im Tagebuch keine Überlegungen dazu an, was Jack Warner bewogen haben könnte, für die Manns eine so glänzende Soiree zu geben. Ohne es vermutlich zu wissen, hatte er jedoch ganz im Sinne des Hausherrn gesprochen. Wie die meisten Filmmoguln war Jack Warner jüdischer Abstammung und ein konsequenter Gegner Hitler-Deutschlands.[2] Seine Eltern waren Ende des 19. Jahrhunderts aus einem Shtetl in Polen vor Pogromen nach Amerika geflohen. Im Unterschied zu anderen Studios, die in diesem heiklen Punkt aus taktischen Gründen und mit Rücksicht auf den deutschen Markt eher zurückhaltend waren, begann Warner Brothers schon lange vor dem Kriegseintritt der Vereinigten Staaten, Antinazifilme zu produzieren.[3] Zur Zeit der Soiree für Thomas Mann war gerade *Confessions of a Nazi Spy* mit Edward G. Robinson in der Hauptrolle in Produktion.

Es ist recht unwahrscheinlich, dass Jack Warner einen Roman Thomas Manns kannte; hingegen wusste er dank Dorothy Thompson,

Agnes Meyer und anderer Journalisten sehr wohl, dass sein Gast ein Hitler-Gegner und Emigrant war. Dies allein zählte für Warner, dem es offenbar eine große Genugtuung bereitete, dem prominentesten deutschen Hitler-Gegner eine Gelegenheit zu geben, sich Hollywood vorzustellen. Auch dass Thomas Mann an jenem Abend bitter Klage führte über England, das die Annexion Österreichs ohne Gegenwehr geschehen ließ und das mit seiner »hands-off«-Politik auch die Existenz der Tschechoslowakei gefährde, passte zu Warners Sicht auf die Weltlage.[4] Auf die Frage Lillian Hellmans, ob Thomas Mann das deutsche Volk rechtzeitig gewarnt habe vor dem, was da heraufzog, erwiderte er, das habe er sehr wohl und ausgiebig getan zu einer Zeit, als es noch leicht gewesen wäre, Deutschland vor dem Nationalsozialismus zu bewahren.

Das anfängliche politische Einvernehmen Thomas Manns mit Jack Warner sollte das Kriegsende nicht überdauern. Warner war ein eingefleischter Republikaner, der jedoch gute Beziehungen auch zu den Demokraten unterhielt, namentlich zu Franklin Roosevelt und John F. Kennedy. Nach dem Ende der Ära Roosevelt stellte sich heraus, dass auch Jack Warner von der weitverbreiteten Furcht vor der kommunistischen Unterwanderung der Regierung, der Universitäten und der Filmindustrie infiziert war. Er arbeitete 1947 dem berüchtigten House Committee on Unamerican Activities in die Hände – wie übrigens auch Robert Montgomery, der als möglicher Joseph-Darsteller im Gespräch war, und Ronald Reagan, damals Präsident der Screen Actors Guild – und nannte Namen von Filmschaffenden, die er des Kommunismus verdächtigte, darunter die berühmten »Hollywood Ten«.[5] Thomas Mann hingegen verteidigte die »Hollywood Ten« und erklärte mutig, die Verfolgung der zehn Filmschaffenden sei »not only degrading for the persecutors themselves, but also very harmful to the cultural reputation of this country« (19.1, 298).

Drei Tage nach dem Essen bei Ann und Jack Warner baten Liesl und Bruno Frank zu einer Gartenparty in ihr großes Haus, 513 North Camden Drive in Beverly Hills, in dem früher Charlie Chaplin wohnte.[6] Thomas Mann sprach mit »hundert Menschen«, darunter Max Reinhardt und Carl Laemmle, und war am Ende »[e]rschöpft« (Tb. 3. 4. 1938). Weitere drei Tage später waren die Manns zu einer Soiree bei Vicki Baum eingeladen, die auf dem Amalfi Drive in Pacific Palisades wohnte.[7] Sie war bereits 1931 von Berlin nach Hollywood gekommen und schrieb fortan ihre filmgerechten Unterhaltungsromane auf Englisch. Sie war eine der wenigen, denen diese Umstellung gelang. Thomas Mann, der in einem neuen Sommeranzug erschien, traf dort den Wiener Architekten Richard Neutra sowie Arnold Schönberg und Otto Klemperer, dazu Schauspieler und Musiker, deren Namen er sich jedoch nicht merken konnte (Tb. 6. 4. 1938). Dies war an einem Mittwoch. Schon am folgenden Freitag bat Max Reinhardt zu einer Soiree in sein »[s]chönes Haus in prächtiger Lage« auf der Corona Del Mar in Pacific Palisades mit Blick auf das »Lichtermeer der Stadt« (Tb. 8. 4. 1938).

Tags darauf führten Bruno Frank und Saul Colin ihn in das Disney-Studio, vermutlich auf Thomas Manns eigenen Wunsch. Er hatte wenige Tage zuvor in San Francisco *Snow White and the Seven Dwarfs* gesehen, Walt Disneys ersten und sensationell erfolgreichen Zeichentrickfilm von Spielfilmlänge. Er fand diesen Film zwar etwas »stillos«, aber »hübsch und als Arbeit erstaunlich«. Es folgt ein überraschender und rätselhafter Nachsatz: »anziehend für mich im Hinblick auf ›Joseph‹« (Tb. 28. 3. 1938). Was mochte ihn ausgerechnet im Hinblick auf sein biblisches Romanwerk an Disneys doppelt künstlicher Darstellung eines vertrauten Märchens faszinieren? Möglicherweise empfand er das die physischen Gesetze der menschlichen Lebenswelt außer Kraft setzende Verfahren der Disney-Filme ähnlich phantastisch und anregend wie Erwin Panofsky, der bedeutende Kunsthistoriker. Für Panofsky stellten die Zeichentrickfilme Walt Disneys »das sozusagen chemisch reinste Destillat der filmischen Möglichkeiten dar. […] Ihre herrliche Unabhängigkeit von allen Naturgesetzen gestattet es diesen Filmen, Zeit und Raum so intensiv miteinander zu verbinden, dass die Raum- und Zeiterfahrungen, die optischen und akustischen miteinander vertauschbar werden. Der Begriff der statischen Existenz ist gänzlich aufgehoben.«[8]

Der Gedanke an *Joseph* beherrschte Thomas Mann während seines ganzen ersten Aufenthalts in Los Angeles und noch weit darüber hinaus. Im Disney-Studio arbeitete man gerade an *Fantasia*, dem großen Märchen- und Musikfilm. Man hatte von hinten angefangen mit *The Sorcerer's Apprentice*, der krönenden Episode des Films, in der Mickey

Mouse in der Rolle des Zauberlehrlings auftritt. Man zeigte Thomas Mann die Rohfassung dieser Episode nach Goethes Ballade mit der Musik von Paul Dukas, gespielt vom Philadelphia Orchestra unter Leopold Stokowski. Das Tagebuch bietet jedoch keinen Kommentar zu dieser erstaunlichen Transposition des Goethe'schen Texts ins Visuelle. Der *Joseph*-Autor blieb ein Bewunderer der Disney'schen Zeichentrickfilme. Als er einige Jahre später *Bambi* sah, fand er den Film »allerliebst«; er gefiel ihm so gut, dass er ihn sich ein zweites Mal anschaute (Tb. 1. 11. und 11. 12. 1942) – ein rares Vorkommnis in seinem Kinogängerleben. Was die »Persönlichkeit« Walt Disneys anbelangt, so erschien sie ihm »[m]erkwürdig« (Tb. 9. 4. 1938). Vermutlich wusste weder der eine noch der andere, dass sie sich in zwei Monaten in New Haven wiedersehen würden, denn beide wurden in diesem Jahr von der Yale University mit einem »honorary degree« geehrt. Ende des Jahres 1938 war Walt Disney der einzige Studiochef, der Leni Riefenstahl empfing. Die Regisseurin und Hitler-Freundin war, begleitet von Protesten allerorten, mit ihrem Olympia-Film in den USA auf Reisen. Eine Aufführung von Riefenstahls Meisterwerk im Disney-Studio war aber auch ihm zu gewagt angesichts der entschiedenen Opposition seiner Mogulkollegen.

Zwei Tage nach dem Besuch des Diseney-Studios, bei einem Essen in kleinem Kreis bei den Franks, an dem auch Eddie Knopf teilnahm, wurde über ein Thema gesprochen, das Thomas Mann brennend interessierte: die Verfilmung des *Joseph*. Knopf berichtete, dass in mehreren Studios Überlegungen dazu im Gange seien. Seit dem großen Erfolg des *Joseph in Ägypten* in der amerikanischen Kritik war es Thomas Manns stille, aber stetige Hoffnung, dass sich eines der großen Studios an ein solches Projekt wagen würde, umso mehr als Agnes Meyer in ihrer Besprechung des Romans in der *New York Times* und in der *Washington Post* unmissverständlich mit dem Zaunpfahl gewinkt und erklärt hatte, *Joseph in Ägypten* stelle eine lohnende Herausforderung für Hollywood dar.[9]

Am Tag nach dem Beisammensein im Haus der Franks zeigte Eddie Knopf den Manns die »Filmstadt« des Metro-Goldwyn-Meyer-Studios im Stadtteil Culver City. Thomas Mann notierte: »seltsamer Eindruck. Trick-Welt, Straßen, Plätze, Flüsse, Dschungel, südfranz. Hafen, deutsche Städtchen. Aufnahmen beigewohnt.« (Tb. 12. 4. 1938) Man beobachtete u. a. »Mr. Montgomery« bei den Dreharbeiten. Robert Montgomery, damals 34 Jahre alt, war in den dreißiger Jahren einer der großen Hollywood-Stars. Thomas Manns Eindruck: ein »schöner Mensch von reizvollem Ausdruck« und, wie er nach der Unterredung mit Eddie Knopf am Vorabend annehmen musste, »der präsumptive Joseph«. Auch als man am übernächsten Tag wieder im MGM-Studio war, diesmal zu einer Privatvorführung des neuesten Montgomery-Films: *Night Must Fall*, war Thomas Mann von dem Gedanken an seinen Joseph beherrscht. Er war beeindruckt von dem »hochstehende[n] Film« (Regie: Richard Thorpe) und fand, dass Montgomery einen »guten, psychologischen Typ bietet und ausgesprochene Joseph-Momente hat« (Tb. 14. 4. 1938).

Man darf vermuten, dass der Gedanke an seinen Joseph ebenfalls im Raume stand, als man drei Tage später, einem Sonntag, bei Gilbert Adrian in seinem »excellente[n] Haus« zum Lunch eingeladen war (Tb. 17. 4. 1938). Gilbert Adrian war der führende Kostümentwerfer Hollywoods und hauptsächlich für MGM tätig. Wenn Eddie Knopf sogar ein Treffen mit einem Mann wie Adrian anberaumte, mussten zumindest seine Vorstellungen von einem *Joseph*-Projekt schon recht konkrete Gestalt angenommen haben. Den Höhepunkt dieses Ostersonntags markierte jedoch eine Soiree bei Ernst Lubitsch, auf der Thomas Mann im Smoking erschien. Ob Lubitsch sich bewusst war, dass sein Gast einen seiner frühen Stummfilme, *Sumurun* (1920), im *Zauberberg* gleichsam stellvertretend für die neue Medienkonkurrenz als eine krasse, niedere Form von Unterhaltung der Lächerlichkeit preisgegeben hatte (5.1, 479 f.), ist nicht überliefert und eher unwahrscheinlich.[10] Dass Thomas Mann sich dieser Geschichte erinnerte, ist jedoch durchaus wahrscheinlich, doch war er offenbar höflich genug, sie für sich zu behalten. Er notierte: »Wieder ein schönes Haus.« Thomas Mann saß beim Essen neben der englischen Schauspielerin Madeleine Carroll; sie erzählte ihm eine Geschichte von einem »geheimnisvollen Zbg-Fanatiker«. Thomas Mann war »[e]twas bezaubert von der Frau«. Es wurde »[v]iel Champagner« gereicht; die »[f]ortschreitende Betrunkenheit der Gäste« war nicht zu übersehen. Thomas Mann befand, dass dies ein für Hollywood »charakteristischer Abend« war.

Für den Tag darauf hatte sich Richard Neutra anerboten, die Manns auf einer architektonischen Führung durch Los Angeles zu begleiten. Man besichtigte einige seiner Bauten. Offenbar ging man in der deutschen Kolonie schon damals davon aus, dass Thomas Mann sich früher oder später in Los Angeles niederlassen würde. Vermutlich spekulierte Neutra auch darauf, dass die Manns ihm einen Bauauftrag erteilen würden. Doch Neutras »[k]ubischer Glaskasten-Stil« missfiel Thomas Mann (Tb. 18. 4. 1938).[11] Als er sich drei Jahre später in der Stadt der Engel häuslich niederließ, bekam nicht Neutra, sondern J. R. Davidson den Bauauftrag.

Der nächste Tag brachte eine weitere Soiree, diesmal bei den Dieterles, die am North Knoll Drive in Hollywood ihr Domizil hatten. Dieterle führte den Gästen sein »Biopic« von 1935 vor: *The Story of Louis Pasteur* mit Paul Muni. Ebenfalls geladen waren Arnold Schönberg und Leopold Jessner, der in den zwanziger Jahren einer der führenden Regisseure und Intendanten Berlins gewesen war. Thomas Mann war »[e]rmüdet, appetitlos beim chinesischen Dinner«, genoss aber eine »[g]ute Cigarre« (Tb. 19. 4. 1938). Erste Anzeichen eines Überdrusses an dem Reigen von Einladungen waren nach drei Wochen unausbleiblich.

Zwei Tage später stand der Besuch eines weiteren großen Studios auf dem Programm, diesmal der Universal-Studios, denen Carl Laemmle vorstand, der im Alter von siebzehn Jahren von Laupheim in Württemberg nach New York ausgewandert und ein Pionier der amerikanischen Filmindustrie geworden war. An diese Begegnung knüpften sich vermutlich die größten Hoffnungen, denn der »alte Lemmle« hatte schon 1934 in Zürich mit Thomas Mann über die Möglichkeit einer Verfilmung des *Joseph* gesprochen, als der Zyklus kaum bis zur Hälfte gediehen war. Laemmle meinte, dass man in dieses Projekt »eine Million Dollars stecken müsse« – eine für damalige Verhältnisse außerordentliche Summe, die aber nicht außerhalb seiner Möglichkeiten lag (Tb. 21. 8. 1934). Bei der neuerlichen Begegnung mit Laemmle war das *Joseph*-Projekt aber kein Thema mehr, sonst hätte Thomas Mann es in seinem Tagebuch vermerkt. Wenig später verstarb Laemmle, so dass diese Aussicht auf eine Verfilmung ohnehin hinfällig wurde. Der Universal-Chef führte Thomas Mann und seine Begleitung den von Anatole Litvak in Frankreich gedrehten *Mayerling*-Film vor. Der *Joseph*-Autor fand den Film »sehr wirksam und unterhaltend«, und Charles Boyer, einer seiner Lieblingsschauspieler, der den Kronprinzen Rudolf spielte, fand er »vorzüglich« (Tb. 21. 4. 1938).

Am nächsten Tag schickte Peter Lorre seinen Wagen, gefahren von seinem Kollegen Joseph Schildkraut, der seit 1921 in Hollywood arbeitete, um die Manns zum Lunch im Fox-Studio abzuholen. Man speiste unter Schauspielern und Drehbuchautoren und schaute anschließend eine Zeitlang den Dreharbeiten zu einem Film mit Peter Lorre und Shirley Temple zu, damals zehnjährig und schon einer der bestbezahlten Stars in Hollywood. Damit war diese erste Serie von Berührungen mit Hollywood beendet.

Am Ende dieses ersten Aufenthalts in Los Angeles hatte Thomas Mann allen Grund, eine positive Bilanz zu ziehen und zufrieden zu sein. Er war von Jack Warner in glanzvollem Rahmen begrüßt und willkommen geheißen worden; er hatte fünf der großen Studios gleichsam von innen kennengelernt; er hatte die Bekanntschaft einer Reihe von einflussreichen Persönlichkeiten der Filmindustrie gemacht, und er durfte sich in dem Glauben wiegen, dass ein ernsthaftes Interesse an einer Verfilmung des *Joseph* bestand. An Agnes Meyer schrieb er, dass »die Verheissungen, die man uns vom Lande Californien gemacht hat, sich geradezu über Erwarten erfüllt haben« (AM, 118). Wenig später vertraute er seinem Sohn Klaus an, dass er sich vor der Gelehrtenatmosphäre, die ihn in Princeton erwartete, etwas fürchte, und dass ihm das »Movie-Gesindel« Hollywoods im Grunde lieber sei.[12] Seine Erfahrungen mit Princeton bestätigten diese Ahnung, und die auf Princeton folgenden zehn Jahre in der City of the Angels überzeugten ihn im großen Ganzen auch von den Vorteilen seines kalifornischen Standorts, nicht nur den klimatischen und arbeitsökonomischen, sondern auch den gesellschaftlichen und kulturellen.

Seine Bekanntschaft mit einigen der mächtigsten Männer in Hollywood ließ es ihm im Oktober 1941 nicht unziemlich erscheinen, sich im Namen seiner weniger begünstigten Emigrantenkollegen an Louis B. Mayer, den Boss von Metro-Goldwyn-Mayer, persönlich zu wenden, um für eine Erneuerung ihrer einjährigen Notverträge zu plädieren.[13] Unter den Empfängern der von MGM und von Warner Brothers gewährten Notverträge waren Alfred Döblin, Alfred Polgar, Walter Mehring, Wilhelm Speyer und, was er in dem Schreiben an Mayer unerwähnt ließ, Bruder Heinrich. Doch Thomas Manns Plädoyer richtete nichts aus.

Thomas Mann und Marlene Dietrich: eine Nicht-Begegnung

So faszinierend und verheißungsvoll die Welt des Films ihm am Anfang auch erscheinen mochte, Thomas Manns Verhältnis zu Hollywood gedieh nicht sehr weit. Es wäre jedoch verfehlt, in seinem besonderen Fall den krass kapitalistischen Charakter der amerikanischen Kulturindustrie dafür verantwortlich zu machen. Thomas Mann war kein revolutionärer Antikapitalist, er hatte höchstens reformerische Ansichten – eher sozialdemokratische als marxistische. Die relativ häufigen Kinobesuche während der kalifornischen Jahre und die gelegentlichen Kontakte mit bedeutenden Vertretern der Filmbranche können nicht darüber hinwegtäuschen, dass in seinem Tun und Denken Hollywood ihm immer ferner rückte, nicht zuletzt, weil die Hoffnung auf eine Verfilmung des *Joseph* sich nicht erfüllte. Keins der großen Studios konnte sich mit einem solch anspruchsvollen Projekt anfreunden. Dabei hatte ihm William Dieterle 1941 »mit vieler Bestimmtheit« versichert, dass »ein Film grossen Stils aus dem Buch hergestellt werden würde« (AM, 326). Offenbar setzte sich aber die Erkenntnis durch, dass das Genre des Kostümfilms im Stil von Cecil B. DeMille, das Hollywood für biblische und antike Stoffe entwickelt hatte, der radikal modernisierten und verinnerlichten Erzählweise, die Thomas Mann den vertrauten Geschichten der Bibel hatte angedeihen lassen, letztlich unangemessen war. Möglicherweise schöpfte man auch den Verdacht, dass Thomas Manns humoristische und psychoanalytisch subversive Erzählweise mit den bibelfesten Zensoren inner- und außerhalb Hollywoods einfach nicht zu machen war.

Paradoxerweise vergrößerte sich die Distanz zu Hollywood, nachdem Thomas Mann sich in Los Angeles niedergelassen hatte. Dies ist einerseits an der äußeren Distanz zur Filmstadt abzulesen und mehr noch an der von Anfang an vorhandenen inneren Distanz. Ehrhard Bahr hat die Bedeutung für die Exilanten der »externen und internen Topographie« von Los Angeles, jenem legendären »Weimar on the Pacific«, überzeugend herausgearbeitet.[14] Sie gilt für die meisten, wenn auch nicht alle deutschen Emigranten, auch für Thomas Mann. Als er im Frühjahr 1938 seine ersten Studiobesuche, Garten- und Dinnerpartys absolvierte, war sein Standort Beverly Hills, also in relativer Nähe zu Hollywood und den Studios. Als er 1942 nach Kalifornien übersiedelte, wählte er mit Pacific Palisades eine Wohngegend, die so weit wie möglich vom Zentrum der Filmwelt entfernt war. In Pacific Palisades gab es nicht einmal ein Kino.

Thomas Mann hatte von Anfang an und bis zuletzt Vorbehalte gegen das Kino. Es ist zwar nicht zu leugnen, dass sich seine innere Distanz zur Filmkunst seit den im *Zauberberg* geschilderten Bioskopabenteuern merklich und stetig verringerte. In einem kleinen Essay von 1928 meinte er noch, der Film habe »mit *Kunst* [...] nicht viel zu schaffen« (X, 899); in einer Miszelle aus dem letzten Lebensjahr gesteht er dem Film jedoch »seine eigenen Gesetze« zu und konzediert, dass sich mit dem »Massenunterhaltungsmittel [...] in immer wachsendem Maß künstlerische[r] Ehrgeiz [...] verbindet« (X, 937). Aber ebenso wenig ist zu verkennen, dass er, gedrängt von der im 20. Jahrhundert aufkommenden Medienkonkurrenz von Literatur und Film, letztlich immer recht entschieden die Partei der Literatur ergriff. Bis zum Ende war er von der Superiorität der Literatur im Geistigen überzeugt. Dies zeigt sich auch dort, wo er, was selten geschieht, explizit auf ein Filmerlebnis reflektiert. Einen Film zu sehen, heißt es da, sei ein »großes, eindrucksreiches Vergnügen, nicht sehr geistig, – weil das Wort fehlt«, und umgekehrt: »Wo Wort ist, ist sofort auch Geist, Melancholie, Kritik, Schärfe.« (Tb. 4. 2. 1934) Thomas Manns Verhältnis zum Film erinnert ein wenig an das, was im *Doktor Faustus* der Fabrikant und Musikliebhaber Bullinger über ein besonders schönes Beispiel französischer Musik zu sagen hat. Bullinger nennt die Arie der Dalila aus Camille Saint-Saëns' *Samson et Dalila*: »Blödsinnig schön!« (10.1, 599) Implizit stimmt dem auch der deutsche Tonsetzer Adrian Leverkühn zu. Was Thomas Mann der Filmkunst zuzugestehen bereit war – dass ein »Film von höherem künstlerischen Wert« sein kann als »ein mittelmäßiger Roman ihn besitzt« (X, 937) –, unterstreicht lediglich seine durch kein filmisches Meisterwerk zu erschütternde Position in Fragen des künstlerischen Rangs.

In den Jahren, als Thomas Mann im Dunstkreis Hollywoods lebte, verfestigte sich diese Position. Dies ist nicht zuletzt daran zu erkennen, dass er sich – statt sich hoffnungsvoll auf den Markt zu begeben, wo Lügen gekauft werden, um dort seinen *Joseph* feilzubieten – dem *Doktor Faustus* widmete. Darin baute er sich seine eigene Traum- beziehungsweise Albtraumwelt auf, taufte sie auf den Namen Kaisersaschern, und gestaltete sie mit den Mitteln, die er beherrschte und die er selbst kontrollieren konnte, ohne sich mit Filmmoguln, Drehbuchautoren und anderem »Gesindel« herumschlagen zu müssen.

Wenn Thomas Mann in dem zitierten Brief an Klaus den Ausdruck »Movie-Gesindel« gebraucht, so ist diese Wortwahl also nicht einfach als eine saloppe Wendung im Familienkreis abzutun. Es drückt sich darin auch etwas von jener inneren Distanz aus, auch von dem hergebrachten Überlegenheitsgefühl eines Mannes des Wortes und des Geistes über die Leute, die lediglich bewegte Bilder produzieren, mögen diese auch noch so sinnlich ansprechend sein wie die besten Beispiele des klassischen Hollywood-Cinemas. Diese innere Distanz blieb offenbar auch im persönlichen Verkehr mit Filmkünstlern bestehen. Ist es schon erstaunlich, dass sich in seiner Zeit in Kalifornien kein neues persönliches Verhältnis zu einem der Regisseure, Drehbuchautoren und Stars herstellte, so hat es etwas Ernüchterndes, wenn dieses Abstandhalten sich auch auf Künstler erstreckte, die in politischer Hinsicht Verbündete hätten sein können und sollen: Marlene Dietrich, zum Beispiel. Unter den Deutschen in Amerika war sie neben Albert Einstein und Thomas Mann die bekannteste und effektivste Hitler-Gegnerin. Ein immerhin denkbares Zusammenwirken des deutschen Nobelpreisträgers und des deutschen Weltstars würde fraglos eine Sternstunde in den Annalen des deutschen Exils und der Opposition gegen Hitler-Deutschland markieren.

Thomas Mann begegnete Marlene Dietrich am 7. April 1939 im Warner-Brothers-Studio, wo Warners erster Antinazifilm, *Confessions of a Nazi Spy*, einen Monat vor der Premiere des Films einem ausgesuchten Publikum gezeigt wurde. Im Publikum waren die mit den Manns befreundeten Bruno und Liesl Frank, Fritzi Massary (die ehemalige Operettendiva und Franks Schwiegermutter), Gottfried Reinhardt, der Sohn des Regisseurs, u. a. mehr. Auch Marlene Dietrich war geladen. Sie erschien an der Seite Erich Maria Remarques, mit dem sie seit 1937 liiert war.[15] Man nahm zunächst einen Lunch in der Kantine des Studios ein. Thomas Mann lobte die »[f]eine Küche« sowie den guten Kaffee und genoss die Zigarre, die er während des Films in dem »höchst komfortable[n] Vorführungsraum« rauchte (Tb. 7. 4. 1939). Er fand auch den Film (Regie: Anatole Litvak) sehr eindrucksvoll und nützlich und »gut gespielt«, was zweifellos auf Edward G. Robinson zu beziehen ist, den Hauptdarsteller, der einen FBI-Agenten im Kampf gegen einen Nazi-Spionagering spielt.

Ob Thomas Mann, Marlene Dietrich und Erich Maria Remarque sich begrüßten, ist aus dem Tagebuch nicht ersichtlich. Schwer vorstellbar, dass sie es nicht taten. Remarque und die Dietrich werden aber verblüffenderweise von Thomas Mann mit dem Prädikat »minderwertig« versehen. Remarque wird darüber hinaus einer »Ungezogenheit« geziehen, die er während der Vorführung oder danach begangen haben soll. Möglicherweise war es nichts weiter, als dass er ging, ohne sich zu verabschieden. Die absprechende Bemerkung kann unmöglich auf Marlenes Erscheinung an jenem Tag im Warner Studio gemünzt sein. Hier drangen Ressentiments an die Oberfläche, die ihre Wurzeln vermutlich in dem nie erstorbenen Konkurrenzverhältnis zum Bruder hatten. Heinrich Manns *Professor Unrat*, ein Buch, das der *Buddenbrooks*-Autor schon bei seinem ersten Erscheinen nicht mochte, war die Vorlage zu *Der blaue Engel*; der Welterfolg des Films (Regie: Josef von Sternberg) schuldete sich weitgehend der bis dahin kaum bekannten Marlene Dietrich. Es ist nicht auszuschließen, dass Thomas Mann die reale Künstlerin mit der »Künstlerin« Rosa Fröhlich verwechselte, die sie im Film darstellt. Wie dem auch sei, die aus wer weiß welchen Gründen misslungene Begegnung mit Marlene Dietrich, die in ihrer Einstellung zu Deutschland Thomas Mann nahe stand und die später, wie der *Faustus*-Autor auch, einer undeutschen, ja antideutschen Gesinnung bezichtigt wurde, darf als symptomatisch angesehen werden für die Verwerfungen in der internen Topographie von Thomas Manns Hollywood.

Der Kinogänger oder die »Gabe des Schauens«

In der bereits angeführten Miszelle von 1928 *Über den Film* erklärte Thomas Mann: »Ich besuche sehr häufig Filmhäuser«; der Gang ins Kino habe geradezu den »Charakter einer heiteren Passion« angenommen (X, 898). Und in einer Äußerung von 1955 über den Film als »Unterhaltungsmacht« fügte er hinzu: »mein persönliches Interesse an ihm ist ständig gewachsen« (X, 932).

Die diesbezüglichen Zeugnisse der vierzehn amerikanischen Jahre bestätigen diese Aussagen. Thomas Mann ging häufig ins Kino: zu Hause in Princeton oder in der Stadt der Engel, auch auf Reisen, wenn sich die Gelegenheit dazu bot, selbst auf Schiffsreisen. In der kleinen Universitätsstadt Princeton war stets das Play House das leicht zu erreichende Ziel von Thomas' und Katias Kinogängen. Wer von den Kindern zu Hause war, begleitete sie meist. In Pacific Palisades, einem Villenvorort ohne Einkaufszentrum oder Kino, musste man eine halbe Stunde oder mehr mit dem Auto fahren, um in eines der vielen Lichtspielhäuser von Los Angeles zu gelangen. Am häufigsten fuhr man nach Westwood ins Kino, dem relativ nahe gelegenen Stadtteil, in dem auch die University of California Los Angeles gelegen ist. Dort gab es zwei Filmtheater, das Fox und das Bruin Theater auf der Broxton Avenue, in denen neue Filme gezeigt wurden.[16] Gelegentlich besuchte man auch ein Kino auf der Promenade in Santa Monica oder man fuhr nach Hollywood zu einem der großen »movie palaces« auf dem Hollywood Boulevard. Am interessantesten waren jedoch verständlicherweise die Privatvorführungen in einem der Studios; diese blieben aber auf die beiden ersten Besuche 1938 und 1939 beschränkt. Wenn man auf Reisen ins Kino ging – etwa in New York, in San Francisco oder in Detroit –, war es meist in einem der extravaganten Filmpaläste, in denen neue Filme liefen.

Was Thomas Mann am Kino vor allem anderen Vergnügen bereitete, lässt sich aus einer denkwürdigen Passage in *Felix Krull* extrapolieren, wo beschrieben wird, mit welcher Begierde der junge Felix die visuellen Stimulanzien der Großstadt aufnimmt. Es ist die »Gabe des Schauens, sie war mir verliehen, und sie war mein ein und alles zu dieser Frist«. Diese Schaulust findet ihre höchste Befriedigung nicht etwa im Anschauen der Natur und der Landschaft oder geschmackvoller Gegenstände in den Auslagen der Luxusgeschäfte, sondern allein in dem stets erotisch kodierten Anblick schöner Menschen – in dem »Mit-den-Augen-Verschlingen des Menschlichen« (VII, 344). Dies gilt ohne Abstriche auch für den Kinogänger Thomas Mann, denn in der Dunkelheit des Kinos war auch ihm das Mit-den-Augen-Verschlingen von Gesichtern in Nahaufnahme und von nackten Oberkörpern sein Ein und Alles.

Da er über keinen der Filme, die er in Amerika gesehen hat, sich eingehend in essayistischer Form geäußert hat, sind wir auf das Tagebuch und in einigen wenigen Fällen auf Briefe angewiesen, wenn wir uns eine genauere Vorstellung von seinen Kinoerlebnissen machen wollen. Das Tagebuch jedoch ist unergiebig in nahezu allen filmwissenschaftlich interessierenden Fragen, weshalb wir keinen annähernd vollständigen Katalog der von ihm gesehenen Filme besitzen; nicht einmal über ihre Anzahl besteht Einigkeit.[17] Einen solchen Katalog zu erstellen, wäre ein recht umständliches Geschäft, weil Thomas Mann es in vielen Fällen unterließ, auch nur den Titel festzuhalten. So heißt es nicht selten: »Danach ohne K. [...] Cinéma gesehen. Dumme Dinge« (Tb. 20. 2. 1938); oder: »Mit K. und Klaus im Cinéma, langweilige Darbietungen« (16. 2. 1939); oder: »Abends mit K. ins Play House, unterhaltendes Lustspiel« (Tb. 4. 5. 1940).

Die durchweg knappe Form, in der Thomas Mann seine Filmerlebnisse festhält, lässt sich am Beispiel zweier berühmter Filme illustrieren. Im November 1940 in Chicago sah er Charlie Chaplins *The Great Dictator*; der diesbezügliche Eintrag ist kaum drei Zeilen lang: »Fuhr mit K. down town, um Chaplins Diktatoren-Film zu sehen. Anmutige, aber allzu unsinnige Farce und Parodie mit sehr komischen Einzelheiten, über die ich sehr lachte.« (Tb. 18. 11. 1940) Was genau er als anmutig empfand und was ihm übertrieben und unsinnig erschien, bleibt unklar. Ein halbes Jahr später sah er in Hollywood »den expressionistischen Sensationsfilm des jungen [Orson] Welles: ›Citizen Kane‹«. Sein Kommentar: »Virtuose Regieleistung.« (Tb. 19. 5. 1941) Der Film stellt einen Meilenstein der Filmkunst dar, doch Thomas Mann versucht gar nicht erst sich klarzumachen, was ihm an diesem Film virtuos erschien.

Allein schon seine Gleichgültigkeit gegenüber Filmtiteln und allem, was im Vorspann und Nachspann über einen Film zu erfahren ist, belegt zur Genüge, dass Thomas Manns gewohnheitsmäßige Kinobesuche zwar eine »heitere Passion« gewesen sein mögen, aber keine Passion im emphatischen Sinn, wie sie einen echten Cineasten auszeichnet. Weitere Indizien verweisen auf den nämlichen Befund. Kaum je hält er es für wert, den Namen des Regisseurs festzuhalten, selbst wenn es sich um klangvolle Namen handelt wie John Ford, Rouben Mamoulian, Alfred Hitchcock, Michael Curtiz, Frank Capra, Carol Reed oder David Lean. Lebhafter als die Regisseure interessierten ihn die Schauspieler, zumal seine Lieblinge Charles Boyer und Robert Montgomery. Doch seine stereotypen Urteile wie »gut gespielt« verraten wenig; sie lassen keine Schlüsse zu über sein Urteilsvermögen. Es ist anzunehmen, dass er in dieser Hinsicht aus dem klassischen Hollywood-Film der dreißiger und vierziger Jahre nichts Neues gelernt hat und er sich auch in Amerika an die Faustregel hielt, die er 1928 in Deutschland formuliert hatte. Er wünschte sich Filme mit Schauspielern besetzt, »die ausdrucksvoll, hübsch und angenehm sein müssen und eitel sein dürfen, aber niemals unnatürlich« (X, 899). Nach diesen Kriterien mussten ihm manche Hollywood-Stars »reizlos« erscheinen, wie zum Beispiel der gänzlich uneitel wirkende Gary Cooper in einer seiner großen Rollen, dem klassischen Baseball-Film *The Pride of the Yankees* (Tb. 25. 9. 1942).

Nicht überraschend bleiben seine Schaulust und sein Interesse an der schauspielerischen Leistung auf männliche Stars beschränkt. Filmschauspielerinnen waren reizlos für ihn und blieben daher unkommentiert. Selbst formidable Stars wie Bette Davis, Ingrid Bergman oder Katharine Hepburn entlockten ihm keine Kommentare. Diese entschieden homophile Wahrnehmung von Filmen ist an seiner Reaktion auf *A Streetcar Named Desire* (*Endstation Sehnsucht*), Elia Kazans Verfilmung des gleichnamigen Theaterstücks von Tennessee Williams, besonders deutlich zu erkennen. In der Tagebuchnotiz zu diesem Film wird weder der Name der Hauptdarstellerin (Vivien Leigh) erwähnt noch die Tatsache, dass die von Vivien Leigh gespielte Blanche im Zentrum steht. Auch der Name des Hauptdarstellers (Marlon Brando) bleibt ungenannt, doch in Thomas Manns Augen rückt er in den Mittelpunkt: »[...] die Sinnlichkeit recht lebhaft ansprechend, besonders durch den immerfort exponierten prachtvollen Torso eines jungen Ehemannes, primitiv und von bezwingendem Sex appeal.« (Tb. 14. 11. 1951)

Hollywood und das »Movie-Gesindel«

Thomas Mann ging häufig genug ins Kino, um Vergleiche verschiedener Regisseure oder verschiedener Filme desselben Regisseurs anstellen zu können. Von mehreren bedeutenden Regisseuren sah er mindestens zwei Filme: Ernst Lubitsch (*Ninotschka, Heaven Can Wait*), William Dieterle (*The Story of Louis Pasteur, The Life of Emile Zola, Juarez, The Devil and Daniel Webster*), Rouben Mamulian (*Dr. Jekyll and Mr. Hyde; Queen Christina of Sweden*), Anatole Litvak (*Mayerling, Confessions of a Nazi Spy*), Alfred Hitchcock (*Jamaica Inn, The Lady Vanishes, Saboteur*). Doch keine seiner Notizen im Tagebuch lässt erkennen, dass er auf den individuellen Stil dieser Künstler Acht gehabt hätte. Was Hitchcock betrifft, so notierte er lediglich eine amüsante Episode. Thomas Mann lernte den »dicke[n] Producer Hitschcock mit seiner blonden Frau« auf einer Dinnerparty in Beverly Hills kennen (Tb. 20.8.1941). Hitchcock schlief nach dem Kaffee in seinem Stuhl ein und schnarchte ungeniert und vernehmlich. Als er es bemerkte, erklärte er, er schlafe auch nachts im Stuhl, wofür Thomas Mann vermutlich Verständnis zeigte, denn das tat er gelegentlich auch.

Um zu verstehen, wie Thomas Mann Filme konsumiert und für sich verarbeitet hat und warum er ab etwa 1920 ein eifriger Kinogänger wurde und es bis zum Ende blieb, ist zunächst daran zu erinnern, dass sich seine Krull'sche »Gabe des Schauens« am Stummfilm ausgebildet und verfeinert hat. Wie viele Filmliebhaber bedauerte er die Entwicklung vom Stummfim zum Tonfilm und weiter zum Farbfilm und gar zur »Dreidimensionalität«. Der »technische Fortschritt« habe jeweils »zunächst einen künstlerischen Rückschritt« mit sich gebracht (X, 933). So blieben seine Sehgewohnheiten und filmästhetischen Präferenzen den künstlerischen Vorzügen des Stummfilms verpflichtet: der universellen, von keiner Nationalsprache eingeengten Aussagekraft der Bilder, der Zurschaustellung schöner Körper in natürlicher Bewegung und der Psychographie durch das Mittel der Nah- und Großaufnahme. In diesem besonderen Fall kommt jedoch etwas Wesentliches hinzu: die Lenkung des Blicks durch ein starkes, weil unterdrücktes gleichgeschlechtliches Begehren.

Dass sich Thomas Mann dieses Nexus von Geschlechtlichkeit und Blick bewusst war, geht sehr eindrucksvoll aus der bereits zitierten Reflexion im Tagebuch von 1934 über das Verhältnis von wortgebundenem Geist und wortloser Sinnlichkeit hervor. Der *Joseph*-Autor befand sich zu jenem Zeitpunkt auf einer Lesereise in Bern und ging nach getaner Arbeit ins Kino. Er sah den 1933 produzierten UFA-Film *Abel mit der Mundharmonika* (Regie: Erich Waschneck), die Verfilmung einer Erzählung von Manfred Hausmann. Der Film, der »vorzüglich aufgenommene, lebensvolle Bilder und anziehende junge Menschen« zeigt, berührte ihn außerordentlich stark; »befriedigt, ja beglückt vom Schauen natürlichen Lebens und [...] ›schöner‹ junger Körper« begibt er sich in ein Café, setzt sich an ein Tischchen und setzt dort, in der Manier des »cruising«, die Lust am Anblick schöner Körperlichkeit fort (Tb. 3. 2. 1934).

In der Nacht findet er zunächst keinen Schlaf, weil er sich in einem »arge[n] Erregungszustand« befindet, den erst ein Schlafmittel besänftigt. Am Morgen versucht er sich über sein Seherlebnis Rechenschaft abzulegen. Er charakterisiert es nun als »ein großes, eindrucksreiches Vergnügen, nicht sehr geistig, [...] aber seelisch-sinnlich«. An dieser Stelle wendet sich sein Nachdenken über das Seherlebnis vom Vortag auf eine von ihm besonders geschätzte Eigenart deutscher Filme: »Wobei mir wieder auffiel, daß die deutschen Filme mir etwas entgegenbringen, was die anderer Nationalität kaum aufweisen: die Freude an jugendlichen Körpern, namentlich männlichen in ihrer Nacktheit. Das hängt mit der deutschen ›Homosexualität‹ zusammen und fehlt unter den Reizen französischer und auch amerikanischer Produkte: das Zeigen jungmännlicher Nacktheit in kleidsamer, ja liebevoller photographischer Beleuchtung, sobald sich Gelegenheit dazu bietet. [...] Die Deutschen, oder die deutschen Juden, die das stellen, haben sehr Recht: es gibt im Grunde nichts ›Schöneres‹, und der Gedanke, daß dies ›Schönste‹ das allergewöhnlichste ist und ›alle Tage vorkommt‹, den ich im ›Joseph‹ ausdrückte, ließ mich wieder lächeln.« (Tb. 4. 2. 1934) Am Abend desselben Tages, nach einem Essen mit den befreundeten Professoren Samuel Singer und Fritz Strich, überredet er diese und einige Freunde von ihnen, mit ihm ins »Kapitol« zu gehen, um »den ganzen Film von gestern noch einmal« zu sehen.[18]

Mit dem sorgsamen Protokoll seiner Schaulust am Beispiel von *Abel mit der Mundharmonika*, dem ausführlichsten Filmkommentar in seinen Tagebüchern, lieferte Thomas Mann eine recht genaue Beschreibung eines Sehverhaltens, das in der Filmwissenschaft als Skopophilie bezeichnet wird und das sich vom Voyeurismus darin unterscheidet, dass sie nicht heimlich praktiziert wird, sondern in der Quasi-Öffentlichkeit des Kinos. Dieses erotisch kodierte Sehverhalten charakterisiert den Kinogänger Thomas Mann auch während der amerikanischen Jahre, wie der Kommentar von 1951 zu Marlon Brandos »immerfort exponierten prachtvollen Torso [...] von bezwingendem Sex appeal« erkennen lässt. Wenn sich etwas verändert hat in jenen Jahren, so ist es die Offenheit, mit der er die Dinge nun beim Namen nennt.

Ein weiteres, gewichtiges Moment kommt hinzu, welches das Interesse gerade auch eines Schriftstellers an der Machart von Hollywood-Filmen zu erhellen vermag. Es ist die Existenz einer strikt eingehaltenen Selbstzensur, die den Filmschaffenden immer neue Formen der Codierung und Camouflage abverlangte. Ende der zwanziger Jahre drohte Hollywood eine staatlich regulierte Zensur der gesamten Filmproduktion. Die Filmindustrie wehrte diese Drohung ab, indem sie beschloss, sich selbst zu regulieren. Der Motion Picture Production Code oder auch einfach »Hays Code« (so benannt nach seinem Hauptinitiator Will H. Hays) war von 1934 bis Mitte der sechziger Jahre für alle in Amerika produzierten Filme verbindlich. Das heißt, dass alle amerikanischen Filme, die Thomas Mann sah, nach den ethischen, moralischen und politischen Richtlinien des Hays Code funktionierten. Das leitende Prinzip dieses umfänglichen Regelwerks besagte: »No picture shall be produced that will lower the moral standards of those who see it«, was bedeutet, dass die Zuschauer nicht dazu angehalten werden durften, mit »crime, wrongdoing, evil or sin« zu sympathisieren.[19] Vor allem die filmische Darstellung von »sin« unterlag strikten Vorschriften. Verboten waren Nacktheit und erotisches Tanzen, vor allem aber die Darstellung oder Erwähnung von »sexual perversion«, womit in der Hauptsache die Homosexualität gemeint war. Im Lichte dieser Vorschriften ist in dem Elia-Kazan-Film Marlon Brandos prachtvoller Torso stets mit einem weißen T-Shirt bekleidet, was aber Thomas Mann mitnichten hinderte, den »bezwingenden Sex appeal« zu spüren. Unter dem Hays Code hätte ein harmloser Film wie *Abel mit der Mundharmonika* nicht in die amerikanischen Kinos kommen dürfen, einmal wegen der nackten Oberkörper, von denen Thomas Mann enthusiasmiert war, zum anderen wegen der Andeutung gleichgeschlechtlicher Präferenzen, mit denen er lebhaft sympathisierte, die den Zensoren aber als pervers galten.[20] In *A Streetcar Named Desire*, ursprünglich ein Theaterstück eines offen homosexuellen Autors, musste aus eben diesem Grund ein für das Verständnis des Werkes entscheidendes Motiv kaschiert werden: der Hinweis, dass Blanches Ehemann homosexuell ist und dass ihre Nymphomanie aus dieser Perspektive zu verstehen ist.[21] Ein in diesen Dingen so erfahrener Kinogänger wie Thomas Mann, der 1918/19 ein Jahr lang im Münchner Lichtspiel-Zensur-Beirat saß und somit mit Fragen der Zensur vertraut war, wird sich von solchen Kaschierungen wohl kaum hinters Licht haben führen lassen.

Es wäre nun aber verfehlt zu meinen, dass Thomas Mann an den Auswirkungen des Hays Code auf die Erzählweise eines Hollywood-Films Anstoß genommen und er sich darüber mokiert hätte. Es gibt keine Äußerung von ihm zum Hays Code, obwohl dessen Bedeutung für die gesamte Filmindustrie ihm unmöglich entgangen sein konnte. Vielmehr ist zu vermuten, dass das Sehvergnügen im Kino zu einem beträchtlichen Teil das Vergnügen an der Decodierung der vom Hays Code vorgeschriebenen Versteckspiele war. Thomas Mann verstand sich darauf, denn die Auslassung und die Camouflage gehörten auch zu seinem Metier, wenn auch aus anderen Gründen.[22] Wenn Hans Castorps Liebesnacht mit Clawdia Chauchat ansteht, zieht der Erzähler des *Zauberberg* den Vorhang zu. Und die gleichgeschlechtlichen Präferenzen von Thomas Manns Protagonisten von Tonio Kröger bis Felix Krull werden so diskret und so unverfänglich behandelt, dass, wer sie nicht wahrhaben will, leicht darüber hinweglesen mag. Wenn es um das Kaschieren des Geschlechtsakts ging oder die Camouflage gleichgeschlechtlicher Neigungen, durfte er sich somit sehr zu Recht als ein Eingeweihter und in gewissem Sinn als Mitverschworener fühlen. Das Erkennen dieser Ähnlichkeit war gewiss ein weiteres Moment seines Sehvergnügens. In diesem Sinn war ihm der gewohnheitsmäßige Gang ins Kino eine »heitere« Passion geworden – heiter wie die Entdeckungen, die er den künftigen Lesern seiner Tagebücher zwanzig Jahre nach seinem Tod voraussagte: »Heitere Entdeckungen dann, in Gottes Namen.« (Tb. 13. 10. 1950)

»Wer auf den Film baut, baut auf Satans Erbarmen«

Wie andere Schriftsteller auch – man denke an Alfred Döblin, Bertolt Brecht oder Franz Werfel, von amerikanischen Autoren ganz zu schweigen – war auch Thomas Mann bemüht, zu der »Unterhaltungsmacht« Film in ein produktives, gehaltvolles Verhältnis zu treten. Zwei Möglichkeiten standen ihm offen: die Verfilmung seiner Romane und Erzählungen oder die Entwicklung einer filmgerechten Idee zu einem Drehbuch. Immer wieder schöpfte er Hoffnung, zumal in den Jahren seiner geographischen Nachbarschaft zur Traumfabrik und angesichts der vielfachen persönlichen Beziehungen zu Hollywood, dass sein *Joseph* von einem der großen Studios aufgegriffen würde oder dass er vielleicht mit einem Filmentwurf reüssieren könnte. Doch alle derartigen Blütenträume lösten sich früher oder später in Dunst auf. Man kann es ihm also nachfühlen, wenn er 1948 in einem Brief an Klaus Mann in Anspielung auf Wagners *Fliegenden Holländer* entmutigt und einigermaßen sarkastisch bemerkte: »[…] wer auf den Film baut, baut auf Satans Erbarmen.«[23]

An dem ersten Film nach einem seiner Romane, *Buddenbrooks* (Regie: Gerhard Lamprecht), fand der Autor wenig Gefallen. In einem Brief an Ernst Bertram von 1923 sprach er von einem »strohdumme[n] und sentimentale[n] Kino-Drama« (22, 468); fünf Jahre später resümiert er mit Bedauern: »Als Schriftsteller habe ich mit dem Kino bisher nicht viel Glück gehabt.« (X, 901) Er musste dreißig Jahre warten, bis *Königliche Hoheit* (Regie: Harald Braun) in die Kinos kam, zu Thomas Manns großer Genugtuung als Farbfilm mit Starbesetzung. Die Übertragung auf die Leinwand, meinte er, sei hier mit »viel Liebe und Takt bewerkstelligt« worden; das Ergebnis sei »ein wirklich geschmackvolles Schaustück, das das Auge erfreut, die Menge amüsiert und dabei von den geistigen Absichten […] gar nicht wenig in die Sphäre des Films hinübernimmt« (X, 937). In den letzten Jahren in der Schweiz tat sich überraschend die Möglichkeit auf, den ersten, misslungenen *Buddenbrooks*-Film durch eine Neuverfilmung auf anspruchsvollstem Niveau vergessen zu machen. Kein Geringerer als Max Ophüls war als Regisseur gewonnen worden. Ophüls lebte von 1941 bis 1950 in der Stadt der Engel, wo er jedoch nicht mehr als vier Filme machen konnte. Merkwürdigerweise scheint Thomas Mann ihm dort nie begegnet zu sein. Auch dieses vielversprechende deutsch-deutsche Projekt zerschlug sich.

In den Jahren zwischen der Verfilmung von *Buddenbrooks* und von *Königliche Hoheit* galt Thomas Manns Sinnen und Trachten vornehmlich dem *Joseph* und seiner Transposition auf die Leinwand.[24] Die erste Kontaktnahme mit dem Autor wegen eines biblischen Epos über Joseph kam, wie wir sahen, bereits 1934 von Carl Laemmle; die letzte 1949 durch Baruch Diener für eine neue israelische Filmgesellschaft. Als sich 1944 ein neuerliches Interesse vonseiten des MGM-Studios abzeichnete, notierte Thomas Mann im Tagebuch: »Die Bilder zu sehen, würde mich freuen.« (Tb. 6. 3. 1944) Es scheint demnach, die Neuerzählung der Geschichte von Joseph und seinen Brüdern entfaltete sich zu einem großen Teil in seiner bildlichen Imagination, gespeist von seiner außerordentlichen »Gabe des Schauens«, denn schon der Anstoß zu dem Romanzyklus ging von einem Bilderzyklus von Hermann Ebers aus.[25] Umso schmerzlicher die Enttäuschung, dass sich sein Herzenswunsch nach einem großen *Joseph*-Film – mit oder ohne Robert Montgomery – an dem Ort, an dem allein die nötigen technischen und finanziellen Ressourcen vorhanden waren, nicht realisieren ließ.

Diese Enttäuschung mag einer der Gründe gewesen sein, aus denen sich Thomas Mann auf das weit weniger interessante und lukrative Geschäft der Filmentwürfe – der »treatments« – überhaupt einließ. Doch so wenig er ein Cineast im strengen Sinne war, so wenig war er von seinem künstlerischen Temperament her ein Filmemacher. Die Vorschläge zu den drei Filmentwürfen für Hollywood, an denen er sich beteiligte, gingen denn auch nicht von ihm aus; sie wurden ihm aus leicht zu durchschauenden Gründen angetragen, wie er Agnes Meyer illusionslos und ein wenig geknickt erklärte: »Gesucht war für die Gestaltung der story ein *Name* und eine *Phantasie*, die nicht notwendig fachmännisch eingeübt sein muss, da der Fabrikant des Drehbuchs ein Uebriges tun kann. Man ist auf mich verfallen – und musste wohl bei irgend einer Gelegenheit einmal auf mich verfallen, da ich hier lebe.« (AM, 427)

Das erste dieser Projekte basierte auf einer Idee Armin L. Robinsons, eines aus Wien stammenden Broadway- und Hollywood-Produzenten, und hatte ein kurioses Schicksal. Robinson schwebte ein Episodenfilm vor, der anhand von drastischen Beispielen die Verstöße des Naziregimes gegen die Zehn Gebote illustrieren sollte. Das Projekt war offensichtlich als Beitrag zu Hollywoods umstrittenem »war effort« konzipiert. Thomas Mann spricht im Tagebuch unumwunden von einem Propagandafilm (Tb. 21. 7. 1942). Ein solches Filmwerk durfte aufgrund der religiösen Thematik und der zeitgeschichtlichen Bezüge mit einem starken Publikumszuspruch rechnen. Robinson war es gelungen, zehn namhafte Schriftsteller für seine Idee zu gewinnen: Rebecca West, Franz Werfel, John Erskine, Bruno Frank, Jules Romains, André Maurois, Sigrid Undset, Hendrik Willem Van Loon, Louis Bromfield und Thomas Mann. Offenbar war geplant, den *Joseph*-Autor die erste Episode über das erste Gebot: *Thou Shalt Have No Other Gods Before Me*, ausführen zu lassen. Dies ist der englische Titel der Erzählung, die Thomas Mann schließlich lieferte und für die er 1000 Dollar einstreichen durfte. Da war aber das clever konzipierte Projekt von MGM bereits abgelehnt und begraben.

Robinson muss von Anfang an mit einer Ablehnung halb gerechnet haben, denn er machte aus den Filmerzählungen der zehn namhaften Autoren sogleich ein Buch, das 1943 herauskam: *The Ten Commandments. Ten Short Novels of Hitler's War Against the Moral Code.* Was Thomas Mann schließlich lieferte, ist die Erzählung *Das Gesetz*. Sie beschränkt sich keineswegs auf das erste der zehn Gebote, sondern stellt eine psychologisch und kulturhistorisch tiefblickende Novelle über Moses dar, die den Rahmen des Episodenfilms gewiss gesprengt hätte. Wäre die Novelle verfilmt worden, so hätte der Film wegen des aufklärerischen und revisionistischen Geistes der Vorlage alles, was Hollywood zu diesem Thema produziert hat – am eindrucksvollsten Cecil B. DeMilles *The Ten Commandments* (1923, Remake: 1956) –, hinter sich gelassen.

Auch die zweite Filmarbeit war als Beitrag zu Hollywoods »war effort« gedacht. Es war ein literarisch ambitioniertes Projekt, denn es ging um die Neugestaltung einer homerischen Episode, der Rückkehr des Odysseus, versetzt in die Gegenwart des Zweiten Weltkriegs. Die Initiative ging von Reinhold Schünzel aus, einem Schauspieler und Regisseur, der bis 1938 in Deutschland tätig war und von dem Thomas Mann *Viktor und Viktoria* (1933) sowie *Amphitryon* (1935) gesehen hatte. Schünzel und Paul Kohner, ein aus Hamburg stammender Filmagent, unterbreiteten dem *Joseph*-Autor am 11. August 1942 den Plan zu einem »griechischen Filmstoff«. Griechisch sollte das Sujet nicht zuletzt deswegen sein, weil der Präsident des intendierten Twentieth Century Fox Studios, Spyros Skouras, griechischer Abkunft war. Die Verhandlungen mit Skouras und mit Sam Spiegel, der als Produzent vorgesehen war, verliefen zunächst vielversprechend. Offenbar gab es auch schon Presseberichte über Thomas Manns Verhandlungen mit Sam Spiegel »wegen eines griechischen Films« (Tb. 15. 8. 1942). Er unterbrach nun seine Arbeit an *Joseph, der Ernährer*, las in der *Odyssee* nach und verfasste vom 16. bis 18. August ein fünfseitiges Exposé zu einem Film, der den Widerstand der Griechen gegen die italienischen und deutschen Besatzer zum Thema hatte.[26] Dieses Exposé war als Skizze (»prelude«) zu einem propren, detaillierten Filmentwurf gedacht, den er bereit war auszuarbeiten, wenn er vonseiten der Twentieth Century Fox grünes Licht und einen »festen Vertrag« (AM, 427) bekommen würde.

Es scheint, dass es ursprünglich Schünzels Idee war, das zeitgenössische Kriegsgeschehen auf das mythische Muster des Homerischen Epos zu beziehen. Thomas Mann konnte sich ohne weiteres für ein solches Projekt interessieren und zwar unter einem politischen wie auch unter einem literarischen Gesichtspunkt. Dabei spielte vermutlich der Gedanke an James Joyce und seine virtuose Verwendung des Homerischen Epos in *Ulysses* (1922) eine gewisse Rolle. Joyce war 1941 verstorben; im Jahr darauf veröffentliche der Harvard-Komparatist Harry Levin ein kleines Buch über den großen irischen Dichter, in dem er Thomas Mann als den »unchallenged master of living novelists« bezeichnete und seine Verwandtschaft mit Joyce herausstellte.[27] Grund genug, bei dieser Gelegenheit diese Verwandtschaft mit einem Homerischen Thema seinerseits zu unterstreichen. In politischer Hinsicht lagen Thomas Manns Sympathien ganz aufseiten des »fortdauernde[n] heroische[n] Widerstand[s] der Griechen« (Tb. 21. 4. 1941). Die Erfolge der Griechen im Frühjahr 1941 hatte er am Radio und im Tagebuch aufmerksam verfolgt. Im Übrigen war die Wahl des griechischen Schauplatzes vorzüglich geeignet, den Kampf gegen Hitler als Kampf gegen den Feind der Menschheit darzustellen, weil Griechenland, so Thomas Mann in der Einleitung zu seinem Entwurf, »by virtue of its history and its myth is entitled to feel itself a symbol of humanity«. Um diesem Gedanken Nachdruck zu verschaffen, fügt er am Ende hinzu, die bisher in Hollywood produzierten Kriegsfilme hätten »failed to pay homage to the achievements of the Greek Nation in this struggle for the honor of humanity«.

Die Handlung des Films, wie sie Thomas Mann sich in groben Zügen ausmalte, ist nicht ohne Interesse. Der Held des Films in der mythischen Rolle des Odysseus ist ein thessalischer Bauer, der seinen Hof verlassen und sich in die Berge zurückgezogen hat, von wo er den Widerstand gegen die fremden Besatzer, zunächst die Italiener, dann die Deutschen, organisiert. Zu Beginn der Handlung gilt »Odysseus« als gefallen. Seine Frau, eine schöne Athenerin, muss sich den amourösen Nachstellungen eines italienischen Majors erwehren (»a by no means thoughtless man«). Der Sohn in der Rolle des Telemach (»sick with thirst for revenge«) hat die Hoffnung auf die Rückkehr seines Vaters nicht aufgegeben. Da wird im Radio gemeldet, der Führer sei einem Attentat zum Opfer gefallen, das deutsche Volk habe sich gegen das Hitler-Regime erhoben. Wir haben es hier zweifellos mit einer Wunschprojektion zu tun: von den zu einer Selbstbefreiung unfähigen oder unwilligen Deutschen auf die heroischen Griechen. Unter den italienischen und deutschen Besatzern bricht nach der Radiomeldung eine lähmende Panik aus, die sie unfähig macht, die von »Odysseus« genau kalkulierte (»with perfect verisimilitude«) und mit Hilfe seines Sohnes verbreitete Falschmeldung als solche zu erkennen. »Odysseus« kehrt an seinen Hof zurück, vom Volk als Befreier gefeiert. Verräter werden bestraft, alte Rechnungen beglichen. Doch die Freiheit dauert nicht lange. Der Held zieht sich mit seiner Familie wieder in die Berge zurück, um von dort den Guerillakampf fortzusetzen. Die durch eine List ausgelösten Ereignisse auf dem abgelegenen Hof in Griechenland sollen ein Vorschein sein der endgültigen Befreiung vom Faschismus und dem »Feind der Menschheit«. Die Geschichte dieses modernen Odysseus stellt somit einen »triumph of truth through deceit« dar.

Auch aus dieser Filmidee wurde nichts. Es scheint, dass Skouras selbst das Interesse an dem Projekt verlor. Vermutlich haben die zuständigen Sachbearbeiter bei der Fox, die Thomas Manns »Staats-Schreiben« (AM, 427) an Schünzel prüften, abgewinkt, weil sie erkannten, dass es sich um den Entwurf eines Filmdilettanten handelte, von dem es noch ein sehr weiter Weg zu einem brauchbaren Drehbuch gewesen wäre.

Das dritte Projekt, an dem Thomas Mann zeitweilig beteiligt war, ist eine Rahmenerzählung mit dem Titel *Die Frau mit den hundert Gesichtern*. Es ist die Geschichte eines reichen Belgiers, der davon besessen ist, nicht nur das schöne Modell zu besitzen, dem er einmal in einem Restaurant in Paris begegnet ist, sondern auch die hundert verfänglichen Bilder, die irgendwo von ihr existieren. Diese Besessenheit treibt den Mann in den Ruin. Die Geschichte sollte einen Rahmen haben. Louis Bromfield, der zweite Mitarbeiter an dem Entwurf, und Thomas Mann unterhalten sich in einer Bar in New York über die hundert Bilder, die kürzlich in einem Speicher in Brooklyn gefunden wurden. Dem neugierigen Kollegen erzählt Thomas Mann sodann die Geschichte »of the woman with a hundred faces«.

Die Initiative ging in diesem Fall von Henry Leiser aus, der das MGM-Studio für das Projekt mit den prestigeträchtigen Namen der beiden Autoren zu gewinnen versuchte. Bromfield hatte viele Freunde in Hollywood; vier seiner Erzählungen wurden verfilmt. Auch dieses Projekt verlief im Sande. Im Tagebuch ist von dieser »Film-Angelegenheit« zuerst am 26. Januar 1944 die Rede, also mitten in der *Doktor-Faustus*-Zeit. Zwei Monate später fand in Chicago eine Arbeitssitzung mit Louis Bromfield statt, mit dem Ergebnis, dass Thomas Mann sich von der ganzen Sache zurückzog. Das einzige im Archiv erhaltene Zeugnis dieser Filmarbeit ist ein 23-seitiges, deutsch geschriebenes Manuskript, das jedoch nicht von Thomas Manns Hand stammt. Sein Anteil an dieser Filmgeschichte ist nicht mehr auszumachen und war vermutlich minimal.

Unamerikanische Umtriebe

Die »Hollywood Ten« im Visier des HUAC

So groß Thomas Manns Enttäuschung über die Nichtverwirklichung seiner Filmträume auch war, sie hielt ihn keineswegs davon ab, sich weiterhin für die Filmindustrie zu interessieren und ihr, wenn angezeigt, seine Solidarität zu bezeugen. Die Gelegenheit dazu bot sich 1947 und 1948, als die Angst vor kommunistischer Unterwanderung lawinenartig um sich griff und die Filmindustrie, namentlich zehn Filmschaffende: die so genannten Hollywood Ten, ins Visier der Kommunistenjäger des House Unamerican Activities Committee geriet.

Das HUAC wurde 1938 in der zweiten Amtsperiode Präsident Roosevelts eingesetzt, zunächst als Sonderausschuss, ab 1945 als ständiger Ausschuss des Repräsentantenhauses zur Untersuchung unamerikanischer Umtriebe. Das ursprüngliche Mandat dieses Komitees war die Aufdeckung von Unterwanderung durch ausländische Kräfte und Landesverrat. Gemeint waren damit in erster Linie die pronazistischen Aktivitäten bestimmter deutsch-amerikanischer Organisationen. Zu jenem Zeitpunkt wurden also der Nationalsozialismus und Faschismus als die gefährlichste Spezies von unamerikanischen Umtrieben angesehen. Paradoxerweise begann sich das Interesse des HUAC nach der deutschen Kriegserklärung an die Vereinigten Staaten im Dezember 1941 und dem Kriegseintritt der USA an der Seite der Sowjetunion und Englands vom Nationalsozialismus zum Kommunismus zu wenden. Dieses Paradox, das außenpolitisch betrachtet wenig Sinn ergibt, erklärt sich in der Hauptsache aus der wachsenden Opposition vor allem in den Südstaaten gegen die Reformpolitik Roosevelts, die als Bedrohung der alten gesellschaftlichen Ordnung empfunden und als sozialistisch gebrandmarkt wurde. Man glaubte zu wissen, dass die »New

Dealers« und die erstarkten Gewerkschaften kommunistisch unterwandert waren und dass die pro-Roosevelt eingestellten Liberalen – und dazu war auch Thomas Mann in den Augen des Durchschnittsamerikaners zu zählen – den Langzeitzielen des Kommunismus dienten.

Von 1938 bis 1945 hatte Martin Dies Jr. den Vorsitz des HUAC inne, ein demokratischer Abgeordneter aus Texas. Unter seiner Führung galt, wie schon nach der Bolschewistischen Revolution von 1917, der Kommunismus wieder als die bedrohlichste Form von unamerikanischer Gesinnung. Daran konnte es keinen Zweifel mehr geben, als im Mai 1942 der Abgeordnete Dies den früheren Landwirtschaftsminister und aktuellen Vizepräsidenten Henry A. Wallace des Kommunismus bezichtigte.[1] In einem offenen Brief beschuldigte er 35 Mitarbeiter des Board of Economic Warfare, dessen Vorsitzender Wallace war, kommunistische Kontakte zu haben und forderte ihre Entlassung. Wallace widerstand diesem Ansinnen; er selbst wurde dank seines hohen Amtes nicht vor das HUAC zitiert.

Für Thomas Mann waren diese Vorgänge beunruhigend, ja schockierend. Sie ließen ihn ahnen – früher als die amerikanischen Meinungsführer –, dass nach dem Ableben Roosevelts seine Gegner im politischen Leben Amerikas den Ton angeben würden und dass bald alles, was auch nur im Entferntesten einen sozialistischen Anstrich hatte, verunglimpft und verfolgt werden würde. Als er von der Attacke auf den Vizepräsidenten erfuhr, schrieb er an Agnes Meyer: »Herr Dies hat Wallace zwar des Communismus angeklagt, was ich most humiliating finde. Aber wenigstens ist er ja mit seinem stupiden Antrag zurückgewiesen worden.« (AM, 403) Noch verpufften solche Attacken des HUAC, doch war mit diesem Vorstoß die Richtung angezeigt, in die sich das politische Leben Amerikas nach dem Krieg entwickeln sollte.

Die Republikanische Partei ging aus den Kongresswahlen von 1946 gestärkt hervor, worauf Präsident Harry Truman der antikommunistischen Stimmung in beiden Parteien Rechnung trug und im März 1947 per »Executive Order« eine Loyalitätsprüfung aller Regierungsangestellten anordnete.[2] Als nach ihrem Wahlerfolg im November 1946 die Republikaner den Vorsitz des HUAC übernahmen, kamen mit J. Parnell Thomas, einem Republikaner aus New Jersey, und seinem Stellvertreter John E. Rankin zwei besonders tüchtige Verteidiger des American Way of Life an die Schalthebel des nun auf neun Mitglieder erweiterten Ausschusses. Rankin war ein Demokrat aus Mississippi, ein typischer Südstaatendemokrat, d. h. unverhohlen rassistisch gesinnt und ein entschlossener Kommunistenjäger. Nun brach die dunkle Zeit der Überwachung und Einschüchterung an, der Denunziationen, schwarzen Listen und Berufsverbote. In den Jahren 1947 und 1948 – der Kalte Krieg trat in seine erste heiße Phase – erlebte Amerika den ersten großen Schub der antikommunistischen Angst und Hysterie. Als sich der republikanische Senator aus Wisconsin Joseph R. McCarthy in die Kommunistenjagd einschaltete, erreichte diese berüchtigte Periode der amerikanischen Geschichte ihre intensivste Phase. In einer Rede im Februar 1950 vor einem republikanischen Frauenklub in West Virginia behauptete er, im Besitz einer Liste von 205 Namen von Kommunisten in der Regierung zu sein, die von Außenminister Dean Acheson gedeckt würden.[3] In den folgenden Jahren begann McCarthy einen Feldzug zur Aufdeckung der ganzen, angeblich schon bedrohlich weit fortgeschrittenen kommunistischen Unterwanderung. Die prominentesten Zielscheiben seiner Verfolgung waren, neben Acheson, George C. Marshall, der militärische Berater Roosevelts, später Botschafter in China und Verteidigungsminister – der Vater des Marshallplans, sowie die Präsidenten Truman und Eisenhower.

Wie sehr die öffentliche Meinung zunächst hinter McCarthy stand, erwies sich in verschiedenen Nachwahlen und Kongresswahlen. Nach der Wahl von 1952 fiel der Vorsitz des mächtigen Senats-Unterausschusses (Permanent Subcommittee on Investigations of the Senate Committee on Government Operations) an ihn. In dieser Rolle tat er sich mit besonders demagogischen, das Anstandsgefühl verletzenden Verhörmethoden hervor; sie führten bald zu seinem tiefen Fall. Im Dezember 1954 sprach der Senat einen offiziellen Tadel (censure) aus. Danach zerrann sein politischer Einfluss rasch. Er starb 1957 im Alter von achtundvierzig Jahren.

Der Senator aus Wisconsin hat dieser ganzen dunklen Ära der amerikanischen Geschichte seinen Namen gegeben. Dabei ist jedoch zu beachten, dass die McCarthy-Ära nicht erst 1953 begann, als der Senator den Vorsitz des Unterausschusses erlangte, sondern bereits 1947, als J. Parnell Thomas und John E. Rankin das HUAC übernahmen und es als Instrument der politischen Einschüchterung und Verfolgung einsetzten. Das HUAC öffnete die Schleusen für den McCarthyism, der mit dem Fall des Senators keineswegs abrupt aus dem öffentlichen Leben Amerikas verschwand.

Thomas Mann war in der schlimmsten Zeit von McCarthys Wirkung bereits wieder in Europa. Was er erlebte – sehr intensiv erlebte –, war die erste von Thomas und Rankin bestimmte Phase der offenen Kommunistenjagd. Als Roosevelt-Loyalist erkannte er sogleich, in welche schlimme Richtung diese Bewegung zeigte. In einem Brief an Agnes Meyer vom 7. September 1947 bemerkte er, dass in den Augen der Kommunistenjäger die sozialpolitischen Errungenschaften der Roosevelt-Ära »nur *eine* grosse un-American activity« darstellen. Und er fügte hinzu: »Liebe Freundin, nehmen Sie das Geständnis, dass ich das Thomas-Rankin Committee und seine elenden activities fast schon so hasse wie einst Hitler! Das unterschreibe ich mit vollem Namen.« (AM, 711)

Die erste öffentliche Reaktion Thomas Manns auf die Aktivitäten des HUAC war, dass er im März 1947 einen Aufruf unterzeichnete, in dem das Vorgehen des Thomas/Rankin-Komitees als undemokratisch verurteilt wurde.[4] Anlass dieses Protests war die Vernehmung Gerhart Eislers am 6. Februar, des späteren Radio- und Propagandachefs in der DDR. Gerhart Eisler war ein hochrangiger Kominternagent, was Thomas Mann offenbar nicht wusste, aber vielleicht ahnte. Der Aufruf, deren prominenteste Unterzeichner neben Thomas Mann W. E. B. Du Bois, Arthur Miller, Dorothy Parker und Dashiell Hammett waren, forderte vom Kongress die Abschaffung des HUAC und von Präsident Truman die Freilassung Gerhart Eislers. Dieser wurde wegen »Contempt of Congress« verurteilt, gelangte jedoch gegen Kaution auf freien Fuß und entkam schließlich im Mai 1949 auf einem polnischen Frachter nach Europa.[5] Als Thomas Mann gebeten wurde, sich an einer Veranstaltung für Gerhart Eisler zu beteiligen, hielt er Distanz: »Ablehnung an die G. Eisler-Leute […].« (Tb. 4. 3. 1947)

Einige Monate später, im September 1947, wurde auch Gerharts Bruder Hanns Eisler vor das HUAC zitiert[6], das überhaupt erst auf ihn aufmerksam wurde, als die Schwester der beiden Eislers, Ruth Fischer (eigentlich Elfriede Eisler), eine antistalinistische Kommunistin, die mit dem amerikanischen Geheimdienst kooperierte, im Anschluss an

die Vernehmung Gerhart Eislers ihre Brüder als Kommunisten identifizierte.[7] Ruth Fischer sagte aus, dass es in Hollywood »several thousand«
Kommunisten gebe, woraus das HUAC schloss, dass diese über Hanns
Eisler mit dessen Bruder in Verbindung standen. Hanns Eisler, ein
Schönberg-Schüler, der Filmmusiken schrieb (u. a. zu Fritz Langs
Hangmen Also Die, einem Film über den tschechischen Widerstand
und das Attentat auf Heydrich), Musik lehrte und später die National-
hymne der DDR komponierte, stand also im Verdacht, der Verbindungs-
mann zu sein zwischen seinem Bruder und den unter Kommunismusverdacht stehenden Filmschaffenden in Hollywood. Auch diesmal
schloss sich Thomas Mann einem Aufruf zur Freilassung an.[8] Ob er von
den Aussagen Ruth Fischers Kenntnis hatte, ist ungewiss, doch eher
unwahrscheinlich. Dieser zweite Eisler-Fall löste Proteste nicht nur in
Amerika, sondern auch in Frankreich und England aus. Unter den zahlreichen Unterzeichnern waren die Komponisten Aaron Copland, Leonard Bernstein, Roger Sessions, Ernst Toch, George Antheil, Benjamin
Britten und Ralph Vaughan Williams.

Der Fall Hanns Eisler stellte Thomas Mann nicht nur vor ein ethisches Dilemma, er stellte auch seine amerikanische Staatsbürgerschaft
auf eine erste Probe. Zunächst zögerte er, sich an einer Protestaktion zur
Unterstützung des ihm durchaus sympathischen Komponisten zu beteiligen. Zeugnis seiner Sympathie ist eine glänzende Vignette in der *Entstehung des Doktor Faustus* (19.1, 484). Als er erfuhr, dass Hanns Eisler
deportiert werden sollte, notierte er im Tagebuch: »Lehne aber wieder-
kehrende Aufforderungen zum Kampf ab, da mich trotz citizenship als
Gast empfinde u. als unzugehörig.« (Tb. 27. 9. 1947) Offenbar spürte
er, dass eine solche Selbstrechtfertigung etwas Fadenscheiniges hatte,
denn er fühlte sich bemüßigt, eine eigentlich banale und irrelevante Erklärung hinterherzuschicken. Er gehöre nicht zu den Typen, die »Mitt-
west-Slang reden u. es verstehen, dabei die Beine auf den Tisch zu legen«. Als ob nur dieser Typ von Amerikaner eine Chance habe, etwas
auszurichten.

Die Sache ließ ihm jedoch keine Ruhe. Wenige Tage später notierte
er: »Schauerlich berührt von dem schwindenden Rechtssinn in diesem
Lande, der Herrschaft fascistischer Gewalt.« (Tb. 3. 10. 1947) Die
schauerliche Sache ließ sich nicht so leicht abtun, wie er sich zunächst

vorzumachen versuchte, denn er vermerkte auch: »Nervöse Träume von Protest, Anklage und Selbstopfer, das aber zweifellos töricht wäre und mir nicht gedankt werden würde. – Wunsch, Eißler zu sprechen.« Das Argument vom Selbstopfer scheint übertrieben, denn eine Solidaritätserklärung hätte für ihn zu diesem Zeitpunkt keine einschneidenden Konsequenzen gehabt.

Als er erfuhr, dass Igor Strawinsky eine Protestaktion plane, begann er den Fall etwas anders zu sehen. An seine Freundin in Washington, die stets besorgt war, dass er sich allzu leicht in politische Händel verwickeln ließ, schreibt er zunächst noch beschwichtigend: »Aus persönlichen Gründen geht mir der Fall Hanns Eisler nahe. Ich kenne den Mann recht gut, er ist hoch gebildet, geistvoll, im Gespräch sehr amüsant, und oft habe ich mich mit ihm, namentlich über Wagner, glänzend unterhalten. Als Musiker ist er, nach dem Urteil all seiner Kollegen, ersten Ranges. Seit die Inquisition ihn dem ›weltlichen Arm‹ zur Verschickung empfohlen, besteht die Gefahr, dass er in einem deutschen Konzentrationslager landet. Ich höre, dass Strawinsky (ein Weissrusse!) eine Demonstration zu seinen Gunsten einleiten will. Aber ich habe Weib und Kinder und erkundige mich nicht weiter danach.« (AM, 685) Im Tagebuch jedoch stellt er weiterführende Überlegungen an: »Ein J'accuse würde weit führen. Es müßte die Form patriotischer Warnung haben, die Besorgnis, daß Amerika sich Mißverständnissen aussetzt« (Tb. 4. 10. 1947), wenn es das HUAC nicht in die Schranken wies. Hier scheint sich ein keimender amerikanischer Patriotismus zu Wort zu melden – die Erinnerung daran, dass es doch ein anderes, besseres Amerika gibt und er sich dazu bekennen könnte. Es wäre nicht mehr als die Fortführung seines antifaschistischen Kampfes unter veränderten Vorzeichen. Wenn er sich selbst und der amerikanischen Verfassung treu bleiben wollte, so musste er unzweideutig Stellung beziehen. Dies fiel ihm umso leichter, als er das HUAC schon längst als Manifestation eines amerikanischen Faschismus diagnostiziert hatte. In diesem Sinn deutete er das Vorgehen des HUAC gegen Hanns Eisler als einen »plumpe[n] Mißbrauch der inneren Schwierigkeit eines geistigen Menschen, ihm die Versicherung zu extorquieren, er hasse den Kommunismus ebenso sehr wie Hitler, in einem Augenblick, wo dieser allein die Weltgefahr bildete und jeder anständige Mensch ihn mehr hassen mußte, als Rußland. Welchen Eid würden Rankin und Thomas ablegen, wenn man sie zwänge, zu schwören, daß sie den Fascismus ebenso hassen wie den Kommunismus?« (Tb. 6. 10. 1947)

In einer Stellungnahme zu einer von der *St. Louis Post-Dispatch* veranstalteten Umfrage unter prominenten Immigranten, *Has America Fulfilled Our Hopes?*, spricht Thomas Mann eine deutliche Sprache: Die Methoden, mit denen in Amerika heute die Freiheit verteidigt werde, kämen gelegentlich »dangerously close« den Verhältnissen in einem Polizeistaat. In diesem Text, den Erika Mann nach Anweisungen ihres Vaters verfasste und wohl auch ein wenig zuspitzte, bezieht er sich nun offen auf seine Rechte als amerikanischer Bürger, vor bestimmten politischen Tendenzen zu warnen: »My very attachment to the United States makes me a vigilant and sometimes apprehensive observer of American policies.« (19.1, 398)

Dieser Text lässt dreierlei erkennen: zum einen, dass Thomas Mann offenbar das Gefühl brauchte, als loyaler Bürger der Vereinigten Staaten zu handeln, wenn er das HUAC als faschistisch anprangerte; zum anderen, dass er trotz anfänglichen Zauderns nicht nur bereit, sondern eigentlich begierig war, sich dem Widerstand gegen die Kommunistenjagd anzuschließen, um so mehr, als er sich damit zu dem Erbe des verehrten Franklin Roosevelt bekennen konnte, gerade als sich die Versuche, den New Deal zu demontieren, häuften; und drittens, dass Erika, wie schon 1936 vor seinem Bekenntnis zur Emigration, ihrem Vater dabei behilflich sein musste, den Mut seiner Überzeugungen unter Beweis zu stellen.

Am 21. September 1947 wurden dreiundvierzig Filmschaffende aufgefordert, zu einer öffentlichen Anhörung vor dem HUAC in Washington zu erscheinen, um dort vom 20. bis 30. Oktober unter Eid über die »Communist Infiltration of the Motion-Picture Industry« befragt zu werden.[9] Über die Hälfte von ihnen standen unter keinem Verdacht; ihre Aussagen sollten der Öffentlichkeit gegenüber den Anschein der Ausgewogenheit erwecken und dem Vorgehen des Komitees Glaubwürdigkeit verleihen. Unter diesen »friendly witnesses« befanden sich die Stars Gary Cooper, Robert Taylor, Robert Montgomery (Thomas Manns intendierter Joseph), George Murphy und Ronald Reagan, außerdem die Studiobosse Jack Warner, Louis B. Mayer und Walt Disney. Unter den dreiundvierzig Geladenen waren neunzehn Hauptverdächtige, auf die man es abgesehen hatte und über deren kommunistische Konnexionen beziehungsweise Sympathien das HUAC sehr genau Bescheid wusste, weil das Federal Bureau of Investigation dem Komitee als routinemäßige Amtshilfe seine Erkenntnisse aus der jahrelangen Beschattung der Betroffenen zur Verfügung gestellt hatte. Im Übrigen hatte das HUAC bereits im Mai 1947 in Los Angeles nichtöffentliche Sondierungsgespräche geführt, in denen unter den vielen Verdächtigen mit Hilfe einiger Experten aus den Chefetagen der Filmindustrie die gewichtigsten Fälle identifiziert wurden.

Von den neunzehn Verdächtigen waren sechzehn Drehbuchautoren, denn diese galten als die entscheidenden Faktoren in dem politischen Drall der Hollywood-Filme. Es handelt sich dabei um politisch engagierte Intellektuelle, die meisten von ihnen jüdischer Abstammung, die durchweg die Sozialpolitik Roosevelts begrüßt, im Spanischen Bürgerkrieg eine antifaschistische Position bezogen und im Zweiten Weltkrieg die Sache der Sowjetunion unterstützt hatten. Die meisten der neunzehn waren einmal Mitglieder der Communist Party of the USA (CPUSA) oder waren es noch. So sehr aber von dem Komitee die Frage der Zugehörigkeit zur CPUSA in den Vordergrund gerückt wurde – mit der stereotypen Frage: »Are you now or have you ever been a member of the Communist Party of the United States?« –, dem HUAC ging es letztlich darum, die in seinen Augen viel zu »linke« Filmindustrie insgesamt einzuschüchtern und sie auf die traditionellen Werte des American Way of Life zu verpflichten.[10]

Von den neunzehn nach Washington Beorderten wurden schließlich elf vernommen, darunter Bertolt Brecht, der klug genug war, sich sorgfältig auf seinen Auftritt vorzubereiten, und sich dann auch mit großem Geschick aus der Affäre zog.[11] Ihm lag vor allem daran, das Ausreisepapier für Paris und die Schweiz, das seit einigen Monaten in seinem Besitz war, nicht aufs Spiel zu setzen. Im Gegensatz zu den anderen achtzehn hatte er auch kein Interesse an irgendeiner Märtyrerrolle. Brecht sagte wahrheitsgemäß aus, dass er keiner kommunistischen Partei angehöre; er leugnete, dass seine Stücke und Gedichte kommunistische Botschaften enthielten; und er machte für die politisch verfänglichen Stellen, die man ihm vorhielt, die englische Übersetzung verantwortlich. Parnell Thomas, der Vorsitzende, bestätigte dem deutschen Stückeschreiber abschließend, dass er ein gutes Beispiel gegeben habe, wie man sich vor dem Komitee zu verhalten habe. Diese höchst erheiternde Schlusspointe ist vermutlich so zu verstehen, dass Brecht nicht Zuflucht zu nehmen versuchte zu dem in der Verfassung garantierten Recht auf freie Meinungsäußerung und Zeugnisverweigerung. Dazu hätte er jedoch als Ausländer, wie er sehr wohl wusste, ohnehin kein Recht gehabt. Am Tag nach der Befragung, am 31. Oktober, bestieg Brecht in New York das Flugzeug nach Paris.

Die übrigen zehn Befragten – sie gingen unter dem Namen »Hollywood Ten«[12] in die Geschichtsbücher ein – beriefen sich auf ihr Recht auf freie, als solche nicht strafbare Meinungsäußerung und lehnten es ab, über ihre Mitgliedschaft in der CPUSA Auskunft zu geben. Sie wurden der Missachtung des Kongresses (Contempt of Congress) für schuldig befunden und vor einem ordentlichen Gericht zu sechs Monaten bis einem Jahr Gefängnis verurteilt. Da alle Berufungen vergeblich waren und der Oberste Gerichtshof zur bösen Überraschung der Betroffenen es ablehnte, sich mit der Sache zu befassen, mussten die Hollywood Ten ihre Strafen absitzen. Ihre Karrieren waren damit zerstört; ihre Namen führten die berüchtigten schwarzen Listen an. Nur wenige fanden später wieder Arbeit in ihrem Metier.

Am Ende der Anhörungen des HUAC ermahnte der Vorsitzende die Hollywood-Bosse, ihr Haus zu säubern. Die Angesprochenen kamen dieser Aufforderung bereitwillig nach. Auf einer Versammlung im New Yorker Waldorf Astoria Hotel einigte man sich auf eine gemeinsame Erklärung, in der die Hollywood-Studios »positive action« gelobten.[13] Die Hollywood Ten wurden gefeuert; künftig, so beteuerten die Bosse, würden keine Kommunisten oder anderweitig Subversive in Hollywood Arbeit finden.

Die Anhörungen in Washington waren ein politisches Spektakel und ein Megaevent in den Medien. Sie wurden im Radio übertragen, die Blätter waren voll davon. Thomas Mann folgte den Anhörungen, wie sich aus dem Tagebuch ersehen lässt, mit wachsendem Unmut. Er empfand das ganze Theater schlicht als einen »Skandal« (Tb. 21.10. 1947); den »friendly witness« Robert Taylor schimpfte er einen Idioten (Tb. 22.10.1947). Die Berichte über die Vernehmung Brechts, seines gewichtigsten Antagonisten unter den Exilanten, entlockten ihm jedoch keinen Kommentar. Schon in der Wochenendpause der Anhörung vom 25./26. Oktober lancierten verschiedene progressive und liberale Gruppierungen unter dem Banner »Hollywood Fights Back« eine Kampagne gegen die mangelnde Fairness und rechtliche Grundlage der HUAC-Vernehmungen. Zu diesem Zweck flog eine Reihe von Hollywood-Stars, darunter Humphrey Bogart und seine Frau Lauren Bacall, Danny Kaye, Fredric March, Myrna Loy und Katharine Hepburn, nach Washington, um gegen das Vorgehen des HUAC zu protestieren und um zu demonstrieren, dass das liberale Hollywood entschlossen war, seine Bürgerrechte zu verteidigen. Am Sonntagabend brachten viele Radiosender ein Programm mit Stellungnahmen zur Unterstützung der neunzehn »unfriendly witnesses«. Am darauffolgenden Sonntag, dem 2. November, wurde eine zweite »Hollywood-Fights-Back«-Sendung ausgestrahlt. Zu dieser zweiten Sendung mit neuen Beiträgen steuerte Thomas Mann spontan, d. h. ohne sich bei Alfred Knopf oder Agnes Meyer nach der Tunlichkeit seines Protests zu erkundigen, ein »energisches Statement« bei. Dazu das Tagebuch: »Es war mir eine Genugtuung nach dem Aerger der letzten Wochen, diesen Analphabeten die Meinung zu sagen.« (Tb. 31. 10. 1947)

Thomas Manns Text (19.1, 298) umfasst fünfundzwanzig Zeilen und stellt eine effektvolle Mischung aus kopfschüttelndem Sarkasmus, ernster politischer Sorge und einem reichlich aufgesetzten Patriotismus dar. Es sei ihm eine Ehre, sich als »hostile witness« zu erkennen zu geben. Er habe in den neun Jahren seit seiner Ankunft in Amerika viele Filme gesehen; wenn sie kommunistische Propaganda enthalten sollten, so sei diese so gut versteckt, dass er nichts davon gemerkt habe. Die Verfolgung von Menschen, die an die politische und ökonomische Lehre eines großen Denkers mit Anhängern auf der ganzen Welt glaubten, bezeichnet er als ignorant und abergläubisch, dem kulturellen Ansehen Amerikas abträglich. Vor allem aber wolle er als amerikanischer Bürger deutscher Abstammung sagen, dass ihm auf eine schmerzliche Art gewisse politische Trends sehr bekannt vorkämen: geistige Intoleranz, politische Inquisition und schwindende Rechtssicherheit. Damit habe es auch in Deutschland begonnen; Faschismus und Krieg waren die Folge. Abschließend dann eine Geste in Richtung auf amerikanischen

Patriotismus: er begrüße diese Gelegenheit, eine Warnung auszusprechen; sie entspringe dem unversieglichen Glauben seines Herzens, dass dieses große Land, das wir lieben (»this great land of our love«), sowohl unsere Sorge als auch unser Vertrauen verdiene.

Dies ist ein bemerkenswertes Zeugnis von Zivilcourage, zumal wenn man bedenkt, dass sich Thomas Mann mit diesen Aussagen im Prinzip auf die Seite von John Howard Lawson stellt, des kämpferischsten und notorischsten der neunzehn »unfriendly witnesses«, den er jedoch nicht persönlich kannte. Lawson, ein New Yorker Theaterautor und seit 1928 in Hollywood als Drehbuchautor tätig, bezeichnete das Vorgehen des HUAC als »illegal and indecent« und die Kräfte, die hinter Thomas, Rankin und Co. stünden, als faschistisch.[14] Thomas Manns Erklärung zugunsten der Hollywood Ten hätte ihm leicht Unannehmlichkeiten schaffen können; nach der großen Vernehmungsorgie in Washington trat jedoch zunächst einmal eine Flaute in dem Eifer des Komitees ein. Im Übrigen zählte er ja nicht zur Filmindustrie, so dass sich höchstens das FBI, nicht aber das HUAC für ihn interessieren würde.

Ein Jahr später stellte er sich noch einmal auf die Seite der Hollywood Ten. Inzwischen waren acht von ihnen von dem Bundesbezirksgericht in Los Angeles rechtskräftig verurteilt und in Beugehaft genommen worden.[15] Dies nahm der Pfarrer der Unitarischen Kirche Stephen H. Fritchman zum Anlass, um in einer Rede von seiner Kanzel, einem sogenannten »pulpit editorial«, die Unrechtmäßigkeit der Verfolgung und Verurteilung der Filmschaffenden anzuprangern. Fritchman, ein gebildeter und couragierer Gottesmann, der der First Unitarian Church in Los Angeles vorstand, war ein gern gesehener Gast im Hause Mann. Auf Thomas Manns Wunsch wurden alle seine vier Enkelkinder in Fritchmans Kirche getauft; am 4. März 1951 trat er sogar selbst als Kanzelredner vor einer Gemeinde von über achthundert Leuten in Fritchmans Kirche auf.[16] Offenbar auf Bitten des politisch engagierten Pastors stellte Thomas Mann ihm eine Erklärung zur Verfügung, die im Anschluss an Fritchmans »pulpit editorial« am 31. Oktober 1948 verlesen wurde. Diesen Text verfasste wiederum Erika nach Anweisungen des Vaters. Sie hielt sich eng an sein »energisches Statement« vom Vorjahr, fügte jedoch einen neuen Gesichtspunkt hinzu: die Gefahr, dass unser Planet auf einen atomaren Suizid zusteure, wenn Amerika auf seinem Weg in einen faschistischen Polizeistaat und damit in einen weiteren großen Krieg fortfahre. Deshalb: »Let's call a halt while there is still time. Let's call a halt – NOW!« (19.1, 585)

Thomas Manns Reaktion auf die Hollywood Ten stellt das konkreteste und sichtbarste Zeugnis seiner Auseinandersetzung mit der politischen Repression der Nachkriegsjahre dar und ist gleichzeitig als eine Art Einübung in die Wahrnehmung seiner amerikanischen Bürgerrechte zu betrachten. Andere Stellungnahmen, die er zu publizieren vorhatte, wurden entweder durch den warnenden Einspruch seines Verlegers oder seiner Freundin und Gönnerin in Washington vereitelt. Die politische Repression währte jedoch noch mehrere Jahre nach dem Spektakel der HUAC-Anhörungen und erwies sich schließlich als der entscheidende Faktor in seinem schon sehr bald angedachten, doch erst 1952 endgültig gefassten Entschluss, seinem zweiten Exilland den Rücken zu kehren. Es war ein langer, von sehr gemischten Gefühlen begleiteter Abschied von Amerika.[17]

Während der ersten Jahre in Amerika war Thomas Mann durch seinen Feldzug gegen Hitler-Deutschland und seine Fixierung auf Franklin Roosevelt dermaßen in Anspruch genommen, dass er offenbar keinen Gedanken an die Möglichkeit verschwendete, er werde selbst von dem Federal Bureau of Investigation observiert und ausspioniert. Hätte er jedoch während der Kriegsjahre von seiner Überwachung durch das FBI Kenntnis erhalten, so wäre ihm das angesichts der alles übertrumpfenden Dringlichkeit des antifaschistischen Kampfes vermutlich gleichgültig gewesen. In dieser Hinsicht aber hatte sich nach dem Tod des verehrten Präsidenten die Situation gründlich verändert – zum Schlechten verändert.

Ein »Communist Dupe« im Visier des FBI

Thomas Mann wurde zum ersten Mal im Frühjahr 1949, anderthalb Jahre nach seiner Solidaritätserklärung mit den Hollywood Ten, in aller Öffentlichkeit mit dem Kommunismus in Verbindung gebracht. Das geschah in der Illustrierten *Life* (4. April 1949), und zwar auf eine besonders hinterhältige und bedrohliche Weise. In einer Atmosphäre der sich verschärfenden Kommunistenhetze hatte eine solche Beschuldigung, denn darum handelte es sich unter den obwaltenden Umständen, durchaus etwas Bedrohliches. Sie konnte drastische Folgen nach sich ziehen: Reisebeschränkungen, Boykott seiner Bücher, Demütigung in der Öffentlichkeit. Am meisten zu fürchten war eine Anhörung vor dem HUAC.

Den Anlass für den *Life*-Artikel lieferte die Cultural and Scientific Conference for World Peace, eine Nachfolgeveranstaltung der Breslauer Weltfriedenskonferenz von 1948, die Ende März 1949 im New Yorker Waldorf Astoria Hotel stattfand. Als Veranstalter fungierte der National Council of Arts, Sciences, and Professions, an dessen Spitze Albert Einstein und Thomas Mann standen.[18] *Life* brachte eine dreiseitige Fotoreportage, in der die russische Delegation, darunter Dmitri Schostakowitsch und Alexander Fadejew, mit Ironie und ihre amerikanischen Gastgeber, darunter Henry A. Wallace und der Astronom und Pazifist Harlow Shapley, mit Häme übergossen werden.[19] Als Ergänzung dazu und in zweifellos hetzerischer Absicht brachte *Life* auf den beiden nächsten Seiten steckbriefartig die Porträts der fünfzig prominentesten Sympathisanten mit dem Kommunismus, darunter Thomas Mann.[20] In dem kurzen Begleittext wird zwar zwischen Mitläufern (fellow travelers) und nützlichen Idioten (dupes) unterschieden, aber da im Einzelnen nicht genau angegeben wird, wer als »fellow traveler«, wer als »dupe« anzusehen sei, war jeder der fünfzig Abgebildeten gleichermaßen betroffen und sollte sich auch gleichermaßen bedroht fühlen. Nach der Logik von *Life* jedoch waren die »dupes« für die Sache des Kommunismus nützlicher als die »fellow travelers«, weil sie meist, wie eben Thomas Mann, ein großes Renommee in die Waagschale zu werfen hatten.

Als Thomas Mann die *Life*-Reportage zu Gesicht bekam, fühlte er sich »[a]ngewidert und niedergeschlagen« (Tb. 2. 4. 1949). Mehrere Tage lang trug er sich mit dem Gedanken, eine Replik zu verfassen. Klugerweise ließ er diesen Gedanken jedoch fallen. Die neben dem *Joseph*-Autor bekanntesten Köpfe in dem *Life*-Steckbrief waren Henry A. Wallace, Albert Einstein und Charlie Chaplin. Dazu zehn amerikanische Schriftsteller: William Rose Benét, Henry W. L. Dana, Lillian Hellman, Langston Hughes, Norman Mailer, Arthur Miller, Clifford Odets, Dorothy Parker, Louis Untermeyer und Mark Van Doren. Drei Musiker:

Leonard Bernstein, Aaron Copland und Dean Dixon. Unter den Übrigen waren zwei Kongressabgeordnete, Journalisten, Professoren und Geistliche, darunter auch Stephen H. Fritchman, der Freund des Hauses Mann.

Dass eine derartige Hetzkampagne, denn darum handelt es sich ja, in der verbreitetsten Illustrierten des Landes erschien, passt zu der politischen Optik des Gründers und Herausgebers, Henry Luce, der das Blatt auf eine streng patriotische und streng antikommunistische Linie eingeschworen hatte. Es handelt sich offensichtlich um eine gut vorbereitete, konzertierte Aktion. Wie konnte *Life* sicher sein, dass gegen alle fünzig »dupes« und »fellow travelers« etwas Einschlägiges vorlag und dass etwaige Verleumdungsklagen keine Chance hätten? Wer bestimmte, dass gerade diese fünfzig angeprangert wurden und nicht fünfzig andere ebenso stark oder ebenso wenig Belastete? Und wie kam Henry Luce auf den Gedanken, Thomas Mann, über den die Illustrierte vor zehn Jahren eine große, wohlwollende Reportage gebracht hatte, in seine Steckbriefgalerie aufzunehmen?[21] Unverkennbar trägt die *Life*-Aktion die Handschrift des Mannes, der sich wie kein anderer dem Kampf gegen kommunistische Unterwanderung verschrieben hatte: J. Edgar Hoover, des Direktors des FBI.

Hoover, der schon als junger Mann 1924 an die Spitze des amerikanischen Bundeskriminalamtes gelangte, drückte dieser unter seinem Regime ungeheuer angewachsenen Behörde den Stempel seiner Wachhundmentalität auf und war einer der mächtigsten und gefürchtetsten Männer im Amerika der vierziger und fünfziger Jahre.[22] Seine Macht beruhte vor allem auf der legendären Kartei des FBI; sie enthielt Informationen nicht nur über Gangster und Verbrecherorganisationen, sondern auch über das Privatleben von Politikern und die politischen Neigungen und Kontakte prominenter Persönlichkeiten der kulturellen und akademischen Welt. Hoover behielt sich die Kontrolle über diesen Berg von Informationen selbst vor; er persönlich entschied, über wen wann welche Informationen bestimmten Vertrauensleuten in der Presse oder in der Politik zugespielt wurden. Allein schon das Wissen, dass eine FBI-Akte existierte, mehr noch als ihr Inhalt, wurde so zu einem existentiellen Faktor im Leben zahlreicher Amerikaner. Grob gesprochen richtete sich das Interesse des FBI während der Kriegsjahre in der

389

Hauptsache auf sogenannte feindliche Ausländer (enemy aliens), danach auf Kommunisten, Mitläufer und Sympathisanten. Auf Thomas Mann richtete Hoover merkwürdigerweise während der ganzen vierzehn Jahre des amerikanischen Exils sein Augenmerk.

Die Konstellation Thomas Mann – Kommunismus – FBI ergibt nur dann ihren absurd-makabren Sinn, wenn wir uns die ideologisch aufgeheizte und vergiftete Atmosphäre im Amerika der späten vierziger Jahre vor Augen halten. Dabei war die CPUSA ein sehr untergeordneter Faktor. Viel bedrohlicher war das Gespenst des Kommunismus, der in der publizistischen Praxis nicht als politische Partei verstanden wurde, sondern als eine weltweite, das ganze christliche Abendland, allen voran die Vereinigten Staaten bedrohende Verschwörung. Ob jemand als ein Kommunist anzusehen sei, darüber entschied nicht etwa die Parteizugehörigkeit, sondern die Gesinnung, genauer gesagt: ihre Deutung durch das FBI und ihren allmächtigen Boss. Als einschlägige Gesinnungsäußerungen galten selbst bei einem Schriftsteller seine öffentlichen politischen Gesten wie die Teilnahme an Protest- und Solidaritätskundgebungen, die Unterzeichnung von Aufrufen, die Mitgliedschaft in bestimmten Gremien und Organisationen und der Kontakt mit gewissen aktenkundig gewordenen Personen. Die Schriften selbst kamen kaum in Betracht. Im Fall Thomas Mann zählte darüber hinaus ein besonders gravierender Faktor: sein sehr öffentlichkeitswirksamer Kampf gegen Hitler und den europäischen Faschismus.

Hier ist daran zu erinnern, dass der amerikanische Antikommunismus keineswegs auf die McCarthy-Ära beschränkt war. Er hat eine lange Vorgeschichte, die bis zur Bolschewistischen Revolution und dem gescheiterten Interventionsversuch der Vereinigten Staaten von 1918 zurückreicht. Vor diesem historischen Hintergrund wird es verständlich, dass der europäische Faschismus, einschließlich Hitler, zunächst als Bollwerk gegen den Bolschewismus angesehen wurde und dass Thomas Manns Opposition gegen Franco und Hitler das Misstrauen des FBI erregen konnte. In diesem Zusammenhang konnte das schizophrene, aber bezeichnende Schlagwort vom »premature antifascism« aufkommen, dem vorzeitigen Antifaschismus – vorzeitig, weil durch keine Kriegshandlung veranlasst und deshalb ideologisch verdächtig. Den Vorwurf des »premature antifascism« traf auch Thomas Mann, was von diesem mit Kopfschütteln zur Kenntnis genommen wurde. An Agnes Meyer schrieb er dazu im Juli 1943: In Washington »hat man Leute meiner Art garnicht sehr gern. Wir sind ›premature anti-fascists‹ – der Ausdruck hat mich sehr amüsiert, aber er wird ganz offiziell als Einwand gegen den Charakter, die Vertrauenswürdigkeit eines Menschen gebraucht.« (AM, 499)

Die Tatsache, dass Thomas Mann ungezählte Male seine Sympathie für Amerika und Präsident Roosevelt bekundete, fiel wenig ins Gewicht, denn er tat es aus den verkehrten Gründen, indem er die Vereinigten Staaten als das Land einer künftigen Versöhnung von Demokratie und Sozialismus betrachtete. Zudem galt seine Bewunderung des Präsidenten nicht nur seiner gewinnenden Persönlichkeit, sondern seiner Sozialgesetzgebung, dem New Deal. In diesem Zusammenhang musste sich das FBI bestätigt fühlen, als Thomas Mann im Wahlkampf von 1948 für Henry A. Wallace Partei ergriff, den Kandidaten der letztlich marginalen Progressive Party. In Wallace erblickte er den Hüter des New Deal. In den Augen des FBI und der öffentlichen Meinung hingegen waren die kommunistischen Neigungen des Henry A. Wallace, zumal er sich entschieden für eine Verständigung mit der Sowjetunion einsetzte, eine längst erwiesene Tatsache.

Es waren vor allem Intellektuelle und Schriftsteller, die das Misstrauen des FBI erregten. Hoover ließ praktisch die ganze amerikanische Literatur beschatten und führte Akten über fast alle Autoren, darunter Namen, die man auf einer FBI-Liste vermuten könnte (John Dos Passos, James T. Farrell, Lillian Hellman, Sinclair Lewis, Henry Miller, John Steinbeck, Edmund Wilson und andere), aber auch solche, die man nicht erwartet hätte (Pearl S. Buck, T. S. Eliot, William Faulkner, Robert Frost, Ernest Hemingway, Ezra Pound, Carl Sandburg, James Thurber, Thornton Wilder und andere mehr).[23]

Seit den späten siebziger Jahren sind die FBI-Akten der Öffentlichkeit und der Forschung zugänglich dank zweier bemerkenswert liberaler Gesetze: dem Freedom of Information Act von 1965 und dem Privacy Act von 1974. Die mir seit 1984 ausgehändigten FBI-Dokumente in Sachen Thomas Mann belaufen sich auf 153 mehr oder weniger zensierte, d.h. ausgeschwärzte Blätter. Aus internen Memoranden, die freigegeben wurden, lässt sich jedoch schließen, dass das FBI weit über tausend mehr oder weniger nützliche »reports« über ihn angesammelt hatte.[24] Über den Inhalt der zurückgehaltenen Dokumente kann nur gemutmaßt werden. Diesbezügliche Anfragen werden mit dem Hinweis auf interne Sicherheitsbestimmungen und einen den Zugriff auf die Dokumente weiter einschränkenden Erlass Präsident Reagans (Executive Order Nr. 12356) beschieden. Die zugänglich gemachten Dokumente deuten jedoch darauf hin, dass das FBI Thomas Mann zwar im Visier hatte, aber nichts wirklich Kompromittierendes in Erfahrung brachte. Der Betroffene selbst wusste nichts von einer FBI-Akte. Gelegentliche Besuche von »zwei F. B. I. Gentlemen« (Tb. 18. 8. 1943), die ihn über Mitexilanten befragten, scheinen keinen Verdacht auf seine eigene Beschattung erregt zu haben. Es ist jedoch schwer vorstellbar, dass man in der Familie Mann nach der öffentlichen Verunglimpfung durch den *Life*-Artikel von 1949 nicht auf den Gedanken kam, dass Hoover mit seinem ausgedehnten Überwachungsapparat dabei die Hand im Spiel hatte.

Seit den Forschungen von Alexander Stephan wissen wir, dass nicht nur Thomas Mann, sondern praktisch die gesamte deutsche Exillitetatur vom FBI beschattet wurde.[25] Stephan hat diesen Komplex systematisch untersucht und nicht nur alle verfügbaren FBI-Dokumente ausgewertet, sondern auch die der anderen Überwachungsorgane wie der Central Intelligence Agency (früher: Office of Strategic Services), des State Departments, des Immigration and Naturalization Service und andere mehr. Neben der Familie Mann (Thomas, Heinrich, Klaus und Erika) wurden von Stephan die folgenden Autoren untersucht: Bertolt Brecht, Lion Feuchtwanger, Leonhard Frank, Bruno Frank, Franz Werfel, Erich Maria Remarque, Emil Ludwig, Alfred Döblin, Oskar Maria Graf, Berthold Viertel, F. C. Weiskopf, Hans Marchwitza, Ernst Kantorowicz, Ernst Bloch, Ferdinand Bruckner, Erwin Piscator, Fritz von Unruh, Hans Habe, Hermann Broch, Carl Zuckmayer und Johannes Urzidil. Das Fazit von Stephans enorm aufwändiger Studie fällt einigermaßen ernüchternd aus: »Nicht einer der überwachten Exilautoren ist in sein Herkunftsland deportiert und damit der Gestapo ausgeliefert worden. Interniert bzw. inhaftiert wurde einzig der KP-Funktionär Gerhart Eisler [...]. Ebenso wenig finden sich in den Akten Belege dafür, dass – wie bei tausenden von Amerikanern – die berufliche Karriere eines schreibenden Exilanten direkt und negativ durch einen Geheimdienst oder ein Loyalitätsverfahren beeinflusst wurde.«[26]

Gleichwohl besitzen die FBI-Akten einen beträchtlichen dokumentarischen Wert. Sie beleuchten die politische Atmosphäre, in der Thomas Mann sich zu bewegen hatte, greller als andere Zeugnisse, und sie ergänzen die Außenperspektive auf den deutschen Exilanten und amerikanischen Neubürger, wenn auch auf intellektuell niedriger Stufe.

Als Einstieg in die unappetitliche Materie bietet sich ein Memorandum von Ende 1941 an, in dem die wichtigsten Erkenntnisse, die bis dato über Thomas Mann in der FBI-Kartei vorlagen, zusammengefasst sind.[27] Der betreffende Sachbearbeiter kondensierte, wie wir aus einem anderen Memorandum von 1947 wissen, ungefähr zweihundert Vermerke auf fünfeinhalb Seiten. Dabei ergaben sich vierundvierzig Verdachtsmomente im Sinne des FBI. Die Überwachung begann offenbar bereits im April 1937 während Thomas Manns dritter Amerikareise. Die beiden ersten Einträge deuten auf ein noch früheres Datum, doch dabei handelt es sich offensichtlich um ein Versehen – die American Guild for German Cultural Freedom wurde nicht 1927, sondern 1937 gegründet – und um einen Nachtrag. Alle anderen Einträge beziehen sich auf Thomas Manns Aktivitäten 1937 in New York und die folgenden Jahre.

Was mochte die amerikanische Bundeskriminalpolizei dazu bewegt haben, über einen nichtamerikanischen Schriftsteller, der bis dahin durch nichts zu erkennen gegeben hatte, dass er in die Vereinigten Staaten immigrieren wollte, ein Dossier zu eröffnen? Damals war der anstößige Satz über den amerikanischen Antikommunismus als die Grundtorheit der Epoche noch lange nicht gefallen; Thomas Mann vertrat diese Position in seinem zweiten Vortrag an der Library of Congress am 13. Oktober 1943.[28] Sein weltweites Ansehen als ein Hitler-Gegner war nach der Veröffentlichung des Briefwechsels mit Bonn Anfang 1937 sprunghaft angestiegen. Was also mochte dem FBI Anlass zur Sorge geben?

Betrachten wir die vierundvierzig Punkte in dem Sündenregister des FBI-Memorandums etwas genauer, so fällt sogleich auf, dass nahezu alle demselben Muster folgen: Ein FBI-Spitzel hat gemeldet, dass Thomas Manns Name in einer bestimmten Publikation (Zeitung, Zeitschrift oder Broschüre) aufgetaucht ist; da die betreffende Publikation dem FBI als »communistic« galt, waren damit zumindest seine Sympathien für den Kommunismus erwiesen. Die belastenden Publikationen waren nicht nur der *Daily Worker*, die Zeitung der CPUSA, sondern auch das *Deutsche Volks-Echo*, die Wochenzeitung der Sozialdemokraten, die Illustrierte *Soviet Russia Today* oder gar Klaus Manns Zeitschrift *Decision*. Mehr noch: Brachte der *Daily Worker* eine Meldung über Thomas Mann – etwa seine Ernennung zum Lecturer in the Humanities an der Princeton University –, so wurde diese nicht dadurch als Indiz entwertet, dass dieselbe Meldung auch in der *New York Times* und anderen Blättern stand, denn ausschlaggebend war allein, dass das Organ der Kommunistischen Partei sich für Thomas Mann interessierte.

Diese Logik galt auch für Thomas Manns Teilnahme an bestimmten politischen Kundgebungen. Beim FBI sind sieben solcher Veranstaltungen aktenkundig geworden: die Gründungsversammlung am 20. April 1937 der German American League for Culture (recte: American Guild for German Cultural Freedom); die Massenveranstaltung »Save Czechoslovakia« am 25. September 1938 im Madison Square Garden, auf der Thomas Mann eine kurze, enthusiastisch aufgenommene Ansprache hielt; seine Schirmherrschaft der »Stop Hitler Parade« am 24. März 1939 in New York, bei der er selbst gar nicht zugegen war; die Teilnahme an dem Bankett am 4. Mai 1939 im Astor Hotel in New York zu Ehren von Julio Álvarez del Vayo, dem ehemaligen spanischen Außenminister; seine Ansprachen am 26. Juli 1939 (recte: 9. Mai 1939) im Russischen Pavillon der New Yorker Weltausstellung, auf dem Third American Writers' Congress am 2. Juni 1939 in der Carnegie Hall und schließlich seine Ansprache auf dem United-States-of-the-World-Dinner im Waldorf Astoria Hotel. Es scheint, dass, wo immer Thomas Mann auftrat, das FBI dabei war. Dies gilt jedoch nur für New York, denn aus den anderen Landesteilen, die Thomas Mann bereiste, liegt keine Meldung vor.

Wohin man in den FBI-Akten blickt, es ist überall dieselbe einfältige Methode am Werk – das Prinzip »guilt by association«. Fast nie wird der Inhalt der Ansprachen beanstandet. Das geschieht überhaupt nur einmal à propos *The Coming Victory of Democracy*. Als diese Rede als Broschüre erschien, meldete ein Informant: »Information was received in

August, 1938, that [...] the book was extremely Communist in its presentation of the case for Democracy and its continuance as a form of Government.« Wenn man will, ist dieser Satz, so hirnrissig er klingen mag, das einzige substantielle Argument im Sinne der Anklage. Davon abgesehen herrscht überall in dieser »summary« derselbe primitive und ahnungslose Schnüfflergeist. Er manifestiert sich am bündigsten in einem Auszug aus dem Protokoll einer HUAC-Anhörung. In einer Befragung des Sportreporters Heywood Hale Broun fiel auch der Name Thomas Mann, worauf das Ausschussmitglied Joe Starnes einwarf: »Thomas Mann is one of the world's most noted Communists, is he not?« Darauf habe die Zeugin Margaret Kerr geantwortet: »›He has that reputation.‹« Und damit war auch diese Frage geklärt.

Zur Verteidigung des FBI sei jedoch angemerkt, dass der mit dieser »summary« beauftragte Sachbearbeiter die Evidenz für Thomas Manns Kommunismus nicht gerade überwältigend fand. Vermutlich deshalb nahm er zwei eindeutig entlastende Meldungen in seinen Bericht auf: sein Ausscheiden aus dem Sponsorengremium der Fourth American Writers' Conference, als bekannt wurde, dass es sich um eine »Communist cultural front« handelte, sowie die Meldung eines Informanten, dass er weder Kommunist noch Mitläufer sei und lediglich ein paarmal in die Verwendung seines Namens eingewilligt habe.

Man kann sich angesichts solcher »Evidenz« des Eindrucks nicht erwehren, der wahre Grund für die Beschattung Thomas Manns sei weniger in dem Kommunismusverdacht zu suchen als in seiner Prominenz. Er war in den ersten amerikanischen Jahren neben Einstein und Toscanini geradezu eine Galionsfigur der liberalen, antifaschistischen Stimmen des Landes. Diese bildeten zwar eine lediglich auf die Metropolen beschränkte Minderheit, aber in den Augen des FBI stellten sie einen beunruhigenden und bedrohlichen Faktor dar, denn man fürchtete, dass durch sie die europäische Malaise nach Amerika importiert werden könnte. Der Antifaschismus der Emigranten – egal ob Deutsche, Italiener, Spanier, Tschechen – wurde als ein Störfaktor angesehen, jedenfalls solange die Vereinigten Staaten entschlossen waren, sich aus den europäischen Händeln herauszuhalten. Der Antifaschismus Thomas Manns musste daher vielen Amerikanern als übereilt, als vorzeitig und als beunruhigend erscheinen.

Der Fall Joseph Mischel

Eine weitere Gruppe von Dokumenten gehört zu einem Vorgang um den Visa-Antrag eines obskuren polnischen Autors; sie werfen ein interessantes Licht auf Thomas Manns Rolle unter den Exilanten, nicht nur den deutschen. Der Name des Antragstellers in den freigegebenen Blättern wurde zensiert, d. h. ausgeschwärzt. Offenbar handelt es sich um Joseph Mischel, einen Thomas Mann zu diesem Zeitpunkt nicht persönlich bekannten Kollegen, dessen Name im Tagebuch in unterschiedlicher Schreibung auftaucht.[29] Aus den Akten geht hervor, dass Mischel in Polen, seine Frau in Deutschland geboren war, dass er von 1933 bis 1940 in Paris lebte und nun für sich, seine Frau, seine Mutter und zwei Schwestern »Immigration Visas« beantragte. Er gab an, sich an keinerlei »political activities« beteiligt zu haben. Verwandte habe er keine in Amerika. Als seine »sponsors« in Amerika – die unerlässlichen Bürgen – gab er zwei Namen an: der eine ist zensiert und unleserlich gemacht, der andere ist Thomas Mann. Ob Mischel den *Joseph*-Autor kannte oder ob er dessen Namen auf gut Glück angegeben hatte, bleibt unklar. Von Interesse ist dieser Vorgang in dreierlei Hinsicht. Diese Blätter eröffnen einen Blick von innen auf eine Bürokratie, an deren Entscheidung das Schicksal der Antragsteller wie an einem seidenen Faden hing. Sie zeigen, welchen Anteil Hoover persönlich an solchen Visa-Entscheidungen nahm, wenn dabei eine »communistic connection« zur Debatte stand. Schließlich enthüllen sie das Feindbild, dass der Boss des FBI von Thomas Mann hatte.

Mischel war offenbar nach dem Fall Frankreichs in der großen Einwanderwelle im Herbst 1940 mit einem Besuchervisum in die Staaten gekommen. Nach Ablauf des Visums stellte er von Montreal aus einen Antrag auf Einwanderung. Von dort gelangte der Antrag an die »Visa Division« des Department of State. Die Empfehlung des Außenministeriums lautete: »Approval in absence of adverse report.« Die Zeichen standen also zunächst günstig. Die Entscheidung lag jedoch bei einem interministeriellen Ausschuss, dem sogenannten Primary Committee, das aus je einem Vertreter des Außen-, des Kriegs- und des Marineministeriums, des US Immigration Service und des FBI bestand. Dieser Ausschuss nun lehnte den Antrag am 1. November 1941 einstimmig ab. Vorangegangen war ein von Hoover unterschriebener Bericht, der besagt, dass der Antragsteller ein Kommunist sei. Die Substanz dieses dreiseitigen Berichts vom 25. 10. 1941 ist ausgeschwärzt. Schon zuvor jedoch, am 18. 10., hatte Hoover dem Komitee ein Dossier bereitgestellt – eben jene oben beschriebene »summary« –, das nach Auffassung Hoovers »considerable information« über einen der Bürgen und dessen »Communistic background and activities« enthalte, nämlich Thomas Mann.

Offenbar war Mischel jedoch an einen tüchtigen Rechtsanwalt geraten, der für seinen Mandanten Berufung einlegte und eine eidesstattliche Erklärung des Antragstellers vorlegte, dass er kein Kommunist sei. Dazu Empfehlungsbriefe von Thomas Mann und einem weiteren »well known writer«. Der Fall gelangte nun vor ein Review Committee, das am 1. 4. 1942 verhandelte und wiederum einstimmig gegen den Antrag stimmte. Das überrascht nicht, wenn man weiß, dass jenes Review Committee identisch war mit dem Primary Committee. Damit wäre die Sache verloren gewesen, wenn sie nicht noch vor den zweiköpfigen Visa Board of Appeals gelangt wäre. Es ist unklar, ob routinemäßig oder nach nochmaligem Einspruch von Mischels Anwalt. Dieses Berufungsgremium nun hob am 23. 4. 1942 die beiden vorangegangenen Entscheidungen wieder auf. Die Identität der beiden Mitglieder des Berufungsausschusses wurde vom FBI nicht freigegeben, wohl aber ihre Begründung: Der Bewerber sei ein bekannter Autor; Thomas Mann und eine andere Persönlichkeit (ausgeschwärzt) bürgten für ihn und erklärten, Mischels Einstellung sei weder pro-Nazi noch pro-Kommunismus, sondern ganz und gar demokratisch. Unnötig zu sagen, dass die Bürgschaften von höchstem Rang seien. Der Bewerber mag sich in den Vereinigten Staaten auf Grund seiner Fähigkeiten als sehr nützlich erweisen. An seiner Opposition gegen den Nazismus bestehe kein Zweifel – »He may thus be wisely and safely admitted to the United States.«[30]

So steht es in einem offenbar für Milton Ladd, einen der beiden Assistenten von Hoover, verfassten Memorandum vom 29. 4. 1942. Der FBI-Beamte, der den Bericht verfasste, betont nun, dass der Appeals Board sich ganz auf das zweifelhafte Zeugnis Thomas Manns und jener anderen Persönlichkeit verlassen und die Frage, ob Mischel als Kommunist zu gelten habe, völlig ignoriert hätte. Er empfinde das als eine krasse (»flagrant«) Desavouierung des FBI und empfehle deshalb, die Sache dem Direktor vorzulegen.

Hoover reagierte darauf mit einem zweiseitigen Memorandum vom 5. 5. 1942 an seinen Assistenten Ladd, der offenbar einen förmlichen Protest gegen die Entscheidung des Appeals Board vorbereiten sollte.[31] Hoover nahm vor allem an der seines Erachtens viel zu liberalen Einstellung der Mitglieder des Boards Anstoß, denen anscheinend die kommunistischen Sympathien dieser oder anderer Sponsoren gleichgültig seien. Besonders verärgert war der FBI-Boss darüber, dass der Appeals Board sich dem Urteil Thomas Manns angeschlossen habe, obgleich er ihnen doch eine siebenseitige (recte: fünfeinhalbseitige) Dokumentation vorgelegt habe »indicating the Communistic background and activities of sponsor Thomas Mann«.[32]

Joseph Mischel hatte Glück und erhielt die Einwanderpapiere. Selbstverständlich wurde auch er überwacht, und Thomas Mann wurde später noch einmal über ihn befragt: »F.B.I. man zur Erkundigung über den Polen Mitchell.« (Tb. 19. 1. 1944) Es scheint, dass Mischel sich zu der Zeit in Los Angeles aufgehalten hat, denn das Tagebuch berichtet von Besuchen und kleinen Übersetzungsaufträgen.[33]

Der Fall Mischel ist in mehrfacher Hinsicht instruktiv. Er erhellt den von ideologischen Kriterien beherrschten Entscheidungsprozess in einer der mächtigsten Behörden Washingtons. Er erhellt aber auch das hohe und zwiespältige Ansehen, das Thomas Mann in bestimmten Kreisen des offiziellen Washington genoss. Da ist auf der einen Seite das liberale Amerika, verkörpert in Henry Wallace und Archibald MacLeish, der in Zusammenarbeit mit Agnes Meyer die Sinekure an der Amerikanischen Nationalbibliothek arrangierte. Auch die beiden ungenannten Mitglieder des Review Boards sind dazu zu zählen. In dem anderen Washington, wo man Roosevelt samt seinen liberalen Lobrednern mit Misstrauen, ja Abscheu gegenüberstand, war Thomas Mann eine höchst verdächtige Person, deren unamerikanische, kommunistenfreundliche Umtriebe eigentlich keiner weiteren Erörterung bedurften. Dieses Washington nährte sich vom Vorurteil und war von seinem zelotischen Antikommunismus besessen. Das Skandalöse an den vom FBI gewonnenen »Erkenntnissen« über Thomas Mann ist nicht der politische Verdacht gegen ihn als solcher als vielmehr die Fahrlässigkeit im Sammeln der Informationen über ihn und ihre pfuscherhafte, völlig unzulängliche Auswertung.

Ein scheußliches Dokument

Nach der offenbar fehlgeschlagenen Intervention in der Sache Mischel weist das FBI-Dossier zu Thomas Mann eine längere Lücke auf. In diesen Jahren des Krieges gegen Hitler-Deutschland waren seine politischen Ziele mit denen des FBI, ja ganz Amerikas kongruent. Ob in dieser Periode die Überwachung Thomas Manns suspendiert war, geht aus den zur Verfügung gestellten Blättern nicht hervor. Die nächste Episode ist kurz nach der Kapitulation Deutschlands zu datieren. Dazu wurden fünf Seiten freigegeben, womit der Vorgang vermutlich vollständig dokumentiert ist.

Als der *Faustus*-Autor Anfang Juli 1945 von seiner Reise an die Ostküste nach Pacific Palisades zurückkehrte, fand er unter der Post, die sich seit seiner Abreise Ende Mai angesammelt hatte, eine ungewöhnliche Sendung, ein »scheußliches Dokument« (Tb. 4. 7. 1945), bestehend aus einem Brief vom 10. 2. 1945 und einem zwölfseitigen Bericht. Vermutlich war es über Konrad Kellen – früher Sekretär bei Thomas Mann, jetzt Leutnant der US Army in Deutschland – an ihn gelangt. Im August leitete Thomas Mann das Dokument weiter an das War Crimes Office in Washington – eine Mühe, die er sich hätte sparen können, denn das FBI war bereits eingeschaltet.

Die entsprechende Briefsendung aus Deutschland an Thomas Mann war vom amerikanischen Zoll in Presque Isle (Maine) abgefangen und an ein Zensurbüro in New York übergeben worden. Das Zensurbüro fertigte eine Übersetzung an und einen fünfseitigen Bericht für das FBI. Das Original ging an das Zollamt in Maine zurück und gelangte von dort nach Pacific Palisades an den vom Inhalt des Schreibens angewiderten Empfänger.

Der Bericht der Zensurbehörde ist überschrieben »Escaped inmate from German concentration camps reports to prominent German-American writer about atrocities he had witnessed while under arrest, and gives names of perpetrators«.[34] Der Schreiber nennt siebenunddreißig Namen, die meisten von ihnen Angehörige der SS, und zwar aus den Lagern Börgermoor, Buchenwald, Ravensbrück und Auschwitz. Es fällt auf, dass er sich bestens auskannte, denn er nennt nicht nur die Namen, sondern auch den genauen militärischen Rang, meist auch die Herkunft und den Spitznamen der Schergen. Mehr noch: »He graphically describes the maltreatment, tortures and mass murders of Jews and prisoners of war.« Was war der Sinn der vertraulichen und brisanten Mitteilungen? Wer war der Schreiber? Und warum wandte er sich ausgerechnet an Thomas Mann?

In seinem Begleitbrief bezieht sich der Schreiber auf eine Radiosendung Thomas Manns über die Vernichtungslager in Auschwitz, Birkenau und Majdanek. Offenbar ist damit die Sendung *Deutsche Hörer!* vom 14. Januar 1945 gemeint, geschrieben kurz vor der Befreiung von Auschwitz durch die Rote Armee. Thomas Mann spricht darin von der »Unsühnbarkeit dessen, was ein von schändlichen Lehrmeistern zur Bestialität geschultes Deutschland der Menschheit angetan hat« (XI, 1106). Es war die wohl erste öffentliche Anprangerung und Beschreibung der Verbrechen, die heute mit dem Begriff Holocaust gemeint sind. Im Übrigen liefert der vorliegende Brief ein Zeugnis mehr, dass Thomas Manns Radiosendungen in Deutschland sehr wohl empfangen wurden.

Der Schreiber, ein gelernter Bergmann, gibt an, dass er seit 1933 antifaschistisch eingestellt gewesen, dass er 1935 verhaftet und verurteilt worden sei und insgesamt acht Jahre in verschiedenen Konzentrationslagern verbracht habe. Schließlich sei es ihm und seiner Familie gelungen, »to escape to the Allies«. Der Brief schließt mit der Bitte: »I would be very glad to receive through the American Military Authorities a few lines from you.« Falls Thomas Mann die Absicht habe, die von ihm gemachten Mitteilungen zu veröffentlichen, so müsse er darum bitten, dass sein Name nicht genannt werde, da er noch Verwandte in Hitler-Deutschland habe.

Thomas Mann ließ sich auf die Sache nicht ein. Offenbar sah er in dem Brief einen Versuch, sich einen sogenannten Persilschein zu verschaffen. Ein Brief von Thomas Mann, das will was bedeuten, mochte sich der »inmate« gedacht haben. Ein paar mitfühlende Sätze von einem, der die Enormität der Verbrechen richtig benannte, könnte vielleicht Eindruck machen. Thomas Mann beurteilte den Fall also ganz anders als das FBI oder die Zensurbehörde. Während diese dem Schreiber aufs Wort zu glauben schienen und ihn als einen »inmate« (Gefangenen) bezeichneten, misstraute der *Faustus*-Autor ihm und seinem seltsamen Ansinnen. Für ihn gehörte dieser Informant nicht zu den Opfern, sondern zu den Tätern. Er war überzeugt – aller Wahrscheinlichkeit nach zu Recht –, hier handle es sich um einen »S.S.-Wächter« (Tb. 4. 7. 1945), der sich eine neue Vergangenheit zuzuschreiben versuchte und mit dem er nichts zu schaffen haben wollte. Und so übergab er das »scheußliche Dokument« der amerikanischen Kriegsverbrecherkommission. Welche Rolle dieses Dokument des Weiteren gespielt hat, geht aus der Thomas-Mann-Akte des FBI nicht hervor. Das betreffende Blatt trägt die Initialen J. Edgar Hoovers, zum Zeichen, dass der »Director« davon Kenntnis genommen hat.

Die Tillinger-Kampagne

Der weitaus umfangreichste Komplex von Dokumenten in der Thomas-Mann-Akte gehört zu der Polemik, die Eugen Tillinger in den Jahren 1949 bis 1951 gegen Thomas Mann führte. Sie hat einen massiven Niederschlag in der FBI-Akte gefunden: fünfundachtzig Seiten. Das meiste von diesem Material ist für die Forschung wertlos, denn es handelt sich um Duplikate und ganze Zeitschriften, die nur deshalb in die Akte aufgenommen wurden, weil darin an einigen Stellen von Thomas Mann die Rede ist. Gleichwohl zeichnen sich hier bisher unbekannte Zusammenhänge ab, die es berechtigt erscheinen lassen, von einer dem FBI zumindest willkommenen, wenn nicht gar von ihm initiierten Kampagne zu sprechen. Sie markiert die wohl verdrießlichste Periode der amerikanischen Jahre und war gewiss ein gewichtiger Faktor in Thomas Manns Entschluss, die Vereinigten Staaten wieder zu verlassen. Wer aber war Eugene Tillinger, der diese Kampagne startete? Und was motivierte ihn zu der Polemik gegen Thomas Mann?

Eugen(e) Tillinger (1907–1966) begann als Journalist in Berlin, emigrierte 1933 nach Wien und über Prag und Paris in die Vereinigten Staa-

ten, wo er verschiedene journalistische Jobs versah, darunter Amerika-
korrespondent für den *Paris Jour*.[35] Von 1943 bis 1946 war er Sekretär
der von Rex Stout geführten Society for the Prevention of World
War III.[36] In dieser geschäftlichen Funktion schrieb er zweimal an Thomas Mann.[37] Tillinger startete seine Kampagne gegen den *Faustus*-
Autor im Herbst 1949, ein halbes Jahr nach der Denunziation Thomas
Manns in *Life*, mit einem Artikel unter dem reißerischen Titel *The
Moral Eclipse of Thomas Mann*.[38] Absicht und Methode dieses Hetz-
artikels über Thomas Manns angeblichen moralischen Bankrott sind
bereits aus dem redaktionellen Vorspann zu entnehmen. Darin werden Enthüllungen angekündigt, die ihn als »erstwhile champion of the
Kaiser's ›Kultur‹« erweisen sollen, als »early appeaser of Goebbels' ›culture‹« und als »upholder of the Soviet school of amorality«. Als jüngstes
Vergehen wird seine Reise nach Weimar angeprangert: »From his magic
mountain in Hollywood, Mann journeyed as an American citizen to the
land of Goethe, raising in his wake that double standard of morality cul-
tivated by the Nazis and the Communists.«

Diese Art von Attacke, wobei Thomas Manns politische Vergangenheit und Wandlungsfähigkeit ausgegraben werden, um sein gegenwärti-
ges Prestige zu unterminieren und seine politischen Stellungnahmen zu
diskreditieren, war zu diesem Zeitpunkt nichts Neues in seiner Karriere
als öffentliche Figur und politisierender Schriftsteller. Solchen Angrif-
fen war er seit seiner »republikanischen Wende« von 1922 immer wieder ausgesetzt. Auch in Amerika dauerte es nicht lange, bis seine Vergangenheit ihn einholte. So lehnte es der Schriftsteller James T. Farrell
1938 ab, den von Thomas Mann verfassten antifaschistischen Aufruf
An die gesittete Welt zu unterschreiben unter Hinweis auf dessen Vergangenheit als Gegner der Demokratie.[39] Einige Jahre später distanzierte sich der spanische Exilschriftsteller Luis Araquistain im *Times
Literary Supplement* von Thomas Manns politischen Äußerungen wiederum unter Hinweis auf seine Position im Ersten Weltkrieg.[40] Unter
Bezugnahme auf Araquistain wiederholte Henri Peyre, Romanist an der
Yale University, diesen Angriff.[41] Dem entgegnete Thomas Mann mit
einer bedeutenden Verteidigungsschrift: *In My Defense*.[42]

Tillinger ist mit dieser Polemik vertraut und geht weiter als Peyre.
Sein Sündenregister ist umfänglicher und aktueller und im Gegensatz

zu dem Yale-Professor bar jeglicher Respektsbezeugung gegenüber Thomas Mann. Tillingers offenkundige Absicht ist es, dessen Kritik an dem antikommunistischen Kurs der Vereinigten Staaten unglaubwürdig erscheinen zu lassen. Zu diesem Ende werden Aktivitäten aufgeführt, die Thomas Mann als »America's Fellow Traveler No. 1« ausweisen sollen, darunter seine Parteinahme im Wahlkampf 1948 für Henry Wallace, seine Schirmherrschaft der vom State Department und von *Life* denunzierten Weltfriedenskonferenz Ende März 1949 in New York, vor allem aber seine Reise nach Weimar mit ihrer enormen publizistischen Begleitmusik.

Tillinger bezichtigt Thomas Mann nicht etwa des Kommunismus, sondern des Mitläufertums, das er als Konsequenz eines durchgängigen politischen Amoralismus darstellt. Zum Beleg zitiert er aus *Friedrich und die große Koalition* und aus *Gedanken im Kriege*. Auch Thomas Manns Taktieren nach 1933 wird zum ersten Mal in Amerika Gegenstand der Polemik. Tillinger verweist auf die Distanzierung von Klaus Manns Zeitschrift *Die Sammlung* und auf den Brief an Innenminister Frick vom 23. 4. 1934. Er verschweigt jedoch, dass der Brief an den Innenminister am 8. 8. 1947 in der *Neuen Zeitung* veröffentlicht wurde und seinen Unterstellungen den Boden entzieht. Der Leser kann und soll nicht wissen, auf welch wackeligen Füßen seine Kritk an Thomas Mann steht.

Aus einem internen Memorandum vom 2. 7. 1951 geht hervor, dass Tillinger seinen Artikel dem FBI zuschickte, vermutlich an Hoover persönlich.[43] Das ist insofern merkwürdig, als die Zeitschrift *Plain Talk* vom FBI finanziert wurde und man dort Attacken auf einen Prominenten wie Thomas Mann sehr wohl registrierte. Tillinger musste besondere, dringende Gründe haben, das FBI von seiner Kampagne gegen Thomas Mann in Kenntnis zu setzen.

Aus den freigegebenen Blättern der FBI-Akte ist nicht klar zu ersehen, welcher Gebrauch von dem belastenden Material gemacht wurde – vermutlich keiner, denn das hätte ein Minimum an philologischer Recherche erfordert, wozu der durchschnittliche FBI-Beamte weder fähig noch willens gewesen wäre. Es gibt jedoch zu denken, dass bald nach der *Life*-Denunziation vom April 1949 und Tillingers Artikel vom Dezember der Bruch mit der Library of Congress erfolgte. Dort sollte Thomas Mann im April 1950 seinen Vortrag *Meine Zeit* halten. Dazu kam es aber nicht, weil im März der neue Librarian of Congress, Luther E. Evans, im Einvernehmen mit Agnes Meyer ihm mitteilte, dass er angesichts der »abnormal tensions and unusual sensitivities which surround our days« (AM, 1076) und, wie seine Freundin betonte, »mehr um Sie als die Library zu beschützen« (AM, 733), den Vortrag stillschweigend, ohne eine Mitteilung an die Presse, abgesagt habe. Agnes Meyer fügte hinzu: »Es wäre schrecklich für Sie wenn Ihr Name ein Fussball werden sollte in dieser unvernünftigen Communist-Hetze. Denken Sie Sich vor einem Congressional Committee wo Sie jedes Wort persönlich verteidigen müssten dass [sic] Sie in öffentlichen Briefen oder Interviews gesagt haben. Es wäre schrecklich und niemand könnte Ihnen damit helfen.« (AM, 733)[44] Aus den Briefen von Luther Evans und Agnes Meyer geht eindeutig hervor, dass man dem Librarian of Congress ein »Dossier« über Thomas Mann gezeigt hatte und dass Evans sogleich begriff, »dass Sie das nächste Opfer dieser politischen Situation werden könnten«.[45] Wer anders als das FBI hatte ein solches Dossier? Und wer anders als der Boss des FBI persönlich hätte ein so brennendes Interesse daran gehabt, die Bindung der amerikanischen Nationalbibliothek an einen Schriftsteller, von dessen kommunistischen Neigungen er überzeugt war, zu kappen? Zweifellos befand sich unter den publizistischen Zeugnissen, die man Evans vorlegte, auch Tillingers Hetzartikel *The Moral Eclipse of Thomas Mann*. Der Autor hatte ja sein Elaborat dem Director (»My dear Mr. Hoover«) besonders dringlich ans Herz gelegt.

Der Betroffene hatte keine Lust, sich in eine öffentliche Debatte über seine Stellung an der Library of Congress verwickeln zu lassen, und fügte sich in die für ihn sicher schmerzliche und enttäuschende Entscheidung: »haben Sie Dank für Ihren getreuen Brief und seien Sie versichert, dass ich alles vollkommen verstehe und Dr. Evans Entschluss durchaus billige. Bitte, sagen Sie ihm das und danken Sie auch ihm! Wie die Dinge nun einmal liegen, gibt es garnichts Vernünftigeres, als den Gedanken an die lecture lautlos fallen zu lassen, bevor Proteste laut werden.« (AM, 735)

Als Thomas Mann Tillingers »[w]ütende Angriffe« las (Tb. 16. 12. 1949), reagierte er zunächst nicht. Als jedoch im März 1951 Tillinger

404

eine zweite Attacke veröffentlichte, wollte und konnte er die lästige Sache nicht länger ignorieren, denn inzwischen hatte sich die Situation für ihn um einige Grade verschärft. Thomas Mann hatte sich, wie die *New York Times* am 1. 2. 1951 meldete, der American Peace Crusade angeschlossen, einer von dem Atomphysiker Philip Morrison und dem Sänger Paul Robeson angeführten Bürgerinitiative, die gegen die amerikanische Asienpolitik protestierte, den Abzug der amerikanischen Truppen aus Korea forderte sowie die Aufnahme der Volksrepublik China in die Vereinten Nationen.[46] Wenige Tage später sah er sich auf Drängen Alfred Knopfs und Agnes Meyers veranlasst, seinen Austritt zu erklären. Seine Erklärung, in der er sich von der Peace Crusade distanziert, weil sie kommunistisch gelenkt sei, wurde aber offenbar nach Intervention von Knopf, um unnötige Publizität zu vermeiden, von der *New York Times* nicht gebracht.[47] Eine diesbezügliche Erklärung erschien dort unter der Überschrift *Mann Again Denies He is a Communist* erst am 4. 11. 1951.

In der Presse wurden die Vorgänge um die Peace Crusade ausgiebig kommentiert. Das Nachrichtenmagazin *Time* brachte einen Artikel unter der Überschrift *Communists. The Way of the Dupe*. Darin wird die Erklärung Erika Manns, was ihren Vater dazu bewegt habe, der Peace Crusade beizutreten, mit dem Kommentar abgetan: »It was the typical story of a Communist dupe […].«[48] Das vom FBI in Umlauf gebrachte, auf gefährliche Weise verunglimpfende Etikett hatte inzwischen eine inflationäre Geläufigkeit erreicht.

Tillingers zweite Polemik, *Thomas Mann's Left Hand*, erschien am 26. 3. 1951 in *The Freeman*, dem umbenannten und seriöser aufgemachten Nachfolgeorgan von *Plain Talk*. An der ideologischen Ausrichtung dieses Blattes konnte gleichfalls kein Zweifel sein. Der *Freeman*, so verkündet eine redaktionelle Selbstdarstellung, »is dedicated to the cause of freedom. It is the outspoken voice protesting against the Trojan horse of communism and socialism within our walls.« Der aktuelle Anlass zu Tillingers zweiter Polemik war die Affäre um die Peace Crusade. Tillinger verweist mit dem Finger auf Thomas Manns Beitritt, unterschlägt aber den am 12. 2. von der United Press gemeldeten Austritt. Seine Argumentation lässt jedoch erkennen, dass er die Meldung von Thomas Manns Austritt sehr wohl kannte, denn er will in erster Linie ein für alle

Mal feststellen, dass dessen Dementi nichts zu bedeuten haben und als bloße Täuschungsmanöver anzusehen seien. Dies versucht er mit zwei Beispielen zu belegen. Thomas Mann habe am 31. 10. 1950 über United Press erklärt, den Stockholmer Appell zum Verbot aller Atomwaffen nicht unterschrieben zu haben. Als Gegenbeweis reproduziert er Thomas Manns Unterschrift, wie sie in *Les Lettres Françaises* (18. 5. 1950), der Wochenzeitschrift der Kommunistischen Partei Frankreichs, zu sehen war. Des Weiteren verweist er auf Thomas Manns Erklärung, dass er mit der 2. Weltfriedenskonferenz in Warschau, in deren Präsidium er gewählt worden war, nichts zu tun habe. Zum Gegenbeweis zitiert er aus *L'Humanité*, der Tageszeitung der Kommunistischen Partei Frankreichs, einen Auszug aus einem Brief an Frédéric Joliot-Curie, in dem Thomas Mann seinen Respekt und seine Sympathie für dessen Friedensarbeit ausspricht. Dazu Tillinger abschließend:»Nobody will deny or minimize Thomas Mann's stature as a novelist, but his political record as a signer and endorser of pro-Communist organizations and causes is a sorry testimony to the irresponsibility of a world-famous writer, whose behavior in these troubled times is of great propaganda value to the Kremlin.«[49]

Thomas Mann war über den »Schund-Text« in dem »Revolverblatt« (Tb. 28. und 31. 3. 1951) empört und erwog eine Verleumdungsklage. Sein Anwalt Robert Walker Kenny redete ihm das aber mit dem Argument aus, dass ein solcher Prozess »mein Leben verkürzen würde« (Tb. 3. 4. 1951). Thomas Mann war so angewidert von der Sache, dass er es ablehnte, den Artikel Tillingers zu lesen. Das erledigte Erika für ihn. Sie arbeitete auch die Replik an den *Freeman* aus sowie die Erklärung *Ich stelle fest ...* für den *Aufbau* (XI, 795–798).[50] Darin wird die Pariser Unterschrift für eine Fotomontage und Fälschung erklärt, das Zitat in *L'Humanité* für irreführend und nicht autorisiert.

Gleichwohl deprimierte die ganze Affäre und die irrwitzige Hartnäckigkeit Tillingers ihn sehr. Er betrachtete Tillinger und die anderen Kommunistenjäger als Symptome einer kollektiven »Geisteskrankheit«.[51] Es mehrten sich die Anzeichen, dass es sich bei der Kampagne des Eugene Tillinger um eine konzertierte, vom FBI unterstüzte Aktion handle. Tillinger replizierte sogleich im *Freeman* und im *Aufbau* und legte mit einem weiteren Artikel nach: *Thomas Mann and the Com-*

missar.[52] Darin nimmt Tillinger die Grußbotschaft zu Johannes R. Bechers sechzigstem Geburtstag (XIII, 870f.) zum Anlass einer weiteren scharfen Attacke. Besonders beunruhigen musste ihn der Umstand, dass Tillinger immer öfter sich auf »official government documents« berief.[53] Diese mussten ihm ja wohl zugespielt worden sein. Und dann war in der Presse zu lesen, dass der Kongressabgeordnete Donald L. Jackson, in dessen Wahlkreis Thomas Mann wohnte, sich in der Sache Thomas Mann im House of Representatives zu Wort gemeldet und Tillingers Artikel *Thomas Mann and the Commissar* in seiner Gänze zu Protokoll gegeben habe.[54] Jackson, ein Republikaner und Mitglied des HUAC, äußerte die Ansicht, Thomas Mann sei zwar ein »literary giant«, aber es bestünden Zweifel an seiner »loyalty to the principles of personal freedom of action under the law«. Er schloss mit einer unverhüllten Drohung: »Mr. Mann should remember that guests who complain about the fare at the table of their host are seldom invited to another meal.«[55]

Ein weiteres Indiz dafür, dass es sich um eine konzertierte Aktion handelte, war ein neuer Artikel in *Time*. Das Nachrichtenmagazin, herausgegeben von demselben Henry Luce, der auch der Herausgeber von *Life* war, hatte ihn nach dem Eklat über die American Peace Crusade, wie wir sahen, als einen »communist dupe« gebrandmarkt. Nun, fünf Monate später, zog *Time* nach mit einem Artikel, der sich hauptsächlich auf Tillingers *Thomas Mann and the Commissar* stützte.[56] Thomas Manns Reaktion: »Nachricht von einem schlimmsten Artikel des Time Magazine, der alle Sünden und Angriffe summiert und implicite die Vorladung vor das Unamerican Committee nahe legt. Muß darauf gefaßt sein.« (Tb. 23. 6. 1951) Dass dies keine aus der Luft gegriffene Befürchtung war, ist aus einem großaufgemachten Artikel auf der Titelseite der *Los Angeles Times* über neue Vorladungen vor das HUAC zu ersehen; darin wird berichtet, dass das HUAC Thomas Mann auf die Liste der zu Befragenden gesetzt habe.[57] Im gleichen Atemzug aber sagte er sich, dass der Sturm sich bald legen könne. Zwei Wochen später brachen die Manns zu ihrer vierten Europareise nach dem Krieg auf. Als er im Oktober nach Pacific Palisades zurückkehrte, hatten sich die Wogen in der Tat etwas geglättet. Tillinger allerdings gab keine Ruhe. Im Oktober-Heft der weitverbreiteten Zeitschrift *American Mercury* breitete er noch einmal das Sündenregister Thomas Manns aus. Es handelt sich dabei jedoch lediglich um eine Kompilation seiner vorangegangenen Artikel, die nichts Neues bietet.[58]

Bleibt die Frage nach Tillingers Motivation. Der Verdacht, dass er ein in den Diensten des FBI stehender Schreiberling gewesen sei, wird von den Dokumenten nicht bestätigt. Diese deuten auf eine kompliziertere Konstellation. Es fällt auf, dass Tillinger alle seine Artikel über Thomas Mann dem FBI-Direktor persönlich schickte, ihm seine Dienste regelrecht aufdrängte.[59] Dieser instruierte einen »Special Agent in Charge« (SAC) in New York, Tillinger zu interviewen und bei dieser Gelegenheit den Erhalt seiner Sendungen zu bestätigen. Dies lässt darauf schließen, dass das FBI bis dahin keinen Kontakt mit ihm gesucht hatte. Über das Interview, das am 20. 8. 1951 stattfand, schrieb der New Yorker SAC einen zweiseitigen Bericht.[60] Daraus geht hervor, dass Tillinger offenbar seit langem ein eigenes Thomas-Mann-Dossier zusammengetragen hatte, das er bei dieser Gelegenheit dem FBI anbot, falls dafür Verwendung bestünde. Auch sonst stünde er zu jeder Auskunft in Sachen Thomas Mann bereit. Überraschenderweise endet der kurze Bericht mit der Entscheidung des New Yorker SAC, den Fall Tillinger zu schließen. War es »the nature of the material«, d. h. die überwiegende Fremdsprachlichkeit von Tillingers Archiv, oder eine sonstige, vielleicht charakterliche Sonderbarkeit dieses eifrigen Freundes des FBI? Wir wissen es nicht.

Wir wissen auch nicht, worauf Hoover mit der Bemerkung anspielt, das FBI habe »considerable data of a controversial nature concerning the correspondent«.[61] Diese Bemerkung liefert jedoch den wohl plausibelsten Hinweis auf die Motivation des selbsternannten Kommunistenjägers. Tillinger musste eine Vergangenheit haben, vermutlich einen Flirt mit dem Kommunismus, die es gutzumachen galt. Daher sein Eifer, sich anzudienen. Thomas Mann, vielmehr Erika, suggeriert eben dies in der Richtigstellung im *Aufbau*: »Exkommunistische Renegaten und frühere Sowjet-Spione – gelernte Verräter durch die Bank! – werfen sich auf und werden akzeptiert als Hauptverteidiger der Demokratie.« (XI, 798) Woher Erika dies hatte, ist ungeklärt.

Weniger rätselhaft ist, dass sich Tillinger ausgerechnet gegen Thomas Mann wandte, wo ihm doch so viele andere »Opfer« zur Auswahl standen. Wo mit derartiger Passion polemisiert wird, da darf auf enttäuschte

Liebe geschlossen werden. Tillinger sammelte Aussagen von Thomas Mann und Nachrichten über ihn nach eigener Aussage schon seit geraumer Zeit. In den späten vierziger Jahren verfolgte er jede Bewegung seines Opfers, studierte die ausländische Presse, um schließlich seine gesammelten Erkenntnisse in vier journalistische Attentatsversuche zu gießen. Sie mögen ihm die Befriedigung verschafft haben, sich das im Hass anzueignen, was ihm, aus welchen Gründen auch immer, zu verehren und zu lieben verwehrt war.

Über das, was Tillingers mutmaßliche Bewunderung in Hass verkehrte, können wir nur spekulieren. Die beiden Briefe, die er 1945 und 1946 von Thomas Mann erhalten hat, reichen nicht aus, seine Einstellung zu erklären. Am 22. 10. 1945 schickte Thomas Mann ihm auf Anfrage die englische Fassung seines offenen Briefs an Walter von Molo zur Veröffentlichung in dem offenbar von Tillinger redigierten Blatt der Society for the Prevention of World War III.[62] Wenige Monate später muss ihn Tillinger wegen seiner Unterschrift unter den Appell des American Committee for the Relief of German Children and Needy zur Rede gestellt haben; Thomas Mann erklärte und verteidigte diese Unterschrift.[63] Aber diese Enttäuschung, wenn es eine war, reicht nicht aus, sein späteres Verhalten gegenüber einem Autor, der mit ihm auf höflichem, professionellem Fuß verkehrte, befriedigend zu erklären. Tillingers Feindschaft gegen Thomas Mann wurzelt offenbar in einem abgründigen Bereich, den zu erhellen die vorliegenden Zeugnisse nicht taugen.

Ohne sichtbare Folgen?

Abschließend ist die Frage zu stellen, als wie gravierend die Auswirkungen einzuschätzen sind, die die Beschattung durch das FBI und die publizistische Kampagne, die sich auf das vom FBI ausgebaute System der Gesinnungsschnüffelei stützte, auf Thomas Mann gehabt haben. Alexander Stephan kam zu dem Schluss, dass die FBI-Akte zu Thomas Mann eigentlich als »eher unspektakulär« zu kennzeichnen und »ohne sichtbare Folgen« für den Betroffenen geblieben sei.[64] Demgegenüber ist festzustellen, dass die 1947 einsetzende Kommunistenjagd sehr wohl Auswirkungen für ihn hatte, und zwar in zweierlei Hinsicht.

An erster Stelle ist die nach dem Besuch in Weimar vom FBI erwirkte Absage seines Vortrags in der Library of Congress zu nennen. Hier bekam Thomas Mann den antikommunistischen Furor am eigenen Leib zu spüren; hier ist ihm zweifellos Schaden erwachsen. Die Absage von 1950 bedeutete den endgültigen Bruch mit der amerikanischen Nationalbibliothek, in der er nach seinem Vortrag von 1949 nicht mehr auftrat.

Die zweite Auswirkung ergab sich aus der 1949 einsetzenden publizistischen Kampagne mit ihrer durchaus ernstzunehmenden Drohkulisse; sie brachte Thomas Mann im Februar 1951 widerstrebend zu dem Entschluss, künftig »keine sponsorship mehr« zu übernehmen und nichts mehr zu unterzeichnen (Tb. 4. 2. 1951). Er sah sich somit gezwungen, auf sein in der amerikanischen Verfassung garantiertes Recht auf freie Meinungsäußerung zu verzichten. Statt für sein Recht zu kämpfen wie die Hollywood Ten, zog er es vernünftigerweise vor, zu schweigen und möglichst unauffällig das Land wieder zu verlassen, dessen Bürger er nicht ohne Stolz geworden war.

Andererseits ist jedoch festzuhalten, dass Thomas Mann letztlich doch nicht vor das gefürchtete HUAC zitiert wurde. Auch seine Reisen nach Europa unterlagen, trotz der Observierung beiderseits des Atlantik, keinen Beschränkungen. Sein hohes Ansehen als Schriftsteller und als Hitler-Gegner sowie seine einflussreichen Konnexionen haben ihn vor dem Äußersten bewahrt. Trotz der Amtshilfe vonseiten des FBI sah das HUAC von einer öffentlichen Befragung ab, was umso bemerkenswerter ist, als J. Edgar Hoover, der, genau betrachtet, doch nicht allmächtige FBI-Boss, von den kommunistischen Neigungen und Umtrieben des illustren Immigranten fest überzeugt war.

Es wäre somit irreführend, Thomas Mann in den letzten Jahren seines amerikanischen Exils als ein Opfer der antikommunistischen Inquisition zu bezeichnen, auch wenn er selbst das gelegentlich so empfinden mochte. Verglichen mit vielen Mitexilanten war er relativ sicher. Auch sollte man in diesem Zusammenhang nicht übersehen, dass er in derselben Zeit, in der ihm die Demütigung durch die Library of Congress widerfuhr, in die American Academy of Arts and Letters gewählt wurde – eine Auszeichnung, die nur denen zuteil wird, »whose works are likely to achieve a permanent place in the Nation's culture«.[65] Darüber hinaus durfte er sich auch in jenen dunklen Jahren zahlreicher öffentlicher und privater Sympathiebekundungen erfreuen. Thomas Mann wurde von den Hexenjägern nicht zur Strecke gebracht. Doch verließ er das Land angeschlagen, maßlos enttäuscht und in seinem Alterspessimismus bestärkt.

Die »heimatliche Ferne«

Der Vansittartismus

Vansittart und die Deutschen

Thomas Manns Wiedereintritt in die intellektuelle Atmosphäre der Nachkriegsjahre in einem darniederliegenden und demoralisierten Land verlief so turbulent und voller Reibungen nach vielen Seiten hin, dass er, als der Abschied von Amerika beschlossen war, nicht sein Heimatland, sondern die Schweiz zu seiner letzten Zuflucht wählte. Die Heimkehr des zum Weltbürger »entarteten« Deutsch-Amerikaners misslang nicht zuletzt, weil sein Deutschlandbild mit dem Deutschlandbild der überlebenden Deutschen nicht in Einklang zu bringen war. Die große Mehrheit der Deutschen, gerade auch die dem Hitler-Regime innerlich fernstehenden, wollte und konnte sich nicht wiedererkennen in dem Deutschland, das Thomas Mann in seinen Kriegsschriften und in seinen Äußerungen unmittelbar nach der Niederwerfung Hitler-Deutschlands zeichnete und das er im *Doktor Faustus* romanhaft entfaltete.[1]

Will man alle Differenzen auf einen Nenner bringen, so wird man nicht umhinkönnen, die Außenperspektive auf Deutschland als den entscheidenden Faktor auszumachen. Eine Außensicht auf Deutschland, so müsste man meinen, ist das unausbleibliche Ergebnis jeder Exilantenexistenz und wächst früher oder später allen aus ihrer Heimat Entflohenen und Vertriebenen zu. Auf die deutschen Exilanten in der angloamerikanischen Welt trifft dies jedoch keineswegs zu. Die große Mehrzahl hielt in der Fremde an ihrem vertrauten und anerzogenen Deutschlandbild wie an einem kostbaren und unverzichtbaren geistigen Vademecum fest. Nur eine Minderheit lernte das Land, aus dem man vertrieben worden war, mit den Augen des zum Kriegsgegner gewordenen Gastlandes sehen. Thomas Mann ist auch darin eine Ausnahme unter den Exilanten, dass er sich in außerordentlich hohem Maß auf Amerika eingelassen hat und dabei lernte, Deutschland mit den Augen der Opfer der deutschen Aggression zu sehen.

Ein schlagendes Beispiel dafür ist sein Kommentar zu der Nachricht, dass seine Vaterstadt Lübeck in der Nacht vom 28. auf den 29. März 1942 von der Royal Airforce bombardiert und schwer beschädigt wurde: »Aber ich denke an Coventry – und habe nichts einzuwenden gegen die Lehre, daß alles bezahlt werden muß.« (XI, 1034) Dies sage ihm sein »Sinn für Gerechtigkeit«, zu dessen Voraussetzung eben die Einbeziehung der anderen Seite gehört, in diesem Fall die den Luftkrieg eröffnende Zerstörung Coventrys durch die deutsche Luftwaffe.

Nichts hat Thomas Manns Blick auf Deutschland von außen dramatischer geschärft als die Auseinandersetzung mit den umstrittenen Thesen des englischen Diplomaten und Deutschlandexperten Sir Robert Gilbert Vansittart. Dessen schonungslose Anklage Deutschlands aufgrund seiner Geschichte seit Mitte des 19. Jahrhunderts erlangte auf alliierter Seite bis hinauf zum amerikanischen Präsidenten rasch eine enorme Geläufigkeit. Auch im Hause Mann, bei Erika und bei ihrem Vater, fand Vansittart eine beträchtliche, doch keineswegs unkritische Resonanz. In dem Lernprozess, zu dem sich Thomas Manns Nachdenken über Deutschland gestaltete, war die ehrliche Konfrontation mit dem Deutschlandbild der Alliierten und insbesondere Vansittarts der heimliche Motor. Dieses Deutschlandbild – und dies wird in der deutschen Kritik an Vansittart oft ignoriert oder unterschlagen – war nicht nur vom Zweiten Weltkrieg und Hitler geprägt; es ist in entscheidendem Maß auf Deutschlands Verhalten im Ersten Weltkrieg zurückzuführen.

Vansittart steht bei deutschen Historikern und Thomas-Mann-Experten in keinem sehr hohen Ansehen. Man glaubt zu wissen, dass seine Vorstellung von Deutschland und den Deutschen eine fatale Ähnlichkeit besitze mit den stereotypen Feindbildern der Nazipropaganda und dass er deshalb in jeder Hinsicht disqualifiziert sei. Man spricht von »antideutschem Rassismus«, man reduziert Vansittart auf eine primitive Gleichsetzung von Nazis und Deutschen; man unterstellt ihm, dass er die Deutschen für unheilbar erklärt habe, und man meint, dass seine Deutschlandkritik »tatsächlich Nachwirkungen eines nationalsozialistischen Deutschlandverständnisses« enthalte.[2] Bei genauerem Hinsehen erweisen sich diese Einwände jedoch als nicht stichhaltig; sie haben – ob beabsichtigt oder nicht – den Effekt, jegliche Diskussion über Vansittarts Kritik an dem Irrgang der deutschen Geschichte als überflüssig erscheinen zu lassen.

Der Name Vansittart ist heute nur noch wenigen Experten ein Begriff. In den Kriegsjahren jedoch war er eine heftig umstrittene Gestalt, an der sich die Geister schieden nicht nur unter den deutschen Exilanten, sondern auch auf alliierter Seite. Der damals in Umlauf gekommene Begriff des Vansittartismus ist heute obsolet, weil wegen seiner offenkundigen Stereotypisierung diskreditiert und verdrängt. Doch ist der Geist des Vansittartismus durchaus noch lebendig und meldet sich bei vermeintlich passender Gelegenheit wieder zu Wort. So etwa im Frühjahr 1990, nach dem Fall der Mauer und vor der Wiedervereinigung. Damals versammelte Margaret Thatcher, die Premierministerin, in Chequers, dem Landsitz der englischen Regierung, eine Reihe von Deutschlandexperten, um sich von ihnen beraten zu lassen, ob ein wiedervereinigtes Deutschland eine Gefahr für Europa darstelle und ob Deutschland es wirklich verdiene, eine führende Rolle im Kreis der zivilisierten Nationen zu übernehmen. Offenbar bestanden in diesem Punkt fünfundvierzig Jahre nach der Niederwerfung des Dritten Reichs und nach vierzig Jahren Demokratie in der Bundesrepublik immer noch ernsthafte Zweifel.[3] Dass der Vansittartismus auch in den Vereinigten Staaten virulent geblieben ist, zeigte sich sodann am Erfolg von Daniel Goldhagens Buch von 1996 über die Deutschen als Hitlers willige Vollstrecker. Das Buch erinnert bereits von seiner Ausgangsfrage her, ob nämlich der Holocaust lediglich den Nazis oder den »ordinary Germans« anzulasten sei, an die von Vansittart ausgelöste Debatte der frühen vierziger Jahre.[4]

Im Tagebuch Thomas Manns taucht der Name Vansittart zum ersten Mal am 1. Juni 1941 auf. An diesem und am folgenden Tag liest er Vansittarts aufsehenerregende 55-seitige Broschüre *Black Record. Germans Past and Present.* Es handelt sich dabei um sieben Radio-Ansprachen, die 1940 während der Luftangriffe auf London entstanden sind und von dem Überseeservice der BBC im Oktober und November 1940 in Nordamerika gesendet wurden. Das geschah in der unverhüllten

Absicht, die Vereinigten Staaten zur Aufgabe ihrer Neutralität zu bewegen und dem British Empire in seiner desperaten Situation beizustehen. Vansittarts Reden sollten zudem die zum Isolationismus tendierenden Skeptiker in Amerika von dem unbeugsamen Kampfeswillen der bedrängten Briten überzeugen. Die Buchveröffentlichung Anfang 1941 in England erlebte in rascher Folge vierzehn Auflagen und wurde zur meistgelesenen Informationsquelle über Deutschland und die Deutschen.

Wer war Vansittart? Und woher rührt die enorme Resonanz seiner Deutschlandreden? Vansittart, 1891 in Surrey als Sohn eines Militärs geboren, war von 1930 bis 1938 »Permanent Under-Secretary of State for Foreign Affairs«. Er saß also im Nervenzentrum der britischen Außenpolitik. Vansittart war einer der wenigen Politiker – darunter Winston Churchill und Anthony Eden –, die vor der von Deutschland ausgehenden Kriegsgefahr warnten.[5] Der damalige Regierungschef, Neville Chamberlain, hingegen betrachtete Vansittart als ein Hindernis auf dem Weg zu einem »vernünftigen« Arrangement mit Hitler hinsichtlich der Tschechoslowakei und beförderte ihn zum »Chief Diplomatic Advisor« – eine bedeutungslose Stelle, auf der er keinen Schaden anrichten konnte. Als jedoch Hitler im September 1939 Polen angriff und damit den zweiten großen Krieg in diesem Jahrhundert vom Zaun brach, durfte sich Vansittart – der schimpflich behandelte Prophet, dem die Ereignisse recht gegeben hatten – vindiziert fühlen. Nun brach seine große Zeit an.

Bezeichnenderweise war es jedoch nicht der Ausbruch des von ihm vorhergesagten Krieges, der Vansittart zur Feder greifen ließ, sondern eine Erklärung Chamberlains, die er als besonders anstößig empfand, weil sie einem verbreiteten, seiner Meinung nach gefährlichen Missverständnis entsprang. Unmittelbar nach Englands Kriegseintritt an der Seite Polens erklärte der Premierminister, England habe keinen Streit – »no quarrel« – mit dem deutschen Volk, sondern lediglich mit seinen Führern.[6] Dies entsprach einer in der englischen Oberschicht, einschließlich der Royal Family, weitverbreiteten Auffassung. Die Deutschen seien ja in gewissem Sinne ihre Vettern. *Black Record* ist der Versuch, mit diesen Selbsttäuschungen, an die sich Chamberlain und die vielen Germanophilen im Land klammerten, ein für alle Mal aufzuräumen. Auf lange Sicht gesehen ist ihm das gelungen.

Vansittart war für seine Rolle als Kassandra gut vorbereitet. Er hatte Eton besucht, die älteste der privaten Eliteschulen, und sich zielstrebig auf eine Karriere im auswärtigen Dienst vorbereitet. Er leistete Sekretärsdienste auf der Friedenskonferenz von Versailles, diente an den Botschaften in Paris, Kairo, Teheran und Stockholm und arbeitete für mehrere Premier- und Außenminister, darunter Lord Curzon. »Van«, wie seine Freunde ihn nannten, war ein Schöngeist unter den Berufsdiplomaten; er beherrschte fünf Sprachen und schrieb Gedichte, Romane und Theaterstücke, darunter eins auf Französisch. Deutschland kannte er von mehreren Aufenthalten in seiner Jugend, die ihn offenbar entscheidend prägten, denn in *Black Record* beruft er sich immer wieder auf eigene Anschauung und eigene Erfahrung. Um seine Deutschkenntnisse zu verbessern, verbrachte er den Sommer 1899 auf einer Paukschule (»crammer«) in der Nähe von Hamburg. Was er dabei erlebte und was sich ihm tief einprägte, war eine im wilhelminischen Deutschland virulente, bösartige Fremdenfeindlichkeit und ein spezifisch gegen England gerichteter Superioritätswahn. »The place was alive with malice«, erinnert sich Vansittart in seiner Autobiographie, »its heart, fuelled with animosities, was continually bursting against Britain.«[7]

Dabei war Vansittart keineswegs unempfänglich für die Vorzüge der deutschen Literatur, denn er zitiert gerne Goethe, Hölderlin, Heine und Nietzsche. Mit seiner von keinem Selbstzweifel angekränkelten Verurteilung und Verachtung Deutschlands als des gefährlichsten politischen Rivalen knüpfte er jedoch an alte, ererbte Feindbilder an, die nach dem Deutsch-Französischen Krieg 1870/71 in der englischen Öffentlichkeit Wurzeln geschlagen hatten. Sie gründeten zu einem beträchtlichen Teil in dem neuen, bedrohlichen Konkurrenzverhältnis zu Deutschland, konzentrierten sich aber in erster Linie auf Preußen und die Verpreußung ganz Deutschlands. Vansittarts antipreußischer Affekt war bezeichnenderweise von einer Sympathie für Österreich begleitet. Er kannte Hugo von Hofmannsthal persönlich und schätzte ihn.[8] Hofmannsthal schrieb über Vansittart, er sei »ein junger Diplomat, einst head-boy von Eton, einer der begabtesten Engländer, die ich kenne.«[9] Vansittarts eigentliche Liebe aber gehörte Frankreich und der französischen Kultur.

Die Radioreden, die Vansittart als effektvollen Propagandisten berühmt machten, stellen keinen zusammenhängenden historischen Diskurs dar, sondern sind eine Serie von mehr oder weniger improvisierten, betont hemdsärmeligen Invektiven, was zweifellos zu ihrem Erfolg beigetragen hat. Das Pamphlet, das Dorothy Thompson gewidmet ist, präsentiert, wie der Titel suggeriert, ein politisches Sündenregister. Dabei unterlaufen manche Wiederholungen und Variationen desselben Gedankens. Dies gilt auch von Vansittarts anderem Kriegsbuch, *Lessons of my Life,* das zwar gehaltvoller, aber weniger effektvoll geschrieben ist.[10] Der Deutschlanddiskurs beider Schriften lässt sich auf fünf Punkte kondensieren.

1. Die Deutschen sind ein aggressives, kriegerisches Volk. Sie haben in den letzten 75 Jahren fünf Kriege angezettelt. Neben den beiden Weltkriegen zählt Vansittart drei im Vorfeld der Reichsgründung geführte Kriege hinzu: den deutsch-dänischen Krieg von 1864, den preußisch-österreichischen von 1866 und den preußisch-französischen von 1870. Betrachtet man das Benehmen der Deutschen gegenüber den Nachbarn, so weist Deutschland die schlechteste Bilanz aller Völker auf – »the worst ever«.[11]

2. Dem aggressiven Verhalten des Deutschen Reichs liegt keineswegs nur der Wunsch nach einer kleinen europäischen Gebietsbereinigung zugrunde, sondern ein Streben nach Weltherrschaft – seine »lust for world domination«. Das British Empire erregt Deutschlands Neid, denn letztlich will es England aus seiner Vormachtstellung verdrängen. England ist der große Feind in allem, was Deutschland anstrebt – *»the enemy is always England«.*[12]

3. Adolf Hitler ist das »natürliche« und »logische« Resultat der deutschen Geschichte. Seine Vorgänger sind Friedrich der Große, ein aggressiver und perverser Tyrann, Bismarck, ein schlauer, betrügerischer Rüpel, und Kaiser Wilhelm II, eine Vorstudie zu Hitler. Sie stammen alle voneinander ab und idolisieren jeweils ihre Vorgänger. Das Dritte Reich ist die Kulmination der deutschen Geschichte: »not an aberration but an outcome« –, und Hitler ist alles andere als ein Zufall – »Hitler is no accident«.[13]

4. Es gibt nur ein Deutschland, und dies zeigt im Nazistaat sein wahres Gesicht. Das sogenannte »andere Deutschland«, auf das seine Apologeten sich berufen – das Deutschland der Dichter, Denker, Künstler

und Wissenschaftler –, hat keinen Einfluss auf den Gang der deutschen Geschichte gehabt; die potentiellen Reformer waren immer in der Minderheit. Und die Professoren machten sich immer dann unsichtbar, wenn es zu kämpfen galt; oft entpuppten sie sich gar als die schlimmsten Expansionisten. Im Übrigen gibt es von der Existenz eines »German underground« keine verlässlichen Lebenszeichen, und die Emigranten, die präsumtiven Vertreter jenes anderen Deutschland, erweisen sich oft als heimliche Alldeutsche.[14] In zwei Artikeln von 1944 nimmt Vansittart noch einmal Stellung zu dem »anderen Deutschland«. Er bezeichnet es als ein Phantom, wobei er gerade auf deutsche Exilanten verweist. Sie stellen sich vor das deutsche Volk und erklären es für unschuldig, weil unterdrückt; sie beanspruchen als Hitler-Gegner zu gelten, sind aber nicht bereit, nach Ende des Krieges auf alle von Hitlers Annexionen und Eroberungen zu verzichten.[15]

5. Gleichwohl besteht die Möglichkeit einer Zähmung und Zivilisierung Deutschlands. Dies kann jedoch nur auf dem Weg einer geistigen Neugeburt geschehen – »a deep, spiritual regeneration«. Es müsste die »most thorough spiritual cure in history« werden; dieser Prozess würde schätzungsweise zwei Generationen dauern. Voraussetzung sei die Erfüllung von vier Bedingungen, die nacheinander in Angriff zu nehmen seien: die Niederwerfung Deutschlands in dem gegenwärtigen Krieg, seine Entmilitarisierung, seine Besetzung und seine Umerziehung, damit »a quite new Germany« entstehe – »the Germany that has been imagined, but has never been«.[16] Das Ziel müsse sein: »Never again shall Germany rise as a military power.«[17]

Jeder der fünf Punkte ist in hohem Maße kommentarbedürftig. Es muss hier jedoch genügen, lediglich zwei problematische Aspekte zu beleuchten. Vansittart geriert sich gegenüber Deutschland als selbstbewusster englischer Patriot und Anwalt des British Empire, in dessen Blütezeit er geboren wurde und als dessen privilegierter Zögling er aufwuchs. Er verkörpert wie selbstverständlich ein Superioritätsbewusstsein, das er aufseiten der Deutschen anprangert, weil sie es aufgrund ihrer Geschichte und der Zurückgebliebenheit ihrer Zivilisation einfach nicht verdienten. Dies lässt das Pathos seiner Argumentation im Jahr 1940, als die Vereinigten Staaten und die Sowjetunion sich längst als Rivalen um die Weltmacht etabliert hatten, leicht anachronistisch erscheinen. Vansittarts Denkweise tendiert dazu, zwischen England, dem christlichen, zivilisierten, und Deutschland, dem unzivilisierten, barbarischen, einen unüberbrückbaren Graben aufzureißen. Selbst die angebliche Humorlosigkeit der Deutschen wird bemüht, um diese Andersartigkeit zu begründen.[18] Deutschland wird als eine zurückgebliebene, primitive Gesellschaft beschrieben, mit der es im Geistigen keine Gemeinschaft gebe – »no real mental relation with the Germans«.[19] Hier dient Ausgrenzung der Deutschen offenbar zur Abwehr der weitreichenden Implikationen, die sich aus der Affinität von Deutschen und Engländern und ihrem gemeinsamen kulturellen Erbe ergeben und die das Selbstverständnis einer gegen Zivilisationseinbrüche vermeintlich gefeiten Kultur bedrohen würden. Im Übrigen stellt die Behauptung »no real mental relation« die verständigungbereite These von der Reformierbarkeit der Deutschen wieder in Frage.

Das andere Problem betrifft die Frage des Nationalcharakters: Gibt es eine Essenz des Deutschtums, die sich in allem geschichtlichen Wandel behauptet und gleich bleibt? Vansittarts Argumentation ist auch in diesem zentralen Punkt widersprüchlich. Auf der einen Seite spricht er von der Natur der Deutschen, die aggressiv sei, und von ihrem Charakter, der nun mal ein kriegerischer sei, was er bis zu Tacitus und Hermann, dem Cherusker, zurückführt. Auf der anderen Seite konzediert er jedoch, dass es auch gute Deutsche gibt – bis zu 25 % – und dass eine Reform und Wendung der schlimmen deutschen Dinge, der »Hunnery«, durchaus möglich sei.[20] Das aber ist schwer nachzuvollziehen, wenn Aggressivität in der Natur der Deutschen angelegt sein soll. Im Ganzen wird man sagen dürfen, dass in Vansittarts Denken die Vorstellung eines unveränderlichen Nationalcharakters das Übergewicht hat.

Dies belegt u. a. das eindrucksvolle, fast mythische Bild des bösartigen Raubvogels, mit dem Vansittart seine Deutschlandreden beginnt und das sich wie ein Leitmotiv über den ganzen *Black Record* hinzieht. Es handelt sich dabei um einen »shrike« oder »butcher bird«, einen sogenannten Würger. Ein bunter Singvogel wie andere, überfällt der Würger nach Lust und Laune andere Vögel, tötet sie, um sie dann zu verzehren. Einen solchen Würger habe er selbst einmal beobachtet, als er auf einem deutschen Schiff das Schwarze Meer durchquerte. Als

Vogelliebhaber habe er dem Treiben des Würgers nicht lange zusehen können, doch habe er einen ganzen Tag gebraucht, den »butcher bird« mit seinem Revolver zu erledigen. Offenbar wollte Vansittart in diesem Sinne auch seine eigene historische Rolle verstanden wissen: als ein empörter Vogelliebhaber, der nicht zu ruhen bereit ist, bis auch der bösartige Würger unter den Nationen Europas zur Strecke gebracht ist.

In der *Encyclopedia Britannica* von 1997 wird Vansittart unverblümt ein Extremist genannt – ein »extreme Germanophobe«. Umstritten war seine pauschale, gegen Deutschland gerichtete Propaganda schon zu ihrer Zeit. Deutsche Emigranten wie der Verleger Victor Gollancz und der Publizist Heinrich Fraenkel erhoben Einspruch.[21] Widerspruch kam aber auch aus den eigenen Reihen, am entschiedensten von dem Historiker H. G. Atkins, der *Black Record* als eine Travestie der deutschen Geschichte bezeichnete. Der Mann leide an einem antideutschen Fieber – Vansittartitis –, mit dem er dem guten Ruf der britischen Propaganda schade. Vansittarts großer Fehler sei es zu glauben, dass alle, die seine Methoden der Verteufelung verabscheuten, den Nationalsozialismus weniger verabscheuten als er.[22]

Man hat Vansittart verschiedentlich vorgeworfen, wie später auch Henry Morgenthau, seine pauschale Verteufelung des Feindes und sein Plädoyer für einen harten Frieden hätten einen Bumerangeffekt gehabt. Damit habe er der deutschen Progaganda willkommene Argumente geliefert, um den Kampfeswillen der Deutschen anzustacheln, ihren Hass zu schüren und sich noch blinder hinter Hitler zu stellen. In *Lessons of My Life* geht Vansittart ausführlich auf diesen Vorwurf ein; er weist ihn zurück mit dem Argument, die Deutschen, beeindruckt von Hitlers Erfolgen, stünden schon längst hinter Hitler und hätten dazu seine Deutschlandkritik nicht gebraucht.[23] Damit hatte er nicht unrecht; es ist aber auch nicht die volle Wahrheit, denn wie wir aus den Tagebüchern Joseph Goebbels' wissen, kamen Vansittarts Auslassungen über die Deutschen dem Propagandachef in Berlin in Wirklichkeit sehr gelegen. »Es ist aber gut«, notierte Goebbels am 20. Februar 1942, »daß die Engländer jetzt die Katze aus dem Sack lassen. Das kann uns für unsere innere Propaganda nur dienlich sein. Wir plakatieren die Aussprüche Vansittarts […] groß in der ganzen Presse und auch in unserer Wochenparole. Das trägt wesentlich dazu bei, die innere Stimmung zu halten und zu verstärken.« Vier Wochen später:»Vansittart soll nur ruhig so weiterarbeiten; er treibt nur Wasser auf unsere Propagandamühlen [...]. Er will Deutschland vernichten, nicht die nationalsozialistische Bewegung. Solche Töne passen gut in unser Konzept.«[24]

Die Gesellschaft zur Verhinderung des Dritten Weltkriegs

Vansittarts Wirkung in den Vereinigten Staaten war womöglich noch größer als in England. Sie kulminierte in gewissem Sinn in dem sogenannten Morgenthau-Plan, der unverkennbar im Geiste des Vansittartismus konzipiert wurde.[25] Dieser Plan befürwortete einen extrem harten Frieden, denn Morgenthau war wie Vansittart davon überzeugt, dass der aggressive, militaristische Charakter der Deutschen nach einem weichen Frieden bald wieder die Oberhand gewinnen würde. Das aber würde, wie schon nach dem Ersten Weltkrieg, einen neuen, den Dritten Weltkrieg nach sich ziehen, es sei denn, Deutschland werde seines industriellen Potentials entkleidet. So heißt denn Morgenthaus Plan im Untertitel folgerichtig »Program to Prevent Germany from Starting a World War III«.

Dieser im August und September 1944 ins Auge gefasste Deutschlandplan erwies sich jedoch weder bei den britischen Verbündeten noch in Washington als konsensfähig. Gleichwohl hielten der Präsident selbst und einflussreiche Teile der amerikanischen Öffentlichkeit den Morgenthau-Plan jedenfalls zeitweilig für die richtige, angemessene Behandlung Deutschlands nach dem Krieg.[26] Ein solcher Konsens auf relativ breiter Basis wäre kaum denkbar ohne die Wirkung Vansittarts, der es verstand, die dumpfen antideutschen Wallungen in schlagkräftige Parolen zu fassen.

Dass Präsident Roosevelt die Deutschlandreden Vansittarts kannte, geht aus einem Memorandum vom 7. 11. 1941 an Bill Donovan (»Wild Bill«) hervor, den Leiter des Office of Strategic Services, der Vorläuferorganisation des CIA. Roosevelt schickte ihm ein Exemplar von Vansittarts *Black Record* und fügte hinzu, dass diese Radioansprachen in Amerika eine große Wirkung haben könnten, wenn sie von einem amerikanischen »broadcaster« verbreitet würden und wenn sie geschickt redigiert würden »to suit our needs«.[27] Roosevelt, ganz der erfahrene Meister des Radios, empfiehlt zwei Retuschierungen. Die Passagen, in denen es um das British Empire geht, könnten gestrichen werden. Und das Argument, die Deutschen seien seit tausend Jahren Barbaren gewesen, ginge »a bit too far«, wobei er vermutlich an den hohen Anteil der Deutschstämmigen in der amerikanischen Bevölkerung dachte. Stattdessen sollten jene Passagen betont werden, »which place the blame on the German people for following utterly destructive leadership – and on the leaders themselves«.

Innerhalb des deutschen Exils in Amerika war »Vansittartismus« das große Reizwort, an dem sich die Geister schieden. Der Vorwurf des Vansittartismus konnte und sollte Reputationen zerstören. Das trifft zum Beispiel, wie noch zu zeigen, auf Bertolt Brechts Kritik an Thomas Manns Deutschlandbild zu; sie lief auf den Vorwurf des Vansittartismus hinaus.[28] Der eifrigste und in gewissem Sinne erfolgreichste Vansittartist unter den deutschen Emigranten war jedoch Emil Ludwig, der in seinen zahlreichen Veröffentlichungen zum Thema und als Experte vor dem Auswärtigen Ausschuß des Repräsentantenhauses (House Committee on Foreign Affairs) einen harten Frieden im Geiste Vansittarts propagierte.[29]

Ludwig gehörte auch zu den führenden Köpfen der 1943 gegründeten, dezidiert antideutschen Gesellschaft zur Verhütung des Dritten Weltkriegs, die eine Zeitschrift mit dem Titel *Prevent World War III* publizierte. In diesen Kreisen wurden die Fähigkeit und der Wille, einen Dritten Weltkrieg anzuzetteln, nicht etwa der Sowjetunion, sondern ausschließlich Deutschland zugemutet. Bemerkenswerterweise stellte diese Zeitschrift ihr Erscheinen erst 1972 ein. Dem Direktorium gehörten, neben Emil Ludwig, der pazifistische Pädagoge Friedrich Wilhelm Foerster sowie der Journalist William L. Shirer an; ihr Präsident war jedoch der sehr erfolgreiche und populäre Autor von Detektivromanen Rex Stout. Neben den schon Genannten brachte *Prevent World War III* Beiträge von den folgenden deutschen Emigranten: Thomas und Erika Mann, Leopold Schwarzschild, Stefan Heym und Eugene Tillinger.

Der unverhohlene Vansittartismus dieses Unternehmens geht schon aus dem redaktionellen Text hervor, der jedem Heft vorangestellt war. Er beginnt mit dem Satz: »Die weitverbreitete Gewohnheit, die Nazis und das deutsche Volk auseinanderzuhalten, rührt von einer unzulänglichen Kenntnis der deutschen Geschichte her«, und endet mit der Versicherung:»Jegliche Behandlung des Feindes nach dem Sieg, die jene Kräfte nicht zerstört [die Kräfte, die Bismarck, Kaiser Wilhelm und Hitler zur Macht verhalfen], wird Deutschland so stark und gefährlich belassen wie immer.« Nicht überraschend ist Vansittart der am häufigsten zitierte und publizierte Autor dieses Blattes.

Kennzeichnend für den Geist der Society for the Prevention of World War III ist ein Artikel von Rex Stout, ihrem Gründer und Präsidenten, den dieser im Januar 1943 gleichsam als Werbeprospekt an weithin sichtbarer Stelle im *New York Times Magazine* veröffentlichte und der in den Leserbriefspalten der *Times* ein lebhaftes Echo auslöste. Der Artikel handelt vom Deutschenhass und seiner unbedingten Notwendigkeit, wenn der Krieg gewonnen werden soll.»We shall hate, or we shall fail«, lautet das Fazit seiner Argumentation. Durchaus im Sinne Vansittarts, nur um einige Grade grobschlächtiger, betont Stout, dass es nicht damit getan sei, die Nazis zu hassen, sondern dass es angesichts der deutschen»atrocities« im Ersten Weltkrieg völlig gerechtfertigt sei, die Deutschen insgesamt zu hassen. Als die Wurzel des deutschen Übels bezeichnet er die Lehre von der»master race«, dem Herrenvolk, die das deutsche Verhalten gegenüber anderen Ländern und Völkern bestimme.[30]

Selbstredend glaubte auch Thomas Mann an die absolute Notwendigkeit, einen Dritten Weltkrieg zu verhindern, noch dazu einen von Deutschland erklärten, doch blieb er gegenüber der von Rex Stout geführten Society auf Distanz. Gleichwohl muss er von ihrer Existenz und ihren Zielen Kenntnis gehabt haben. Dies geht aus einem Brief vom 22. 10. 1945 an Eugene Tillinger hervor, in dem er diesem für die»laufende Zusendung« von *Prevent World War III* dankt.[31] Tillinger, der zum »editor« aufgestiegene Sekretär der Society und zu diesem Zeitpunkt noch nicht auf Anti-Thomas-Mann-Kurs, hatte ihn um die Erlaubnis gebeten, die englische Fassung seines offenen Briefs an Walter von Molo in *Prevent World War III* drucken zu dürfen. Thomas Mann gab seine Einwilligung.[32] Zuvor schon hatte Tillinger, offenbar ohne die Erlaubnis des Autors einzuholen, unter dem Titel *Thomas Mann on the Guilt of the German People* ein Fragment aus seinem im Februar 1945 entstandenen Artikel *Das Ende* (XII, 944–950) abgedruckt.[33] Offensichtlich war man aufseiten der amerikanischen Vansittartisten bemüht, Thomas Mann in ihr Lager zu locken.

Ein Deutschlandmanifest und seine Vereitelung

Thomas Mann befand sich gegenüber dem Schlagwort »Vansittartismus« in einer prekären Lage. Amerikanischerseits wurde ihm vorgeworfen, für einen »soft peace« Stimmung zu machen. Der Vorwurf kam u. a. von Henri Peyre, einem renommierten Romanisten der Yale University, der der Society for the Prevention of World War III nahestand.[34] Sein Argument, Thomas Mann mache in dem Essay *What is German?* zwischen den Deutschen und den Nazis einen zu großen Unterschied, stammt unverkennbar aus dem Arsenal des Vansittartismus. Für einen guten Vansittartisten war stets die Frage, ob der gegenwärtige Krieg nur den Nazis oder dem deutschen Volk in seiner Gesamtheit anzulasten sei, der entscheidende Prüfstein für die korrekte politische Haltung gegenüber Hitler und dem Dritten Reich.[35]

Ganz anders im Lager der Emigranten. Dort galt Thomas Mann als Befürworter eines harten Friedens und als Vansittartist. Das wurde spätestens im August 1943 offenkundig nach dem Eklat um die Solidaritätserklärung der deutschen Schriftsteller in Los Angeles mit dem Moskauer Nationalkomitee Freies Deutschland. Das NKFD war auf Drängen Stalins im Juli 1943 aus kommunistischen Emigranten wie Walter Ulbricht, Wilhelm Pieck und Johannes R. Becher sowie kriegsgefangenen Offizieren wie Friedrich Paulus und Heinrich von Einsiedel gebildet worden.[36] Thomas Mann signalisierte sogleich seine Unterstützung. In einem Statement für das New Yorker Büro der TASS, der russischen Nachrichtenagentur, erklärte er, er sei »völlig einverstanden« mit dem Manifest des NKFD, betonte aber, ganz im Sinne Vansittarts, dass »nur eine echte und aufrichtige Umkehr Deutschland von den Mächten des Übels säubern kann«.[37] Die Zeichen schienen somit gut zu stehen für eine gemeinsame politische Stellungnahme der disparaten deutschen Exilanten in der Stadt der Engel.

Man vereinbarte für Sonntag, den 1. August, eine Zusammenkunft im Haus Berthold und Salka Viertels. Dazu das Tagebuch: »endlose Konferenz [...]. Stundenlange Formulierungsversuche mit leidlichem Endresultat.« (Tb. 1. 8. 1943) Die manifestartige Erklärung hatte den folgenden, auf den ersten Blick völlig unproblematischen Wortlaut:

In diesem Augenblick, da der Sieg der Alliierten Nationen näher rückt, halten es die unterzeichneten Schriftsteller, Wissenschaftler und Künstler deutscher Herkunft für ihre Pflicht, folgendes öffentlich zu erklären: Wir begrüßen die Kundgebung der deutschen Kriegsgefangenen und Emigranten in der Sowjetunion, die das deutsche Volk aufrufen, seine Bedrücker zu bedingungsloser Kapitulation zu zwingen und eine starke Demokratie in Deutschland zu erkämpfen. Auch wir halten es für notwendig, scharf zu unterscheiden zwischen dem Hitlerregime und den ihm verbundenen Schichten einerseits und dem deutschen Volk andererseits. Wir sind überzeugt, daß es ohne eine starke deutsche Demokratie einen dauernden Weltfrieden nicht geben kann. (AM, 983)

Thomas Mann unterschrieb. Mit ihm setzten Bertolt Brecht, Heinrich Mann, Lion Feuchtwanger, Bruno Frank, Ludwig Marcuse, Hans Reichenbach sowie Berthold und Salka Viertel ihren Namen unter das kalifornische Deutschlandmanifest, das ein unmissverständlich antivansittartistisches Dokument war.

Die Unterschrift verursachte Thomas Mann offenbar eine unruhige Nacht. Das Tagebuch meldet: »Gestörter Morgen, Beunruhigung durch die gestrigen Ergebnisse [...].« (Tb. 2. 8. 1943) Nach Beratungen mit Bruno Frank zog er per Anruf bei Lion Feuchtwanger seine Unterschrift wieder zurück; es blieben ihm »Irritation und Verdruß«. Ohne seine Unterschrift – ohne den für die öffentliche Wirkung wichtigsten Namen – war diese wohl signifikanteste politische Geste der kalifornischen Exilanten zum Scheitern verurteilt. Thomas Manns Vorbehalt bezog sich auf die Rede von der »starken deutschen Demokratie«, die nach dem Krieg in Deutschland etabliert werden sollte. Er wusste aus den Diskussionen mit seinen ebenso linken wie patriotischen Kollegen, was damit eigentlich gemeint war, nämlich dass Deutschland nichts geschehen, seine territoriale Integrität nicht angetastet werden dürfe. Er hielt jedoch daran fest, dass nach allem, was geschehen, »der Fall und die Busse garnicht tief genug« sein können (AM, 504). In seiner bedeutenden Replik auf einen patriotisch besorgten Brief des sozialdemokratischen Hitler-Gegners Ernst Reuter, der in Ankara im Exil war, formulierte der *Faustus*-Autor seine Ungeduld mit den Antivansittartisten besonders schroff:»Diese Leute warnen davor, Deutschland einen unweisen und ungerechten Frieden aufzuerlegen. Ich meine nun aber, [...] einen ungerechten Frieden für Deutschland gibt es nach allem, was geschehen, überhaupt nicht. Dies ist mein Gefühl, meine Überzeugung, und ich muß, auch wenn ich mir Feindschaft dadurch zuziehe, danach handeln, oder vielmehr Handlungen unterlassen, die damit in Widerspruch stehen.«[38] Diese Position rückte Thomas Mann durchaus in die Nähe Vansittarts, der, wie wir sahen, den Antifaschismus der linken Emigranten für oberflächlich hielt und hinter der Fassade der Hitler-Opposition einen unerschütterlichen Patriotismus und ein ungebrochenes Suprematiestreben vermutete.

Thomas Manns ärgerlicher Rückzieher veranlasste Brecht zu einem berüchtigten, satirischen Gedicht mit dem barocken Titel: *Als der Nobelpreisträger Thomas Mann den Amerikanern und Engländern das Recht zusprach, das deutsche Volk für die Verbrechen des Hitlerregimes zehn Jahre lang zu züchtigen.*[39] Das Gedicht ist als eine Denunziation Thomas Manns als Vansittartisten gedacht und eine böswillige Karikatur, die auch dadurch nichts von ihrer Deplatziertheit verliert, wenn man ihm eine »geniale Ungerechtigkeit« bescheinigt.[40] Die Feindschaft zwischen den beiden bedeutendsten Autoren des kalifornischen Exils hatte viele Gründe. Die damals aktuellste Differenz bezog sich jedoch auf den Vansittartismus. Ob Brecht Vansittarts *Black Record* wirklich gelesen hat, ist ungewiss. Es besteht jedoch kein Zweifel, dass ihm die Thesen des Vansittartismus bekannt waren. Dies geht aus einem Artikel mit dem Titel *The Other Germany* hervor, wo er, offensichtlich auf Vansittart bezogen, seine Überzeugung vorträgt, dass das »Other Germany« beinahe vergessen worden sei und dass manche sogar seine Existenz bestreiten oder ihm keine Bedeutung zuerkennen würden. Bevor Hitler andere Länder verwüstete, habe er Deutschland verwüstet; in den deutschen Konzentrationslagern schmachte eine Armee von 200 000 deutschen Widerstandskämpfern, mehr Deutsche als in Stalingrad gefangen wurden, und diese Kämpfer stellten lediglich ein Kontingent, nicht die Gesamtheit des anderen Deutschland dar.[41]
Thomas Manns Reaktion auf Vansittarts *Black Record* war von Anfang

an zwiespältig.»Geschichtlich angreifbar«, notiert er sich,»aber psychologisch wahr« (Tb. 1. 6. 1941). Offenbar wog zu diesem Zeitpunkt das Psychologische für ihn schwerer. Dass die von Vansittart identifizierten Eigenschaften Neid, Selbstmitleid und Grausamkeit typisch deutsch seien, scheint ihm »unbestreitbar«. Vor allem aber sympathisiert er mit dem Grundtenor der Schrift:»Das Buch läßt heftig nach Sühne und gründlicher Heimsuchung verlangen.« Sühne und Heimsuchung aber hatte Thomas Mann selbst schon seit Kriegsausbruch vorhergesagt; Vansittarts *Black Record* war ihm also bis zu einem gewissen Grad, wie alle seine Lektüren, ein Spiegel. In welchem Sinne er das Deutschlandbild Vansittarts geschichtlich angreifbar empfand, lässt sich an dieser Stelle noch nicht erkennen, doch sollte sich gerade die Frage der historischen Interpretation des Nationalsozialismus als entscheidend erweisen für die Differenzierung seiner Position von der des Engländers.

Im Gegensatz zu seinen linken patriotischen Kollegen hatte Thomas Mann ein ganz anders geartetes Interesse an einer Klärung seines Verhältnisses zum Vansittartismus – ein primär episches. Das heißt, er brauchte ein musikalisch erzählbares Deutschlandbild. Schon lange vor Beendigung der *Joseph*-Romane lässt sich erkennen, wie in ihm das Projekt eines großen Deutschlandromans reift. Ein Teil der hier zu referierenden Debatten begleitete also die Anfänge des *Doktor Faustus*. Um jedoch dieses Kulminationswerk überhaupt in Angriff nehmen zu können, bedurfte es einer Klärung seines eigenen Deutschlandbildes, und das musste eine kritische Reflexion auf Vansittart mit einschließen.

Schon kurz nach seiner Lektüre von *Black Record* tauchen in den Radioansprachen indirekte Hinweise auf Vansittart auf – so wenn er die Sendung vom August 1941 mit dem Satz beginnt:»Es ist ein Streit in der Welt, ob man zwischen dem deutschen Volk« und den Nazis»eigentlich einen Unterschied machen kann« (XI, 1011). Von diesem Zeitpunkt an ist in seinen politischen Schriften die Position Vansittarts stets mitzudenken. Besonders deutlich ist dies an der Sendung vom Juli 1943 abzulesen. Sie handelt vom »Geist des Widerstands« in Europa und von der Weißen Rose. Die Kunde von dem märtyrerhaften Opfertod dieser Studenten und Dozenten an der Universität München veranlasst ihn nun zu bemerken:»Ehre und Mitgefühl auch dem deutschen Volk! Die Lehre, daß man zwischen ihm und dem Nazitum nicht unterscheiden dürfe, [...] ist unhaltbar und wird sich nicht durchsetzen«, wiewohl diese in den Ländern der Alliierten »zuweilen, nicht ohne Geist«, vertreten werde (XI, 1076). Trotz dieses versteckten Kompliments an die Adresse Vansittarts zeigt sich hier ein klar erkennbarer Wille, dessen Hauptthese von dem einen, ganz überwiegend bösen Deutschland zurückzuweisen. Im Grunde ist dies die Position des Bonner Briefs von 1937, in dem er die Nazis verhöhnte, sie hätten »die unglaubwürdige Kühnheit, sich mit Deutschland zu verwechseln! Wo doch vielleicht der Augenblick nicht fern ist, da dem deutschen Volke das Letzte daran gelegen sein wird, nicht mit ihnen verwechselt zu werden« (XII, 789).

Freilich entsprang die Prophezeiung, dass sich jene Lehre von dem einen Deutschland nicht durchsetzen werde, weitgehend einem patriotischen Wunschdenken auch seinerseits. Die Bedeutung der Weißen Rose und später des Zwanzigsten Juli war in erster Linie symbolischer Art. Die Beweiskraft dieser Beispiele von Widerstand nach außen hin wog gering angesichts der sich mehrenden, letztlich überwältigenden Beweise des Gegenteils. Im Übrigen ergaben sich im Laufe seiner Kommentierung des Krieges, die sich ja bewusst in den Dienst der alliierten Propaganda stellte, immer deutlicher Übereinstimmungen mit Vansittarts Sicht der deutschen Dinge. Wie dieser konzedierte Thomas Mann, dass der Nationalsozialismus »lange Wurzeln« habe »im deutschen Leben« (XI, 1011) und dass Hitler somit »kein Zufall« sei (XIII, 358). Wie Vansittart meinte er, das Weltmachtstreben Deutschlands sei auf einen »neidischen Zwang« zurückzuführen, »England zu kopieren« und es »auszustechen« (XI, 1089). Und vollends einer Meinung war er mit dem Engländer, dass den Deutschen »das Erlebnis der katastrophalen [...] und handgreiflichen Niederlage, der Okkupation und der zeitweiligen Entmündigung« – anders als 1918 – diesmal nicht erspart werden dürfe (XI, 1087). Nur so sei Deutschland zur Vernunft zu bringen, nur so sei eine »echte und aufrichtige Umkehr« möglich.[42] Als dann aber die Greuel des Massenmords an den Juden offenbar wurden – im Januar 1945 nach der Befreiung von Majdanek und Auschwitz –, formulierte Thomas Mann seine wohl weitestgehende Zustimmung zu Vansittart, indem er feststellte, es sei »von anderen Völkern zuviel verlangt, daß sie zwischen Nazitum und dem deutschen Volk säuberlich unterscheiden« (XI, 1109).

Und doch besteht zwischen dem Deutschlandbild Thomas Manns

und Vansittarts im Hinblick auf die geschichtliche Herleitung des Nationalsozialismus eine nicht zu verkennende Differenz. Schon nach der
ersten Berührung mit dem Pamphlet Vansittarts vermerkte das Tagebuch, wie bereits zitiert: »Geschichtlich angreifbar«. In dieser Hinsicht
tut sich in der Tat ein Graben auf, der eine fundamental andere Interpretation der deutschen Geschichte erkennen lässt. Vansittart leitet das
Böse des Nationalsozialismus aus einer langen, tückischen Tradition
kriegerischen Verhaltens ab, das er als Ausfluss des deutschen Nationalcharakters deutete. Eine Stufe der Verträglichkeit und Zivilisation habe
es in der deutschen Geschichte bis jetzt noch nicht gegeben; die
Chance dazu bestehe erst nach einer katastrophalen militärischen Niederlage und nach einer gründlichen, auf »spiritual cure« abzielenden
Umerziehung der Deutschen.

Ganz anders Thomas Mann. Überzeugt von der »Masse des Guten«
(XI, 1147), das die deutsche Geschichte auch aufzuweisen habe, wurde
er nicht müde, selbst in der tiefsten Verzweiflung über die Triumphe der
Wehrmacht, die Hoffnung aufrechtzuerhalten, dass Deutschland, wenn
es einmal aus dem »Riesenrausch« (XII, 945) des Nationalsozialismus
erwacht sei, eine »Staats- und Lebensform« finden werde, »die die
Pflege seiner besten Kräfte begünstigt und es zum redlichen Mitarbeiter an einer helleren Menschenzukunft erzieht« (XII, 950). Er sei gut-
gläubig und vaterlandsliebend genug, dem Deutschland Dürers und
Bachs, dem Deutschland, das die *Iphigenie*, den *Fidelio* und die *Neunte
Symphonie* hervorbrachte, den längeren historischen Atem zuzutrauen
(XII, 908). Statt Umerziehung also Ernüchterung, Läuterung und Besinnung auf »die Masse des Guten«, die auch zum Deutschtum gehöre.

Das Problem bestand somit nicht darin, dass das unleugbar Böse in
der deutschen Kultur existierte, sondern dass Gutes und Böses koexistierten; es bestand in der Identität des Nichtidentischen. Bei Vansittart
kommt dieses Problem erst gar nicht in den Blick, bei Thomas Mann
hingegen steht es im Zentrum; seine Lösung ist der Schlüssel zum Verständnis der Deutschlandproblematik im *Doktor Faustus*.

Die Implikationen dieser Vorstellung von der Doppelnatur des
Deutschtums waren weitreichend. Es bedeutete vor allem, dass das gegenwärtige Böse, wie es sich in Hitler-Deutschland manifestierte, nicht
als natürlicher und logischer Ausfluss eines unveränderlichen deut-

schen Wesens zu begreifen ist, sondern als das Ergebnis eines dialektischen Umschlags aufgrund historischer Veränderungen, die Thomas Mann jedoch nicht weiter analysiert. Dies ist der geschichtsphilosophische Grund seiner Rede von der den Nationalsozialismus erst ermöglichenden Umkehrung, Entartung, Verhunzung von ursprünglich noblen und guten Anlagen des Deutschtums. Dies ist denn auch der Kerngedanke der großen, Post-mortem-Diagnose Deutschlands in Thomas Manns Washingtoner Rede über *Deutschland und die Deutschen*: »Das böse Deutschland, das ist das fehlgegangene gute, das gute im Unglück« (XI, 1146). Damit aber war der Vansittartismus, soweit er die Konzeption der deutschen Geschichte betraf, hinter sich gelassen. Thomas Mann hatte sich auf dem Weg zum *Doktor Faustus* mit seinem letztlich, trotz aller »Anti-Humanität« (10.1, 414) und trotz allen diabolischen Unheils, versöhnlich gestimmten, vom Gedanken der Gnade dezent aufgehellten Deutschlandbild vom Vansittartismus distanziert.

Doch unterscheidet nicht nur die Herleitung des Nationalsozialismus Thomas Mann von dem englischen Deutschlandkritiker, er lokalisiert auch das Übel an etwas anderer Stelle. Für Vansittart stellt sich das Problem Deutschland zuerst aus außenpolitischer Perspektive dar: Ein nach der Weltmacht greifendes Deutschland birgt eine tödliche Bedrohung des British Empire und zerstört die von England verfochtene Weltfriedensordnung. Für Thomas Mann ist die außenpolitische Perspektive ebenfalls von Bedeutung, doch liegt ihm verständlicherweise die innenpolitische Perspektive näher: Das Naziregime ist ein Regime der Gewalt und des Unrechts; es gründet in einer Weltanschauung der »Anti-Humanität«. Vansittart verurteilt Hitler für das, was er in Europa angerichtet hat. Thomas Mann verurteilt ihn für das, was er ist und darstellt: die »Herrschaft *des Abschaums*« (10.1, 493) sowie die Verhunzung und Entehrung der deutschen Kultur.

Das Wotanskind und der Vansittartismus

Der unzutreffende Eindruck, dass der *Faustus*-Autor im Grunde dem Vansittartismus das Wort rede, entstand nicht zuletzt dadurch, dass Erika, das publizistisch betriebsame Wotanskind, sich mit der ihr eige-

nen Impulsivität als eine Vansittartistin outete. Sie reiste im Spätsommer 1941 zum PEN-Kongress (11.–13. September) und zur Propagan-
da-Arbeit für die BBC nach London und stattete bei dieser Gelegenheit
dem Autor des *Black Record* auf seinem Landsitz Denham Place in
Buckinghamshire einen Besuch ab. Das daraus resultierende schwärmerische Porträt des englischen Deutschlandkritikers erschien in der
Modezeitschrift *Vogue*.[43] Die Überschrift *First Interview* bezieht sich
auf die offenbar wohlbekannte Tatsache, dass Sir Robert prinzipiell
keine Interviews gab und seine Besucherin lediglich zu einem »little
talk« empfing, dem sie dann den Anstrich eines Interviews gab. Vansittart seinerseits war offenbar so angetan von seiner Besucherin, dass
er im Schlusskapitel von *Lessons of My Life* einige Bemerkungen über
Erikas Vater einflocht. Darin nahm er Thomas Mann von seinem Gene-
ralverdacht gegen die deutschen Emigranten aus und drückte seine
Genugtuung darüber aus, dass auch er erkannt habe: »Hitler is no
accident«, und dass er, wie Vansittart, nun einsehe: »That lust for world
domination, stimulated and justified by the conviction of superiority,
can produce only ruthless tyranny at home and abroad.«[44] Offenbar
blieb Vansittart dem *Faustus*-Autor wohlgesonnen: Als Thomas Mann
1947 in London weilte, ließen Lord Vansittart und Lady Sarita es sich
nicht nehmen, den Eltern Erika Manns im Savoy Hotel ihre Aufwartung zu machen (Tb. 28.5.1947). Es war die einzige und offenbar
flüchtige persönliche Begegnung Thomas Manns mit Sir Robert.

Dass die Vansittart-Gegner unter den deutschen Emigranten von der
Tochter auf den Vater schlossen, war angesichts ihrer unumwundenen
Statements in Sachen Deutschland nicht verwunderlich. Ob sie den
Vater zu Recht oder Unrecht für einen Vansittartisten hielten, ließ sich
zunächst nicht eindeutig ausmachen. Jedenfalls nahm Erika, die durch
ihre Ehe mit W. H. Auden britische Staatsbürgerin war, für Thomas
Mann im Hinblick auf England und auf die Erklärung der englischen
Deutschlandpolitik eine Art von Mittlerrolle ein. Und in der Tat zieht
sich das Werben um Verständnis für den missverstandenen Deutschlandkritiker wie ein roter Faden durch alle ihre Stellungnahmen zu Vansittart.

Erika Manns Artikel über Vansittart ist im Grunde genommen eine
Huldigung an die politische Intelligenz, das leidenschaftliche Interesse

an Deutschland und nicht zuletzt die einnehmende Erscheinung Sir Roberts. Denham Place, ein Landhaus aus dem 17. Jahrhundert, sei bezaubernd und »voll von schönen Dingen«; Lady Vansittart sei »außerordentlich schön«, und der Hausherr selbst sei »sehr gut« aussehend: »In seiner männlichen, weniger glamourösen Art ist er mindestens so bemerkenswert wie Englands politischer Schönheitskönig Anthony Eden.« Vansittart sei mehr als ein »Autor von Propagandawerken«, nämlich ein »Künstler« und »Schriftsteller«. Im Gegensatz zu Neville Chamberlain besitze er »ein äußerst profundes und solides Wissen über Deutschland« und einen »fast unheimlichen Sinn für den ›inneren Deutschen‹.« In gelassenem Ton paraphrasiert Vansittart eine der Kernaussagen von *Black Record*, die nicht nur bei ihr, sondern auch bei ihrem Vater mit Zustimmung rechnen konnte: »Die abstoßendsten Seiten Hitlers sind nichts Neues, nichts Zufälliges; und sie werden keinesfalls von selbst verschwinden. Der Mythos der ›deutschen Herrenrasse‹ ist so wenig eine Erfindung des Führers wie die Verherrlichung von Gewalt und Betrug, die Forderung, ›mit dem Blute zu denken‹, die Verachtung des Christentums und der Zivilisation, die Lust auf Eroberung und Macht; all das ist in Deutschland seit langer Zeit aktuell gewesen.« Auf den Einwand seiner Kritiker, er lasse »Deutschlands große und zahlreiche Beiträge zu unserer Zivilisation vollkommen« außer Acht, erwidert er, es sei nie seine Absicht gewesen, »eine umfassende Studie über den deutschen Charakter zu schreiben«. Ihm ging es allein darum, die von Deutschland ausgehende Bedrohung zu erkennen und zu erklären.

Ein Großteil der Unterhaltung betraf das Deutschland nach der Kapitulation und »Englands Pläne für den ›Tag danach‹«. Grundsätzlich müsse der Gedanke der »Gerechtigkeit gegenüber Deutschlands Opfern« den Vorrang haben vor der Gerechtigkeit für die Deutschen. »Deutschland müsse eher umerzogen als bestraft werden, aber umerzogen bis ins Mark. Das könne nicht ohne eine sehr gründliche Vorbereitung geschehen und werde vermutlich eine lange Zeit dauern.« Vor allem müsse Deutschland »»entpreußt‹« und das »Machtzentrum von Berlin weg verlagert werden«; »der preußische Geist [müsse] aus den Schulen und Universitäten verschwinden«. Besonders wichtig sei es jedoch, die Menschen in Deutschland von diesen Plänen zu unterrichten und sie zu erklären, damit ihnen klar wird, »daß es mit der Unterzeich-

435

nung des Waffenstillstands noch nicht getan ist«. Erika sei noch jung: »Sie werden vielleicht noch die friedliche, sinnvoll organisierte, anständige Welt sehen. Ich werde sie nicht mehr erleben, aber so lange ich lebe, werde ich dafür kämpfen [...].« Das eigentliche Fazit von Erika Manns Vansittart-Porträt ist unverkennbar an seine deutschen Gegner gerichtet: »Er fühlt keinen Haß, sondern Schmerz – den tiefen Schmerz eines Menschen, der das Unglück lange gesehen und vorausgesagt hat und der wußte, wie man es hätte abwenden können. Er haßt Deutschland so wenig wie ich – dachte ich.«

Setzte der schwärmerische *Vogue*-Artikel bereits ein starkes Zeichen von Erika Manns Parteinahme für den englischen Deutschlandkritiker, so räumte sie zwei Jahre später mit einem ihrer streitbaren Leserbriefe alle Zweifel aus dem Weg hinsichtlich ihrer Position in dem Emigrantenstreit über den Vansittartismus. Vorausgegangen war in der *Nation* vom 12. Februar 1944 ein Artikel des unorthodoxen marxistischen Wirtschaftstheoretikers Fritz Sternberg, der sich in den damals heißen Diskussionen über das Deutschland nach Hitler zu Wort meldete und sich entschieden gegen eine Aufteilung (dismemberment) Deutschlands aussprach, zum einen weil Europas Wirtschaft die deutsche Industrie brauche, zum anderen weil der Sowjetunion ein taktischer und politischer Vorteil erwachsen würde, wenn die Westmächte auf einer Aufteilung bestünden und die Sowjetunion sich zum unangefochtenen Verteidiger der deutschen Einheit aufschwänge.[45] In diesem Zusammenhang bezieht sich Sternberg auf »the Vansittarts« in England und Amerika; deren Thesen über den aggressiven Charakter der Deutschen ließen keinen anderen Schluss zu, als dass Deutschland nur dadurch gezähmt werden könne, dass man es aufteilt und seine Industrie schleift.

Charakteristisch für den Stil von Erikas Polemiken ist der erste Absatz ihres substantiellen Leserbriefs: Bevor sie auf die Differenzen zwischen Sternbergs und ihrer Sicht der deutschen Dinge eingeht, wirft sie sich zur ritterlichen Verteidigerin des angeblich bedrängten englischen Deutschlandkritikers auf. Es sei höchste Zeit, dass jemand in Amerika das Wort zur Verteidigung Lord Vansittarts ergreife; denn keine andere politische Figur auf alliierter Seite werde derart beharrlich falsch zitiert und so leichtfertig und herablassend behandelt wie er.[46] Damit ist das Entscheidende bereits gesagt: ihre Zustimmung zu Vansittart. Im Vergleich dazu spielen die sachlichen Differenzen, die Erika ausbreitet, eine zweitrangige Rolle.[47]

Ein weiteres Zeichen ihrer Parteinahme für Vansittart ist der Umstand, dass sie, bevor sie ihren Leserbrief abfeuerte, am 19. Februar an Vansittart schrieb. Dieser antwortete in einem ausführlichen Schreiben vom 25. Februar, in dem er auf zwei ihrer Einwände gegen seine Position in Sachen Deutschland einging. Ob dies Einwände Erikas waren oder ob sie hier gewisse Reaktionen in ihrer Umgebung artikulierte, bleibt offen. Vansittart räumt ein, dass England und Frankreich in der Tat mehr hätten tun können und sollen, um Hitlers Aufstieg zu stoppen; in dieser Hinsicht habe die Doktrin der Nichteinmischung eine verheerende Rolle gespielt. Gleichwohl sei es höchst anstößig, wenn deutsche Exilanten England und Frankreich daraus einen Vorwurf machten, denn: »the real people to stop tyranny in Germany were the Germans, and they failed [...].«[48] Und was die großartigen Beiträge Deutschlands zur Kultur betrifft, so sei es geschmacklos und pervers, sich darauf zu berufen, denn große Kunst sei international. Die Deutschen hätten kein Recht, auf dem Gebiet der Kultur Suprematie oder gar ein Monopol zu beanspruchen; und selbst wenn sie kulturell so hervorragend wären, wie sie sich einbilden, so wäre das »no excuse whatever for their atrocious *political* conduct [...]«. Es gibt keine Anhaltspunkte dafür, dass Erika Mann sich diesen Argumenten verschlossen hätte oder dass sie sich von der Vansittart'schen Fundamentalkritik distanzierte.

Im Gegenteil, in einem kurz nach dem Austausch mit Vansittart entstandenen kleinen Artikel, der sowohl im *Aufbau* als auch in *Prevent World War III* erschien, dem Hausorgan der amerikanischen Vansittartisten, macht sie sich emphatisch zwei Kernpunkte seiner Kritik zu eigen. Erika Mann wird ausdrücklich als »daughter of world-famous Thomas Mann« identifiziert. Ihr Artikel ist *Rebuttal* (*Eine Widerlegung*) überschrieben; er richtet sich gegen die »Apostel« des anderen Deutschland, die auch Vansittarts »bêtes noires« waren und die »der von Deutschland zerrütteten Welt von der Unschuld des deutschen Volkes schwätzen«, denn alle Schuld liege bei Hitler und der Gestapo.[49] Diese Leute würden mitten im Krieg in Ländern, deren Gastfreundschaft sie genießen, »ihre Vereine« gründen, »ihre Proklamationen« verfassen und sich nicht scheuen, »die Menschheit mit dem dritten deutschen Weltkrieg zu bedrohen, für den Fall nämlich, dass ihre Ratschläge refusiert werden sollten«. Dieselben Leute sagten auch – und hier ist deutlich ein Echo auf Vansittarts Brief vom 25. Februar zu vernehmen –, die Welt hätte das deutsche Verbrechen (das sie als Naziverbrechen verharmlosen) verhindern sollen. Das aber hieße, den Verbrecher freisprechen, weil die Polizei versagt habe.

In ihrem zweiten und letzten Beitrag zu *Prevent World War III* berichtet Erika, die gerade aus dem befreiten Aachen zurückgekehrt war, »Why the Germans Fight on«, obgleich das Ende unaufhaltsam sei.[50] Der Hauptgrund sei, dass die deutsche Propaganda die Menschen glauben machte, die Schrecken des Krieges seien weniger schrecklich als ein Sieg der Alliierten, weil dann der »Roosevelt-Kaufmann-Plan«, der angeblich die völlige Vernichtung Deutschlands und die Sterilisierung aller Deutschen vorsehe, Wirklichkeit werde. Die wichtigste, durchaus Vansittartistische Aussage ihres Berichts ist bereits im Titel enthalten, nämlich dass es keineswegs nur die Nazis seien, die bis zum bitteren Ende weiterkämpften, sondern eben »›normal‹ Germans«. Im Übrigen würfen die Deutschen den Hauptverbrechern lieber vor, dass sie Versager seien statt Verbrecher.

Erika Manns Engagement für Vansittart und ihre beherzte Verteidigung seiner Sicht des Problems Deutschland wirft im Hinblick auf Thomas Mann einige knifflige Fragen auf. Angesichts der Arbeitsteilung beziehungsweise Arbeitsgemeinschaft, die in den kalifornischen Jahren zwischen Vater und Tochter entstand, kann man nicht umhin zu fragen, ob Erika im Namen des Vaters sprach oder jedenfalls zu sprechen meinte, wenn sie Vansittart in Schutz nahm. War sie in dem Sinne das Wotanskind, dass sie, wie Wagners Brünnhilde, des Vaters Unmut riskierte und gegen seinen Willen öffentlich für Vansittart Stellung nahm? Oder war sie es nicht vielmehr in dem Sinne, dass sie seine Gedanken und Empfindungen besser verstand, als er sich selbst einzugestehen wagte, und das aussprach, was ihm aus politischen Rücksichten zu sagen verwehrt war? Gilt auch von Erika: »Wer bin ich, wär' ich dein Wille nicht?«

Eine Antwort darauf wird sich erst dann abzeichnen, wenn wir Thomas Manns langes Ringen um ein angemessenes Deutschlandbild im Vorfeld des *Doktor Faustus* betrachtet haben. Was jedoch die Wahrnehmung des *Faustus*-Autors aufseiten der deutschen Emigranten betrifft, so ist es schwer vorstellbar, dass Erikas offener Vansittartismus nicht auf sie abgefärbt hat.

Willy Brandt und der Vansittartismus

Etwa zur gleichen Zeit wie Thomas Mann setzte sich in Schweden ein anderer Lübecker Emigrant intensiv mit dem Vansittartismus auseinander – Willy Brandt. Der spätere Bundeskanzler und Friedensnobelpreisträger war nach sieben Jahren Exil in Norwegen 1940 nach Schweden entwichen, wo er als Sekretär der sogenannten »Kleinen Internationale« in Stockholm eine umfangreiche publizistische Tätigkeit entfaltete.

Wie in Moskau, London, New York oder Los Angeles war auch in Stockholm die Zukunft Deutschlands nach dem Fall Hitlers der Brennpunkt aller Überlegungen und Diskussionen unter den Exilanten. Brandt nahm zu Vansittart und dem Vansittartismus in seinem auf Norwegisch geschriebenen Buch über die Diskussion um die Kriegs- und Friedensziele der Alliierten ausführlich Stellung.[51] Vergleicht man Thomas Manns und Willy Brandts Reaktion, so fällt sogleich eine überraschende Parallele ins Auge: Beide distanzieren sich von der Verwerfung Vansittarts in Bausch und Bogen, die in linken Emigrantenkreisen mehrheitlich »de rigueur« war, und legen eine Pro und Contra sorgfältig abwägende Einstellung an den Tag. Dies ist in Brandts Fall umso bemerkenswerter, als die »Sopade«, die Sozialdemokratische Partei Deutschlands im Exil, den Vansittartismus als eine Ausgeburt des britischen Nationalismus hinstellte und jeder, der Vansittart auch nur teilweise recht gab, mit Rufschädigung zu rechnen hatte.[52] Brechts Denunziation Thomas Manns als Vansittartisten ist das illustreste, doch keineswegs alleinige Beispiel dafür.

Wie Thomas Mann hält auch Willy Brandt den Vansittartismus für eine durchaus verständliche Zeiterscheinung, weil es eine »gefühlsmäßige Massengrundlage« dafür gebe: »Den Menschen fällt es schwer, an ein besseres Deutschland zu glauben, wenn sie täglich das schlechtere Deutschland von seinen schlimmsten Seiten sehen [...]. Millionen und Abermillionen im gepeinigten Europa sind bereit, die These des Lords zu unterschreiben, daß ›die große Masse der Deutschen im Laufe von drei bis vier Generationen sich zu einer Nation von gewalttätigen, organisierten und wilden Angreifern entwickelt hat.‹« Dies sei zwar »ein etwas vereinfachter Gedankengang«, doch werde er den Menschen durch den Kampf gegen die deutsche Aggression »geradezu aufgezwungen«.[53]

Brandt weist darauf hin, dass es in Frankreich ähnliche Stimmen gebe wie die Vansittarts in England. Er nennt den Journalisten und Politiker Henri de Kérillis, der »behauptete, daß der Hitlerismus ein vom Schicksal bestimmter Ausdruck der deutschen Nation und ihrer geschichtlichen Entwicklung sei. Deutschland würde immer ein Räuberstaat bleiben [...]. Es gebe keinen Unterschied zwischen Deutschen und Nazis. Deutschlands Macht müsse gründlich gebrochen werden.«[54] Demgegenüber gebe es aber auch Stimmen wie die Léon Blums, der sich dem, wie Kérillis es nannte, »realistischen Nationalismus« widersetzte und des festen Glaubens, »daß im deutschen Volk andere und bessere Kräfte lebten als die, die das nazistische Regime zum Ausdruck brachte«. Blum und seine sozialistischen Gesinnungsgenossen hielten vernünftigerweise an der Idee »eines anderen Deutschland« als einer »Arbeitshypothese« fest.[55]

Auch in England gebe es neben Vansittart ganz andere Stimmen. Selbst »während der schlimmsten Bombenangriffe« auf London und andere Städte sei unter Engländern »ein wirklicher Volkshaß« eigentlich nicht aufgekommen. Charakteristisch sei vielmehr, dass, wie »viele Ausländer« erstaunt geschildert hätten, »den Engländern die Deutschen eigentlich leid tun, wenn sie die Bombardierung der englischen Städte mit Zins und Zinseszinsen heimgezahlt bekommen«.[56]

Zu einem zwiespältigen Ergebnis kommt Brandt bei der Betrachtung von Vansittarts grobem Aufriss der deutschen Geschichte. Er verwirft als unhaltbar die These, dass sich der Räubercharakter der Deutschen eigentlich bis zu Hermann dem Cherusker zurückverfolgen ließe und dass sich die Deutschen »im Laufe von 2000 Jahren nicht geändert haben«. Damit, so Brandt weiter, »ist man in etwas hineingeraten, was der Hitlerischen Rassenlehre nahe verwandt ist«.[57] Statt nun aber Vansittart angesichts der Absurdität dieser makrohistorischen Sicht gänzlich abzulehnen, wie es die meisten Anti-Vansittartisten unter den Emigranten taten, betont Brandt, dass die »Vansittartsche Argumentation [...] beachtlicher« sei, will sagen: überzeugender, »wo sie sich an einen kürzeren geschichtlichen Abschnitt hält«. Gemeint sind die letzten fünfundsiebzig Jahre, auf die Vansittart in der Tat das Hauptaugenmerk richtet. Brandt lässt als zutreffend gelten, dass die Deutschen »fünf Kriege begonnen haben und daß die Bevölkerung alle diese Kriege zu ihrer Sache gemacht« habe. Er räumt des Weiteren ein, dass »die Herrenvolk-Ideologie und Angriffsmentalität« tiefe Wurzeln habe, und er bestreitet nicht, dass die »Vertreter des deutschen Kulturlebens [...] ihre eigentliche Berufung darin gesehen [haben], Nationalismus zu predigen und zum Überfall zu hetzen«.[58]

Willy Brandt distanziert sich auch von einem weiteren beliebten, weil letztlich exkulpatorischen Argument der Vansittart-Gegner, dass nämlich »die Krise der Demokratie universell« und der Faschismus »keine deutsche Einzelerscheinung« sei.[59] Dem hält er entgegen, dass der Faschismus in Deutschland sehr wohl ein »besonderes nationales Gepräge« angenommen habe und dass dabei »die militärische Tradition«, ein »zugespitzter Nationalismus«, die »Autoritätsverehrung und Rassenlehre«, die von deutschen Schriftstellern propagiert und in den Schulen gepredigt wurden, besonders prägend waren.

Brandt hält sich nicht lange bei der Vansittart so gern zugeschriebenen These auf, »dass alle Deutschen Nazis wurden«.[60] Doch im Gegensatz zu den Anti-Vansittartisten weiß er auch und betont, dass Vansittart sich von jeglichem Rassismus distanzierte und dass dieser sehr wohl die Existenz von »guten« Deutschen anerkannte, nur dass diese sich stets als ohnmächtig erwiesen haben. Wie Thomas Mann hat auch Brandt nichts einzuwenden gegen Vansittarts Forderung nach einer zeitlich befristeten alliierten Militärkontrolle Deutschlands und nach einer geistigen Neugeburt, die jedoch nur auf pädagogischem Weg zu erzielen sei. Brandt sorgt sich vor allem, dass die Besatzungsmächte sich der »Abrechnung« in den Weg stellen könnten »mit den gesellschaftlichen Kräften, die die Hauptverantwortung für den Nazismus und sein kriegerisches Programm tragen – dem Militärwesen, den Junkern und dem Großkapital«.[61] Dem würde Thomas Mann ohne Abstriche zugestimmt haben. Ebenso der Forderung Brandts und Vansittarts, dass nach der massiven »Vergiftung der deutschen Jugend« eine »demokratische Neuerziehung« erfolgen müsse und dass niemand anders als das neue Deutschland selbst diese demokratische Neuerziehung verwirklichen könne und solle.[62] Es darf als ein weiteres Symptom für die Verwandtschaft von Thomas Manns und Willy Brandts besonnener Reaktion auf den Vansittartismus gewertet werden, dass der sozialdemokratische Politiker in Schweden sich auf den »Optimismus« des prominenten Hitler-Gegners im fernen Kalifornien beruft, wenn er diesen abschließend mit den Worten zitiert: »Eine Nation fällt einem Hitler nur einmal zum Opfer – aber nie wieder [...]. Keiner kann behaupten, daß ein Volk, das erfahren hat, was die Deutschen seit 1933 gemacht haben, den geringsten Hang zeigen wird, etwas Ähnliches noch einmal zu erfahren.«[63] In diesem Punkt jedenfalls glaubte sich Brandt einig mit Thomas Mann. Es ist unklar, auf welchen Text er sich hier bezieht; möglicherweise handelt es sich um eine Paraphrase aus zweiter Hand. Thomas Mann hielt ein Nachleben des Nazismus in Deutschland, vielmehr eine halbherzige und ungenügende Säuberung vom Nazismus, jedenfalls zeitweilig durchaus für möglich. Doch ist Brandts sinngemäße Berufung auf Thomas Mann insofern berechtigt, als auch der *Faustus*-Autor in der Neu- und Umerziehung der Deutschen den verlässlichsten Weg zu einer Läuterung von ihrem Superioritätswahn und zu einem friedlichen Nebeneinander mit den anderen Völkern Europas erblickte.

Die Reaktionen Willy Brandts und Thomas Manns auf Vansittarts Deutschlandkritik unterscheiden sich in manchen Nuancen; sie stimmen jedoch darin überein, dass sie sich gegen die vorschnelle Verurteilung und Erledigung Vansittarts sträuben, weil damit auf recht durchsichtige Weise unbequeme Wahrheiten vom Tisch geräumt werden sollten – Wahrheiten, die damals nicht konsensfähig waren, die aber heute unter Historikern unbestritten sind. So erweist sich die langfristig durch die englische und deutsche Geschichtswissenschaft als richtig erwiesene Abstandnahme von den Gegnern des englischen Deutschlandkritikers, ihre Anti-anti-Vansittartismus-Position, als der fundamentale gemeinsame Nenner der beiden Lübecker Exilanten.

Der lange Weg nach Kaisersaschern

Doktor Faustus: ein Roman des Exils

Es ist ebenso merkwürdig wie denkwürdig, dass *Doktor Faustus,* das Kulminationswerk der vierzehn amerikanischen Jahre, ein Deutschlandroman geworden ist. Thomas Manns deutschestes Werk entstand in Pacific Palisades, dem von Deutschland am weitesten entfernten Punkt seiner Lebensbahn.

Die Wurzeln dieses Romans reichen bekanntlich tief hinab in seine Lebensgeschichte. Das früheste Element ist eine zusammenhanglos auftauchende Notiz von 1904 über einen »syphillitischen Künstler[ ]: als Dr. Faust und dem Teufel Verschriebener« (10.2, 13). Der Gedanke an ein Faust-Werk meldete sich sogleich nach Antritt des Exils zurück und blieb, wie das Tagebuch zeigt, auf einige Zeit präsent. Wie so oft, täuschte er sich anfangs über den Eigenwillen seines Schreibvorhabens und meinte, in den Dimensionen einer Novelle damit zu Rande zu kommen. Schon hier jedoch war sich Thomas Mann sicher, dass die »Faust-Novelle« die »Nachfolgerin des Joseph« werden und dass er damit »etwas sehr Originelles leisten würde«« (Tb. 3. 4. 1933). Von da an existierte das Faust-Projekt in Thomas Manns geistigem Haushalt als ein leeres Gefäß, das zu seiner Auffüllung bereit stand.

Hinzu kam ein im Roman vielfach nachweisbarer Fundus an zeitgeschichtlicher Erfahrung, der sich seit den frühen zwanziger Jahren anzusammeln begonnen hatte. Das Bekenntnis zur Republik war auch eine Hinwendung zur Demokratie und zum Westen. Das brachte ihn in eine Oppositionsstellung zu den Feinden der Republik von Rechts, zog aber auch eine erhöhte Aufmerksamkeit auf deren Denken und Gebaren nach sich, zumal in den letzten Jahren der Weimarer Republik. Gleichzeitig nötigte ihn diese Positionierung auch zu einer Revision und

Differenzierung der eigenen Überzeugungen, wie sie in den *Betrachtungen eines Unpolitischen* niedergelegt waren.

Die eigentliche, zielgerichtete Vorbereitung setzte jedoch erst nach der »nationale[n] Exkommunikation« (XIII, 91) von 1933 ein, der Verfemung durch die Initiatoren und Unterzeichner des »Protests der Richard-Wagner-Stadt München«, ohne dass sich sogleich schon die Konturen eines epischen Großprojekts in den geistigen Dimensionen des *Doktor Faustus* abzeichneten. Gleichwohl regte sich schon sehr bald ein zeitgeschichtlich motivierter Schaffensimpuls: Das, was mit Deutschland geschehen war und noch zu geschehen im Begriffe stand, wollte literarisch verarbeitet werden. Dieser Schaffensimpuls neigte sich abwechselnd zu einer fiktionalen und einer bekenntnishaften, kritischen Artikulationsform. Der wegen seiner Münchner Wagner-Rede Verfemte und aus Deutschland Vertriebene spielte zunächst mit dem Gedanken an einen Roman über die »Sphäre Wagner-Liszt-Cosima-Nietzsche« (Tb. 1. 9. 1933). Dieser schattenhafte Plan wurde nie ernsthaft in Angriff genommen; er erlitt offenbar mehrere Metamorphosen, aus denen letztlich die Fixierung auf die Musikthematik des Romans hervorgegangen ist.

Das andere Projekt, das ihm zeitweilig vorschwebte (Tb. 9.–20. 8. 1934), war ein »Politikum« größeren Ausmaßes: ein Gegenstück, aber auch eine partielle Zurücknahme der *Betrachtungen eines Unpolitischen*. Es wären »Betrachtungen eines Politischen« geworden: eines leidenschaftlichen Gegners des neuen Deutschland und eines unversöhnlichen Hitler-Hassers. Thomas Mann beschreibt das Vorhaben zunächst im April 1934 als eine »buchförmige Auseinandersetzung höchst persönlicher und rücksichtsloser Art mit den deutschen Dingen«, wohl wissend, dass dies »den endgültigen Bruch mit Deutschland bis zum Ende des Regimes, d. h. doch wohl bis an meiner Tage Ende bedeuten würde«.[1] Am Ende setzte sich jedoch die Einsicht durch, die ihm bereits im Zusammenhang mit dem Gedanken einer Faust-Novelle dämmerte, nämlich dass eine fiktionale, symbolische Behandlung jener deutschen Dinge »vielleicht nicht nur glücklicher, sondern auch richtiger u. angemessener« wäre »als ein redend-richtendes Bekenntnis« (Tb. 11. 2. 1934). Das Projekt eines Politikums mündete schließlich in das Faust-Projekt und wurde von ihm absorbiert. Daran ist zu erkennen, dass der Drang zu einer »redend-richtenden« Auseinandersetzung mit den immer unheilvoller werdenden deutschen Dingen erst durch das Exil dem Faust-Plan zugewachsen ist und dass der Roman in der Hauptsache aufgrund seiner deutschlandkritischen Perspektive als ein Werk des Exils zu begreifen ist.

Mit der Dauer des Exils und der wachsenden Entfernung von Deutschland – der geographischen wie der geistigen – begannen zwei gegenläufige, doch komplementäre Bewegungen hervorzutreten. Einerseits der erzwungene Exodus aus Deutschland, der im Westen Amerikas, in der Stadt der Engel, sein Ziel fand. Andererseits die Rückkehr nach Deutschland, will sagen: die Rückbesinnung auf die deutschen Wurzeln, die in der Konzeption der fiktiven Stadt Kaisersaschern als dem Emblem des Deutschtums ihr Ziel hatte. Der im weitesten Sinn politische Ertrag des langen Wegs nach Westen war – neben dem Erwerb der US-Staatsbürgerschaft – die schwierige Aneignung einer Außenperspektive auf Deutschland und die Deutschen und damit eines Geschichtsverständnisses, zu dem die Überlebenden des Dritten Reichs erst Dekaden später fanden nach mehreren zögerlich und widerwillig unternommenen Versuchen, ihre Vergangenheit zu bewältigen. Der Ertrag seines Wegs nach Kaisersaschern war ein psychologisch und mentalitätsgeschichtlich vertieftes, auch selbstkritisches Verständnis der deutschen Katastrophe, die für Thomas Mann nicht erst 1945 oder 1939 offenbar wurde, sondern bereits 1933. Für ihn war es »die deutsche Katastrophe von 1933« (19.1, 88).

Das Geschichtsverständnis des *Faustus*-Autors war ein sehr persönliches, denn es gründete in letzter Instanz auf eigener Erfahrung. Da ihm persönlich die deutsche Katastrophe als ein Akt der Verfemung widerfahren war, musste sich seine Ursachenforschung mit einer gewissen Zwangsläufigkeit auf die in dem Wagner-Protest manifest gewordene Mentalität richten. Federführend in dieser Affäre war ein aufstrebender Wagner-Dirigent: Hans Knappertsbusch; die gewichtigsten Unterschriften steuerten die beiden angesehensten deutschen Komponisten bei: Hans Pfitzner und Richard Strauss.[2] Damit geriet nun die deutsche Musikkultur in Thomas Manns Visier. Von dieser musste er nicht ohne Grund annehmen, dass sie es nicht duldete, wenn ihre Gallionsfigur Richard Wagner in ein bei aller Bewunderung kritisches Licht gerückt wurde just in dem historischen Moment, in dem sich Deutschland anschickte, unter der Führung eines glühenden Wagnerianers und unter Berufung auf die Überlegenheit der musikzentrierten deutschen Kultur auf die Bahn des Weltmachtstrebens zurückzukehren. Es genügte demnach nicht, in der Ursachenforschung bei den Unterzeichnern des Protests stehenzubleiben. Vielmehr waren auf dem Weg nach Kaisersaschern übergreifende Gesichtspunkte wie die Stellung und Bedeutung der Musik in der deutschen Kultur sowie die Konsequenzen der deutschen Musikidolatrie ins Auge zu fassen. Schließlich sah sich der *Faustus*-Autor veranlasst, den Finger auf einen Herd des faustischen Hochmuts zu legen, wo niemand einen vermutete: auf den Superioritätswahn, der der einzigartigen, auch von ihm selbst verherrlichten deutschen Musikkultur entwachsen war. Eben dieser kulturell begründete Superioritätswahn, dem er in den *Betrachtungen eines Unpolitischen* einst selbst angehangen hatte, lag nach seiner Auffassung dem deutschen Weltmachtstreben zugrunde und sollte dieses legitimieren.

Die zuletzt betrachtete Auseinandersetzung Thomas Manns mit dem Vansittartismus überzeugte ihn von der Berechtigung, ja Notwendigkeit einer Außenperspektive auf Deutschland; sie setzte im Juni 1941 ein und gehört somit zu einer relativ späten Etappe auf dem Weg nach Kaisersaschern, der sich zunehmend zu einer Reise ins dunkle, kranke Herz des Deutschtums gestaltete, samt seinen kontradiktorischen Manifestationen eines zugleich bösen und guten Volkes. Zu diesem Zeitpunkt hatte der *Faustus*-Autor jedoch bereits eine beträchtliche Wegstrecke zurückgelegt. Diese Wegstrecke von etwa Mitte der dreißiger Jahre bis zum Beginn der Niederschrift des Romans am 23. Mai 1943 soll zum Abschluss unserer Betrachtung des amerikanischen Thomas Mann nachgezeichnet und erhellt werden.

Der Weg nach Kaisersaschern ist, wie schon aus diesen wenigen entstehungsgeschichtlichen Schlaglichtern ersichtlich, beileibe nicht als eine gerade Linie zu denken. Vielmehr kam es zu Abbiegungen nach der einen und nach der anderen Seite; Nebenwege aus einer scheinbar abgelegenen Gegend hinzukommend mündeten in den Hauptweg, verbreiterten ihn und machten ihn gangbarer. Die Rede ist von Thomas Manns Lektüren in den Exiljahren und den Spuren, die sie in dem

Deutschlandbild des Romans hinterlassen haben. Das Deutschlandbild des *Doktor Faustus* ist somit als das Ergebnis eines Klärungsprozesses zu verstehen, der sich der kumulativen Wirkung seiner Auseinandersetzung mit anderen Deutschlandbildern verdankt – eine Auseinandersetzung wohl gemerkt, die sich im steten Bezug zur Zeitgeschichte, d. h. im Lichte einer sich rapide verdunkelnden Perspektive nicht nur auf Hitler-Deutschland, sondern auf Deutschland in seiner Gesamtheit vollzog. Die beiden ersten wegweisenden Lektüreerlebnisse fielen noch in die Jahre des Schweizer Exils und hatten das Werk Erich Kahlers[3] zum Gegenstand.

Erich Kahler: Judentum und Deutschtum

Thomas Mann lernte Kahler 1919 in München im Atelier des Bühnenbildners und Illustrators Emil Preetorius kennen, der im *Doktor Faustus* der Gestalt des Sixtus Kridwiß zum Modell dienen sollte. Die Fixsterne an Kahlers geistigem Himmel waren zunächst Stefan George und Max Weber.[4] In den Jahren nach dem Ersten Weltkrieg kam Thomas Mann hinzu, zu dem Kahler am Ende in eine weit engere Beziehung trat, als es mit George und Max Weber möglich war. Bis zu einem gewissen Grad übernahm Kahler bei Thomas Mann die Stelle Ernst Bertrams, als dieser sich vom *Zauberberg*-Autor abwandte und in das Fahrwasser des Nationalsozialismus einlenkte. Kahler verließ Deutschland sogleich nach der Reichstagswahl am 5. März 1933. Erst während des gemeinsamen Exils zunächst in Zürich, dann vor allem in Princeton nahm ihre Beziehung freundschaftlichen Charakter an. Das bedeutendste Dokument ihrer Freundschaft ist ihr Briefwechsel.[5]

Das erste Buch Kahlers, das Thomas Mann in den Exiljahren rezipierte, war *Israel unter den Völkern*, eine Auseinandersetzung mit dem deutschen Judentum und Kahlers eigenem, darüber hinaus auch eine Reflexion auf die welthistorische Rolle des jüdischen Volkes. Das schmale Buch entstand 1932, also am Vorabend der Machtübernahme durch Hitler, und ist noch ohne Kenntnis der antijüdischen Gesetzgebung und Praxis des Naziregimes geschrieben. Gleichwohl spricht Kahler am Ende unumwunden und in richtiger Voraussicht des Kommenden von der »tosenden Schmähung alles Jüdischen« und von der »Verfolgung« und »Vernichtung der Juden in Deutschland«.[6] Kahlers Schrift gleicht einer Echokammer, in der sich die Hoffnungen des deutsch-jüdischen Miteinanders mit der Ahnung von seiner Vergeblichkeit unheilschwanger vermischen. Das Buch gelangte Anfang 1933 im Münchner Delphin Verlag zum Druck, doch wurde die gesamte Auflage bis auf ein Exemplar noch vor der Auslieferung eingestampft; es erschien schließlich 1936 im Humanitas Verlag, Zürich.

Kahlers Judentum hatte feste Wurzeln in der jüdischen Kultur Böhmens. Die Familie trug bis zur Nobilitierung 1894 den Namen Cohn.[7] Als Dreizehnjähriger lernte Erich Hebräisch und beging seine Bar-Mizwa. Als junger Mann verkehrte er in der berühmten Prager Bar Kochba, dem Verein jüdischer Hochschüler. Und im Umkreis Stefan Georges schloss er sich am engsten Friedrich Gundolf und Karl Wolfskehl an, beide jüdischer Herkunft. Zu jenem Zeitpunkt war er der religiösen Praxis seiner Kindheit längst entwachsen. Kahler verleugnete jedoch sein Judentum nie und ließ sich auch nicht taufen. In *Israel unter den Völkern* schreibt er stets »wir« und »uns«, wenn er die Stammesgeschichte beschreibt.

Seine Erziehung am Deutschen Staatsgymnasium in Prag-Neustadt sowie die generelle Ausrichtung des Prager jüdischen Bürgertums nach Wien und nach Deutschland prägten den jungen Erich von Kahler nachhaltig.[8] Der junge Kahler wurde, wie Golo Mann es formulierte, ein »freiwilliger Deutscher«.[9] Es ist eine ebenso prägnante wie abgründige Beschreibung seines Freundes; sie spielt dezent auf seine Entfremdung von dem gläubigen Judentum an wie auch auf sein begierig angeeignetes Deutschtum. Deutschland, nicht das in der Habsburger Doppelmonarchie verdorbene Österreich, war nach der Überzeugung des jungen Kahler das Land, das »im Mittelpunkt des Weltgeschehens«[10] stehe und in dem die Zukunft Europas entschieden werde. Dort wollte er leben und arbeiten.

Ein Jude, der aus freien Stücken ein passionierter Deutscher wird, dem nichts Fremdartiges anhaftet und der über Deutschtum und Judentum mit gleicher Eingeweihtheit zu schreiben verstand – das war eigentlich Thomas Manns Wunschjude. Er las Kahlers Schrift, die ihm in Druckbögen vorlag, im März 1935 und fand sie, nach Ausweis des

Tagebuchs (17. 3. 1935), »hervorragend«, zumal das abschließende dritte Kapitel über »Deutschtum und Judentum«. Das Deutschtum, so Thomas Mann, »wenn es selbst von sich spricht«, sei »meist unerträglich«. Hingegen sei die »geistige Mischung von Judentum und George'schem Deutschtum« wie im Falle Kahlers »sehr glücklich«. Sie setze »heute vielleicht allein in den Stand, das Rechte zu sagen«. Dies ist wohl so zu deuten, dass Kahler ihm aus dem Herzen spricht, nur dass es im Munde Kahlers glaubwürdiger klingt, als wenn er als Nichtjude dasselbe sagte. Thomas Mann notiert jedoch eine wichtige Einschränkung. Das Deutschtum werde hier »mit zuviel edler Nachsicht behandelt, zum mindesten was sein heutiges Benehmen betrifft«. Veranlasst wurde diese Einschränkung offensichtlich durch die antijüdischen Maßnahmen des neuen Regimes in den drei Jahren seit Abfassung von Kahlers Schrift.

Dem Autor selbst versicherte Thomas Mann in einem Brief (und machte ihm damit eine »große Freude«), dass er »in tiefster Seele davon angetan« sei. Das Buch sei »mit großem Abstand das Würdevollste und Durchdringendste«, was ihm über dieses Problem vor Augen gekommen sei.[11] Dies sei »das erdenklich Wahrste und Seelenkundigste, was gewiß je darüber ausgesprochen worden ist«. Auch hier äußert er Bedenken gegen »gewisse hochherzige Beschönigungen in der Beurteilung des Deutschtums«, ohne diese jedoch zu benennen. Am »allernächsten« fühle er sich Kahler dort, wo er von dem »vergeblichen Wissen‹ um die notwendige Enttäuschung eines ›gewaltigen Glaubens‹« und von der »Peinlichkeit einer Symbiose« von Judentum und Deutschtum handle. Diese Stellen erregten »eine Art von tragischer Heiterkeit«. Thomas Mann drückt sich hier merkwürdig verklausuliert aus. Offenbar stimmt er Kahler zu in seinem Pessimismus hinsichtlich der Überlebenschancen der vielbeschworenen deutsch-jüdischen Symbiose angesichts der jüngsten Entwicklungen in Deutschland.

Wovon aber war Thomas Mann so »angetan«? Es ist in der Hauptsache Kahlers Glaube an eine tiefe Affinität von Judentum und Deutschtum, an ihre »Schicksalsverwandtschaft«.[12] Beide seien »außerordentliche Wesenheiten der Geschichte«; so wie es ein Judentum »über den Zeiten« gebe, so auch ein »Deutschtum über den Zeiten«.[13] Sie seien darin verwandt, dass beide auf je eigene Weise nach Vergeistigung und nach Universalität über nationale Einschränkungen hinausstrebten; sie hätten jedoch, geschichtlich bedingt, den entgegengesetzten, ja antagonistischen Weg gehen müssen. Israel, zunächst ein kleines, festgefügtes Gebilde, habe nach der Zerstörung des Tempels in der Diaspora eine universalistische Mission erfüllt, d. h. einen »Auftrag für das Menschentum« im Sinne einer geläuterten Humanität.[14] Die Deutschen hingegen, als Erben des auseinanderstrebenden Römischen Reichs ohne festes nationales Zentrum, hätten den umgekehrten Weg von der Universalität zur Partikularität der nationalen Einheit gehen müssen, ohne diese je im vollen Umfang zu erlangen. Recht besehen seien die Deutschen auf die Juden angewiesen, weil diese aufgrund ihrer Welterfahrung ihnen voraus seien. Auch dem Deutschtum ist nach Kahlers bildungsbürgerlicher Überzeugung eine Sendung aufgetragen, nämlich die »Einung der Menschenkräfte und der Weltkräfte in einer gereiften Menschenart«, wie sie die klassische deutsche Dichtung und Philosophie konzipierte. Kahler fügt jedoch sogleich warnend hinzu:»Diese Sendung ist eine leere Phrase, wenn sie eine äußere Vorherrschaft Deutschlands berechtigen soll. Wer in der gegenwärtigen Welt, die unentrinnbar zusammenhängt, hegemonische Träume hegt [...], der wird [...] Europa und sich selbst zugrunderichten.«[15]

Kahlers »Hochherzigkeit« in der Beurteilung der Deutschen sorgte gelegentlich selbst im persönlichen Verkehr für eine ernste Verstimmung, wie aus einem Tagebucheintrag nach der Geburtstagsfeier 1940 in Princeton hervorgeht. Die Wehrmacht hatte gerade Frankreich überrannt, Hitler eilte von Sieg zu Sieg. Das Tagebuch hält fest:»Kahler allzu bewunderungsvoll über Hitler.« Dem folgt ein einziges, in seiner Wucht vielsagendes Wort:»Zornig.« (Tb. 6. 6. 1940)

Kahlers problematische These von der Verwandtschaft von Juden und Deutschen hat im Werk Thomas Manns ein klar vernehmbares Echo gefunden. Er selbst hatte bereits 1921 in einem Essay *Zur jüdischen Frage* den Gedanken von der Ähnlichkeit von Deutschtum und Judentum (15.1, 434) anklingen lassen; er mochte ihm auch schon vor 1935 bei Hans Blüher begegnet sein.[16] Nach der Lektüre der Schrift Kahlers, dem er in diesem Punkt, wie wir sahen, eine höhere Glaubwürdigkeit zuerkannte, propagierte er diesen Gedanken jedoch mit besonderem Nachdruck. In *Lotte in Weimar* lässt er Goethe ausführlich zu diesem Thema expektorieren: die »Schicksalsrolle« der Juden und Deutschen »unter den Völkern« weise die »allerwunderlichste Verwandtschaft« auf, denn beide erführen von anderen Völkern zugleich »Hochachtung« und »Antipathie« (9.1, 410f.).

Ein noch kräftigerer Niederschlag der Kahler-Lektüre ist im *Doktor Faustus* festzustellen. Dort, in Kapitel 37, wird das Verhältnis Deutschlands zur Welt ganz im Sinne Kahlers thematisiert. Saul Fitelberg, der jüdische Impresario, ist aus Paris nach Pfeiffering gekommen und versucht den deutschen Tonsetzer Adrian Leverkühn, die Verkörperung Kaisaraschers als geistiger Lebensform, nach Paris in die Hauptstadt der Welt zu locken – vergebens. Thomas Mann gestaltet Fitelberg geradezu als das Mundstück des Autors von *Israel unter den Völkern*: »Wir sind international – aber wir sind pro-deutsch, sind es wie niemand sonst in der Welt, schon weil wir gar nicht umhinkönnen, die Verwandtschaft der Rolle von Deutschtum und Judentum auf Erden wahrzunehmen. Une analogie frappante! Gleicherweise sind sie verhaßt, verachtet, gefürchtet, beneidet, gleichermaßen befremden sie und sind befremdet. [...] Aber in Wirklichkeit gibt es nur zwei Nationalismen, den deutschen und den jüdischen, und der aller anderen ist Kinderspiel dagegen – [...].« (10.1, 591)

Die Analogie ist in der Tat frappierend, zumal zwischen der Argumentation Thomas Manns und Erich Kahlers. Wie Kahler, der das deutsche Volk als »*das* judenfeindliche Volk schlechthin« bezeichnet, nennt Fitelberg den »deutschen Charakter [...] essentiellement anti-sémitique« (10.1, 590).[17] Thomas Manns Roman zeichnet demnach doch nicht ein »kurioses antisemitenreines Deutschlandbild«, wie man gelegentlich beanstandet hat.[18] Fitelberg spricht es klar und deutlich aus, wenn auch auf Französisch, dass Deutschland in seiner Gesamtheit judenfeindlich sei.

Fitelbergs Suada stellt letztlich einen Kommentar zu Deutschlands geschichtlicher Rolle dar; sie gibt zu erkennen, dass die Vergeblichkeit seines Versuchs, Leverkühn nach Paris zu locken und dort der Welt vorzustellen, symptomatisch ist für Deutschlands Weigerung, sich zu Europa und der Welt in ein friedliches und gedeihliches Verhältnis zu setzen. Der Fall Leverkühn wirft seinen dunklen Schatten voraus auf das nationale »Unglück«, das Deutschland befallen wird, indem die

Deutschen es den Juden verwehren, »pro-deutsch« zu sein: »Sie werden sich mit ihrem Nationalismus, ihrem Hochmut, ihrer Unvergleichlichkeitspuschel, ihrem Haß auf Einreihung und Gleichstellung, ihrer Weigerung, sich bei der Welt einführen zu lassen und sich gesellschaftlich anzuschließen, – sie werden sich damit ins Unglück bringen, in ein wahrhaft jüdisches Unglück, je vous le jure. Die Deutschen sollten dem Juden erlauben, den médiateur zu machen zwischen ihnen und der Gesellschaft, den manager, den Impresario, den Unternehmer des Deutschtums – er ist durchaus der rechte Mann dafür, man sollte ihn nicht an die Luft setzen, er ist international, und er ist pro-deutsch ...« (10.1, 592)

Israel unter den Völkern war für Thomas Manns Deutschlandbild vermutlich ebenso bedeutend wie Kahlers Hauptwerk über den deutschen Charakter. Jene Schrift bot ihm eine Art Nachhilfestunde über den deutschen Antisemitismus, den er lange unterschätzte, auch an sich selber, und über die deutsch-jüdische Geschichte. Erich Kahler war der einzige unter seinen Bekannten und Gewährsmännern, dem er eine solche Belehrung abzunehmen bereit war, weil, so darf man vermuten, seine Kritik des Deutschtums einherging mit seiner Verherrlichung. Im Übrigen las Thomas Mann in den ersten Exiljahren zwei weitere Bücher über den deutschen Antisemitismus: *Das Antisemitentum in der Musik* von Josef Engel de Sinoja (1933) sowie *Bilanz der deutschen Judenheit* von Arnold Zweig (1934). Letzteres las er »mit vieler Genugtuung« (Tb. 17. 4. 1934), doch weder das eine noch das andere hinterließ einen so nachhaltigen Eindruck wie das Buch Kahlers.

Erich Kahler: Der deutsche Charakter

Auf die Bedeutung von Kahlers Opus magnum, *Der Deutsche Charakter in der Geschichte Europas*, hat Thomas Mann selbst mit großem Nachdruck hingewiesen. Die diesbezüglichen Winke finden sich nicht, wie man erwarten würde, in der *Entstehung des Doktor Faustus*, sondern in dem Geburtstagsartikel zu Kahlers Sechzigstem, den Thomas Mann mitten aus der Arbeit am *Doktor Faustus* heraus schrieb. Was die »Besessenheit von dem Problem ›Deutschland‹« betreffe, *das* Kennzeichen der geistigen Befindlichkeit aller Emigranten, so sei Erich Kahler »allen weit voraus […]. Nichts von der mehr oder weniger gescheiten Schriftstellerei« über Deutschland, die heute produziert werde, halte »im Entferntesten den Vergleich aus mit Kahlers seelenkundigem Geschichtswerk« (19.1, 84 f.). Dieses Buch sei »die Standard-Psychologie des Deutschtums« und die »Quelle, an die man gehen sollte«, wenn man »sein Verhalten zu dem gefallenen Lande« klären wolle. Es hat den Anschein, als sei dies der heimliche Sinn des extravaganten Geburtstagstributs: die Benennung Erich Kahlers als eines Kronzeugen für die den deutschen Lesern weder damals noch heute vertraute Emigrantenperspektive auf die Deutschlandthematik seines Romans. Was der *Faustus*-Autor von dem Deutschlandbuch Kahlers sagt, gilt noch emphatischer auch von seinem eigenen, im Entstehen begriffenen Roman: Es sei ein Buch »einer kritisch gebrochenen, verhängnisschweren Liebe, in welcher das Negative und Positive in schmerzlicher Ambivalenz verschwimmen, ein Buch des doppelten Blicks und der gemischten Gefühle«, kurz: »ein Buch der Liebe im Grunde« (ebd.).

Thomas Manns Involviertheit in Kahlers Buch reicht weit zurück. Es war Kahler, der den *Zauberberg*-Autor für sein Werk zu interessieren versuchte. Thomas Mann war nie zu Gast in dem von München bequem zu erreichenden Wolfratshausen im Isartal, wo Fine und Erich Kahler wohnten, obgleich dieser es augenscheinlich nicht an Versuchen fehlen ließ, ihn zu einem Besuch zu animieren. Einen denkwürdigen Versuch unternahm er im März 1931. Kahler wollte Thomas Manns Interesse für sein Buch wecken, das er ihm als eine »Werdensgeschichte des deutschen Charakters« vorstellte. »Ich wollte«, so schrieb er ihm in einer weitschweifigen Epistel, »gedrängt von der seelischen und politischen Not, die ich um mich sah, den Versuch zu einer elementaren Besinnung über das Wesen des Deutschtums wagen, nicht als ›Deutsche Geschichte‹, nicht als ›Psychologie des deutschen Menschen‹, sondern als bildhaft zusammenfassende Darstellung dessen, was man spezifisch deutsch nennen kann […].«[19] In diesem Ton geht es über mehrere Seiten hin weiter. Der Sinn seines Schreibens war, den verehrten Thomas Mann, unter schlauer Berufung auf seine »oft bewiesene[] geistige[] Hilfsbereitschaft«, auf mehrere Tage nach Wolfratshausen zu locken. Dort, in einer Art Klausur, wollte Kahler ihm in mehreren Sitzungen aus dem Manuskript vorlesen und mit ihm darüber debattieren. Thomas Mann könne aber auch, wenn ihm das lieber wäre, das Buch in Ruhe selbst lesen und es dann mit ihm besprechen. Kahler wollte vor allem hören, ob es ratsam sei, das Buch in seiner gegenwärtig fragmentarischen Form zum Druck zu geben. Kahlers Ansinnen ist überaus charakteristisch für seine Zutraulichkeit; es entsprang seiner privatgelehrtenhaften Unbekümmertheit um die Aschenbach'sche Arbeitsdisziplin und Zeitnot des Verehrten. Thomas Manns Erwiderung vom 18. März 1931 ist ein kleines Meisterstück der behutsamen Abwimmelung. Er bedauert, dass er wegen einer Reihe von anderweitigen Verpflichtungen der Einladung nicht Folge leisten könne, denn er sei sich sicher, die Tage in Wolfratshausen hätten ein »wundervoll freundschaftlich-geistiges Fest werden« können. Er wisse genau, »wie brennend mich dieses Werk angeht«; er wäre ihm »ein guter Zuhörer« gewesen. Sein Trost sei aber, »daß ich Ihnen kein schlechterer Leser sein werde«.[20] Schließlich zerstreut er Kahlers Bedenken und ermutigt ihn, das Buch in seiner derzeitigen unvollständigen Form zu veröffentlichen.

Kahlers Werk konnte erst 1937 erscheinen, zu einem Zeitpunkt, als seine Wirkungsmöglichkeiten längst drastisch beschränkt waren. Vorgesehen war ursprünglich, dass *Der deutsche Charakter in der Geschichte Europas* Anfang 1933 in München in der Beck'schen Verlagsbuchhandlung erscheinen sollte. Doch ein Mitarbeiter des Verlags, der Einsicht in das Manuskript hatte, machte der Geheimpolizei des neuen Regimes Meldung von dem angeblich undeutschen Charakter des Buches und verhinderte so sein Erscheinen.[21] Dieser ominöse Vorgang, geboren aus einer trüben Mischung von Pflichtbewusstsein und Eifer, dem neuen Führer entgegenzuarbeiten, ist als ein trauriges Seitenstück anzusehen zu dem etwa gleichzeitigen »Protest der Richard-Wagner-Stadt München« gegen Thomas Manns angebliche Verunglimpfung des Komponisten und zeigt, dass die zehn Jahre später erfolgte tödliche Denunziation der Geschwister Scholl durch den Pedell der Universität München auf einem dafür wohl vorbereiteten Boden erwuchs.

Das »geistige Fest« eines erschöpfenden intellektuellen Austauschs, das Thomas Mann ihm 1931 verweigerte, wurde 1936 in Zürich in Fortsetzungen nachgeholt. Das Tagebuch berichtet von mehreren Vorlesungen aus Kahlers Manuskript, beginnend am 21. Januar 1936 in Arosa: »Abends las Kahler aus seinem Riesenwerk über das deutsche Wesen vor.« Diese gelegentlichen Lesungen setzten sich bis Ende des Jahres fort. Es ist anzunehmen, dass man sich nach den Lesungen noch eine Weile austauschte und Thomas Mann sich auf diesem Weg ein gutes Verständnis von Kahlers Geschichtswerk aneignete. Nach einem so verbrachten Abend notierte er: »Anregend und ermüdend. Das Buch ohne Zweifel ein geistiges Ereignis. Eigentümlichste Mischung von Deutschland-Mystik und vernichtender Kritik.« (Tb. 3. 10. 1936) Letzteres ist auf die »große Einleitung« zu beziehen, in der Kahler von seinem Gegenstand, der deutschen Geschichte bis zum Anbruch der Renaissance, absieht und kritisch zur deutschen Gegenwart Stellung nimmt. Es ist somit von mehr als akzidentellem Interesse, dass die Kenntnisnahme von Kahlers Opus magnum einherging mit Thomas Manns zögerlicher, schließlich aber befreiender Aufgabe seines öffentlichen Schweigens über das Naziregime. Im Februar schrieb er seinen offenen Brief an Eduard Korrodi (XI, 788–793), in dem er sich mit den Emigranten solidarisierte. Im Dezember schrieb er den Brief an den Dekan der Universität Bonn (XII, 785–792), seine Kriegserklärung an Hitler-Deutschland. Unmittelbar nach Kahlers letzter Lesung aus seinem Buch am 30. Dezember 1936 verlas Thomas Mann im kleinen Kreis seinen manifestartigen »Brief an den Dekan«, der »große Bewegung erzeugte« und eine »[e]rregte Diskussion« nach sich zog (Tb. 30. 12. 1936).

Eine der herausragenden Eigenschaften von Thomas Manns Deutschlandroman ist die Tiefenschärfe seiner historischen Perspektive. Die Legitimation dazu stellte Kahler bereit. *Der deutsche Charakter in der Geschichte Europas* ist eine großangelegte Ursprungsgeschichte, die sich vom Ende des Römischen Reiches bis an die Schwelle der eigenen Zeit spannen sollte. Der erste, 1931 abgeschlossene Teil endet mit dem Spätmittelalter – ein nahezu 700-seitiges Fragment; von dem zweiten Teil existiert lediglich ein skizzenhafter Prospekt, der dem 1937 im Zürcher Europa Verlag erschienenen Buch als Anhang mitgegeben ist.[22] Als Verehrer des italienischen Geschichtsphilosophen Giambattista Vico war Kahler überzeugt von der prägenden Macht der Anfänge. Um das »gräßliche Mißlingen« der deutschen Geschichte, wie es in Kapitel 46 des *Doktor Faustus* genannt wird, historisch zu verstehen, richtete Kahler sein Augenmerk auf die Völkerwanderung und das Frühmittelalter. Schon dort glaubte er den Keim für die Verfehlungen des 19. und 20. Jahrhunderts ausmachen zu können. Wer derart weite historische Räume vermessen will, muss epochenüberdauernde Kontinuitäten konstruieren, etwa die Hypothese eines essentiellen Deutschtums, das Kahler als ein quasi organisches Gebilde begriff. Mit Vico erblickte er im Verstehen der Lebensläufe solcher historischen Gebilde die reizvollste Aufgabe für den Geschichtsphilosophen. Schon Kahlers erste historische Monographie über die Habsburger war diesem damals weitverbreiteten, heute diskreditierten Erkenntnisinteresse verpflichtet.[23] Sein Buch über die Deutschen ist es in noch höherem Maß.

Auch Thomas Mann glaubte an die prägende Macht der Anfänge. Im Roman steht dafür die fiktive Stadt Kaisersaschern mit ihren sorgfältig aus *Meyers Kleinem Lexikon* und anderen Quellen versammelten mittelalterlichen Elementen. Diese deutsche Kleinstadt figuriert als das Emblem und als die Wiege des Deutschtums, das wie bei Kahler ahistorisch als ein in seinen Grundzügen gleichbleibendes Wesen begriffen wird. Es trägt gute und böse Erbfaktoren in sich, die sich in einem dialektischen, über große Zeiträume sich erstreckenden Kräftespiel entfalten. Wie Kahler, der die Interdependenz von Deutschtum und Europa aus der Frühgeschichte der deutschen Völker herleitet, begreift Thomas Mann »Deutschtum« als eine Mischung von deutschen und nichtdeutschen Elementen. So sind denn auch in Werk und Biographie Adrian Leverkühns neben prononciert deutschen auch europäische und universalistische Elemente zu erkennen, die von seinem deutsch-amerikanischen Mentor Wendell Kretzschmar besonders gepflegt werden. So wie für Kahler »Europa« eine Chiffre für die übernationalen, universalistischen Elemente war und zur psychischen Erbmasse des deutschen Charakters gehörte, so war auch für Thomas Mann das Wesen des Deutschtums national und kosmopolitisch zugleich.

Der Geist der mittelalterlichen Stadt Kaisersaschern ist allgegenwärtig im Roman und prägt noch ihre späten Söhne Zeitblom und Leverkühn. Thomas Mann lässt seinen vorgeschobenen Erzähler diesen Sachverhalt ganz in dem problematischen Sinne Kahlers erläutern: »Die Identität des Ortes, welcher derselbe ist wie vor dreihundert, vor

neunhundert Jahren, behauptet sich gegen den Fluß der Zeit [...].«
(10.1, 57) Deshalb ist Leverkühns Musik nicht irgendeine Allerwelts-
musik, sondern »Musik von Kaisersaschern« (10.1, 125). Und ihr
Schöpfer sagt mit vollem Bewusstsein: »›Wo ich bin, da ist Kaisersaschern‹« (10.1, 330) – nicht anders als Thomas Mann, der von sich
sagte und schrieb: »Wo ich bin, ist Deutschland.«[24] Er war es gewohnt,
in solchen herkunftsstolzen Perspektiven zu denken, hatte er doch
schon 1926 Lübeck, seinen eigenen Ursprungsort, als eine Leben und
Werk zutiefst prägende »geistige Lebensform« gefeiert. Auch Kaisersaschern ist eine solche geistige Lebensform.[25]

Die Legitimierung dieser Erzählstrategie hatte er in Kahlers Buch gefunden. Dort wird die Kleinstadt als die grundlegende Lebensform der
Deutschen beschrieben, im Gegensatz zu anderen Ländern mit einer
Metropole als Zentrum, wie Frankreich und England, oder mit verschiedenen Stadtrepubliken wie Italien. Kahler zufolge habe die deutsche
Kleinstadt, im Roman repräsentiert durch Kaisersaschern, sowohl den
provinziellen Kleinbürger als auch den Weltbürger hervorgebracht. Vor
allem habe das kleinstädtische Ambiente die Wendung nach innen begünstigt und so den Weg der Deutschen zu einer hochentwickelten Musikkultur bei gleichzeitiger politischer Unreife bereitet. Es ist somit ganz
im Sinne Kahlers, wenn der *Faustus*-Autor in *Deutschland und die Deutschen* argumentiert, die Symbolfigur der Deutschen müsse ein Musiker
sein, wenn sie auf eine glaubwürdige Weise repräsentativ sein solle.

Kahler hält auch den Schlüssel bereit zum Verständnis des wohl au-
genfälligsten Steinchens in Thomas Manns historischem Mosaik. Die
Rede ist von Kaiser Otto III., der von 996 bis 1002 regierte und zwei-
undzwanzigjährig in Italien starb. Bekanntlich liegt er in Aachen begraben, wie Thomas Mann sehr wohl aus einer Ballade von August von Platen wusste.[26] Thomas Mann hat ihn jedoch vom Aachener Dom in den
Dom von Kaisersaschern umgebettet, weil er ein unverzichtbares Element der Konstruktion Kaiseraschern darstellt und der Stadt ja auch
den Namen gibt. Dieser vielversprechende, jung verstorbene Herrscher
repräsentiert die historisch früheste Manifestation eines bestimmten
Deutschtums, um das es Thomas Mann zu tun war. Wie alle seine
Schlüsselfiguren war Otto III. gemischter Abkunft. Seine Mutter war
die byzantinische Prinzessin Theophanu; er soll nach dem Willen des

Faustus-Autors »sein Leben lang schamvoll unter seinem Deutschtum gelitten« haben, was ihn zum »Musterbeispiel deutscher Selbst-Antipathie« stempelt (10.1, 57). Als solches liegt Otto III. im Dom zu Kaisersaschern an seinem richtigen, symbolträchtigen Ort, denn zu Thomas Manns Begriff des Deutschtums gehört das außerdeutsche Erbe und, wie bei Nietzsche, das Leiden an allem Nur-Deutschen. Erhellenderweise spricht er in einem Brief an Kahler einmal von Hermann Hesses »wohltuend außerdeutsche[m] Deutschtum«.[27]

Der *Faustus*-Autor hätte dem im allgemeinen historischen Bewusstsein eigentlich wenig profilierten Kaiser sicher nicht eine so bedeutende Rolle zugeschrieben, wenn Kahler ihn nicht zu einer emblematischen Gestalt der deutschen Geschichte erklärt hätte. Genau betrachtet ist die in Otto III. verkörperte universalistische Komponente noch älteren Ursprungs. Kahler führt sie bis auf die Völkerwanderung zurück, als die germanischen Völker mit der römischen Kultur in eine schicksalhafte Berührung traten. Hier liege der Ursprung des deutschen Charakters und seines Schicksals. Alles, so formulierte er es in seinem posthum erschienenen Buch *The Germans*, »everything that has happened in Germany since can be viewed as a consequence of this fateful encounter«.[28]

Zu diesen Konsequenzen zählt Kahler letztlich auch das Dritte Reich, wie er in der Einleitung zu seinem Deutschlandbuch erklärt. Hier versucht er, auf die zeitgeschichtliche Relevanz seiner Archäologie des Deutschtums aufmerksam zu machen. Was im Wilhelminischen Reich ein eher unwillkürlicher Effekt des »frischen Weltmachtstrebens« war, habe im Dritten Reich eine »bewußte, prinzipielle Richtung gegen Europa« genommen, die »die Zertrümmerung dieses Erdteils in Kauf« nehme: »Alles europäische Wesensgut wird als ein ›fremdes‹ mit einer rachsüchtigen Radikalität ausgemerzt.«[29]

Die »prinzipielle Richtung gegen Europa«, die sich nach Kahler in Hitler-Deutschland manifestiere, stellt sich ihm als der extreme Ausschlag einer Pendelbewegung dar, die seit den Anfängen in grauer Vorzeit unter der Oberfläche des politischen und sozialen Lebens über Jahrhunderte hin zu beobachten sei. Die Geschichte der Deutschen ist somit gekennzeichnet durch eine schon jahrhundertealte Pendelbewegung von nationalen zu übernationalen, von universalistischen zu rein deutschen Zielen. Von daher gelangt Kahler zu einer umfassenden Deutung der deutschen Geschichte als eines wiederholten »gegenseitige[n] Verfehlen[s] von Deutschtum und Europa«.[30] Das Dritte Reich gehe also gerade darin fehl, worin es den Auftrag der Geschichte zu erfüllen wähne: im Rückzug auf das Nationale und der inneren Abkehr von Europa. Im *Doktor Faustus* hat dieser Gedanke seinen Niederschlag gefunden in Zeitbloms Kommentar, Deutschland gehe darin fehl, dass es Europa deutsch machen wolle, statt Deutschland europäisch zu machen (10.1, 251).

Auf dem Weg nach Kaisersaschern, so dürfen wir resümieren, vertraute sich Thomas Mann über weite Strecken der Führung Erich Kahlers an, des von ihm hochgeschätzten Historikers, Mitexilanten und Princetoner Nachbarn. Dies zu betonen, ist umso nötiger, als er in dem großen Rechenschaftsbericht der *Entstehung des Doktor Faustus* Kahler und den für ihn wichtigsten Büchern – *Israel unter den Völkern* und *Der deutsche Charakter in der Geschichte Europas* – nicht die Bedeutung zuerkennt, die ihnen gebührt. Die beiden Schriften Kahlers waren für die Konzeption und die Ausführung dieses Deutschlandromans mindestens ebenso wichtig wie die Beiträge Theodor W. Adornos, dessen musikalisches Wissen ihm zwar unentbehrlich war, zu dessen Philosophie er aber Distanz hielt.

Robert Louis Stevenson: Jekyll und Hyde

Im August 1936, noch in Küsnacht, las Thomas Mann *Dr. Jekyll und Mr. Hyde* von Robert Louis Stevenson. Er kannte und schätzte das Werk des populären schottischen Erzählers, wie aus einem *Große Unterhaltung* betitelten Artikel von 1924 zu ersehen ist (15.1, 794–798). Doch war ihm die Novelle *Strange Case of Dr. Jekyll and Mr. Hyde*, die im englischsprachigen Raum den Status eines Klassikers besitzt, bis dahin entgangen. Er las die Erzählung jetzt zum ersten Mal und war sogleich beindruckt. Es sei »eine sehr kluge und gute Geschichte«, notierte er (Tb. 12. 8. 1936). Er war so stark beeindruckt, dass er sich diese Geschichte Mitte März 1943 noch einmal vornahm, bezeichnenderweise in der kritischen Periode der Klärung und Entscheidung vor dem Beginn der Niederschrift des *Dokor Faustus*. Er las damals, wie er im Tagebuch protokollierte, »mit Erheiterung« das mittelalterliche Legendenbuch der *Gesta Romanorum*, Hellmut Walther Branns Buch *Nietzsche und die Frauen* und »Stevenson's Meisterstück ›Dr. Jeckyls u. Mr. Hyde‹«, die Gedanken auf den Faust-Stoff gerichtet, der jedoch fern davon ist, Gestalt anzunehmen« (Tb. 21. 3. 1943).

Das änderte sich bald. Die Lektüre der *Gesta Romanorum* machte den *Faustus*-Autor mit der Legende des Heiligen Gregorius bekannt samt der wundersamen Begnadigung des großen Sünders; im Roman liefert sie das Sujet für eine der beiden Opern Leverkühns. Das Buch über die Frauen in Nietzsches Leben gehört in einem Roman, in dem der Lebenslauf des Helden der Biographie Nietzsches nachgebildet ist, fraglos und eminent zur Sache. Ob und inwieweit Stevensons »Meisterstück« dazu beigetragen hat, dem Roman Gestalt zu geben – diese sehr besondere Gestalt –, ist nicht auf den ersten Blick ersichtlich und bedarf einer genaueren Prüfung.

Hier hilft eine verblüffende Bemerkung weiter, die die oben zitierte Stelle aus dem Tagebuch von 1936 ergänzt und ihr eine seltsame Wendung gibt. *Dr. Jekyll und Mr. Hyde* sei, wie schon zitiert, eine sehr kluge und gute Geschichte, »die man verfilmen sollte, – die vielleicht ich verfilmen sollte« (Tb. 12. 8. 1936). Offenbar wusste Thomas Mann nicht, dass es 1936 bereits mindestens acht Verfilmungen von Stevensons Schauergeschichte gab, darunter die klassische von Rouben Mamoulian von 1931. Am merkwürdigsten ist der Satz, dass er selbst Stevensons Erzählung verfilmen sollte – eine Reaktion, die sonst nirgends in dem enormen Lektüreprotokoll seiner Tagebücher vorkommt. Es gibt keine Anzeichen dafür, dass er eine Arbeit für einen Film, sei es ein »treatment« oder gar ein Drehbuch, ernsthaft in Betracht zog. Doch darf der Wunsch, einen Film daraus zu machen, als ein untrügliches Zeichen dafür gewertet werden, dass ihn Stevensons Werk beschäftigte und dass seine Stevenson-Rezeption sich anschickte, in ein produktives Stadium einzutreten.

Was im Besonderen mochte Thomas Mann an dieser Erzählung interessieren? Stevenson thematisiert am Beispiel eines angesehenen Londoner Arztes, Dr. Henry Jekyll, und seinem hässlichen, bestialischen Double, Edward Hyde, der zum Mörder wird, den psychischen und moralischen Dualismus der menschlichen Natur. Die Erzählung stützt sich auf die Konventionen des Schauer- und des Detektivromans und ist darauf angelegt, auf drastische Art und Weise eine philosophische Kernaussage zu illustrieren, die in dem nachgelassenen Bekenntnisbrief des in gewissem Sinn Faustischen Dr. Jekyll wie folgt artikuliert wird: »[…] all human beings, as we meet them, are commingled out of good and evil […].«[31]

Was diese Geschichte zu einem Reißer machte, ist Stevensons Kunstgriff, die Rede von der psychisch-moralischen Dualität wörtlich zu nehmen und in Szene zu setzen, indem er den Mörder Hyde als das unerkannte Double des humanen, hochangesehenen Dr. Jekyll agieren lässt. Hinzu kommt eine virtuose Handhabung der Erzählperspektive. Die ersten acht Kapitel werden von einem Er-Erzähler präsentiert: Hier lernen wir den geselligen Dr. Jekyll und den verbrecherischen Mr. Hyde zunächst aus der Perspektive von Freunden und Bekannten kennen ohne jeden Hinweis auf ihre Identität. In den beiden letzten Kapiteln wechselt die Perspektive wiederum. Zunächst schaltet sich Jekylls Kollege Dr. Lanyon mit einem Bericht ein; den Abschluss bildet ein autobiographisches Dokument: »Henry Jekyll's Full Statement of the Case«. Dieses Spiel mit den wechselnden Perspektiven steigert die Spannung und hält das Interesse der Leser wach.

Während Thomas Manns erstem Aufenthalt in Los Angeles im Frühjahr 1938 bescherte der Zufall ihm eine Gelegenheit, von der jeder Filmfreund, noch dazu einer, der sich mit dem Gedanken an eine Jekyll-and-Hyde-Verfilmung trägt, nur träumen kann: Rouben Mamoulian, eine der großen Hollywood-Gestalten und Regisseur der packendsten, unübertroffenen Verfilmung der Stevenson'schen Schauergeschichte, sagte sich für Sonntag, den 24. April, zum Tee an, um dem berühmten Autor seine Aufwartung zu machen. Mamoulian, geboren in Tiflis, war ein literarisch beschlagener Theater- und Filmregisseur, so etwas wie der russische Max Reinhardt.[32] Er muss einige Mühe aufgewandt haben, um sich mit dem *Zauberberg*-Autor in seinem Hotel zu verabreden. Offenbar war sich Thomas Mann nicht bewusst, mit wem er es zu tun hatte, denn das Tagebuch meldet lakonisch und unwissend: »Kurze Nachmittagsruhe. Zum Thee der Film-Direktor Macmallian.« (Tb. 24. 4. 1938) Es kann keine sehr eingehende Unterhaltung gewesen sein, denn die Zeit war knapp bemessen; Thomas Manns Tagesplan an diesem letzten Sonntag vor der Weiterreise nach Chicago war ausgefüllt mit Verabredungen. Es kann auch nicht an Verständigungsschwierigkeiten gelegen haben, dass der Ertrag dieser Begegnung so enttäuschend erscheint, denn Mamoulian war polyglott und sprach auch Deutsch.[33] Man mag es drehen und wenden, wie man will: Thomas Mann und Rouben Mamoulian beim Tee in Beverly Hills – eine verschenkte Gelegenheit.

Wir wissen nicht, wie, doch muss Thomas Mann bald danach in Erfahrung gebracht haben, dass »Macmallian« eigentlich Mamoulian hieß und dass er der Regisseur der jüngsten Verfilmung von *Jekyll and Hyde* war. Denn als man sechs Wochen später in New York einen freien Abend hatte, ging Thomas Mann mit Katia und Erika »ins Cinéma«, um sich von Mamoulians Film ein Bild zu machen. Der Film hatte seine Premiere 1932; Fredric March, der ob seiner Wandlungsfähigkeit viel bewunderte Hauptdarsteller, wurde dafür mit einem Oscar ausgezeichnet. Im Mai 1938 war Mamoulians Film, wiewohl 1936 ein zweites Mal lanciert, schon längst nicht mehr in den großen New Yorker Filmpalästen für Erstaufführungen zu sehen. Man musste dazu in eins der eher abgelegenen Filmkunstkinos gehen, was aufseiten Thomas Manns wohl als eine Geste der Wiedergutmachung gegenüber dem verkannten Jekyll-and-Hyde-Regisseur gedeutet werden darf. Sein Urteil im Tagebuch ist karg, aber gewichtig: »vorzüglich« (5. 5. 1938). Ob er in Miriam Hopkins, der glänzenden Darstellerin der Prostituierten Ivy, einen der Stars wiedererkannte, die er an jenem Abend bei Jack Warner kennenlernte, ist ungewiss.

Drei Jahre später wurde Mamoulians in stimmungsvollem Schwarzweiß gedrehtes Meisterwerk, das er für Paramount produziert hatte, aus dem Verkehr gezogen. MGM hatte die Rechte an dem Stevenson-Werk erworben und lancierte, unter der Regie von Victor Fleming, der kurz davor mit dem Filmepos *Gone with the Wind* und mit *The Wizard of Oz* berühmt geworden war, ein Remake in Farbe und mit Starbesetzung: Spencer Tracy und Ingrid Bergman. Thomas und Katia Mann, inzwischen in Pacific Palisades ansässig, fuhren nach Westwood in ihr Stammkino, um sich auch diese Version anzusehen. Sein Urteil: »[…] natürlich nicht einwandfrei, aber ergreifend als moralische Tragödie.« (Tb. 6. 10. 1941) Wogegen er Einwände hatte, lässt sich nicht erkennen. Vermutlich fand er das Remake im Vergleich zu der Verfilmung durch Mamoulian, der noch ohne die Restriktionen des Hays Code arbeiten konnte, einfach weniger faszinierend und aufreizend, wie übrigens die Mehrzahl der Kritiker. Hingegen zeichnet sich mit der Etikettierung als »moralische Tragödie« eine neue Akzentuierung der Stevenson'schen Parabel ab. Schwer vorstellbar, dass sich ihm diese Sehweise durch Flemings Remake eröffnete. Weit wahrscheinlicher ist es, dass der Gedanke der moralischen Tragödie durch die Lektüre eines ganz anderen Buchs angeregt wurde – Sebastian Haffners *Germany: Jekyll and Hyde.*

Bevor wir dieses Buch unter die Lupe nehmen, gilt es festzuhalten, welche Art von Anregung (über die an früherer Stelle bemerkte Bedeutung des *Master of Ballantrae* hinaus) Thomas Mann aus der erneuten Stevenson-Lektüre und aus den beiden Filmen für seinen Roman bezogen haben mag.[34] Die Dualität von Gut und Böse war nicht gerade eine Neuigkeit für ihn. Er hatte sie in dem Ende 1939 geschriebenen Wagner-Essay in aller Deutlichkeit statuiert. Wagners Werk erzeugt »Begeisterung« und ein »Gefühl von Herrlichkeit«; und doch ist in Wagners Äußerungen, ja sogar in seiner Musik »das nazistische Element« auszumachen. Von Wagner und seinem »ungeheuer und exemplarisch deutsche[n] Werk« war es für ihn nur ein kleiner Schritt zu Deutschland als historischem Subjekt: »Es ist die Qual der Welt, – nicht weil es ›böse‹, sondern gerade weil es zugleich auch ›gut‹ ist […].«»Denn es gibt nur *ein* Deutschland, nicht zwei, nicht ein böses und ein gutes […].« (XIII, 356–358). Diese Erkenntnis nimmt die für den *Doktor Faustus* schlüsselhafte Washingtoner Rede über *Deutschland und die Deutschen* um fünf Jahre vorweg.

Der Reiz von Stevensons Erzählung lag für Thomas Mann jedoch nicht in der Aussage, sondern in ihrer Darbietung. Stevenson demonstrierte, wie der Gedanke der Dualität in ein und derselben Person episch zu handhaben war – mit dem Kunstgriff der geheimen, von der Mitwelt unerkannten Identität. Der *Faustus*-Autor mutet seinen Lesern keine special effects aus der Trickkiste des Schauerromans und des Horrorfilms zu – kein Elixir des Teufels, keine körperliche Transformation vor laufender Kamera –, doch sorgte er dafür, dass sich ihnen auf der allegorischen Ebene der Gedanke der geheimen Identität mehr oder weniger diskret mitteilt. Auch Zeitblom und Leverkühn hüten ein Geheimnis, wie Thomas Mann in der *Entstehung des Doktor Faustus* erklärt –»nämlich das Geheimnis ihrer Identität« (19.1, 474). Zeitblom und Leverkühn zusammen »sind« Deutschland, zwei Manifestationen derselben deutschen Kultur. Wie sehr der Gedanke der geheimen Identität den esoterischen Gehalt des Romans prägt, ist daran zu erkennen, dass Thomas Mann die geheime männliche Identität der beiden Protagonisten um eine geheime weibliche verdoppelt. Auch Esmeralda und Frau von Tolna hüten das Geheimnis ihrer Identität.[35] Es ist eine Identität, deren sich der Erzähler nicht bewusst ist und die er, obgleich er selbst ihre Indizien präsentiert, nicht wahrhaben kann, weil sie über seine Begriffe geht. Subtiler noch als die Identität von Leverkühn und Zeitblom steht die Identität von Prostituierter und Wohltäterin als Zeichen für die unbegreifliche Dialektik von Sünde und Gnade, dem innersten Kern von Thomas Manns *Faustus*-Roman.

Sebastian Haffner: *Germany: Jekyll and Hyde*

Sebastian Haffners Buch mit dem beziehungsreichen Titel wurde Thomas Mann von seinem englischen Verleger Fredric Warburg zugesandt, wahrscheinlich mit der Bitte um eine Empfehlung an einen amerikanischen Verleger. Das Buch erreichte ihn in Princeton am 15. Mai 1940 an einem Tiefpunkt seiner Verzweiflung über den Gang der Dinge in Europa, denn vor wenigen Tagen hatte der Westfeldzug begonnen, der Hitler seinen größten militärischen Triumph bescheren sollte. Thomas Mann beendete die Lektüre von *Germany: Jekyll and Hyde* am 25. Mai in Atlantic City, wo er an einer Tagung des Committee on Europe teilnahm; das Komitee arbeitete an dem *City-of-Man*-Projekt.[36] Er war beeindruckt von dem Buch Haffners und bescheinigte ihm eine »vorzügliche Analyse« (Tb. 21. 5. 1940).

Thomas Mann vermutete sogleich, dass sich der Verfasser eines Pseudonyms bediente, um seine Angehörigen in Deutschland nicht zu gefährden. In der Tat, der eigentliche Name des Autors war Raimund Pretzel, Jahrgang 1907, Sohn einer liberalen Berliner Beamtenfamilie. Pretzel war bis 1938 Referendar am Preußischen Kammergericht in

Berlin, schrieb gelegentlich für die *Vossische Zeitung* und nährte literarische Ambitionen; sein »großes Vorbild« war Thomas Mann.[37] In England arbeitete er nach einigen schwierigen Jahren, bevor er für den angesehenen *Observer* zu schreiben begann, zunächst für *Die Zeitung*, ein Emigrantenblatt, für das Thomas Mann eine willkommene Grußbotschaft lieferte.[38] Das Buch über Deutschland, geschrieben für die Leser seines Gastlands, lancierte Haffners Karriere in der englischsprachigen Welt. Diesem Buch vorausgegangen war die Niederschrift seiner Erinnerungen, die drei Jahrzehnte deutscher Geschichte, vom Beginn des Ersten Weltkriegs bis etwa 1933, aus der sehr persönlichen Perspektive eines jungen, aufmerksamen und selbstkritischen Beobachters schildern. Dieses Buch, das posthum erschien und ein Bestseller wurde, enthält bereits den Grundgedanken von *Germany: Jekyll and Hyde*: »Deutschland führt als Nation ein Doppelleben, weil fast jeder einzelne Deutsche ein Doppelleben führt.«[39]

Eine etwas ausführlichere Stellungnahme zu Haffners Buch als die Stichworte im Tagebuch ist in Thomas Manns Empfehlungsbrief für eine amerikanische Ausgabe zu finden. Der Brief ist kaum mehr als eine routinemäßige Empfehlung, lässt aber eine gewisse persönliche Anteilnahme erkennen: »Ich schreibe, um Ihnen Sebastian Haffners kürzlich erschienenes Buch sehr ans Herz zu legen [...]. Dieses Buch, eine sehr kraftvolle Analyse des gesamten Phänomens des Nazismus, ist eines der instruktivsten, das über die Deutschen in ihrer gegenwärtigen Situation geschrieben wurde. Die Haltung jener Deutschen, die das Regime unterstützen, wird ebenso behandelt wie die derjenigen, die dagegen sind. Die psychologische Studie von Hitler und seinen Anhängern ist exzellent und sehr aufschlussreich. Der Autor hat tatsächlich die gesamte nationalsozialistische Bewegung, die er gut kennt, mit seltener Einsicht und Erkenntnis interpretiert.«[40]

In dem Vorwort der englischen Ausgabe bezeichnet sein vermutlicher Verfasser Fredric Warburg das Buch Haffners als den ersten Beitrag eines Deutschen, der bis vor kurzem in Deutschland lebte, zu der Debatte über das andere Deutschland. Hier könne sich jeder Leser ein Urteil bilden über die Richtigkeit der offiziellen britischen Position: »›We have no quarrel with the German people, but only with Hitler.‹«[41] Der Verfasser – ein »arischer« Deutscher, kaum vierzig, der sein ganzes Leben in Deutschland verbracht habe, die letzten sechs Jahre als Rechtsanwalt unter dem Naziregime – verfolge drei Ziele: Er versuche, die Debatte über das andere Deutschland abzuschließen; er versuche, einen bescheidenen Beitrag zu dem Sieg der Alliierten zu leisten, und er erörtere die Basis für einen dauerhaften Frieden.«[42]

Auf den ersten Blick ist Haffners Buch ein Plädoyer gegen die Ein-Deutschland-Theorie. Haffner legt einen detaillierten, sorgfältig differenzierenden Überblick über die politische Stimmung in dem Deutschland von 1940 vor, um die englischen Leser davon zu überzeugen, dass das Land als eine »thoroughly disunited nation« in den Krieg eingetreten sei und dass ein künftiger Friede sehr wohl auf die Unterstützung der seiner Meinung nach breiten Schichten zählen könne, »who look upon the Nazis as their enemies«.[43] Freilich sei es nicht damit getan, Hitler zu beseitigen. Das Problem sei nicht allein der Nationalsozialismus, sondern die Anhänglichkeit der Deutschen an die Idee eines Deutschen Reichs, das aber nicht willens oder nicht fähig war, mit der Macht maßvoll umzugehen. Das Reich stelle eine Fehlentwicklung des Deutschtums dar, denn – und hierin treffen sich die Ideen Kahlers und Thomas Manns mit denen Haffners – das Deutschtum sei seinem innersten Wesen nach übernational und universalistisch.[44] Für die Friedenssicherung nach dem Krieg plädiert Haffner deshalb nicht bloß für eine Auflösung der großdeutschen Reichsstruktur, sondern für eine territoriale Neuordnung Deutschlands in kleineren Einheiten, damit man dort wieder anküpfen könne, wo 1866 die Fahrt in die falsche, verhängnisvolle Richtung zur Machtentfaltung und zur Weltmacht eingeschlagen wurde. Haffner hat nicht weniger als acht solche kleineren Staatengebilde im Sinn: Österreich, Bayern, Württemberg, Baden, das Rheinland (einschließlich Hessen und Westfalen), Niedersachsen (mit Schleswig-Holstein und den Hansestädten), Sachsen/Thüringen sowie Preußen (einschließlich Schlesiens und Ostpreußens).[45]

Dies sind in groben Strichen die historischen Perspektiven von Haffners Buch. Sie decken sich weitgehend mit denen Thomas Manns, vor allem was die Fehlentwicklung Deutschlands zum Machtstaat betrifft. Was jedoch den *Faustus*-Autor an diesem Buch besonders interessieren musste, war der kenntnisreiche Augenzeugenbericht über die aktuelle Stimmung im Deutschen Reich. Haffner beginnt mit einem Kapitel über Hitler, eine Art Psychogramm, das in mancher Hinsicht sein Hitler-Buch von 1978 vorwegnimmt.[46] Gegenwärtig, also kurz nach Kriegsbeginn, werde das Regime nur von etwa 60 Prozent der Bevölkerung unterstützt. Die anderen stünden ihm mehr oder weniger distanziert gegenüber. Haffner differenziert: die überzeugten Nazis schätzt er auf 20 Prozent; man erkenne sie daran, dass sie mit der sadistischen Orgie des Antisemitismus einverstanden seien und sich daran beteiligten.[47] Sie müssten durch diesen Krieg ausgeschaltet werden, wenn Europa den Frieden, die Freiheit und seine Kultur bewahren wolle.[48] Den größten Block bilden Haffner zufolge die ca. 40 Prozent loyaler Durchschnittsdeutscher, die, ohne selbst Nazis zu sein, das Regime tolerierten und unterstützten. Sie rekrutierten sich in der Hauptsache aus dem Kleinbürgertum und Bürgertum außerhalb der großen Städte.

Haffners Interesse gilt dem großen Block der »disloyal Germans«, der sich aus der vormals organisierten Arbeiterschaft, aus Katholiken und aus dem Bürgertum der Großstädte zusammensetzte. Seinen Anteil schätzt er auf 35 Prozent; im Laufe des Krieges werde sich diese Anzahl jedoch erhöhen. Nicht mehr als fünf Prozent der Deutschen nähmen eine meist versteckte oppositionelle Haltung ein; sie seien unorganisiert, verstreut, wirkungslos; für sie wäre offene Opposition nichts als »a form of suicide«.[49] Haffner erörtert in diesem Zusammenhang die historischen Gründe für das Versagen der konservativen, liberalen, sozialdemokratischen und kommunistischen Parteien, angesichts der Notwendigkeit, eine wirkungsvolle Opposition auf die Beine zu stellen.

Haffners Hoffnung richtet sich schließlich auf das andere Deutschland der Emigranten und Flüchtlinge, zu denen er sich nun auch zähle. Haffner war in England zunächst längere Zeit interniert.[50] Er kritisiert die enttäuschende Einstellung der westlichen Demokratien gegenüber den Emigranten und macht Vorschläge, wie das große Potential der deutschen Nazigegner im Ausland genutzt werden könnte, vor allem auf dem Gebiet der antinazistischen Propaganda.[51] Haffner verweist in diesem Zusammenhang auf Konrad Heidens *Hitler-Biographie*, auf Hermann Rauschnings *Germany's Revolution of Destruction* (*Die Revolution des Nihilismus*) und auf Thomas Manns *Briefwechsel mit Bonn*. Letzteren nennt er schlicht »the greatest living German«.[52] Diese Hochschätzung bekundete Haffner unbeirrt auch noch 1975, als Thomas Manns

Reputation in der Bundesrepublik Deutschland ihren Tiefpunkt erreichte.[53] Zu einer persönlichen Bekanntschaft oder einem Briefwechsel ist es nicht gekommen:»Persönlich gekannt habe ich T. M. nicht. Ein einziges Mal, 1947 in London, bei einem Empfang unseres gemeinsamen Verlegers, bin ich ihm kurz begegnet; aber mehr als ein paar Worte haben wir nicht gewechselt.«[54] Wie passt nun aber der Titel von Haffners Buch zu seiner Deutschlandanalyse? Er liefert keine explizite Erläuterung des Titels; Stevenson wird nirgends erwähnt. Stattdessen zählt er auf die im Englischen sprichwörtliche Bedeutung der Jekyll-and-Hyde-Formel im Sinne von Doppelnatur. Das geschieht an wichtiger Stelle, wo er von den 40 Prozent nichtnazistischer, loyaler Deutscher handelt. Die öffentliche Meinung in England begreife nicht, dass diese Deutschen ein Doppelleben führten»like Dr. Jekyll and Mr. Hyde«.[55] In seiner Hyde-Ausprägung gleiche Deutschland einem Werwolf, halb Mensch, halb Tier; es habe sich in den»werewolf of Europe« verwandelt – vergleichbar der Symbolfigur des Würgers bei Vansittart.[56] Haffner findet auch ganz andere Bilder für das gegenwärtige Deutschland. Er vergleicht es zum Beispiel mit einem Palimpsest: Unter dem gegenwärtig sichtbaren Text gebe es eine Urschrift, die es wieder freizulegen gelte.[57] Die Jekyll-and-Hyde-Metapher beansprucht bei Haffner also keine absolute Gültigkeit. Gleichwohl stimmen einige Grundgedanken in Haffners Analyse mit dem Jekyll-and-Hyde-Mythologem überein. Deutschland ist gut *und* böse; das gute Deutschland hat das böse hervorgebracht, ist aber nicht in der Lage, sich von seinem bösen *alter ego* zu befreien, trotz seines, wie es bei Stevenson heißt, »horror of the other self«.[58] Wie aber ist der Umschlag vom guten zum bösen Deutschland zu verstehen? In dem Wagner-Essay von 1939 hatte Thomas Mann auf»psychologische Vorbedingungen« verwiesen, die ihre Wirkung lange im Verborgenen entfalten, und er hielt für wahr, »daß Völker nicht immer dasselbe Gesicht bieten, und daß es auf Zeit und Umstände ankommt, wie ihre konstanten Eigenschaften sich ausnehmen« (XIII, 358). Haffner hingegen erklärt sich den Umschlag als das Ergebnis eines»psycho-pathologischen« Prozesses, einer geistigen Erkrankung:»Die meisten Deutschen befinden sich heute bekanntlich in einer Gemütsverfassung, die sich für den normalen Betrachter schlechthin als Geisteskrankheit oder mindestens als schwere Hysterie darstellt.«⁵⁹ Bei Stevenson repräsentiert Dr. Jekyll den »original character«; Mr. Hyde, so unvermeidlich und unentbehrlich er sein mag, ist als eine pervertierte Ausgeburt des liebenswürdigen, humanen Dr. Jekyll anzusehen.⁶⁰ Ebenso wird bei Haffner wie auch bei Thomas Mann das »gute« Deutschland als das originale gesetzt, gleichsam als seine Urschrift.

Im Lichte von Sebastian Haffners Deutschlandanalyse lässt sich nun einigermaßen präzise bestimmen, wo auf dem politischen Spektrum der Erzähler des *Doktor Faustus* anzusiedeln ist. Zu Beginn der Aufzeichnungen ist Zeitblom zu jener 40-Prozent-Pluralität der Deutschen zu zählen, die, ohne sich selbst als nationalsozialistisch zu betrachten, sich loyal verhalten und loyal zu denken versuchen. Zeitblom empfindet national: Bis zum Ende ist ihm Deutschland »mein Vaterland« (10.1, 738). Doch seine Einstellung zu Deutschland ändert sich während der Niederschrift der Leverkühn-Biographie, wie an seinem Sprachgebrauch abzulesen ist. Am Anfang seiner Erzählung spricht er regimekonform von »unsere[r] umdrohte[n] Festung Europa« (10.1, 11); es ist die Sprache eines Bürgers, der wie selbstverständlich, obgleich er sein Lehramt aufgegeben hat, die Loyalität gegenüber dem Staat und seiner Führung wahrt. Je länger jedoch der Krieg währt, desto entschiedener distanziert er sich innerlich davon. Die Ahnung, dass Deutschland sich auf eine »vaterländische Katastrophe« zubewegt, ist ihm eine »heimlich erhebende[ ] Erkenntnis« (10.1, 488). Gegen Ende ist er zu den antinazistisch eingestellten, doch nicht offen opponierenden »disloyal Germans« zu rechnen, die Haffner auf 35 Prozent schätzte und deren Anwachsen im Lauf des Krieges er zuversichtlich voraussagte.

Haffner konstatierte auch: »large sections« der deutschen Bevölkerung »fear victory more than defeat«.⁶¹ Dementsprechend lässt Thomas Mann schon früh seinen Erzähler sagen: »Dennoch gibt es etwas, was einige von uns in Augenblicken, die ihnen selbst als verbrecherisch erscheinen, andere aber sogar frank und permanent, mehr fürchten als die deutsche Niederlage, und das ist der deutsche Sieg. Ich wage kaum, mich zu fragen, zu welcher dieser beiden Kategorien ich gehöre.« (10.1, 50) Im Grunde ahnt er aber schon an dieser Stelle, dass er insgeheim zu denen gehört, die den deutschen Sieg mehr fürchten als die Niederlage.

Sebastian Haffners Deutschlandbuch von 1940 ist demnach sehr
wohl als eine bedeutende Quelle des *Doktor Faustus* zu betrachten. Es
ist die neben Erich Kahlers *Der deutsche Charakter* wichtigste für das
Geschichtsverständnis des Romans. Stellte Kahler in der Hauptsache
Perspektiven auf das wechselnde Kräfteverhältnis von nationalistischen
und universalistischen Tendenzen in der deutschen Geschichte bereit,
so hatte Haffners Analyse eine realistische und aktuelle Diagnose des
gegenwärtigen Deutschland zu bieten. Die genaue Kenntnis der diffe-
renzierten Haffner'schen Analyse mag schließlich auch erklären, warum
Thomas Mann den im Lutherischen Sachsen, in Kaisersaschern, geborenen Zeitblom unwahrscheinlicherweise zum Katholiken macht:
Haffner hatte das Potential für die Zeitblom'sche Art der stummen Opposition vor allem unter der katholischen Bevölkerung vermutet. Bezeichnenderweise ist auch der einzige Vertraute in Zeitbloms Freisinger
Abgeschiedenheit ein katholischer Geistlicher und Gelehrter: Monsi-
gnore Hinterpförtner.

»Ehre und Mitgefühl auch dem deutschen Volk«

Kaum hatte Thomas Mann mit der Niederschrift des *Doktor Faustus* begonnen, erfuhr er aus amerikanischen Zeitungen, die sich ihrerseits auf
schwedische und schweizerische Presseberichte beriefen, von den mu-
tigen, subversiven Aktivitäten der Weißen Rose an der Münchner Universität und von der Hinrichtung der Geschwister Hans und Sophie
Scholl.[62] Dies waren Nachrichten, die das Deutschlandbild seines Romans in Frage zu stellen schienen. Waren die Geschwister Scholl und
die Weiße Rose nicht ein ergreifender und unbestreitbarer Beweis dafür, dass es selbst unter der Hitler-Diktatur ein anderes Deutschland
gab, dass Deutschland nicht identisch war mit Hitler?[63] Vielleicht war
es doch voreilig, den Roman auf die Ein-Deutschland-Theorie zu gründen? Wie konnte man wissen, ob es nicht noch andere Zellen des Widerstands gab? Auf jeden Fall war es notwendig, diese Zeugnisse eines
anderen Deutschland in die Gesamtdiagnose einzubeziehen.

Schon die erste Reaktion im Tagebuch zeigt, dass ihm die Geschwister Scholl und ihre Mitverschworenen zu denken gaben: »Vormittags

die deutsche Sendung zu Ende geschrieben, mir nahegehend, nicht zuletzt weil einer der exekutierten Münchener Studenten Adrian hieß.« (Tb. 27. 6. 1943) Mit der deutschen Sendung ist seine monatliche Ansprache an *Deutsche Hörer* gemeint. Sie handelt in diesem Fall von dem Widerstand in den von den Deutschen besetzten Ländern Europas, aber auch von dem Widerstand in Deutschland selbst, von dem die Weiße Rose ein so eindrucksvolles Zeugnis ablegte. Deshalb gebühren »Ehre und Mitgefühl auch dem deutschen Volk« (XI, 1076). Und deshalb sei die Lehre, dass man zwischen dem deutschen Volk und dem Nazitum nicht unterscheiden dürfe, »unhaltbar«; sie werde sich »nicht durchsetzen«. Eine unverkennbar anti-Vansittartistische Position! Doch was hat es mit dem Namen Adrian auf sich? Offenbar war Thomas Mann der Meinung, dass einer der Münchner Studenten kurioserweise denselben Vornamen trug wie der Held seines im Entstehen begriffenen Romans. Aber keiner der Münchner Studenten hieß Adrian. Vermutlich liegt eine Verwechslung vor mit Alexander Schmorell, der zu diesem Zeitpunkt bereits verhaftet, doch noch nicht hingerichtet war. Eine Fehlleistung also, der nachzuspüren sich vermutlich lohnt, da der von ihm supplierte Name Adrian eine verborgene Beziehung des Themas Widerstand mit dem Deutschlandroman anzeigt.

Von dem deutschen Widerstand im Dritten Reich hatten die Zeitgenossen keine genauen Kenntnisse. Den Exilanten in Amerika standen bei weitem nicht die Zeugnisse zur Verfügung, über die wir dank einer minutiösen Widerstandsforschung verfügen. Thomas Mann hatte lediglich von der Weißen Rose und später dem Zwanzigsten Juli einige spärliche Kenntnisse. Von der Existenz und den politischen Zielen des Kreisauer Kreises oder Dietrich Bonhoeffers und seiner Freunde konnte er nichts wissen, ebenso wenig wie von den stillen, unspektakulären Formen des passiven Widerstands, sei dieser politisch oder religiös motiviert gewesen. Gegen Ende des Krieges war er sich aber der erschwerten Bedingungen eines deutschen Widerstands in einem totalitären Staat bewusst. Anders als die Widerstandsbewegungen in den von den Deutschen besetzten Ländern, war der deutsche Widerstand mit dem Stigma des Landesverrats behaftet. Das Buch von Haffner ließ zudem keinen Zweifel, dass jede Manifestation von Widerstand einem Selbstmord gleichkäme. Aus diesem Grund gelangte er zu der Erkenntnis, dass die eigentliche Bedeutung des deutschen Widerstands, gerade weil keine realistischen Aussichten auf einen praktischen, politischen Erfolg bestanden, nur ein symbolischer sein konnte. Damit antizipierte er eine Einsicht, die erst Jahrzehnte später Allgemeingut werden sollte.

In der ersten Phase des Krieges neigte Tomas Mann zu unrealistischen, aus der Verzweiflung geborenen Hoffnungen auf eine Volkserhebung: »Deutsche, rettet euch! Rettet eure Seelen, indem ihr euren Zwingherren [...] Glauben und Gehorsam kündigt!« (XI, 994) Dies war 1940 seine Weihnachtsbotschaft an die fernen Landsleute. Glaubte er hier noch an die Selbstachtung und Menschenwürde als Beweggründe, so appellierte er im April 1941 an die Vernunft der Deutschen. Sie würden »Hitler dahin fahren lassen« und in die Hölle schicken, versuchte er sich einzureden, sobald ihnen klarwürde, »daß Hitler und seine Bande das einzige Hindernis bilden für einen gerechten Frieden und eine glücklichere, es selbst bereitwillig einschließende soziale Völkerordnung« (XI, 1002).

Den entschiedensten Aufruf zur Selbstbefreiung richtete Thomas Mann im August 1941 an seine deutschen Hörer. Inzwischen war der Russlandfeldzug eröffnet; die Gewissheit des Zusammenbruchs stand für ihn außer Frage. Angesichts der unvermeidlichen Katastrophe sei der passive Widerstand geradezu ein moralischer Imperativ. Das Gebot der Stunde sei, sich zu verweigern, einfach nicht mehr mitzumachen und die »niederträchtige, euch unsäglich herabwürdigende Herrschaft von euch [zu] schütteln« (XI, 1010). Offenbar ahnte er aber, dass ein solcher Aufruf letztlich einem Wunschdenken entsprang. Der praktische Erfolg war ihm wohl zweifelhaft, doch war es von entscheidender Bedeutung für ihn, dass ein Versuch zur Selbstbefreiung überhaupt unternommen wurde, denn – hier meldet sich der Einspruch gegen den Vansittartismus zu Wort – es gelte, der übrigen Welt zu beweisen, »daß Nationalsozialismus und Deutschland nicht ein und dasselbe sind« (ebd.) und dass »Deutschland überhaupt fähig ist, sich der neuen, sozial verbesserten, auf Frieden und Gerechtigkeit gegründeten Völkerordnung, die aus diesem Krieg hervorgehen muß, ehrlich einzugliedern« (XI, 1011). Unter dieser Perspektive gewinnt der Versuch der Selbstbefreiung eine neue Funktion, nämlich den einer moralischen Ehrenrettung, auf dass sich Deutschland das »Anrecht« erwerbe, »teilzuhaben an der kommenden freien und gerechten Völkerordnung«.

Wie alle Exilanten hat Thomas Mann den innerdeutschen Widerstand förmlich herbeigewünscht. Er tat es in höherem Maße aus moralischen als aus politischen Gründen. Das belegen neben den Radioansprachen die Briefe und Tagebücher der Kriegsjahre wie auch die Würdigung Pastor Niemöllers (XII, 910–918), der seine Kritik am Regime in einem Konzentrationslager büßen musste.

Darüber hinaus begann das Thema Widerstand auch seine Imagination zu beschäftigen, wie der an anderer Stelle betrachtete Filmentwurf vom August 1942 über den griechischen Widerstand gegen die italienische und deutsche Besatzung zeigt.[64] Wir haben es mit einer Widerstandsphantasie zu tun. Der Kampf der Griechen gegen die faschistische Fremdherrschaft verweist auf die Möglichkeit der Selbstbefreiung des deutschen Volkes, die ihm die Voraussetzung für die Befreiung ganz Europas vom Faschismus ist. Widerstand ist notwendig, wenn Hitlers Hegemoniestreben vereitelt werden soll, wenn die falsche deutsche Devise – »Nicht Deutschland soll europäisch werden, sondern Europa soll deutsch werden« (XI, 1049) – im Sinne Kahlers und Thomas Manns in ihr Gegenteil gekehrt werden soll: Nicht Europa soll deutsch werden, sondern Deutschland soll europäisch werden.

Auch in Thomas Manns Washingtoner Vortrag über *Deutschland und die Deutschen* kommt das Thema Widerstand zur Sprache, nämlich am Beispiel des Bildhauers und Holzschnitzers Tilman Riemenschneider. Im Bauernkrieg nahm Riemenschneider, im Gegensatz zu Luther, Partei für die Bauern. Ein im Grunde unpolitischer Künstler – also ein Künstler wie er selbst – trat aus »seiner Sphäre rein geistiger und ästhetischer Kunstbürgerlichkeit« heraus, um »Kämpfer zu werden für Freiheit und Recht« (XI, 1135). Das Beispiel Riemenschneider soll belegen, dass es in der deutschen Geschichte neben der von Luther verkörperten Hauptlinie der Obrigkeitshörigkeit eine Tradition des kämpferischen Humanismus und Widerstands gegeben hat. Worauf es Thomas Mann offensichtlich ankam, ist der Satz: »Auch das gab es in Deutschland, auch das hat es immer gegeben.« Freilich folgt sogleich die Einschränkung: »Aber das spezifisch und monumental Deutsche ist es nicht.« (XI, 1135)

Die erste Stellungnahme zu dem Widerstand der Weißen Rose stammt vom 11. Juni 1943 und steht in einem Brief an Agnes Meyer: »Sehr glücklich bin ich über München, die Auflehnungsbewegung unter der Studentenschaft, die schon ein Dutzend Hinrichtungen gezeitigt hat.« (AM, 489) Es wäre verkehrt, diesen leicht missverständlichen Satz als Ausdruck von Gefühlskälte und Teilnahmslosigkeit zu deuten.[65] Glücklich stimmt ihn das Martyrium der Münchner Studenten, weil es, wie der »Marsch des Afrika-Corps in die Gefangenschaft« und der Fall der Insel Pantelleria (AM, 488) das Ende des Krieges erahnen lässt, vor allem aber, weil es bei der am Ende fälligen Schlussabrechnung zugunsten Deutschlands in die Waagschale geworfen werden kann. Dass er auf den Widerstand der Münchner Studenten mit ungeheuchelter Teilnahme reagierte, zeigt seine Radiosendung an *Deutsche Hörer* vom 27. Juni 1943. Es ist die erste und gewichtigste Würdigung der Geschwister Scholl und ihrer Freunde in der deutschen Literatur. Am Ende zitiert er aus einem der berühmten Flugblätter der Weißen Rose, die vieles wiedergutmachten, was »an deutschen Universitäten gegen den Geist deutscher Freiheit gesündigt worden ist« (XI, 1077), den Satz: »Ein neuer Glaube dämmert an Freiheit und Ehre.‹« Nach Thomas Manns Überzeugung sind die Geschwister Scholl und ihre Freunde für »Deutschlands Ehre« gestorben, für einen symbolischen Wert also. Die Sendung schließt mit der Versicherung: »Brave, herrliche junge Leute! Ihr sollt nicht umsonst gestorben, sollt nicht vergessen sein.« (XI, 1077) Die volle Bedeutung ihres Widerstands werde erst viel später erkannt werden. So ist es auch gekommen, wie die Widerstandsforschung gezeigt hat. Damit hat sich Thomas Mann auch in diesem Punkt als ein weitsichtiger Kommentator der Zeitgeschichte erwiesen.

Das Bekanntwerden eines eigentlich kaum vermuteten innerdeutschen Widerstands zu diesem Zeitpunkt, da der *Doktor Faustus* Gestalt anzunehmen begann, stellte Thomas Mann vor das Problem, die unbestreitbare Evidenz eines innerdeutschen Widerstands mit der Ein-Deutschland-Theorie, die der Roman vertritt, in Einklang zu bringen. Nahezu alle Emigranten vertraten die Zwei-Deutschland-Theorie, für deren Berechtigung sie mit ihrer eigenen Existenz und ihrem Schicksal einstanden.

Der zusätzliche Beweis eines innerdeutschen Widerstands hätte für

Thomas Mann, so sollte man meinen, die These von den zwei Deutschland endgültig bestätigen müssen. Dies ist jedoch nicht der Fall. Im Gegenteil. Während der beiden ersten Jahre der Arbeit am Roman, spätestens bis zu der Washingtoner Rede über *Deutschland und die Deutschen* am 29. Mai 1945, hat sein Deutschlandbild endgültig die Gestalt der Ein-Deutschland-Theorie angenommen. Sie fand ihre klassische Formulierung in eben dieser Rede in dem Satz:»daß es nicht zwei Deutschland gibt, ein böses und ein gutes, sondern nur eines, dem sein Bestes durch Teufelslist zum Bösen ausschlug« (XI, 1146). Mehrere Faktoren haben zu dieser Festlegung beigetragen: die Lektüre von Stevenson, Vansittart und Haffner; darüber hinaus das Bekanntwerden immer neuer, im Namen Deutschlands und der Deutschen begangener Gräueltaten, zuletzt die Befreiung der Todeslager von Auschwitz, Majdanek, Mauthausen und anderer »riesenhafte[r] Mordanlage[n]« (XI, 1107). Der *Faustus*-Autor musste sich in wachsendem Maße veranlasst sehen, Deutschland mit den Augen der unterdrückten Länder und der Opfer anzusehen. In der Radioansprache vom 16. Januar 1945 heißt es in eben diesem Sinne:»Es ist von anderen Völkern zuviel verlangt, daß sie zwischen Nazitum und dem deutschen Volk säuberlich unterscheiden.« (XI, 1109) Auch der Eklat um das Deutschlandmanifest vom August 1943 wird seine diesbezüglichen Nachwirkungen gehabt haben. Indem Thomas Mann seine Unterschrift zurückzog und sich von Brecht und den anderen distanzierte, desavouierte er die Zwei-Deutschland-Theorie, die Kernaussage ihres mühsam ausgearbeiteten Deutschlandmanifests.

Den Ausschlag für die Ein-Deutschland-Theorie gab möglicherweise die Nachricht von der Verschwörung der Offiziere und dem Attentat Stauffenbergs am 20. Juli 1944. Die erste Reaktion auf die »blutigen Vorgänge in Deutschland« (Tb. 22. 7. 1944) ist gekennzeichnet von der allgemeinen Unsicherheit der Nachrichten und von den Mutmaßungen der Kommentatoren. Zwei Wochen später, in einem Brief an Agnes Meyer, spricht er von einem »Generals-Purge« (AM, 579), also einer Säuberung, wobei er befürchtet, dass durch Hitlers Trotzreaktion nach dem glücklich überstandenen Attentat das Ende des Krieges noch weiter hinausgezögert werde. Offenbar hatte er inzwischen in der *Nation* den Artikel des Historikers Alfred Vagts gelesen, eines Emigranten, der die Vermutung aussprach, dass nun die Aussicht auf ein rasches Ende verbaut sei und man sich auf eine lange Götterdämmerung einzurichten habe.[66] Was Thomas Mann an der Verschwörung der Männer des 20. Juli vor allem interessieren musste, war der Umstand, dass dieser Versuch der Selbstbefreiung vom Militär ausgegangen war, von Männern also, die zunächst an den Nationalsozialismus glaubten und erst durch den Kriegsverlauf zum Widerstand motiviert worden waren. Geradezu exemplarisch verkörperte Claus Schenk Graf von Stauffenberg, der gescheiterte Attentäter, diesen historischen Sachverhalt. Stauffenberg begrüßte Hitler und den Nationalsozialismus, bevor ihn die Verbrechen der Wehrmacht in den Widerstand trieben.[67] Hier also konnte mit Fug und Recht eine Identität des sogenannten guten und bösen Deutschland in ein und derselben Person angenommen werden. Diese Erkenntnis, die dem eigenen intellektuellen Habitus entsprach, sollte Thomas Manns Deutung der deutschen Geschichte im Sinne der Ein-Deutschland-Theorie endgültig besiegeln.

Unmittelbar nach dem 20. Juli 1944 begann er das 21. Kapitel des Romans zu schreiben, in dem auch der »Münchener Unruhen und Hinrichtungen« gedacht wird. Die Erwähnung erfolgt jedoch beiläufig und so, dass der »gräßlich im Blut erstickte Münchner Studentenaufruhr« (10.1, 252) keiner weiterführenden Betrachtung über den Widerstand, wie noch in der Radiosendung vom 27. Juni 1943, für wert gehalten wird. Während der »Münchner Studentenaufruhr« in *Deutsche Hörer* als Beleg für die Nichtidentität des deutschen Volkes mit dem Nationalsozialismus diente und Deutschland zur Ehre gereichte, wird im Roman die Weiße Rose der thematisch dominanten Ein-Deutschland-Konzeption untergeordnet.

In gleicher Weise verfährt Thomas Mann mit dem 20. Juli. Er wird im Roman lediglich in einem Nebensatz gestreift. Wir hören von Hitler, dem »grausigen Mann«, der »voriges Jahr dem Anschlage verzweifelter, auf Rettung der letzten Substanz, der Zukunft bedachter Patrioten« (10.1, 696) entronnen sei. Dies wird uns jedoch nicht an der Stelle von Zeitbloms laufender Chronik mitgeteilt, wo es hingehört hätte, nämlich in Kapitel 33, sondern erst in Kapitel 46, das ganz vom Ende handelt, von der kollektiven Scham angesichts von Buchenwald und von dem

Mitbetroffensein allen Deutschtums. Gleichwohl wird den Verschwörern Patriotismus zugebilligt und die Sorge um Deutschlands Zukunft, von der Thomas Mann selbst auch erfüllt war.

Demnach ist zu konstatieren, dass die beiden eklatantesten Beispiele eines innerdeutschen Widerstands – die Weiße Rose und der 20. Juli – die Ein-Deutschland-Theorie für den *Faustus*-Autor nicht nur nicht in Frage stellten, sondern sie geradezu bestätigten. Bei Stauffenberg und seinen militärischen Mitverschwörern lag die Evidenz auf der Hand. Ihre Biographien ließen in der Tat eine gewisse Identität des guten und des bösen Deutschland erkennen: Es waren Widerständler, die zu einem früheren Zeitpunkt mehr oder weniger begeisterte Anhänger der sogenannten »nationalen Erhebung« waren. Bei den Münchner Widerständlern waren solche Zusammenhänge nicht sogleich ersichtlich. Doch offenbar erahnte Thomas Mann auch in den Helden der Weißen Rose das Ineinander-Übergehen des guten und des bösen Deutschland. Es fällt auf, wie einlässlich im 14. Kapitel des *Doktor Faustus* die »christliche Verbindung ›Winfried‹« geschildert wird. Ihre Mitglieder sind der deutschen Jugendbewegung zuzurechnen und legen einen idealistisch verbrämten Nationalismus und einen naiven Überlegenheitsdünkel an den Tag, der nahtlos in den idealistisch verbrämten Nationalsozialismus übergeht. Hätte man dem *Faustus*-Autor erklärt, was wir heute wissen, nämlich dass die Akteure der Weißen Rose aus der Jugendbewegung kamen; dass Hans Scholl ein begeistertes Mitglied der Hitler-Jugend war und als Fahnenträger 1936 zum Nürnberger Parteitag delegiert worden war; dass Kurt Huber, einer der Mentoren der Münchner Studenten und selbst auch ein Märtyrer, eine Art von Volkstumsforschung vertrat, die mit der herrschenden Volkstumsideologie des Dritten Reichs nicht in Konflikt stand; und dass sie alle, wie auch die Männer des 20. Juli, von einer glühenden Liebe zu Deutschland erfüllt waren – Thomas Mann wäre nicht überrascht gewesen. Die Weiße Rose und der 20. Juli bestätigten ihm, dass es nicht zwei, sondern im Grunde nur ein Deutschland gab.

Der Opfergang der Münchner Studenten soll nicht umsonst gewesen sein: So endet die Radiosendung vom 27. Juni 1943. Der Sinn dieses Satzes wird erst am Ende des *Doktor Faustus* verständlich. Dort erweisen sich die Weiße Rose wie auch der 20. Juli, so beiläufig ihre Erwähnung auch erscheinen mag, als ein Bestandteil der Gnadenthematik, die dem Roman kontrapunktisch eingearbeitet ist. So wie für den faustischen Tonsetzer Leverkühn, gegen den Einspruch Theodor W. Adornos, die Möglichkeit der Gnade offengehalten wird, so bleibt auch für Deutschland, dem letztlich auch »Ehre und Mitgefühl« gebührt, die Möglichkeit der Gnade bestehen.[68]

Der Roman, insoweit er als Epochenroman angelegt ist, handelt überwiegend von der bösen Rolle, die Deutschland auf der historischen Bühne im 20. Jahrhundert gespielt hat – von seiner Mr.-Hyde-Rolle. Die Anzeichen dafür, dass Mr. Hyde als die Ausgeburt des humanen Dr. Jekyll zu begreifen ist, dass es auch ein gutes Deutschland gibt und das gute mit dem bösen identisch ist, sind spärlich gesät in diesem Roman. Zwei der gewichtigsten sind die Münchner Studenten und die patriotischen Offiziere, weil sie den nahezu unsichtbar gewordenen Rest von Deutschlands Ehre zu salvieren suchten. Darin liegt die symbolische Bedeutung ihres Opfergangs, die weit über den unmittelbaren praktischen und politischen Gesichtspunkt hinausreicht.

Der Exilant und die zweite Geschichte des Nationalsozialismus

Vergangenheitspolitik und Kollektivschuldthese

In der deutschen Geschichtswissenschaft zeichnet sich ein neues, höchst aufschlussreiches Untersuchungsfeld ab: die zweite Geschichte des Nationalsozialismus. Es handelt sich dabei um die mit seiner »Überwindung, Deutung, Erinnerung« befasste Nachgeschichte der nationalsozialistischen Herrschaft. Dies ist ein Themenkomplex, dessen Kenntnis unentbehrlich ist für ein adäquates Verständnis der Geschichte Nachkriegsdeutschlands und des Neuaufbaus einer politischen Kultur. Diese zweite Geschichte ist der Gegenstand eines kürzlich von Peter Reichel, Harald Schmid und Peter Steinbach vorgelegten gewichtigen Bandes. Die zweite Geschichte, obgleich sie nunmehr schon um ein Vielfaches länger andauert als die zwölf Jahre der Hitler-Diktatur, ist nach vorne offen und wird es, allem immer wieder vorgebrachten Schlussstrichverlangen zum Trotz, auch noch lange bleiben müssen. Es ist, wie die Autoren des Bandes hervorheben, »die komplexe Geschichte eines vergleichslosen Versuches, mit Vergangenheit ›umzugehen‹«, denn obgleich man die »Auseinandersetzung mit Hitler und Auschwitz« lange Zeit gemieden habe, werde man diese zweite Geschichte, d. h. den Umgang der Deutschen mit den Hitler-Jahren, »alles in allem respektabel nennen müssen«.[1]

Thomas Manns Stellung in der ersten Geschichte des Nationalsozialismus darf als geklärt gelten: Er war einer der frühesten, nach 1936 auch entschiedensten, psychologisch am tiefsten lotenden und ohne Zweifel wortmächtigsten Gegner Hitlers, ohne dass man konstatieren könnte, dass er vom Nationalsozialismus, d. h. der Verführung, die für viele Deutsche von ihm ausging, und seinen sozialen und ökonomischen Voraussetzungen, ein adäquates Verständnis hatte. Als Hitler-

479

Gegner war er weithin anerkannt: von der Öffentlichkeit in den Vereinigten Staaten und von der Mehrheit der Emigranten in Amerika und anderswo. In Deutschland war und blieb er jedoch umstritten, zunächst wegen seiner moralischen Verurteilung der Inneren Emigration und implizit aller Deutschen, die im Dritten Reich mitgemacht hatten; sodann auch wegen seiner über den Zeitraum des Nationalsozialismus weit hinausgehenden Deutschlandkritik. Sein Ort in der zweiten Geschichte des Nationalsozialismus harrt noch der Klärung. Dabei stellt sich die Frage, ob der Befund:»alles in allem respektabel«, auch im Hinblick auf den Umgang mit den Exilanten im Allgemeinen und mit Thomas Mann im Besonderen aufrechtzuerhalten ist.

Peter Steinbach, in seinem Kapitel über die publizistischen Kontroversen in der alten Bundesrepublik, erinnert daran, dass »wer über Schuld und Verantwortung nachdachte, […] sich nach 1945 ebenso zu isolieren [drohte], wie vor der ›Stunde Null‹«.[2] Dies trifft in vollem Maße auf den *Faustus*-Autor zu, der sich nicht nur isoliert, sondern auf breiter Front auch angefeindet sah. Die Gründe dieser Anfeindung sind weniger in persönlichen Eifersüchteleien zu suchen, wie sie unter Schriftstellern gängig sind, sondern in seinem strengeren Umgang mit der jüngsten Vergangenheit – strenger als die Vertreter der Inneren Emigration es sich selbst und ihren Landsleuten zumuteten. Im Übrigen war er Emigrant, der prominenteste deutsche Emigrant; ihn betraf in höherem Maß als andere das Stigma der Landesflucht:»Emigranten galten vielen Deutschen ebenso wie die Widerstandskämpfer keineswegs als Menschen, die vertrieben und schließlich ausgebürgert worden waren, sondern in der Regel als ›Verräter‹. Nicht selten wurden sie sogar als ›Feiglinge‹ tituliert, die sich im Unterschied zu den Regimegegnern im Innern die Auseinandersetzung mit dem Nationalsozialismus innerhalb von Deutschland nicht zugemutet hatten.«[3]

Für Thomas Mann begann die zweite Geschichte des Nationalsozialismus schon, bevor die erste richtig zu Ende war, nämlich mit dem Ende April/Anfang Mai 1945 entstandenen Artikel *Die Lager* (XII, 951–953). Dieser Text war von Elmer Davis, dem Chef des Office of War Information, erbeten worden und stützt sich auf einen umfangreichen Artikel in dem Nachrichtenmagazin *Time* über die Befreiung Buchenwalds und anderer Lager.[4] Die Bilder von Leichenbergen und die detaillierten Augenzeugenberichte über das, was die Befreier in Erla, Bergen-Belsen und Buchenwald vorgefunden hatten, informierten zum ersten Mal ein breites Publikum in Amerika über die Gräuel der deutschen Lager. Dieser Bericht in *Time* liegt auch der Reflexion über die deutsche Katastrophe im *Doktor Faustus* zu Beginn von Kapitel 46 zugrunde. In Zeitbloms Version liest es sich wie folgt: »Unterdessen läßt ein transatlantischer General [Walton H. Walker] die Bevölkerung von Weimar vor den Krematorien des dortigen Konzentrationslagers vorbeidefilieren und erklärt sie – soll man sagen: mit Unrecht? – erklärt diese Bürger, die in scheinbaren Ehren ihren Geschäften nachgingen und nichts zu wissen versuchten, obgleich der Wind ihnen den Stank verbrannten Menschenfleisches von dorther in die Nasen blies, – erklärt sie für mitschuldig an den nun bloßgelegten Greueln, auf die er sie zwingt, die Augen zu richten.« (10.1, 696)

Thomas Manns Artikel erschien zunächst unter dem neutralen Titel *Address to the German People* in der *Nation* vom 12. Mai 1945. Darauf war er in mehreren deutschen Zeitungen in der amerikanischen Besatzungszone zu lesen, darunter in der für die Wirkungsgeschichte ausschlaggebenden *Bayerischen Landeszeitung* unter dem nicht autorisierten Titel *Thomas Mann über die deutsche Schuld*. Dieser Titel suggerierte für alle, die es so auffassen wollten, dass Thomas Mann unterschiedslos alle Deutschen für schuldig halte an den Verbrechen Hitler-Deutschlands – dass er also die sogenannte Kollektivschuldthese vertrete. Gewisse Formulierungen konnten es so erscheinen lassen, so etwa wenn es heißt, »alles Deutsche« sei »von dieser entehrenden Bloßstellung mitbetroffen« und die »Menschheit schaudert sich vor Deutschland« (XII, 951). Doch alle aufmerksamen Leser konnten auch sehen, dass Thomas Mann Unterscheidungen trifft, so wenn er auf jene »Hunderttausende einer sogenannten deutschen Elite« verweist, die »in kranker Lust diese Untaten begangen haben« (XII, 951). Oder wenn er konzediert, dass viele, die einem »von Hause aus guten, Recht und Gesittung liebenden Volk« angehören, sich nicht »aus eigener Kraft« befreien konnten. Das setzt voraus, dass sie es wollten und dass es Deutsche gab, die »sich beizeiten aus dem Bereich nationalsozialistischer Menschenführung davongemacht« (XII, 952 f.) haben.

Gleichwohl, dieser Text wurde von vielen, zumal denjenigen, die sich zur Inneren Emigration zählten, als eine Anklage aller im Reich verbliebenen Deutschen aufgefasst. Dies hatte zum Ergebnis, dass die These von der Kollektivschuld zu dem gewichtigsten der Gravamina gegen Thomas Mann erhoben wurde, den man nun immer öfter und pointierter als einen Amerikaner wahrzunehmen beliebte. Doch für eine solche Deutung seines Artikels, dass nämlich jeder Deutsche an den Verbrechen der Nazizeit mitschuldig und dafür verantwortlich sei, bieten weder dieser Text noch andere Artikel aus den letzten Monaten des Kriegs eine Handhabe. In *Das Ende* zum Beispiel, geschrieben im Februar 1945, heißt es zu diesem heiklen Punkt: »gibt es Deutschland als geschichtliche Gestalt, als kollektive Persönlichkeit, dann gibt es auch dies: Verantwortung – ganz unabhängig von dem immer prekären Begriff der ›Schuld‹« (XII, 946). Thomas Mann unterscheidet grundsätzlich zwischen der Frage der »Schuld und Unschuld des Einzelnen« und der Frage der *»furchtbare[n] nationale[n] Gesamtschuld«* Deutschlands (19.1, 116). Diese nationale Gesamtschuld ist als politische Schuld aufzufassen, wie sie damals auch Karl Jaspers in seiner vieldiskutierten Abhandlung über die Schuldfrage definierte.[5] Deutschlands nationale Gesamtschuld bedeutet nicht mehr und nicht weniger als die von allen Deutschen zu bejahende Verantwortung Deutschlands für alle in seinem Namen begangenen Verbrechen.

Hier ist daran zu erinnern, dass, wie Norbert Frei gezeigt hat, »kein einziges offizielles Dokument überliefert« ist, das eine Schuld jedes Einzelnen postuliert.[6] In dem vom Krieg traumatisierten Deutschland hielt sich jedoch eine große Anzahl von Menschen davon überzeugt, dass die amerikanische Regierung und mit ihr Thomas Mann alle Deutschen schuldig sprechen wollten. Die Goebbels-Propaganda in der letzten Phase des Krieges sowie die Ankündigung von strengsten Entnazifizierungsverfahren, von denen man zunächst nicht wissen konnte, wie unzulänglich ihre Durchführung ausfallen werde, hatten das Ihre getan, um die Kollektivschuld als ein alle Deutschen bedrohendes Gespenst aufzubauen. Wir haben es hier aber, wie Norbert Frei argumentiert, mit einem bekannten Phänomen der Sozialpsychologie zu tun: In moralisch bedrängter Lage, in der sich praktisch alle Deutschen nach dem Krieg befanden, wehrt man sich gegen eine Anschuldigung, die niemand erhoben hat, um sich dem uneingestandenen Wissen um die Verbrechen des Regimes, dem man gedient und das man mehr oder weniger enthusiastisch unterstützt hatte, nicht stellen zu müssen. Eine solche Schutzbehauptung liefert den willkommenen Vorwand, »sich ungerecht behandelt zu fühlen – und die Frage nach der persönlichen Schuld beiseite zu schieben«.[7] Gerade dies jedoch, die »volle und rückhaltlose Kenntnisnahme entsetzlicher Verbrechen«, hatte Thomas Mann nach der Befreiung von Auschwitz und Birkenau in seiner Radiosendung vom Januar 1945 als »Vorbedingung« für die »Aussöhnung mit der Welt« (XI, 1106) bezeichnet.

Der starke, kollektive Abwehrreflex unmittelbar nach dem Zusammenbruch und der Befreiung zeitigte alsbald die »Vergangenheitspolitik« der Adenauer-Ära. Ihre Grundlage bildete eine Serie von Gesetzen, deren praktischer, um ideelle Rücksichten unbekümmerter Zweck es war, das Funktionieren des neuen Staates zu gewährleisten – eines Staates, der auf die Mitarbeit der Fachleute und Führungskräfte, auch wenn sie dem Nationalsozialismus gedient hatten, nicht verzichten wollte oder konnte. Es war, wie Norbert Frei in seinem Buch zum Thema *Vergangenheitspolitik* ausführt, eine Politik der Kompromisse, des Beschweigens und der Exkulpation. Was Frei für die ersten Jahre der Bundesrepublik konstatiert – nämlich dass die »Wahrnehmung des Unrechtscharakters des ›Dritten Reiches‹ […] nur schwach« entwickelt war[8] –, entsprach auch Thomas Manns Eindruck von der mentalen Verfassung des Landes. Was seine Kinder Erika, Klaus und Golo aus dem befreiten Land berichteten, war nicht dazu angetan, ihn von einem Gesinnungswandel der Deutschen zu überzeugen. Bezeichnend der sarkastische Bericht Klaus Manns, er sei in Deutschland nur einer Person begegnet, die »den Mut oder die immerhin eindrucksvolle Frechheit hatte« zu bekennen, ein Nazi gewesen zu sein: die formidable Winifred Wagner, die Leiterin der Bayreuther Festspiele und Hitler-Freundin.[9] Der Eindruck, dass sich wenig, d. h. bei weitem nicht genug, geändert habe, bestimmte Thomas Mann in entscheidendem Maß zu seiner Nichtrückkehr. An Theodor W. Adorno, der 1949 aus seinem kalifornischen Exil an die Universität Frankfurt zurückgekehrt war, schrieb er am 1. Juli 1950 unmissverständlich: »Nach Deutschland bringen mich keine zehn Pferde. Der Geist des Landes ist mir widerwärtig […].«[10] Dabei blieb es auch.

Die Mutter aller Deutschlanddebatten

Wenn die Vergangenheitspolitik der Jahre 1949 bis 1954 als der erste Akt der zweiten Geschichte des Nationalsozialismus anzusehen ist, so darf man die sogenannte Große Kontroverse um Thomas Mann als sein Vorspiel bezeichnen, denn es kamen darin bereits alle Themen zum Erklingen, um die sich in dem folgenden Halbjahrhundert die Debatten über Deutschland drehen sollten.[11] Gewöhnlich wird der Streit als die ressentimentgeladene Konfrontation der Inneren Emigration mit der äußeren Emigration verbucht. In Wirklichkeit jedoch ging es um Gravierenderes, nämlich die Frage der Schuld und Verantwortung und um den geschichtlichen Ort der Naziperiode. In gewissem Sinn darf dieser Streit von 1945/46 als die Mutter aller späteren Deutschlanddebatten angesehen werden.

Das *Große Kontroverse* betitelte Buch ist nicht die unparteiische Dokumentation eines fast zwei Jahrzehnte zurückliegenden Streits, als die sein Herausgeber, Johann Franz Gottlieb Grosser, sie post festum 1963 präsentierte.[12] Wollte man ihm Glauben schenken, so habe am Anfang der Wunsch gestanden, in der allgemeinen Orientierungslosigkeit nach dem Zusammenbruch des Hitler-Staates einen großen Deutschen, der den »Wahnsinn« früh erkannte, um Rat und Hilfe zu bitten.[13] Dies sei der Sinn des Initialbriefes Walter von Molos gewesen, zu dem er, Grosser, ihn angeregt habe.

Ganz so lauter und bieder, wie Grosser glauben machen will, waren seine Beweggründe nicht. Er war entschieden Partei, denn er hatte aufgrund seiner Vergangenheit eigentlich mehr Grund, Thomas Mann in einem ungünstigen Licht erscheinen zu lassen als die Innere Emigration. Dass er Partei war, verrät schon seine Sprache, in der immer wieder ein gewisser Nazijargon durchschlägt, so wenn er im alten Tonfall von der »kühn-schnoddrige[n] Luftwaffe« schwadroniert oder gar von der »utopistisch-widerständlerische[n] SS«.[14] Kein Wunder, denn Grosser war Presseoffizier der Wehrmacht gewesen und hatte sich mit Schriften wie *Europäische Großraumwirtschaft* und *Funker am Feind* hervorgetan.[15] Grossers Sprache wie auch seine aufgeräumte Stimmung des kollektiven Schwamm-Drüber strafen die eingangs abgegebene Erklärung Lügen, derzufolge er, wie viele andere Deutsche, mit dem

484

»Waffenrock« auch »die Vorstellungen und Irrungen der Vergangenheit abgelegt« hätte.[16] Grosser gelang es wohl schon unmittelbar nach Kriegsende, seinen väterlichen Freund Walter von Molo zu überreden, an Thomas Mann zu schreiben. Von Molo schrieb zunächst einen Geburtstagsbrief an seinen ehemaligen Kollegen in der Sektion Dichtkunst der Preußischen Akademie, in dem er seiner Hoffnung Ausdruck gab, ihn bald wieder zu sehen und sprechen zu können.[17] Von Molo versuchte in durchaus verbindlichem Ton, den Kontakt wiederherzustellen und nach Möglichkeit schön Wetter zu machen. Vermutlich weil er mit Schiffspost geschickt wurde, gelangte dieser Initialbrief nach Ausweis des Tagebuchs erst am 30. August in Thomas Manns Hände. Zu diesem Zeitpunkt aber hatte ihn bereits der fatale zweite Brief Walter von Molos erreicht. Erst dieser zweite Brief enthält die berühmte Aufforderung, nach Deutschland zurückzukehren, um »wie ein guter Arzt« in die »von Gram durchfurchten Gesichter« zu blicken und das »unsagbare Leid« in den Augen der vielen Deutschen zu sehen, »die nicht die Glorifizierung unserer Schattenseiten mitgemacht haben«.[18] Der verräterische Euphemismus »unsere Schattenseiten« für die Naziherrschaft, aber auch manch andere Formulierung ließ erkennen, dass von Molo und seine Gesinnungsgenossen weit davon entfernt waren, die Enormität des Unrechts und der Verbrechen anzuerkennen.

Nachdem Walter von Molo diesen Brief offenbar nach Vorgaben seines ehrgeizigen Freundes Grosser geschrieben hatte, nahm dieser selbst das Heft in die Hand, um mit diesem vorgeblich persönlichen Brief eine öffentliche Kontroverse um Thomas Mann anzuzetteln, mit dem Ergebnis, dass es nun nicht mehr darum ging, das Verhalten des einen oder anderen Schriftstellers zu rechtfertigen, sondern das Verhalten aller Deutschen und somit Deutschlands Rolle in der jüngsten Geschichte. Grosser gibt das Motiv zu seiner Aktion selbst zu erkennen: Er wolle verhindern, erklärt er in seinem Vorwort von 1963, dass »der Mensch in Deutschland, der Hinterbliebene in jeglicher Gestalt, [...] deklassiert, schematisch in Gruppen eingeteilt« werde, dass »neues Unheil, Rache und Haß, neuer Ungeist, [...] neues Unrecht« geschehe.[19] Der »Mensch in Deutschland« – das heißt offenbar: ehemalige Nationalsozialisten wie er, Sympathisanten wie viele in der Inneren Emigration und Unbeteiligte, die das NS-Regime bloß duldeten. An Grossers Ausweichtaktik und seinen exkulpatorischen Absichten kann also kein Zweifel sein. Seine Aktion von 1945 wie auch sein Buch von 1963 gehören eminent in den Kontext der restaurativen Vergangenheitspolitik, die den Umgang mit der jüngsten Geschichte lange prägte und dem kulturellen und politischen Leben Deutschlands ihren Stempel aufdrückte.[20] Ein Kernpunkt dieser Vergangenheitspolitik war die Opposition gegen Thomas Mann und gegen die ihm zugeschriebene These von der Kollektivschuld. Genau betrachtet ging es also Grosser und seinen Mitverschworenen keineswegs darum, den berühmten Exilanten in den deutschen Neuanfang einzuschalten, sondern vielmehr ihn auszuschalten, um so die Deutungshoheit über die Vergangenheit den Emigranten zu entreißen und für die zu reklamieren, die das Dritte Reich mitgetragen hatten. Diese Abwehrstrategie sollte sich als eine entscheidende Weichenstellung der deutschen Nachkriegsgeschichte erweisen.

Die nächsten Schritte zum Zustandekommen der sogenannten »großen Kontroverse« sind noch nicht alle aufgeklärt. Den Forschungen Leonore Krenzlins zufolge war die ganze Sache abgekartet und muss sich ungefähr wie folgt abgespielt haben: Grosser ging mit von Molos Brief, der undatiert war, zu Hans Habe, dem Presseoffizier der amerikanischen Militärregierung und Chefredakteur der unter amerikanischer Kontrolle stehenden *Neuen Zeitung* in München, in der der Brief am 4. August 1945 veröffentlicht wurde, gleichzeitig mit mehreren anderen Zeitungen in der amerikanischen Zone. Thomas Mann erhielt das Dokument vier Tage später vom Office of War Information zugestellt. Noch bevor der *Faustus*-Autor widerstrebend seine Replik verfasste, war am 18. August ebenfalls in der *Münchner Zeitung* aus der Feder von Frank Thieß ein Artikel erschienen, der die ganze Sache um ein Beträchtliches eskalierte.[21] Thomas Mann kam dieser Artikel, den er »abscheulich« schief und aufreizend fand (Tb. 18.9.1945), erst nach Abschluss seines Antwortbriefs an Walter von Molo vor Augen.

Mochte Mann die Einladung Walter von Molos, nach Deutschland zurückzukommen, lediglich als taktlos empfunden haben, so ließ ihn der kurz darauf erfolgte Angriff des Schriftstellers Frank Thieß, der seinen Beitrag provokativ »Die *Innere* Emigration« (Hervorhebung des Autors) überschrieb, in einen Abgrund der Unredlichkeit blicken. Die Aufforderung von Molos, »wie ein guter Arzt« möglichst bald nach Deutschland zurückzukommen, musste er insofern als taktlos empfinden, als sie dem Vertriebenen implizit und analog zum Hippokratischen Eid geradezu die Verpflichtung zur Rückkehr und Hilfeleistung auferlegte.[22] Thieß seinerseits, in einer schwer genießbaren Mischung aus Selbstgerechtigkeit und Heuchelei, stellte sich auf den Standpunkt, dass nur, wer in Hitler-Deutschland geblieben sei, die moralische Berechtigung habe, über die jüngste deutsche Vergangenheit zu urteilen. Darüber hinaus gab er vor, im Namen der Inneren Emigration in ihrer Gesamtheit zu sprechen, die er kühn als eine schattenhafte Gruppe von heimlichen Regimegegnern darstellte.

Ob Frank Thieß durch Grosser, durch Walter von Molo oder Hans Habe für die offenbar konzertierte Aktion gegen Thomas Mann gewonnen wurde, muss so lange ungeklärt bleiben, so lange der Thieß'sche Nachlass gesperrt bleibt.[23] Wie dem auch sei, es konnte dem *Faustus*-Autor nicht entgehen, dass sich hinter dem vorgeblich aus Not und Hilfsbedürftigkeit geborenen Ruf zur Rückkehr eine gemeine »Tücke« und eine »geheime Lust am Ruinieren« (19.1, 114) verbarg. Bereits der von Grosser inspirierte Brief Walter von Molos brachte ihn in eine unmögliche Lage. Wäre er zurückgekehrt, so hätte er angesichts der Zerstörung und Not kaum umhinkönnen, sich bis zu einem gewissen Grad zum Anwalt der Deutschen zu machen und damit Grossers Position des Schwamm-Drüber indirekt zu legitimieren. Lehnte er die Rückkehr ab, so stand er als herzlos da unter empfindlicher Schwächung seiner politisch-moralischen Autorität.

Thomas Manns Replik auf Walter von Molos Aufforderung zur Rückkehr, sein *Brief nach Deutschland*, wurde unter dem Titel *Warum ich nicht nach Deutschland zurückgehe* veröffentlicht und zählt zu den am heftigsten umstrittenen seiner politischen Stellungnahmen.[24] Thomas Mann lässt darin die vergangenen zwölf Jahre Revue passieren: Er erinnert an das »Herzasthma des Exils, die Entwurzelung, die nervösen Schrecken der Heimatlosigkeit«, aber auch an »die Vorteile, deren ihr genosset« (19.1, 73). Er konzediert die Entfremdung zwischen »einem, der den Hexensabbat von außen erlebte, und euch, die Ihr mitgetanzt und Herrn Urian aufgewartet habt« (19.1, 76), und er spart nicht mit Vorwürfen gegen die Daheimgebliebenen, darunter die ungenannten, aber leicht zu erkennenden Beispiele Wilhelm Furtwängler und Emil Preetorius. Der harte Kern seines offenen Briefs ist die Weigerung, sich als ein zum Vergessen und Verzeihen bereiter Remigrant von denen, die mehr oder weniger eifrig mitgemacht hatten, für ihre allzu offensichtliche Politik des Schwamm-Drüber vereinnahmen zu lassen und so einer Vergangenheitspolitik die Hand zu leihen, die er unmöglich gutheißen konnte. Darauf bezieht sich seine sehr gezielte Bemerkung: »Sind diese zwölf Jahre und ihre Ergebnisse denn von der Tafel zu wischen und kann man tun, als seien sie nicht gewesen?« (19.1, 73)

Nun war aber mit dem in viel schärferem Ton gehaltenen Artikel von Thieß ein neuer Gesichtspunkt hinzugekommen: Thomas Manns Deutschtum – ein Argument, das sogleich von einigen anderen Stimmen, die sich zu Wort meldeten, aufgenommen wurde. Thieß hielt Thomas Mann vor, dass er zum Thema deutsche Schuld eigentlich nichts zu sagen habe, da er die Zeit der Hitler-Herrschaft, die er als »deutsche Tragödie« bezeichnet, aus den »Logen und Parterreplätzen des Auslandes« bequem und gefahrlos überleben konnte. Die Daheimgebliebenen hingegen, die auf ihrem Posten ausharrten, hätten aus dieser unmittelbaren Zeugenschaft einen »Schatz an Einsicht und Erfahrung« gewonnen, deren ein Exilant notwendig entraten müsse.[25] Die im Lande Verbliebenen seien somit die einzigen qualifizierten Zeitzeugen, die das in Deutschland Geschehene zu beurteilen vermögen. Mit anderen Worten: Das Erlebnis der Naziherrschaft habe aus den Daheimgebliebenen nicht nur bessere, an historischer Erfahrung reichere Schriftsteller gemacht, sondern auch bessere Deutsche. Deutsche Schriftsteller gehörten nach Deutschland, auch Thomas Mann, der, wenn er nicht sofort, sondern erst später zurückkehre, »vielleicht nicht mehr« seine Muttersprache verstehen würde[26], was wohl heißen soll, dass er dann nicht länger als deutscher Dichter angesehen werden könne. Nicht zu Unrecht hat man diese weitverbreitete Einstellung als »Fremdstigmatisierung« im Interesse der »Eigenaufwertung« gekennzeichnet.[27]

Wie sehr Grosser in diesem Streit auf Thieß' Seite stand, geht u. a. daraus hervor, dass er einen an Thieß gerichteten offenen Brief von Herbert Lestiboudois, einem sonst unbekannten »Dichter der jüngeren Generation«, in seine Dokumentation aufnahm. Darin heißt es: »Was weiß er [Thomas Mann] überhaupt von Deutschland, obwohl er ein deutscher Dichter ist? Nichts! […] Darum haßt er uns und beschmutzt uns, denn er spürt noch dort in der Ferne, daß wir durch das Leid tiefer, wesentlicher, menschlicher werden und schon geworden sind, als er es ist – dass wir ihm überlegen sind, auch wenn wir unterliegen.«[28] Der Brief von Lestiboudois wiederholt mit anderen, erregteren Worten, was Thieß hatte verlauten lassen, und hat offenbar nur den einen Zweck zu demonstrieren, dass auch die nachwachsende Generation von deutschen Dichtern genauso empfindet wie die Innere Emigration. Im Übrigen belegt dieses Zeugnis, dass die ehemaligen Nazis und Nazisympathisanten, ob alt oder jung, zuallererst Mitleid, ja Bewunderung einforderten für das, was sie durchgemacht hatten, und dass sie weit davon entfernt waren, die von Thomas Mann geforderte Anerkennung des ganzen Ausmaßes der Verbrechen und der Schuld auch nur in Betracht zu ziehen.

Der Streit verlagerte sich bald auf Nebenschauplätze, was von dem im Raum stehenden Hauptproblem, der Frage der Schuld und Verantwortung, ablenken sollte. Ein solcher Nebenschauplatz tat sich mit Thomas Manns Behauptung auf, dass alle Bücher, die von 1933 bis 1945 in Deutschland erscheinen durften, »eingestampft« gehörten, weil ein »Geruch von Blut und Schande« (19.1, 76) daran hafte. Dieser unbedachte Satz war offensichtlich unhaltbar, da ja seine eigenen Bücher noch bis 1936 in Deutschland erscheinen durften, aber er gab der Inneren Emigration die willkommene Gelegenheit, lange, doch belanglose Gegenrechnungen aufzumachen.[29]

Thomas Mann musste nach den ersten gereizten Reaktionen erkennen, dass er sich über seine Kollegen getäuscht hatte. Seine Antwort an Walter von Molo beruhte, wie Erich Kahler schrieb, »auf der Voraussetzung gemeinsamen Hasses auf den National-Sozialismus«, doch diese Voraussetzung erwies sich als »*falsch* […]. Es ist das alte Nazi-Land und wird es bleiben.«[30] Der Graben, der sich in der »Großen Kontroverse« auftat, war tiefer als sowohl die eine wie auch die andere Seite angenommen hatte.

Grossers Erfahrung als Propagandist im Dritten Reich kam ihm bei der Zusammenstellung seiner Dokumentation sehr zustatten. Das Buch soll zeigen, dass Thomas Mann alleine stand und in der Tat isoliert war. Die Zeugnisse zur Verteidigung der Inneren Emigration und der Kritik an Thomas Mann bilden eine erdrückende Mehrheit. Gegenstimmen wie zum Beispiel die Ralph Giordanos oder Hans-Joachim Langs blieben ausgeschlossen. Giordano schrieb in der *Hamburger Freien Presse* über Manns offenen Brief: »Endlich *ein* Deutscher, der den Mut hat, die Wahrheit zu sagen! Das war die Sprache, die Deutsche nicht vertragen können [...].«[31] Und Hans-Joachim Lang brandmarkte den offenen Brief von Thieß als einen »Streich ohnegleichen« und »eine der frechsten Umkehrungen, die sich ein Hirn nur ausdenken konnte«. Langs fulminanter Artikel *Der letzte Deutsche* in der *Hamburger Akademischen Rundschau* blieb in Grossers Dokumentation offensichtlich deshalb unberücksichtigt, weil darin der eigentliche Beweggrund der Inneren Emigration unverblümt genannt wird, nämlich der Wunsch nach »Selbstrechtfertigung«. Lang weiter: »Hätten wir nach 45 ein gesundes Leben und urteilsfähiges Publikum besessen, wäre Frank Thieß von einem Sturm des Gelächters und der Empörung zugedeckt worden.«[32]

Als irreführend erweist sich im Übrigen Grossers Behauptung, Frank Thieß habe mit der Überschrift *Die Innere Emigration* einen »neuen Begriff in die Debatte« eingeführt.[33] Das soll heißen, dass erst Thieß einer ganzen Gruppe ehrenwerter Autoren, die Thomas Mann angeblich geschmäht hatte, ihre Identität und Dignität zurückgegeben habe. In Wirklichkeit aber wurde der Begriff schon 1933 von Lion Feuchtwanger in *Die Geschwister Oppenheim*[34] und auch von Thomas Mann selbst verwendet.[35] Bereits im Tagebuch vom 7. November 1933 – also zu einem Zeitpunkt, als Thieß sich noch mit den Nazis gemein machte[36] – denkt der *Joseph*-Autor über die »innere Emigration« in Deutschland nach, »zu der ich im Grunde gehöre«. Es wird oft übersehen, dass Thomas Mann auch und gerade nach der Kampfansage an Hitler-Deutschland der Inneren Emigration Respekt zollte und für ihre Situation Verständnis zeigte. In *Schicksal und Aufgabe*, einem Vortrag, den er 1943 an der amerikanischen Nationalbibliothek in Washington und in anderen Städten hielt, warb er nachdrücklich um Sympathie für die, wie er mutmaßt, »nach Millionen zählende ›innere Emigration‹«, die auf das Ende warte, »wie wir es tun« (XII, 923). In der Erzählerfigur des *Doktor Faustus*, einem vom Schuldienst zurückgetretenen Freisinger Gymnasialprofessor, ist denn auch dem Typus innerer Emigrant ein durchaus sympathisches Denkmal gesetzt.

Die Solidarität mit der Inneren Emigration ist also bei Thomas Mann für die ganze Dauer der Hitler-Herrschaft nachweisbar. Annulliert wurde sie erst nach dem Krieg, als Frank Thieß diese Bezeichnung zu einem »Kampfbegriff« umfunktionierte.[37] Dieser Kampfbegriff war keineswegs pauschal gegen das gesamte Exil gerichtet, sondern spezifisch gegen Thomas Mann, den angeblichen Vertreter der amerikanischen These von der Kollektivschuld aller Deutschen.

Wie schon 1933, als seine Münchner Nachbarn und Weggefährten sich beeilten, ihn wegen seiner Wagner-Rede als national unzuverlässig zu denunzieren, musste sich Thomas Mann einmal mehr von seinen Kollegen und vermeintlichen Verbündeten in der Opposition gegen Hitler zurückgestoßen fühlen. Was sich in den ersten Monaten des Jahres 1933 entlud, hatte sich schon lange davor zusammenzubrauen begonnen. Es hatte seine Wurzeln, recht besehen, in dem Ressentiment der bürgerlichen Rechten gegen einen, den sie auf ihrer Seite wähnten und der sich unverzeihlicherweise als ein Verräter ihrer Interessen entpuppt hatte. Damals und nun wieder musste sich der Vertriebene als ein zu Unrecht als »vaterlandsfeindlich Beschimpfte[r]« empfinden (XII, 944). Wie schon in dem großen Bonner Brief Ende 1936 erinnert Thomas Mann auch in der Replik auf Walter von Molos Brief an jene »analphabetische und mörderische« Hetze (19.1, 73) aus Anlass seiner Wagner-Rede. Wie dort waren es ehemals Gleichgesinnte und eigentlich Nahestehende, die unmittelbar nach der Machtübernahme durch die Nazis und nun sogleich nach deren schimpflichem Ende, als gäbe es nichts Dringenderes, über den als undeutsch gebrandmarkten Thomas Mann den Stab brachen.

Thomas Mann, der Amerikaner

Ein besonders effektvoller Schachzug in Frank Thieß' Feldzug gegen den prominenten Kollegen war seine Taktik, hinter Thomas Manns Deutschtum ein Fragezeichen zu setzen. Wer den *Faustus*-Autor als unberührt von der »deutschen Tragödie« hinstellt; wer ihn mit den »Logen und Parterreplätzen des Auslandes« assoziiert; wer gar offen spekuliert, dass ihm bald die Beherrschung seiner Muttersprache abhanden kommen könnte, der sät absichtlich Zweifel an Thomas Manns Deutschtum.

Die Thieß'sche Taktik hat sehr wohl bei anderen Teilnehmern an dem Streit ihren Niederschlag gefunden, am unverblümtesten in einem Beitrag von Otto Flake, dem er den Titel *Der Fall Thomas Mann* gab. Dieser zwar wohlmeinende und in verbindlichem Ton gehaltene Text illustriert die weitverbreitete Uneinsichtigkeit besonders deutlich. Flake, wie Thomas Mann ein Autor des S. Fischer Verlags, nahm die von Thieß ausgestreuten Stichworte auf und erinnerte daran, dass sein Kollege in Kalifornien »juristisch gesehen [...] nicht mehr Deutscher« sei, sondern »amerikanischer Untertan«, und dass damit zwischen ihm und Deutschland »das Tischtuch zerschnitten« sei.[38] Da nun aber nur der »legitim mitreden« dürfe, der die »Schicksale der Nation [...] an Ort und Stelle« erlebt habe, werden Thomas Manns Einmischungen schlichtweg für illegitim erklärt. Wie Thieß hält sich Flake etwas darauf zugute, aus der Erfahrung der Naziherrschaft menschlich und künstlerisch etwas gewonnen zu haben. Die Verbohrtheit dieser Position wird vollends offenbar, wenn er abschließend zum Dritten Reich meint, die Deutschen seien »töricht« genug gewesen, für die »Menschheit [...] die Kastanien aus dem Feuer« zu holen und ihr die Gefahr vorzuleben, die immer dann drohe, wenn aus der Zerstörung aller Bindungen notwendig »Maßlosigkeit« hervorgehe. In diesem Sinne habe Deutschland in der Ära des Nationalsozialismus zum Nutzen und Gewinn der ganzen Menschheit eine Art »Kloakendienst« übernommen, »während die anderen, die Hände in den Hosen, verächtlich« zuschauten.[39]

Thomas Manns amerikanische Staatsangehörigkeit entpuppte sich somit in dem Streit, den die Daheimgebliebenen mit ihm führten, als der springende Punkt: Je »amerikanischer« man ihn aussehen ließ, desto weniger Gewicht hatten seine Kommentare zur deutschen Katastrophe. In gewissem Sinn hatte er selbst den wohlfeilen, doch unaufrichtigen Einwänden seiner Gegner Vorschub geleistet, indem er in dem offenen Brief an Walter von Molo schrieb: »Heute bin ich amerikanischer Bürger, und lange vor Deutschlands schrecklicher Niederlage habe ich öffentlich und privat erklärt, daß ich nicht die Absicht hätte,

Amerika je wieder den Rücken zu kehren. Meine Kinder, von denen zwei Söhne noch heute im amerikanischen Heere dienen, sind eingewurzelt in diesem Lande, englisch sprechende Enkel wachsen um mich auf. Ich selbst, mannigfach verankert auch schon in diesem Boden, [...] ich sehe nicht, warum ich die Vorteile meines seltsamen Loses nicht genießen sollte, nachdem ich seine Nachteile bis zur Hefe gekostet.« (19.1, 75) In einem späteren Text drückte er sich noch drastischer aus: »Ich soll Amerika, dem ich doch schließlich meinen Eid geleistet habe, seine citizenship vor die Füße werfen, die mühsam errungene Lebensform meines Alters zerbrechen, Kinder und Enkel verlassen, meine Arbeit aufgeben und nach dem verwüsteten Deutschland eilen – wozu?« (19.1, 113) Da mochte er noch so emphatisch versichern: »Nie werde ich aufhören, mich als deutscher Schriftsteller zu fühlen« (19.1, 79), was in den Augen der Deutschen schließlich zählte, war nicht seine kulturelle Identität, sondern seine Staatsangehörigkeit, die Tatsache, dass er eine fremde angenommen hatte. Der Umstand, dass ihm seine deutsche Staatsangehörigkeit genommen worden war, wurde ihm offenbar nicht zugutegehalten.

Indem seine Gegner von der Inneren Emigration Anstoß nahmen an Thomas Manns neuer Staatsbürgerschaft, stellten sie sich bewusst oder unbewusst auf die Seite des NS-Regimes und argumentierten im Geiste des im Juli 1933 erlassenen Gesetzes zur Frage der deutschen Staatsangehörigkeit. Jenes Gesetz sah deren Aberkennung in all den Fällen vor, in denen »durch ein Verhalten, das gegen Pflicht und Treue gegen Reich und Volk verstößt, die deutschen Belange geschädigt« wurden.[40] Frank Thieß, Otto Flake und die anderen hätten im Jahre 1945 den Vorwurf des Nazigeistes vermutlich entrüstet von sich gewiesen. Aber im Endeffekt läuft ihre versteckte Ad-hominem-Argumentation denn doch auf eine Affirmation der Nazidoktrin bezüglich deutscher Identität hinaus.

Wie sehr die Vorstellung von Thomas Mann, dem Amerikaner, in den Köpfen der Deutschen herumspukte, geht nicht nur aus der Argumentation Otto Flakes hervor, der diese heikle Angelegenheit grob vereinfachte; es war im Grunde eine in der deutschen Bevölkerung weitverbreitete Sicht der Dinge. Dies ist u. a. aus der Umfrage zu ersehen, die die amerikanische Militärbehörde im Sommer 1947 in Bayern durchführte. Die Frage war: »Wollt ihr Thomas Mann wiederhaben?«[41] Die über achtzig Befragten waren meist Bildungsbürger mit Doktortiteln, also Meinungsführer. Eine klare Mehrheit von ihnen wollte Thomas Mann keineswegs wiederhaben.

Als typisch darf die Stellungnahme des Münchner Theater- und Musikkritikers Dr. Walter Panofsky gelten, eines über den Verdacht des Nazigeistes erhabenen Mannes. Panofsky gab zu Protokoll: »Den Ruf an die Emigranten [zur Rückkehr] halte ich für eine Selbstverständlichkeit, da unser Volk dazu schon aus Anstandsgründen die Verpflichtung hat.« Die Zurückgekehrten könnten »helfen eine Brücke zwischen uns und der übrigen Welt zu schlagen«. Was jedoch Thomas Mann betreffe, so stehe die Sache »ganz anders«; denn »vor den Toren zu sein, nicht den Mut zu haben, die Dinge zu sehen, wie sie sind, und dennoch darüber zu sprechen; das ist für mich ein moralisches und ethisches Versagen«.[42] Dabei ist es bemerkenswert, dass Panofsky zwar meint, die Emigranten sollten »nicht unter dem Gesichtspunkt ihrer heutigen Staatsbürgerschaft« beurteilt werden, doch offenbar spielt dieser Punkt sehr wohl eine Rolle, denn seine Beispiele: Paul Hindemith und Alfred Kerr, von denen er meint, sie seien Amerikaner, beziehungsweise Engländer geworden, waren es nicht, während er von Thomas Mann dies wusste, weil dieser ja seine amerikanische Staatsangehörigkeit als einen der Gründe für seine Nichtrückkehr angegeben hatte.

Man mag daraus ersehen, dass die von Otto Flake stammende Etikettierung des *Faustus*-Autors als »amerikanischer Untertan« ausgesprochen und mehr noch unausgesprochen in den Köpfen vieler Deutscher rumorte und auf jede Meinungsäußerung zu Thomas Mann abfärbte. Flakes Etikett ist jedoch doppelt irreführend. Es verdeckt Manns wachsende Kritik an der Politik der Vereinigten Staaten, ganz davon abgesehen, dass der Begriff »Untertan« deplatziert ist und auf Flake selbst zurückfällt.

Thomas Mann und die politische Kultur Nachkriegsdeutschlands

Mit Thomas Manns Weigerung, nach der Niederwerfung des Naziregimes sich mit Deutschland zu versöhnen und in sein Geburtsland zurückzukehren, trat die Störung im Verhältnis Deutschlands zu seinem prominentesten Exilanten in ein neues, akutes Stadium, das, trotz vieler oberflächlicher Zeichen der Akzeptanz und Kanonisierung, auch heute noch nicht abgeschlossen ist. Die Störung ist an verschiedenen Symptomen abzulesen. Das gewichtigste ist der – recht besehen: absurde – Streit über die Seriosität von Thomas Manns politischen Kommentaren. Aufs engste damit verknüpft ist die Frage, inwiefern, wenn überhaupt, seine politische Publizistik als ein positiver Beitrag zur politischen Bildung der Deutschen und zur Neugestaltung einer politischen Kultur nach der Katastrophe zu werten sei.

Thomas Manns Wahrnehmung in Deutschland, gerade auch unter den Bewunderern seines epischen Werks, ist gespalten. Durch das deutsche Thomas-Mann-Bild zieht sich ein Riss, der von der politischen Publizistik dieses Autors markiert wird. Grob gesprochen haben sich zwei Lager gebildet mit sehr unterschiedlichen Deutungen und Bewertungen, die kaum miteinander in Einklang zu bringen sind. In dem einen, größeren Lager findet man Interpreten und Kommentatoren, die Manns politische Schriften für inadäquat erklären. Für sie bleibt dieser Autor der große Unpolitische, als den er sich selbst zu Anfang seiner öffentlichen Rolle bezeichnet hatte – notabene aus politischen Gründen! Anfangs, so lässt sich diese Position zusammenfassend charakterisieren, habe sich Thomas Mann gegen die Politik gewehrt und sie als der deutschen Kultur wesensfremd hingestellt. Als er sich doch auf die verachtete Politik einließ, habe sich herausgestellt, dass er im Grunde ein zwar ehrenwerter, aber naiver und für die Politik gänzlich unbegabter Zeitzeuge gewesen sei, dessen politische Einmischungen nicht eigentlich beim Wort zu nehmen seien. »Thomas Mann blieb bis zum Ende, was er sein Leben lang gewesen war: ein unpolitischer Dichter« – so lesen wir in einem neueren Buch eines Historikers über *Thomas Mann und die Politik*.[43] Dieser Auffassung nach braucht Manns politische Publizistik letztlich nicht ernst genommen zu werden; dem entsprechend

hätten seine Stellungnahmen zur deutschen Katastrophe bei dem Neuaufbau einer politischen Kultur in Deutschland keine Rolle gespielt.
Dem gegenüber stehen die aufs Ganze gesehen wenigen Stimmen,
die in Manns politischer Publizistik einen bedeutenden Beitrag zur politischen Bildung der Deutschen erblicken. Eine der frühesten positiven Stimmen zu Thomas Mann war die von Alfred Andersch, der bereits 1945 für den *Ruf*, die Zeitung der deutschen Kriegsgefangenen in
Amerika, einen bekenntnishaften Artikel zu Thomas Manns Siebzigs-
tem verfasste und der nach seiner Rückkehr nach Deutschland wiederholt zustimmend gerade auch zu dem politischen Thomas Mann Stellung nahm.[44] In gewissem Sinne bahnbrechend war sodann das Buch
des Politologen Kurt Sontheimer über *Thomas Mann und die Deutschen*,
das schon relativ kurz nach Manns Ableben erschien, lange vor der Informationsexplosion der achtziger und neunziger Jahre.[45]

Was den politischen Thomas Mann betrifft, so galt das negative Urteil, das Joachim Fest in seinem schmalen Buch von 1985: *Die unwissenden Magier. Über Thomas und Heinrich Mann*, verkündete, lange
Zeit als endgültig.[46] Bei der Betitelung seines Doppelessays bediente
sich Fest einer Charakterisierung Golo Manns, der das Politisieren seines Vaters und Onkels gelegentlich als das Gerede zweier unwissender
Magier abqualifizierte – als unwissend, schlecht informiert und wirk-
lichkeitsfern.[47] Fests Buch ist eine Serie von Variationen zu diesem vorgegebenen Thema. Das Ziel seiner Argumentation ist schon nach wenigen Seiten zu erahnen. Fest will darlegen, dass Thomas Mann bis zum
Ende der blieb, der er von Anfang an war: ein wirklichkeitsferner, unpolitischer Fabulierer von Verfallsgeschichten und sonst nichts. Die
These, dass Thomas Mann sich entwickelt und aus der Geschichte gelernt habe oder dass er ein durchaus adäquates Verständnis von Politik
und von deutscher Geschichte besessen habe, stellt Fest als aus der
Luft gegriffen dar, als frommes Wunschdenken.

Was wäre dagegen einzuwenden?[48] Erstens, Fest operiert mit einem
absichtlich engen Politikbegriff, der bei der Beurteilung von Berufspoli-
tikern angebracht sein mag, nicht jedoch in der Bewertung von Schriftstellern. Diesen liegt weniger daran, die Mechanismen der Macht zu
erhellen, wie Fest unrealistischerweise fordert, als an der seismogra-
phischen Erfassung der das politische Leben steuernden Mentalitäten.

Zweitens, Fest überträgt in unzulässiger Weise den literarischen Ironie-
begriff auf die Publizistik, so dass sich unter seinen Händen selbst
auf die gewichtigsten politischen Stellungnahmen Thomas Manns der
Mehltau der uneigentlichen, das soll hier heißen: unaufrichtigen Rede
legt. Drittens, es ist nicht zu verkennen, dass Joachim Fest einen unkri-
tischen, letztlich auch unlauteren Gebrauch von Golo Manns Diktum
macht. In Golo Manns Urteil haben offensichtlich die psychischen und
familiendynamischen Energien die Oberhand behalten über die einem
Historiker zukommende Ausgewogenheit. Dass Golo Mann später sein
Urteil über die »unwissenden Magier« bedauert und praktisch revoziert
hat, konnte Fest 1985 nicht wissen; gleichwohl scheint es bezeichnend
für seine diskursstrategischen Absichten, dass er diese Möglichkeit
überhaupt nicht in Erwägung zog.⁴⁹

Der problematische und für die Einstellung weiter Kreise symptoma-
tische Charakter der Fest'schen Position wird vollends offenkundig,
wenn wir sein Bild des politischen Thomas Mann im Ganzen ins Auge
fassen. Es erweist sich als eine Skizze, auf der bestimmte Linien mit besonderem Nachdruck gezogen sind, um von den vielen weißen Flecken
abzulenken. Was bei Fest fehlt, sind wohl nicht zufällig gerade die umstrittensten und gewichtigsten Beiträge Thomas Manns zur Diskussion
über Deutschland und seinen Weg ins Unheil: seine Einsichten in die
aus der deutschen Kultur herzuleitenden Ursachen der Katastrophe;
die Anerkennung und Bewertung des Holocaust und seiner Bedeutung
für Nachkriegsdeutschland; das problematische Verhältnis zur Bundesrepublik; die profunde, im Exil entwickelte Deutschlandkritik, die sich
mitnichten in der Opposition gegen Hitler erschöpft, wie denn überhaupt der »amerikanische« Thomas Mann von Fest kaum beachtet
wird. All dies soll durch das Argument von dem unpolitischen, unwissenden Magier als gänzlich entwertet gelten.

Nicht zufällig bezeichnen die von Fest ausgesparten und gemiedenen
Themen exakt die Felder, die er selbst in der Bundesrepublik als Historiker und Journalist zu seiner Domäne gemacht hatte und gleichsam besetzt hielt. Als phänomenal erfolgreicher Hitler-Biograph und als Mitherausgeber der *Frankfurter Allgemeinen Zeitung* beanspruchte er eine
die öffentliche Meinung mitprägende Vorherrschaft. Als mit der 1977
einsetzenden Veröffentlichung der Tagebücher Thomas Manns die Dis-

497

kussion über sein Verhältnis zu Deutschland erneut in Gang kam, galt es, die eigene Position zu behaupten. Fests Abqualifizierung des politischen Thomas Mann verfolgt somit ein strategisches Ziel: Man darf es als ein Abwehrmanöver deuten, mit dem Fest letztlich seine Stellung als einer der Meinungsführer in dem damals wie heute umstrittenen Umgang der Deutschen mit ihrer jüngsten Vergangenheit zu verteidigen bestrebt war.

Diese Abwehrhaltung gegenüber dem politischen Thomas Mann verbindet Joachim Fest mit der Einstellung der Inneren Emigration. So wenig es anginge, Joachim Fest mit Thieß, von Molo, Flake und Grosser in einen Topf zu werfen, so wenig lässt sich doch übersehen, dass er von demselben Impuls beseelt war, nämlich dem Exilanten jegliche Deutungskompetenz abzusprechen, um den in Deutschland Verbliebenen die Deutungshoheit über die jüngste Vergangenheit zu sichern.

Die Entschlossenheit eines Grosser und eines Joachim Fest, Thomas Mann keine Herrschaft einzuräumen über die Deutung der jüngsten deutschen Geschichte, ist keineswegs Vergangenheit. Sie kennzeichnet auch die Bemühungen gewisser Hüter des kulturellen Gedächtnisses, wie das Beispiel der Literaturwissenschaftlerin Aleida Assmann erkennen lässt. In ihrem 1999 erschienenen Essay *Geschichtsvergessenheit, Geschichtsversessenheit* mustert Assmann den »Umgang mit deutschen Vergangenheiten nach 1945« und beschreibt eine große »demokratische Erfolgsgeschichte«, an deren Ende ein politisch reifes, mit seiner Vergangenheit in Frieden lebendes Land steht.[50] Zu dieser Erfolgsgeschichte habe Thomas Mann, wie Assmann zeigen möchte, nicht nur nichts beigetragen; seine Ansichten zur deutschen Katastrophe seien sogar hinderlich gewesen, und zwar auf Grund der angeblich bedrückenden »psychischen Wirkung der Kollektivschuldthese«. Thomas Mann, »der aus Deutschland emigrierte« (wobei insinuiert wird, dass er auch hätte bleiben können), der »frischgebackene US-Bürger« (was heißen soll: der übereifrige Neu-Amerikaner) sei »nicht bereit« gewesen, »sich mit dem Gedanken eines verborgenen besseren Deutschland zu trösten«; stattdessen habe er die angeblich »amerikanische Perspektive der Kollektivschuld übernommen und sich selbst mit der Verurteilung von außen identifiziert«.[51] Es ist im Grunde – man konstatiert es mit einem melancholischen Staunen – immer noch derselbe Abwehrreflex gegen Thomas Mann, den Amerikaner, wie der der Inneren Emigration, nur diskreter und intellektuell versierter vorgetragen, was aber die ganze Sache um kein Haar besser macht.

Hätte die politische Kultur Nachkriegsdeutschlands die Reife, die man ihr heute gerne bescheinigt, zügiger erzielt, wenn man den politischen Thomas Mann nicht abgelehnt, sondern auf ihn gehört und seine Einsichten beherzigt hätte? Wäre der politische Reifeprozess weniger stotternd vorangekommen und hätte nicht immer wieder von außen induziert werden müssen, wenn die Vergangenheitspolitik der Nachkriegsjahre sich weniger exkulpatorisch und ein wenig schonungsloser gestaltet hätte? Vieles spricht dafür.

Die Ablehnung Thomas Manns durch die Innere Emigration hatte eine bedauerliche Kehrseite: Sie beeinträchtigte seine eigene Wahrnehmung der politischen und moralischen Leistungen der Bundesrepublik, die ihre Verantwortung als Nachfolgestaat der nationalsozialistischen Diktatur, ganz im Sinne des *Faustus*-Autors, niemals verleugnete. Denn im Grunde stimmten Thomas Mann und der von ihm stets mit Argwohn betrachtete Bundeskanzler Konrad Adenauer in diesem moralisch springenden Punkt überein. Dass es zu einer gegenseitigen Anerkennung dieser Gemeinsamkeiten nicht kam, lag wohl letztlich an jener »etwas krankhafte[n] Sensitivität in Dingen dieses Dritten Reiches«, die Thomas Mann in einem Brief an Emil Preetorius auch seinerseits offen zugab.[52] Wie hätte es auch anders sein können nach dieser größten Katastrophe der deutschen Geschichte! Auch deswegen ist dem Kapitel Thomas Mann eine schlüsselhafte Bedeutung für das Verständnis der zweiten Geschichte des Nationalsozialismus zuzuerkennen.

Auf den ersten Blick unterscheiden sich die Positionen, die sich in der »Großen Kontroverse« gegenüberstanden, lediglich in der Wahrnehmung des Thomas Mann'schen Exils: hier die nervösen Schrecken und das Herzasthma des Lebens in der Fremde, dort das Ausharren in Logen und Parterreplätzen, von denen man zurückgelehnt und teilnahmslos zuschauen konnte, wie die deutsche Tragödie sich entfaltete. Hinter dieser plakativen und polemischen Gegenüberstellung verbargen sich jedoch gravierende Unterschiede der politischen Kultur.

Thomas Manns Exilerfahrung wurde in weit höherem Maße als in der Schweiz, wo ihm jede offen politische Stellungnahme untersagt war, durch die Jahre des amerikanischen Exils geprägt. Genau betrachtet waren es die ersten sieben Jahre bis zum Tod Franklin Roosevelts und bis zum Ende der Naziherrschaft, die als die entscheidenden zu betrachten sind. In diesen Jahren des Kampfes gegen Hitler-Deutschland und der fieberhaften Anteilnahme an den politischen Entscheidungsprozessen der Vereinigten Staaten intensivierte und beschleunigte sich sein Lernprozess als politischer Schriftsteller.

Als es sogleich nach Kriegsende zur Konfrontation mit den in Deutschland verbliebenen Kollegen kam, tat sich eine Verstehenslücke auf, die beide Seiten als schockierend empfanden. Diese Verstehenslücke ließ die Innere Emigration in den Augen des Vertriebenen als verstockt und zurückgeblieben erscheinen, den Exilanten in den Augen der Daheimgebliebenen aber als einen Abtrünnigen und nicht mehr Dazugehörigen. Was nur den wenigsten Deutschen der Nachkriegsjahre dämmerte, war die Tatsache, dass der als vaterlandsfeindlich Beschimpfte einen Weg des geschichtlichen und politischen Verstehens gegangen war, der den Überlebenden des Krieges und wenig später den politisch gespaltenen Deutschen zu gehen noch bevorstand. Thomas Mann, von den Umständen eines alles in allem glückhaften Exils begünstigt, konnte diesen Weg früher und rascher gehen als die Nation.

Der Exilant fand sich zunächst, als er 1933 aus seiner vorgegebenen Lebensbahn geworfen wurde, auf unvermessenem Terrain wieder. Sobald er sich jedoch in den Kampf gegen Hitler-Deutschland einschaltete, stellte sich heraus, dass er auf eine neue Bahn geraten war – auf eine, mentalitätsgeschichtlich betrachtet, Überholspur der deutschen Geschichte, die nur den Exilanten offenstand. Auf dieser Überholspur gewann Thomas Mann in den Jahren des amerikanischen Exils einen Vorsprung an historischer und politischer Erkenntnis, die sich in einer von keiner falschen Vaterlandsliebe vernebelten Außenperspektive auf Deutschland kundtat und die die Daheimgebliebenen weder anerkennen konnten noch wollten.

Es waren in der Hauptsache vier Thesen zur deutschen Katastrophe, die er in seinen Kriegsschriften und den Botschaften nach Deutschland vorgetragen hatte und die dem Geschichtsbewusstsein Nachkriegsdeutschlands um ein Beträchtliches voraus waren. Thomas Manns im amerikanischen Exil gewonnene Ansichten gelten heute unter Historikern längst als konsensfähig; unmittelbar nach dem Krieg und noch viele Jahre später stießen sie jedoch auf mehr oder weniger erbitterte Ablehnung.

1. Hitler und der Nationalsozialismus waren kein Betriebsunfall der deutschen Geschichte; sie haben tiefe Wurzeln in der deutschen Kultur, die weiter zurückreichen als die Weltwirtschaftskrise von 1929 oder die Versailler Verträge von 1919. Die Kritik am Dritten Reich greift zu kurz, wenn sie seine ominösen Antezedentien in der deutschen Geschichte nicht mit einschließt.

2. Der Glaube an ein gutes, vom Nationalsozialismus unberührtes Deutschland beruht auf einer Selbsttäuschung. Das böse Deutschland – dies der Kerngedanke von *Deutschland und die Deutschen* – ist das fehlgegangene gute; seine Bösartigkeit das Resultat eines geschichtlichen Prozesses der Pervertierung. Daraus folgt, dass Deutschland in seiner Gesamtheit schuldig und verantwortlich ist und dass »alles Deutschtum, auch der deutsche Geist [...] mitbetroffen« sind von der moralischen Kompromittierung durch die deutsche Katastrophe (10.1, 697).

3. Deutschlands Zerstörung und seine Leiden sind nicht fremdverschuldet, wie die deutsche Propaganda nicht müde wurde zu verkünden, sondern selbstverschuldet, denn, wie es im *Doktor Faustus* heißt: »wer da Wind säet«, wird Sturm ernten (10.1, 56). Wer also die Zerstörung der deutschen Städte beklagt und sich moralisch darüber entrüstet, soll sich der vorangegangenen Zerstörung Coventrys und Rotterdams erinnern, nicht zu reden von der Masse der anderen im Namen Deutschlands begangenen Verbrechen.

4. Deutschlands »Aussöhnung« mit der Welt und sein »Neubeginn« sind an eine ernste »Vorbedingung« gebunden, nämlich die »volle und rückhaltlose Kenntnisnahme entsetzlicher Verbrechen« (XI, 1106), vor allem des Genozids an den Juden Europas. Die Krematorien der Vernichtungslager – dies Manns korrekte Voraussage – werden als »*das Denkmal des Dritten Reiches*« (XI, 1107) im Gedächtnis der Menschheit fortleben.

Es bedurfte mancher Anstöße von außen, mancher historischer Gedenktage, um die Deutschen in ihrer Mehrheit dazu zu bringen, diese Thesen zu akzeptieren und sich damit einig zu erklären. Wäre dies früher geschehen, so wäre es vor allem zwei zentralen Bereichen der politischen Kultur Nachriegsdeutschlands zugutegekommen: der vielberedeten Bewältigung der Vergangenheit, die nur zögerlich in Gang kam, und der Wiederaufnahme Deutschlands in den Kreis der geachteten Nationen, der sich noch lange nach 1945 die Erinnerung an die im Namen Deutschlands begangenen Verbrechen entgegenstellte. Thomas Manns Erkenntnisse fanden unmittelbar nach dem Krieg keine Akzeptanz und haben keine nennenswerte Rolle in dem Neuaufbau einer demokratischen, zur Wiedergutmachung vorbehaltlos bereiten politischen Kultur gespielt. Gleichwohl zählt der *Faustus*-Autor als moralische Instanz zentral zur zweiten Geschichte des Nationalsozialismus.

Nachbemerkung

Die Konzeption des vorliegenden Buches verdankt sich bestimmten Einsichten, die sich bei der Arbeit am Kommentar zu Thomas Manns Briefwechsel mit Agnes E. Meyer ergaben. Es stellte sich heraus, dass die Briefe, Tagebücher und publizistischen Gelegenheitsarbeiten Thomas Manns keine ausreichende und verlässliche Grundlage für eine angemessene Darstellung seiner amerikanischen Lebensverhältnisse sind, weil seine Wahrnehmung Amerikas und der Amerikaner, jedenfalls in den ersten Jahren, aufgrund seiner mangelhaften Englischkenntnisse merklich verkürzt war. Es war somit nötig und unumgänglich, im Rückgriff auf Zeitungen und auf Zeitzeugen, so weit wie möglich, den Kontext zu rekonstruieren, in dem sich der Emigrant bewegte. Einschlägige Zeugnisse waren zu sammeln, die dafür in Frage kommenden Archive waren zu sichten.

Zu nennen sind in diesem Zusammenhang die Library of Congress in Washington, D.C., die den Nachlass von Agnes E. Meyer aufbewahrt; die Franklin D. Roosevelt Presidential Library and Museum in Hyde Park, New York; das Harry Ransom Center der University of Texas, Austin, wo der Knopf-Nachlass liegt, sowie die Beinecke Rare Book and Manuscript Library der Yale University in New Haven, Connecticut, die bedeutendste Thomas-Mann-Sammlung auf amerikanischem Boden. Des Weiteren das Department of Rare Books and Special Collections der Firestone Library an der Princeton University; die Harvard University Archives; die Rare Books and Manuscript Library der Butler Library an der Columbia University, New York; die Division of Rare and Manuscript Collections der Carl A. Kroch Library an der Cornell University in Ithaca, New York, sowie die Hans Waldmüller Collection on Thomas Mann in der Bibliothek der University of California, Irvine. Nicht zu vergessen das stets freundliche und hilfsbereite Team des Zürcher Thomas-Mann-Archivs sowie der tüchtige Interlibrary Loan Service der William Allan Neilson Library am Smith College in Northampton, Massachusetts.

Nachbemerkung

Die Arbeit an diesem Buch wurde vielfach gefördert durch den mündlichen und schriftlichen Austausch mit Freunden und Kollegen. An erster Stelle zu nennen ist Herbert Lehnert (Irvine), der Nestor der Thomas-Mann-Forschung, der alle Kapitel mit Zuspruch und Einspruch im Geiste einer unbestechlichen, freundschaftlichen Kritik begleitet hat. Ehrhard Bahr (Los Angeles), der beste Kenner des »Weimar am Pazifik«, war bei drei Kapiteln der wachsame Gegenleser. Einzelne Kapitel wurden von David C. Large (Bozeman, Montana), Egon Schwarz (St. Louis), Jens Malte Fischer (München) sowie von Christa und Jeffrey Sammons (New Haven, Connecticut) kritisch durchgesehen. Ihnen allen gilt mein aufrichtiger Dank.

Willkommene Dokumente, Auskünfte und weiterführende Anregungen, gesprächsweise oder per E-Mail, habe ich von einer Reihe von Kollegen empfangen: Sigrid Bauschinger (Amherst, Massachusetts), Arnaldo Benini (St. Gallen), Peter Bloom (Northampton, Massachusetts), Heinrich Detering (Göttingen), Yahya Elsaghe (Bern), Dirk Heißerer (München), Klaus W. Jonas (München), Steven H. Norwood (Norman, Oklahoma), Judith Ryan und Doris Sperber (Cambridge, Massachusetts), Guy Stern (Detroit), Frank Schmitter (Monacensia Literaturarchiv, München), Herman Teiter (Leo Baeck Institute, New York) und Eckhard Zimmermann (München). Aufrichtiger Dank auch ihnen!

Diese Liste von Danksagungen wäre unvollständig ohne eine postume Verneigung vor dem akademischen Lehrer, der mein Interesse an amerikanischer Literatur und Kultur geweckt und gesteuert hat: Hans-Joachim Lang. Seine Tübinger Vorlesungen und Seminare über Whitman, Hawthorne und Melville sind unvergessen, ebenso wie sein wegweisendes Interesse an Thomas Mann.

Wie nun schon gewohnt, hat Roland Spahr, mein Lektor, das Buch auf Verlagsseite betreut. Seine enthusiastische Zustimmung zu dem ersten Entwurf des Projekts, seine sachkundigen Einlassungen während der Entstehung des Buchs, seine Verlässlichkeit bei der Beantwortung von Fragen und seine Versiertheit im Aufspüren von Illustrationen waren mir eine enorme Hilfe. Ihm gilt mein ganz besonderer Dank. Schließlich verdient Birgit Nutz genannt zu werden: sie hat dankenswerterweise die Erstellung des Registers besorgt.

Anmerkungen

Zur Einführung: Vierzehn Jahre Exil in den USA

1 Zitiert nach Chronik, 456.

2 Siehe Ernst Krieck: *Agonie: Schlußwort zu Thomas Mann*, in: TMUSZ, 290–294, 294; vgl. auch Tb. 15. 5. 1937.

3 Horst Köhler: *Festansprache*, in: *Vom Nachruhm. Beiträge zur Lübecker Festwoche 2005 aus Anlass des 50. Todesjahres von Thomas Mann*, hg. von Ruprecht Wimmer und Hans Wißkirchen. Frankfurt/Main 2007 (= TMS XXXVII), S. 235–239, 235.

4 Siehe Marcel Reich-Ranicki: *Mein Leben*. Stuttgart 1999, S. 102–105; vgl auch ders.: *Festvortrag zum 50. Todestag Thomas Manns*, in: *Vom Nachruhm* (Anm. 3), S. 241–250.

5 Anon.: *Mann Finds U. S. Sole Peace Hope*, in: *The New York Times*, 22. 2. 1938, S. 13.

6 Thomas Mann: *Leiden an Deutschland. Tagebuchblätter aus den Jahren 1933 und 1934*. Privatdruck der *Pazifischen Presse*, Los Angeles 1946.

7 Manfed Görtemaker: *Thomas Mann und die Politik*. Frankfurt/Main 2005, S. 118.

8 Siehe Jacques Barzun: *God's Country and Mine. A Declaration of Love Spiced with a Few Harsh Words*. Boston 1954, S. 159.

9 An Hermann Kesten, 13. 12. 1951; Br. III, 236.

10 An Erich Kahler, 31. 12. 1941; EK, 46.

11 Siehe Fritz Fischer: *Griff nach der Weltmacht: Die Kriegszielpolitik des kaiserlichen Deutschland, 1914/18*. Düsseldorf 1961. Zur Bedeutung der Fischer-Debatte im Zusammenhang der deutschen Vergangenheitspolitik vgl. besonders Konrad Jarausch: *Der nationale Tabubruch. Wissenschaft, Öffentlichkeit und Politik in der Fischer-Kontroverse*, in: *Zeitgeschichte als Streitgeschichte. Große Kontroversen seit 1945*, hg. von Martin Sabrow, Ralph Jessen und Klaus Große Kracht. München 2003, S. 20–40; Rainer Nicolaysen: *Rebell wider Willen? Fritz Fischer und die Geschichte eines nationalen Tabubruchs*, in: *100 Jahre Geschichtswissenschaft in Hamburg*, hg. von Rainer Nicolaysen und Axel Schildt. Berlin 2011, S. 197–236.

12 Vgl. dazu Norbert Frei: *Vergangenheitspolitik. Die Anfänge der Bundes-republik und die NS-Vergangenheit.* München 1996; *Der Nationalsozialis-mus – Die zweite Geschichte. Überwindung, Deutung, Erinnerung,* hg. von Peter Reichel, Harald Schmid, Peter Steinbach. München 2009.

Der lange Weg nach Westen

1 Richard Dyck: *Literatur-Nobelpreis für T. S. Eliot,* in: *Aufbau,* 12. 11. 1948.
2 Brief an Erich Heller, 10. 8. 1954; Reg. 54/260.
3 Lewis Gannett: *T. S. Eliot. A Study of His Writings by Several Hands,* in: *The New York Herald Tribune,* 27. 1. 1949.
4 Vgl. dazu den Überblick über die angloamerikanische Rezeption des *Doctor Faustus* in 10.2, 143–157.
5 Vgl. dazu das Kapitel *Die Meyer,* S. 201–203.
6 George Steiner: *Eine exakte Kunst. Und über die Flucht vieler Schriftsteller ins Englische: Die Heimkehr von Babel,* in: *Neue Rundschau,* Jg. 108 (1997), H. 1, S. 107–125, 116f.
7 Heinrich August Winkler: *Der lange Weg nach Westen,* 2 Bände. München 2000.
8 Zu dem vielschichtigen Problem der Sprachlosigkeit in Folge der Exil-situation vgl. Helene Maimann: *Sprachlosigkeit. Ein zentrales Problem der Exilerfahrung,* in: *Leben im Exil. Probleme der Integration deutscher Flücht-linge im Ausland, 1933–1945,* hg. von Wolfgang Frühwald und Wolfgang Schieder. Hamburg 1981, S. 31–38.
9 Zu Thomas Manns Einstellung zur amerikanischen Literatur vgl. das Kapitel *Goethe in Hollywood,* S. 329–335.
10 Die Literatur zu diesem Thema ist immens; besonders aufschlussreich: Peter Berg: *Deutschland und Amerika 1918–1929. Über das deutsche Amerikabild der zwanziger Jahre.* Lübeck, Hamburg 1963; Klaus Schwabe: *Anti-Americanism Within the German Right, 1917–1933,* in: *Jahrbuch für Amerikastudien,* Bd. 21 (1976), S. 89–107; Frank Trommler: *The Rise and Fall of Americanism in Germany,* in: *America and the Germans. An Assess-ment of a Three-Hundred-Year History,* hg. von Frank Trommler und Joseph McVeigh, Bd. 2. Philadelphia 1985, S. 332–342; Dan Diner: *Feindbild Amerika. Über die Beständigkeit eines Ressentiments.* Berlin 2002; Jeffrey L. Sammons: *Gibt es dort ein »Dort?«. Das deutsche Amerikabild,* in: *Das Amerika der Autoren. Von Kafka bis 09/11,* hg. von Jochen Vogt und Alexander Stephan. München 2006, S. 19–43.
11 Siehe das Kapitel *Völker und Vaterländer,* das Achte Hauptstück von *Jenseits von Gut und Böse,* KSA 5, 179–204. Thomas Mann hat diesen Abschnitt besonders geschätzt und oft zitiert.

12 Vgl. Bernd Roeck: *Florenz 1900. Die Suche nach Arkadien.* München 2004.

13 Vgl. *Notizbücher II*, S. 93 f., sowie die von Heinrich Detering und Stephan Stachorski edierten und kommentierten Paralipomena zu *Königliche Hoheit* (4.2, 433–436).

14 *Geist und Kunst*, Nr. 3. In: Paul Scherrer/Hans Wysling: *Quellenkritische Studien zum Werk Thomas Manns.* Bern, München 1967 (TMS I), S. 153.

15 Brief an Ernst Bertram, 8. 7. 1922 (22, 441).

16 Vgl. Walter Grünzweig: *Walt Whitman. Die deutschsprachige Rezeption als interkulturelles Phänomen.* München 1991, S. 123.

17 Ebd., S. 87–99, 93.

18 Vgl. dazu Grünzweig, S. 74–76; Hans-Joachim Lang: *Eduard Bertz vs. Johannes Schlaf: The Debate on Whitman's Homosexuality in Germany,* in: *A Conversation in the Life of Leland R. Phelps. America and Germany: Literature, Art, and Music,* ed. Frank Burkhardt and Mario C. Sehinger. Durham, N.C. 1987, S. 49–86.

19 *Walt Whitmans Werk in zwei Bänden.* Ausgewählt, übertragen und eingeleitet von Hans Reisiger. Berlin 1922, S. LXXI.

20 Vgl. dazu Claus Sommerhage: *Eros und Poesie. Über das Erotische im Werk Thomas Manns.* Bonn 1983, S. 114–124.

21 Siehe Anna Jacobsen: *Walt Whitman in Germany since 1914,* in: *The Germanic Review* 1 (1926), S. 132–141, 140.

22 Vgl. Henry Hatfield: *Drei Randglossen zu Thomas Manns »Zauberberg«,* in: *Euphorion* 56 (1962), S. 365–372, 366 f.

23 Siehe die ausführliche Erörterung der Jekyll-and-Hyde-Thematik in dem Kapitel *Der Weg nach Kaisersaschern,* S. 459–464.

24 Siehe Anthony W. Riley: *Notes on Thomas Mann and English and American Literature,* in: *Comparative Literature* 17 (1965), S. 57–72.

25 Paul West: *Thomas Mann and English Taste,* in: *Southern Review,* N.S. 5 (1962), S. 1126–1140.

26 Vgl. dazu besonders Dieter Borchmeyer: *»Ein Dreigestirn ewig verbundener Geister«. Wagner, Nietzsche, Thomas Mann und das Konzept der übernationalen Kultur,* in: *Wagner – Nietzsche – Thomas Mann. Festschrift für Eckhard Heftrich,* hg. von Heinz Gockel u. a. Frankfurt/Main 1993, S. 1–15.

27 Brief an Leigh-Emmerich, 13. 2. 1928; Reg. N28/1.

28 Über den Verlauf des Banketts berichtete ein anonymer Autor in seiner Besprechung von *The Tales of Jacob* in der *Time* (siehe die folgende Anmerkung). Vgl. auch Thomas Manns Briefe an Gottfried Bermann Fischer, 21. 6. 1934, und Alfred Neumann, 26. 6. 1934; Br. I, 362–364.

29 Anon.: *Great Mann* (Rezension von *The Tales of Jacob*), in: *Time,* 11. 6. 1934, S. 71–75. Eine Porträtzeichnung von Thomas Mann ziert auch das Titelblatt dieser Ausgabe.

30 Dorothy Thompson: *I Saw Hitler*. New York 1932.
31 Siehe die Würdigung von Dorothy Thompsons vielfältigen publizistischen Tätigkeiten: *Cartwheel Girl*, in: *Time*, 12. 6. 1939, S. 47–51.
32 Dorothy Thompson: *The Most Eminent Living Man of Letters. Thomas Mann Gives an Old Tale New Beauty and Significance*. In: *The New York Herald Tribune*, Books section, 10. 6. 1934.
33 Dorothy Thompson bezieht sich vermutlich auf einen Artikel von Herbert Solow: *German Writers Say »Yes«*, in: *The Nation*, 17. 1. 1934, in dem Thomas Mann als »collaborator« bezeichnet wird. Dem folgte ein Leserbrief: *In Defense of Zweig, Mann and Others*, von B. W. Huebsch, und eine Replik Solows, ebd., 7. 2. 1934, S. 159–160. Vgl. auch Herbert Solow: *Thomas Mann: Exile or Refugee?*, in: *The New Republic*, 21. 2. 1934, S. 48–49.
34 Vgl. dazu Irmela von der Lühe: *»Kommen Sie bald wie ein guter Arzt« – Die »große Kontroverse« um Thomas Mann (1945)*, in: *Engagement, Debatten, Skandale: Deutschsprachige Autoren als Zeitgenossen*, hg. von Joanna Jabłdowska und Małgozata Potrola. Łódź 2002, S. 306–320.
35 Zu den Umständen und Motiven für den Erwerb der tschechoslowakischen Staatsbürgerschaft vgl. die erschöpfende Darstellung von Thomas Sprecher: *Deutscher, Tschechoslowake, Amerikaner*, in: *Thomas-Mann-Jahrbuch* 9 (1996), S. 303–338.
36 Nach Gert Heine/Paul Schommer: *Thomas-Mann-Chronik*. Frankfurt/Main 2004, S. 321.
37 *Cleveland Plain Dealer*, 2. 5. 1938; AM, 840.
38 *New Citizens*, in: *The Washington Post*, 26. 6. 1944; AM, 1008 f.
39 *Thomas Mann and Wife Given US Citizenship*, in: *Los Angeles Times*, 23. 6. 1944; AM, 1008.
40 Die Zahlen nach Horst Möller: *Exodus der Kultur. Schriftsteller, Wissenschaftler und Künstler in der Emigration nach 1933*. München 1984, S. 47. Zu den damals bestehenden Einwanderungsgesetzen und der generell defensiven Einwanderungspolitik der Vereinigten Staaten vgl. Manfred Durzak: *Die Exilsituation in USA*, in: *Die deutsche Exilliteratur 1933–1945*, hg. von Manfred Durzak. Stuttgart 1973, S. 145–158.
41 Michael Kater: *Die vertriebenen Musen. Von den Schwierigkeiten deutschsprachiger Künstler und Intellektueller im Exil*, in: *Nationalsozialismus in den Kulturwissenschaften*, hg. von Hartmut Lehmann und Otto Oexle, Bd. 1. Göttingen 2004, S. 489–511, hier S. 494, 501. Vgl. auch Durzak (Anm. 40), S. 151: »Als Sondergruppierung innerhalb der Künstler sind die Schriftsteller anzusehen, die über ganz Amerika verstreut lebten und mit Ausnahme von Thomas Mann, Franz Werfel und Lion Feuchtwanger, die auch in den USA erfolgreich waren und viel gelesen wurden, nur die Schattenseiten des Exils kennenlernten.«

42 *Mann Finds US Sole Peace Hope*, in: *New York Times*, 22. 2. 1938, S. 13.
    Vgl. dazu Volkmar Hansen: »*Where I am, there is Germany*«. *Thomas Manns
    Interview vom 21. Februar 1938 in New York*, in: *Textkonstitution bei münd-
    licher und schriftlicher Überlieferung*, hg. von Martin Stern. Tübingen 1991,
    S. 176–188; Helmut Koopmann: *Lotte in Amerika, Thomas Mann in
    Weimar. Erläuterungen zum Satz* »*Wo ich bin, ist die deutsche Kultur*«, in:
    Wagner – Nietzsche – Thomas Mann. Festschrift für Eckhard Heftrich, hg.
    von Heinz Gockel u. a. Frankfurt/Main 1993, S. 324–342.
43 Heinrich Mann: *Ein Zeitalter wird besichtigt*, hg. von Gotthard Erler. Berlin,
    Weimar 1973, S. 215.
44 Siehe Telegramm an Beneš, 5. 5. 1938, und den Brief an Laška, 6. 5. 1938;
    Reg. 38/69 und 38/72.
45 Erika Mann an Leopold Schwarzschild, 28. 5. 1938; Erika Mann: *Briefe und
    Antworten*, hg. von Anna Zanco Prestel, Bd. I. München 1984, S. 127–129.
    Der Brief erschien unter dem Titel *Gerüchte um Thomas Mann* in: *Das
    Neue Tage-Buch* 6 (1938), S. 547–548.
46 J. F. Slattery: *Thomas Mann und die B. B. C. Die Bedingungen ihrer Zusam-
    menarbeit 1940–1945*, in: *Thomas-Mann-Jahrbuch* 5 (1992), S. 142–170.

Thomas Mann, Präsident Roosevelt und die Politik
der Vereinigten Staaten

1 Zwei herausragende Beispiele: Terence J. Reed: *Thomas Mann. The Uses
   of Tradition*, 2. Aufl. Oxford 1996; Donald Prater: *Thomas Mann. Eine Biographie*. München 1995.
2 Vgl. den Abschnitt »*So denn also amerikanische Bürger*« im Kapitel *Der
   lange Weg nach Westen*, S. 59–66.
3 Conrad Black (Anm. 5), S. 517, 1129.
4 Rob Riemen: *An Open Letter to President-Elect Obama*, 2. 1. 2009;
   www.huffingtonpost.com/rob-riemen/an-open-letter-to-presi-
   de_b_154880.html (Stand: August 2010).
5 In diesem Punkt sowie im Hinblick auf alle anderen biographischen
   Aspekte stütze ich mich, neben den üblichen Handbüchern und Nach-
   schlagewerken, auf die folgenden neueren Darstellungen: Wayne S. Cole:
   Roosevelt and the Isolationists, 1932–1945. Lincoln, NE, and London 1983;
   Kenneth S. Davis: *FDR. Into the Storm, 1937–1940*. New York 1993; Doris
   Kearns Goodwin: *No Ordinary Time. Franklin and Eleanor Roosevelt: The
   Home Front in World War II*. New York 1994; Michael Beschloss: *The
   Conquerers. Roosevelt, Truman and the Destruction of Hitler's Germany,
   1941–1945*. New York 2002; Conrad Black: *Franklin Delano Roosevelt*.

Champion of Freedom. New York 2003; Robert H. Jackson: *That Man. An Insider's Portrait of Franklin D. Roosevelt.* New York, 2003; Jonathan Alter: *The Defining Moment.* FDR's Hundred Days and the Triumph of Hope. New York 2006; H. W. Brands: *Traitor to His Class. The Privileged Life and Radical Presidency of Franklin Delano Roosevelt.* New York 2008.

6 W. H. Brands (Anm. 5).

7 Vgl. C. Black (Anm. 5), S. 389 f.

8 Zum Zustandekommen dieser Rede vgl. das Kapitel *Die Meyer,* S. 160 f.; weiterhin das Kapitel *Unterwegs in Amerika,* S. 241–247.

9 Siehe Joachim Fest: *Die unwissenden Magier. Über Thomas und Heinrich Mann.* Berlin 1985, S. 19–70; Hermann Kurzke: *Thomas Mann. Das Leben als Kunstwerk. Eine Biographie.* München 1999, S. 448 f.

10 Siehe die Abbildung 27 bei Jonathan Alter (Anm. 5).

11 An Hendrik Willem Van Loon, 19. 3. 1936; unveröffentlicht, Reg. 36/68.

12 Vgl. die Biographie von Cornelis A. van Minnen: *Van Loon. Popular Historian, Journalist, and FDR Confidant.* New York 2005. Ein sehr gutes, detailliertes Bild von Van Loons Ansehen und publizistischer Präsenz im Amerika der 1930er und 1940er Jahre gibt die dreiteilige Artikelserie von Richard O. Boyer: *The Story of Everything,* in: *The New Yorker,* 20. 3. 1943, S. 24–31; 27. 3. 1943, S. 24–30; 3. 4. 1943, S. 24–34.

13 Der genaue, parodistisch-umständliche Titel: *Van Loon's Lives, being a true and faithful account of a number of highly interesting meetings with certain historical personages from Confucius and Plato to Voltaire and Thomas Jefferson, about whom we had always felt a great deal of curiosity and who came to us as our dinner guests in a bygone year.* Written and illustrated by Hendrik Willem Van Loon. New York 1942.

14 An Hendrik Willem Van Loon, 30. 8. 1942; unveröffentlicht, Reg. 42/323.

15 Hendrik Willem Van Loon: *What Governor Roosevelt Reads,* in: *Saturday Review of Literature* IX, 15. 10. 1935, S. 169–171.

16 Text des Telegramms im Anhang. Unveröffentlicht; Eleanor Roosevelt White House Correspondence, Box 622, Franklin D. Roosevelt Presidential Library and Museum, Hyde Park, New York.

17 Vgl. Thomas Sprecher: *Deutscher, Tschechoslowake, Amerikaner. Zu Thomas Manns staatsbürgerlichen Verhältnissen,* in: *Thomas-Mann-Jahrbuch* 9 (1996), S. 303–338.

18 Text des Briefes im Anhang; Eleanor Roosevelt White House Correspondence, Box 622 (Anm. 16).

19 Brief an Gottfried Bermann Fischer, 30. 1. 1941; GBF, 271.

20 Brief an Heinrich Mann, 25.–27. 3. 1901: »Auf Größe war nämlich während der Arbeit [an *Buddenbrooks*] fortwährend mein heimlicher und schmerzlicher Ehrgeiz gerichtet.« (21, 164)

21 Der Text des Interviews in: *Frage und Antwort. Interviews mit Thomas Mann 1909–1955*, hg. v. Volkmar Hansen und Gert Heine. München 1983, S. 214–218.

22 Brief an Gottfried Berman Fischer, 10. 7. 1935; GBF, 107. Gestützt auf diese Mitteilung Thomas Manns geben die meisten Darstellungen irrtümlich zu verstehen, dass die Einladung ins Weiße Haus von Präsident Roosevelt ausging, gleichsam als Krönung seines Vorschlags, ihm einen Ehrendoktor zu verleihen. Vgl. etwa Angelika Abel: *Thomas Mann im Exil. Zum zeitgeschichtlichen Hintergrund der Emigration*. München 2003, S. 85.

23 Vgl. dazu das Kapitel *Der Zauberer im Talar*.

24 Der Nachruf erschien zuerst im New Yorker *Aufbau*, 20. 4. 1945.

25 *The Public Papers and Addresses of Franklin D. Roosevelt*, 1937 Volume. New York 1941, S. 406–411. Zur Bedeutung dieser Rede vgl. K. S. Davis (Anm. 5), S. 129–136.

26 Siehe die Thomas Mann betreffende Partie des Berichts in der *Washington Post*, 16. 4. 1939, in: AM, 857.

27 Vgl. dazu C. Black (Anm. 5), S. 340 f.

28 H. W. Brands (Anm. 5), S. 12.

29 Die Apparatur, die Roosevelt zu tragen gezwungen war, ist ausgestellt in der Franklin D. Roosevelt Library and Museum in Hyde Park, New York.

30 Brief an Bruno Frank, 4. 2. 1941; Reg. 41/77.

31 Vgl. Saul Friedländer: *Auftakt zum Untergang. Hitler und die Vereinigten Staaten, 1939–1941*. Stuttgart 1965; Ian Kershaw: *Washington, DC, Summer 1940 – Spring 1941. Roosevelt Decides to Lend a Hand*. In ders.: *Fateful Choices. Ten Decisions That Changed the World, 1940–1941*. New York 2007, S. 184–242.

32 Zur inneramerikanischen Debatte über die Problematik des Versailler Vertrags vgl. Stephen H. Norwood: *The Third Reich in the Ivory Tower. Complicity and Conflict on American Campuses*. Cambridge and New York 2009, besonders das Kapitel *A Respectful Hearing for Nazi Germany's Apologists*, S. 133–157.

33 Vgl. dazu das Kapitel *Neutrality Legislation* bei W. S. Cole (Anm. 5), S. 163–186.

34 Die drei anderen Grundsätze des »America First Committee«: »1. The United States must build an impregnable defense for America; 2. No foreign power, nor group of powers, can successfully attack a *prepared* America; 4. ›Aid short of war‹ weakens national defense at home and threatens to involve America in war abroad.« Vgl. dazu W. S. Cole (Anm. 5), S. 379–382.

35 Zitiert nach M. Beschloss (Anm. 5), S. 12.

36 Dass diese globalen Wirtschaftsinteressen der wahre, entscheidende Grund für Roosevelts interventionistische Politik gewesen sei, meint Detlef

Junker: *Roosevelt and the National Socialist Threat to the United States*, in: *America and the Germans. An Assessment of a Three-Hundred-History*, ed. Frank Trommler and Joseph McVeigh. Philadelphia 1985, vol. II, S. 30–44.

37 *The Public Papers and Addresses of Franklin D. Roosevelt*, 1940 Volume. New York 1941, S. 633–644.

38 Siehe Harald Frisch: *Das deutsche Roosevelt-Bild 1933–1941*. Berlin 1967, S. 21.

39 Zitiert nach Alan Posener: *Franklin Delano Roosevelt*. Reinbek 1999, S. 7.

40 Mit dem »Cliveden Set« ist eine locker verbundene Gruppe von englischen Aristokraten gemeint, die die englische öffentliche Meinung im Sinne der Appeasement-Politik gegenüber Nazideutschland zu beeinflussen trachtete; so genannt nach Cliveden, der »country residence« der Astors in Buckinghamshire, wo man sich gelegentlich zu Beratungen traf.

41 Brief an Hendrik Willem Van Loon, 16. 12. 1940; unveröffentlicht, Reg. 40/660.

42 Brief an Eleanor Roosevelt, 25. 12. 1940; unveröffentlicht, Reg. 40/670.

43 Brief an Thomas Mann, 3. 1. 1941; unveröffentlicht; Eleanor Roosevelt personal letters, Box 745; Franklin D. Roosevelt Library and Museum, Hyde Park, New York.

44 Siehe Klaus Harpprecht: *Thomas Mann. Eine Biographie*. Reinbek 1995, S. 1191; Manfred Görtemaker: *Thomas Mann und die Politik*. Frankfurt/Main 2005, S. 133.

45 Dazu D. K. Goodwin (Anm. 5), S. 9 f.: »The Roosevelt White House during the war resembled a small, intimate hotel. The residential floors of the mansion were occupied by a series of houseguests, some of whom stayed for years. […] These unusual living arrangements reflected the president's need to have people around him constantly […]. Roosevelt defied the limitations of his paralysis. If he could not go out into the world, the world could come to him.«

46 Text der Rede in Tb. 1940–1943, S. 1036–1049.

47 Gästeliste für »LUNCHEON AT THE WHITE HOUSE, Monday afternoon, January 13, 1941, at one o'clock.« Social Functions, Box 301; Franklin D. Roosevelt Library and Museum, Hyde Park, New York.

48 D. K. Goodwin (Anm. 5), S. 34.

49 DüD II, 232.

50 Vgl. das Kapitel *Napoleon-Gedenken beim alten Goethe*, in Gustav Seibt: *Goethe und Napoleon*. München 2008, S. 221–250. Zu den biographischen Zusammenhängen der Cynthia-Episode vgl. Klaus W. Jonas: *Thomas Mann und Cynthia Sperry. Versuch einer Dokumentation. In: Auskunft. Zeitschrift für Bibliothek, Archiv und Information in Norddeutschland*, Jg. 25, September 2005, S. 297–311.

51 Vgl. dazu *Freundschaft im Exil. Thomas Mann und Hermann Broch*, hg. von Paul Michael Lützeler. Frankfurt/Main 2004 (TMS XXXI), S. 97.
52 Brief an Eleanor Roosevelt, 28. 1. 1941; unveröffentlicht, Reg. 41/73. Eleanor Roosevelt Personal Letters, Box 745. Franklin D. Roosevelt Library and Museum, Hyde Park, New York.
53 Zu Thomas Manns kulturellem Anti-Amerikanismus vgl. das Kapitel *Der lange Weg nach Westen*, S. 37–39.
54 Vgl. dazu die umfassende Darstellung von Greg Robinson: *A Tragedy of Democracy: Japanese Confinement in North America*. New York 2009.
55 Brief an N. [Ralph Nürnberger], 4. 5. 1942; Br. II, 252f.
56 Telegramm an Präsident Franklin D. Roosevelt, o.D. [9. 2. 1942]; Br. II, 236f.; Brief an Ludwig Marcuse, 27. 3. 1942, ebd. S. 251.
57 Das Tolan Committee (Select Committee Investigating National Defense Migration) war ein Sonderausschuss des Repräsentantenhauses, das in Los Angeles Anhörungen zur Frage der »enemy aliens« abhielt. Thomas Mann und andere sagten am 7. 3. 1942 vor dem Ausschuss aus. Vgl. dazu Erich A. Frey: *Thomas Mann and His Friends before the Tolan Committee*, in: *Exile: The Writer's Experience*. Chapel Hill, N.C., 1982, S. 203–217.
58 Brief an Ludwig Marcuse, 27. 3. 1942 (Anm. 56).
59 David Wyman: *The Abandonment of the Jews. America and the Holocaust, 1941 – 1945*. New York 1984.
60 Vgl. dazu das Kapitel *Germany Reverts to the Dark Ages: Nazi Clarity and Grassroots American Protest*, in: Stephen H. Norwood (Anm. 32), S. 1–35.
61 Nach H. W. Brands (Anm. 5), S. 760.
62 Ebd.
63 M. Beschloss (Anm. 5), S. 40.
64 Brief an Arnold Schönberg, 9. 1. 1939; *Apropos Doktor Faustus. Briefwechsel Arnold Schönberg – Thomas Mann. Tagebücher und Aufsätze 1930–1951*, hg. von E. Randol Schoenberg. Wien 2009, S. 36. Schönbergs vier Punkte: 1.»Der Kampf gegen den Antisemitismus muß aufhören.« 2.»Eine vereinte jüdische Partei muß gegründet werden.« 3.»Die Einstimmigkeit des Judentums muß mit allen Mitteln erzwungen werden.« 4.»Es müssen Wege gefunden werden, einen Platz zu erlangen, um einen unabhängigen jüdischen Staat zu errichten.« S. 291–313.
65 Website United States Holocaust Memorial Museum: ushmm.org (Stand August 2010).
66 Vgl. dazu Laurel Leff: *Buried by the Times: The Holocaust and America's Most Important Newspaper*. Cambridge und New York 2005.
67 Siehe Bernd Greiner: *Mit Sigmund Freud im Apfelhain – oder Was Deutsche in 45 Jahren über Henry Morgenthau gelernt haben*, in: *Mittelweg 35/3*, 1992, S. 44–59.

68 Vgl. dazu Herbert Lehnert: *Bert Brecht und Thomas Mann im Streit über Deutschland*, in: John M. Spalek/Joseph Strelka (Hg.): *Deutsche Exilliteratur seit 1933*, Bd. I: Kalifornien. Bern und München 1976, S. 62 – 88.

69 Siehe Henry Morgenthau III: *Mostly Morgenthaus. A Family History*. New York 1991, S. 211. Vgl. auch Beschloss (Anm. 5), S. 46.

70 Nach H. W. Brands (Anm. 5), S. 761 f.

71 Ebd., S. 763.

72 Henry Morgenthau Jr.: *Germany Is Our Problem*. New York 1945. Das »TOP SECRET«-Memorandum, also der sogenannte Morgenthau-Plan, S. 1 – 4.

73 Über die Bedeutung des Vansittartismus für die amerikanische Deutschlandpolitik siehe das Kapitel über Vansittart, S. 415 – 442.

74 M. Beschloss (Anm. 5), S. 97, 127.

75 Ebd., S. 143.

76 Ebd., S. 131.

77 John Morton Blum: *From the Morgenthau Diaries. Years of War, 1941 – 1945*. Boston 1967, S. 371.

78 Vgl. dazu Allen Weinstein, Alexander Vassiliev: *The Haunted Wood: Soviet Espionage in America – The Stalin Era*. New York 1999.

79 *Die Tagebücher von Joseph Goebbels*, hg. von Elke Fröhlich, Teil II, Bd. 14, bearbeitet von Jana Richter und Hermann Graml. München 1996, S. 50.

80 Ebd., S. 162.

81 *Die Tagebücher von Joseph Goebbels*, Teil II, Bd. 15, bearbeitet von Maximilian Gschaid. München 1996, S. 187.

82 M. Beschloss (Anm. 5), S. 160.

83 Anon.: *A Plan for Germany*, in: *The Nation*, 7. 10. 1944, S. 395 – 397.

84 *The Public Papers and Addresses of Franklin D. Roosevelt*, 1944 – 45 Volume. New York 1950, S. 342 – 354.

85 Zur Debatte über die sogenannte Kollektivschuld vgl. das Kapitel *Thomas Mann und die deutsche Vergangenheitspolitik*, S. 479 – 483.

86 Vgl. H. W. Brands (Anm. 5), S. 813.

87 Telegramm an Eleanor Roosevelt, 12. 4. 1945; Reg. 45/195.

88 Dazu ausführlich Ruprecht Wimmer: *Thomas Manns langer Abschied von Amerika*, in: *Thomas Mann, die Deutschen und die Politik*, hg. von Heinrich Oberreuter und Ruprecht Wimmer. München 2008, S. 59 – 82.

89 Jacob J. Weinstein: *Joseph – An Ancient New Dealer*, in: *The Reconstructionist* 10 (1944), S. 9 – 14.

90 DüD II, S. 326

91 Ebd., S. 336.

92 Ebd., S. 315 f.

93 Tb. 22. 3. 1941; Thomas Mann las Georg Brandes: *Gaius Julius Cäsar*. Berlin 1918.

94 Vgl. dazu Eckhard Heftrich: *Geträumte Taten: »Joseph und seine Brüder«* (*Über Thomas Mann*, Bd. III). Frankfurt/Main 1993, S. 582–584.

95 Siehe Raymond Cunningham: *Myth and Politics in Thomas Mann's »Joseph und seine Brüder«*. Stuttgart 1985, S. 258–301; Dierk Wolters: *Zwischen Metaphysik und Politik. Thomas Manns Roman »Joseph und seine Brüder« in seiner Zeit*. Tübingen 1998, S. 288–320, 313.

96 Vgl. dazu Julia Schöll: *Joseph im Exil. Zur Identitätskonstruktion in Thomas Manns Exil-Tagebüchern und -Briefen sowie im Roman »Joseph und seine Brüder«*. Würzburg 2004, S. 267.

Die Meyer

1 Harry Slochower (1900–1991) lehrte zu der Zeit am Brooklyn College in New York; vgl. AM, 949.

2 Harry Slochower: *Thomas Mann Decides. The famous German novelist, in an interview with a close student of his work, tells how history shaped his politics*, in: *New Masses*, 17. 4. 1937, S. 15–16.

3 Agnes Meyers Großeltern stammten aus Niedersachsen; Näheres über ihre deutsche Herkunft bei Verf.: Einleitung zum Briefwechsel (AM, 5–71, bes. 8–15).

4 Vgl. die autorisierte Biographie von Merlo J. Pusey: *Eugene Meyer*. New York 1974.

5 Vgl. die ausführliche Darstellung dieser Vortragsreise in dem Kapitel *Unterwegs in Amerika*, S. 241–247.

6 Vgl. Tom Kelly: *The Imperial Post. The Meyers, the Grahams and the Paper that Rules Washington*. New York, 1983.

7 Zu Gore Vidals Beziehungen zu Thomas Mann vgl. das Kapitel *Goethe in Hollywood: Thomas Mann und die literarische Szene*, S. 344–348.

8 Vgl. den Brief Katia Manns an Agnes Meyer, 4. 9. 1937, und den Brief an Thomas Mann, 7. 10. 1937; AM, 88, 97.

9 Katharine Graham: *Personal History*. New York 1997, S. 72.

10 Ebd., S. 44, 51.

11 Ebd., S. 72.

12 Ebd., S. 88.

13 Ebd., S. 88.

14 Ebd., S. 88 f.

15 Ebd., S. 100.

16 Ebd., S. 89.

17 Tb. 12. 12. 1953. Vgl. Agnes E. Meyer: *Out of These Roots. The Autobiography of an American Woman*. Boston 1953, S. 181: »Farewell. My dearest

Paul, je vous lâche,/L'amour comme les fleurs se fane,/Je m'en vais garder les vaches/Avec le poète Thomas Mann.«

18 Katharine Graham (Anm. 9), S. 89: »[…] she concentrated on how wonderful he was, how much he meant to her, how brave und perceptive he was, how she understood him und could help him […].«

19 AM, 805. Das erhaltene Manuskript von *Life as Chance and Destiny* stellt eine unkorrigierte erste Fassung dar, was u. a. an gewissen chronologischen Unstimmigkeiten zu erkennen ist.

20 Zu den ersten kritischen Stimmen aus England vgl. Hans Wißkirchen: *Sechzehn Jahre. Zur europäischen Rezeption der Roman-Tetralogie »Joseph und seine Brüder«*, in: Ders. (Hg.): *»Die Beleuchtung, die auf mich fällt, hat … oft gewechselt.« Neue Studien zum Werk Thomas Manns*. Würzburg 1991, S. 85–145, hier S. 109 f. Zur amerikanischen Rezeption vgl. Hans Wagener: *Thomas Mann in der amerikanischen Literaturkritik*, in: *Thomas-Mann-Handbuch*, hg. von Helmut Koopmann, 3., aktualisierte Auflage. Stuttgart 2001, S. 925–940.

21 *Out of These Roots* (Anm. 17), S. 10 f.

22 K. Graham: *Personal History* (Anm. 9), S. 13.

23 *Out of these Roots* (Anm. 17), S. 84.

24 Ebd., S. 57 f.

25 Ebd., S. 63, 121.

26 Vgl. die Beschreibungen bei Katharine Graham (Anm. 9), S. 34–37, sowie Agnes Meyer: *Out of These Roots* (Anm. 17), S. 121–123. Das Anwesen hat seither mehrmals den Besitzer gewechselt und gehört heute dem New Yorker Magnaten Donald Trump.

27 *Out of These Roots* (Anm. 17), S. 122.

28 Brief an Eugene Meyer, 25. 6. 1914; AM, 24.

29 *Out of These Roots* (Anm. 17), S. 7.

30 Ebd., S. 185 f.

31 Ebd., S. 125.

32 Siehe K. Graham: *Personal History* (Anm. 9), S. 49.

33 *Out of These roots* (Anm. 17), S. 180.

34 K. Graham: *Personal History* (Anm. 9), S. 47.

35 Vgl. Einleitung zum Briefwechsel; AM, 68–70.

36 Agnes E. Meyer: *Britain's Homefront*. Washington 1942; Dies.: *America's Homefront*. Washington 1943; Dies.: *Journey Through Chaos*. New York, 1944.

37 Ein Verzeichnis der veröffentlichten und unveröffentlichten Schriften Agnes Meyers über Thomas Mann mit allen bibliographischen Details findet sich in AM, 1108–1110.

38 Zu den Lehrveranstaltungen vgl. das Kapitel *Der Zauberer im Talar*, S. 279–285.

39 Vgl. dazu das Kapitel *Unamerikanische Umtriebe*, S. 409–411.

40 Text der Ansprache in AM, 956–958.

41 *Thomas Mann's Adresses. Delivered at the Library of Congress, 1942–1949.* Washington, D.C., 1963; 2. Aufl. Oxford, Bern u. a. 2003.

42 Tb. 21. 2. 1942. Weitere einschlägige Stellen AM, 937.

43 So etwa Hermann Kurzke: *Thomas Mann: Das Leben als Kunsterk. Eine Biographie.* München 1999, S. 428.

44 Vgl. die detaillierte und erhellende Nachzeichnung des Streits, den er als ein »transkontinentales Drama« und als »psychologische Kriegführung« beschreibt, bei Klaus Harpprecht: *Thomas Mann. Eine Biographie.* Reinbek 1995, S. 1330–1343.

45 Vgl. den Text des Leserbriefs in AM, 969.

46 Erika Mann: *Das letzte Jahr. Bericht über meinen Vater.* Frankfurt/Main 1956, S. 55.

47 Vgl. dazu die biographische Recherche von Karsten Blöcker: *Der Lübeckische Amtsrichter Dr. August Leverkühn und Thomas Manns Roman »Doktor Faustus«,* in: *Neue Juristische Wochenschrift,* Heft 8, 2002, S. 581–583. Blöcker berichtet, dass August Leverkühn (1861–1927), ein Schöngeist und blendender Redner, beginnend 1891 in der Lübecker Gesellschaft zur Beförderung gemeinnütziger Tätigkeit Vorträge über literarische Themen hielt, von denen der junge Thomas Mann vermutlich einige besucht hatte.

48 Peter de Mendelssohn: *Der Zauberer. Das Leben des deutschen Schriftstellers Thomas Mann.* Frankfurt/Main 1975, S. 135.

49 Blöcker (Anm. 47), S. 582, identifiziert den Leverkühn, mit dem Agnes Meyer in Berlin sprach, als Dr. Paul Leverkühn (1893–1961), Rechtsanwalt in Berlin, später in Hamburg und Bundestagsabgeordneter der CDU.

50 Vollständiger Abdruck der Notizen Agnes Meyers in AM, 988 f.

51 Vgl. dazu die beiden Essays Helen Lowe-Porters über die Übersetzungsprobleme des *Doktor Faustus,* in: John C. Thirlwall: *In Another Language. A Record of the Thirty-Year Relationship between Thomas Mann and His English Translator, Helen Tracy Lowe-Porter.* New York 1966, S. 149–209.

52 Vgl. Frederick A. Lubich: *Probleme der Übersetzung und Wirkungsgeschichte Thomas Manns in den Vereinigten Staaten,* in: *Weimarer Beiträge* 39 (1993), S. 464–477; Ders.: *Thomas Mann's Sexual Politics, Lost in Translation,* in: *Comparative Literature Studies* 31 (1994), S. 107–127; Timothy Buck: *Mann in English,* in: *The Cambridge Companion to Thomas Mann,* ed. Ritchie Robertson. Cambridge 2002, S. 235–248.

53 Vgl. Verf.: *Die anglo-amerikanische Rezeption* im Kommentar zu *Doktor Faustus* (10.2, 143–157).

54 Peter de Mendelssohn im Nachwort zu *Doktor Faustus.* Frankfurt/Main 1980, S. 730.

55 J. Campbells bedeutendste Werke: *The Hero with a Thousand Faces.* New York 1949; *The Masks of God,* 4 Bde. New York 1959. Vgl. Brief an Agnes Meyer, 3. 11. 1939; AM, 177, 871.

56 *The Book of J.* Transl. from the Hebrew by David Rosenberg, interpreted by Harold Bloom. New York 1990; Harold Bloom: *Jahwe Meets J.* Crumb (Besprechung von *The Book of Genesis,* illustrated by J. Crumb), in: *The New York Review of Books,* 3. 12. 2009, S. 24–25.

57 Siehe etwa Donald B. Redford: *A Study of the Biblical Story of Joseph.* Leiden 1979; *Abschied vom Jahwisten. Die Komposition des Hexateuch in der jüngsten Diskussion,* hg. von Jan Christian Gertz, Konrad Schmid und Markus Witte. Berlin, New York 2002.

58 Ruth Klüger: *Katastrophen. Über deutsche Literatur.* Göttingen 1994, S. 54 (zuerst 1990).

59 Siehe Robert Alter: *The Art of Biblical Narrative.* New York 1981, der die »story of Tamar and Judah« als exemplarisch für die Erzählkunst der Hebräischen Bibel analysiert, S. 5–12. Vgl. auch Mieke Bal: *Lethal Love. Feminist Literary Readings of Biblical Love Stories.* Bloomingtion, IN, 1987, S. 85–87; H. Bloom (Anm. 56), S. 220–223.

60 Brief an Erika Mann, 24. 2. 1942; Erika Mann: *Briefe und Antworten,* hg. von Anna Zanco Prestel, Bd. I. München 1984, S. 185.

61 Brief an Erich Kahler, 14. 6. 1942, DüD II, 254; Brief an Julius Bab, 22. 11. 1944; ebd., S. 307; Brief an Lilly Neuhaus, 19. 2. 1947, ebd., S. 324.

62 *Thamar,* Privatdruck der *Pazifischen Presse:* Los Angeles 1942 (G. Potempa: *Thomas-Mann-Bibliographie. Das Werk.* Morsum/Sylt 1992, D 8.6).

63 Zur »familienrechtlichen« Motivation Thamars vgl. Käte Hamburger: *Thomas Manns biblisches Werk.* Frankfurt/Main 1984, S. 84 f.

64 Henry N. Carlebach: »*Thamar*« *bei Thomas Mann und im jüdischen Schrifttum,* in: *Monatshefte* 39 (1947), S. 237–247, 242.

65 Brief an Victor Polzer, 23. 3. 1940; Br. II, 139.

66 Brief an Erich Kahler, 31. 12. 1941; EK, 47.

67 Käte Hamburger (Anm. 63), S. 86.

68 Agnes Meyer: *Mann's Final Joseph Novel.* In Which He Completes His Brilliant Interpretation of the Biblical Legend, in: *The New Yok Times Book Review,* 25. 6. 1944, S. 1, 18; Dies.: *Mann's Masterful Book on Joseph Also Throws Light on Life Today,* in: *The Washington Post,* 25. 6. 1944, S. B 3.

69 Zu diesem Brief gehört ein »2. April 1942« datiertes, auf Deutsch geschriebenes Liebesgedicht, *Goldene Träume,* das sie ihm jedoch nicht mitteilte; sie sorgte aber dafür, dass es in einer Reinschrift in ihrem Nachlass erhalten bleibe. Siehe denText des Gedichts in AM, 939.

70 Dass man diese Stelle missversteht, wenn man sie wörtlich nimmt, zeigt die durchweg Agnes Meyer herabsetztende Argumentation H. Kurzkes (Anm. 43), S. 427.

71 Vgl. Esther Marie Menn: *Judah and Tamar (Genesis 38) in Ancient Jewish Exegesis.* Leiden, New York, Köln 1997, S. 1: »Through bold and creative means, early Jewish interpreters of Gensis 38 interjected contemporary ideas and values into traditional writ, and, by doing so, ensured a vital function for this passage of scripture within their own religious communities.«

Unterwegs in Amerika: From Sea to Shining Sea

1 Erika Mann: *Aus dem Leben einer Vortragsreisenden*, in E. Mann: *Blitze überm Ozean. Aufsätze, Reden, Reportagen*, hg. von Irmela von der Lühe und Uwe Naumann. Reinbeck 2000, S. 266–276.

2 *Authors to the Road*, in: *Time*, 27. 12. 1937, S. 49.

3 DüD II, 614.

4 Vgl. Kevin Starr: *Embattled Dreams. California in War and Peace, 1940–1950.* Oxford und New York 2002, S. 27.

5 Erika Mann: *Mein Vaterland, der Pullman-Wagen*, in: *Blitze überm Ozean* (Anm. 1), S. 261.

6 *Chronik*, 339.

7 Marquis Childs: *Thomas Mann. Germany's foremost literary exile speaks now for freedom and democracy in America*, in: *Life*, 17. 4. 1939, S. 56–59, 74–76, hier S. 76.

8 Zum Folgenden vgl. das Tagebuch, 16.–19. 3. 1938.

9 *Tagebuchblätter*, in: E IV, 439.

10 Das Interview von Elizabeth Hughes in der *Tulsa World* ist abgedruckt bei John Franklin White: *Thomas Mann in America: The Rhetorical and Political Experiences of an Exiled Artist.* Dissertation, University of Minnesota 1971, Bd. I, S. 236f. Künftig: White.

11 Ebd., S. 237.

12 Zu Thomas Manns Beziehung zu Karl Löwenstein vgl. die Einleitung zu dem von Eva Schiffer edierten Briefwechsel, in: *Blätter der Thomas-Mann-Gesellschaft Zürich*, Nr. 18. Zürich 1981, S. 5–9. Der zweite Teil des Briefwechsels ebd., Nr. 19. Zürich 1982.

13 Vgl. dazu William Allan Neilson: *We Escaped: Twelve Personal Narratives of the Flight to America*, with an introduction by William Allan Neilson. New York 1941.

14 Vgl. *Sketches from Life. The Autobiography of Lewis Mumford. The Early Years.* New York 1982, S. 467f.

15 *The City of Man. A Declaration on World Democracy.* New York 1940.
16 Vgl. dazu: *Freundschaft im Exil. Thomas Mann und Hermann Broch*, hg. von Paul Michael Lützeler. Frankfurt/Main 2004 (TMS XXXI), S. 25–28, 110–112.
17 Die folgende Schilderung des Abends in Amenia ist eine Paraphrase eines Briefs von Mumford an Josephine Strongin vom 13. November 1941, also am Tag danach. In Lewis Mumford: *My Works and Days: A Personal Chronicle.* New York und London 1979, S. 329 f.
18 White II, S. 332–336.
19 Agnes E. Meyer: *Thomas Mann's Political Awakening*, in: *The Washington Post*, 15. 11. 1942; dasselbe unter dem Titel: *The Philippics of an Anti-Nazi*, in: *The New York Times Book Review*, 15. 11. 1942.
20 Die Einführungen von Vizepräsident Wallace und MacLeish sind abgedruckt in AM, 955–958.
21 *Mann Finds U. S. Sole Peace Hope*, in: *New York Times*, 22. 2. 1938, S. 13. Der Satz erscheint in dem folgenden Kontext:»He was asked whether he found his exile a difficult burden. ›It is hard to bear‹, he admitted, ›but what makes it easier is the realization of the poisoned atmosphere in Germany. That makes it easier because it's actually no loss. Where I am, there is Germany. I carry my German culture in me. I have contact with the world and I do not consider myself fallen.‹«
22 Vgl. dazu das nachfolgende Kapitel: *Thomas Mann im Talar.*
23 *Distinguished Exile Speaks Here Tonight*, in: *Desert News*, 21. 3. 1938, S. 1.
24 *The Daily Californian*, 31. 3. 1938. Zitiert nach White I, S. 240.
25 *Tagebuchblätter*, in: E IV, 439.
26 *Man of the Year*, in: *Time*, 2. 1. 1939, S. 11–14. Der Artikel über Hitler schließt mit dem ominösen Satz:»To those who watched the closing events of the year it seemed more than probable that the Man of 1938 may make 1939 a year to be remembered.«
27 Vgl. den Text in: *Tagebücher 1937–1939*, S. 871–873.
28 *The Daily Illini*, 30. 4. 1938; vgl. AM, 839 f.
29 W. H. Auden: *Men of Thought and Action*, in: *The Town Crier* (Birmingham), 14. 10. 1938. Es handelt sich um eine Doppelbesprechung von *The Coming Victory of Democracy* und von André Malraux' *Days of Hope*. In: W. H. Auden: *Prose and Travel Books in Prose and Verse*, vol. I: 1926–1938, ed. by Edward Mendelson. Princeton, NJ, 1996, S. 458–460.
30 An Ida Herz, 19. 2. 1939; DüD II, 573.
31 Slochower ist der Autor einer Einführung in die *Joseph*-Romane: *Thomas Mann's Joseph-Story. An Introduction with a Biographical and Bibliographical Appendix.* New York 1938. Zu Slochower vgl. AM, 949.
32 *The Toledo Blade*, 25. 1. 1940; nach White II, S. 290.

33 *The Dubuque Telegraph Herald*, 11. 2. 1940; nach White II, S. 292.

34 *War and Democracy* erschien zuerst als Privatdruck des Claremont College, Los Angeles 1940; danach unter dem Titel *War and the Future* in Klaus Manns Zeitschrift *Decision*, 1. Jg., Heft 2 (1941), S. 11–18. *How to Win the Peace* erschien zuerst in: *The Atlantic Monthly*, Jg. 169, February 1942, S. 176–183; danach in *Order of the Day. Political Essays and Speeches of Two Decades*. New York 1942, S. 238–256.

35 Fritz Kaufmann: *Thomas Mann: The World as Will and Representation*. Boston 1957.

36 Vgl. Armin Wishard: *Der Briefwechsel zwischen Thomas und Katia Mann und Hans Wilhelm Rosenhaupt 1932–1947*, Teil I, in: *Thomas-Mann-Jahrbuch* 21 (2008), S. 169–217; Teil II, in: *Thomas-Mann-Jahrbuch* 22 (2009), S. 195–243.

37 Hans M. Wolff: *Thomas Mann. Werk und Bekenntnis*. Bern 1957.

38 Nach White II, S. 329 f.

39 Vgl. dazu den Abschnitt *Eine »andere Form des Ehrgeizes«* im Kapitel *Die Meyer*.

40 *The Indiana Daily Student*, 7. 11. 1941; nach White II, S. 332.

41 Der Reisevortrag *How to Win the Peace* fand nach Abschluss der Tournee noch dreimal Verwendung: am 5. Dezember bei einer Feier des Phi-Beta-Kappa-Ordens an der University of California, Los Angeles; am 20. Januar 1942 auf einer Town-Hall-Veranstaltung im Curran Theater, San Francisco, sowie am 12. Februar vor dem Rotary Club in West Los Angeles.

42 Der Vortrag erschien als Sonderdruck der Library of Congress und sodann in einer weiteren Publikation der Library: *Thomas Mann's Addresses Delivered at the Library of Congress, 1942–1949*. Washington, D.C., 1963; Neuauflage, edited by Don Heinrich Tolzmann. Oxford, Bern etc. 2003. Erstveröffentlichung unter dem Titel *What Is German?*, in: *Atlantic Monthly*, Jg. 173, Mai 1944, S. 78–85.

43 An Konrad Kellen, 19. 8. 1943; Br. II, 329.

44 In: *Writers' Congress. The Proceedings of the Conference held in October 1943 under the Sponsorship of the Hollywood Writers' Mobilization and the University of California*. Berkeley and Los Angeles 1944, S. 339–344.

45 Text der Einführung in AM, 989 f.

46 Siehe Wikipedia unter »Ford Hall Forum« (August 2010).

47 *The Boston Globe*, 18. 10. 1943; nach White II, S. 363.

48 An Adolphe A. Berle, 18. 11. 1943; Reg. 43/224. Vgl. dazu Herbert Lehnert: *Bert Brecht und Thomas Mann im Streit über Deutschland*, in: *Stationen der Thomas-Mann-Forschung*, hg. von Hermann Kurzke. Würzburg 1985, S. 247–275.

49 White II, S. 366.

50 Jean-Michel Palmier: *Weimar in Exile. The Antifascist Emigration in Europe and America*, transl. by David Fernbach. London und New York 2006, S. 490.

Der Zauberer im Talar: Thomas Mann und die amerikanischen Universitäten

 1 Vgl. die noch ohne Kenntnis der Tagebücher geschriebene, immer noch lesenswerte Darstellung von Herbert Lehnert: *Thomas Mann in Princeton*, in: *The Germanic Review* 34 (1964), S. 15–32; außerdem die von der Princeton University Library publizierte Gedenkschrift: *Thomas Mann 1875–1955*. Princeton, N.J., 1975, mit Beiträgen von drei Princetoner Germanisten: Stanley Corngold, Victor Lange und Theodore Ziolkowski.
 2 Siehe den Abschnitt *Eine »andere Form des Ehrgeizes«* im Kapitel *Die Meyer*, S. 179–190.
 3 Vgl. AM, 50.
 4 Siehe den Abschnitt *Amherst (Massachusetts)* im Kapitel *Unterwegs in Amerika*, S. 233–237.
 5 An Heinrich Mann, 26. 11. 1939; Br. II, 124.
 6 *Escape to Life. Deutsche Kultur im Exil*. Reinbek 1996, S. 379.
 7 Erika Mann an Thomas Mann, 26. 11. 1938; in Erika Mann: *Mein Vater der Zauberer*, hg. von Irmela von der Lühe und Uwe Naumann. Reinbek 1996, S. 141.
 8 Ebd.
 9 Interview in der *Berliner Montagspost*, 20. 10. 1930, in: *Frage und Antwort. Interviews mit Thomas Mann 1909–1955*, hg. von Volkmar Hansen und Gert Heine. München 1983, S. 173.
10 Giuseppe A. Borgese: *Der Marsch des Fascismus*, übersetzt von Georg Rahn. Amsterdam 1938. Vgl. dazu vor allem Giovanni di Stefano: »*Italienische Optik, furios behauptet*«. *Giuseppe Antonio Borgese – der schwierige Schwiegersohn*, in: *Thomas-Mann-Jahrbuch* 8 (1995), S. 139–165.
11 Borgese schrieb zweimal über Thomas Mann: eine respektvolle Vignette in: *The Stature of Thomas Mann*, hg. von Charles Neider. New York 1947, S. 33–37, sowie eine Besprechung von *Der Erwählte*: *L'ultimo Mann*, in: G. A. Borgese: *Da Dante a Thomas Mann*. Mailand 1958, S. 298–305.
12 Vgl. Andrea Olmstead: *Conversations with Roger Sessions*. Boston 1987, S. 131.
13 Siehe AM, 875.
14 *Epithalamion*. For Giuseppe Antonio Borgese and Elizabeth Mann, November 23, 1939. In: *The English Auden. Poems, Essays, and Dramatic Writings, 1927–1939*, by W. H. Auden, edited by Edward Mendelson. New York

1977, S. 453–456. Zu Audens Epithalamion vgl. Klaus Mann: *Der Wendepunkt. Ein Lebensbericht.* München 1976, S. 446 f.

15 Siehe John Fuller: *W. H. Auden. A Commentary.* Princeton, N.J., 1998, S. 295.

16 Der betreffende Brief vom 12. 4. 1936 ist in den Regesten als verschollen verzeichnet. Nach Phelps (Anm. 66), S. 68, handelt es sich um Thomas Manns Absage, an der 300-Jahrfeier teilzunehmen.

17 Briefwechsel Thomas Mann – Karl Löwenstein I (Anm. 12 im Kapitel *Unterwegs in Amerika*), S. 29.

18 An Hermann Weigand, 20. 5. 1938. In Klaus W. Jonas: *Thomas Mann, Hermann J. Weigand und die Yale University. Versuch einer Dokumentation,* in: *Philobiblon,* Jg. 38, Juni 1994, S. 97–147; September 1994, S. 217–232, 130.

19 An Hendrik Willen Van Loon, 25. 5. 1938; Reg. 38/86.

20 Zu den Einzelheiten der Geldbesorgung siehe die Einleitung in AM, 42–44.

21 Text des Briefes in AM, 45 f.

22 Ebd., S. 47.

23 An Harold Dodds, 27. 5. 1938; in AM, 48 f.

24 Ebd., S. 47.

25 Harold W. Dodds an Agnes Meyer, 28. 4. 1938, unveröffentlicht, Princeton University Archive; vgl. AM, 40.

26 *Princeton Names Mann. Trustees Appoint German Exile Lecturer in the Humanities,* in: *The New York Times,* 21. 6. 1938.

27 Siehe das folgende Kapitel *Goethe in Hollywood,* S. 341 f.

28 Reg. 38/89; vgl. AM, 48 f.

29 *Goethe's »Faust«,* in: Thomas Mann: *Essays of Three Decades,* translated by H. T. Lowe-Porter. New York 1947, S. 3–42.

30 James N. Bade: *Thomas Mann: »On Myself« and Other Princeton Lectures.* An annotated edition based on Mann's lecture typscripts. Frankfurt/Main 1996, S. 10, macht darauf aufmerksam, dass das Princetoner Vortragsmanuskript nicht identisch ist mit der wohl später hergestellten Übersetzung von Lowe-Porter in *Essays of Three Decades.*

31 Hermann J. Weigand: *Thomas Mann's Novel »Der Zauberberg«.* New York 1933; Reprint: *The Magic Mountain: A Study of Thomas Mann's Novel »Der Zauberberg«.* Chapel Hill, N.C., 1965. Zu Howard Nemerov vgl. das folgende Kapitel, S. 336 f.

32 An Harold Dodds, 4. 6. 1939, Reg. 39/278; der vollständige Text des Briefs in AM, 862.

33 An Karl Kerényi, 9. 9. 1938; in Thomas Mann – Karl Kerényi: *Gespräch in Briefen.* München 1967, S. 86.

34 Zu Hans Meisel vgl. AM, 855 f.

35 Bade (Anm. 30), S. 12.
36 Ebd., S. 23–79; 137–158.
37 An Golo Mann, 19. 4. 1940; Br. II, 140.
38 Bade (Anm. 30), S. 11.
39 An Robert K. Root, 28. 5. 1940 (TMA; Reg. 40/290): »My dear Dean Root: / Thank you for your very curteous letter. I have greatly enjoyed the two years during which I have been connected with Princeton University, and I am happy if I have been of some service to this great institution. I shall always have grateful remembrances of the kindness and consideration which has been shown me here, and of the very pleasant associations I have been privileged to have with members of the faculty. Nor shall I forget the responsiveness of the students to whom I lectured. / With kind regards, yours sincerely Thomas Mann.«
40 Vgl. dazu das Kapitel *California Modern as Immigrant Modernism: Architects Richard Neutra and Rudolph M. Schindler*, in: Ehrhard Bahr: *Weimar on the Pacific. German Exile Culture in Los Angeles and the Crisis of Modernism.* Berkeley, CA, 2007, S. 148–171.
41 An Klaus Mann, 12. 5. 1938; Klaus Mann: *Briefe und Antworten*, Bd. II, hg. v. Martin Gregor-Dellin. München 1975, S. 41.
42 Golo Mann: *Thomas Mann. Erinnerungen an meinen Vater.* Bonn 1965, S. 15.
43 Bernhard Ulmer an James N. Bade, 15. 4. 1994; in J. Bade (Anm. 30), S. 14 f.
44 An Georg Martin Richter, 20. 3. 1940; DüD II, 597.
45 An Heinrich Mann, 3. 3. 1940; ebd.
46 Vgl. die Einleitung zu *Thomas Mann's »The Magic Mountain«. A Casebook in Critcism*, edited by Hans Rudolf Vaget. New York 2008, S. 3–11.
47 Siehe AM, 377, 938.
48 Siehe Ruth Bottigheimer: *One Hundred and Fifty Years of German at Princeton. A Descriptive Account*, in: *Teaching German in America. Prolegomena to a History*, ed. by David P. Benseler, Walter F. W. Lohnes, Valters Nollendorfs. Madison, WI, 1988, S. 83–98.
49 Zu diesem gut erforschten Komplex vgl. vor allem Susan L. Pentlin: *German Teachers' Reaction to the Third Reich, 1933–1939*, in: *Teaching German in America* (Anm. 48), S. 228–252; Magda Lauwers-Rech: *Nazi Germany and the American Germanists. A Study of Periodicals, 1930–1946.* New York und Bern 1995; Meike Werner: *»Germanistik« in the Shadow of the Holocaust: The Development of the Professoriat, 1942–1970*, in: *German Studies in the United States. A Historical Handbook*, ed. by Peter Uwe Hohendahl. New York 2003, S. 409–420.
50 Siehe S. L. Pentlin (Anm. 49), S. 228.

51 Vgl. dazu besonders Jeffrey L. Sammons: *Kuno Francke's Edition of »The German Classics« (1913–1915). A Historical and Critical Overview*. New York 2009, S. 5.

52 Richard Gottheil: *More German Propaganda*, in: The New York Times, 30. 1. 1915. Nach J. Sammons (Anm. 51), S. 30 f.

53 Zum Folgenden vgl. J. Sammons (Anm. 51), S. 21–39.

54 Weigands Aussage stammt aus einer Bewerbung 1954 um ein Guggenheim-Stipendium. Zitiert nach Jonas (Anm. 18), S. 99.

55 In dem Kapitel *Der lange Weg nach Kaisersaschern*, S. 470–478.

56 Vgl. Henry Hatfield/Joan Merrick: *Studies of German Literature in the United States*, in: Modern Language Review 43 (1948), S. 353–392.

57 Frank Trommler: *Reflections on Writing a History of German Studies in the United States*, in: German Studies in the United States (Anm. 49), S. 481.

58 Zum »Reform Judaism« vgl. das Kapitel *The German Immigration and the Shaping of Reform 1825–1894*, in: Nathan Glazer: *American Judaism*, 2nd ed. Chicago 1972, S. 22–42.

59 Das Diplom trägt folgende »citation«: »The Faculty and the Board of Trustees of the Hebrew Union College have resolved to confer, and do hereby confer, the honorary degree of Doctor of Hebrew Letters upon THOMAS MANN, Litt. D. (honoris causa), author, humanitarian and political liberal, creator of literature rich in spirit and enduring modern interpreter of the Bible and Rabbinic tradition, bold champion of truth and right, who, like a prophet, dared to combat darkness and reaction in his own beloved fatherland, courageous leader in the struggle to transform mankind into humanity, thinker and forger of words which summon all men of liberal mind to preserve and perfect the ideals of morality, of justice and respect for the dignity of the human personality.«

60 N. M. Butler an Thomas Mann, 10. 5. 1938; unveröffentlicht, Rare Book and Manuscript Library, Columbia University, Historical Biographical File, Box 208, Folder 4.

61 Siehe an George Sylvester Viereck, 21. 6. 1931; Reg. 31/80.

62 Vgl. dazu die die gründliche Darstellung der Vor- und Nachgeschichte von Paul Egon Hübinger: *Thomas Mann, die Universität Bonn und die Zeitgeschichte. Drei Kapitel deutscher Vergangenheit aus dem Leben des Dichters, 1905–1955*. München 1974.

63 N. M. Butler an Thomas Mann, 14. 5. 1938 (Anm. 60).

64 Meine Quelle für die folgende Beschreibung ist die »Commencement«-Ausgabe der Campuszeitung *The Columbia Daily Spectator*, 1. 6. 1938.

65 Siehe das Kapitel *Thomas Mann, Präsident Roosevelt und die Politik der Vereinigten Staaten*, S. 86 f.

66 Vgl. dazu den Artikel von Reginald H. Phelps, einem Harvard-Germanisten:

Thomas Mann, LLD, Harvard and the Third Reich, in: *Harvard Magazine*, July/August 1986, S. 65–68.

67 Siehe Peter Conradi: *Hitler's Piano Player. The Rise and Fall of Ernst Hanfstaengl, Confidant of Hitler, Ally of FDR*. New York 2004. Dort auch ein detaillierter Bericht über Hanfstaengls Rückkehr nach Harvard 1934 und seinen Aufenthalt in Neuengland, S. 143–167.

68 Vgl. dazu das Kapitel *James Bryant Conant and the Meritocratic University*, in: Morton and Phyllis Keller: *Making Harvard Modern. The Rise of America's University*, updated edition. New York 2007, S. 13–31.

69 Stephen H. Norwood: *The Third Reich in the Ivory Tower. Complicity and Conflict on American Campuses*. New York 2009, S. 73.

70 Siehe das Kapitel *The Jewish Question*, in Keller (Anm. 68), S. 47–51.

71 *The Harvard Crimson*, 13. 6. 1935; nach Norwood (Anm. 69), S. 50.

72 *The New York Times*, 26. 6. 1934; nach Conradi (Anm. 67), S. 158.

73 Vgl. dazu Thomas Sprecher: *Deutscher, Tschechoslowake, Amerikaner. Zu Thomas Manns staatsbürgerlichen Verhältnissen*, in: *Thomas-Mann-Jahrbuch* 9 (1996), S. 303–338.

74 Siehe Jonas (Anm. 18), S. 103.

75 An Hermann Weigand, 7. 7. 1934; Jonas (Anm 18), S. 120.

76 Klaus W. Jonas: *Thomas Mann, Joseph W. Angell und die Yale University*, in: *Philobiblon*, Jg. 34, Juni 1990, S. 97–137, 110.

77 Siehe die Abbildung, ebd., S. 118.

78 Über beide Ausstellungen hat Angell in dem Mitteilungsblatt der Sterling Memorial Library berichtet: *The Thomas Mann Collection*, in: *The Yale University Library Gazette*, vol. 13, October 1938, S. 41–45; *The 1950 Thomas Mann Exhibition*, ebd., vol. XXV, April 1951, S. 146–154.

79 An Klaus W. Jonas, 8. 10. 1950; Jonas (Anm. 76), S. 126.

80 Siehe Jonas (Anm. 18), S. 102 f.

81 Jonas (Anm. 76), S. 135.

82 *The New Yorker*, 7. 2. 1942, S. 49 f.

83 J. W. Angell an Thomas Mann, 3. 5. 1935; Jonas (Anm. 76), S. 98.

84 An. J. W. Angell, 4. 3. 1937; ebd., S. 100.

85 Ebd., S. 101.

86 Den Briefwechsel mit Bonn, in der Übersetzung von Helen T. Lowe-Porter, veröffentlichten die Yale Library Associates in einer schönen, limitierten Ausgabe der Overbrook Press sogleich 1938; Thomas Mann: *An Exchange of Letters*. With a Foreword by J. B. Priestley. Stamford, CT, 1938. Die *Zauberberg*-Blätter erschienen erst viel später in einem großformatigen Band der *Thomas-Mann-Studien: The Yale-»Zauberberg«-Manuscript: rejected sheets once part of Thomas Mann's novel*, ed. James F. White, with a Preface by Joseph Warner Angell. Bern 1980 (TMS IV).

87 An J. W. Angell, 23. 10. 1937; Jonas (Anm. 76), S. 107.
88 Ebd. S. 109.
89 An. J. W. Angell, 18. 11. 1938; ebd., S. 121.
90 An J. W. Angell, 5. 3. 1939, ebd.
91 Siehe *The Permanent Goethe*, edited, selected with an Introduction by Thomas Mann. New York 1948.
92 *The Thomas Mann Reader*, selected, arranged, and edited by Joseph Warner Angell. New York 1950.
93 Siehe Jonas (Anm. 76), S. 132.
94 An Alfred A. Knopf, 26. 7. 1947, Reg. 47/81.
95 Golo Mann an Klaus W. Jonas, 20. 1. 1989: »Er [Angell] verehrte zwar T.M., war aber der Aufgabe, die er sich stellte, überhaupt nicht gewachsen. Er gab einen *Thomas Mann Reader* heraus; seine Einleitung war so miserabel, dass der Verlag sie mir schickte mit der Bitte, selber eine Einleitung zu schreiben oder die von Angell wenigstens zu vertiefen. Erika und ich haben das zusammen versucht.« Jonas (Anm. 76), S. 130 f.
96 An J. W. Angell, 14. 5. 1951; ebd., S. 126.
97 An Frank Altschul, 18. 1. 1939; Reg. 39/40.
98 Frank Altschul: *Let No Wave Engulf Us*. New York 1941. Es handelt sich dabei um einen Aufruf an die amerikanische Finanz- und Wirtschaftselite, Präsident Roosevelt im Kampf gegen die Achsenmächte zu unterstützen. Altschul erinnert daran, dass es nach dem Krieg großer Planung und Anstrengungen bedarf, um den »American dream« für alle Amerikaner zu verwirklichen, und schlägt zu diesem Ende die Schaffung eines »Supreme Economic Council« vor (S. 56).
99 Vgl. dazu den Brief Agnes Meyers an Thomas Mann, 23. 3. 1950; AM, 732–735. Näheres dazu in dem Kapitel *Unamerikanische Umtriebe*, S. 409–411.
100 Vgl. dazu die erschöpfende Darstellung von Thomas Sprecher: *Das Thomas-Mann-Archiv 1956–2006*, in: *Im Geiste der Genauigkeit. Das Thomas-Mann-Archiv der ETH Zürich 1956–2006*, hg. von Thomas Sprecher. Frankfurt/Main 2006 (TMS XXXV), S. 91–301.

Die literarische Szene: Goethe in Hollywood?

1 Ein Beispiel aus der neueren Literatur über Thomas Mann: Angelika Abel: *Thomas Mann im Exil. Zum zeitgeschichtlichen Hintergrund der Emigration*. München 2003.
2 Vgl. dazu Anthony Heilbut: *Exiled in Paradise: German Refugee Artists and Intellectuals in America, from the 1930s to the Present*. New York 1983;

Tom Ambrose: *Hitler's Loss. What Britain and America Gained from Europe's Cultural Exiles.* London 2001.

3 Joseph Horowitz: *Artists in Exile. How Refugees from Twentieth Century War and Revolution Transformed the American Performing Arts.* New York 2008, S. 398–407.

4 Siehe das Kapitel *Der lange Weg nach Westen*, S. 38.

5 Zu der Frage der Akkulturation deutscher Einwanderer vgl. besonders Guy Stern: *Ob und wie sie sich anpassten. Deutsche Schriftsteller im Exilland USA*, in: *Leben im Exil*, hg. von Wolfgang Frühwald und Wolfgang Schieder. Hamburg 1981, S. 68–76. Siehe auch Ders.: *Literarische Kultur im Exil. Gesammelte Beiträge zur Exilforschung.* Dresden 1998.

6 Vgl. dazu Ben Yagoda: *About Town.* »*The New Yorker*« *and the World It Made.* New York 2000, S. 16.

7 Siehe *The New Yorker*, 4. 7. 1942, S. 42. Es handelt sich um eine Zuschrift zu einer Klatschgeschichte aus Princeton, die der *New Yorker* am 13. Juni (S. 9) gebracht hatte. Angeblich habe ein ungenannter Professor, der Thomas Mann seine Aufwartung machte und sich deshalb in Schale warf, beim Weggehen seinen mysteriöserweise abhanden gekommenen Zylinder nicht mehr zurückerhalten; als er verlangte, Thomas Mann noch einmal zu sprechen, habe ihm der Butler beschieden: »Sorry, sir, but he is busy now.« Thomas Mann versichert, dass er, sobald der mysteriöse Professor sich identifzire und ihm seine Hutgröße mitteile, ihm nicht nur einen Zylinder anbiete, sondern auch einen Panama, einen Sombrero, eine Pelzmütze und einen Blechhelm. Er zeichnet mit: »Long live *The New Yorker!* Yours sincerely, Thomas Mann.«

8 James T. Farrell publizierte eine ausführliche kritische Stellungnahme zu Thomas Manns Projekt eines Manifests *To the Civilized World* in: *The New York Herald Tribune* (23. 12. 1938), woraufhin dieser das Unternehmen aufgab. Vgl. AM, 141, 851 f.

9 Siehe Horowitz (Anm. 3), S. 402.

10 Klaus H. Pringsheim: *Thomas Mann in Amerika*, in: *Neue Deutsche Hefte* 13 (1966), S. 20–46, 31 f.

11 [*Writers in Exile*], XIII, 843. Von dieser Ansprache ist allein die englische Fassung erhalten; die in GW abgedruckte Rückübersetzung stammt von Peter de Mendelssohn.

12 Frederic Prokosch: *Die Asiaten*, übers. von Elisabeth Seeger [Pseudonym für Peter de Mendelssohn]. Wien 1936. Thomas Mann schrieb dem Autor einen Brief über sein Buch (Tb. 14. 6. 1939), der jedoch verschollen ist.

13 Siehe Reg. 30/150, 30/195.

14 Siehe das Kapitel *Der lange Weg nach Westen*, S. 38.

15 Interview mit Thomas Mann in: *Providence Journal*, 1. 6. 1938; Text in AM, S. 844 f.

16 Reg. 43/24. Insgesamt schrieb Thomas Mann acht kollegiale Grüße an Sinclair; sie sind abgedruckt in Upton Sinclair: *My Lifetime in Letters*. Columbia, MO, 1960, S. 376–383.

17 Upton Sinclair: *Ein Willkomm*, in: *Neue Rundschau*, Sonderausgabe zu Thomas Manns 70. Geburtstag, 6. Juni 1945, S. 182.

18 Der erwähnte Aufsatz von Stephen Vincent Benét: *Thomas Mann Honored by the Free World*, in: *The New York Herald Tribune*, Books, 29. 6. 1941, S. 1, 12.

19 An Ida Herz, 21. 3. 1954; Br. III, 332.

20 Siehe das Kapitel *Der Zauberer im Talar*, S. 276.

21 Willa Cather: *The Birth of a Personality: An Appreciation of Thomas Mann's Biblical Trilogy*, in: *Saturday Review of Literature*, 6. 6. 1936, S. 3–4, 20–21; wieder abgedruckt in W. Cather: *Not Under Forty*. New York 1936, S. 96–122.

22 Ebd., S. 98, 108.

23 An Robert K. Haas, August 1942, in: *Selected Letters of William Faulkner*, ed. Joseph Blotner. New York 1977, S. 163.

24 Zitiert nach Joseph Blotner: *Faulkner. A Biography*, Bd. 2. New York 1974, S. 1693.

25 Siehe das Kapitel *Der Zauberer im Talar*, S. 282.

26 Howard Nemerov: *Themes and Methods in the Early Stories of Thomas Mann*, in: *Poetry and Fiction. Essays*. New Brunswick, NJ, 1963, S. 288–302; Ders.: *Thomas Mann's Faust Novel*, ebd., S. 303–315.

27 An J. Campbell, 6. 1. 1941, Br. II, S. 173 f.

28 Joseph Campbell, Henry M. Robinson: *A Skeleton Key to »Finnegan's Wake«*. New York 1944.

29 Ganz ähnlich in *Die Entstehung des Doktor Faustus* (19.1, 474 f.).

30 Die wichtigsten Titel: *The Hero with a Thousand Faces* (1949), *The Masks of God* (1959–1968), *Myths, Dreams, and Religion* (1970), *The Mythic Image* (1974), *The Portable Jung* (1976).

31 Peter Viereck: *Hitler and Richard Wagner*, in: *Common Sense*, Jg. 8, November 1939, S. 3–6.

32 Alfred M. Bingham: *Wesen und Aussichten des amerikanischen New Deal*, in: *Mass und Wert*, 3. Jg., Heft 1 (November/Dezember 1939), S. 50–61.

33 Siehe Tom Reiss: *The First Conservative. How Peter Viereck Inspired – and Lost – a Movement*, in: *The New Yorker*, 25. 10. 2005, S. 38–47, 40.

34 Vgl. dazu den einführenden Essay von Claes G. Ryn zur Neuauflage von Vierecks *Conservatism Revisited. The Revolt Against Ideology*, New Brunswick, NJ, 2005, S. 3–49.

35 Neben dem biographischen Essay Thomas Manns enthält das Heft einen Beitrag von Bernhard Ulmer: *Thomas Mann in »The Magic Mountain«* (S. 12–21) und von Frederick Morgan: *The Mann Microcosm* (S. 22–27).

36 Frederick Morgan: *Notes on the Joseph Novels*, in: *The Hudson Review*, 1. Jg., Winter 1948/49, S. 546–556.

37 Susan Sontag: *Reborn. Journals and Notebooks 1947–1963*, ed. David Rieff. New York 2008, S. 6 (1.9.1948).

38 Ebd., S. 57–61.

39 Ebd., S. 19, 63.

40 Susan Sontag: *Pilgrimage*, in: *The New Yorker*, 21.12.1987, S. 38–54.

41 Siehe Gen 19.26.

42 Gore Vidal: *A Note on »The City and the Pillar« and Thomas Mann*, in Ders.: *The Last Empire. Essays 1992–2000*. New York 2001, S. 114–121; dasselbe als Vorwort in: *The City and the Pillar. A Novel*. New York 2003.

43 Vgl. dazu Anthony Heilbut: *Thomas Mann. Eros and Literature*. New York 1995, der den Verfasser des *Tod in Venedig*, zumal im Hinblick auf die amerikanische Szene, in erster Linie als »mythographer of homosexual desire« (S. 558) würdigt.

Hollywood und das »Movie-Gesindel«

1 Gladys Lloyd Robinson: *Thomas Mann in Hollywood*, in: *Rob Wagner's Script*, Jg. 19, 9.4.1938, S. 6–7.

2 Vgl. dazu generell Neal Gabler: *An Empire of Their Own: How the Jews Invented Hollywood*, New York 1988.

3 Siehe Bernard F. Dick: *The Star-Spangled Screen: The American World War II Film*. Lexington, Kentucky, 1985, S. 55.

4 Robinson (Anm. 1), S. 6 f.

5 Vgl. dazu Bob Thomas: *Clown Prince of Hollywood: The Antic Life and Times of Jack L. Warner*. New York 1990, S. 165; Paul Buhle/Dave Wagner: *Radical Hollywood: The Untold Story Behind America's Favorite Movies*. New York 2002, S. 377 f.

6 Siehe Sascha Kirchner: *Der Bürger als Künstler. Bruno Frank (1887–1945): Leben und Werk*. Düsseldorf 2009, S. 279.

7 Diese und die folgenden Adressen nach Ehrhard Bahr: *Weimar on the Pacific. German Exile Culture in Los Angeles and the Crisis of Modernism*. Berkeley 2007, S. 309–311.

8 Erwin Panofsky: *Die ideologischen Vorläufer des Rolls-Royce-Kühlers & Stil und Medium im Film*, mit Beiträgen von Irving Lavin und William S.

Hekscher. Frankfurt/Main 1993, S. 28 f. Nach Katrin Bedenig Stein: *Nur ein »Ohrenmensch«? Thomas Manns Verhältnis zu den bildenden Künsten.* Bern 2001, S. 177.

9 Siehe das Kapitel *Die Meyer*, S. 170.

10 Vgl. Christoph Schmidt: *»Gejagte Vorgänge voll Pracht und Nacktheit.«* *Eine unbekannte kinematographische Quelle zu Thomas Manns Roman ›Der Zauberberg‹*, in: *Wirkendes Wort* 38, 1988, S. 1–5; Peter Zander: *Thomas Mann im Kino.* Berlin 2005, S. 16–18.

11 Vgl. dazu das Kapitel *California Modern as Immigrant Modernism: Architects Richard Neutra and Rudolph M. Schindler*, in: E. Bahr (Anm. 7), S. 148–171.

12 Siehe das Kapitel *Der Zauberer im Talar*, S. 288.

13 Siehe Reg. 41/401.

14 Vgl. Ehrhard Bahr: *»Nach Westwood zum Haarschneiden.«* Zur externen und internen Topographie des kalifornischen Exils von Thomas Mann, in: *Thomas-Mann-Jahrbuch* 22 (2009), S. 157–173.

15 Siehe *»Sag mir, dass Du mich liebst …«* Erich Maria Remarque und Marlene Dietrich. Zeugnisse einer Leidenschaft, hg. von Werner Fuld und Thomas F. Schneider. Hamburg 2001.

16 Vgl. dazu Bahr (Anm. 14), S. 158.

17 Katrin Bedenig Stein (Anm. 8), S. 173, zählt, basierend auf dem Tagebuch, »rund 160 Kinobesuche«; Peter Zander (Anm. 10), S. 25, kommt auf 286 »Kinogänge, von denen 80 nur kryptisch festgehalten sind, die restlichen 206 aber den geschauten Film verraten oder zumindest so detailliert beschreiben, dass man ihn erschlüsseln kann«.

18 Thomas Mann wiederholt seinen Befund à propos des 1936 entstandenen UFA-Films *Traumulus* (Regie: Carl Froelich): »Nackte Knaben-Oberkörper eine Vorliebe und Besonderheit deutscher Filme.« (Tb. 18. 2. 1936)

19 Der Hays Code ist abgedruckt im Anhang zu Gerald Gardner: *The Censorship Papers. Movie Censorship Letters from the Hays Office, 1934–1968.* New York 1987, S. 207–214.

20 Der Film lief im September 1934 in einem Spezialitätenkino in New York, bezeichnenderweise in der German Town, ohne dass es zu Beanstandungen kam. Gezeigt wurde eine in Deutschland für den Export hergestellte Fassung mit englischen Untertiteln. Vgl. *The New York Times Film Reviews, 1913–1968*, Bd. 2: 1932–1938. New York 1970, S. 1091.

21 Der diesbezügliche Bescheid des Hays Office ist abgedruckt in Gerald Gardner (Anm. 19), S. 202.

22 Vgl. dazu die grundlegende Untersuchung von Heinrich Detering: *Das offene Geheimnis. Zur literarischen Produktivität eines Tabus von Winckelmann bis zu Thomas Mann.* Göttingen 1994.

23 An Klaus Mann, 12. 11. 1948; Klaus Mann: *Briefe und Antworten*, hg. von Martin Gregor-Dellin. München 1987, S. 601.

24 Vgl. dazu Ernest Prodolliet: *Das Abenteuer Kino. Der Film im Schaffen von Hugo von Hofmannsthal, Thomas Mann und Alfred Döblin*. Freiburg (Schweiz) 1991, S. 69–83; Zander (Anm. 10), S. 52–57.

25 Vgl. den Brief an Hermann Ebers, 29. 3. 1949; Br. III, S. 86.

26 Das Manuskript, adressiert an »Mr. Schunzel«, existiert nur in englischer Übersetzung, die vermutlich von Konrad Kellen stammt, und ist im Zürcher Archiv vorhanden.

27 Harry Levin: *James Joyce. A Critical Introduction*. New York 1941, S. 212. Vgl. dazu Verf.: *Thomas Mann und James Joyce. Zur Frage des Modernismus im ›Doktor Faustus‹*, in: *Thomas-Mann-Jahrbuch* 2 (1989), S. 121–150.

Unamerikanische Umtriebe

1 Vgl. John C. Culver/John Hyde: *American Dreamer. The Life and Time of Henry A. Wallace*. New York 2000, S. 273–275, und das Kapitel *Has America Really Gone Crazy?*, S. 438–455.

2 Der Text der Executive Order Nr. 9835 in Ellen Schrecker: *The Age of McCarthyism. A Brief History with Documents*. Boston und New York 1994, S. 151.

3 Text der Rede: ebd., S. 211–214.

4 Siehe Thomas Mann: *Beteiligung an politischen Aufrufen und anderen kollektiven Publikationen*. Eine Bibliographie bearbeitet von Georg Potempa. Morsum/Sylt 1988, S. 114f., Nr. 85.

5 Vgl. dazu: *Thirty Years of Treason. Excerpts from Hearings before the House Committee on Un-American Activities, 1938–1968*, edited by Eric Bentley. New York 1971, S. 55–59; dort auch das Protokoll der sehr kurzen Vernehmung Gerhart Eislers, der sich als politischer Gefangener bezeichnete und sich weigerte, vereidigt zu werden. Zu Gerhart Eisler vgl. auch den Kommentar von Inge Jens in: *Tagebücher 1946–1948*, S. 540.

6 Protokoll der Vernehmung Hanns Eislers in Bentley (Anm. 5), S. 73–109.

7 Siehe Bentley (Anm. 5), S. 59–73.

8 Siehe Potempa (Anm. 4), S. 116f., Nr. 87.

9 In meiner Darstellung der Vorgänge um die Hollywood Ten folge ich weitgehend dem Standardwerk von Larry Ceplair und Steven Englund: *The Inquisition in Hollywood. Politics in the Film Community, 1930–1960*. Garden City, N.Y., 1980, besonders S. 254–298; vgl. auch Robert K. Carr: *The House Committee on Un-American Activities, 1945–1950*, 2. Aufl. New York 1979.

10 Vgl. Ceplair/Englund (Anm. 9), S. 254.

11 Immer noch maßgebend die Darstellung von James K. Lyon: *Bertolt Brecht in America*. Princeton, N.J. 1980, S. 314–337. Vgl. auch Werner Mittenzwei: *Das Leben des Bertolt Brecht oder Der Umgang mit den Welträtseln*. Frankfurt/Main 1987, Bd. II, S. 178–208.

12 Die Hollywood Ten: Samuel Ornitz, Lester Cole, John Howard Lawson, Herbert Biberman, Albert Maltz, Alvah Bessie, Adrian Scott, Edward Dmytryk, Ring Lardner Jr., Dalton Trumbo. Vgl. dazu besonders Bernard F. Dick: *Radical Innocence. A Critical Study of the Hollywood Ten*. Lexington, KY, 1989.

13 Text der Erklärung in Schrecker (Anm. 2), S. 215 f.

14 Siehe das Transkript von Lawsons Vernehmung einschließlich seines brisanten Statements, das er jedoch während seiner Vernehmung in Washington nicht verlesen durfte, bei Bentley (Anm. 5), S. 153–165; vgl. auch Ceplair/Englund (Anm. 9), S. 283 f.

15 Zum Folgenden vgl. den Kommentar von Herbert Lehnert in GKFA 19.2, 657–659.

16 Text der Kanzelrede in XIII, 800–804. Vgl. dazu Fritchmans Autobiographie: *Heretic. A Partisan Autobiography*. Boston 1977, S. 130–131. Zum Verhältnis Thomas Manns zum Unitarismus und zu Fritchman hat Heinrich Detering eine bahnbrechende Studie vorgelegt: *»Bestes Amerikanertum«. Thomas Mann und der Unitarismus*, die demnächst mit den Vorträgen der Davoser Literaturtage 2010 publiziert werden wird.

17 Vgl. dazu besonders Ruprecht Wimmer: *Thomas Manns langer Abschied von Amerika*, in Heinrich Oberreuter/Ruprecht Wimmer (Hg.): *Thomas Mann, die Deutschen und die Politik*. München 2008, S. 59–82.

18 Vgl. das Kapitel *1948–1949: The Pink Clambake* in Cedric Belfrage: *The American Inquisition, 1945–1960*. Indianapolis und New York 1973, S. 92–99.

19 *Red Visitors Cause Rumpus*, in: *Life*, 4. 4. 1949, S. 39; *The Russians Get a Big Hand from U. S. Friends*, ebd., S. 40–41.

20 *Dupes and Fellow Travelers Dress up Communist Fronts*, ebd., S. 42–43.

21 Siehe Marquis Childs: *Thomas Mann. Germany's Foremost Literary Exile Speaks Now for Freedom and Democracy in America*, in: *Life*, 17. 4. 1939, S. 56–59, 74–76.

22 Vgl. dazu vor allem Kenneth O'Reilly: *Hoover and the Un-Americans. The FBI, HUAC, and the Red Menace*. Philadelphia 1983; Curt Gentry: *J. Edgar Hoover. The Man and the Secrets*. New York 1991.

23 Vgl. dazu Natalie Robins: *Hoover and American Lit. The Defiling of Writers*, in: *The Nation*, 10. 10. 1987, S. 367–372; Dies.: *Alien Ink. The FBI's War on Freedom of Expression*. New York 1992; Herbert Mitgang: *Dangerous*

Dossiers. Exposing the Secret War Against America's Greatest Authors. New York 1988.

24 Näheres dazu in Verf.: *Vorzeitiger Antifaschismus und andere unamerikanische Umtriebe. Aus den geheimen Akten des FBI über Thomas Mann,* in: *Horizonte. Festschrift für Herbert Lehnert zum 65. Geburtstag,* hg. von Hannelore Mundt, Egon Schwarz, William J. Lillyman. Tübingen 1990, S. 173–204 (mit Reproduktionen von acht Dokumenten). Das vorliegende Kapitel ist eine stark ergänzte und revidierte Fassung des Artikels von 1990.

25 Alexaner Stephan: *Im Visier des FBI. Deutsche Exilschriftsteller in den Akten amerikanischer Geheimdienste.* Stuttgart und Weimar 1995 (mit zahlreichen Abbildungen von Dokumenten).

26 Ebd., S. 528.

27 Siehe das bei Vaget abgebildete Dokument (Anm. 24), S. 197.

28 *The War and the Future,* in: *Thomas Mann's Addresses Delivered at the Library of Congress, 1942–1949,* ed. by Don Heinrich Tolzmann. Oxford und New York 2003, S. 39: »[…] I cannot help feeling that the panic fear of the Western world of the term communism, this fear by which the fascists have so long maintained themselves, is somewhat superstitious and childish and one of the greatest follies of our epoch.«

29 Siehe Tb. 13. 8. 1943; 19. 1., 21. 1., 25. 1., 20. 2., 6. 3. 1944.

30 Das vollständige englische Zitat bei Vaget (Anm. 24), S. 183.

31 Siehe die Abbildung ebd., S. 198.

32 Bei dieser Dokumentation handelt es sich offenbar um das oben beschriebene Memorandum von Ende 1941; siehe Vaget (Anm. 24), S. 197.

33 Siehe Anm. 29.

34 Siehe die Abbildung bei Vaget (Anm. 24), S. 200.

35 Eine der wenigen Quellen zu Tillinger ist der Nachruf auf Eugene Tillinger in der *New York Times,* 15. 10. 1966. Vgl. auch den Artikel in Heinz J. Armbrust/Gert Heine: *Wer ist wer im Leben von Thomas Mann?* Frankfurt/Main 2008, S. 284 f.

36 Näheres über die Society for the Prevention of World War III im nächsten Kapitel.

37 Siehe Reg. 45/489, 46/53.

38 Eugene Tillinger: *The Moral Eclipse of Thomas Mann,* in: *Plain Talk,* Vol. 4, issue 3 (December 1949), S. 53–58.

39 James T. Farrell: *Mann's Manifesto Against Fascism,* in: *The New York Herald Tribune,* 23. 12. 1938, S. 8.

40 Luis Araquistain: *Good Germans?,* in: *The Times Literary Supplement* (London), 21. 8. 1943, S. 403.

41 Henri Peyre: *Thomas Mann and the Germans,* in: *The Atlantic Monthly,* Vol. 174, July 1944, S. 26; deutsche Übersetzung in Schröter (TMUZ), S. 325 f.

42 Thomas Mann: *In My Defense*, ebd., October 1944, S. 100–102; deutsche Fassung in: XIII, 206–212.

43 Text des Memorandums in Vaget (Anm. 24), S. 202.

44 Agnes Meyer bedient sich hier einer im amerikanischen politischen Diskurs geläufigen Redensart: »to become a political football« heißt so viel wie zum Spielball jedes hergelaufenen Politikers zu werden.

45 Evans in seinem Brief vom 23. 3. 1950 drückt sich zu diesem entscheidenden Punkt diplomatisch zurückhaltend, aber für jeden Kenner unmissverständlich aus: »There has just been brought to my attention the extensive publicity aroused by your visit last summer to Eastern Germany, and by the wide use made of your name by the authorities in the Soviet-occupied zone. Some statement made by you subsequent to that journey, and particularly your letter of August 27, 1949, to the Swedish journalist, Olberg, reprinted in scores of newspapers and other sources, easily lend themselves to public debate.« (AM, 1076)

46 Siehe das Gründungsdokument der Initiative im Anhang der *Tagebücher 1951–1952*, S. 759–761; dort auch die dazugehörige Korrepondenz mit Knopf, der *New York Times* und Philip Morrison, S. 763–774.

47 Siehe Reg. 51/47.

48 *The Way of the Dupe*, in: *Time*, 12. 2. 1951, S. 21.

49 Eugene Tillinger: *Thomas Mann's Left Hand*, in: *The Freeman*, Vol. 1, 26. 3. 1951, S. 398.

50 Siehe *Thomas Mann's Affiliations. Dr. Mann Objects. Mr. Tillinger Replies*, in: *The Freeman*, Vol. 1, 21. 5. 1951, S. 536. Der in GW gedruckte Text von *Ich stelle fest …* ist die gekürzte Fassung einer doppelt so langen Replik; siehe *Tagebücher 1951–1952*, S. 797–804.

51 So in einem Brief vom 6. 5. 1951 an Manfred George, den Herausgeber des *Aufbau*; *Tagebücher 1951–1952*, S. 814.

52 In: *The New Leader*, 18. 6. 1951, S. 6–8.

53 Siehe *The Freeman*, 21. 5. 1951, S. 536.

54 Siehe den offiziellen *Congressional Record*, Vol. 97, Part 13, S. 2655–2656.

55 Ebd., Part 5, S. 6687–6688.

56 *The Company He Keeps*, in: *Time*, 25. 6. 1951, S. 27.

57 *Judy Holliday, José Ferrer Linked to Red Front Units*, in: *The Los Angeles Times*, 5. 4. 1951, S. 1, 20. Judy Holliday und José Ferrer hatten gerade vor wenigen Wochen einen Academy Award (Oscar) verliehen bekommen. Die von der LAT veröffentliche Liste ist weitgehend identisch mit der Steckbriefgalerie in *Life* vom April 1949.

58 Eugene Tillinger: *The Case Against Thomas Mann*, in: *American Mercury*, Vol. 75, 1951, S. 51–61.

59 Siehe den Brief Tillingers an Hoover; Vaget (Anm. 24), S. 201.

60 Ebd., S. 203.
61 Ebd., S. 202.
62 Siehe Reg, 45/489. Zu der Society for the Prevention of World War III vgl. das folgende Kapitel.
63 Siehe Reg. 46/53.
64 Stephan (Anm. 25), S. 93, 130.
65 *Academy of Arts Adds 6 to Roster*, in: *The New York Times*, 1. 12. 1951, S. 11. Neben Thomas Mann wurden die Schriftstellerin Pearl S. Buck, der Lyriker Leonard Bacon, der Architekt Frank Lloyd Wright, der Bildhauer Carl Milles und der Komponist Douglas Moore in die Akademie aufgenommen.

Der Vansittartismus

1 Thomas Manns Deutschlandbild wird im folgenden Kapitel, *Der lange Weg nach Kaisersaschern*, untersucht.
2 Siehe Klaus Harpprecht: *Thomas Mann. Eine Biographie*. Reinbek 1995, S. 1349; Joachim Radkau: *Die deutsche Emigration in den USA. Ihr Einfluss auf die amerikanische Europapolitik 1933–1945*. Düsseldorf 1971, S. 204–213; Thomas Koebner: *Die Schuldfrage. Vergangenheitsverweigerung und Lebenslügen in der Diskussion 1945–1949*, in: *Deutschland nach Hitler. Zukunftspläne im Exil und aus der Besatzungszeit 1939–1949*, hg. von Thomas Koebner, Gert Sautermeister und Sigrid Schneider. Opladen 1987, S. 301–329, 301; Konrad Feilchenfeldt: *Lord Robert Vansittart und die deutsche Emigration in England*, in: *Wider den Faschismus: Exilliteratur als Geschichte*, hg. von Sigrid Bauschinger und Susan L. Cocalis. Tübingen 1993, S. 23–40, 35. Vgl. dagegen Wulf Köpke: *Die Bestrafung und Besserung der Deutschen. Über die amerikanischen Kriegsziele, über Völkerpsychologie und Emil Ludwig*, in: *Deutschland nach Hitler*, S. 79–87, 80: »Auf keinen Fall sollte sich die Diskussion über den Vansittartismus darauf reduzieren, daß Vansittart die Deutschen und Nazis gleichgesetzt und somit ein nationalsozialistisches Verfahren unter umgekehrten Vorzeichen selbst übernommen habe.«
3 Vgl. dazu den Augenzeugenbericht von Timothy Garton Ash: *The Chequers Affair*, in: *The New York Review of Books*, 27. 9. 1990.
4 Siehe Daniel J. Goldhagen: *Hitler's Willing Executioners. Ordinary Germans and the Holocaust*. New York 1996; vgl. dazu Raul Hilberg: *The Goldhagen Phenomenon*, in: *Critical Inquiry*, Vol. 23 (1997), S. 721–728.
5 Vgl. dazu Ian Colvin: *Vansittart in Office. An historical survey of the origins of the second world war based on the papers of Sir Robert Vansittart*. London

1965, sowie Norman Rose: *Vansittart. Study of a Diplomat*. London 1978, S. 94–97.

6 Zitat nach *Delenda est Germania*, in: *Newsweek*, 30. 3. 1942, S. 37. Zum Kontext vgl. John Charmley: *Chamberlain and the Lost Peace*. London 1989, S. 197 ff.

7 *The Mist Procession. The Autobiography of Lord Vansittart*. London 1958, S. 29; vgl. auch Rose (Anm. 5), S. 10 f.

8 *The Mist Procession* (Anm. 7), S. 34 f., 258 f.

9 Brief an Harry Graf Kessler, 25. 8. 1908, in: Hugo von Hofmannsthal, Harry Graf Kessler: *Briefwechsel 1898–1929*, hg. von Hilde Burger. Frankfurt/Main 1968, S. 190.

10 Robert Gilbert Vansittart: *Lessons of my Life*. London 1943.

11 Robert Gilbert Vansittart: *Black Record. Germans Past and Present*. London 1941, S. VI, 2 f.

12 Ebd., S. 4, 5, 34.

13 Ebd., S. 12, 16, 22, 23, 24, 43.

14 Ebd., S. 17; *Lessons of my Life* (Anm. 10), S. 18, 84.

15 Vansittart nennt in diesem Zusammenhang Friedrich Stampfer, Gerhart Seger, Viktor Schiff, Wilhelm Koenen, August Weber, Heinrich Fraenkel, Julius Braunthal, Hubertus zu Löwenstein, Paul Hagen. Siehe *Another Black Record* und *What Other Germany?*, in: Lord Vansittart: *Bones of Contention*. London 1945, S. 21–30, 30–36.

16 *Black Record* (Anm. 11), S. 14, 15; *Lessons of my Life* (Anm. 10), S. 14, 81.

17 *Lessons of my Life* (Anm. 10), S. 33.

18 *Black Record* (Anm. 11), S. 26.

19 Ebd., S. 24.

20 *Lessons of my Life* (Anm. 10), S. 32 f.; *Bones of Contention* (Anm. 15), S. 28.

21 Siehe Victor Gollancz: *Shall Our Children Live or Die? A Reply to Lord Vansittart on the German Problem*. London 1942; Heinrich Fraenkel: *Vansittart's Gift to Goebbels. A German Exile's Answer to »Black Record«*. London 1941; vgl. J. Radkau (Anm. 2), S. 204 ff.

22 H. G. Atkins: *Vansittartitis*, in: *The Contemporary Review* 913 (January 1942), S. 143–148.

23 *Lessons of my Life* (Anm. 10), S. 31.

24 *Die Tagebücher von Joseph Goebbels*, hg. von Elke Fröhlich, Teil II: *Diktate 1941–1945*, Bd. 3. München 1994, S. 342 f., 519.

25 Zu Morgenthau und seinem Deutschlandplan vgl. den entsprechenden Abschnitt in dem Kapitel *Thomas Mann, Präsident Roosevelt und die Politik der Vereinigten Staaten*, S. 130–141.

26 Vgl. Günter Moltmann: *Amerikas Deutschlandpolitik im Zweiten Weltkrieg. Kriegs- und Friedensziele 1941–1945*. Heidelberg 1958, S. 132 f.

27 *F. D. R. His Personal Letters, 1928–1945.* Foreword by Eleanor Roosevelt. Edited by Elliott Roosevelt, assisted by Joseph P. Lash, Bd. II. New York 1950, S. 1234 f.

28 Vgl. dazu Herbert Lehnert: *Bert Brecht und Thomas Mann im Streit um Deutschland*, in: *Stationen der Thomas-Mann-Forschung. Aufsätze seit 1970*, hg. von Hermann Kurzke. Würzburg 1985, S. 247–275. Ob Brecht Vansittart wirklich gelesen hat, ist zweifelhaft; selbstverständlich war er aber mit dem Begriff und seiner Bedeutung vertraut; vgl. Werner Mittenzwei: *Das Leben des Bertolt Brecht oder Der Umgang mit den Welträtseln*, Bd. II. Frankfurt/Main 1987, S. 141 ff.

29 Emil Ludwig: *How to Treat the Germans.* New York 1943; *The German People. Testimony of Mr. Emil Ludwig before the Committee on Foreign Affairs, House of Representatives* (Friday, March 26, 1943). Washington, D.C. 1943.

30 Rex Stout: *We Shall Hate, or We Shall Fail*, in: *The New York Times Magazine*, 17. 1. 1943, S. 6, 29: »It is a question of facing realistically the ugly fact of the German doctrine – not the Hitler or the Nazi doctrine – of the master race, and the resulting deep-rooted German attitude toward all other nations and peoples.«

31 Reg 45/489.

32 Der gekürzte Text erschien unter dem Titel *Letter to Germany*, in: *Prevent World War III*, September/October 1945, S. 25–26.

33 Ebd., March/April 1945, S. 4.

34 Davon zeugt sein Artikel: *Is the German Problem Insolvable?*, in: *Prevent World War III*, October 1944, S. 28–30, in dem er im Sinne des Morgenthau-Plans für eine Entindustrialisierung Deutschlands plädierte.

35 Dies lässt sich etwa an einem Artikel von James H. Hickey ablesen, der den bezeichnenden Titel trägt: *Why Call them Nazis?*, ebd., S. 23.

36 Vgl. dazu David Pike: *German Writers in Soviet Exile, 1933–1945.* Chapel Hill, N.C. 1982, S. 381–392.

37 Tb. 25. 7. 1943; Text von Thomas Manns Erklärung in: *Tagebücher 1940–1943*, S. 1093.

38 An Ernst Reuter, 29. 4. 1944; Br. II, 365.

39 Bertolt Brecht: *Gesammelte Werke in 20 Bänden*, Bd. 10. Frankfurt/Main 1967, S. 871–873.

40 H. Lehnert (Anm. 28), S. 269.

41 Brechts Artikel ist nur in der Übersetzung Eric Bentleys überliefert und wurde postum veröffentlicht: *The ›Other‹ Germany: 1943*, in: *Progressive Labor*, Jg. 4, March/April 1966, S. 46–49. Siehe B. Brecht: *Gesammelte Werke in 20 Bänden*, Bd. 20. Frankfurt/Main 1973, S. 283–289; Rückübersetzung, S. 16*–24*.

42 Siehe Anm. 37.
43 Erika Mann: *First Interview with Lord Vansittart. The unheeded prophet of the British Foreign Office talks of Germans to a German writer*, in: *Vogue*, 1. 1. 1942, S. 60 f.; deutsche Fassung: *Das erste Interview mit Lord Vansittart*, in: Erika Mann: *Blitze überm Ozean. Aufsätze, Reden, Reportagen*, hg. von Irmela von der Lühe und Uwe Naumann. Reinbek 2000, S. 244–252.
44 *Lessons of My Life* (Anm. 10), S. 230.
45 Fritz Sternberg: *Germany, Economic Heart of Europe*, in: *The Nation*, 12. 2. 1944, S. 187–189.
46 Erika Mann: *In Defense of Vansittart*, ebd., 11. 3. 1944, S. 318.
47 In seiner Replik (ebd. S. 318 f.) leugnet Sternberg, was Erika ihm unterstelle, nämlich dass er geschrieben habe, Vansittart habe eine Aufteilung Deutschlands empfohlen; er habe lediglich gesagt, dass die These von der aggressiven Natur der Deutschen zu derartigen Forderungen führe. Man könne auch nicht leugnen, dass Vansittart den Deutschen einen aggressiven Charakter zuschreibe, was er mit einem Zitat aus *Black Record* belegt.
48 Vansittart an Erika Mann, 25. 2. 1944 (Literaturarchiv Münchner Stadtbibliothek, Monacensia).
49 Erika Mann: *Rebuttal*, in: *Prevent World War III*, Vol. II, June/July 1944, S. 14. Deutsches Original: *Eine Ablehnung*, in: *Blitze überm Ozean* (Anm. 43), S. 300 f.
50 Erika Mann: *Why the Germans Fight On*, in: *Prevent World War III*, Vol. III, März/April 1945, S. 11–12; *Warum die Deutschen weiterkämpfen*, in: *Blitze überm Ozean* (Anm. 43), S. 323–327.
51 Willy Brandt: *Efter segern. Diskussionen om krigs- och fredmålen*. Stockholm 1944 (*Nach dem Sieg. Die Diskussion über die Kriegs- und Friedensziele*). Vgl. Peter Merseburger: *Willy Brandt, 1913–1992. Visionär und Realist*. Stuttgart 2002, S. 186 f., der Brandts abwägende Einstellung zum Vansittartismus praktisch unter den Tisch fallen lässt und sich stattdessen der in der deutschen Literatur über die Emigration üblichen, schnell fertigen Aburteilung des englischen Deutschlandkritikers anschließt.
52 Vgl. dazu Radkau (Anm. 2), S. 205; Matthias Wolbold: *Reden über Deutschland. Die Rundfunkreden Thomas Manns, Paul Tillichs und Sir Robert Vansittarts aus dem Zweiten Weltkrieg*. Münster 2005, S. 62 (*Tillich-Studien*, Bd. 17).
53 Willy Brandt: *Zwei Vaterländer. Deutsch-Norweger im schwedischen Exil – Rückkehr nach Deutschland, 1940–1947*, bearbeitet von Einhart Lorenz. Bonn 2000, S. 118 (*Berliner Ausgabe*, Bd. 2).
54 Ebd., S. 116. Vgl. Henri de Kérillis: *Français, voici la guerre*. Paris 1936; Ders.: *Français, voici la vérité*. New York 1942.

55 Willy Brandt: *Zwei Vaterländer* (Anm. 53). S. 122.
56 Ebd., S. 117.
57 Ebd., S. 118.
58 Ebd., S. 120.
59 Ebd., S. 124.
60 Ebd., S. 126.
61 Ebd., S. 136.
62 Ebd., S. 137.
63 Ebd., S. 138.

Der lange Weg nach Kaisersaschern

1 An René Schickele, 2. 4. 1934; Br. I, 357.
2 Vgl. dazu das Kapitel *Musik in München: Vorgeschichte und Kontext des* ›*Protests*‹ *der Richard-Wagner-Stadt München* in: Verf.: *Seelenzauber. Thomas Mann und die Musik.* Frankfurt/Main 2006, S. 323–357; sowie die dazugehörigen Dokumente und Zeugnisse in: *Im Schatten Wagners,* S. 231–265.
3 In Amerika legte Kahler das Adelsprädikat, das seinem Großvater von Kaiser Franz Joseph II. verliehen worden war, ab mit der charakteristischen, geistesaristokratischen Begründung, dass er Wert darauf lege, für seine eigenen Verdienste anerkannt zu werden. Siehe Gerhard Lauer: *Die verspätete Revolution. Erich von Kahler. Wissenschaftsgeschichte zwischen konservativer Revolution und Exil.* Berlin 1995, S. 183.
4 Vgl. dazu besonders Ulrich Raulff: *Kreis ohne Meister. Stefan Georges Nachleben.* München 2009, S. 304–313.
5 Siehe *An Exceptional Friendship. The Correspondence of Thomas Mann and Erich Kahler.* Translated from the German by Richard and Clara Winston. Ithaca, NY, 1975. Diese Ausgabe enthält einen Brief von Kahler an Katia Mann und einen von Katia Mann an Kahler, die in der deutschen Ausgabe nicht enthalten sind. Thomas Mann – Erich von Kahler. *Briefwechsel 1931–1955,* hg. und kommentiert von Michael Assmann, Hamburg 1993.
6 Erich von Kahler: *Israel unter den Völkern.* Zürich 1936, S. 164. Dieses heute in nur wenigen Bibliotheken erhaltene Buch ist nicht identisch mit der 1967 und sodann 1989 aufs Neue aufgelegten, überarbeiteten englischen Fassung: *The Jews Among the Nations.* With a new introduction by Harry Zohn and an added chapter, *Forms and Features of Anti-Judaism,* by Erich Kahler. New Brunswick, NJ, and Oxford, 1989.
7 Lauer (Anm. 3), S. 69.
8 Vgl. dazu den Vortrag von Kahlers Prager Freund Johannes Urzidil: *Prag als*

geistiger Ausgangspunkt. Ansprache zum 80. Geburtstage von Erich von
Kahler im Leo Baeck Institute. New York 1965.

9 EK, S. IX.

10 *Israel unter den Völkern* (Anm. 6), S. 101.

11 19. 3. 1935; EK, 9 f.

12 *Israel unter den Völkern* (Anm. 6). S. 122.

13 Ebd., S. 111.

14 Ebd., S. 101.

15 Ebd., S. 140.

16 Vgl. hierzu Herbert Lehnert, Eva Wessell: *Nihilismus der Menschenfreund-
lichkeit. Thomas Manns »Wandlung« und sein Essay ›Goethe und Tolstoi‹.*
Frankfurt/Main 1991 (TMS IX), S. 74–76.

17 *Israel unter den Völkern* (Anm. 6), S. 113.

18 Siehe Ruth Klüger: *Thomas Manns jüdische Gestalten*, in Dies.: *Katastrophen. Über deutsche Literatur.* Göttingen 1994, S. 44.

19 13. 3. 1931; EK, 3 f.

20 Ebd., S. 7.

21 Lauer (Anm. 3), S. 265.

22 Vgl. dazu die Sammelbesprechung von Golo Mann: *Deutscher Historismus,*
in: *Mass und Wert*, 1. Jg. (1938), H. 3, S. 493–498, die eine überaus positive Würdigung von Kahlers Buch enthält.

23 Erich von Kahler: *Das Geschlecht Habsburg.* München 1919.

24 E IV, 440.

25 Verf.: *Kaisersaschern als geistige Lebensform. Zur Konzeption der deutschen
Geschichte in Thomas Manns ›Doktor Faustus‹*, in: *Der deutsche Roman und
seine historischen und politischen Bedingungen*, hg. von Wolfgang Paulsen.
Bern und München 1977, S. 200–235.

26 August von Platen: *Klagelied Kaiser Otto des Dritten* (1833). Vermutlich
hatte Thomas Mann, schon bevor er Kahlers Interpretation kennenlernte,
Kenntnis von Otto III., und zwar durch die Dissertation des holländischen
Autors und Verehrers Menno ter Braak: *Kaiser Otto III. Ideal und Praxis im
frühen Mittelalter.* Amsterdam 1928.

27 15. 12. 1947; EK, 112.

28 Erich Kahler: *The Germans*, hg. von Robert und Rita Kimber. Princeton, NJ,
1974, S. 4.

29 *Der deutsche Charakter in der Geschichte Europas.* Zürich 1937, S. 9.

30 Ebd., S. 7.

31 Robert Louis Stevenson: *Strange Case of Dr. Jekyll and Mr. Hyde.* An
Authoritative Text, Backgrounds and Contexts, Performance Adaptations,
Criticism, ed. by Katherine Linehan. A Norton Critical Edition. New York
2003, S. 51.

32 Vgl. dazu Joseph Horowitz: *Artists in Exile*. New York 2008, S. 347–365.

33 Vgl. Mark Spergel: *Reinventing Reality. The Art and Life of Rouben Mamoulian*. Metuchen, NJ, und London 1993, S. 18.

34 Siehe das Kapitel *Der lange Weg nach Westen*, S. 46 f.

35 Das Geheimnis dieser Identität wurde bereits von einem der ersten und aufmerksamsten Leser kraft einer subtilen und überzeugenden Analyse des Textes gelüftet. Siehe Victor A. Oswald: *Thomas Mann's ›Doctor Faustus‹: The Enigma of Frau von Tolna*, in: *The Germanic Review*, Jg. 23, Dezember 1948, S. 249–253.

36 Siehe das Kapitel *Unterwegs in Amerika: From Sea to Shining Sea*, S. 235. Vgl. auch: *Freundschaft im Exil. Thomas Mann und Hermann Broch*, hg. von Paul Michael Lützeler. Frankfurt/Main 2004 (TMS XXXI), S. 110 f.

37 Vgl. Uwe Soukup: *Ich bin nun mal Deutscher. Sebastian Haffner – Eine Biographie*. Frankfurt/Main 2003, S. 95.

38 Siehe die Abbildung der Titelseite der ersten Nummer mit Thomas Manns »Cablegram« bei Soukup (ebd.), Bildteil.

39 Sebastian Haffner: *Geschichte eines Deutschen. Die Erinnerungen 1914–1933*. Stuttgart und München 2000, S. 97.

40 23. 5. 1940; Reg. 40/277, TMA. Das Schreiben ist an den Verlag Harper Brothers gerichtet, die offenbar nicht interessiert waren. Das Buch erschien 1941 in dem New Yorker Verlag E. P. Dutton & Co.

41 Sebastian Haffner: *Germany: Jekyll and Hyde*, translated from the German by Wilfrid David. London 1940, S. 7. Eine deutsche Ausgabe erschien erst ein halbes Jahrhundert später: *Germany: Jekyll & Hyde. 1939 – Deutschland von innen betrachtet*. Rückübersetzung von Kurt Baudisch. Berlin 1996.

42 Ebd., S. 6 f.

43 Ebd., S. 263, 290.

44 Ebd., S. 321.

45 Ebd., S. 300.

46 Sebastian Haffner: *Anmerkungen zu Hitler*. München 1978.

47 *Germany: Jekyll and Hyde* (Anm. 41), S. 77.

48 Ebd., S. 74: »It is against these men that the war ›against Hitlerism‹ must be waged if it is to succeed and bring peace, a lasting peace.«

49 Ebd., S. 242.

50 Vgl. Soukup (Anm. 37), S. 80–89.

51 *Germany: Jekyll and Hyde* (Anm. 41), S. 247. Die Forderung nach einer stärkeren Einbeziehung der Emigranten in den Krieg vertrat Haffner mit noch größerem Nachdruck in seinem zweiten Buch: *Offensive Against Germany*. London 1941.

52 *Germany: Jekyll and Hyde* (Anm. 41), S. 235.

53 Siehe Haffners Geburtstagsartikel: *Thomas Mann. Ein deutsches National-fest*, in: *Stern* (Hamburg), Nr. 24, 1975, S. 24: »Ein Nationalfest – darum handelt es sich wohl. In Thomas Mann feiert die deutsche Nation sich selbst [...], eine ihrer höchsten Möglichkeiten [...]. Die Parallele mit Goethe ist unübersehbar [...], von den beiden ›Menschheitspatrioten‹ war Thomas Mann der bewusstere und leidenschaftlichere Patriot auch im landläufigen nationalen Sinne; niemals mehr als in den Jahren seines ›Leidens an Deutschland‹.«

54 Brief Haffners an Verf., 16. 10. 1978.

55 *Germany: Jekyll and Hyde* (Anm. 41), S. 117.

56 Ebd., S. 253.

57 Ebd., S. 153.

58 Stevenson: *Strange Case* (Anm. 31), S. 60.

59 *Geschichte eines Deutschen* (Anm. 39), 185.

60 Stevenson: Strange Case (Anm. 31), S. 58.

61 *Germany: Jekyll and Hyde* (Anm. 41), S. 263 f.

62 Thomas Manns Hauptquelle war ein Artikel (*The Nazi Student Trial*) in der *Nation*: »Abends die Nation. Ergreifender schwedischer Bericht über die Rebellion an der Münchener Universität. Zehn Studenten und der Psychologe Prof. Huber geköpft!« (Tb. 12. 6. 1943)

63 Zur Weißen Rose vgl. besonders Inge Jens: *Über die »Weiße Rose«*, in: *Neue Rundschau*, Jg. 95 (1985), S. 193–213; David C. Large: *White Rose and Brown City. Anti-Nazi Resistance in the »Capital of the Movement«*, in: *Soundings. Collections of the University Library*. University of California Santa Barbara, Jg. 25 (1994), S. 15–24; *Die Weiße Rose und ihre Flugblätter*. Dokumente, Texte, Lebensbilder, Erläuterungen, ed. with an introduction by Hinrich Siefken. Manchester und New York, 1994.

64 Vgl. das Kapitel *Hollywood und das »Movie-Gesindel«*, S. 372–375.

65 Vgl. Klaus Harpprecht: *Thomas Mann. Eine Biographie*. Reinbek 1995, S. 1345.

66 Alfred Vagts: *The Putsch that Failed*, in: *The Nation*, 5. 8. 1944, S. 152–154.

67 Vgl. dazu Peter Hoffmann: *Claus Schenk Graf von Stauffenberg und seine Brüder*. Stuttgart 1992, S. 75–101; Manfred Riedel: *Geheimes Deutschland. Stefan George und die Brüder Stauffenberg*. Köln 2006, S. 185 f.

68 Zu Adornos Kritik an der Gnadenthematik des Romans vgl. Verf.: *Seelen-zauber* (Anm. 2), S. 406–411.

Der Exilant und die zweite Geschichte des Nationalsozialismus

1 Peter Reichel, Harald Schmid, Peter Steinbach (Hg.): *Der Nationalsozialismus – Die zweite Geschichte. Überwindung, Deutung, Erinnerung.* München 2009, S. 9, 15.

2 Peter Steinbach: *Die publizistischen Kontroversen – eine Vergangenheit, die nicht vergeht*, ebd., S. 127 – 174, 138.

3 Steinbach, ebd., S. 141.

4 Der Artikel in dem *Foreign-News*-Teil ist einfach *Germany* überschrieben und besteht aus drei Korrespondentenberichten über die Lager Erla, Bergen-Belsen und Buchenwald, in: *Time*, 30. 4. 1945, S. 38 – 46.

5 Karl Jaspers: *Die Schuldfrage. Ein Beitrag zur deutschen Frage*, 4. Aufl. Zürich 1947, S. 10.

6 Norbert Frei: *Von deutscher Erfindungskraft oder: Die Kollektivschuldthese in der Nachkriegszeit*, in: *Rechtshistorisches Journal* 16 (1997), S. 621 – 634; Ders.: *Vergangenheitspolitik. Die Anfänge der Bundesrepublik und die NS-Vergangenheit.* München 1996, S. 23.

7 Frei, *Von deutscher Erfindungskraft* (Anm. 6), S. 632 f.

8 Frei, *Vergangenheitspolitik* (Anm. 6), S. 15.

9 Klaus Mann: *Der Wendepunkt. Ein Lebensbericht.* München 1976, S. 572.

10 Thomas Mann / Theodor W. Adorno: *Briefwechsel 1943 – 1955*, hg. von Christoph Gödde und Thomas Sprecher. Frankfurt/Main 2002, S. 67.

11 Von der »Großen Kontroverse« um Thomas Mann handeln Steinbach (Anm. 2), S. 138 – 142, sowie Irmela von der Lühe: *Verdrängung und Konfrontation – Die Nachkriegsliteratur*, ebd., S. 243 – 260, 243 – 246.

12 *Die große Kontroverse. Ein Briefwechsel um Deutschland*, hg. und bearbeitet von J. F. G. Grosser. Hamburg, Genf, Paris 1963, S. 16. Vgl. auch die kommentierte Sammlung der einschlägigen Zeugnisse Thomas Manns bei Stephan Stachorski: *Fragile Republik. Thomas Mann und Nachkriegsdeutschland.* Frankfurt/Main 1999, sowie Eckhard Heftrich: *Thomas Manns »Doktor Faustus« und die »innere Emigration«*, in: *Etudes Germaniques* 53 (1998), S. 455 – 469.

13 Grosser (Anm. 12), S. 11.

14 Ebd., S. 11.

15 Vgl. dazu die von Leonore Krenzlin vorgelegten Recherchen: *Geschichte des Scheiterns – Geschichte des Lernens? Überlegungen zur Lage während und nach der »Großen Kontroverse« und zur Motivation ihrer Akteure*, in: *Fremdes Heimatland. Remigration und literarisches Leben nach 1945*, hg. von Irmela von der Lühe und Claus-Dieter Krohn. Göttingen 2005, S. 57 – 70.

16 Grosser (Anm. 12), S. 11.

17 Thomas Mann: *Briefwechsel mit Autoren*, hg. von Hans Wysling. Frankfurt/Main 1988, S. 365.

18 Ebd., S. 366 f.

19 Grosser (Anm. 12), S. 17.

20 Vgl. Frei: *Vergangenheitspolitik* (Anm. 6); Helmut Dubiel: *Niemand ist frei von der Geschichte. Die nationalsozialistische Herrschaft in den Debatten des Deutschen Bundestags*. München 1997; Aleida Assmann/Ute Frevert: *Geschichtsvergessenheit, Geschichtsversessenheit. Vom Umgang mit deutschen Vergangenheiten nach1945*. Stuttgart 1999, S. 112–117.

21 Frank Thieß: *Die innere Emigration*, in: Grosser (Anm. 12), S. 22–26; außerdem in: TMUSZ, 336–338.

22 Walter von Molo an Thomas Mann, in: Grosser (Anm. 12), S. 18–21. Siehe auch Thomas Mann: *Briefwechsel mit Autoren* (Anm. 17), S. 365–368.

23 Krenzlin (Anm. 15), S. 63.

24 Zu diesem Text vgl. den umfassenden Kommentar von Herbert Lehnert in 19.2, 64–96.

25 Grosser (Anm. 12), S. 24.

26 Ebd., S. 25.

27 Sven Papcke: *Exil und Remigration als öffentliches Ärgernis. Zur Soziologie eines Tabus*, in: *Exilforschung. Ein Internationales Jahrbuch* 9 (1991), S. 9–25, 11.

28 Grosser (Anm 12), S. 93.

29 Vgl. dazu besonders den in der Weihnachtsnummer der *Süddeutschen Zeitung* erschienenen Artikel von Wilhelm Hausenstein: *Bücher – frei von Blut und Schande*, in: Grosser (Anm. 12), S. 61–75.

30 An Erich Kahler, 13. 2. 1946 (EK, 96).

31 Ralph Giordano: *Frank Thieß contra Thomas Mann*, in: *Hamburger Freie Presse*, 19. 1. 1946. Zitiert nach Gert Heine und Paul Schommer: *Thomas-Mann-Chronik*. Frankfurt/Main 2004, S. 417.

32 Hans-Joachim Lang: *Der letzte Deutsche*, in: *Hamburger Akademische Rundschau*, Juni 1948. Wieder abgedruckt in: TMUSZ, 365–374, 367.

33 Ebd., S. 21.

34 Siehe *Die Geschwister Oppenheim* (Amsterdam 1933), S. 398. Dort wird der Begriff »innere Emigration« auf »die Leute in Deutschland« angewandt, die vom Regime verfolgt werden oder als »Mißvergnügte« nicht mitmachen und Berichte über den Alltag des Dritten Reichs nach draußen schmuggeln: »Es handelt sich da um Aufklärungsdienst im Innern. So eine Art Innere Mission […]. Eine beschwerliche Sache, die Innere Emigration, kann ich Ihnen sagen. Man lebt in Restaurants, Hotels, schläft jede Nacht wo anders, die Polizei immer hinterher.«

35 Vgl. dazu Peter Michelsen: »*Wohin ich gehöre.« Thomas Mann und die »innere Emigration«*, in: *Frankfurter Allgemeine Zeitung*, 2. 6. 1995.

36 Vgl. dazu Yvonne Wolf: *Frank Thieß und der Nationalsozialismus: ein konservativer Revolutionär als Dissident*. Tübingen 2003, S. 4 ff.

37 Siehe Irmela von der Lühe: »*Kommen Sie bald wie ein guter Arzt«* – *Die »große Kontroverse« um Thomas Mann (1945)*, in: *Engagement, Debatten, Skandale. Deutschsprachige Autoren als Zeitgenossen*, hg. von Joanna Jablkowska und Malgorzata Pólrola. Lodź 2002, S. 306 – 320, 311.

38 Grosser (Anm. 12), S. 53.

39 Ebd., S. 56.

40 Vgl. Thomas Sprecher: *Deutscher, Tschechoslowake, Amerikaner. Zu Thomas Manns staatsbürgerlichen Verhältnissen*, in: *Thomas-Mann-Jahrbuch* 9 (1996), S. 303 – 338, 319.

41 In dieser Form stellt die Frage eine Verkürzung des amerikanischen Fragenkatalogs dar. Anknüpfungspunkt waren unausgesprochen auch hier die beiden Äußerungen Manns von 1945: *Die Lager* und *Brief nach Deutschland*. Die entscheidenden Fragen waren: Kennen Sie Thomas Mann, Carl Zuckmayer, Helene Thimig und halten Sie es für »wünschenswert«, dass diese Emigranten zurückkehren, um »an der Wiedererziehung und Wiedergutmachung in Deutschland teilzunehmen?« Siehe Jost Hermand/Wigand Lange: »*Wollt ihr Thomas Mann wiederhaben?« Deutschland und die Emigranten*. Hamburg 1999, S. 59.

42 Ebd., S. 156 f. Eine rühmliche Ausnahme unter den Befragten ist der Komponist Karl Amadeus Hartmann, der vorbehaltlos für Thomas Mann Partei nahm.

43 Manfred Görtemaker: *Thomas Mann und die Politik*. Frankfurt/Main 2005, S. 238.

44 Alfred Andersch: *Gesammelte Werke in zehn Bänden*, hg. von Dieter Lamping, Bd. VIII, hg. von Axel Dunker. Zürich 2004, 203 – 204; siehe auch Ders.: *Thomas Mann als Politiker*, Bd. IX, S. 246 – 267.

45 Kurt Sontheimer: *Thomas Mann und die Deutschen*. München 1961.

46 Joachim Fest: *Die unwissenden Magier. Über Thomas und Heinrich Mann*. Berlin 1985.

47 Golo Mann: *Der Bruder zur Linken. Zur Neuausgabe von Heinrich Manns »Ein Zeitalter wird besichtigt«*, in: *Frankfurter Allgemeine Zeitung*, 21. 9. 1976.

48 Vgl. Verf.: *Ein unwissender Magier? Noch einmal der politische Thomas Mann*, in: *Vom Nachruhm. Beiträge zur Lübecker Festwoche 2005 aus Anlass des 50. Todesjahres von Thomas Mann*, hg. von Ruprecht Wimmer und Hans Wißkirchen. Frankfurt/Main 2007 (= TMS XXXVII), S. 131 – 152.

49 Dass das Wort von den »unwissenden Magiern« missverständlich war und falsch ausgelegt wurde, hat Golo Mann im Alter offenbar selbst einge-standen. Dies geht aus einem Gespräch hervor, das Helmuth Kreutzer, Bayrischer Ministerialrat a. D., 1991 am Starnberger See mit ihm führte. Kreutzer zufolge habe sich Golo Mann wie folgt geäußert: »Freilich sei Thomas Mann ein politischer Mensch gewesen [...], er habe eigentlich immer politisch gedacht, aber all das sei ›Politik im übertragenen Sinne‹ ge-wesen, sehr subtil und philosophisch begründet, auch wenn er, zumindest im familiären Kreis, oft hart und unerbittlich urteilte.« Zitiert nach Dirk Heißerer: *Weit verstreut – Das Schicksal der Golo-Mann-Bibliographie*, in: *Aus dem Antiquariat*, 10. 6. 2005, S. 232–234.

50 Aleida Assmann (Anm. 20), S. 34.

51 Ebd., S. 123.

52 An Emil Preetorius, 30. 12. 1946; Br. II, 522.

Quellennachweise

Von einigen Kapiteln dieses Buchs oder Abschnitten davon existieren Vorstufen, die an verstreuten Stellen erschienen sind.

Das Kapitel *Der lange Weg nach Westen* ist aus einem früheren Aufsatz hervorgegangen: *»Wäre ich nur in die angelsächsische Kultur hineingeboren!« Zur Archäologie von Thomas Manns West-Orientierung,* in: TMJ 8 (1995), S. 185–208.

Das Kapitel *Die Meyer* geht auf zwei ältere Essays zurück: *Die Fürstin. Ein Beitrag zur Biographie des späten Thomas Mann,* in: *Internationales Thomas-Mann-Kolloquium 1986 in Lübeck,* hg. von Hans Wysling. Bern 1987 (= TMS VII), S. 113–138; *Frau von Tolna: Agnes Meyer und Thomas Manns »Doktor Faustus«,* in: *Zeitgenossenschaft. Zur deutschsprachigen Literatur im 20. Jahrhundert. Festschrift für Egon Schwarz,* hg. von Paul Michael Lützeler. Frankfurt/Main 1987, S. 140–152.

Das Kapitel über Thomas Manns Vortragsreisen in Amerika berührt sich mit dem Essay *Thomas Mann, der Amerikaner,* in: TMJ 20 (2007), S. 171–192, auch in: *Thomas Mann, die Deutschen und die Politik,* hg. von Heinrich Oberreuter u. a. München 2008, S. 41–58.

Der Abschnitt über Gore Vidal in dem Kapitel über die *Literarische Szene* erschien unter dem Titel *Der alte Mann und der »homosexuelle Roman«* in: *Merkur,* Heft 719, April 2009, S. 360–365.

Das Kapitel über *Unamerikanische Umtriebe* hat seine Ursprünge in dem Aufsatz *Vorzeitiger Antifaschismus und andere unamerikanische Umtriebe. Aus den geheimen Akten des FBI über Thomas Mann,* in: *Horizonte. Festschrift für Herbert Lehnert zum 65. Geburtstag,* hg. von Hannelore Mundt u. a. Tübingen 1990, S. 173–204.

Der lange Weg nach Kaisersaschern stützt sich auf drei frühere Beiträge:
*Germany: Jekyll and Hyde. Sebastian Haffners Deutschlandbild und die Genese
von »Doktor Faustus«*, in: *Thomas Mann und seine Quellen. Festschrift für Hans
Wysling*, hg. von Eckhardt Heftrich u. a. Frankfurt/Main 1991, S. 249–271;
*Erich Kahler, Thomas Mann und Deutschland. Eine Miszelle zum »Doktor
Faustus«*, in: *Ethik und Ästhetik. Festschrift für Wolfgang Wittkowski zum
70. Geburtstag*, hg. von Richard Fisher. Frankfurt/Main 1995, S. 509–518;
*Thomas Mann und der deutsche Widerstand. Zur Deutschland-Thematik im
»Doktor Faustus«*, in: *Exilforschung. Ein internationales Jahrbuch* XV (1997),
S. 88–101.

Das letzte Kapitel berührt sich mit dem schon genannten Aufsatz *Thomas
Mann, der Amerikaner* sowie einem Essay: *Das Erbe des »Unpolitischen«.
Thomas Mann und die politische Kultur Nachkriegsdeutschlands*, der demnächst
in einer Publikation der Akademie für politische Bildung, Tutzing, erscheinen
wird.

Bildnachweise

Bettmann/Corbis: 1, 2, 5, 15, 16, 18, 25, 28, 31

Picture Alliance: 3, 10

Franklin D. Roosevelt Presidential Library, Hyde Park (New York): 4

Hulton Deutsch Collection/Corbis: 6, 32

Time & Life Pictures/Getty Images: 7, 8, 20, 22, 26

Library of Congress, Washington, D. C.: 9

Uwe Naumann: »Ruhe gibt es nicht bis zum Schluss«. Klaus Mann (1906–1949) – Bilder und Dokumente. Reinbek 1999: 11

Mark Godfrey/The Image Works: 12

Beinecke Rare Book and Manuscript Library, Yale University: 13

Manuscripts & Archives, Yale University: 14, 17

Getty Images: 19

Privatarchiv: 21

Thomas-Mann-Archiv der ETH, Zürich/Keystone: 23, 24, 30, 33, 34

Corbis: 27

John Springer Collection/Corbis: 29

Der Autor und der S. Fischer Verlag danken allen Rechteinhabern für die Abdruckgenehmigung.

Siglen

Die Werke Thomas Manns werden, wenn nicht anders vermerkt, zitiert nach:

Gesammelte Werke in dreizehn Bänden (GW). Frankfurt/Main 1974 (jeweils unter Angabe der Bandzahl in römischen Ziffern und der Seitenzahl).

Große kommentierte Frankfurter Ausgabe – Werke, Briefe, Tagebücher (GKFA), hg. von Heinrich Detering, Eckhard Heftrich, Hermann Kurzke, Terence J. Reed, Thomas Sprecher, Hans Rudolf Vaget und Ruprecht Wimmer in Zusammenarbeit mit dem Thomas-Mann-Archiv der ETH, Zürich. Frankfurt/Main 2002 ff. (jeweils unter Angabe der Bandzahl in arabischen Ziffern und der Seitenzahl).

AM	Thomas Mann/Agnes E. Meyer: Briefwechsel 1937–1955, hg. von Hans Rudolf Vaget. Frankfurt/Main 1992.
Br. I–III	Thomas Mann: Briefe 1889–1936; 1937–1947; 1948–1955 und Nachträge, hg. von Erika Mann. Frankfurt/Main 1961–1965.
Chronik	Gert Heine/Paul Schommer: Thomas-Mann-Chronik. Frankfurt/Main 2004.
DüD I–III	Dichter über ihre Dichtungen: Thomas Mann, hg. v. Hans Wysling und Marianne Fischer, 3 Bände. Zürich u. a. 1975–1981.
E I–VI	Thomas Mann: Essays, hg. von Hermann Kurzke und Stephan Stachorski, 6 Bände. Frankfurt/Main 1993–1997.
EK	Thomas Mann/Erich von Kahler: Briefwechsel 1931–1955, hg. und kommentiert von Michael Assmann. Hamburg 1993.
GBF	Thomas Mann: Briefwechsel mit seinem Verleger Gottfried Bermann Fischer 1932–1955, hg. von Peter de Mendelssohn. Frankfurt/Main 1973.

Im Schatten Wagners	Im Schatten Wagners. Thomas Mann über Richard Wagner. Texte und Zeugnisse 1895–1955. Ausgewählt, kommentiert und mit einem Essay von Hans Rudolf Vaget, 3. Aufl. Frankfurt/Main 2010.
KSA	Friedrich Nietzsche: Sämtliche Werke. Kritische Studienausgabe in 15 Bänden, hg. von Giorgio Colli und Mazzino Montinari. München/Berlin/New York 1986.
Nb. I und II	Thomas Mann: Notizbücher 1–6 und 7–14, hg. von Hans Wysling und Yvonne Schmidlin. Frankfurt/Main 1991/92.
Reg.	Die Briefe Thomas Manns, Regesten und Register, hg. von Hans Bürgin und Hans-Otto Mayer, unter Mitarbeit von Gert Heine und Yvonne Schmidlin, 5 Bände. Frankfurt/Main 1976–1987.
Tb.	Thomas Mann: Tagebücher 1918–1921 und 1933–1943, hg. von Peter de Mendelssohn; Tagebücher 1944–1955, hg. von Inge Jens, 10 Bände. Frankfurt/Main 1977–1995.
TMA	Thomas-Mann-Archiv der ETH, Zürich.
TMJ	Thomas-Mann-Jahrbuch. Begründet von Eckhard Heftrich und Hans Wysling, hg. von Thomas Sprecher und Ruprecht Wimmer. Frankfurt/Main 1988 ff.
TMS	Thomas-Mann-Studien, hg. vom Thomas-Mann-Archiv der ETH, Zürich. Bern (bis 1988) und Frankfurt/Main 1967 ff.
TMUSZ	Thomas Mann im Urteil seiner Zeit. Dokumente 1891–1955, hg. von Klaus Schröter, 2. Aufl. Frankfurt/Main 2000 (= TMS XXII).
White I und II	John Franklin White: Thomas Mann in America: The Rhetorical and Political Experiences of an Exiled Artist. Ann Arbor, MI, 1971.

Anhang

Nr. 1: Willem Hendrik Van Loon and Eleanor Roosevelt
Telegramm, Old Greenwich, Connecticut, 22 [June, 1935], 8:40 am.

MRS FRANKLIN D ROOSEVELT
HYDE PARK NY

MY DEAR MS ROOSEVELT WILL YOU KINDLY LET YOUR NIMBLE
LIGHT SHINE UPON THE FOLLOWING INTRICATE PROBLEM
STOP THOMAS MANN AND HIS WIFE ARE HERE A FEW
DAYS RESTING FROM HARVARD CELEBRATION IN MANNS
HONOR STOP HE HAS TREMENDOUS ADMIRATION FOR THE
PRESIDENT AND I ASKED HIM WHY HE HAD NOT ASKED
CONANT TO TAKE HIM TO SEE THE PRESIDENT BUT MANN
TOLD ME HE WAS AFRAID ANY SUCH STEP MIGHT EMBARRASS
PRESIDENT POLITICALLY FOR WHILE ENTIRE WORLD SEEMS
CONSIDER THOMAS MANN GREATEST LIVING GERMAN
WRITER HIS OWN COUNTRY HAS DEPRIVED HIM OF CITIZEN-
SHIP TITLES AND ESTATES AND HAS SENT HIM INTO EXILE
BECAUSE HE AS HUNDRED PERCENT ARYAN QUESTION [recte:
QUESTIONED] AND [AS] PATRICIAN LIFTED HIS VOICE IN
PROTEST AGAINST NAZI TREATMENT OF HIS FELLOW ARTISTS
STOP HE FEARS THAT THE LOCAL GERMANS MIGHT
MISINTERPRET IT IF HE ASK TO BE RECEIVED BY YOUR
HUSBAND BUT I ASSURED HIM WE WERE STILL A FREE AND
INDEPENDENT COUNTRY AND THAT IF THE ROOSEVELTS
ALLOWED THEMSELVES TO BE SWAYED BY SUCH FEARS THEY
WOULD PROBABLY NEVER SEE ANYBODY AT ALL STOP MANN
WILL RETURN TO SWITZERLAND JULY FIFTH STOP AS HE IS
NOT MERELEY AS YOU WILL KNOW A MAN OF EXTRAORDINARY
ABILITY BUT MOST CIVILIZED QUIET AND HUMOROUS CITIZEN
I THOUGHT THAT IT MIGHT GIVE THE PRESIDENT SOME
DIVERSION TO RECEIVE BUT I AM SENDING YOU THIS

TELEGRAM ENTIRELY ON MY OWN ACCOUNT BECAUSE YOU
KNOW THE LAY OF THE POLITICAL LAND BETTER THAN YOUR
HUMBLE SERVANTS = HENDRIK WILLEM VAN LOON

2. Brief von Eleanor Roosevelt an W. H. Van Loon

Hyde Park, N.Y.
June 22, 1935

Dear Mr. Van Loon:
The President and I shall be delighted to have Mr. and Ms. Mann dine with us
informally in Washington, next Saturday night, the 29th, at seven forty five.
It will have to be done without any publicity, as the rule in Washington is that
all foreigners, unless they are personal friends, have to be presented thru their
Embassies.
I expect to be in New York at 49 East 65th Street, until Friday of next week,
will you please let me know there if we can expect them?
With my kind regards to Mrs. Van Loon, I am
Cordially yours,

3. Willem Hendrik Van Loon an Eleanor Roosevelt
Telegramm, Riverside, Connecticut, 25 [June, 1935], 9:10 am.

MRS FRANKLIN D ROOSEVELT
49 EAST 65 ST

MR AND MRS THOMAS MANN GLADLY ACCEPT YOUR VERY
KIND INVITATION TO DINE WITH THE PRESIDENT AND YOU
AT THE WHITE HOUSE ON SATURDAY TWENTY NINTH AT SEVEN
FORTY FIVE STOP THEY FULLY APPRECIATE THE PUBLICITY
ANGLE AND WILL MOST CAREFULLY AVOID ANYTHING
THAT MIGHT INTERFERE WITH THE EXISTENT RULES AND
REGULATIONS STOP MAY I ADD MY PERSONAL THANKS FOR
YOUR KINDNESS STOP YOU WILL RARELY HAVE MET ANYONE
WHO HAS BEEN ABLE TO MIX SO MUCH QUIET HUMOR AND
DIGNITY WITH HIS GREAT ACHIEVEMENTS [STOP] MRS VAN
LOON JOINS ME IN BEST WISHES TO YOU BOTH=
HENDRIK WILLEM VAN LOON.

Register der erwähnten Werke Thomas Manns

Register der erwähnten Namen, Personen, fremden Werke und Institutionen

Thomas Mann
Briefwechsel

Thomas Mann /
Agnes E. Meyer
Briefwechsel 1937-1955
Herausgegeben von
Hans Rudolf Vaget
1172 Seiten mit
24seitigem Bildteil.
Leinen. S. Fischer

**Briefwechsel mit
seinem Verleger**
Gottfried Bermann
Fischer 1932-1955
Herausgegeben von
Peter de Mendelssohn
Bände 1 + 2
Band 1566

Thomas Mann /
Heinrich Mann
Briefwechsel 1900-1949
Herausgegeben von
Hans Wysling
Band 12297

Hermann Hesse /
Thomas Mann
Briefwechsel
Herausgegeben von
Anni Carlsson und
Volker Michels
Band 15672

Theodor W. Adorno /
Thomas Mann
Briefwechsel 1943-1955
Herausgegeben von
Christoph Gödde und
Thomas Sprecher
Band 15839

Briefe
Herausgegeben von
Erika Mann
Band 1: 1889-1936. Bd. 2136
Band 2: 1937-1947. Bd. 2137
Band 3: 1948-1955 und
Nachlese. Bd. 2138

Fischer Taschenbuch Verlag

fi 666007 / 2

Hans Rudolf Vaget
Seelenzauber
Thomas Mann und die Musik
512 Seiten. Gebunden

Keine andere Kunstform hat Thomas Mann so sehr bewegt
und bestimmt wie die Musik, angefangen bei den Opern-
besuchen in der Kindheit bis hin zu Begegnungen mit großen
Persönlichkeiten wie Bruno Walter oder Arnold Schönberg.

Aus Thomas Manns Sicht nimmt die Musik eine Schlüssel-
rolle ein im Verständnis der deutschen Katastrophe im
20. Jahrhundert. Die Studie von Hans Rudolf Vaget folgt
diesem Ansatz und widmet sich in einzelnen Kapiteln den
Gattungen des Kunstlieds und des Musikdramas sowie den
maßgebenden Komponisten, Dirigenten und Publizisten.
Vaget bündelt mentalitätsgeschichtliche Zusammenhänge
und erschließt immer wieder neue Gänge durch das Werk
Thomas Manns.

S. Fischer

fi 1-087003 / 1

Im Schatten Wagners
Thomas Mann über Richard Wagner
Texte und Zeugnisse 1895–1955
Herausgegeben und eingeleitet von Hans Rudolf Vaget

Band 16634

Wie die hier versammelten Texte belegen, war Richard Wagner für Thomas Mann eigentlich immer präsent. Kein anderer Künstler, weder Goethe, noch Schiller oder Tolstoi, ja nicht einmal Nietzsche hatte für ihn eine solche Bedeutung. Die Beschäftigung mit Wagner, das Erlebnis seiner Musik, setzten bei Thomas Mann kreative Energien frei. Daß seine Beschäftigung mit Wagner hauptsächlich auf dem Umweg über die Wagner-Kritik Nietzsches geschah, steigerte ihre Intensität eher noch.

Nietzsche machte Thomas Mann Lust, Wagner literarisch weiterzuverarbeiten, ihn gleichsam fortzuschreiben. So überwiegt am Ende, trotz aller kritischen Anmerkungen zu Person und zum Schaffen Wagners bei Thomas Mann die Dankbarkeit für eine für immer nachzitternde »geistige Beglückung«.

»Es gibt Fälle, bei denen man alles mögliche zugeben mag, und es bleibt immer etwas Überwältigendes zurück.«
Thomas Mann, ›Zu Wagners Verteidigung‹

Fischer Taschenbuch Verlag

fi 16634 / 1

Thomas Mann
Große kommentierte Frankfurter Ausgabe
Werke – Briefe – Tagebücher
Herausgegeben von Heinrich Detering,
Eckhard Heftrich, Hermann Kurzke, Terence J. Reed,
Thomas Sprecher, Hans R. Vaget und Ruprecht Wimmer
in Zusammenarbeit mit dem
Thomas-Mann-Archiv der ETH Zürich

Die auf 38 Bände angelegte Edition wird zum ersten Mal
das gesamte Werk, eine umfangreiche Auswahl der Briefe
und die Tagebücher in einer wissenschaftlich fundierten
und ausführlich kommentierten Leseausgabe zugänglich
machen. Nähere Informationen erhalten Sie in Ihrer Buchhandlung oder unter www.thomasmann.de

»... denn es ist ein Irrtum, zu glauben,
der Autor selbst sei der beste Kenner und
Kommentator seines eigenen Werkes.«
Thomas Mann

S. Fischer

fi 555 018 / 3